山东省
标准地名诠释

菏泽市卷

《山东省标准地名诠释》编纂委员会 编

山东城市出版传媒集团·济南出版社

图书在版编目（CIP）数据

山东省标准地名诠释 /《山东省标准地名诠释》编纂委员会编 .—济南：济南出版社，2021.12
ISBN 978-7-5488-4880-6

Ⅰ.①山… Ⅱ.①山… Ⅲ.①地名—山东 Ⅳ.① K925.2

中国版本图书馆 CIP 数据核字（2021）第 251874 号

出 版 人　崔　　刚
责任编辑　韩宝娟　李冰颖　姜海静
装帧设计　张　　倩　刘梦诗

出版发行　济南出版社
地　　址　济南市二环南路 1 号（250002）
印　　刷　肥城新华印刷有限公司
版　　次　2021 年 12 月第 1 版
印　　次　2021 年 12 月第 1 次印刷
成品尺寸　185 mm × 260 mm　16 开
印　　张　419.5
字　　数　11 000 千
定　　价　2 980.00 元

济南版图书，如有印装质量问题，请与出版社出版部联系调换
电话：0531-86131736

前　言

地名是重要的基础地理信息和社会公共信息，与经济社会发展、人们日常生产生活息息相关。编纂出版《山东省标准地名诠释》是地名管理服务工作的一项基础工程，对进一步推行山东省地名标准化，推广普及地名知识，适应改革开放和高质量发展的需要，以及国家和社会治理、经济发展、文化建设、国防外交等方面具有重要的意义和作用。

2014年7月，国务院印发通知开展第二次全国地名普查。2015年，国务院地名普查办印发《第二次全国地名普查成果转化规划（2015—2020年）》（国地名普查办发〔2015〕6号），山东省地名普查办依此制定了《山东省第二次全国地名普查成果转化规划（2016—2020年）》（鲁地名普查办发〔2016〕4号），部署开展成果转化相关工作，其中包括组织编制出版标准地名图、录、典、志等出版物。编纂出版《山东省标准地名诠释》是贯彻落实"边普查、边应用"指示要求，及时发布并推动第二次全国地名普查成果社会应用的重要举措，也是落实规划目标任务的重要内容。

《山东省标准地名诠释》编纂委员会按照公开出版的要求，在全省第二次全国地名普查成果数据基础上，进行成果的整理挖掘（包括资料收集、数据考证等），编辑出版《山东省标准地名诠释》，并将本书定位为第二次全国地名普查重要的省级成果，是一部以"地名"为主题的省级标准地名工具书。

本书在资料整理和编辑加工的过程中力求做到内容权威、文字精练、编写精心、编辑独到、设计新颖，以期达到当前编辑出版水平的先进行列。在词目释义编写上，本书着力突出"三个重点"（即地名基本要素、地名文化属性、地名所指代地理实体性质与特征），具备四个特点（即广、新、准、实）。其中，"广"即收词广泛，应录尽录，要涵盖重要地名类别及其主要地名；"新"即资料新、信息新，要充分利用地名普查最新成果，反映全省各地地名的新情况、发展建设取得的新成就；"准"即实事求是、表述准确、考证严谨，要求词目释文中的资料、数据翔实有据，表述准确、规范，做到地名拼写准确无误、词条诠释准确无误；"实"即具有实用性。在采词、释文内容和词目编排上都力求符合读者需要，便于读者使用，使之有较高的实用和收藏价值。

　　本次《山东省标准地名诠释》编纂得到多方面的支持，全省各级地名主管部门的领导和地名工作者，不辞辛苦，埋头于本书所需资料的搜集、整理，根据《山东省标准地名诠释》的编写要求，认真组织撰稿，力求做到精益求精。在此，我们对为本书的编纂、出版工作提供了帮助和支持的所有单位、领导和工作人员，表示诚挚的感谢。编纂出版《山东省标准地名诠释》工作任务重、涉及内容多、标准要求高，限于我们的人员专业水准和时间等因素，书中难免存在错误或不足，恳请广大读者批评指正。

凡　例

一、《山东省标准地名诠释》采收山东省 17 市 137 县（市、区）范围内，包括乡镇以上行政区划名称、主要的居民点和自然实体及主要社会、经济设施等重要地名词条，按照行政区域划分和地名类别特点分列 18 卷。

二、采收地名分为六个大类：

1. 政区类：包括山东省政区建制镇、乡、街道及以上全部行政区划单位；国家和省正式批准的各类经济功能区（含开发区、高新区、工业区、保税区、科技园区、新区等）；1949—2014 年间曾经设立而现已废置的地区行署、县级和乡级行政区，特指被撤销建制、被合并或拆分不继续使用原专名的情况。另，城乡社区是社会治理的基本单元，故也收录了部分建有综合服务中心且统一开展基本公共服务的社区名称。

2. 居民点类：具有地标意义或文化意义的住宅区；镇、乡人民政府驻地居民点；经省级以上人民政府或有关部门批准的"历史文化名村""传统村落"；具有明显特点的非镇、乡驻地的居民点（如：文化底蕴浓厚、存续历史悠久、人口数量多、占地面积广、重要历史事件发生地、名人故里、重要少数民族聚居地、交通要口、物资集散地、土特产品产地等）等。

3. 交通运输类：包括城市道路与城镇街巷、铁路、公路、航道、桥梁、车站、港口、机场等。城市道路收录市辖区城区内的快速路、主干道、次干道，县和县级市驻地城区主干道，及其他具有突出特色的一般街巷；铁路收录公开运营的国有铁路（含高铁、干线、支线和专用线）和地方铁路；公路收录省级以上普通公路、高速公路；桥梁和立交桥只收录规模大、历史久、有特色的；隧道只收录 500 米以上的及其他有特色的；港口只收年吞吐量在 10 万吨以上的；码头、船闸只收录大型的、特别重要的；渡口只收录正在使用的重要渡口。

4. 自然地理实体类：包括平原、盆地、山地、丘陵、沼泽、洞穴、河流、峡谷、三角洲、湖泊、陆地岛屿、瀑布、泉、海、海湾、海峡、海洋岛屿、半岛、岬角等。其中河流主要收录长度在 30 千米及以上的，以及具有航运价值的人工水道；湖泊主要收录面积在 3 平方千米及以上的。

5. 名胜古迹、纪念地和旅游地类：包括纪念地、重点文物保护单位、风景名胜区、重要景点和一般名胜古迹、自然保护区。其中纪念地收录市级及以上级别的；重点文物保护单位收录经过正式批准的市级（含）以上的；城市公园收录 AAA 级以上的；风景名胜区、自然保护区收录经过正式批准的国家和省级的词条。

6. 农业和水利类：包括农场、牧场、林场、渔场、水利枢纽、水库、灌区、渠道、堤防（海塘）等。其中水库收录库容 0.5 亿立方米以上的，灌区收录 3 平方千米以上的。

三、词目排列按分市与分类相结合的原则。即先将全部词目按市大类划分，大类下面分亚类，亚类下面再分小类。在同一亚类或小类词目中，先排全市性的大条目，再按区、县、街道、镇、乡的顺序排出市内条目。各市跨区县的条目在市本级单独排列。

四、本地名诠释资料截止日期为 2014 年 12 月 31 日，所选地名主要来源于第二次全国地名普查成果，主要兼顾反映普查成果和普查期间地名的存量情况，其中少量地名为非标准地名，此类地名需标准化处理，不作为判定标准名称的依据。

五、按照词条释文编写规则，本书相关词条中所列人口数做了技术处理，均为约数，不作为人口统计的依据。

六、本地名诠释中地名罗马字母拼写，遵从《中国地名汉语拼音字母拼写规则（汉语地名部分）》的规定。一般地名的专名与通名分写。专名和通名中的修饰、限定成分，单音节的与其相关部分连写，双音节和多音节的与其相关部分分写；通名已专名化的，按专名处理，居民点中的村名均不区分专名和通名，各音节连写。

地名用字的读音以普通话法定读音为主，同时适当考虑地方读音，如"崖"我省部分地区的地名中读"yái"，标准读音为"yá"；"垓"我省部分地区的地名中读"hǎi"，标准读音为"gāi"；"国"我省部分地区的地名中读"guī"，标准读音为"guó"；"郝"我省部分地区的地名中读"hè"，标准读音为"hǎo"，等等。

七、在每卷卷首，均有本卷地名的词目表。为方便读者检索，在每卷卷末，设有本卷地名的汉语拼音音序索引。

菏泽市卷　目录

一　政区

菏泽市

菏泽市 371700

[Hézé Shì]

山东省辖市。北纬 34°39′—35°52′，东经 114°45′—116°25′。在省境西南部。面积 12 238 平方千米。户籍人口 990.6 万，常住人口 843.8 万。以汉族为主，还有回、满、哈萨克、壮、蒙古等民族。辖牡丹 1 区，曹、单、成武、巨野、郓城、鄄城、定陶、东明 8 县。市人民政府驻牡丹区。西周为曹（今定陶）、贯（今曹县）、黎（今郓城西）、郜（今成武东南）等国地。战国置陶郡。秦分属东郡、砀郡。西汉建元三年（前 138）置济阴郡，治定陶。北魏析置北济阴郡，济阴郡移治左城（今曹县西北），北济阴郡治单父（今单县）。隋复并为济阴郡，于左城置济阴县为郡治。唐武德初改郡为曹州。北宋崇宁初升为兴仁府。金天会八年（1130）复为曹州。大定八年（1168）因水患徙曹州和济阴县治所于乘氏城（今菏泽城区）。明洪武元年（1368）废济阴县。四年（1371）降曹州为县。正统十一年（1446）复置曹州，属兖州府。清雍正十三年（1735）升曹州为曹州府。1914 年主属济宁道。1925 年属曹濮道。1928 年属省。1936 年属第二行政督察区，专员公署驻菏泽。1939—1941 年属鲁西行政区。1941—1949 年分属冀鲁豫行政区第五、第二专区。1949 年分属平原省菏泽专区及湖西专区。1952 年平原省撤销，划归山东省，菏泽专区辖菏泽、曹县、定陶、单县、鄄城、东明、梁山等县。1953 年湖西专区撤销，成武、巨野 2 县划入菏泽专区。1958 年菏泽专区撤销，1959 年恢复。1967 年改专区为地区。1989 年梁山县划归济宁市。2000 年撤销菏泽地区和县级菏泽市，设立地级菏泽市和牡丹区。（资料来源:《中华人民共和国地名大词典》《山东省菏泽地名志》）。"菏泽"原系天然古泽，为"菏山"和"雷泽"简称。地势自西南向东北逐渐降低，呈簸箕形。除巨野县东南有 10 平方千米左右低山残丘外，其余均为平原，平均海拔 54 米。年均气温 14.1℃，1 月平均气温 -0.6℃，7 月平均气温 26.9℃。年均降水量 654.5 毫米。年均无霜期 288 天。有黄河、东鱼河、洙赵新河、万福河、太行堤河流经。有石油、天然气、煤、地热、矿泉水、铁矿、岩盐、石灰石、黏土等矿产资源。有野生植物数百种。有野生动物 200 余种，其中国家重点保护野生动物有 10 余种。森林覆盖率 33.9%。有高等院校 5 所，中小学 1994 所，图书馆 10 个，博物馆 9 个，档案馆 9 个，知名文艺团体 12 个，体育场馆 9 个，三级以上医院 3 个。有安邱堌堆遗址、定陶王墓地（王陵）等国家级文物保护单位 6 个，尹庙村伊尹墓等省级文物保护单位 48 个，有国家级爱国主义教育基地、纪念地 1 个、省级爱国主义教育基地 5 个，有国家级传统村落 2 个、千年古镇 26 个，省级历史文化名村 2 个、传统村落 5 个、千年古镇 7 个，麒麟传说、山东古筝乐、商羊舞等国家级非物质文化遗产 27 个，伯

1

乐传说、包楞调等省级非物质文化遗产 54 个，重要古迹、景点 12 个，三星级酒店 17 个。三次产业比例为 11.9∶53.6∶34.5。农业以小麦、玉米、大豆、棉花、花生、蔬菜、西瓜种植为主，是山东省重要产棉区之一，是著名的"中国牡丹之乡"已成为集生产、科研、出口和旅游为一体的大型牡丹花卉基地。畜牧业以养殖鲁西南大黄牛、青山羊、小尾寒羊为主。服务业以商业为主。有省级开发区 6 个。境内有铁路 250 千米，公路 5 824 千米，高速 309.4 千米。铁路京九线、新兖线，济广高速、日兰高速、菏东高速、105 国道、106 国道、220 国道、327 国道过境。

菏泽 371700-Z01
[Hézé]

别名曹州。菏泽市聚落，在市境中部。面积 398 平方千米，人口 77.1 万。以汉族为主，还有回、蒙古、满等民族。据《菏泽县志》载："菏泽旧址在城北二十五里……今所谓句阳店也。北魏太和十二年（488）始迁乘氏县于今城，历周、隋、唐、后梁、晋、周、宋、金、济阴一郡或曰州、曰军、曰府，历代叠易，而独乘氏一县，递属州郡，迄六百余年而其名不变。"金大定六年（1166），省乘氏入济阴县。又二年，黄河泛滥，曹州太守赵世安"徙州与县"于今城，这是本城第一次做曹州驻地。自此又同时为济阴县驻地 200 年。明、清至民国，先为曹州治，后又为曹州府和菏泽县驻地。明洪武元年（1368）"以河患省济阴入州"。曹州先迁安陵镇（今大黄集乡安陵），后又迁盘石镇（今曹县城）。今城改称古雄镇达 79 年。明正统十年（1445）于今城复置曹州，这是今城第二次为州驻地。1446 年起，原曹县知事范希正迁任知州，营立城池，一再增筑，历时 60 余年，至明正德七年（1512）始告成，奠定了今城基础。城墙高二丈五尺，堞高五尺，城壕深一丈五尺，

宽四丈，建有四门，上建城楼，门外有吊桥，城四角筑有敌台。清乾隆三十二年（1767），知府樊浚因土城之旧，外加砖瓦，周长一千八百七十二丈，门楼、角楼各四所，设炮台 26 座，雉堞 3 134 个，有儿女墙，城下有马道八条。1938 年、1945 年城墙两次拆除，逐又复建，1948 年第三次拆除，今遗址尚存。城内街道纵横，相互交叉，状若方卦。交叉点称隅首，共 23 个，以隅首为界，街分数段，各段长短大体相等，原通名叫巷，东西巷 32 条，南北巷 26 条，共 58 条。清末改巷称街，1933 年统一命街名，东西街 36 条，南北街 36 条，共 72 条。1949 年后，先后开辟、拓宽取直部分街道，并改造为砖渣路和灰土路面。1956 年拓宽街道 19 条，加高路基 13 条，开辟四关道路 6 条，每条宽 8 米、长 1.6 千米。1965 年修筑东方红大街。1978 年拓宽、取直、新建、翻修一批高标准的市内道路。1985 年菏泽城区 49 条主要街道全部改为沥青路面。1992 年以太原路为界，西为牡丹区，东为菏泽开放开发综合试验区，建设新城区。因古代境内有菏泽、雷泽、大野泽等众处泽薮而得名。（资料来源：《中华人民共和国地名大词典》《山东省菏泽地名志》）。有菏泽大剧院等标志性建筑物。以赵王河为依托，自南向北将天香公园、新天地公园、冀鲁豫边区革命纪念馆、新世纪公园以及赵王河下游生态景观融为一体，形成菏泽城区最具现代化气息、地方特色和生态价值的重要景观带和生态走廊。城市核心区以赵王河为轴，在赵王河两侧从北向南依次为市级行政中心、文化中心、商务中心。其中，赵王河以东、火车站以西、中华路两侧，形成以中华路为核心的市级商业金融服务中心。有铁路、公路等运输方式，四通八达。

旧地名

湖西专区（旧） 371700-U01
[Húxī Zhuānqū]

在山东省西南部。属平原省、山东省。1939 年 7 月置湖西特区。1940 年改置湖西专区，专署驻单县。辖单县、单西办事处、曹芳办事处、金乡县、鱼台县、沛滕县、丰县、沛铜县、砀山县等。1952 年 11 月平原省撤销，划属山东省。1953 年 7 月撤销，所辖区域分别划入济宁、菏泽 2 专区。

菏泽专区（旧） 371700-U02
[Hézé Zhuānqū]

在山东省西南部。1949 年设菏泽专区，专署驻菏泽县。1952 年 11 月平原省撤销，划归山东省。辖菏泽、鄄城、郓城、梁山、南旺、定陶、曹县、单县、嘉祥、成武、巨野、复程、鱼台、金乡 14 县。1953 年 7 月将金乡、鱼台、嘉祥 3 县划属济宁专区，同时南旺县撤入梁山、嘉祥县。1956 年 3 月复程县撤入曹县、单县。1958 年 12 月撤销菏泽专区，并入济宁专区。1959 年 9 月恢复菏泽专区。1963 年 3 月东明县由河南省划入。1967 年 3 月改设菏泽地区。2000 年 6 月撤销菏泽地区，改置地级菏泽市。

复程县（旧） 371700-U03
[Fùchéng Xiàn]

在山东省西南部。属湖西专区。1945 年 9 月析曹县 7 个行政区域置。1956 年 3 月撤销，其辖区分别划入单县、曹县。

齐滨县（旧） 371700-U04
[Qíbīn Xiàn]

在山东省西南部。属湖西专区。1943 年 8 月析曹县西北部二、三、四区置。1949 年 11 月撤销，所辖区域全部划入曹县。

菏泽县（旧） 371700-U05
[Hézé Xiàn]

在山东省西南部。属菏泽地区。雍正十三年（1735）曹州直隶州升为曹州府，以原州治所在地置菏泽县以为府治。1958 年菏泽县改市。1963 年 3 月撤市复县。1983 年 10 月又撤县改为菏泽市（县级）。2000 年 6 月撤销县级菏泽市，改置牡丹区。

牡丹区

牡丹区 371702
[Mǔdān Qū]

菏泽市人民政府驻地。在市境中部。面积 1 428 平方千米。人口 135.6 万。以汉族为主，还有回、满等民族。辖 10 街道、13 镇、1 乡。区人民政府驻西城街道。1949 年临泽县改为菏泽县，安陵县并入，南华县大部并入，郓巨县部分并入，同年 8 月菏泽县属平原省菏泽专区，为专署驻地。1952 年平原省撤销，划归山东省。1958 年属济宁专区。1959 年菏泽专区恢复，仍为专署驻地。1960 年改县为市。1963 年撤市复县。1967 年属菏泽地区。1983 年复改县为市。2000 年撤销菏泽地区和县级菏泽市，设立地级菏泽市及下辖牡丹区，以原县级菏泽市的行政区域为牡丹区。因境内盛产牡丹，且被誉为"牡丹之乡"，故名。黄河、洙赵新河、东鱼河、万福河从区境内穿过。有省级科研单位 2 个。有高等院校 5 所，中小学 256 所，图书馆 1 个，体育场馆 1 个，知名文艺团体 144 个，三级以上医院 1 个。有省级文物保护单位 10 个，有国家级爱国主义教育基地、纪念地 1 个，省级爱国主义教育基地、纪念地 1 个，国家级非物质文化遗产 5 个、省级非物质文化遗产 6 个，重要古迹、景点 2 个。整体布局呈"井"字与"回"字相结合的棋盘式格局，环城公园绕老城区一周。三次产业比例为 10.3：36.8：52.9。农业以种植业为主。工业以煤电化工、医药化工、农副产品加工、机械电子新材料四大主导产业为主，有高新化工产业园、食品加工产业园、机电加工产业园、木材加工产业园、粮食深加工产业园、牡丹文化旅游产业园、仓储物流配套产业园、商贸物流配套产业园八大园区。服务业以商贸为主，主要出口产品有芦笋、甘蓝、罐头、铜带、家具等 7 大类 60 余个产品。有省级开发区 2 个。有菏泽汽车西站，有多条公交线路。

菏泽市经济开发区 371702-E01

[Hézé Shì Jīngjì Kāifāqū]

在区境东北部。东至郓城县、巨野县，南至定陶县、曹县，西部至菏泽高新技术产业开发区，北至鄄城县。面积 14 860 公顷。因所在政区和功能性质得名。1992 年 7 月经省政府正式批准建立省级开发区，由市级政府管理。初步形成了以新能源、新材料、芳烃综合利用、烯烃利用、碳一化工、生物控释肥为主的新能源新材料产业，以医药研发、生物制药、生物原料、生物诊断试剂、小分子药物、现代中药、医疗器械、大健康为主的生物医药产业，以机器人、激光器、无人机、内燃机零部件、压力容器、矿山设备、电子元器件等为主的机电设备制造产业。有规模以上企业 137 家，其中，有富士康、中国建材集团、国药集团和日本丸红等世界 500 强企业，DNA 检测试剂、盛百灵重大疾病诊断试剂、普华制药、道中道生物原料和高端激光器、天宇铝塑膜和宽温幅锂电池、北新汇隆新型建材、山东西部智能机器人、中孚航空无人机、玉皇新能源锂电池、云百草生物科技、广药集团中药分离提取中心、沃特玛动力电池等大项目。交通便利，通公交车。

菏泽高新技术产业开发区 371702-E02

[Hézé Gāoxīnjìshù Chǎnyè Kāifāqū]

在区境西部。东至昆明路，西至西调水干线（吕陵镇与东明县分界河），南至兖州铁路，北至菏东高速。面积 12 800 公顷。2008 年 1 月经省政府正式批准建立省级开发区，由市级政府管理。是国家火炬生物医药特色产业基地、国家级知识产权集群化管理试点区、山东省第一批生物高技术产业基地、省级可持续发展实验区、山东省创新药物（菏泽）孵化基地、省级战略性新兴产业（生物医药）示范基地、省级首批海智工作基地。生物医药产业形成了以步长制药、誉衡药业、润泽制药、华信制药等为龙头的现代中药生产基地和原料药生产基地。新材料产业加快培育，华盛荣镁合金公司完成与宝钢、北汽、中航工业 3 家世界 500 强企业的合作；天和铜箔公司为全国首家、国际一流的高精压延电子铜箔生产、研发企业；另有高铁刹车片、电子敏感材料、超高温耐火材料等重点产业。交通便利，通公交车。

西城街道 371702-A01

[Xīchéng Jiēdào]

牡丹区人民政府驻地。在区境西部。面积 22 平方千米。人口 5.1 万。以汉族为主，还有回族。2000 年设立。因处于城区西部，故名。有中小学 10 所，文化馆 1 个，图书馆 1 个，体育场馆 1 个，知名文艺团体 2 个，医疗卫生机构 7 个。有重要古迹西门里清真寺、凤嘴堌堆遗址、山东省立第六中学旧址等。经济以商贸物流、三产服务业、房地产、建材、食品加工为主。有菏泽汽车西站，通公交车。

东城街道 371702-A02
[Dōngchéng Jiēdào]

属牡丹区管辖。在区境东部。面积 12 平方千米。人口 8.1 万。以汉族为主，还有回族。2000 年设立。因位于城区东部得名。有中小学 9 所，医疗卫生机构 25 个。有爱国主义教育基地晋冀鲁豫纪念馆。经济以商贸物流、三产服务业、房地产、建筑业、金融业、交通运输业为主。通公交车。

南城街道 371702-A03
[Nánchéng Jiēdào]

属牡丹区管辖。在区境南部。面积 13 平方千米。人口 6.9 万。以汉族为主，还有回族。2000 年设立。因位于菏泽城区南部得名。万福河、洙水河从境内穿过。有中小学 7 所，图书馆 1 个，医疗卫生机构 10 个。经济以房地产、金融、建筑业、食品加工、医药、批发零售业等为主。通公交车。

北城街道 371702-A04
[Běichéng Jiēdào]

属牡丹区管辖。在区境北部。面积 12 平方千米。人口 4.5 万。以汉族为主、还有回族。2000 年设立。因位于菏泽城区北部得名。有中小学 6 所，医疗卫生机构 5 个。有重要古迹接官厅遗址、肖氏宅院。农业以环保、生态农业为主，种植小麦、玉米、芹菜、黄瓜、西红柿。有房地产、建筑业、批发零售业等。通公交车。

牡丹街道 371702-A05
[Mǔdān Jiēdào]

属牡丹区管辖。在区境北部。面积 63 平方千米。人口 6.9 万。以汉族为主，还有回族。1995 年设立。因辖区为全国著名的牡丹生产、栽培、科研基地而得名。安兴河从境内穿过。有高等院校 2 所，中小学 12 所，医疗卫生机构 2 个。有重要古迹桂陵之战遗址，曹州牡丹园、百花园、古今园等旅游资源。农业以环保、生态农业为主，种植小麦、玉米、大豆、花生等，主产牡丹、芍药等花卉，为全国著名的牡丹生产、栽培、科研基地，有中国（菏泽）林产品交易会常设会址中国林展馆。通公交车。

万福街道 371702-A06
[Wànfú Jiēdào]

属牡丹区管辖。在区境西北部。面积 47 平方千米。人口 5.3 万。2004 年设立。因境内有万福河而得名，寓意百姓长久幸福。七里河、小黑河、贾河、万福河从境内穿过。有中小学 3 所，医疗卫生机构 17 个。有重要古迹赵登禹将军纪念碑。农业主产水稻、甜瓜、西瓜、小麦、玉米、大豆、花生。工业有医药、化工、机械制造、食品加工等产业。通公交车。

何楼街道 371702-A07
[Hélóu Jiēdào]

属牡丹区管辖。在区境南部。面积 84 平方千米。人口 8.1 万。2004 年设立。因何楼集而得名。万福河、王秀生河从境内穿过。有中小学 14 所，医疗卫生机构 1 个。农业主要种植小麦、玉米、大豆、花生等，盛产棉花、辣椒，养殖牛、猪、羊、鸡、兔、狐狸、鸭、鹅等。工业以化工、纺织、印刷包装、食品加工为主，有制药、地毯加工、食品加工、制罐等大型企业。服务业以商贸等为主，是重要的商品集散地和贸易中心。通公交车。

丹阳街道 371702-A08
[Dānyáng Jiēdào]

属牡丹区管辖。在区境东部。面积 45 平方千米。人口 10.7 万。以汉族为主，还有回族。1983 年设立。因地处菏泽城区东郊，名取"丹凤朝阳"之意。赵王河、万福河、洙水河从境内穿过。有中小学18所，医疗卫生机构17个。有重要古迹元代古沉船、卞氏宗祠、古柿树等。有菏泽大剧院、演武楼等标志性建筑物。农业以种植小麦、玉米、大豆、棉花、花生为主。工业以生物医药产业和精细化工产业为主。服务业以商贸、金融等为主。有菏泽站，通公交车。

岳程街道 371702-A09
[Yuèchéng Jiēdào]

属牡丹区管辖。在区境东部。面积53平方千米。人口6.2万。以汉族为主，还有回族。2001年设立。因辖区内岳程庄得名。有中小学10所，医疗卫生机构2个。有重要古迹凝香园、冉仲弓庙、坡刘堌堆、冉雍故里碑。农业以种植小麦、玉米、绿化苗木、牡丹花卉、鸡皮糙山药等，饲养猪、牛、羊为主。工业以煤炭加工、化工、纺织服装、机械电子为主。通公交车。

佃户屯街道 371702-A10
[Diànhùtún Jiēdào]

属牡丹区管辖。在区境东南部。面积54平方千米。人口6.2万。以汉族为主，还有回族。2001年设立。因史载孔府在此屯田征粮而得名。万福河、东渔河、王秀生河、洙水河从境内穿过，有雷泽湖。有中小学9所，医疗卫生机构2个。有国家级文物保护单位安邱堌堆遗址。经济以化工、机械加工、食品加工、建筑材料加工为主。农业以种植小麦、玉米、黄瓜、苦瓜、西红柿，养殖猪、牛、羊、家禽为主。在雷泽湖周围重点发展商贸物流和商住开发等二、三产业，在辖区西南重点发展绿色蔬菜果品区、观光旅游休闲区、高科技农业生态园区。通公交车。

沙土镇 371702-B01
[Shātǔ Zhèn]

牡丹区辖镇。在区境东北部。面积160平方千米。人口9.9万。以汉族为主，还有回、蒙古、满、苗等民族。辖40村委会，有136自然村。镇人民政府驻沙土集村。1949年属十二区。1952年始设沙土乡。1958年改公社。1984年改置镇。2001年撤新兴乡，并入沙土镇。以镇政府驻地得名。有中小学21所，医院2个。有古迹太清观碑、清浪集牌坊。经济以农业为主，种植小麦、玉米、胡萝卜、甘蓝、山药等。土特产有沙土瓜子、蔬果汁、芦笋等。工业有板材加工、食品加工、能源化工、针织厂等企业。新兖石铁路、日东高速、327国道过境。设沙土集客运站。

吴店镇 371702-B02
[Wúdiàn Zhèn]

牡丹区辖镇。在区境西北部。面积58平方千米。人口5.8万。以汉族为主，还有回、蒙古、藏、苗等民族。辖38村委会，有89自然村。镇人民政府驻吴店村。1952年设吴店乡。1958年并入杜庄、小留、吕陵3公社。1979年析设吴店公社。1984年复设乡。1995年撤吴店乡，设立吴店镇。2000年菏泽撤地设市，原刘寨乡并入。以镇政府驻地得名。洙赵新河、安兴河从境内穿过。有省级企业技术中心1个。有中小学9所，卫生院1个。农业主要种植小麦、玉米、大豆、花生、棉花，是牡丹区优质玉米、小麦粮种生产基地。工业有铜带加工、化工、木业、地毯加工等。服务业以商贸为主，主要出口精密水箱带、地毯、中密度纤维板。省道菏刘公路过境。

王浩屯镇 371702-B03
[Wánghàotún Zhèn]

牡丹区辖镇。在区境西南部。面积77平方千米。人口5.9万。辖49村委会，有67自然村。镇人民政府驻王浩屯村。1949年属区。1957年设王浩屯乡。1958年改公社。1980年复设乡。1985年改置镇。以镇政府驻地得名。刁屯河、王秀生河、西大沟从境内穿过。有中小学11所，图书馆1个，卫生院2个。有古迹龙王庙。经济以农业为主，主要种植小麦、玉米、大蒜、辣椒、西瓜等，是鲁西黄牛、波尔山羊、小尾寒羊繁育养殖基地。工业有农产品加工、轻纺制衣、塑料制品、机械加工等企业。日东高速、220国道过境。

黄堽镇 371702-B04
[Huánggāng Zhèn]

牡丹区辖镇。在区境北部。面积81平方千米。人口8.5万。辖49村委会，有87自然村。镇人民政府驻黄堽村。1957年撤区并乡，由5区38个村并为黄堽乡。1958年由小留、黄堽两乡成立小留人民公社。1979年成立黄堽人民公社。1983年撤社建乡时，改为黄堽镇。2000年侯集乡并入。因镇政府驻地得名。洙赵新河、七里河、安兴河、徐河从境内穿过。有中小学16所，医院2个。经济以农业为主，主产西瓜、牡丹、小麦、玉米、棉花、花生、花卉苗木、林果等，早春西瓜获国家绿色食品发展中心认证，为鲁西黄牛、青山羊、小尾寒羊繁育基地。工业有造纸、印花、牡丹深加工、建筑材料加工等企业。国道临商路过境。

都司镇 371702-B05
[Dūsī Zhèn]

牡丹区辖镇。在区境北部。面积33平方千米。人口4.2万。辖23村委会，有55自然村。镇人民政府驻周庄。1957年设都司乡。1958年改公社。1984年复设乡。1995年撤乡设镇。以镇政府原驻地得名。徐河、洙赵新河、安兴河从境内穿过。有中小学8所，图书馆1个，卫生院1个。经济形成林业、畜牧养殖、苗木花卉、蔬菜大棚种植四大主导产业。农业主产小麦、玉米、胡萝卜、甘蓝、山药，土特产有晚秋黄梨、吊瓜等。饲养猪、牛、羊等。工业以棉纺、化工、裘皮服装、木材深加工为主。京九铁路、日东高速、德商高速、220国道过境。

高庄镇 371702-B06
[Gāozhuāng Zhèn]

牡丹区辖镇。在区境西北部。面积91平方千米。人口6.8万。辖34村委会，有106自然村。镇人民政府驻高庄。1958年改公社。1984年改置镇。2000年撤销白虎集乡，并入高庄镇。以镇政府驻地得名。洙赵新河从境内穿过。有中小学13所，卫生院2个。农业以种植小麦、玉米、水稻、棉花、蚕桑、蔬菜等为主。工业有化工、纺织、机械加工、木器加工、面粉加工等企业。服务业以商贸为主，有大型集贸市场5个。327国道、省道刘民路过境。

小留镇 371702-B07
[Xiǎoliú Zhèn]

牡丹区辖镇。在区境北部。面积76平方千米。人口5.9万。以汉族为主，还有回族。辖38村委会，有76自然村。镇人民政府驻小留集村。1949年属九区。1957年设小留乡。1958年改公社。1984年改置镇。2000年撤销马村集乡，并入小留镇。以镇政府驻地得名。徐河从境内穿过。有中小学11所，医院1个。有市级文物保护单位汉句阳县故址。农业以种植小麦、玉米、棉花、花生、牡丹、芍药、蔬菜、瓜果为主，有菏泽市面积最大的油用牡丹种植示范基地，养殖鲁西黄牛、青山羊、小尾寒羊。工业以纺织、家用电器配件加工、养殖加工、食品加工、木业、板材加工、钢材加工为主。有公路经此。

李村镇 371702-B08
[Lǐcūn Zhèn]

牡丹区辖镇。在区境西北部。面积 117 平方千米。人口 6.7 万。以汉族为主，还有回、蒙古等民族。辖 32 村委会，有 71 自然村。镇人民政府驻李村集。1963 年析高庄公社设李村公社。1984 年改置镇。2001 年原李村镇和原李庄集镇合并为李村镇。以镇政府驻地得名。洙赵新河、南底河、渔沃河、徐河从境内穿过。有中小学 15 所，医院 2 个。有重要古迹李勋墓、庄子台、障东堤、临济寺、王刘庄草寺遗址等。农业主产小麦、玉米、大豆、花生、地瓜等。工业有以纺织、纺纱为主体的棉纺加工业区和以保温、碱棉厂为主体的保温材料工业园。服务业以商贸为主。省道刘民公路过境。

马岭岗镇 371702-B09
[Mǎlǐnggǎng Zhèn]

牡丹区辖镇。在区境西南部。面积 108 平方千米。人口 9.9 万。以汉族为主，还有回族。辖 66 村委会，有 168 自然村。镇人民政府驻马岭岗村。1949 年属三区。1957 年设马岭岗乡。1958 年改公社。1984 年改置镇。2001 年原马岭岗镇、二郎庙乡、解元集乡合并成立现在的马岭岗镇。以镇政府驻地得名。贾河、万福河、七里河、沙河、刁屯河从境内穿过。有省级技术研究中心 1 个。有中小学 20 所，卫生院 2 个。有省级文物保护单位青邱堌堆汉代遗址，重要古迹冤句故城、八庙台、黄巢庙遗址。农业以种植玉米、小麦、蔬菜为主，产苹果、大葱、大蒜。工业有机械制造、橡胶加工、

彩印、新能源、化工等企业。服务业以商贸物流为主，境内有商贸物流产业区——牡丹区工业园。新兖石铁路、220 国道过境。

安兴镇 371702-B10
[Ānxīng Zhèn]

牡丹区辖镇。在区境东北部。面积 58 平方千米。人口 5.1 万。辖 31 村委会，有 64 自然村。镇人民政府驻安兴村。1949 年属区。1957 年设安兴乡。1958 年改公社。1984 年改置镇。以镇政府驻地得名。安兴河、丰产河、太平溜从境内穿过。有中小学 10 所，卫生院 1 个。农业以种植小麦、玉米、蔬菜为主，特色种植吊瓜及海棠、樱花、牡丹等观赏苗木，黄连木、红叶李、红叶石榴等高档名贵绿化苗木，土特产有晚秋黄梨、吊瓜等。畜牧业以饲养猪、牛、羊为主。工业以皮革加工、羊毛绒加工、纺织服装、建筑材料生产为主，境内有安兴工业园。日东高速、济菏高速、德商高速过境。

大黄集镇 371702-B11
[Dàhuángjí Zhèn]

牡丹区辖镇。在区境西南部。面积 92 平方千米。人口 4.8 万。辖 36 村委会，有 52 自然村。镇人民政府驻大黄集村。1949 年属七区。1957 年设黄集乡。1958 年并入王浩屯公社。1963 年析设大黄集公社。1984 年改设乡。1995 改置镇。以镇政府驻地得名。东渔河从境内穿过。有国家级技术研究中心 1 个。有中小学 7 所、卫生院 1 个。有古迹临济寺、黄河故道、王刘庄草寺遗址等。农业主要种植小麦、玉米、花生等，养殖猪、牛、羊等。工业形成木材加工、面粉加工、冷食生产三大支柱产业。240 国道过境。

吕陵镇 371702-B12

[Lǚ Líng Zhèn]

牡丹区辖镇。在区境西部。面积 81 平方千米。人口 10.5 万。辖 41 村委会，有 98 自然村。镇人民政府驻朱海村。1949 年设第六区署。1957 年撤区并乡，合并为吕陵乡。1958 年成立上游人民公社。1959 年更名吕陵人民公社。1983 年 12 月撤销吕陵人民公社，设立吕陵镇，并划出贾坊等 43 个自然村建贾坊乡。2001 年贾坊乡并入。以镇政府原驻地吕陵店得名。万福河从境内穿过。有中小学 15 所，医院 2 个。农业以种植水稻、瓜菜为主，产甜瓜、西瓜、优质水稻、小麦、玉米、大豆、花生。工业有纺织、建材、化工、机械制造、食品加工等企业。服务业以商贸为主，有生产企业直销中心、商品采购中心、仓储物流中心，经营农资、建材、工艺品、饰品、玩具、花艺、百货等商品，是鲁西南新型商贸物流中心。新石铁路、日东高速、省道菏东公路过境。

胡集镇 371702-B13

[Hújí Zhèn]

牡丹区辖镇。在区境东北部。面积 49 平方千米。人口 4.1 万。以汉族为主，还有回族。辖 10 村委会，有 44 自然村。镇人民政府驻胡集村。1952 年设胡集乡。1958 年都司、安兴 2 公社并入。1979 年析设胡集公社。1984 年复设乡。1989 年东马垓并入胡集乡。2010 年改置镇。以镇政府驻地得名。徐河、临濮沙河、洙赵新河从境内穿过。有中小学 9 所，卫生院 1 个。有古迹雷泽古寺、尧帝陵、伏羲园。农业主产小麦、玉米、花生、棉花、蔬菜，畜牧业以饲养猪、牛、羊为主。工业以木材加工、纺织加工、皮毛加工、化工、塑料制品、建筑材料生产为主。服务业以经营日用百货、餐饮等为主。德商高速、220 国道过境。

皇镇乡 371702-C01

[Huángzhèn Xiāng]

牡丹区辖镇。在区境东部。面积 42 平方千米。人口 4.1 万。辖 18 村委会，有 69 自然村。镇人民政府驻皇镇村。1957 年设皇镇乡。1958 年并入沙土、辛集公社。1979 年析设皇镇公社。1984 年复设乡。以镇政府驻地得名。有中小学 7 所，医院 2 个。农业主要种植小麦、玉米、山药、洋葱、大蒜等，"鸡皮梢"山药属当地传统优良品种。工业以化工、建材、木板加工为主。还有食品加工、五金加工、建筑等企业，境内有临港经济园区、循环经济产业园。新石铁路、日东高速、菏兰高速、德商高速、327 国道过境。

旧地名

辛集镇（旧） 371702-U01

[Xīnjí Zhèn]

牡丹区辖镇。在区境东部。1952 年设立。2001 年撤销，并入岳程街道。

李庄集镇（旧） 371702-U02

[Lǐzhuāngjí Zhèn]

牡丹区辖乡。在区境东北部。1984 年设立。2001 年撤销，并入李村镇。

金堤镇（旧） 371702-U03

[Jīndī Zhèn]

牡丹区辖乡。在区境西南部。1979 年设立。2001 年撤销，并入何楼街道。

杜庄乡（旧） 371702-U04

[Dùzhuāng Xiāng]

牡丹区辖乡。在区境西北部。1957 年设立。2001 年撤销，并入万福街道。

白虎集乡（旧） 371702-U05

[Báihǔjí Xiāng]

　　牡丹区辖乡。在区境西北部。1952 年设立。2000 年撤销，并入高庄镇。

刘寨乡（旧） 371702-U06

[Liúzhài Xiāng]

　　牡丹区辖乡。在区境北部。1984 年设立。2000 年撤销，并入吴店镇。

侯集乡（旧） 371702-U07

[Hóují Xiāng]

　　牡丹区辖乡。在区境东北部。1984 年设立。2000 年撤销，并入黄堽镇。

新兴乡（旧） 371702-U08

[Xīnxīng Xiāng]

　　牡丹区辖乡。在区境东北部。1957 年设立。2001 年撤销，并入沙土镇。

庞王庄乡（旧） 371702-U09

[Pángwángzhuāng Xiāng]

　　牡丹区辖乡。在区境东北部。1952 年设立。2001 年撤销，并入牡丹街道。

二郎庙乡（旧） 371702-U10

[Èrlángmiào Xiāng]

　　牡丹区辖乡。在区境西南部。1984 年设立。2001 年撤销，并入马岭岗镇。

解元集乡（旧） 371702-U11

[Jièyuánjí Xiāng]

　　牡丹区辖乡。在区境西南部。1984 年设立。2001 年撤销，并入马岭岗镇。

马村集乡（旧） 371702-U12

[Mǎcūnjí Xiāng]

　　牡丹区辖乡。在区境北部。1984 年设立。2000 年撤销，并入小留镇。

社区

龙厅社区 371702-A01-J01

[Lóngtīng Shèqū]

　　属西城街道管辖。在牡丹区西部。面积 1 平方千米。人口 4 900。因社区内有一座龙厅庙而得名。2002 年成立。有楼房 167 栋，现代建筑风格。驻有菏泽一中、菏泽市立分院、牡丹区食品药品监督局、牡丹区第四小学、牡丹区疾控中心等单位。有便民服务。通公交车。2011 年被评为省文明社区。

南华社区 371702-A01-J02

[Nánhuá Shèqū]

　　属西城街道管辖。在牡丹区西部。面积 2 平方千米。人口 11 000。因辖区内有南华公园得名。2002 年成立。有楼房 45 栋，现代建筑风格。驻有曹州书法院、牡丹区粮局、牡丹区第二小学、牡丹区文化馆、牡丹区图书馆等单位。有便民服务。通公交车。2008 年被评为省文明社区。

李峨社区 371702-A01-J03

[Lǐ'é Shèqū]

　　属西城街道管辖。在牡丹区西部。面积 2 平方千米。人口 15 000。因社区办公场所设在李峨村得名。2003 年成立。有楼房 81 栋，现代建筑风格。驻有菏泽市第二小学、牡丹区教育局、牡丹区委区政府、菏泽市军休所、牡丹区实验中学等单位。有便民服务。通公交车。2012 年被评为省文明社区。

百园社区 371702-A01-J04
[Bǎiyuán Shèqū]

属西城街道管辖。在牡丹区西部。面积 2 平方千米。人口 6 400。因百园路得名。2003 年成立。有楼房 126 栋，现代建筑风格。驻有牡丹区民政局、菏泽龙燕化纤有限公司等单位。有便民服务，开展义诊、秧歌表演、预防火灾宣传等活动。通公交车。

民泰社区 371702-A01-J05
[Míntài Shèqū]

属西城街道管辖。在牡丹区西部。面积 2 平方千米。人口 9 000。取国泰民安之意命名。2003 年成立。有楼房 526 栋，现代建筑风格。驻有牡丹区农机局等单位。有志愿者服务。通公交车。

侯店社区 371702-A03-J01
[Hòudiàn Shèqū]

属南城街道管辖。在牡丹区南部。面积 2 平方千米。人口 1 500。因侯氏始祖在通往曹州府大道东侧开设一客店，故取名侯店村，社区沿用村名。2002 年成立。有楼房 8 栋，现代建筑风格。通公交车。2000 年被评为省文明社区。

双井社区 371702-A03-J02
[Shuāngjǐng Shèqū]

属南城街道管辖。在牡丹区中部。面积 0.5 平方千米。人口 4 600。因辖区内双井街得名。2002 年成立。有楼房 41 栋，现代建筑风格。通公交车。2014 年被评为省文明社区。

程堤口社区 371702-A03-J03
[Chéngdīkǒu Shèqū]

属南城街道管辖。在牡丹区南部。面积 1 平方千米。人口 6 700。因姓氏得名程庄，后因村位于护城河堤口附近改名为程堤口，社区沿用村名。2002 年成立。有楼 47 栋，现代建筑风格。驻有牡丹区财政局等单位。通公交车。2014 年被评为省文明社区。

马堤口社区 371702-A03-J04
[Mǎdīkǒu Shèqū]

属南城街道管辖。在牡丹区南部。面积 0.24 平方千米。人口 2 100。因姓氏得名马庄，后因村位于护城河堤口附近改名为马堤口，社区沿用村名。2002 年成立。有楼房 10 栋，现代建筑风格。有便民服务。通公交车。2002 年被评为省文明社区。

中意社区 371702-A03-J05
[Zhōngyì Shèqū]

属南城街道管辖。在牡丹区中部。面积 2 平方千米。人口 4 100。因此处有中意路，故名。2002 年成立。有楼房 86 栋，现代建筑风格。驻有牡丹区劳动技校、牡丹区广播电视台等单位。有志愿者服务。通公交车。

中山社区 371702-A03-J06
[ZhōngShān Shèqū]

属南城街道管辖。在牡丹区南部。面积 1 平方千米。人口 13 000。因此处有中山路，故名。2002 年成立。有楼房 30 栋，现代建筑风格。驻有菏泽市财政局等单位。有便民服务。通公交车。

百花社区 371702-A05-J01
[Bǎihuā Shèqū]

属牡丹街道管辖。在牡丹区北部。面积 0.3 平方千米。人口 1 500。因境内有座百花园得名。2004 年成立。有楼房 585 栋，现代建筑风格。有便民服务。通公交车。2013 年被评为省文明社区。

曹县

曹县 371721
[Cáo Xiàn]

菏泽市辖县。北纬 34°49′，东经 115°32′。在市境西南部。面积 1 974 平方千米。人口 167.5 万。以汉族为主，还有回等民族。辖 5 街道、20 镇、2 乡。县人民政府驻曹城街道。春秋属曹。战国属齐。唐属河南道。宋属应天府。明洪武元年（1368），济阴县并入曹州，因河患移治于安陵。二年，再迁于磐石镇，将楚丘县并入。洪武四年（1371），降曹州为曹县，属济宁府，始得县名，属兖州府。清属曹州府。1914 年属济宁道。1925 年属曹濮道。1928 年属省。1936 年属第二行政督察区。1938 年抗日民主政权于今县境西北部置曹县。1943 年改称齐滨县，同时于今县境南部置曹县，于成武及曹县边区置成曹县，3 县均属冀鲁豫行政区第五专区。1945 年撤销原曹县，另于县境中部（含曹县城）置曹县，成曹县改为复程县。1949 年齐滨县并入，属平原省菏泽专区。1952 年划归山东省。1956 年复程县撤销，大部并入。1958 年属济宁专区。1959 年复属菏泽专区（1967 年专区改称地区）。（资料来源：《曹县地名志》）地处黄河下游冲积平原，地势西南高、东北低，平均海拔 55 米。属温带季风性气候，四季分明，年均气温 13.8℃，1 月平均气温 −0.5℃，7 月平均气温 27.1℃。年均降水量 665.3 毫米。有东鱼河、黄河故道流经。有煤炭、地热、建筑用沙、黏土等矿产资源。有野生植物 311 种。有野生动物 30 余种。有国家级自然保护区 1。森林覆盖率 50%。有中小学 520 所，图书馆 1 个，知名文艺团体 10 个，体育场馆 2 个，二级以上医院 1 个。有省级文物保护单位 6 个，有爱国主义教育基地 2 个，有省级传统村落 1 个，国家级非物质文化遗产 2 个、省级非物质文化遗产 12 个，重要古迹、景点 5 个。三次产业比例为 20∶58∶22。农业以粮棉生产为主，产小麦、玉米、棉花、大豆、花生、蔬菜、水果。畜牧养殖牛、猪、羊、家禽。工业以木材加工、纺织、机电产品加工、食品加工、橡胶制品、医药化工等为主。服务业以商贸等为主。境内有铁路 45.6 千米，公路 999.9 千米。有京九铁路、济广高速、日南高速、105 国道、220 国道和省道临商路、聊商路、枣曹路、刘民路、庄青路过境。

曹城街道 371721-A01
[Cáochéng Jiēdào]

曹县人民政府驻地。在县境西南部。面积 24 平方千米。人口 8.9 万。2006 年设立。沿用原曹城镇名称。2007 年南湖公园景区开工建设。有中小学 12 所，体育场 1 个，医疗卫生机构 9 个。农业以种植大棚蔬菜为主。工业以木材加工、纺织为主。有曹县长途汽车站，通公交车。

青菏街道 371721-A02
[Qīnghé Jiēdào]

属曹县管辖。在县境北部。面积 69 平方千米。人口 6.0 万。2006 年设立。以县城南北干道青菏路得名。2007 年建设曹县环岛花园小区。2009 年开工建设环岛公园、四季河公园，2011 年建成并投入使用。曹北河从境内穿过。有中小学 18 所，医疗卫生机构 24 个。有重要古迹商代莘冢集遗址、莘仲君冢、郜堌堆古迹。农业种植大棚蔬菜、小麦、玉米、棉花、花生等。工业以木制品加工、食品加工、纺织为主。有曹县长途汽车站北站，通公交车。

磐石街道 371721-A03
[Pánshí Jiēdào]

属曹县管辖。在县境东部。面积 42 平

方千米。人口 5.9 万。2006 年设立。以曹县建县前，宋末元初时期所设磐石镇为名。太行堤河从境内穿过。有中小学 13 所，医疗卫生机构 8 个。有八里湾风景区等旅游资源。农业种植大棚蔬菜、小麦、玉米、棉花、花生、大豆等，畜牧业以牛、羊、猪、家禽养殖为主。工业以建筑材料、化工、机械加工为主。有曹县火车站，通公交车。

郑庄街道 371721-A04
[Zhèngzhuāng Jiēdào]

属曹县管辖。在县境西南部。面积 91 平方千米。人口 6.3 万。2014 年设立。沿用原郑庄镇名。太行堤河从境内穿过。有中小学 17 所，医疗卫生机构 26 个。有重要古迹莱茉寺、王茂墓群。农业种植大棚蔬菜、小麦、花生、玉米等。工业以化工、机械加工、塑料制品加工等为主，建有郑庄街道民营经济园区。通公交车。

倪集街道 371721-A05
[Níjí Jiēdào]

属曹县管辖。在县境西部。面积 49 平方千米。人口 4.8 万。2013 年设立。沿用原倪集镇名。白花河、曹北河从境内穿过。有中小学 12 所，体育场 1 个，医疗卫生机构 15 个。有古迹春墓岗遗址。农业盛产小麦、玉米、花生、棉花、蔬菜、杞条、林木等，畜牧业以养殖牛、猪、羊、家禽为主。工业以条柳编、食品加工、锁业为主，条柳编工是特色产业。服务业以商贸为主，建有蔬菜批发市场。通公交车。

庄寨镇 371721-B01
[Zhuāngzhài Zhèn]

曹县辖镇。在县境西北部。面积 64 平方千米。人口 7.2 万。以汉族为主，还有回、苗等民族。辖 35 村委会，有 36 自然村。镇人民政府驻丁寨村。1957 年设庄寨乡。1958 年设宇宙人民公社，同年改名庄寨公社。1984 年改置庄寨镇。以镇政府原驻地得名。赵王河、新冲小河从境内穿过。有中小学 17 所，医院 1 个，广场 6 个。有联谊塔广场等标志性建筑物。农业以种植小麦、玉米、棉花、花生、蔬菜等为主。工业有木材加工、机械制造、食品加工、化工、建材等业，桐木加工为主导产业，主要生产三合板、桐木拼板等，远销日本、韩国、东南亚等国家和地区。服务业以商贸为主，境内有桐木交易中心和集散地。日南高速、240 国道、省道庄青路过境。

普连集镇 371721-B02
[Pǔliánjí Zhèn]

曹县辖镇。在县境东北部。面积 75 平方千米。人口 6.2 万。以汉族为主，还有回等民族。辖 31 村委会，有 111 自然村。镇人民政府驻普连集村。1953 年建普连集乡。1958 年改五一公社，同年底更名普连集公社。1984 年改设普连集镇。以镇政府驻地村得名。白花河从境内穿过。有中小学 7 所，医院 12 个、卫生院 1 个。有重要古迹普连集遗址、普连故寨。农业以种植小麦、棉花、大豆、芦笋，养殖青山羊、鲁西黄牛为主，盛产桐杨木、优杞条，形成林木、草条种植、加工、出口的林业产业。工业有橡胶防老剂、木业、家具等企业。京九铁路和省道临商公路、枣曹公路过境。

青堌集镇 371721-B03
[Qīnggùjí Zhèn]

曹县辖镇。在县境东南部。面积 147 平方千米。人口 10.4 万。以汉族为主，还有回族。辖 86 村委会，有 217 自然村。镇人民政府驻侯楼村。1956 年设青堌集区。1957 年改设乡。1958 年初设曙光人民公社，同年底以驻地更名青堌集人民公社。1983 年撤社建青堌集镇。2001 年南李集乡并入。

因镇政府曾驻青堌集村而得名。黄河故道、黄白河从境内穿过。有中小19所，医院1个、卫生院1个。农业主要种植小麦、棉花、玉米、芦笋、花生、大豆，养殖鲁西黄牛、青山羊、禽类，芦笋种植加工为特色产业，产品远销日本、西欧等国际市场。农业以食品加工、棉纺、桐木加工为支柱产业。德商高速、105国道、省道庄青路过境。

桃源集镇 371721-B04
[Táoyuánjí Zhèn]

曹县辖镇。在县境西北部。面积80平方千米。人口8.0万。以汉族为主，还有蒙古、回等民族。辖71村委会，有115自然村。镇人民政府驻桃源集村。1979年成立桃源集人民公社。1983撤公社建桃源集乡。1996年撤乡设镇。2001年大寨乡并入。镇以驻地村得名。南赵王河、新冲小河从境内穿过。有中小学24所，医院1个。有重要古迹常岗庙遗址。经济以工业为主。农业主产小麦、玉米、棉花、花生、大豆、蔬菜，种植桐树、杨树、杞柳等，养殖牛、猪、山羊、家禽等。工业以木材加工业为主导产业，主要生产工艺品、胶合板等，出口日本、西欧等20多个国家和地区。日南高速、220国道、350省道过境。

韩集镇 371721-B05
[Hánjí Zhèn]

曹县辖镇。在县境西北部。面积85平方千米。人口6.4万。辖49村委会，有94自然村。镇人民政府驻韩集村。1949年设韩集区。1957年设韩集乡。1958年改设燎原人民公社，同年11月以驻地更名为韩集人民公社。1983年撤社改韩集镇。镇以驻地村得名。新冲小河从境内穿过。有中小学15所，卫生院1个。有省级文物保护单位"红三村"抗日联防遗址、安陵堌堆遗址，国家级纪念地鲁西南烈士陵园。经济以木

业加工、棉花加工为主导产业，有农具、砖瓦、塑料制品、面粉加工等厂，桑蚕业发达。省道庄青路、刘民路过境。

砖庙镇 371721-B06
[Zhuānmiào Zhèn]

曹县辖镇。在县境西北部。面积49平方千米。人口4.2万。辖39村委会，有83自然村。镇人民政府驻砖庙集。1952年设砖庙区。1958年设红星公社，同年底易名北李集公社。1959年更名砖庙公社。1983年撤社改砖庙镇。东鱼河、新冲小河、定新河、纸坊河从境内穿过。有中小学13所，医院1个、卫生院1个。农业产优质小麦、棉花、花生、油桃，养殖鲁西黄牛、波尔山羊、青山羊、小尾寒羊。工业有集成材加工、面粉加工、木制工艺品制作、纺织、农机等厂。省道民权—菏泽公路、庄青路过境。

古营集镇 371721-B07
[Gǔyíngjí Zhèn]

曹县辖镇。在县境东北部。面积116平方千米。人口8.5万。辖72村委会，有116自然村。镇人民政府驻古营集村。1958年初设古营集人民公社。1983年撤公社建乡。1988年撤秦庄乡，部分地并入。1996年改置古营集镇。2001年安仁集乡并入。镇以驻地村得名。团结河、曹北河、白花河从境内穿过。有中小学21所，医院2个、卫生院1个。有古迹李秉墓。农业主产小麦、良种棉、玉米、杞条、桐杨木、瓜菜、果品，养殖青山羊、鲁西南黄牛等。工业形成草条工艺品加工、木材加工、精细加工、棉纺织、粮油食品加工等主导产业，条柳编产品畅销美国、法国、英国、德国、日本、韩国等20多个国家和地区。德商高速、省道枣曹公路过境。

魏湾镇 371721-B08
[Wèiwān Zhèn]

曹县辖镇。在县境西北部。面积 112 平方千米。人口 7.6 万。以汉族为主，还有回、白、藏等民族。辖 60 村委会，有 160 自然村。镇人民政府驻魏湾村。1952 年属魏湾区，1957 年分属魏湾乡、王泽铺乡。1958 年改太行堤公社，同年底更名为魏湾公社。1983 年撤社改魏湾镇。镇以驻地村得名。黄河故道、东鱼河南支、白花河、贺李河从境内穿过。有中小学 20 所，医院 1 个、卫生院 1 个。农业盛产小麦、玉米、棉花、花生、豆类、莲藕、水果。工业有粮食加工、工艺品加工、塑编、畜牧产品加工、纺织等企业。服务业以商贸为主，有粮食、水果、木材家具、旧轮胎交易市场。省道菏民路过境。

侯集回族镇 371721-B09
[Hóujíhuízú Zhèn]

曹县辖镇。在县境东部。面积 58 平方千米。人口 4.7 万。以汉族为主，还有回、藏等民族。辖 32 村委会，有 100 自然村。镇人民政府驻侯集村。1962 年设侯集人民公社。1983 年撤社建侯集镇。1984 年更名侯集回族镇。镇以驻地村、境内回族人数较多得名。迎春河等从境内穿过。有中小学 14 所，卫生院 2 个。有省级文物保护单位梁堌堆遗址。经济以畜牧业为主，畜牧养殖、屠宰、加工、冷藏、销售规模化经营，畜产品有牛羊肉、皮革、纯羊毛地毯、裘皮服装、坐垫等，供应国内大中城市并出口国际市场。有公路经此。

苏集镇 371721-B10
[Sūjí Zhèn]

曹县辖镇。在县境东部。面积 126 平方千米。人口 9.1 万。以汉族为主，还有满等民族。辖 72 村委会，有 165 自然村。镇人民政府驻苏集村。1958 年初成立苏集人民公社。1983 年撤公社建苏集镇。1988 年孟楼乡、红庙庄乡并入。2001 年龚楼乡并入。镇以驻地村得名。胜利河从境内穿过。有中小学 25 所，医院 3 个、卫生院 1 个。农业主产小麦、玉米、大豆、花生、果品、蔬菜、桐木、牛羊肉、皮张等，盛产芦笋、中药材、牛蒡、朝天椒、蘑菇、观赏花卉等特色农产品，是重要的无公害芦笋生产专业镇。工业有芦笋加工、粉条加工、翻砂铸造、桐木工艺、食品加工、硫酸软骨素加工企业。省道德商公路过境。

孙老家镇 371721-B11
[Sūnlǎojiā Zhèn]

曹县辖镇。在县境东部。面积 58 平方千米。人口 5.7 万。辖 47 村委会，有 85 自然村。镇人民政府驻林后村。1956 年设孙老家区，1957 年撤区并乡，1958 年成立孙老家人民公社，1983 年撤社建孙老家镇。镇以原驻地得名。四干渠河、团结河从境内穿过。有中小学 19 所，卫生院 1 个。农业产小麦、玉米、朝天椒、芦笋、花生、大豆、棉花、桐杨木、果品、药材、食用菌等，是鲁西南绿化苗木繁育基地，是鲁西南黄牛，小尾寒羊、青山羊生产基地。工业以木雕工艺品加工、木制工艺品加工、食品、印刷、畜产品加工等为主。京九铁路、德商高速过境。

阎店楼镇 371721-B12
[Yándiànlóu Zhèn]

曹县辖镇。在县境南部。面积 76 平方千米。人口 6.1 万。辖 55 村委会，有 117 自然村。镇人民政府驻阎店楼村。1958 年建立阎店楼人民公社。1983 年撤社建阎店楼镇。1988 年火神台、魏庄寨乡并入。镇以驻地村得名。团结河、胜利河从境内穿过。有中小学 17 所，医院 3 个、卫生院 1

个。有重要古迹汤王陵、商汤故城之景亳。农产芦笋、速生杨、花生、小麦、棉花等，畜牧产品有鲁西黄牛、青山羊，是山东省畜牧生产大镇。工业以木材加工、家具加工、食品加工等为主。服务业以商贸为在，有芦笋交易市场。京九铁路、省道菏商路过境。

梁堤头镇 371721-B13
[Liángdītóu Zhèn]

曹县辖镇。在县境南部。面积 78 平方千米。人口 5.0 万。以汉族为主，还有回、土家等民族。辖 36 村委会，有 72 自然村。镇人民政府驻梁南村。1952 年属梁堤头区，1957 年属梁堤头乡。1958 年设梁堤头人民公社。1983 年撤公社建梁堤头镇。镇以驻地村得名。杨河从境内穿过。有中小学 11 所，医院 1 个。农作物盛产小麦、玉米、棉花、花生等，冬季香椿芽为特色产业。工业以加工木材、面粉加工、建筑材料加工等为主。京九铁路、省道临商公路过境。

安蔡楼镇 371721-B14
[Āncàilóu Zhèn]

曹县辖镇。在县境东南部。面积 90 平方千米。人口 7.1 万。以汉族为主，还有回、维吾尔等民族。辖 48 村委会，有 119 自然村。镇人民政府驻安蔡楼村。1957 年设安蔡楼乡。1958 年成立安蔡楼人民公社。1983 年撤社建安蔡楼乡。1988 年撤销袁新楼乡、望鲁集乡、火神台乡，部分区域并入安蔡楼乡。2000 年撤乡改设安蔡楼镇。镇以驻地村得名。黄白河、胜利河、小马河从境内穿过。有中小学 15 所，医院 1 个、卫生院 1 个。有古迹火神台、楚丘城遗址。农业主产小麦、玉米、棉花、花生、大豆、芦笋等，盛产莲藕。工业有制药、木材加工、木制工艺、多层板、棉花加工等企业，木制工艺品销往东南亚、欧美及中东等地。省道庄青路过境。

邵庄镇 371721-B15
[Shàozhuāng Zhèn]

曹县辖镇。在县境西南部。面积 120 平方千米。人口 6.4 万。以汉族为主，还有回等民族。辖 42 村委会，有 124 自然村。镇人民政府驻邵庄。1957 年分属于王集乡和仲堤圈乡。1958 年建邵庄人民公社。1983 年撤公社建邵庄乡。1999 年撤乡设邵庄镇。以镇政府驻地得名。黄河故道、杨河从境内穿过。有中小学 13 所，医院 2 个、卫生院 1 个。有省级文物保护单位王厂战斗遗址。农业主要种植小麦、玉米、大豆、花生、棉花、蔬菜，养殖鲁西南大黄牛、生猪、青山羊、小尾寒羊、家禽等。工业有棉花加工、畜产品加工、工艺品加工等企业，木材加工主要生产弯曲木，建有邵庄镇工业园区。有公路经此。

王集镇 371721-B16
[Wángjí Zhèn]

曹县辖镇。在县境东部。面积 48 平方千米。人口 3.9 万。以汉族为主，还有满、回等民族。辖 25 村委会，有 74 自然村。镇人民政府驻王集村。1959 年成立王集公社。1962 年王集公社驻地迁侯集，更名侯集公社。1979 年复置王集公社。1983 年改王集乡。2002 年撤乡改置镇。镇以驻地村得名。团结河从境内穿过。有中小学 11 所，卫生院 1 个。农业主产小麦、棉花、蔬菜、瓜果、烟叶等，养殖业黄牛、山羊、生猪、家禽等。有羊毛加工、木器加工、畜产品加工、兽药、棉花加工等工副业。德商高速过境。

青岗集镇 371721-B17
[Qīnggǎngjí Zhèn]

曹县辖镇。在县境北部。面积 93 平方千米。人口 6.3 万。辖 60 村委会，有 157 自然村。镇人民政府驻青岗集村。1965 年成立青岗集人民公社。1983 年改设青岗集乡。2001 年申楼乡并入。2010 年撤乡设青岗集镇。镇以驻地村得名。红卫河、二坡河、幸福河从境内穿过。有中小学 11 所，医院 1 个、卫生院 1 个。有名胜古迹江海堌堆遗址。经济以农业为主，主要种植小麦、玉米、大豆、花生、棉花等，重点发展桑蚕种养业，养殖黄牛、羊、猪等。工业有制药、纺织、服装、木材加工等企业。京九铁路和省道菏商公路、临商公路过境。

常乐集镇 371721-B18
[Chánglèjí Zhèn]

曹县辖镇。在县境西北部。面积 66 平方千米。人口 4.7 万。以汉族为主，还有回、景颇等民族。辖 36 村委会，有 85 自然村。镇人民政府驻常乐集村。1957 年设常乐集乡，1958 年改建为常乐集人民公社，1983 年撤公社建常乐集乡，2013 年 12 月撤乡设镇。以镇政府驻地村得名。有中小学 15 所，医院 1 个、卫生院 1 个。经济以工业为主。农业主产小麦、玉米、棉花、大豆。蔬菜大棚、大蒜、花生、山药、辣椒种植是特色产业，是鲁西南黄牛、青山羊（青猾皮）的重要养殖区。木材加工和棉花加工是主导产业，有塑料制品、建筑材料等企业。省道庄青公路、菏民路、许单路过境。

大集镇 371721-B19
[Dàjí Zhèn]

曹县辖镇。在县境东南部。面积 46 平方千米。人口 4.1 万。辖 31 村委会，有 91 自然村。镇人民政府驻李八庄村。1979 年成立大集人民公社。1983 年撤公社建大集乡。2014 年撤乡设镇。以镇政府原驻地村大集得名。胜利河从境内穿过。有中小学 13 所，医院 1 个、卫生院 1 个。有古迹伊尹墓遗址。经济以农业为主，主要种植玉米、小麦、棉花、蔬菜等，名优产品有芹菜、

西红柿、韭菜、辣椒等。有木材、蔬菜深加工、食用油加工、肉食加工等企业。建有集网络销售、产品展示、物流运输于一体的大集镇淘宝产业园。京九铁路、德商高速过境。

仵楼镇 371721-B20
[Wǔlóu Zhèn]

曹县辖镇。在县境东南部。面积 72 平方千米。人口 4.0 万。以汉族为主，还有回等民族。辖 19 村委会，有 48 自然村。镇人民政府驻仵楼村。1979 年成立仵楼人民公社，1996 年改仵楼乡，2014 年撤乡设仵楼镇。镇以驻地村得名。黄河从境内穿过。有中小学 8 所，医院 1 个、卫生院 1 个。经济以林产业加工及棉花加工、纺织、织布为主导产业，主要生产木制工艺品、纺织服装等。盛产各种淡水鱼、河蟹。京九铁路、济广高速、德高高速过境。

楼庄乡 371721-C01
[Lóuzhuāng Xiāng]

曹县辖乡。在县境西部。面积 44 平方千米。人口 4.2 万。辖 35 村委会，有 62 自然村。乡人民政府驻楼庄。1958 年初成立楼庄人民公社，同年底楼庄、常乐集 2 公社合为刘庄集公社，1962 年复楼庄、常乐集 2 公社。1983 年改建楼庄乡。东鱼河南支、贺李河从境内穿过。有中小学 12 所，卫生院 1 个。经济以木材加工和外贸为主导产业，主要生产木制工艺品、服装等。农业以无公害蔬菜种植、良种繁殖为特色产业，建有小麦、棉花高标准良种繁基地。有公路经此。

朱洪庙乡 371721-C02
[Zhūhóngmiào Xiāng]

曹县辖乡。在县境南部。面积 54 平方千米。人口 3.8 万。以汉族为主，还有回等民族。辖 26 村委会，有 91 自然村。乡人

民政府驻朱洪庙村。1979 年属刘集公社。1982 年驻地迁至朱洪庙，更名朱洪庙公社。1983 年撤社建朱洪庙乡。以乡政府驻地村得名。杨河从境内穿过。有中小学 9 所，卫生院 2 个。经济以农业为主，主要种植玉米、小麦、棉花、蔬菜等，有芦笋种植园，产优质苹果、梨、桃、杏等水果，是鲁西南大黄牛、鲁西南青山羊重要产区。工业有木材加工、果品加工等企业。有公路经此。

旧地名

大寨集乡（旧） 371721-U01
[Dàzhàijí Xiāng]

属曹县管辖。在县境西北部。1983 年设立。2001 年撤销，并入桃源集镇。

申楼乡（旧） 371721-U02
[Shēnglóu Xiāng]

属曹县管辖。在县境西北部。1983 年设立。2001 年撤销，并入青岗集镇。

莘冢集乡（旧） 371721-U03
[Shēnzhǒngjí Xiāng]

属曹县管辖。在县境西北部。1983 年设立。2001 年撤销，并入普连集镇。

安仁集乡（旧） 371721-U04
[Ānrénjí Xiāng]

属曹县管辖。在县境东北部。1983 年设立。2001 年撤销，并入古营集镇。

龚楼乡（旧） 371721-U05
[Gōnglóu Xiāng]

属曹县管辖。在县境东部。1983 年设立。2001 年撤销，并入苏集镇。

南李集乡（旧） 371721-U06
[Nánlǐjí Xiāng]

属曹县管辖。在县境东南部。1983 年设立。2001 年撤销，并入青堌集镇。

社区

北关社区 371721-A01-J01
[Běiguān Shèqū]

属曹城街道管辖。在曹县中部。面积 3 平方千米。人口 19 000。因位于县城北部，故以方位地形命名为北关。2006 年成立。有楼房 47 栋，现代建筑风格，还有平房。驻有曹县人民检察院、曹县卫生健康局、山东省菏泽市曹县中医院医院、曹城镇中学等单位。有党群便民服务、志愿者服务。通公交车。

东街社区 371721-A01-J02
[Dōngjiē Shèqū]

属曹城街道管辖。在曹县中部。面积 3 平方千米。人口 12 700。曹县老城区以大隅首为中心，自大隅首向东，东至跃进塔谓之东街。2007 年成立。有楼房 32 栋，现代建筑风格，还有平房。有党群便民服务、志愿者服务。通公交车。

南关社区 371721-A01-J03
[Nánguān Shèqū]

属曹城街道管辖。在曹县北部。面积 4 平方千米。人口 7 100。因居于南门外，得名南关。2006 年成立。有楼房 30 栋，现代建筑风格，还有平房。驻有曹县第三中学、曹县实验中学等单位。有党群便民服务、志愿者服务。通公交车。

府东社区 371721-A02-J01

[Fǔdōng Shèqū]

属青菏街道管辖。在曹县东北部。面积 1.3 平方千米。人口 500。因府东家园小区得名。2014 年成立。有楼房 187 栋，现代建筑风格。通公交车。

三里庙社区 371721-A03-J01

[Sānlǐmiào Shèqū]

属磐石街道管辖。在曹县东北部。面积 2 平方千米。人口 1 500。因离城区三里地，故名。2012 年成立。有楼房 36 栋，现代建筑风格。驻有曹县县立医院、曹县公路局等单位。通公交车。

闫庙社区 371721-A03-J02

[Yánmiào Shèqū]

属磐石街道管辖。在曹县东部。面积 2 平方千米。人口 1 000。据说，此处原有盐土堌堆，堌堆前面有一座庙，故取名闫庙。2012 年成立。有楼房 30 栋，现代建筑风格。驻有曹县第三实验小学等单位。通公交车。

倪寨社区 371721-B04-J01

[Nízhài Shèqū]

属桃源集镇管辖。在曹县西北部。面积 4 平方千米。人口 2 400。明永乐二年（1404），倪世及异姓数人从山西洪洞迁居曹县西北七十里，因筑寨而得名。2013 年成立。有楼房 15 栋，现代建筑风格。开展广场舞比赛等活动。通公交车。

梁南社区 371721-B13-J01

[liángnán Shèqū]

属梁堤头镇管辖。在曹县南部。面积 2 平方千米。人口 2 400。明初，梁氏迁此立村。弘治五年（1492），黄河徙，过村南，路经为今日之杨河，建缕水大堤，梁氏迁至堤头，故名。2013 年成立。有楼房 350 栋，现代建筑风格。开展舞蹈展演等活动。通公交车。

李庄社区 371721-B16-J01

[Lǐzhuāng Shèqū]

属王集镇管辖。在曹县东南部。面积 3 平方千米。人口 1 900。沿用原李庄村名。2012 年成立。有楼房 512 栋，现代建筑风格。开展文艺下乡会演等活动。通公交车。

单县

单县 371722

[Shàn Xiàn]

菏泽市辖县。北纬 34°56′，东经 115°48′。在市境东南部。面积 1 670 平方千米。人口 125.4 万。辖 4 街道、16 镇、2 乡。县人民政府驻园艺街道。春秋为鲁单父邑。秦置单父县，属砀郡。西汉因之，又别置平乐县，同属山阳郡。东汉废平乐入单父，属济阴郡；又别置防东县，属山阳郡。晋防东县废，单父县仍属济阴郡。东晋于单父县侨置离狐县，北魏因之，为北济阴郡治。北齐郡县并废。隋开皇六年（586）复县，仍名单父，属济阴郡。唐属宋州。宋为单州治。明洪武元年（1368）废单父县入单州。二年（1369）降单州为单县，属兖州府。清属曹州府。1914 年属济宁道。1925 年属曹濮道。1928 年属省。1936 年属第二行政督察区。1940 年抗日民主政权于今县境东南部置单县，属湖西专区。1942 年划归冀鲁豫行政区。1944 年于单县西南部、虞城县北部置临河县。1947 年改为单虞县，1949 年撤销，北部仍归单县。1949 年属平原省湖西专区，为专署驻地。1952 年改属山东省菏泽专区（1967 年改称菏泽地区）。2000 年 6 月菏泽地区撤销，属菏泽市。（资料来源：《中华人民共和国地名大词典》）据《路史》载："帝舜师单卷所居，故名。"地处华北平原东南部，属黄河下游冲积平原，地势西南高、东北低。历史上受黄河决口冲击的影响，形成河、滩、岗、坡、洼相间等微地貌类型，平均海拔49.05米。属温带季风气候，年均气温14.4℃，1月平均气温0℃，7月平均气温27℃。年均降水量392.0毫米。有黄河故道、复新河、东鱼河流经。有煤、铁、铜等矿产资源。森林覆盖率30.2%。有高等院校2所，中小学220所，图书馆1个，博物馆1个，档案馆1个，体育场馆1个，二级以上医院1个。有国家级文物保护单位2个、省级文物保护单位1个，有国家级爱国主义教育基地1个、纪念地1个，省级爱国主义教育基地1个，有省级千年古镇1个，国家级非物质文化遗产2个、省级非物质文化遗产3个，重要古迹、景点7个。三次产业比例为13.5∶51.0∶35.5。农业以种植粮食和经济作物为主，形成南蚕桑、北大蒜、东山药、西芦笋、中蔬菜的五大特色板块种植格局。工业有交通设备、机械制造、精细化工、农副产品加工、高新技术产业、新能源和节能环保新兴产业六大主导产业，主要出口产品有橡胶促进剂、服装、玻纤、芦笋罐头食品、医用羊肠线、工艺品、光伏产品等。服务业以商贸为主，有专业批发市场11个。境内有公路709.9千米。105国道和省道单虞路、单丰路、定砀路过境。

园艺街道 371722-A01
[Yuányì Jiēdào]

单县人民政府驻地。在县境中部。面积32平方千米。人口4.9万。2007年设立。以境内园艺场得名。有中小学3所，知名文艺团体1个，医疗卫生机构4个。农业以种植西红柿、黄瓜、辣椒等蔬菜为主。工业以玻纤加工、建筑业为特色。通公交车。

南城街道 371722-A02
[Nánchéng Jiēdào]

属单县管辖。在县境南部。面积21平方千米。人口5.2万。以汉族为主，还有回族。2007年设立。以位于县境南部得名。东沟河、莱河从境内穿过。有中小学11所，医疗卫生机构1个。有纪念地平原省革命烈士纪念馆，名胜古迹朱家大院、一里三台等。经济以农业为主，种植小麦、玉米、棉花、大豆、西红柿、黄瓜、辣椒等。工业以玻纤加工、建筑业为特色。有单县长途汽车站，通公交车。

北城街道 371722-A03
[Běichéng Jiēdào]

属单县管辖。在县境北部。面积21平方千米。人口5.2万。以汉族为主，还有回族。2007年设立。因在城区北部而得名。莱河、嘉单河从境内穿过。有中小学10所，医疗卫生机构1个。有名胜古迹百寿坊、百狮坊。农业以种植西红柿、黄瓜、辣椒等蔬菜为主。工业主要以玻纤加工、建筑业为特色。通公交车。

东城街道 371722-A04
[Dōngchéng Jiēdào]

属单县管辖。在县境东南部。面积45平方千米。人口3.2万。2010年设立。因街道位于县城东部而得名。东沟河、惠河从境内穿过。有中小学6所，医疗卫生机构1个。经济以农业为主，种植小麦、玉米、花生、棉花、山药、苹果。工业有包装加工、调料加工、化工、木业、家具等企业，地瓜粉条是特色产品。通公交车。

郭村镇 371722-B01
[Guōcūn Zhèn]

单县辖镇。在县境西南部。面积101

平方千米。人口 7.6 万。辖 30 村委会，有 137 自然村。镇人民政府驻张宅村。1958 年称先锋人民公社。1959 年改称郭村人民公社。1984 年 2 月撤销郭村人民公社，设立郭村镇。2001 年大李海乡并入。因镇政府原驻地郭村得名。黄白河、八里河从境内穿过。有中小学 18 所，卫生院 1 个。经济形成桐木加工、无公害蔬菜种植等支柱产业，有芦笋种植加工、毛皮加工等特色产业。105 国道过境。

黄岗镇 371722-B02

[Huánggǎng Zhèn]

单县辖镇。在县境南部。面积 131 平方千米。人口 8.6 万。以汉族为主，还有回族。辖 39 村委会，有 175 自然村。镇人民政府驻黄岗村。1958 年 4 月设黄岗乡，同年 9 月建超美人民公社。1959 年改名黄岗人民公社。1984 年改置黄岗镇。2001 年花园乡、毛庄乡并入。以镇政府驻地村得名。二堤河、太行堤河、小银河从境内穿过。有中小学 13 所，医院 1 个。有名胜古迹黄氏故居、水陆寺庙宇、浮龙湖旅游景区、万亩油桃观光园。农业主产小麦、玉米、花生、大豆、西瓜、油桃、蔬菜，养殖鲁西黄牛、青山羊等。工业有木材加工、光伏发电、化妆品制造等。服务业以商贸业为主，建有木制品、牲畜、蔬菜、花生、百货、粮食等专业市场。517 省道过境。

终兴镇 371722-B03

[Zhōngxīng Zhèn]

单县辖镇。在县境东部。面积 124 平方千米。人口 8.1 万。辖 39 村委会，有 162 自然村。镇人民政府驻终兴村。1958 年 9 月建红旗人民公社。1959 年改名终兴人民公社。1984 年改置终兴镇。2001 年王小庄乡、马楼乡并入。以镇政府驻地得名。惠河、东沟河从境内穿过。有中小学 11 所，

卫生院 1 个。有古迹吕姑庙遗址。农业主要种植小麦、玉米、棉花、花生、山药、油桃、蚕桑等。工业以面粉、木材、纺织、服装、饲料加工为主。省道单丰路过境。

高韦庄镇 371722-B04

[Gāowéizhuāng Zhèn]

单县辖镇。在县境西南部。面积 65 平方千米。人口 4.8 万。辖 19 村委会，有 99 自然村。镇人民政府驻高韦庄。1958 年 4 月设高韦庄乡，同年 9 月成立钢铁人民公社，后改双庙人民公社。1963 年改名高韦庄人民公社。1983 年改置镇。以镇政府驻地得名。有中小学 9 所，卫生院 1 个。农业形成粮棉油、瓜菜、林果、畜牧四大产业，种植小麦、玉米、棉花、花生、蔬菜、林果等，盛产樱桃，养殖鲁西黄牛、青山羊。工业有农副产品、木材、粮油、肉食、蔬菜、服装加工等企业。有公路经此。

徐寨镇 371722-B05

[Xúzhài Zhèn]

单县辖镇。在县境北部。面积 83 平方千米。人口 6.8 万。辖 31 村委会，有 153 自然村。镇人民政府驻徐寨村。1958 年 4 月设徐寨乡，同年 9 月建前进人民公社。1959 年改名徐寨人民公社。1984 年改置徐寨镇。2001 年芦墓乡并入。因镇政府驻地得名。东沟河、东鱼河、胜利河从境内穿过。有中小学 14 所，卫生院 1 个。经济以种植大蒜、洋葱、小麦、玉米、西瓜、蔬菜等为主，盛产鲁西黄牛、青山羊、波尔山羊。工副业以大蒜、洋葱收储、加工为主，有蔬菜、木材、畜产品加工等企业。服务业以商贸为主。105 国道过境。

蔡堂镇 371722-B06

[Càitáng Zhèn]

单县辖镇。在县境东南部。面积 85 平

方千米。人口 5.6 万。辖 26 村委会，有 107 自然村。镇人民政府驻蔡堂村。1941 年建蔡堂区。1946 年划归砀山县。1949 年复归单县。1958 年 4 月设蔡堂乡，同年 9 月建东风人民公社。1959 年改称蔡堂人民公社。1984 年改镇。2001 年孔集乡并入。以镇政府驻地得名。太行堤河、小杨河、小高河从境内穿过。有中小学 11 所，卫生院 1 个。农业形成粮棉、油料、瓜菜、林果、畜牧六大生产基地，种植小麦、玉米、棉花、大豆、花生、山药等，产香酥梨、李子、油桃等水果，养殖鲁西黄牛、青山羊、小尾寒羊、生猪等。工业有农机修配、砖瓦、预制、酿酒、面粉、粉条加工、光伏节能产品、玩具加工等企业。518 省道过境。

朱集镇 371722-B07
[Zhūjí Zhèn]

单县辖镇。在县境东南部。面积 55 平方千米。人口 3.8 万。辖 18 村委会，有 76 自然村。镇人民政府驻朱集村。1979 年从原蔡堂人民公社析出建朱集人民公社。1983 年改设朱集乡。1994 年改置朱集镇。因朱集是单县东南部古老集镇而得名。太行堤河从境内穿过。有中小学 7 所，卫生院 1 个。有重要古迹三省井。经济形成木材加工、畜牧生产、林果生产、棉花加工四大特色产业。农业以种植小麦、玉米、花生、山药、水果为主，畜牧养殖猪、青山羊、家禽等。工业主要有服装、玩具、面粉、油料、肉加工等企业。518 国道过境。

李新庄镇 371722-B08
[Lǐxīnzhuāng Zhèn]

单县辖镇。在县境西北部。面积 69 平方千米。人口 4.1 万。辖 20 村委会，有 124 自然村。镇人民政府驻李新庄。1958 年 4 月为黄寺乡，同年 9 月建幸福人民公社。1959 年改名黄寺人民公社。1982 年改

称李新庄人民公社。1983 年 12 月撤社建李新庄乡。1996 年改镇。因镇政府驻地得名。胜利河从境内穿过。有中小学 8 所，医院 1 个。有名胜古迹王庙遗址。经济以农业为主，产小麦、玉米、棉花、花生、蔬菜、洋香瓜、油豆等。工业有面粉加工、铸造、家具制造、塑料制品加工、建筑材料加工、冶金等业。有公路经此。

浮岗镇 371722-B09
[Fúgǎng Zhèn]

单县辖镇。在县境西南部。面积 134 平方千米。人口 6.8 万。以汉族为主，还有回族。辖 31 村委会，有 119 自然村。镇人民政府驻浮岗集村。1958 年 4 月为浮岗乡，同年 9 月成立人民公社。1984 年复设浮岗乡。1996 年改置浮岗镇。2001 年李新集乡、聂付庄乡并入。以镇政府驻地得名。境内有浮龙湖。有中小学 18 所，医院 1 个。有名胜古迹马踏石遗址、玄帝庙、孙家祠堂、老君庙、孟泽渚等。农业以种植小麦、玉米、大豆、谷子、玫瑰、冬枣、白蜡、棉花、花生、瓜菜等为主。工副业有木线加工、人造板加工、玫瑰深加工、面粉加工业等。服务业以旅游为主，有浮龙湖旅游开发区。有公路经此。

莱河镇 371722-B10
[Láihé Zhèn]

单县辖镇。在县境西部。面积 68 平方千米。人口 5.7 万。辖 20 村委会，有 105 自然村。镇人民政府驻李半庄。1958 年为卫星人民公社。1959 年改名李半庄人民公社。1983 年设李半庄乡。1998 年改置莱河镇。2001 年丁楼乡、李半庄乡并入。因境内莱河得名。翻身河、莱河从境内穿过。有中小学 12 所，卫生院 1 个。农业有植桑养蚕、林果蔬菜、畜牧养殖等产业，盛产蚕茧、蔬菜、花生、棉花、林果等农林产

品，养殖青山羊、鲁西黄牛、黑白花奶牛、瘦肉型猪、波尔山羊、小尾寒羊等。工业有白酒酿造、乳品加工、变压器制造、畜产品加工、化工、木材加工、棉花加工、塑钢门窗生产等企业。105 国道过境。

时楼镇 371722-B11
[Shílóu Zhèn]

单县辖镇。在县境东北部。面积 65 平方千米。人口 4.7 万。辖 21 村委会，有 96 自然村。镇人民政府驻东平楼村。1958 年 4 月设时楼乡，同年 9 月改红星人民公社。1959 年改名时楼人民公社。1983 年复设时楼乡。2001 年与曹马集镇合并设立时楼镇。因镇政府原驻地时楼村得名。惠河从境内穿过。有中小学 9 所，卫生院 1 个。农业以种植小麦、玉米、花生、蔬菜为主，洋葱、大蒜、辣椒种植面积广，尤以辣椒著名。养殖青山羊、生猪、家禽。工业以木材加工、果蔬加工、造纸、服装加工、饲料生产、塑料生产、面粉加工为主。有公路经此。

杨楼镇 371722-B12
[Yánglóu Zhèn]

单县辖镇。在县境东南部。面积 87 平方千米。人口 5.5 万。辖 1 居委会、24 村委会，有 93 自然村。镇人民政府驻杨楼村。1958 年设杨楼乡，同年建英雄人民公社。1959 年改名杨楼人民公社。1983 年复设杨楼乡。1999 年改镇。2001 年孟寨乡并入。因镇政府驻地得名。二堤河从境内穿过。有中小学 10 所，医院 1 个。农业种植小麦、玉米、花生等，养殖青山羊、鲁西黄牛。工业有电动车制造、纺织和饲料加工等企业。518 省道过境。

张集镇 371722-B13
[Zhāngjí Zhèn]

单县辖镇。在县境东北部。面积 79 平方千米。人口 5.3 万。辖 25 村委会，有 94 自然村。镇人民政府驻张集村。1958 年分属张集、八大庄乡，同年 9 月属火箭人民公社。1959 年更名张集人民公社。1983 年建张集乡。2001 年黄堆乡并入，设立张集镇。因镇政府驻地得名。惠河、蔡河从境内穿过。有中小学 15 所，医院 1 个。农业种植小麦、玉米、棉花、花生、大蒜、山药，养殖猪、青山羊等。工业有纺织、食品、玩具、建材、棉花、木材、制衣等企业。有公路经此。

龙王庙镇 371722-B14
[Lóngwángmiào Zhèn]

单县辖镇。在县境东南部。面积 89 平方千米。人口 5.6 万。以汉族为主，还有满、回等民族。辖 24 村委会，有 117 自然村。镇人民政府驻龙王庙村。1958 年称红光人民公社。1959 年更名龙王庙人民公社。1983 年设龙王庙乡。2002 年改置镇。2001 年罗庄乡并入。因镇政府驻地得名。太行堤河从境内穿过。有中小学 12 所，卫生院 1 个。有名胜古迹观音禅寺。农业种植小麦、玉米、花生、山药，是粮棉、木材、桑蚕、山药生产基地。畜牧业养殖鲁西黄牛、青山羊、生猪、鸡禽类。工业有饲料、化工、面粉、食品、建材、电器制造、纺织器械、制药、包装等企业。服务业以商贸业为主，有复合肥、蔬菜、西瓜等批发市场。518 省道过境。

谢集镇 371722-B15
[Xièjí Zhèn]

单县辖镇。在县境西北部。面积 54 平方千米。人口 5.5 万。辖 25 村委会，有 145 自然村。镇人民政府驻谢集村。1958 年 4 月成立谢集乡，同年 9 月建卫星人民公社。1959 年改名谢集人民公社。1984 年复设谢集乡。2001 年十里铺乡并入。2010 年撤乡设镇。因镇政府驻地得名。胜利河、黄白河、东沟河从境内穿过。有中小学 10 所，医院 1 个。农业以蔬菜生产为主，兼有果品种植、水产养殖、桑蚕等业，农作物有小麦、玉米、棉花、花生、山药，所产铁棍山药著名。畜牧业以养殖路西黄牛、奶牛、青山羊、家禽为主。工业主要有木材、服装、芦荟加工等企业。服务业以商贸为主，有建材、农资、蔬菜批发等专业市场。105 国道、518 省道过境。

李田楼镇 371722-B16

[Lǐtiánlóu Zhèn]

单县辖镇。在县境东部。面积 86 平方千米。人口 5.2 万。以汉族为主，还有回族。辖 1 居委会、21 村委会，有 137 自然村。镇人民政府驻李田楼村。1958 年属龙王庙、枣庄 2 乡，同年 9 月建红星人民公社。1979 年属龙王庙、陈蛮庄人民公社。1983 年建李田楼乡。2001 年陈蛮庄乡并入。2010 年撤乡设镇。因镇政府驻地得名。惠河、东沟河从境内穿过。有中小学 10 所，医院 1 个。有名胜古迹魏牌坊。经济以农业为主，种植小麦、玉米、花生、蔬菜、山药等，山药种植为特色产业，养殖鲁西黄牛、青山羊、小尾寒羊等。工业有塑钢、有机化工、木器加工、塑料加工等企业。518 国道过境。

高老家乡 371722-C01

[Gāolǎojiā Xiāng]

单县辖乡。在县境西南部。面积 98 平方千米。人口 6.7 万。辖 29 村委会，有 101 自然村。乡人民政府驻高老家村。1958 年设高老家乡，同年并入郭村公社。1963 年析设高老家公社。1984 年改设高老家乡。2001 年曹叵集乡并入。因乡政府驻地得名。翻身河、黄白河从境内穿过。有中小学 12 所，医院 1 个。农业以种植业为主，粮食作物产小麦、玉米，经济作物主要有芦笋、花生、银杏等，建有无公害芦笋生产示范园。养

殖青山羊、波尔山羊、猪、牛、鸡等。工业有食品、皮毛、造纸、木材、银杏茶加工等企业。服务业以商贸为主，有安庄芦笋批发大市场、花生加工交易大市场。105 国道过境。

曹庄乡 371722-C02

[Cáozhuāng Xiāng]

单县辖乡。在县境西南部。面积 46 平方千米。人口 3.4 万。辖 11 村委会，有 73 自然村。乡人民政府驻曹庄。1958 年设曹庄乡，同年 9 月曹庄、浮岗 2 乡合建跃进人民公社。1959 年改名曹庄人民公社。1984 年复设曹庄乡。因乡政府驻村得名。东沟河、翻身河从境内穿过。有中小学 12 所，卫生院 1 个。有重要古迹林台古镇遗址。农业以种植小麦、玉米、花生、棉花、山药、芦笋、胡萝卜和畜牧养殖为主，胡萝卜出口日本、韩国。工业以模具、木材、工艺品、裘革、食品加工为主。有公路经此。

旧地名

单城镇（旧） 371722-U01

[Shànchéng Zhèn]

单县辖镇。在县境中部。1985 年设立。2007 年撤销，并入南城等 3 街道。

曹马集镇（旧） 371722-U02

[Cáomǎjí Zhèn]

单县辖镇。在县境东北部。1984 年设立。2001 年撤销，并入时楼镇。

孙溜乡（旧） 371722-U03

[Sūnliù Xiāng]

单县辖乡。在县境中部。1985 年设立。2007 年撤销，并入东城街道。

陈蛮庄乡（旧） 371722–U04
[Chénmánzhuāng Xiāng]

单县辖乡。在县境东部。1984 年设立。2001 年撤销，并入李田楼乡。

大李海乡（旧） 371722–U05
[Dàlǐhǎi Xiāng]

单县辖乡。在县境西部。1984 年设立。2001 年撤销，并入郭村镇。

十里铺乡（旧） 371722–U06
[Shílǐpù Xiāng]

单县辖乡。在县境北部。1984 年设立。2001 年撤销，并入谢集乡。

丁楼乡（旧） 371722–U07
[Dīnglóu Xiāng]

单县辖乡。在县境西部。1984 年设立。2001 年撤销，并入莱河镇。

毛庄乡（旧） 371722–U08
[Máozhuāng Xiāng]

单县辖乡。在县境南部。1984 年设立。2001 年撤销，并入黄岗镇。

孟寨乡（旧） 371722–U09
[Mèngzhài Xiāng]

单县辖乡。在县境南部。1984 年设立。2001 年撤销，并入杨楼乡。

花园乡（旧） 371722–U10
[Huāyuán Xiāng]

单县辖乡。在县境南部。1984 年设立。2001 年撤销，并入黄岗镇。

孔集乡（旧） 371722–U11
[Kǒngjí Xiāng]

单县辖乡。在县境东部。1984 年设立。2001 年撤销，并入蔡堂镇。

王小庄乡（旧） 371722–U12
[Wángxiǎozhuāng Xiāng]

单县辖乡。在县境东部。1984 年设立。2001 年撤销，并入终兴镇。

马楼乡（旧） 371722–U13
[Mǎlóu Xiāng]

单县辖乡。在县境东部。1984 年设立。2001 年撤销，并入终兴镇。

罗庄乡（旧） 371722–U14
[Luózhuāng Xiāng]

单县辖乡。在县境东南部。1984 年设立。2001 年撤销，并入龙王庙镇。

聂付庄乡（旧） 371722–U15
[Nièfùzhuāng Xiāng]

单县辖乡。在县境西南部。1984 年设立。2001 年撤销，并入浮岗镇。

曹叵集乡（旧） 371722–U16
[Cáopǒjí Xiāng]

单县辖乡。在县境西南部。1984 年设立。2001 年撤销，并入高老家乡。

黄堆乡（旧） 371722–U17
[Huángduī Xiāng]

单县辖乡。在县境东北部。1984 年设立。2001 年撤销，并入张集镇。

李半庄乡（旧） 371722–U18
[Lǐbànzhuāng Xiāng]

单县辖乡。在县境西部。1984 年设立。1998 年撤销，并入莱河镇。

芦墓乡（旧） 371722–U19
[Lúmù Xiāng]

单县辖乡。在县境东北部。1984 年设立。2001 年撤销，并入徐寨镇。

社区

成武县

老山顶社区 371722-A02-J01
[Lǎoshāndǐng Shèqū]

属南城街道管辖。在曹县西部。面积 1 平方千米。人口 9 200。元至元年间始有民居，以老山堤顶为村名，后称老山顶。2002 年成立。驻有单县交通局、单县第二实验中学、南城第二小学等单位。通公交车。

南店子社区 371722-A02-J02
[Nándiànzi Shèqū]

属南城街道管辖。在曹县中部。面积 1 平方千米。人口 17 300。明嘉靖五年(1526)，县城北地处新城之南，来往商客较多，商业发达，久而久之以店子相称，又因地处新城之南，故名。2002 年成立。通公交车。

西郊社区 371722-A02-J03
[Xījiāo Shèqū]

属南城街道管辖。在曹县西部。面积 1 平方千米。人口 4 500。因地处西郊得名。2002 年成立。驻有单县公路局、单县第一人民医院等单位。通公交车。

南关社区 371722-A02-J04
[Nánguān Shèqū]

属南城街道管辖。在曹县中部。面积 1 平方千米。人口 9 000。因地处南关得名。2002 年成立。驻有南城第一小学、单县育才小学等单位。通公交车。

西关社区 371722-A03-J01
[Xīguān Shèqū]

属北城街道管辖。在曹县西部。面积 0.05 平方千米。人口 1 800。因地处西关得名。2002 年成立。通公交车。

成武县 371723
[Chéngwǔ Xiàn]

菏泽市辖县。北纬 34°57′，东经 115°53′。在市境东南部。面积 988 平方千米。人口 72.0 万。辖 2 街道、11 镇。县人民政府驻文亭街道。春秋为郜国地，后入宋。秦置成武县，属东郡。西汉因之，属山阳郡。东汉、魏、晋属济阴郡。北魏徙治郜城，属北济阴郡。隋还治故城，属济阴郡。唐属曹州。宋属单州。明属兖州。清属曹州府。1914 年属济宁道。1925 年属曹濮道。1928 年属省。1936 年属第二行政督察区。1941 年置城武县，属冀鲁豫行政区第二专区。1942 年属冀鲁豫行政区第六专区。1949 年属平原省湖西专区。1953 年改属山东省菏泽专区。1958 年改城武为成武。1967 年属菏泽地区。2000 年菏泽地区撤地设市，成武县隶属菏泽市。（资料来源：《成武县志》）周初，武王封庶弟于郜，子爵，国都成武，骑射兴，武风盛，意为"尚武之城"，因此得名。境内地势西南高、东北低，平均海拔 42 米。年均气温 13.9℃，1 月平均气温 4℃，7 月平均气温 32℃。年均降水量 627.3 毫米。有东鱼河、万福河、安济河、胜利河、五干沟、金成河、大沙河等流经。有煤、地热、砖瓦黏土矿等矿产资源。有野生植物 104 种，其中国家重点保护野生植物有野大豆 1 种。有野生动物 77 种，其中国家重点保护野生动物 17 种。森林覆盖率 35.3%。有市级以上研发中心 15 个。有中小学 117 所，图书馆 1 个，博物馆 1 个，档案馆 1 个，知名文艺团体 1 个，体育场 1 个，二级以上医院 4 个。有国家级文物保护单位 1 个、省级文物保护单位 14 个，国家级非物质文化遗产 2 个、省级非物质文化遗产 6 个，重要古迹、景点 4 个。三次产业比例为13.6：54.8：31.6。农业以种植业、养殖业为主，农作物主产小麦、玉米、蔬菜、棉花、瓜类、花生等，畜牧业以饲养猪、牛、羊、鸡、鸭为主，渔业淡水养殖鲤鱼、白鲢、草鱼、乌鳢、鲫鱼、鲶鱼、泥鳅、甲鱼、牛蛙、观赏鱼等。工业以机电设备制造、农副产品加工、生物医药、能源化工为四大主导产业，有省级以上名牌产品8个。服务业以教育、医疗等为主。境内公路134.29千米。省道定砀路、枣曹路、德商路、东丰路过境。

文亭街道 371723-A01
[Wéntíng Jiēdào]

成武县人民政府驻地。在县境中部。面积37平方千米。人口5.0万。2010年设立。因位于文亭湖畔得名。东鱼河从境内穿过。有中小学9所。有纪念地文亭山烈士陵园景区，蓝水湾风景区等旅游资源。农业以种植小麦、玉米、蔬菜为主。工业有机电、建材、印刷、农副产品加工、纺织、木材家具等企业，有全国驰名商标1个、省优质产品3个。通公交车。

永昌街道 371723-A02
[Yǒngchāng Jiēdào]

属成武县管辖。在县境中部。面积39平方千米。人口6.1万。2010年设立。因辖区内有永昌路得名。大沙河从境内穿过。有中小学14所，医疗卫生机构2个。有红旗剧院等标志性建筑物。农业以种植小麦、玉米、花生为主。工业以机电机械制造、木材、食品、针织服装、建筑装饰材料加工为主，有全国著名商标1个。通公交车。

大田集镇 371723-B01
[Dàtiánjí Zhèn]

成武县辖镇。在县境东北部。面积107平方千米。人口7.8万。辖63村委会，有103自然村。镇人民政府驻大田集村。1958年设田集公社。1984年改大田集镇。2001年桃花寺乡并入。因镇政府驻地村得名。万福河从境内穿过。有中小学21所，医院2个、卫生院1个。有古迹唐代建筑田塔遗址。农业以种植小麦、玉米、地瓜、大蒜、棉花为主。工业以机电制造、化工、纺织、塑料制品、农副产品深加工为主，呈祥电工电气拥有省驰名商标2个、部优产品3个。有公路经此。

天宫庙镇 371723-B02
[Tiāngōngmiào Zhèn]

成武县辖镇。在县境南部。面积82平方千米。人口4.6万。辖31村委会，有102自然村。镇人民政府驻天宫庙村。1957年设天宫庙乡。1958年改公社。1984年改置镇。2001年康集乡并入。以镇政府驻地得名。有中小学19所，卫生院1个。农业盛产优质小麦、玉米、棉花、蔬菜、中药材，有花卉苗木种植业。工业以拼板加工、建筑材料、石油化工为主。省道德商公路过境。

汶上集镇 371723-B03
[Wènshàngjí Zhèn]

成武县辖镇。在县境西北部。面积111平方千米。人口7.7万。辖63村委会，有116自然村。镇人民政府驻汶上集东村。1958年设汶上乡，同年改公社。1983年改置汶上集镇。2001年宝峰集乡并入。因镇政府驻地村得名。万福河、东鱼河北支从境内穿过。有中小学25所，卫生院2个。农业以种植小麦、玉米、棉花、蔬菜为主，尤以辣椒生产著名。工业以化工、铸造、服装加工、医药、木材加工、农产品加工为主。省道东丰公路、德商公路过境。

南鲁集镇 371723-B04
[Nánlǔjí Zhèn]

成武县辖镇。在县境北部。面积65平

方千米。人口 5.8 万。辖 29 村委会，有 74 自然村。镇人民政府驻南村。1958 年设南鲁集公社。1983 年改设乡。1995 年撤乡设镇。因镇政府原驻地南鲁集得名。万福河从境内穿过。有中小学 16 所，卫生院 1 个。农业以种植小麦、玉米、棉花、蔬菜等为主，有以鹅养殖为主的特色养殖业。工业以兽药加工、棉花加工、木材加工、有机化工、建筑材料为主。省道东丰公路、德商公路过境。

伯乐集镇 371723-B05
[Bólèjí Zhèn]

成武县辖镇。在县境西部。面积 78 平方千米。人口 5.5 万。辖 44 村委会，有 107 自然村。镇人民政府驻伯乐集村。1958 年设伯乐集公社。1983 年改设乡。1997 年撤乡设镇。因镇政府驻地村得名。安济河、古柳河、南坡河从境内穿过。有中小学 16 所，卫生院 1 个。有古迹伯乐墓。农业以种植小麦、玉米、棉花、蔬菜等为主。工业以纺织、医疗器械和粮食、木材、畜牧、棉花加工为主。省道德商公路、东丰公路、枣曹公路过境。

苟村集镇 371723-B06
[Gǒucūnjí Zhèn]

成武县辖镇。在县境东部。面积 63 平方千米。人口 3.7 万。辖 25 村委会，有 80 自然村。镇人民政府驻苟村集。1957 年设苟村集乡。1958 年改公社。1983 年复设乡。1998 年撤乡设镇。因镇政府驻地村得名。东鱼河从境内穿过。有中小学 20 所，卫生院 3 个。农业以种植蔬菜、小麦、玉米、棉花为主，是全国商品种子粮食生产基地、全省优质棉繁育基地。工业以粮食、木材、机电、包装加工等为主。省道枣曹公路过境。

白浮图镇 371723-B07
[Báifútú Zhèn]

成武县辖镇。在县境东部。面积 80 平方千米。人口 4.7 万。辖 30 村委会，有 105 自然村。镇人民政府驻白浮图村。1958 年设白浮图公社。1983 年改设乡。1998 年撤乡设镇。2001 年孙庙乡并入。以镇政府驻地得名。东鱼河从境内穿过。有中小学 25 所，卫生院 1 个。农业以种植芸豆、大蒜、小麦、玉米、棉花为主。工业以农副产品加工、机电制造为主，主要产品有脱毒大蒜、蒜粉、蒜油等。省道枣曹公路过境。

孙寺镇 371723-B08
[Sūnsì Zhèn]

成武县辖镇。在县境东南部。面积 89 平方千米。人口 5.9 万。辖 37 村委会，有 140 自然村。镇人民政府驻孙寺村。1957 年设孙寺乡。1958 年改公社。1984 年复设乡。1998 年撤乡设镇。2001 年部鼎集乡的部分村庄并入。因镇政府驻地村得名。胜利河、黄白河从境内穿过。有中小学 13 所，体育场 12 个，卫生院 1 个。农业以种植小麦、玉米、大豆、花生为主。工业以纺织、杨木加工、建筑材料加工、动物饲料加工为主。省道定砀公路过境。

九女集镇 371723-B09
[Jiǔnǚjí Zhèn]

成武县辖镇。在县境西南部。面积 120 平方千米。人口 6.3 万。辖 51 村委会，有 134 自然村。镇人民政府驻九女集村。1958 年设九女集公社。1984 年改设乡。2001 年智楼乡并入。2002 年撤乡设镇。因镇政府驻地村得名。东鱼河、团结河从境内穿过。有中小学 21 所，卫生院 3 个。有古迹九女墓、谭老爷碑、古槐等。农业以种植小麦、玉米、棉花为主，养殖黄牛、羊、猪、蛋鸡等。工业以粮食、木材、纺织、畜牧、棉花加工为主，利生面业生产的高档面粉和挂面获得"中国名牌"称号，鸿方缘酱菜获得"山东老字号"称号。省道枣曹公路、定砀公路过境。

党集镇 371723-B10
[Dǎngjí Zhèn]

成武县辖镇。在县境中部。面积63平方千米。人口3.6万。辖26村委会，有66自然村。镇人民政府驻党集村。1979年由苟村、南鲁公社析设党集公社。1983年改设乡。2010年撤乡设镇。因镇政府驻地村得名。东鱼河北支从境内穿过。有中小学14所，卫生院1个。农业以种植小麦、玉米、大蒜、辣椒、棉花、蔬菜为主。工业形成生物医药、医疗器械、建筑建材三大产业，有化工、机械制造、棉花加工、木材深加工和蔬菜冷藏加工等企业，西部有化工产业园。省道德商公路过境。

张楼镇 371723-B11
[Zhānglóu Zhèn]

成武县辖镇。在县境东部。面积57平方千米。人口3.6万。辖29村委会，有85自然村。镇人民政府驻小张楼村。1978年由白浮图、苟村集、田集公社析设张楼公社。1983年改设乡。2010年撤乡设镇。因镇政府驻地村得名。金成河从境内穿过。有中小学15所，卫生院1个。农业以种植小麦、棉花、蔬菜、西瓜为主，乔庄黄瓜获国家农业部认证，命名为"曹州绿"牌无公害蔬菜产品，注册了"青展"牌无公害蔬菜生产基地。畜牧养殖鲁西南黄牛、小尾寒羊、青山羊及蛋肉鸡。工业以纺织、蔬菜存储加工、机械制造、化工、服装加工、木材加工、农产品加工为主。省道枣曹公路过境。

旧地名

成武镇（旧） 371723-U01
[Chéngwǔ Zhèn]

成武县辖镇。在县境中部。1985年设立。2010年撤销，设立文亭街道、永昌街道。

桃花寺乡（旧） 371723-U02
[Táohuāsì Xiāng]

成武县辖乡。在县境东北部。1984年设立。2001年撤销，并入大田集镇。

宝峰集乡（旧） 371723-U03
[Bǎofēngjí Xiāng]

成武县辖乡。在县境北部。1983年设立。2001年撤销，并入汶上集镇。

孙庙乡（旧） 371723-U04
[Sūnmiào Xiāng]

成武县辖乡。在县境东部。1984年设立。2001年，并入白浮图镇。

智楼乡（旧） 371723-U05
[Zhìlóu Xiāng]

成武县辖乡。在县境西南部。1983年设立。2001年撤销，并入九女集乡。

郜鼎集乡（旧） 371723-U06
[Gàodǐngjí Xiāng]

成武县辖乡。在县境东南部。1983年设立。2001年撤销，并入孙寺镇、成武镇。

康集乡（旧） 371723-U07
[Kāngjí Xiāng]

成武县辖乡。在县境南部。1984年设立。2001年撤销，并入天宫庙镇。

社区

南隅社区 371723-A01-J01

[Nányú Shèqū]

属文亭街道管辖。在成武县中部。面积 2 平方千米。人口 2 600。因地处县城东南，故称东南隅，现称南隅。1998 年成立。以平房为主。通公交车。

街道社区 371723-A01-J02

[Jiēdào Shèqū]

属文亭街道管辖。在成武县西北部。面积 4 平方千米。人口 5 600。因有古老街道而得名。1998 年成立。以平房为主。通公交车。

贾河社区 371723-A01-J03

[Jiǎhé Shèqū]

属文亭街道管辖。在成武县南部。面积 0.25 平方千米。人口 1 000。明洪武年间，邵氏从荀村集迁城南官李庄，再迁此定居并建村，因村前有一小河，故取名贾河，社区沿用村名。1998 年成立。以平房为主。通公交车。

程堤口社区 371723-A02-J01

[Chéngdīkǒu Shèqū]

属永昌街道管辖。在成武县中部。面积 0.5 平方千米。人口 1 000。清康熙年间，程氏分支从程堂迁来傍县城堤口居住，后人财两旺，发展为村庄，取名程堤口，社区沿用村名。1998 年成立。以平房为主。通公交车。

程堂社区 371723-A02-J02

[Chéngtáng Shèqū]

属永昌街道管辖。在成武县中部。面积 0.73 平方千米。人口 1 200。康熙年间，程氏家族搬迁至此建立村庄，并建立佛堂，故名程堂，社区沿用村名。1983 年成立。以平房为主。通公交车。2012 年被评为省文明社区。

巨野县

巨野县 371724

[Jùyě Xiàn]

菏泽市辖县。北纬 35°23′，东经 116°05′。在市境东部。面积 1 301 平方千米。人口 107.4 万。以汉族为主，还有回、壮、蒙古等民族。辖 2 街道、15 镇。县人民政府驻凤凰街道。春秋时境内有重丘、咸丘邑。秦为昌邑县（治今昌邑集）地。西汉于昌邑北置巨野县，属山阳郡，郡治昌邑；又别置乘氏县，属济阴郡。三国魏因之。晋改山阳郡为高平国，仍治昌邑，巨野县随属，乘氏仍属济阴郡。南朝宋废昌邑县。北魏徙乘氏离境，徙巨野县于今治，属高平郡。北齐县废。隋复置，属东平郡。唐属郓州。北宋为济州治。元为济宁路治。明属兖州府。清属曹州府。1914 年属济宁道。1925 年属曹濮道。1928 年属省。1936 年属第二行政督察区。1939 年抗日民主政权于今县境东、北、西北部置巨北县。1940 年属鲁西行政区第二专区。1944 年于巨野县西北部、菏泽东北部、郓城东南部置郓巨县，属冀鲁豫行政区第二专区。1945 年于今县境南部、成武县东北部置巨南县，属冀鲁豫行政区第二专区。1949 年郓巨县撤销，东部划归巨野；巨南县撤销，北部划归巨野，同年属平原省湖西专区。1952 年划归山东省。1953 年改属菏泽专区（1967 年更名为菏泽地区）。（资料来源：《巨野县志》）古系沼泽地区，因古有大野泽而得名。地处中纬度地区，位于太行山、沂山之间的南北走向峡道之中。境内地势西南高、东北低，属黄河冲积平原，海拔 46~36 米。属温带季风性大陆性气候，年均气温 13.8℃，1 月平均气温 -0.9℃，7 月平均气温 26.8℃。年均降水量 662.4 毫米。有洙水河、洙赵新河、郓巨河、万福河等流经。有煤、灰岩、黏土、白云岩、页岩、方解石、地下水、矿泉水等矿产资源。有野生植物 182 种。有野生动物 56 种。森林覆盖率 40.6%。有省级科研单位 1 个。有中小学 205 所，图书馆 1 个，博物馆 1 个，档案馆 1 个，知名文艺团体 1 个，体育场 10 个，二级以上医院 1 个。有国家级文物保护单位 3 个、省级文物保护单位 20 个，有爱国主义教育基地、纪念地 1 个，有国家级传统村落 2 个、省级传统村落 5 个，国家级非物质文化遗产 1 个、省级非物质文化遗产 1 个，重要古迹、景点 4 个。三次产业结构比例为 11.4∶55∶33.6。农业以种植业为主，主产小麦、玉米等粮食作物及瓜果、蔬菜、棉花等经济作物，畜牧业以饲养猪、羊、蛋鸡、肉鸡、肉牛为主，渔业以淡水养殖为主。工业形成煤电化工、生物医药、农产品加工、机械制造四大主导产业。服务业以外贸出口等为主。境内铁路 54.8 千米，公路 119.4 千米。新石铁路、日东高速、济广高速、327 国道过境。

巨野经济开发区 371724-E01
[Jùyě Jīngjì Kāifāqū]

在县境西南部。东临永丰街道，南临大义镇，西临龙堌镇，北临凤凰街道。面积 4 300 公顷。以所在政区和功能定位命名。2006 年 4 月被省政府正式批准建立省级开发区，由县级政府管理。有企业 33 家，其中有佳农国际、花冠集团等知名企业。交通便利，通公交车。

凤凰街道 371724-A01
[Fènghuáng Jiēdào]

巨野县人民政府驻地。在县境北部。面积 28 平方千米。人口 8.7 万。以汉族为主，还有回、蒙等民族。2010 年设立。因辖区古有栖凤之地而得名。洙水河从境内穿过。有中小学 11 所，医疗卫生机构 1 个。有国家级文物保护单位文庙大成殿、省级文物保护单位蚩尤墓。农业以种植小麦、玉米、蔬菜、棉花为主，康庄葡萄有名，养殖猪、羊、家禽等。工业有纺织服装、新型建材、电子加工、林产品加工、机械、木业等企业。有巨野县长途汽车站，通公交车。

永丰街道 371724-A02
[Yǒngfēng Jiēdào]

属巨野县管辖。在县境南部。面积 37 平方千米。人口 6.1 万。2010 年设立。因辖区内有唐代永丰塔，故名永丰街道。2011 年兴修干渠 7 000 余米。洙赵新河从境内穿过。有中小学 12 所，医疗卫生机构 1 个。有国家文物保护单位永丰塔，省级文物保护单位大周任史君屏盗碑。农业以种植棉花、小麦、玉米、果蔬等为主，养殖猪、羊、家禽等。工业有化工、建筑材料、搪瓷制品、纺织、机械等企业。有巨野火车站、巨野汽车站，通公交车。

龙堌镇 371724-B01
[Lónggù Zhèn]

巨野县辖镇。在县境西部。面积 84 平方千米。人口 6.8 万。辖 3 居委会、46 村委会，有 61 自然村。镇人民政府驻王寨村。1943 年属巨野县第六区，中华人民共和国成立后属巨野县第五区。1958 年成立龙堌镇人民公社。1983 年改乡。1983 年撤销龙堌乡，设立龙堌镇。2001 年大李集乡并入。以镇政府原驻地龙堌集得名。洙水河从境内穿过。有中小学 12 所，医院 2 个、卫生院 1 个。农业以种植玉米、小麦、棉花、蔬菜等为主，"国花牌"棉花是全国十大棉花品牌之一。工业以食品加工、油脂加工、化工、电力金具、建筑建材、电讯器材等为主，"德祥"面粉为全省著名商标。新石铁路、日东高速、327国道过境。

大义镇 371724–B02
[Dàyì Zhèn]

巨野县辖镇。在县境南部。面积108平方千米。人口8.6万。辖68村委会，有80自然村。镇人民政府驻三街村。1958年成立人民公社。1983年撤社建乡时，建立大义乡。1984年撤乡设镇。2001年葛店乡并入。以镇政府原驻地大义集得名。五连河、巨龙河从境内穿过。有中小学13所，卫生院1个。有古迹张楼遗址。农业以种植小麦、玉米、西红柿、大蒜、茴香、韭菜等为主，养殖猪、羊、家禽等。工业以化工、机械加工、五金、建筑、生化制药、肉类加工、面粉加工等为主。服务业以商贸物流为主。省道聊商公路过境。设大义镇客运站。

柳林镇 371724–B03
[Liǔlín Zhèn]

巨野县辖镇。在县境西南部。面积123平方千米。人口7.1万。辖47村委会，有72自然村。镇人民政府驻柳林村。1949年至1955年属巨野县第六区。1955年至1958年改称柳林区。1958年撤区建柳林人民公社。1983年撤社建柳林乡。1995年置镇。2001年张表乡并入。以镇政府驻地得名。万福河、柳林河、木河从境内穿过。有中小学15所，卫生院1个。农业以种植玉米、小麦、棉花、花生、蔬菜等为主，养殖鲁西黄牛、青山羊等。工业主要以食品加工、木产品加工、机械加工、纺织为主。有公路经此。

章缝镇 371724–B04
[Zhāngféng Zhèn]

巨野县辖镇。在县境南部。面积60平方千米。人口4.8万。辖28村委会，有49自然村。镇人民政府驻章西村。1949年设章缝区公所和章缝区联合会。1958年撤区建乡，同年成立章缝人民公社。1983年改称章缝乡。1984年撤乡建镇。以镇政府曾驻章缝集村得名。彭河、丰收河、友谊河从境内穿过。有中小学9所，卫生院1个。有省级文物保护单位章西田氏家祠。农业主产小麦、棉花、玉米、大蒜、花生、大豆等，是山东省优质棉生产基地，种植苹果、山楂、桑等林果。工业以化工、铸造、机械加工、塑料制品、建筑材料、皮革加工为主。省道德商公路过境。

大谢集镇 371724–B05
[Dàxièjí Zhèn]

巨野县辖镇。在县境东南部。面积68平方千米。人口6.2万。辖73村委会，有73自然村。镇人民政府驻翟庄。1949年后为巨野县第八区谢集区。1958年设立谢集人民公社。1981年更名大谢集人民公社。1983年改称大谢集乡。1984年置镇。2001年昌邑乡并入。以镇政府原驻地谢集得名。万福河、彭河从境内穿过。有中小学10所，医院1个。有国家级文物保护单位昌邑故城址，重要名胜古迹西侯楼遗址。农业主产小麦、棉花、大蒜，是重要的大蒜、棉花、油料生产基地。工业有食油、纱、机械建材、植物蛋白等厂。新兖石铁路、105国道、327国道、聊商公路过境。设大谢集镇客运站。

独山镇 371724–B06
[Dúshān Zhèn]

巨野县辖镇。在县境东南部。面积100平方千米。人口6.9万。辖41村委会，有61自然村。镇人民政府驻南隅村。1958年建立独山人民公社。1983年撤公社建乡时改设独山乡。1994年置镇。2001年双庙乡并入。以镇政府原驻地独山得名。洙赵新河、邱公岔河从境内穿过。有中小学 14 所，医院 1 个。有名胜古迹红土山汉墓、金山崖墓、邢海村刘氏家祠、金山旅游风景区等。农业主要种植玉米、小麦、棉花、蔬菜等，桑蚕业发达，是鲁西南主要的蚕茧生产、加工、出口基地。工业以服装、光伏、机械加工、建筑材料为主。新兖石铁路、327 国道过境。

麒麟镇 371724-B07
[Qílín Zhèn]

巨野县辖镇。在县境东部。面积 92 平方千米。人口 6.9 万。辖 26 村委会，有 66 自然村。镇人民政府驻夏官屯村。1949 年后属巨野县第十一区。1958 年建立夏官屯人民公社。1983 年改为夏官屯乡。1995 年置夏官屯镇。1996 年更名为麒麟镇。2001 年薛扶集乡并入。因境内流传春秋鲁哀公"西狩获麟"传说及存有"麒麟冢"遗址，故名。郓巨河、洙水河从境内穿过。有中小学 12 所，卫生院 1 个。有省级文物保护单位巨野教案遗址、麒麟台遗址。农业盛产小麦、棉花、玉米、大豆、水稻，是山东省重要优质棉花、粮食生产基地。工业以玻璃建材、纺纱针织、机械加工等为主，有玻璃产业园，拥有全国驰名商标 2 个、省优产品 1 个。新兖石铁路（陇海线）、济菏高速、日东高速、327 国道过境。设麒麟镇客运站。

核桃园镇 371724-B08
[Hétaoyuán Zhèn]

巨野县辖镇。在县境东南部。面积 38 平方千米。人口 3.0 万。辖 26 村委会，有 28 自然村。镇人民政府驻核桃园村。1948 年建立核桃园区。1958 年隶属嘉祥县。1958 年划归金乡县。1962 年建立核桃园人民公社并划归嘉祥县。1982 年撤社建核桃园乡。1989 年划归巨野县。1995 年撤乡设镇。

以镇政府驻地得名。吴河、蔡河从境内穿过。有中小学 9 所，卫生院 1 个。有省级文物保护单位付庙民居，重要名胜古迹秦王避暑洞等。经济以建材业为主。农业种植小麦、玉米、棉花、核桃、洋葱、大蒜等。有公路经此。设核桃园镇客运站。

田庄镇 371724-B09
[Tiánzhuāng Zhèn]

巨野县辖镇。在县境北部。面积 72 平方千米。人口 5.6 万。辖 38 村委会，有 47 自然村。镇人民政府驻田庄。1949 年属沙土区。1958 年成立田庄公社。1978 年划出 20 个大队归属丁官屯公社。1983 年建田庄、丁官屯乡。2000 年设置田庄镇。2001 年丁官屯乡并入。以镇政府驻地得名。郓巨河、反帝河从境内穿过。有中小学 10 所，医院 1 个。有省级文物保护单位田家族碑林，名胜古迹冯堌堆遗址、东隅韩氏宗祠、南隅李氏宗祠。农业以种植棉花、小麦、玉米为主，产杞柳、瓜菜等。工业以化工、造纸、纺织、机械制造、塑料制品、建筑材料加工为主。日东高速、327 国道、省道德商公路过境。

太平镇 371724-B10
[Tàipíng Zhèn]

巨野县辖镇。在县境西部。面积 65 平方千米。人口 5.4 万。辖 2 居委会、29 村委会，有 47 自然村。镇人民政府驻太平村。1956 年设太平乡，1958 年划归龙堌公社管理，1978 年设立太平工作委员会，1983 年设太平乡，2000 年撤乡设镇。以镇政府驻地得名。二支河、太平溜从境内穿过。有中小学 13 所，卫生院 1 个。经济以种植业、养殖业为主，主要经济作物为苹果，"麒麟牌"红富士、新红星苹果获山东经济林名特优果品鉴评金奖，是鲁西南黄牛、小尾寒羊、青山羊重要集散地。工业以煤化工、板材加工、箱包加工为主。日东高速、327国道、省道聊商公路复线过境。

万丰镇 371724-B11
[Wànfēng Zhèn]

巨野县辖镇。在县境南部。面积89平方千米。人口7.8万。辖69村委会，有81自然村。镇人民政府驻苏集村。1958年分属柳林公社、章缝公社和营里公社。1978年成立万丰公社。1983年改为万丰乡。2000年撤乡设万丰镇。2001年陈集乡并入。因境内有万福河、丰收河交汇于此而得名。万福河、丰收河从境内穿过。有中小学13所，医院1个。有古迹后李楼堌堆遗址。农业以种植玉米、小麦、棉花、蔬菜等为主，甜瓜种植有名。工业以化工、铸造、机械加工、塑料制品、建筑材料、纺织、服装为主，有全国著名商标1个。德上高速、日东高速、327国道、省道德商公路过境。

陶庙镇 371724-B12
[Táomiào Zhèn]

巨野县辖镇。在县境东南部。面积57平方千米。人口4.0万。辖41村委会，有41自然村。镇人民政府驻陶庙村。春秋时期为鲁国西境。西汉属昌邑县，金时属巨野县。1978年建陶庙公社。1983年撤社建陶庙乡。2001年置镇。以镇政府驻地得名。友谊河从境内穿过。有中小学7所，医院1个。有名胜古迹"古井跃榆"、桃花府内"晚唐古槐"、元代古墓群等。农业特色种植棉花、大蒜，属国家优质棉生产基地、优质大蒜集中产区。工业以化工、铸造、机械加工、建筑材料加工等为主。有公路经此。设陶庙镇客运站。

董官屯镇 371724-B13
[Dǒngguāntún Zhèn]

巨野县辖镇。在县境西南部。面积108平方千米。人口6.8万。辖57村委会，有65自然村。镇人民政府驻董西村。1958年设董官屯乡。1978年为董官屯人民公社。1983年建董官屯乡。2001年王平坊乡并入。2002年设董官屯镇。因镇政府曾驻董官屯而得名。洙水河、丰收河、巨龙河从境内穿过。有省级技术研究中心1个。有中小学12所，医院1个。有古迹万庄堌堆遗址。农业以种植玉米、小麦、棉花等为主。工业以煤化工、新型材料、玻璃制品为主。327国道、省道德商公路过境。

田桥镇 371724-B14
[Tiánqiáo Zhèn]

巨野县辖镇。在县境西部。面积92平方千米。人口4.8万。辖28村委会，有29自然村。镇人民政府驻田桥村。民国属巨野县第六区。1949年后属巨野县第三区。1958年成立田桥人民公社。1983年撤社建田桥乡。2002年置镇。以镇政府驻地得名。洙水河、洙赵新河从境内穿过。有中小学9所，卫生院1个。农业产玉米、小麦、棉花、大豆、花生、优质水果，养殖鲁西南黄牛、波尔山羊、小尾寒羊、猪。工业有棉纺、建材、食品酿造、肉类加工、棉油加工、煤炭、医药、化工、机械制造等企业。日东高速、327国道过境。

营里镇 371724-B15
[Yínglǐ Zhèn]

巨野县辖镇。在县境东南部。面积54平方千米。人口4.4万。辖54村委会，有57自然村。镇人民政府驻营东村。1946年建立营里区（巨野县第九区）。1958年撤区建社。1983年改社为乡。2002年撤乡建镇。以镇政府原驻地营里得名。万福河、彭河从境内穿过。有中小学6所，卫生院1个。农业以种植大蒜、玉米、小麦、辣椒等为主。工业有棉纺织、化工、管桩、塑料制品、建筑材料、大蒜深加工、制衣、食品加工等企业。有公路经此。

旧地名

吕官屯乡（旧） 371724–U01
[Lǚguāntún Xiāng]

巨野县辖乡。在县境西部。1983年设立。2001年撤销，并入巨野镇。2010年5月撤销巨野镇，以其原行政区域设立凤凰街道、永丰街道，原吕官屯乡属永丰街道。

新城乡（旧） 371724–U02
[Xīnchéng Xiāng]

巨野县辖乡。在县境南部。1983年设立。2001年撤销，并入巨野镇。2010年5月撤销巨野镇，以其原行政区域设立凤凰街道、永丰街道，原新城乡属永丰街道。

丁官屯乡（旧） 371724–U03
[Dīngguāntún Xiāng]

巨野县辖乡。在县境西北部。1983年设立。2001年撤销，并入田庄镇。

薛扶集乡（旧） 371724–U04
[Xuēfújí Xiāng]

巨野县辖乡。在县境东南部。1983年设立。2001年撤销，并入麒麟镇。

陈集乡（旧） 371724–U05
[Chénjí Xiāng]

巨野县辖乡。在县境西南部。1983年设立。2001年撤销，并入万丰镇。

张表乡（旧） 371724–U06
[Zhāngbiǎo Xiāng]

巨野县辖乡。在县境西南部。1983年设立。2001年撤销，并入柳林镇。

葛店乡（旧） 371724–U07
[Gědiàn Xiāng]

巨野县辖乡。在县境东南部。1983年设立。2001年撤销，并入大义镇。

昌邑乡（旧） 371724–U08
[Chāngyì Xiāng]

巨野县辖乡。在县境东南部。1983年设立。2001年撤销，并入大谢集镇。

大李集乡（旧） 371724–U09
[Dàlǐjí Xiāng]

巨野县辖乡。在县境西部。1983年设立。2001年撤销，并入龙堌镇。

双庙乡（旧） 371724–U10
[Shuāngmiào Xiāng]

巨野县辖乡。在县境东南部。1983年设立。2001年撤销，并入独山镇。

王平坊乡（旧） 371724–U11
[Wángpíngfāng Xiāng]

巨野县辖乡。在县境西南部。1983年设立。2001年撤销，并入董官屯乡。

社区

中心社区 371724–B01–J01
[Zhōngxīn Shèqū]

属龙堌镇管辖。在巨野县西部。面积0.53平方千米。人口4 000。原名三坊村，后万庄、刘庄、泽楼迁入此地合并成社区，因位于乡镇中心位置得名。2012年成立。有楼房105栋，现代中式建筑风格。驻有中心社区小学等单位。有志愿者服务。通公交车。2013年被评为省文明社区。

龙祥社区 371724-B01-J02
[Lóngxiáng Shèqū]

属龙堌镇管辖。在巨野县西部。面积0.53平方千米。人口1 900。取龙凤呈祥之意命名。2012年成立。有楼房1181栋，中式建筑风格。驻有甘泉寺小学等单位。有志愿者服务。通公交车。2012年被评为省文明社区。

郓城县

郓城县 371725
[Yùnchéng Xiàn]

菏泽市辖县。北纬35°36′，东经115°56′。在市境东北部。面积1 643平方千米。人口125.7万。以汉族为主，还有回、壮等民族。辖2街道、15镇、5乡。县人民政府驻唐塔街道。春秋时境东为鲁郓邑。西汉属东郡。东汉属济阴郡。三国魏、晋为兖州刺史治所。北魏属濮阳郡。北周于古郓邑置清泽县。隋开皇四年（584）改为万安县，十八年（598）改为郓城县，取古郓邑为名，属郓州。大业初改东平郡治。唐属郓州。北宋属济州。金大定六年（1166）徙治盘沟村，即今县城，属济州。元属济宁路。明属兖州府。清属曹州府。1914年属济宁道。1925年属曹濮道。1928年道废直属于省。1936年属第二行政督察区。1939年抗日民主政权以今县境之大部置郓城县，先后属鲁西行政区第二专区、冀鲁豫行政区第二专区。1944年析郓城、巨野、菏泽3县各一部置郓巨县，隶属同郓城县。1946年郓城县改为郓北县，析原郓城、郓巨、南旺3县各一部另置郓城县，隶属不变。1949年郓北县并入郓城县，属平原省菏泽专区。1952年划归山东省。1958年属济宁专区。1959年复属菏泽专区。1967年属菏泽地区。2000年属菏泽市。（资料来源：《中华人民共和国政区大典》《山东省郓城县地名志》）春秋鲁成公四年冬（前587），鲁国为加强防御，筑城名郓，为郓城得名的起源和由来。处鲁西南黄泛冲积平原，地势西南高、东北低，海拔38.5～47.5米，地貌类型主要有缓平坡地带、浅平洼地带、河槽地带、河滩高地地带4种。属暖温带半湿润气候区，年均气温13.8℃，1月平均气温−1.3℃，7月平均气温26.9℃。年均降水量656.9毫米。有黄河、宋金河、郓城新河、郓巨河、洙赵新河、鄄郓河、赵王新河等流经。有煤、地热、矿泉水、黏土等矿产资源。有野生植物65种，其中国家重点保护野生植物有毛白杨、旱柳、泡桐、苦楝等7种。有野生动物200余种，其中国家重点保护野生动物有雀鹰、白尾鹞、白头鹞、游隼、燕隼、红脚隼、灰鹤等20余种。有中小学293所，图书馆1个，档案馆1个，知名文艺团体11个，体育场馆1个，二级以上医院1个。有省级文物保护单位1个，有国家级纪念地1个，省级爱国主义教育基地1个，有省级传统村落1个、千年古镇3个，国家级非物质文化遗产1个、省级非物质文化遗产7个，重要古迹、景点2个。三次产业比例为12∶55∶33。农业以种植业为主，主产小麦、玉米、棉花、花生、瓜类、蔬菜等。畜牧业以饲养猪、羊、牛、蛋鸡、肉鸡、肉鸭等为主，是鲁西黄牛、小尾寒羊、青山羊中心产区，为小尾寒羊纯种繁育区和全国优质小尾寒羊中心保种县。工业以煤电化工、纺织、木材加工、机械制造、畜产品加工、彩印包装等为主。服务业以商贸等为主，是山东省首批电子商务示范县、山东省农村电子商务标准化试点县。境内铁路42.7千米，公路2 836.9千米。京九铁路、日东高速、济菏高速、德商高速、220国道和省道聊商路、济董路、巨鄄路过境。

唐塔街道 371725-A01
[Tángtǎ Jiēdào]

郓城县人民政府驻地。在县境北部。面积 58 平方千米。人口 8.2 万。2010 年设立。因辖区内有唐塔而得名。2012 年完成育才路、胜利街等道路工程建设。2013 年对唐塔公园进行整体绿化工作，对爱晚亭进行修缮。2014 年进行了北沙河综合治理工程。宋金河、北沙河从境内穿过。有中小学 13 所，医疗卫生机构 2 个。有省级文物保护单位观音寺塔。农业以种植蔬菜、小麦、玉米为主。工业以纺织、畜产品加工、机械制造、酒类包装、玻璃生产为主。通公交车。

郓州街道 371725-A02
[Yùnzhōu Jiēdào]

属郓城县管辖。在县境南部。面积 62 平方千米。人口 7.6 万。2010 年设立。唐、宋时郓城称郓州，故名。先后进行了跃进河综合治理、体育公园建设、临城路东延、金河路西延及雨污分流制管道建设。宋金河、郓巨河从境内穿过。有中小学 7 所，医疗卫生机构 5 个。有国家级爱国主义教育基地鲁西南战役指挥部旧址，有水浒好汉城景区等旅游资源。农业以种植小麦、玉米、大豆、棉花、蔬菜为主。工业以纺织、机械加工、搪瓷加工、食品加工为主。有郓城站、郓城汽车站，通公交车。

黄安镇 371725-B01
[Huáng'ān Zhèn]

郓城县辖镇。在县境西南部。面积 78 平方千米。人口 6.8 万。辖 47 村委会，有 96 自然村。镇人民政府驻黄安村。1958 年设黄安公社。1983 年设乡。1994 年改置镇。2001 年徐垓镇并入。以镇政府驻地得名。三分干河、洙赵新河从境内穿过。有中小学 18 所，卫生院 1 个。农业产小麦、玉米，特色种植山药、蔬菜。工业以木材加工业为主，形成杨木种植、运输、木材旋切、热压、制板、家具制作等全套产业链。服务业以商贸为主，建有百货、布匹、建材、粮油、蔬菜等专业市场。京九铁路、220 国道、省道巨郓公路过境。

杨庄集镇 371725-B02
[Yángzhuāngjí Zhèn]

郓城县辖镇。在县境东北部。面积 94 平方千米。人口 6.2 万。辖 63 村委会，有 79 自然村。镇人民政府驻杨庄集村。1958 年设常庄公社。1962 年设杨庄集公社。1983 年设乡。1994 年改置镇。2001 年常庄乡并入。以镇政府驻地得名。丰收河、琉璃河从境内穿过。有中小学 14 所，卫生院 1 个。农业以种植小麦、大豆、玉米、棉花等为主，畜牧业以养殖牛、猪、羊、林下养鸭为主，是优质奶牛、鲁西黄牛、小尾寒羊、青山羊饲养、繁育基地。工业有挂车制造、纺纱织布、畜产品加工等企业。220 国道过境。

侯咽集镇 371725-B03
[Hóuyānjí Zhèn]

郓城县辖镇。在县境西北部。面积 105 平方千米。人口 7.3 万。辖 72 村委会，有 95 自然村。镇人民政府驻侯咽集村。1958 年建立侯集人民公社。1982 年因与曹县侯集重名，复名为侯咽集人民公社。1983 年置镇。2001 年梳洗楼乡并入。以镇政府驻地得名。赵王河、郓城新河从境内穿过。有中小学 17 所，卫生院 1 个。农业主产小麦、玉米、蔬菜，盛产鲁西黄牛、小尾寒羊、青山羊。工业有板材加工、纺织、食品加工、机械制造等企业。有公路经此。

武安镇 371725-B04

[Wǔ'ān Zhèn]

郓城县辖镇。在县境西南部。面积 90 平方千米。人口 6.8 万。辖 72 村委会，有 94 自然村。镇人民政府驻武安村。1958 年设武安公社。1983 年置镇。2001 年五界首乡并入。以镇政府驻地得名。鄄郓河、三分干河、五界新河从境内穿过。有中小学 11 所，卫生院 1 个。有古迹白莲教起义军公墓。农业以蔬菜、林果、畜牧为主导产业，主产小麦、玉米、棉花、大豆、蔬菜等。工业有铸造、畜产品加工、木材加工、纺织、搪瓷加工、生物发电等企业，有铸造、纺织、木材加工三大工业园区。220 国道过境。

郭屯镇 371725-B05

[Guōtún Zhèn]

郓城县辖镇。在县境南部。面积 56 平方千米。人口 4.0 万。辖 24 村委会，有 27 自然村。镇人民政府驻郭屯村。1958 年设张楼公社。1962 年改郭屯公社。1983 年置镇。以镇政府驻地得名。鄄郓河、赵王河、宋金河从境内穿过。有中小学 17 所，卫生院 1 个。农业主要种植小麦、玉米、大豆、花生、蔬菜，养殖猪、羊、家禽等，是国家优质粮棉基地、青山羊、小尾寒羊及黄牛生产基地。工业有纺织、玻璃制品、面粉、食品加工生产等企业。日东高速过境。

丁里长镇 371725-B06

[Dīnglǐzhǎng Zhèn]

郓城县辖镇。在县境东南部。面积 54 平方千米。人口 4.6 万。辖 32 村委会，有 38 自然村。镇人民政府驻乔庄。1958 年设丁里长公社。1983 年设乡。1996 年改置镇。因镇政府曾驻丁里长村，故名。郓巨河、宋金河从境内穿过。有中小学 17 所，卫生院 1 个。农业主要种植小麦、玉米，养殖猪、羊、家禽。工业以酒类包装、棉纺织业为主，有塑料、化纤、木材加工、微肥、农副产品加工等企业。省道聊商路过境。

玉皇庙镇 371725-B07

[Yùhuángmiào Zhèn]

郓城县辖镇。在县境西部。面积 87 平方千米。人口 6.0 万。辖 61 村委会，有 85 自然村。镇人民政府驻玉皇庙村。1961 年为玉皇庙人民公社。1983 年置镇。2001 年刘口乡并入。以镇政府驻地得名。赵王河、洙赵新河、鄄巨河从境内穿过。有中小学 18 所，卫生院 1 个。农业主要种植小麦、玉米，养殖猪、牛、羊、家禽。工业有工程机械、棉纺织、丝绸、木材加工等企业。有公路经此。

程屯镇 371725-B08

[Chéngtún Zhèn]

郓城县辖镇。在县境北部。面积 90 平方千米。人口 5.9 万。辖 54 村委会，有 66 自然村。镇人民政府驻杨寨村。1958 年设立程屯人民公社。1983 年置镇。2001 年肖皮口乡并入。因镇政府曾驻程屯村，故名。琉璃河、丰收河从境内穿过。有中小学 14 所，图书馆 1 个，卫生院 1 个。种植业主产小麦、玉米、蔬菜，畜牧业以养殖猪、羊、家禽为主。工业以畜产品加工、纺织、粮油食品加工、淀粉加工、建筑材料等为主导产业。省道聊商公路过境。

随官屯镇 371725-B09

[Suíguāntún Zhèn]

郓城县辖镇。在县境东南部。面积 91 平方千米。人口 5.7 万。辖 46 村委会、有 39 自然村。镇人民政府驻随官屯村。1979 年由丁里长、黄堆集、郭官屯公社析设随官屯公社。1983 年设乡。2000 年改置镇。2001 年汉石桥乡并入。以镇政府驻地得名。

赵王河、郓巨河从境内穿过。有中小学 16 所，卫生院 1 个。种植业主产小麦、玉米、棉花、蔬菜，是花生、大豆、林果、瓜菜、优质棉、中药材、大叶桑的重要种植基地和鲁西黄牛、小尾寒羊、青山羊、水貂、生猪、长毛兔、商品鸡的重要养殖基地。工业有煤化工、棉纺织、机械加工、食用油加工等企业。服务业以商贸物流为主。日东高速、省道聊商公路和郓巨公路过境。

张营镇 371725-B10
[Zhāngyíng Zhèn]

郓城县辖镇。在县境东部。面积 78 平方千米。人口 6.2 万。辖 40 村委会，有 47 自然村。镇人民政府驻张营村。1958 年设刘官屯公社。1962 年改大老人公社。1975 年更名张营公社。1983 年设乡。2001 年大人乡并入。2001 年改置镇。以镇政府驻地得名。郓巨河从境内穿过。有中小学 15 所，卫生院 1 个。种植业主产小麦、玉米、花生、大豆、蔬菜，畜牧业以养殖猪、牛、家禽为主。工业有纺织、铸造、机械加工、煤炭加工、塑料制品加工等企业。省道济董公路过境。

潘渡镇 371725-B11
[Pāndù Zhèn]

郓城县辖镇。在县境北部。面积 79 平方千米。人口 6.0 万。辖 61 村委会，有 64 自然村。镇人民政府驻潘渡村。1958 年设潘渡公社。1983 年设乡。2001 年王井乡并入。2002 年改置镇。以镇政府驻地得名。郓巨河、郓城新河从境内穿过。有中小学 14 所，卫生院 1 个。种植业主产小麦、玉米，畜牧业以养殖猪、羊、家禽为主。有纺织、板材加工、畜产品加工、农副产品加工、运输、棉纺织、羊肉冷储等企业。京九铁路、省道聊商路过境。

双桥镇 371725-B12
[Shuāngqiáo Zhèn]

郓城县辖镇。在县境西南部。面积 96 平方千米。人口 6.2 万。以汉族为主，还有回族。辖 28 村委会，有 71 自然村。镇人民政府驻双桥村。1978 年由武安、丁里长公社析设双桥公社。1983 年设乡。2001 年郭庄乡并入双桥乡。2010 年改置镇。以镇政府驻地得名。宋金河、郓郓河、西沙河从境内穿过。有中小学 16 所，卫生院 1 个。种植业主产小麦、玉米、大豆、花生、棉花、蔬菜，畜牧业以养殖猪、羊、家禽为主。工业有纺织、板材、化工、铸造、机械加工、塑料加工、建筑材料等企业。京九铁路、220 国道、省道济董公路过境。

南赵楼镇 371725-B13
[Nánzhàolóu Zhèn]

郓城县辖镇。在县境南部。面积 58 平方千米。人口 3.8 万。辖 34 村委会，有 42 自然村。镇人民政府驻南赵楼村。1958 年设赵楼公社。1982 年改南赵楼公社。1983 年设乡。2010 年改置镇。以镇政府驻地得名。赵王河、洙赵新河、郓巨河从境内穿过。有中小学 12 所，卫生院 1 个。农业主产小麦、玉米、蔬菜，养殖猪、羊、家禽。工业有煤电、化工、机械制造、木材加工、酒类包装等企业。服务业以商贸为主，建有蔬菜批发市场。日东高速、省道巨郓公路过境。

黄泥冈镇 371725-B14
[Huángnígāng Zhèn]

郓城县辖镇。在县境东南部。面积 57 平方千米。人口 4.1 万。辖 35 村委会，有 41 自然村。镇人民政府驻黄堆集村。1959 年由刘官屯公社析设黄堆集公社。1983 年设乡。2010 年改置镇。2014 年更名为黄泥冈镇。郓巨河从境内穿过。有中小学 6 所，卫生院 1 个。种植业主产小麦、玉米、蔬菜、棉花、大豆，畜牧业以养殖猪、羊、家禽为主。有棉纺、铸造、机械加工、塑料制品、建筑材料等企业。有公路经此。

唐庙镇 371725-B15

[Tángmiào Zhèn]

郓城县辖镇。在县境西南部。面积76平方千米。人口5.4万。辖54村委会，有65自然村。镇人民政府驻唐庙村。1979年设唐庙公社。1983年设乡。2001年三屯乡并入。2011年改置镇。以镇政府驻地得名。洙赵新河、赵王河从境内穿过。有中小学9所，卫生院1个。农业以种植小麦、玉米、地瓜、大豆、棉花、芦笋、牛蒡、玫瑰等为主，养殖青山羊、小尾寒羊、鲁西黄牛、家禽。工业有板材加工、纺织、钢球加工、服装加工、铝材加工、玻璃制造、机械制造等企业。日东高速、省道巨郓公路过境。

黄集乡 371725-C01

[Huángjí Xiāng]

郓城县辖乡。在县境西北部。面积82平方千米。人口5.6万。辖49村委会，有76自然村。乡人民政府驻黄集村。1962年设黄集公社。1983年设乡。2001年伟庄乡并入。以乡政府驻地得名。黄河从境内穿过。有中小学12所，卫生院1个。种植业主产小麦、玉米、蔬菜、水果，畜牧业以饲养猪、羊为主。工业有钢球加工、纺织、面粉加工、建筑材料加工等企业。有公路经此。

李集乡 371725-C02

[Lǐjí Xiāng]

郓城县辖乡。在县境北部。面积94平方千米。人口6.0万。辖54村委会，有90自然村。乡人民政府驻李集村。1958年设李集公社。1983年设乡。2001年苏阁乡并入。以乡政府驻地得名。黄河从境内穿过。有中小学10所，卫生院1个。农业主产小麦、

玉米、蔬菜、西瓜，养殖牛、羊、生猪、兔、家禽等。工业有纺织、钢球加工、机械加工、中药材加工、畜牧加工、化工等企业。服务业以旅游业为主，有绿色水果采摘基地3个。有公路经此。

张鲁集乡 371725-C03

[Zhānglǔjí Xiāng]

郓城县辖乡。在县境西北部。面积70平方千米。人口5.0万。辖48村委会，有74自然村。乡人民政府驻张鲁集村。1958年设张集公社。1982年改张鲁集公社。1983年设乡。2001年大潭乡并入。以乡政府驻地得名。黄河从境内穿过。有中小学10所，卫生院1个。有市级文物保护单位状元张楼村状元祠。农业主产小麦、玉米、花生、蔬菜，养殖鲁西黄牛、青山羊、小尾寒羊等。工业以纺织、木材加工、机械制造等为特色。有公路经此。

水堡乡 371725-C04

[Shuǐbǎo Xiāng]

郓城县辖乡。在县境西部。面积38平方千米。人口2.9万。辖27村委会，有33自然村。乡人民政府驻水堡村。1958年设水堡公社。1983年设乡。以乡政府驻地得名。鄄郓河从境内穿过。有中小学5所，卫生院1个。农业主产小麦、玉米、花生、蔬菜，养殖鸡、鸭、貂、猪等。有纺织、化纤、生物科技、木材加工、农副产品加工等企业。有公路经此。

陈坡乡 371725-C05

[Chénpō Xiāng]

郓城县辖乡。在县境西部。面积50平方千米。人口3.2万。辖34村委会，有47自然村。乡人民政府驻陈坡村。1958年设陈坡公社。1983年设乡。以乡政府驻地得名。向阳河、鄄郓河从境内穿过。有中小学8所，卫生院1个，广场1个。农业主产小麦、

玉米、花生、蔬菜，养殖小尾寒羊、青山羊、水貂、狐狸。有纺织、磨具加工、酒类包装、建筑材料等企业。省道济董公路过境。

旧地名

徐垓镇（旧） 371725–U01
［Xúhǎi Xiāng］

郓城县辖乡。在县境西南部。2000 年设立。2001 年撤销，并入黄安镇。

蒋庙乡（旧） 371725–U02
［Jiǎngmiào Xiāng］

郓城县辖乡。在县境西南部。1984 年设立。2001 年撤销，并入郓城镇，2010 年撤销郓城镇，设立唐塔街道、郓州街道。

丁庙乡（旧） 371725–U03
［Dīngmiào Xiāng］

郓城县辖乡。在县境东部。1984 年设立。2001 年撤销，并入郓城镇，2010 年撤销郓城镇，设立唐塔街道、郓州街道。

八里庄乡（旧） 371725–U04
［Bālǐzhuāng Xiāng］

郓城县辖乡。在县境西北部。1984 年设立。2001 年撤销，并入郓城镇，2010 年撤销郓城镇，设立唐塔街道、郓州街道。

五界首乡（旧） 371725–U05
［Wǔjièshǒu Xiāng］

郓城县辖乡。在县境西南部。1984 年设立。2001 年撤销，并入武安镇。

三屯乡（旧） 371725–U06
［Sāntún Xiāng］

郓城县辖乡。在县境西南部。1984 年设立。2001 年撤销，并入唐庙镇。

汉石桥乡（旧） 371725–U07
［Hànshíqiáo Xiāng］

郓城县辖乡。在县境南部。1984 年设立。2001 年撤销，并入随官屯镇。

大人乡（旧） 371725–U08
［Dàrén Xiāng］

郓城县辖乡。在县境东部。1984 年设立。2001 年撤销，并入张营镇。

王井乡（旧） 371725–U09
［Wángjǐng Xiāng］

郓城县辖乡。在县境北部。1984 年设立。2001 年撤销，并入潘渡镇。

常庄乡（旧） 371725–U10
［Chángzhuāng Xiāng］

郓城县辖乡。在县境东北部。1984 年设立。2001 年撤销，并入杨庄集镇。

肖皮口乡（旧） 371725–U11
［Xiāopíkǒu Xiāng］

郓城县辖乡。在县境北部。1984 年设立。2001 年撤销，并入程屯镇。

伟庄乡（旧） 371725–U12
［Wěizhuāng Xiāng］

郓城县辖乡。在县境西北部。1984 年设立。2001 年撤销，并入黄集乡。

梳洗楼乡（旧） 371725–U13
［Shūxǐlóu Xiāng］

郓城县辖乡。在县境西北部。1984 年设立。2001 年撤销，并入侯咽集镇。

苏阁乡（旧） 371725–U14
［Sūgé Xiāng］

郓城县辖乡。在县境西北部。1984 年设立。2001 年撤销，并入李集乡。

大潭乡（旧） 371725-U15

[Dàtán Xiāng]

郓城县辖乡。在县境西北部。1984 年设立。2001 年撤销，并入张鲁集乡。

刘口乡（旧） 371725-U16

[Liúkǒu Xiāng]

郓城县辖乡。在县境西北部。1984 年设立。2001 年撤销，并入玉皇庙镇。

郭庄乡（旧） 371725-U17

[Guōzhuāng Xiāng]

郓城县辖乡。在县境西南部。1984 年设立。2001 年撤销，并入双桥乡。

社区

苑梁庄社区 371725-A01-J01

[Yuànliángzhuāng Shèqū]

属唐塔街道管辖。在郓城县西部。面积 0.3 平方千米。人口 800。原名苑庄，明末梁氏又迁入定居，改名苑梁庄。2006 年成立。有楼房 15 栋，中式建筑风格。有老年人照料服务。通公交车。2014 年被评为省文明社区。

唐塔社区 371725-A01-J02

[Tángtǎ Shèqū]

属唐塔街道管辖。在郓城县北部。面积 5.8 平方千米。人口 2 400。以社区内唐塔得名。2002 年成立。有楼房 82 栋，中式建筑风格。驻有郓城县公安局、郓城县中医院、郓城第一中学等单位。有便民服务。通公交车。2008 年被评为省文明社区。

乐园社区 371725-A01-J03

[Lèyuán Shèqū]

属唐塔街道管辖。在郓城县东部。面积 6 平方千米。人口 2 500。因郓城县儿童乐园在社区内而得名。2002 年成立。有楼房 90 栋，中式建筑风格。驻有郓城县人民政府、郓城县财政局、郓城县民政局等单位。有便民服务。通公交车。2006 年被评为省文明社区。

金润社区 371725-A01-J04

[Jīnrùn Shèqū]

属唐塔街道管辖。在郓城县东部。面积 1 平方千米。人口 1 400。因临近宋金河，取河水滋润社区之意而得名。2006 年成立。有楼房 8 栋，中式建筑风格。通公交车。

七里铺社区 371725-A01-J05

[Qīlǐpù Shèqū]

属唐塔街道管辖。在郓城县东部。面积 0.36 平方千米。人口 2 000。原名古东溪，后因距县城门七里，更名为七里铺。2010 年成立。有楼房 11 栋，现代建筑风格。有老年人日间照料服务。通公交车。

文汇社区 371725-A01-J06

[Wénhuì Shèqū]

属唐塔街道管辖。在郓城县西部。面积 0.75 平方千米。人口 1 700。取文化汇集之意而得名。2004 年成立。有楼房 9 栋，现代建筑风格。驻有郓城县外贸局、郓城县林业局等单位。有老年人日间照料服务。通公交车。

西苑社区 371725-A01-J07

[Xīyuàn Shèqū]

属唐塔街道管辖。在郓城县西部。面积 1 平方千米。人口 27 000。明代，县城按方位设四关厢，因该关居西，故称西关厢，后简称西关，并设西关厢里，成立社区时改称西苑。2002 年成立。有楼房 44 栋，现代建筑风格。驻有郓城县国土资源局、郓城县自来水公司、郓城县审计局等单位。通公交车。

北王庄社区 371725-A01-J08

[Běiwángzhuāng Shèqū]

属唐塔街道管辖。在郓城县北部。面积 3 平方千米。人口 1 800。因姓氏而得名。2011 年成立。有楼房 9 栋，现代建筑风格。驻有郓城县黄河河务局、郓城高级中学等单位。通公交车。

东代庄社区 371725-A01-J09

[Dōngdàizhuāng Shèqū]

属唐塔街道管辖。在郓城县西部。面积 4 平方千米。人口 1 100。明永乐九年（1411），代姓建村，因距县城三里，为三里村，后更名代庄，分东、西两村，该村居东，故称东代庄，社区沿用村名。2013 年成立。有楼房 2 栋，现代建筑风格。驻有郓城县聋哑学校等单位。通公交车。

花园社区 371725-A01-J10

[Huāyuán Shèqū]

属唐塔街道管辖。在郓城县西北部。面积 0.44 平方千米。人口 1 000。明万历年间，进士王复兴在此建一大花园，故名王花园村，社区沿用村名。2004 年成立。有楼房 20 栋，现代建筑风格。驻有郓城二建公司等单位。通公交车。

南城社区 371725-A02-J01

[Nánchéng Shèqū]

属郓州街道管辖。在郓城县中部。面积 5 平方千米。人口 4 800。金为盘沟村，明为南关厢，简称南关，后改南城社区。2002 年成立。有楼房 97 栋，中式建筑风格。驻有郓城县公路局、郓城县交通局等单位。有便民服务。通公交车。2012 年被评为省文明社区。

胜利社区 371725-A02-J02

[Shènglì Shèqū]

属郓州街道管辖。在郓城县南部。面积 3 平方千米。人口 1 800。因胜利街得名。2004 年成立。有楼房 12 栋，中式建筑风格。驻有郓城烟草公司等单位。有便民服务。通公交车。2007 年被评为省文明社区。

盛平社区 371725-A02-J03

[Shèngpíng Shèqū]

属郓州街道管辖。在郓城县南部。面积 10 平方千米。人口 2 800。取昌盛平安之意命名。2004 年成立。有楼房 65 栋，中式建筑风格。驻有郓城县人民检察院、郓城县城建局等单位。有老年人日间照料服务。通公交车。2009 年被评为省文明社区。

郭林社区 371725-A02-J04

[Guōlín Shèqū]

属郓州街道管辖。在郓城县东南部。面积 1 平方千米。人口 1 400。原名杨仲民屯，后因村北有一大片树林为郭氏墓地，故改名郭林，社区沿用村名。2012 年成立。有楼房 3 栋，现代建筑风格。驻有郭林小学等单位。通公交车。

和平社区 371725-A02-J05

[Hépíng Shèqū]

属郓州街道管辖。在郓城县南部。面积 3 平方千米。人口 1 300。取祥和平安之意命名。2006 年成立。有楼房 53 栋，现代建筑风格。有老年人日间照料服务。通公交车。

金河社区 371725-A02-J06

[Jīnhé Shèqū]

属郓州街道管辖。在郓城县东部。面积 2 平方千米。人口 800。因位于宋金河边得名。2006 年成立。有楼房 63 栋，现代建筑风格。驻有郓州医院、郓城第二实验小学等单位。通公交车。

旷庙苏庄社区 371725-A02-J07

[Kuàngmiàosūzhuāng Shèqū]

属郓州街道管辖。在郓城县东部。面积 2 平方千米。人口 1 200。明成化年间，苏氏祖迁此建村，取名苏庄。后建一庙，名旷庙寺。1982 年因重名改为旷庙苏庄，社区沿用村名。2010 年成立。有楼房 6 栋，现代建筑风格。驻有恒基工程机械有限公司等单位。有老年人日间照料服务。通公交车。

隆兴社区 371725-A02-J08

[Lóngxīng Shèqū]

属郓州街道管辖。在郓城县西部。面积 2 平方千米。人口 2 600。取兴隆兴旺之意命名。2007 年成立。有楼房 21 栋，现代建筑风格。驻有郓城县地税局等单位。

申厂社区 371725-A02-J09

[Shēnchǎng Shèqū]

属郓州街道管辖。在郓城县东部。面积 2 平方千米。人口 1 400。明万历年间，申姓人在此建村，初名永丰厂，后因申姓增多而名申厂。2012 年成立。有楼房 4 栋，现代建筑风格。

王沙湾社区 371725-A02-J10

[Wángshāwān Shèqū]

属郓州街道管辖。在郓城县东南部。面积 4 平方千米。人口 2 700。明永乐年间，王友直自青州迁此建村，因村西多沙，取名王沙湾。2014 年成立。有楼房 2 栋，现代建筑风格。

徐屯社区 371725-A02-J11

[Xútún Shèqū]

属郓州街道管辖。在郓城县西部。面积 3 平方千米。人口 1 800。明永乐年间，徐氏迁此居住，以其姓氏得名徐屯。2006 年成立。有楼房 14 栋，现代建筑风格。通公交车。

姚垓社区 371725-A02-J12

[Yáohǎi Shèqū]

属郓州街道管辖。在郓城县西部。面积 3 平方千米。人口 1 700。明嘉靖年间，姚氏迁此居住，祖称此地为北垓子。清康熙年间，改为姚垓。2011 年成立。有楼房 3 栋，现代建筑风格。

八里河社区 371725-A02-J13

[Bālǐhé Shèqū]

属郓州街道管辖。在郓城县南部。面积 4 平方千米。人口 3 300。原名顺河集，后因地处宋金河南岸且距城八里，故名八里河。2004 年成立。有楼房 5 栋，现代建筑风格。驻有郓城县人民医院等单位。通公交车。

东八里庄社区 371725-A02-J14

[Dōngbālǐzhuāng Shèqū]

属郓州街道管辖。在郓城县南部。面积 2 平方千米。人口 1 000。明朝初期，先民由山西洪洞县迁到本地建村，因距县城八里路，故名八里庄，后因重名改为东八里庄。2014 年正式。有楼房 4 栋，现代建筑风格。

东城社区 371725-A02-J15

[Dōngchéng Shèqū]

属郓州街道管辖。在郓城县南部。面积 5 平方千米。人口 2 200。原名五道街，后因位于县城东部而改名东城。2004 年成立。有楼房 43 栋，现代建筑风格。驻有郓城县电力公司等单位。通公交车。

鄄城县

鄄城县 371726
[Juànchéng Xiàn]

菏泽市辖县。北纬 35°34′，东经 115°30′。在市境北部。面积 1 038 平方千米。人口 90.8 万。以汉族为主，还有回、蒙等民族。辖 2 街道、13 镇、2 乡。县人民政府驻古泉街道。战国境北有甄（鄄）邑。秦置甄城县，治今旧城，因甄邑得名，属东郡。西汉改甄城县为鄄城县，属济阴郡；东汉属济阴郡。三国魏属东郡。晋属濮阳国。东魏、北齐为濮阳郡治。隋属东平郡。唐属濮州。宋、金、元为濮州治。明洪武二年（1369）废鄄城县入濮州，降濮州为县级政区。景泰三年（1452）徙治王村（今河南省范县濮城集），属东昌府。清属曹州府。1913 年改濮州为濮县，属济西道（翌年改称东临道）。1925 年属曹濮道。1931 年析置鄄城县，治今鄄城。1936 年属第二行政督察区。属鲁西行政区第二专区、鲁豫行政区第二专区。1949 年属平原省菏泽专区。1952 年划归山东省。1958 年属济宁专区。1959 年复属菏泽专区。1967 年改称菏泽地区。（资料来源：《中华人民共和国地名大词典》）西汉初始置鄄城县，因境内鄄邑、甄城而得名。地势平坦，海拔 46~50 米。年均气温 13.7℃，1 月平均气温 -0.9℃，7 月平均气温 26.2℃。年均降水量 589 毫米。有黄河、箕山河、临濮沙河、金堤河等流经。有盐、石油、天然气、煤炭等矿产资源。有中小学 258 所，图书馆 1 个，档案馆 1 个，知名文艺团体 32 个，二级以上医院 2 个。有省级文物保护单位 3 个，有省级传统村落 1 个、千年古镇 2 个，国家级非物质文化遗产 3 个、省级非物质文化遗产 8 个，重要古迹、景点 124 个。三次产业比例为 24.9∶44.6∶30.5。农业以种植业、养殖业为主，农作物有小麦、大豆、棉花、花生等，种植牡丹、芍药、板蓝根等中药材，畜牧业以养殖鲁西黄牛、青山羊为主，是全国鲁西黄牛和中国斗鸡保种基地、全国小尾寒羊育种基地。工业形成人发加工、化工、木材加工、畜牧产品加工、中药材加工五大主导产业。服务业以商贸等为主，有舜王城中药材市场、鄄城人发基地、架木收购经营等国家级（省级）专业市场和商品集散地。有省级开发区 1 个。境内铁路 17.4 千米，公路 170 千米。京九铁路、德上高速和省道临商公路、济宁—董口公路、巨野—鄄城公路过境。

鄄城县经济开发区 371726-E01
[Juànchéng Xiàn Jīngjì Kāifāqū]

在县境东南部。东至凤凰镇，西至古泉街道，南至郑营镇，北至大埝镇。面积 2 350 公顷。2006 年 3 月经省政府正式批准成立省级开发区，由县级政府管理。因在鄄城县境内，故名。形成医药化工、发艺品、农副产品加工、户外休闲用品四大产业园区，主导产业为医药化工、发艺品等，有规模以上工业企业 137 家。形成"九纵十横"的路网结构，通公交车。

古泉街道 371726-A01
[Gǔquán Jiēdào]

鄄城县人民政府驻地。在县境北部。面积 54 平方千米。人口 9.7 万。2010 年设立。因境内有"亘古清泉"得名。箕颖河从境内穿过。有中小学 16 所，医疗卫生机构 28 个。有重要名胜古迹东山禅寺等。农业形成蔬菜、畜牧、林果三大产业，农作物以种植小麦、玉米、花生为主，畜牧业以养殖鲁西斗鸡、青山羊、小尾寒羊为主。工业以纺织、人发加工、面粉加工、啤酒制造等特色产业为主。服务业以商贸为主，有罗庄商贸城。有鄄城汽车站，通公交车。

陈王街道 371726-A02
[Chénwáng Jiēdào]

属鄄城县管辖。在县境东部。面积35平方千米。人口3.3万。2010年设立。因境内有陈王路得名。2014年先后完成亿城街、香山街、建设街、人民街的改扩工程和黄河公园建设。箕山河从境内穿过。有中小学13所，医疗卫生机构26个。农业以种植小麦、玉米为主，养殖青山羊、小尾寒羊等。工业以化工、家具制造、啤酒制造、人发加工、制药、纺织等为主导产业，有人发产业园、化工产业园。服务业以商贸为主，有鲁西南商贸城、舜耕国际商贸城。通公交车。

什集镇 371726-B01
[Shíjí Zhèn]

鄄城县辖镇。在县境南部。面积76平方千米。人口7.3万。以汉族为主，还有回族。辖21村委会，有97自然村。镇人民政府驻什集村。1927年为濮县什集区，1949年属鄄城县九区。1958年成立什集人民公社。1983年撤社建什集乡。1994年撤乡设镇。2001年梁屯乡、梁堂乡并入。以镇政府驻地村得名。临濮沙河从境内穿过。有中小学10所，医院1个、卫生院1个。有省级文物保护单位苏述御使牌坊、北王召苏氏家祠。经济以林业、蔬菜、纺纱三大特色产业为主，林木种植和深加工为特色支柱产业。农业种植小麦、玉米、蔬菜。工业以化工、纺织、木材加工、塑料制品为主导产业。省道临商路过境。

红船镇 371726-B02
[Hóngchuán Zhèn]

鄄城县辖镇。在县境东部。面积49平方千米。人口3.8万。辖25村委会，有54自然村。镇人民政府驻红船村。1927年为濮县红船区。1949年属鄄城县三区。1957年成立红船乡。1979年建红船人民公社。1983年撤社改设红船镇。以镇政府驻地村得名。三分干河、华营河从境内穿过。有中小学12所，卫生院1个，广场1个。有省级文物保护单位孙老家祠堂。农业盛产小麦、玉米、大豆、花生、西瓜、大蒜等，养殖牛、羊、猪等。工业以光电、制造加工、化工、食品加工为主导产业。省道济董路过境。

旧城镇 371726-B03
[Jiùchéng Zhèn]

鄄城县辖镇。在县境北部。面积98平方千米。人口7.6万。辖36村委会，有84自然村。镇人民政府驻旧城村。1927年为濮县旧城区。1949年属鄄城县六区。1957年改设旧城乡。1958年建旧城人民公社。1983年改置旧城镇。2001年葛庄乡并入。以镇政府驻地村得名。黄河从境内穿过。有中小学10所，卫生院1个。有古迹陈土台、诸侯会盟台、陶丘堌堆遗址等。农业以种植小麦、玉米、大豆、花生、蔬菜为主，是鲁西黄牛育种基地、青山羊和小尾寒羊育种基地。工业以化工、电子、建材、纺织、木材加工为主导产业。省道临商路、沿黄路过境。

阎什镇 371726-B04
[Yánshí Zhèn]

鄄城县辖镇。在县境东南部。面积68平方千米。人口6.1万。以汉族为主，还有回族。辖30村委会，有8自然村。镇人民政府驻闫什口村。1949年属鄄城县十区。

1958 年设立阎什口人民公社。1983 年建立阎什口乡。1993 年撤乡设阎什镇。2001 年张志门乡并入。以镇政府驻地村得名。临濮沙河从境内穿过。有中小学 16 所，卫生院 1 个，广场 1 个。有省级文物保护单位历山古遗址，沙土庙景区等旅游资源。农业以种植小麦、玉米、蔬菜为主。工业以木材加工、家具生产为主导产业。京九铁路、德上高速、省道巨郓公路过境。

箕山镇 371726-B05
[Jīshān Zhèn]

郓城县辖镇。在县境东北部。面积 71 平方千米。人口 5.9 万。辖 27 村委会，有 73 自然村。镇人民政府驻箕山村。1927 年为濮县箕山区，1949 年属郓城县四区。1957 年建箕山乡。1958 年成立箕山人民公社。1983 年撤社，建立箕山乡。1996 年撤乡，设立箕山镇。2001 年宋楼乡并入。以镇政府驻地村得名。箕山河从境内穿过。有中小学 13 所，医院 1 个、卫生院 1 个，广场 1 个。有孙膑旅游城·亿城寺景区等旅游资源。农业盛产小麦、玉米、花生、大豆、蚕桑、蔬菜、瓜果等，养殖鲁西南黄牛、小尾寒羊、青山羊、獭兔等。工业以地毯加工、纺织、木器加工、化工、建材加工、人发加工、裘皮制革加工等为主。省道临商路、济董路、郓巨路过境。

李进士堂镇 371726-B06
[Lǐjìnshìtáng Zhèn]

郓城县辖镇。在县境东北部。面积 46 平方千米。人口 3.2 万。辖 16 村委会，有 35 自然村。镇人民政府驻李进士堂村。1949 年属郓城六区。1958 年分属旧城、左营人民公社管辖。1983 年析旧城和左营人民公社地设李进士堂乡。2001 年撤乡设镇。以镇政府驻地村得名。黄河从境内穿过。有中小学 8 所，卫生院 1 个，广场 1 个。

农业以种植小麦、玉米为主。工业以人发制品为主。德上高速、省道沿黄路过境。

董口镇 371726-B07
[Dǒngkǒu Zhèn]

郓城县辖镇。在县境西部。面积 83 平方千米。人口 7.1 万。以汉族为主，还有回族等。辖 35 村委会，有 95 自然村。镇人民政府驻董口村。1927 年为濮县董口区。1940 年属郓城县第五区，1942 年属郓西办事处二区，1944 年属郓城县二区，1949 年属郓城县七区。1958 年建立董口人民公社。1983 年撤社建董口乡。2001 年西双庙乡并入。2001 年撤乡设镇。以镇政府驻地得名。黄河从境内穿过。有中小学 22 所，医院 2 个、卫生院 1 个。有省级文物保护单位宋孝子堂。经济形成林业、畜牧、蔬菜、中药材四大支柱产业，畜牧业以青山羊、小尾寒羊、鲁西黄牛饲养为主。工业以化工、木材、毛发制品、蔬菜加工、畜产品加工为主。省道济董路、沿黄路过境。

临濮镇 371726-B08
[Línpú Zhèn]

郓城县辖镇。在县境西南部。面积 56 平方千米。人口 4.4 万。辖 23 村委会，有 47 自然村。镇人民政府驻临濮南街。隋置临濮县，属濮州。唐、五代十国、北宋因之。金于贞元二年（786）降临濮县为临濮镇，并入郓城县。1927 年为濮县临濮区。1949 年为郓城县八区。1958 年设立临濮人民公社。1983 年建临濮乡。2001 年撤乡设镇。以镇政府驻地得名。黄河从境内穿过。有中小学 13 所，医院 1 个、卫生院 1 个，广场 1 个。有古迹黄巢安营古址、庄子庙钓鱼台、东岳大帝青铜像等。农业以种植小麦、玉米为主。工业以木材加工、化工、纺织、地毯加工为主。省道沿黄路过境。

彭楼镇 371726-B09

[Pénglóu Zhèn]

鄄城县辖镇。在县境东南部。面积79平方千米。人口6.9万。辖44村委会，有80自然村。镇人民政府驻彭楼村。1940年属郓南县三区。1944年属郓巨县。1949年属鄄城县十区。1979年成立彭楼人民公社。1983年撤社建彭楼乡。2001年麻寨乡并入。2002年撤乡设镇。以镇政府驻地得名。临濮沙河从境内穿过。有中小学20所，医院1个、卫生院1个，广场1个。有省级文物保护单位刘垓村刘氏家族墓地。经济以中药材种植加工和畜牧养殖为主。农业以种植小麦、玉米、中药材为主，产优质黄芪、红花、白芷、板蓝根、金银花、丹参、白芍、半夏等中药材。工业有中药材、食品、木材、皮毛、条草编、人发、地毯加工业等。服务业以商贸为主，有舜王城中药材市场。京九铁路、德上高速、省道临商路过境。

凤凰镇 371726-B10

[Fènghuáng Zhèn]

鄄城县辖镇。在县境东部。面积50平方千米。人口3.8万。辖20村委会，有49自然村。镇人民政府驻凤凰村。1949年属鄄城县二区。1958年分属箕山、引马、城关3个公社。1979年建凤凰人民公社。1983年撤社建凤凰乡。2010年撤乡设镇。以镇政府驻地得名。箕山河从境内穿过。有中小学12所，医院1个、卫生院1个，广场1个。农业以种植小麦、玉米、蔬菜为主，养殖牛、羊、猪、家禽等。工业以化工、头发加工、电器制造、纺织为主。德上高速、省道济董路过境。

郑营镇 371726-B11

[Zhèngyíng Zhèn]

鄄城县辖镇。在县境东南部。面积64平方千米。人口4.9万。以汉族为主，还有回族。辖24村委会，有53自然村。镇人民政府驻郑营村。清末为濮州东郑营里、西郑营里。1927年为濮县郑营区。1949年属鄄城县一、二、九、十区。1958年建郑营镇人民公社。1983年撤社建立郑营、鲁王仓2乡。2001年鲁王仓乡并入。2010年撤乡设镇。以镇政府驻地得名。箕山河从境内穿过。有中小学17所，医院2个、卫生院1个。农业以种植小麦、玉米、棉花、大豆、中药材为主。工业以人发加工、林产品加工为主导产业。服务业以商贸为主，有人发皮毛综合贸易市场。省道临商路、鄄巨路过境。

大埝镇 371726-B12

[Dàniàn Zhèn]

鄄城县辖镇。在县境东北部。面积44平方千米。人口3.8万。辖21村委会，有47自然村。镇人民政府驻大埝村。中华人民共和国成立前属鄄城县四区、五区。1950年分属许堂、张楼、夸杨庄、石黄店等乡。1958年分属旧城、左营、城关、箕山4个人民公社。1978年成立大埝人民公社。1983年改设大埝乡。2012年撤乡改镇。以镇政府驻地得名。有中小学6所。农业以种植小麦、玉米为主。工业以纺织、木材加工为主导产业。省道临商路过境。

引马镇 371726-B13

[Yǐnmǎ Zhèn]

鄄城县辖镇。在县境东南部。面积44平方千米。人口3.6万。以汉族为主，还有回族。辖18村委会，有52自然村。镇人民政府驻引马南街。清末为濮州东引马里、南引马里、北引马里。1927年为濮县引马区。1940年属郓南县三区。1944年属郓巨县七区。1949年属鄄城县三区。1958年成立引马人民公社。1983年撤社成立引马乡。2012年撤乡改镇。以镇政府驻地得名。有中小学 9 所，卫生院 1 个，广场 1 个。农业以种植小麦、玉米为主。工业以人发制品、纺织、木材加工等为主。德上高速、省道济董路过境。

左营乡 371726-C01
[Zuǒyíng Xiāng]

鄄城县辖镇。在县境东北部。面积 79 平方千米。人口 5.1 万。辖 23 村委会，有 61 自然村。乡人民政府驻左南村。抗日战争时期属河南范县五区。1943 年划归郓城县十区。1949 年属鄄城县五区。1957 年设左营乡。1958 年成立左营人民公社。1982 年撤社建乡。2001 年陈良乡并入。以乡政府驻地得名。黄河从境内穿过。有中小学 10 所，医院 1 个、卫生院 1 个，广场 1 个。农业以种植小麦、玉米、棉花、大豆、花生、蔬菜、西瓜为主，是黄牛、青山羊饲养基地。工业以纺织、人发加工、木材加工为主导产业。省道沿黄路过境。

富春乡 371726-C02
[Fùchūn Xiāng]

鄄城县辖乡。在县境南部。面积 46 平方千米。人口 4.3 万。辖 17 村委会，有 55 自然村。乡人民政府驻富春村。清末属濮州谷林里、富春里。1949 年属鄄城县一、八、九区。1957 年建富春乡。1958 年分属郑营、什集、董口 3 个公社。1979 年建富春人民公社。1983 年撤社设乡。以乡政府驻地得名。箕山河从境内穿过。有中小学 12 所，卫生院 1 个，广场 1 个。有省级文物保护单位谷林尧陵。农业形成瓜菜、名优水果、畜牧三大支柱产业。工业有人发加工、化工、纺织、仪器制造、特种钢加工、食品加工、裘革制品加工等业。服务业以商贸为主，建有富春人发皮毛专业市场。省道临商路过境。

旧地名

鄄城镇（旧） 371726-U01
[Juànchéng Zhèn]

鄄城县辖镇。在县境西北部。1981 年设立。2010 撤销，以其原行政区域设立古泉街道、陈王街道。

陈良乡（旧） 371726-U02
[Chénliáng Xiāng]

鄄城县辖乡。在县境东北部。1957 年设立。2001 年撤销，并入左营乡。

葛庄乡（旧） 371726-U03
[Gězhuāng Xiāng]

鄄城县辖乡。在县境西北部。1957 年设立。2001 年撤销，并入旧城镇。

梁堂乡（旧） 371726-U04
[Liángtáng Xiāng]

鄄城县辖乡。在县境中部。1983 年设立。2001 年撤销，并入什集镇。

宋楼乡（旧） 371726-U05
[Sònglóu Xiāng]

鄄城县辖乡。在县境东北部。1983 年设立。2001 年撤销，并入箕山镇。

西双庙乡（旧） 371726-U06
[Xīshuāngmiào Xiāng]

鄄城县辖乡。在县境西南部。1983 年设立。2001 年撤销，并入董口镇。

梁屯乡（旧） 371726-U07
[Liángtún Xiāng]

鄄城县辖乡。在县境西南部。1983 年设立。2001 年撤销，并入什集镇。

鲁王仓乡（旧） 371726–U08
［Lǔwángcāng Xiāng］

鄄城县辖乡。在县境东南部。1957 年设立。2001 年撤销，并入郑营乡。

麻寨乡（旧） 371726–U09
［Mázhài Xiāng］

鄄城县辖乡。在县境东南部。1957 年设立。2001 年撤销，并入彭楼乡。

张志门乡（旧） 371726–U10
［Zhāngzhìmén Xiāng］

鄄城县辖乡。在县境东南部。1983 年设立。2001 年撤销，并入阎什镇。

社区

崇兴社区 371726–A01–J01
［Chóngxīng Shèqū］

属古泉街道管辖。在鄄城县东南部。面积 2 平方千米。人口 3 500。因寄予崇尚兴盛之意得名。2003 年成立。有楼房 990 余栋，中式建筑风格。有老年人照料服务。通公交车。

虹桥社区 371726–A01–J02
［Hóngqiáo Shèqū］

属古泉街道管辖。在鄄城县西南部。面积 4 平方千米。人口 5 000。因境内有虹桥市场得名。2003 年成立。有楼房 1 589 栋，中式建筑风格。有老年人照料服务。通公交车。

古泉社区 371726–A01–J03
［Gǔquán Shèqū］

属古泉街道管辖。在鄄城县西北部。面积 2 平方千米。人口 6 100。因境内有亘古清泉得名。2003 年成立。有楼房 540 余栋，中式建筑风格。驻有鄄城县中医院等单位。有养老服务。通公交车。

乐园社区 371726–A01–J04
［Lèyuán Shèqū］

属古泉街道管辖。在鄄城县西北部。面积 2 平方千米。人口 4 100。因寄予快乐美好家园之意得名。2003 年成立。有楼房 1 290 栋，中式建筑风格。驻有鄄城县人民医院、鄄城县广电局、鄄城县审计局等单位。有老年人照料服务。通公交车。

东昌社区 371726–A02–J01
［Dōngchāng Shèqū］

属陈王街道管辖。在鄄城县东部。面积 2 平方千米。人口 2 600。因在城区东部，故名。2003 年成立。以平房为主。驻有鄄城县卫生局等单位。有便民服务。通公交车。

定陶县

定陶县 371727
［Dìngtáo Xiàn］

菏泽市辖县。在市境南部。面积 846 平方千米。人口 68.6 万。以汉族为主，还有回、蒙古等民族。辖 2 街道、10 镇。县人民政府驻天中街道。定陶古陶丘，故邑名曰陶。西周、春秋为曹国都，后入宋为陶邑。战国入魏，仍称陶，又称定陶。秦置定陶县，属东郡。西汉、魏、晋为济阴郡治。北魏济阴郡徙县西之左城。隋于左城置济阴县，为济阴郡治，定陶县属之。唐降定陶县为镇，并入济阴县。宋太平兴国四年（979）复置，为广济军治。金、元属曹州。明洪武四年（1371）徙治今址，属兖州府。清属曹州府。1914 年属济宁道。1925 年属曹濮道。1928 年属省。1939 年属第二行政督察区。1942 年抗日民主政权于今县境南、东、东北部置定陶县，属冀鲁豫行政区第五专区。1949 年属平原省菏泽专区。1952 年随专区划归山东省。1958 年撤销，地入成武、菏泽两县，1961 年复置，仍属菏泽专区（1967 年改称菏泽地区）。2000 年，撤销菏泽地区，属菏泽市。（资料来源：《中华人民共和国地名大词典》）定陶之名缘于古陶丘。《说文》"陶再成丘也，在济阴"，这里有丘双层，像陶灶，故名，又称釜丘。或单称陶。春秋末期，范蠡助越灭吴后，出海至齐，辗转至陶，并"以陶为天下之中，遂定居焉，故曰定陶"。地处鲁西南黄泛平原，地势西南高、东北低，海拔 44.1~53.8 米。属温带季风型大陆气候，冬冷夏热，四季分明，年均气温 13.9℃，1 月平均气温 -0.7℃，7 月平均气温 26.8℃。年均降水量 663.0 毫米。有东鱼河、东鱼河北支、洙水河流经。有黏土、矿泉水、地热、煤炭矿产资源。有中小学 149 所，国家级图书馆 2 个，国家级博物馆 3 个，国家级档案馆 1 个，知名文艺团体 24 个，国家级残疾人体育训练基地 1 个、体育培训中心 8 个，体育场馆 41 个，二级以上医院 2 个。有国家级文物保护单位 2 个、省级文物保护单位 6 个，有省级爱国主义教育基地 1 个、纪念地 1 个，国家级非物质文化遗产 3 个、省级非物质文化遗产 2 个，重要古迹、景点 16 个。三次产业比例为 18∶51.8∶30.2。农业以种植业为主，主产小麦、玉米等粮食作物及棉花、蔬菜、山药、玫瑰、西瓜等经济作物。工业以食品加工、纺织服装加工、医药化工、机电加工、畜牧裘革加工为主，建筑业、制造业在经济总量中占较大比重。服务业以商业、金融、旅游和外贸为主。有省级开发区 1 个。境内铁路 21.2 千米，公路 293.7 千米。京九铁路、日南高速、济广高速和省道临商公路、定砀公路、刘民公路、东丰公路过境。

定陶县开发区 371727-E01
[Dìngtáo Xiàn Kāifāqū]

在县境北部。东至崔庄东路，西至菏商公路，南至古塔路，北至定陶新河。面积 300 公顷。因所在政区得名。2006 年 3 月经省政府正式批准成立省级开发区，由县级政府管理。有家纺、林产品加工、食品加工等行业，入驻企业 79 家，其中有山东鲁花浓香花生油有限公司、艺达纺织、林盾木业有限公司等知名企业。形成三纵三横的交通网络，通公交车。

天中街道 371727-A01
[Tiānzhōng Jiēdào]

定陶县人民政府驻地。在县境中部。面积 47 平方千米。人口 6.0 万。以汉族为主，还有回族。2011 年成立。古有"陶为天下之中"之说，故取街道名为天中。先后完成城区老三街的拆迁、开发，西环路、万泰商贸城、农贸城、明珠嘉园、怡和华庭、新河湾开发建设。菏曹运河、南渠河从境内穿过。有中小学 15 所，知名文艺团体 4 个，医疗卫生机构 5 个。经济以医疗器械生产、化工等业为主。有定陶县长途汽车站、定陶县火车站，通公交车。

滨河街道 371727-A02
[Bīnhé Jiēdào]

属定陶县管辖。在县境中部。面积 47 平方千米。人口 6.4 万。2011 年设立。因濒临定陶新河得名。2011 年后先后建设了中央新城、陶都新韵等小区，拆迁建设姚庄、李线庄等小区，新河湿地公园、文化中心、广电中心、科技馆等科教文娱基础设施，定陶新汽车站、菏泽市汽车驾驶考试中心及山大附中等。定陶新河、菏曹运河从境内穿过。有中小学 13 所，医疗卫生机构 33 个。有古迹范蠡墓、梁王台等。经济以服务餐饮业和制造业为主，形成餐饮一条街，先后建立了中小企业产业孵化基地和5G产业园。有菏泽市定陶县长途汽车站，通公交车。

陈集镇 371727-B01

[Chéjí Zhèn]

定陶县辖镇。在县境北部。面积84平方千米。人口6.7万。辖26村委会，有93自然村。镇人民政府驻陈集村。1949年属定陶县第三区。1958年设立陈集乡，同年成立火箭人民公社，同年更名为陈集人民公社。1984年成立陈集镇。2001年保宁乡并入。因镇政府驻地得名。万福河、柳林河、洙水河从境内穿过。有中小学18所，图书馆1个，医院1个、卫生院1个。农业种植小麦、玉米、山药、蔬菜、林果，养殖鸡、猪、羊等。工业以食品加工、建材、机械制造、造纸、地毯、纺织服装、生物化工为主。德商高速、日兰高速过境。

冉堌镇 371727-B02

[Rǎngù Zhèn]

定陶县辖镇。在县境东南部。面积127平方千米。人口9.0万。辖1居委会、50村委会，有152自然村。镇人民政府驻冉堌集村。1949年属定陶县第六区（冉堌区）。1958年成立冉堌人民公社，隶属成武县。1962年重属定陶县。1984年建立冉堌镇。2001年田集乡、王双楼乡并入。镇以驻地村得名。东鱼河、南坡河从境内穿过。有中小学26所，卫生院3个，广场10个。农业种植小麦、玉米、大葱、蒜苗、西红柿等，养殖羊、家禽。工业以果蔬食品加工、化肥、化工、制衣、木业制造为主。德商高速、省道定砀公路过境。设冉堌汽车站。

张湾镇 371727-B03

[Zhāngwān Zhèn]

定陶县辖镇。在县境西部。面积63平方千米。人口5.4万。辖22村委会，有50自然村。镇人民政府驻张湾村。1947年为菏泽县第八区（圣灵区）。1949年划归定陶县。1958年撤区，成立力本屯、张湾2乡。1958年两乡合并，成立新村人民公社，后更名张湾公社。1958年撤销定陶县，属菏泽县。1961年重属定陶县。1983年撤公社时，建立张湾乡、一千王乡。1995年撤乡，设张湾镇。2000年一千王乡并入。因镇政府驻地村得名。东鱼河、胜利河从境内穿过。有中小学12所，医院1个。有省级非物质文化遗产皮影戏。农业以林果、小麦、玉米、花生等种植为主，养殖青山羊、猪、鸡等。工业以木制品加工、棉制品加工、食品加工、造纸、化工、机械制造等为主。省道刘民公路、定张公路过境。

黄店镇 371727-B04

[Huángdiàn Zhèn]

定陶县辖镇。在县境东部。面积103平方千米。人口7.2万。辖50村委会，有129自然村。镇人民政府驻黄西村。1949年前称第五区。1956年改黄店区。1958年设黄店、姑庵2乡，同年8月成立超英人民公社，11月更名黄店人民公社。1958年撤销定陶县，属成武县。1961年重属定陶县。1983年置黄店镇。2001年姑庵乡并入。因镇政府原驻黄店集得名。南渠河、三干沟河、古柳河从境内穿过。有中小学18所，医院1个、卫生院2个。经济以蔬菜、肉食鸭、玫瑰生产为主。畜牧业以养殖鲁西黄牛、小寒尾羊、青山羊、肉食鸭为主。玫瑰产品广泛用于香料及化妆品、食品、饮料、制茶、制药等行业，并形成玫瑰特色旅游产业。德商高速、省道东丰公路过境。设黄店镇客运站。

孟海镇 371727-B05

[Mènghǎi Zhèn]

定陶县辖镇。在县境东北部。面积65

平方千米。人口 4.5 万。辖 21 村委会，有 57 自然村。镇人民政府驻马楼村。1949 年属第四区。1958 年撤区设孟海、半堤 2 乡，同年 8 月 2 乡合并，成立万福人民公社。1958 年划归成武县。1962 年复属定陶县。1984 年设孟海乡。1995 年设镇。因原政府驻地孟海得名。万福河、木河、柳林河、洙水河从境内穿过。有中小学 8 所，图书馆 1 个，医院 1 个，广场 1 个。有省级非物质文化遗产雷霆大鼓。农业以种植小麦、玉米、蔬菜为主，养殖猪、羊、家禽等。工业有化工、纺织、食品加工、饲料添加剂等企业。有公路经此。

马集镇 371727-B06
[Mǎjí Zhèn]

定陶县辖镇。在县境西南部。面积 98 平方千米。人口 5.8 万。辖 1 居委会、38 村委会，有 99 自然村。镇人民政府驻西刘楼村。1942 年马集镇西部属菏泽县第八区，东部属曹县第四区。1949 年全部划归定陶，镇西部属定陶第八区，北部属第一区，东部属第七区。1958 年建立卫星人民公社，不久更名马集人民公社，11 月划归成武县，1961 年重属定陶。1983 年撤公社建乡时，建立马集乡。2001 年 2 月撤销力本屯乡，并入马集乡。2001 年撤销马集乡，设立马集镇。因镇政府曾驻马集村得名。东鱼河、定陶新河从境内穿过。有中小学 14 所，医院 2 个。有国家级文物保护单位定陶王陵墓地，省级文物保护单位法源寺（左山寺）。经济以农业为主，农副产品加工、商贸服务为辅。省道刘民路过境。

半堤镇 371727-B07
[Bàndī Zhèn]

定陶县辖镇。在县境东北部。面积 103 平方千米。人口 4.1 万。辖 27 村委会，有 61 自然村。镇人民政府驻半堤集村。1948

年属第四区（半堤区）。1956 年属孟海区。1958 年成立顺堤乡，同年顺堤、孟海两乡合并，成立万福人民公社。1958 年定陶县撤销，划归成武县。1962 年复属定陶县。1979 年由万福公社析出半堤公社。1984 年设半堤乡。2010 年撤乡设镇。以镇政府驻地得名。柳林河、洙水河从境内穿过。有中小学 10 所，医院 1 个。经济以农业为主，主产小麦、玉米、蔬菜、花生，甘蓝、萝卜为无公害农产品，产油用牡丹及红花、白术等中药材。工业有农副产品加工、蔬菜深加工等企业。有公路经此。

仿山镇 371727-B08
[Fǎngshān Zhèn]

定陶县辖镇。在县境西北部。面积 81 平方千米。人口 5.8 万。辖 1 居委会、47 村委会，有 73 自然村。镇人民政府驻高河村。1949 年为定陶县第二区委。1956 年改仿山区。1958 年设邓集乡，同年成立红旗人民公社，后改邓集人民公社，12 月定陶县撤销，并入菏泽县。1961 年复属定陶县。1983 年复设邓集乡。2001 年改名仿山乡。2010 年撤乡置镇。因镇内有西周曹国皇陵遗址仿山得名。万福河、氾阳河、店子河从境内穿过。有中学小学 10 所，医院 1 个。有重要古迹西周仿山古墓群、官堌堆遗址、大汶口文化十里铺遗址。经济以农业为主，主产小麦、玉米、谷子、棉花、大豆、花生、蔬菜、瓜果、中药材等，养殖牛、羊、猪、家禽等。工业有木业、食品加工、面粉加工、饲料加工等企业。服务业以旅游业为主，有大型文化、影视、旅游综合园区。京九铁路、日兰高速、德商高速、省道东丰路过境。

杜堂镇 371727-B09
[Dùtáng Zhèn]

定陶县辖镇。在县境北部。面积 48 平

方千米。人口 3.3 万。辖 16 村委会，有 65 自然村。镇人民政府驻东辘湾村。1949 年属氾阳区。1952 年建杜堂（九）区。1958 年建杜堂乡，同年成立火炬公社，后更名杜堂公社，11 月划属成武县。1961 年重属定陶县。1984 年复设杜堂乡。2012 年撤乡改镇。以原镇驻地杜堂村得名。柳林河、万福河、七里河、定陶新河从境内穿过。有中小学 8 所，医院 1 个。有省级文物保护单位戚姬寺遗址。农业以种植小麦、玉米、蔬菜为主。工业有工艺品加工、食品加工、皮毛玩具加工、机械、制香等企业。服务业以商贸为主。京九铁路、日兰高速、德商高速、省道东丰路过境。

南王店镇 371727-B10
[Nánwángdiàn Zhèn]

定陶县辖镇。在县境南部。面积 54 平方千米。人口 3.3 万。辖 19 村委会，有 75 自然村。镇人民政府驻王店集村。1948 年建南王店区（第七区）。1956 年设南王店乡。1958 年设南王店、田集 2 乡。同年 8 月，2 乡合并成立红星人民公社，后改名南王店人民公社。11 月划属成武县。1961 年复属定陶县。1983 年设南王店乡。2013 年改置镇。因镇政府驻王店集，且处于定陶县南部而得名。东鱼河、南坡河从境内穿过。有中小学 8 所，医院 1 个，广场 18 个。农业以种植粮棉、蔬菜、西瓜为主，西瓜种植为当地特色产业。工业有农产品加工、木材、地毯、建材、化工、制革等企业。京九铁路、省道临商路、定砀公路过境。

旧地名

定陶镇（旧） 371727-U01
[Dìngtáo Zhèn]

定陶县辖镇。在县境中部。1985 年设立。

2010 年撤销，以其原行政区域设立滨河街道、天中街道。

姑庵乡（旧） 371727-U02
[Gū'ān Xiāng]

定陶县辖乡。在县境东部。1984 年设立。2001 年撤销，并入黄店镇。

保宁乡（旧） 371727-U03
[Bǎoníng Xiāng]

定陶县辖乡。在县境西北部。1984 年设立。2001 年撤销，并入陈集镇。

游集乡（旧） 371727-U04
[Yóují Xiāng]

定陶县辖乡。在县境西北部。1984 年设立。2001 年撤销，并入仿山乡。

邓集乡（旧） 371727-U05
[Dèngjí Xiāng]

定陶县辖乡。在县境西北部。1984 年设立。2001 年撤销，并入仿山乡。

力本屯乡（旧） 371727-U06
[Lìběntún Xiāng]

定陶县辖乡。在县境西南部。1958 年设立。2001 年撤销，并入马集乡。

一千王乡（旧） 371727-U07
[Yīqiānwáng Xiāng]

定陶县辖乡。在县境西部。1984 年设立。2000 年撤销，并入张湾镇。

田集乡（旧） 371727-U08
[Tiánjí Xiāng]

定陶县辖乡。在县境东南部。1984 年设立。2001 年撤销，并入冉堌镇。

王双楼乡（旧） 371727–U09
[Wángshuānglóu Xiāng]

定陶县辖乡。在县境东南部。1984 年设立。2001 年撤销，并入冉堌镇。

社区

东城社区 371727–A01–J01
[Dōngchéng Shèqū]

属天中街道管辖。在定陶县东部。面积 5.5 平方千米。人口 9 900。因位置得名。2003 年成立。以平房为主。驻有定陶县医院、定陶县国税局、定陶县环保局等单位。通公交车。

城关社区 371727–A01–J02
[Chéngguān Shèqū]

属天中街道管辖。在定陶县中部。面积 4.5 平方千米。人口 12 300。因位于城区得名。2003 年成立。以平房为主。驻有定陶县人民法院、定陶县公安局等单位。通公交车。

南城社区 371727–A01–J03
[Nánchéng Shèqū]

属天中街道管辖。在定陶县南部。面积 1 平方千米。人口 4 500。因位置得名。2003 年成立。以平房为主。有便民服务，开展义诊、送戏下乡等活动。通公交车。

西城社区 371727–A01–J04
[Xīchéng Shèqū]

属天中街道管辖。在定陶县西部。面积 0.5 平方千米。人口 6 200。因位于定陶县城西，故名。2003 年成立。以平房为主。驻有定陶县公路局、定陶县物资局、定陶县盐务局等单位。有老年人照料服务，开展义诊、送戏下乡等活动。通公交车。

北城社区 371727–A02–J01
[Běichéng Shèqū]

属滨河街道管辖。在定陶县北部。面积 4.2 平方千米。人口 13 000。因位于城区北部得名。2003 年成立。以平房为主。驻有定陶县实验小学等单位。通公交车。

崔庄社区 371727–A02–J02
[Cuīzhuāng Shèqū]

属滨河街道管辖。在定陶县东北部。面积 1.44 平方千米。人口 1 800。传说明朝天顺年间，崔氏由山西省洪洞县迁此建村，故名。2010 年成立。以平房为主。驻有定陶县民政局、定陶县南城中学等单位。有老年人照料服务，开展义诊、扶贫送温暖等活动。通公交车。

东明县

东明县 371728
[Dōngmíng Xiàn]

菏泽市辖县。在市境西部。面积 1 370 平方千米。人口 84.5 万。以汉族为主，还有回、蒙古等民族。辖 2 街道、10 镇、2 乡。县人民政府驻城关街道。西汉时境南有冤句县。武帝于冤句县西南、今河南兰考县北（古阳武户牖乡）置东昏县，《大名府志》载："秦始皇东游至户牖乡，昏雾四塞不能进，故其地为东昏，莽新反其义改为东明县，今县名始此。"三国魏县废。宋乾德元年（963）复置。金兴定二年（1218）徙治冤句故地（今东明集）。明洪武初徙治云台集，旋废。弘治三年（1490）再复置，徙治大单集，即今县城，属直隶大名府。清因之。1914 年属直隶省大名道。1928 年属河北省，后属该省第十四行政督察区。1940 年置东明县，属冀鲁豫行政区第二专区。1941 年于东明县西及西南部、长垣县东部置东垣县，属冀鲁豫行政区第五专区。1947年并入东明县。1949年属平原省菏泽专区。1952年改属郑州专区。1955年属开封专区。1963年划归山东省属菏泽专区，1967年改称菏泽地区。1952年撤销平原省，东明县划归河南省，属郑州专区。1955年郑州专区改为开封专区，东明县随属。1958年属济宁专区。1959年复置菏泽专区，东明属之。1963年划归山东省菏泽专区，2000年设立地级菏泽市，东明属之。（资料来源：《东明县地名志》）地势西南高、东北低，平均海拔54.5米。年均气温13.9℃，1月平均气温−0.9℃，7月平均气温26.9℃。年均降水量621.2毫米。有黄河、洙赵新河、万福河、贾河、东鱼河流经。有石油、天然气、地热、砖瓦黏土等矿产资源。有野生植物100余种。有野生动物198种，其中国家重点保护野生动物24种。森林覆盖率23.7%。有中小学179所，图书馆1个，博物馆1个，档案馆1个，知名文艺团体2个，体育场1个，二级以上医院5个。有省级文物保护单位7个，省级传统村落1个、千年古镇2个，国家级非物质文化遗产3个、省级非物质文化遗产12个，风景名胜区和重要古迹、景点7个。三次产业比例为10∶65.1∶24.9。农业以种植业为主，盛产西瓜、小麦、玉米、大豆、花生、棉花等，注册"山东东明红"西瓜商标。工业形成石油化工、精细化工、氯碱化工、天然气化工四大产业，有省级高新技术企业4家，市级高新技术企业8家，省级工程技术中心3家。服务业以商贸为主，出口商品主要有木制品、服装、食品、精细化工产品等。境内铁路46千米，公路1 894.7千米。新石铁路、日东高速、106国道和省道东兰公路、丰东公路过境。

城关街道 371728–A01
[Chéngguān Jiēdào]

东明县人民政府驻地。在县境北部。面积42平方千米。人口3.9万。以汉族为主，还有回族。2010年设立。因1490年东明县城迁于此，并设城附廓辖五门四关而得名。万福河、五里河从境内穿过。有中小学13所，图书馆1个，医疗卫生机构51个。有名胜古迹文庙、城隍庙、万福河、五里河万米绿色长廊。农业以种植业为主，主产小麦、玉米、大豆、花生、富硒西瓜、富硒甜瓜、苹果、梨、葡萄、草莓等。工业以化工、炼油、农副产品加工、制浆造纸四大主导产业为主。有东明县长途客运站，通公交车。

渔沃街道 371728–A02
[Yúwò Jiēdào]

属东明县管辖。在县境南部。面积69平方千米。人口3.9万。2011年设立。因辖区内大渔沃得名。渔沃河从境内穿过。有中小学16所，医疗卫生机构1个。有省级非物质文化遗产小曲子等。有万福河绿色长廊。农业主产蔬菜、小麦、玉米、大豆、花生、西瓜等，养殖猪、羊、家禽等。工业以石油化工为主。东明县火车站、东明县城乡客运站，通公交车。

东明集镇 371728–B01
[Dōngmíngjí Zhèn]

东明县辖镇。在县境中部。面积104平方千米。人口6.4万。辖34村委会，有57自然村。镇人民政府驻东明集村。1958年成立东明集公社。1961年改东明集区。1963年又改东明集公社。1984年撤社，设立东明集镇。2001年临店乡并入。因镇政府驻地得名。东渔河、贾河从境内穿过。有中小学24所，体育场1个，医院1个。有省级文物保护单位荆台集遗址、西葛岗节孝牌坊。农业以种植小麦、玉米、西瓜等为主，畜牧业以饲养猪、牛、羊、家禽等为主。工业以化工、粮油加工、建材生产、生物制药为主。省道东兰路、长金路过境。

刘楼镇 371728-B02
[Liúlóu Zhèn]

东明县辖镇。在县境西南部。面积85平方千米。人口5.4万。辖30村委会，有78自然村。镇人民政府驻刘楼村。1958年设刘楼公社。1983年设刘楼乡。1996年改置刘楼镇。2001年焦楼乡并入。因镇政府驻地得名。东鱼河、渔沃河从境内穿过。有中小学20所，图书馆7个，体育场17个，卫生院2个。有纪念地刘楼十八烈士墓地。农业主产小麦、玉米、大豆、花生、蔬菜，特产张庄西瓜。工业以农产品和板材加工为主。106国道过境。

陆圈镇 371728-B03
[Lùquān Zhèn]

东明县辖镇。在县境东部。面积130平方千米。人口8.5万。辖39村委会，有64自然村。镇人民政府驻陆圈村。1955年建陆圈乡。1958年胡庄乡并入，成立陆圈人民公社。1961年改陆圈区。1963年复建陆圈人民公社。1983年分设陆圈镇、胡庄乡。2001年合置陆圈镇。因镇政府驻地村得名。万福河、贾河、渔沃河从境内穿过。有中小学29所，图书馆8个，卫生院2个。有纪念地孙自端烈士墓，古迹窦堌堆古文化遗址、五霸岗春秋会盟遗址葵邱。农业以种植小麦、玉米、大豆、花生、蔬菜为主，水果主产草莓、桃、梨、苹果等。工业有生物工程、食品、化工、电力电缆、建材、木业、水泥等企业。新兖铁路、日东高速、省道丰东公路过境。

马头镇 371728-B04
[Mǎtóu Zhèn]

东明县辖镇。在县境南部。面积131平方千米。人口4.5万。辖18村委会，有39自然村。镇人民政府驻马头北街村。1958年成立马头公社。1961年改马头区。1963年撤区恢复马头公社。1984年改设马头乡。1994年改置马头镇。因镇政府驻地得名。有中小学15所，卫生院1个。境内有黄河故道植物园。农业主产小麦、玉米、棉花、大豆、花生、西瓜、黄桃，畜牧养殖以蛋鸡、种鸡、肉食鸡为主。有板材加工、纺织、油脂、棉花加工等厂。262省道过境。

三春集镇 371728-B05
[Sānchūnjí Zhèn]

东明县辖镇。在县境西南部。面积71平方千米。人口4.4万。辖22村委会，有64自然村。镇人民政府驻三春集村。1947年属东明县六区。1956年撤区建三春集乡。1958年建三春集人民公社。1961年改设三春集区。1963年复设三春集公社。1983年建三春乡。1994年改置镇。因镇政府驻地村得名。赵王河从境内穿过。有中小学10所，图书馆1个，卫生院1个。境内有黄河故道植物园。农业以种植业为主，主产小麦、玉米、大豆、花，有莲藕、黄河鲤鱼养殖业，是鲁西南大黄牛重要产区。工业以机械加工、汽车配件、木制品加工、食品添加剂加工、建筑材料为主导产业。106国道、省道东兰公路过境。

大屯镇 371728-B06
[Dàtún Zhèn]

东明县辖镇。在县境东南部。面积83平方千米。人口4.8万。辖25村委会，有41自然村。镇人民政府驻前西村。1955年分属夏营、东明集中心乡。1958年属王屯公社。1961年分为大屯、龙山集、夏营3公社，1963年合为大屯公社。1984年设大屯乡。2000年撤乡设镇。因镇政府曾驻大屯村得名。红卫河从境内穿过。有中小学24所，卫生院1个。有省级非物质文化遗产羊抵头鼓舞、蓝印花布印染技艺。农业以种植小麦、玉米、大豆、花生、棉花、西瓜、蔬菜为主，畜牧业以饲养猪、羊、家禽为主。工业以板材加工为主导产业，主要产品有桐木拼板等，销往日本、韩国、马来西亚等地。省道长金路过境。

武胜桥镇 371728-B07

[Wǔshèngqiáo Zhèn]

东明县辖镇。在县境东北部。面积72平方千米。人口5.4万。辖27村委会，有61自然村。镇人民政府驻武胜桥村。1963年建武胜桥人民公社。1983年设武胜桥乡。2001年海头乡撤入武胜桥乡。2010年改置武胜桥镇。因镇政府驻地村得名。洙赵新河、五里河从境内穿过。有中小学10所，图书馆1个，体育场10个，医院1个。有古迹海头村白云寺。农业以种植小麦、玉米、水稻为主。工业以精细化工、玻璃化纤、纺织服装、农产品加工为主，有纸箱、化工、装潢、建筑、电气焊、五金、运输等企业。日东高速、省道沿黄公路过境。

菜园集镇 371728-B08

[Càiyuánjí Zhèn]

东明县辖镇。在县境北部。面积98平方千米。人口4.9万。以汉族为主，还有回族。辖34村委会，有70自然村。镇人民政府驻菜园集村。1949年属东明县第七区。1956年建玉皇庙乡、海头乡、武胜桥乡。1958年三乡合并成立玉皇庙人民公社。1966年改称向阳人民公社。1981年更名菜园集人民公社。1983年建菜园集乡。2011年改置菜园集镇。因镇政府驻地村得名。黄河、洙赵新河从境内穿过。有中小学13所，卫生院1个，广场1个。有古迹庄子观、庄子墓等。农业主产小麦、玉米、水稻、棉花、西瓜、有机蔬菜等，盛产鲁西黄牛、青山羊和黄河鲤鱼、花鲢、白鲢等名优特水产品。工业形成机械、塑料制品、木制品、板材、

油气化工等主导产业，有化工、运输、建筑、塑料、服装加工等企业。106国道、省道沿黄公路过境。

沙窝镇 371728-B09

[Shāwō Zhèn]

东明县辖镇。在县境西部。面积150平方千米。人口7.7万。辖29村委会，有102自然村。镇人民政府驻南北庄。1963年建沙窝人民公社。1967年更名绿洲人民公社。1970年复名沙窝人民公社。1983年设沙窝乡。2012年撤乡设镇。因镇政府曾驻沙窝村得名。黄河从境内穿过。有中小学15所，卫生院2个。有纪念地沙窝镇烈士陵园，名胜古迹沙窝禅寺庙、"黄巢起义"发源地遗址。经济以农业为主，盛产小麦、水稻、玉米、花生、大豆、棉花、西瓜、大棚蔬菜等，养殖鲁西黄牛、青山羊、小尾寒羊等。工业有苹果醋加工、豆制品加工等企业。新石铁路、日新高速、106国道过境。

小井镇 371728-B10

[Xiǎojǐng Zhèn]

东明县辖镇。在县境南部。面积103平方千米。人口5.5万。辖22村委会，有66自然村。镇人民政府驻小井村。1946年属东明第五区。1955年属裴子岩中心乡。1958年属马头人民公社。1978年析建小井人民公社。1983年撤社建小井乡。2013年撤乡改镇。以镇政府驻地得名。紫荆河、红卫河从境内穿过。有中小学17所，卫生院1个。农业以种植业为主，主产小麦、玉米、地瓜、西瓜、有机葡萄，特产咸鸭蛋。工业以食品加工、服装加工为主。新兖石铁路、日南高速、省道东兰公路过境。

长兴集乡　371728-C01
［Chǎngxīngjí Xiāng］

东明县辖乡。在县境西南部。面积133平方千米。人口6.8万。辖37村委会，有83自然村。乡人民政府驻郭庄。1947年属东明县刘楼一区。1958年属刘楼人民公社。1963年建长兴集人民公社。1984年设长兴集乡。2001年王店乡并入。因乡政府曾驻长兴集村得名。黄河从境内穿过。有中小学24所，卫生院2个。农业以种植小麦、玉米、小米、棉花、地瓜、大豆、花生、蔬菜为主。工业以化工、机械制造、服装加工为主。有公路经此。

焦园乡　371728-C02
［Jiāoyuán Xiāng］

东明县辖乡。在县境西南部。面积113平方千米。人口5.4万。辖32村委会，有66自然村。乡人民政府驻张营村。1956年设焦园乡。1958年并入三春公社。1963年析设焦园公社。1984年改设乡。因镇政府曾驻焦园村得名。黄河从境内穿过。有中小学21所，卫生院1个。有东明黄河森林公园等旅游资源。农业主产小麦、玉米、高粱、大豆、花生、棉花、瓜果、林木等，有观赏鱼特色养殖业。工业以手工加工、服装生产为主。106国道过境。

旧地名

张寨乡（旧）　371728-U01
［Zhāngzhài Xiāng］

东明县辖乡。在县境西部。1984年设立。2001年撤销，并入沙窝乡。

王店乡（旧）　371728-U02
［Wángdiàn Xiāng］

东明县辖乡。在县境西南部。1984年设立。2001年撤销，并入长兴集乡。

高村乡（旧）　371728-U03
［Gāocūn Xiāng］

东明县辖乡。在县境北部。1984年设立。2001年撤销，并入菜园集乡。

胡庄乡（旧）　371728-U04
［Húzhuāng Xiāng］

东明县辖乡。在县境东南部。1984年设立。2001年撤销，并入陆圈镇。

临河店乡（旧）　371728-U05
［Línhédiàn Xiāng］

东明县辖乡。在县境西南部。1984年设立。2001年撤销，并入东明集镇。

海头乡（旧）　371728-U06
［Hǎitóu Xiāng］

东明县辖乡。在县境东北部。1984年设立。2001年撤销，并入武胜桥乡。

五营乡（旧）　371728-U07
［Wǔyíng Xiāng］

东明县辖乡。在县境南部。1984年设立。2001年撤销，并入小井乡。

社区

东关社区　371728-A01-J01
［Dōngguān Shèqū］

属城关街道管辖。在东明县东南部。面积3.2平方千米。人口3 000。因辖区内东关村得名。2003年成立。驻有东明县财政局、东明县人力与社会资源保障局、国家电网东明分公司、东明中医院等单位。有老年人日间照料服务，开展暖心助考、金辉助老等活动。2007年被评为省文明社区。

南关社区 371728-A01-J02

[Nánguān Shèqū]

属城关街道管辖。在东明县南部。面积4平方千米。人口4 800。明弘治四年（1491）建县，因村在县城南部，所以称为南门村，后称南关，社区沿用村名。2002年成立。驻有东明县水务局等单位。有老年人照料服务，开展独脚高跷、麒麟舞等活动。通公交车。2012年被评为省文明社区。

北关社区 371728-A01-J03

[Běiguān Shèqū]

属城关街道管辖。在东明县北部。面积2平方千米。人口2 700。明弘治四年（1491）建县，在城北逐渐形成了居民区，故名北关。2003年成立。驻有东明县人民法院等单位。有老年人照料服务，开展广场舞、义诊等活动。通公交车。2013年被评为省文明社区。

西关社区 371728-A01-J04

[Xīguān Shèqū]

属城关街道管辖。在东明县西部。面积3平方千米。人口3 000。以地理位置命名。驻有黄河河务局等单位。有老年人照料服务，开展高跷、炮拳展演等活动。通公交车。

二　居民点

牡丹区

城市居民点

香格里拉小区　371702-I01

[Xiānggélǐlā Xiǎoqū]

在区境东部。1 700 户。总面积 33.0 公顷。因位置在香格里拉商业区内而得名。2006 年始建，2010 年正式使用。建筑总面积 230 000 平方米，多层住宅楼 20 栋，现代建筑风格，绿化率 30%，有幼儿园、小学、广场等配套设施。通公交车。

高平路小区　371702-I02

[Gāopínglù Xiǎoqū]

在区境东部。288 户。总面积 6.5 公顷。因位于高平路，故名。2005 年始建，2006 年正式使用。建筑总面积 35 000 平方米，多层住宅楼 12 栋，现代建筑风格，绿化率 31%，有幼儿园、广场等配套设施。通公交车。

金都华府　371702-I03

[Jīndū Huáfǔ]

在区境东部。3620 户。总面积 16.4 公顷。寓意尊贵生活。2006 年始建，2009 年正式使用。建筑总面积 156 000 平方米，多层住宅楼 10 栋，现代建筑风格，绿化率 33%，有幼儿园、广场等配套设施。通公交车。

明馨园　371702-I04

[Míngxīn Yuán]

在区境东部。324 户。总面积 2.2 公顷。小区名称寓意明净温馨的花园。1996 年始建，1999 年正式使用。建筑总面积 140 000 平方米，多层住宅楼 9 栋，现代建筑风格，绿化率 31%，有幼儿园、广场等配套设施。通公交车。

金盾花园　371702-I05

[Jīndùn Huāyuán]

在区境西南部。1 200 户。总面积 36 公顷。金盾花园的主要住户是公安部门家属，名称寓意金色盾牌。2006 年始建，2008 年正式使用。建筑总面积 280 000 平方米，多层住宅楼 42 栋，现代建筑风格，绿化率 34%，有幼儿园、广场、超市等配套设施。通公交车。

景韵苑小区　371702-I06

[Jǐngyùnyuàn Xiǎoqū]

在区境西南部。872 户。总面积 36 公顷。小区名称寓意这里是一个景色优美的小区。2006 年始建，2007 年正式使用。建筑总面积 280 000 平方米，住宅楼 38 栋，其中高层 4 栋、多层 34 栋，现代建筑风格，绿化率 32%，有幼儿园、广场等配套设施。通公交车。

将军苑　371702-I07

[Jiāngjūn Yuán]

在区境西部。600 户。总面积 3.3 公顷。

因小区附近是黄巢点将台及练兵教场，是将军统领三军操练的场地，故名将军苑。2010年始建，2014年正式使用。建筑总面积280 000平方米，住宅楼19栋，其中高层17栋、多层2栋，现代建筑风格，绿化率40%，有幼儿园、广场等配套设施。通公交车。

怡海花园 371702-I08
[Yíhǎi Huāyuán]

在区境西部。860户。总面积1.6公顷。以开发商名称命名。2001底始建，2004年正式使用。建筑总面积11 988平方米，多层住宅楼25栋，现代建筑风格，绿化率30%，有幼儿园、广场等配套设施。通公交车。

现代城小区 371702-I09
[Xiàndàichéng Xiǎoqū]

在区境西部。930户。总面积1.8公顷。小区为江南现代风格，故名。2009年始建，2011年正式使用。建筑总面积11 000平方米，住宅楼21栋，其中高层2栋、多层19栋，现代建筑风格，绿化率30%，有幼儿园、广场等配套设施。通公交车。

睿鹰嘉园 371702-I10
[Ruìyīng Jiāyuán]

在区境西部。540户。总面积1.2公顷。是睿鹰制药的家属楼，故名。2007年始建，2011年底正式使用。建筑总面积7 000平方米，住宅楼11栋，其中高层2栋、多层9栋，现代建筑风格，绿化率32%，有幼儿园、广场等配套设施。通公交车。

曹州大观园 371702-I11
[Cáozhōu Dàguānyuán]

在区境西南部。480户。总面积1.2公顷。菏泽古时称曹州，取名曹州大观园，寓意美观大方、历史悠久。2006年始建，2011年正式使用。建筑总面积7 200平方米，

多层住宅楼15栋，现代建筑风格，绿化率36%，有幼儿园、广场等配套设施。通公交车。

明珠花园 371702-I12
[Míngzhū Huāyuán]

在区境西南部。410户。总面积3.12公顷。小区靠近夜明珠大酒店，故名明珠花园。2003年始建，2005年正式使用。建筑总面积52 000平方米，多层住宅楼30栋，现代建筑风格，绿化率36%，有幼儿园、广场等配套设施。通公交车。

农村居民点

北玉皇庙 371702-A07-H01
[Běiyùhuángmiào]

在区驻地西城街道南方向6.5千米。何楼街道辖自然村。人口400。明弘治年间，油氏由山西洪洞县迁此建村，因村头有一座玉皇大帝庙，故名村玉皇庙，1985年以方位更名为北玉皇庙。聚落呈散状分布。经济以种植业为主，种植小麦、玉米等。有公路经此。

卞庙 371702-A07-H02
[Biànmiào]

在区驻地西城街道南方向11.0千米。何楼街道辖自然村。人口700。明洪武年间，卞氏自山西洪洞县迁此建村，因村中建庙，故名卞庙。聚落呈散状分布。经济以种植业为主，种植小麦、玉米等，有果树林地。有公路经此。

金堤 371702-A07-H03
[Jīndī]

在区驻地西城街道南方向13.0千米。何楼街道辖自然村。人口3 800。唐开元三年（715），金氏兄弟三人逃荒至此，因定

居在潍水河堤上，取名金堤。聚落呈散状分布。经济以种植业为主，种植小麦、玉米等。有公路经此。

且地势相对较高，取名高路口。聚落呈散状分布。经济以种植业为主，种植小麦、玉米等。有公路经此。

东吴楼 371702-A07-H04
[Dōngwúlóu]

在区驻地西城街道西南方向 8.0 千米。何楼街道辖自然村。人口 400。1644 年，吴方伟从曹州西南吴堤口迁此建村，取名吴楼。道光年间，以方位更今名。聚落呈散状分布。经济以种植业为主，种植小麦、玉米等。有公路经此。

高洼 371702-A07-H08
[Gāowā]

在区驻地西城街道南方向 8.0 千米。何楼街道辖自然村。人口 600。明万历年间，山西洪洞县高氏迁入此地，因为当时地势高低不平，由高向低居住，故名高洼。聚落呈散状分布。经济以种植业为主，种植小麦、玉米、花生、地瓜、杂粮等。有公路经此。

东武寺 371702-A07-H05
[Dōngwǔsì]

在区驻地西城街道南方向 10.0 千米。何楼街道辖自然村。人口 1 400。明成化年间，武百乾从山西洪洞县迁此地，因村中有寺且村落位于河东，故名东武寺。聚落呈散状分布。经济以种植业为主，种植小麦、玉米等。有公路经此。

郭湾 371702-A07-H09
[Guōwān]

在区驻地西城街道南方向 9.0 千米。何楼街道辖自然村。人口 200。明万历年间，郭氏由曹州城内迁此建村，因处于河湾处而得名郭湾。聚落呈散状分布。经济以种植业为主，种植小麦、玉米、花生、地瓜、杂粮等。有公路经此。

东张斗宏 371702-A07-H06
[Dōngzhāngdǒuhóng]

在区驻地西城街道西南方向 12.5 千米。何楼街道辖自然村。人口 300。明止德五年（1510），张氏由青州府迁此建村，村名张庄。清乾隆年间，该村首富张斗宏广有资产，乐善好施，颇有威望，故名村张斗宏。后因沟坑相隔，分为两村，本村居东，故名东张斗宏。聚落呈散状分布。经济以种植业为主，种植小麦、玉米、花生、大蒜等。有公路经此。

何楼 371702-A07-H10
[Hélóu]

在区驻地西城街道南方向 7.0 千米。何楼街道辖自然村。人口 1 900。明万历年间，何氏家族从山西洪洞县迁此定居，盖起楼房，故名何楼。聚落呈散状分布。有图书室 3 处、小学 1 处、中学 2 处。经济以种植业为主，种植小麦、玉米、花生、地瓜、杂粮，有果树林地等。有公路经此。

高路口 371702-A07-H07
[Gāolùkǒu]

在区驻地西城街道西南方向 10.0 千米。何楼街道辖自然村。人口 300。明成化年间，高氏从山西洪洞县迁此建村，因位于路口，

河南王 371702-A07-H11
[Hénánwáng]

在区驻地西城街道南方向 15.0 千米。何楼街道辖自然村。人口 2 500。王姓由济南府邹平县清尚乡滑沟郡迁至曹州之南，居于潍水（现赵王河）南岸，故取名河南王。

聚落呈散状分布。有图书室1处、小学1处。经济以种植业为主，种植小麦、玉米、花生、地瓜、杂粮等。有公路经此。

火神庙 371702-A07-H12
[Huǒshénmiào]

在区驻地西城街道南方向7.0千米。何楼街道辖自然村。人口1 000。明嘉靖年间，高氏由山西洪洞县迁此建村，因村东有一座火神庙，故名村火神庙。聚落呈散状分布。经济以种植业为主，种植小麦、玉米、花生、地瓜、杂粮等。有公路经此。

开州李 371702-A07-H13
[Kāizhōulǐ]

在区驻地西城街道南方向9.5千米。何楼街道辖自然村。人口400。明永乐年间，李氏由山西洪洞县迁此建村，属大明府开州管辖，故名开州李。聚落呈散状分布。经济以种植业为主，种植小麦、玉米等。有公路经此。

毛海 371702-A07-H14
[Máohǎi]

在区驻地西城街道西南方向9.0千米。何楼街道辖自然村。人口400。明崇祯年间，毛氏迁此，因筑围墙挖海子，故得名毛海。聚落呈散状分布。经济以种植业为主，种植小麦、玉米等。有公路经此。

彭拐 371702-A07-H15
[Péngguǎi]

在区驻地西城街道南方向11.0千米。何楼街道辖自然村。人口900。明永乐二年（1404），彭公讳诚自山西省洪洞县迁菏泽西葭密，彭氏后人迁此，起村名彭拐。聚落呈散状分布。经济以种植业为主，种植小麦、玉米等。有公路经此。

三官庙 371702-A07-H16
[Sānguānmiào]

在区驻地西城街道南方向13.5千米。何楼街道辖自然村。人口500。明正德年间，张姓由二郎庙四张村迁此建村，名张村。后建立庙宇，名三官庙，村由此得名。聚落呈散状分布。有图书室1处、小学1处。经济以种植业为主，种植小麦、玉米等。有公路经此。

苏浅 371702-A07-H17
[Sūqiǎn]

在区驻地西城街道南方向16.0千米。何楼街道辖自然村。人口1 500。明代，始祖由青州益都来鲁河东岸，见其水清浅，迁至金堤头之东，占地开荒，定居立村，人口渐多，占地面积相当大，仿佛是一处浅池，故取村名为苏浅。聚落呈散状分布。经济以种植业为主，种植小麦、玉米等。有公路经此。

团柳树 371702-A07-H18
[Tuánliǔshù]

在区驻地西城街道西方向15.7千米。何楼街道辖自然村。人口1 500。明永乐年间，始祖迁此定居，因北地长有一株圆叶大柳树，故以园柳树为村名，后改为团柳树。聚落呈散状分布。经济以种植业为主，种植小麦、玉米、花生、地瓜、杂粮等。日兰高速经此。

吴道沟 371702-A07-H19
[Wúdàogōu]

在区驻地西城街道西南方向8.0千米。何楼街道辖自然村。人口700。明成化年间，吴氏由苏州雁庄到此建村，因此地柳树繁茂，取名柳园坡，后起集市，改名柳园集。清朝时期，村西为五岔路口，又改称五道口，又因谐音写成吴道沟。聚落呈散状分布。经济以种植业为主，种植小麦、玉米等。有公路经此。

玉皇庙 371702-A07-H20
[Yùhuángmiào]

在区驻地西城街道西南方向16.0千米。何楼街道辖自然村。人口800。明朝，张氏始祖由葭密寨迁往曹州城南张庄居住，后张秀又迁此建村，因建玉皇庙，故取村名玉皇庙。聚落呈散状分布。经济以种植业为主，种植小麦、玉米等。有公路经此。

子母树 371702-A07-H21
[Zǐmǔshù]

在区驻地西城街道南方向12.0千米。何楼街道辖自然村。人口1 100。明永乐年间，晁德化、晁景明从晁大庄迁此，因村西有老槐树，树龄久远，后中间腐烂处又长棵小树，故名村子母树。聚落呈散状分布。经济以种植业为主，种植小麦、玉米、果树、苗木等。有公路经此。

荣庄 371702-A07-H22
[Róngzhuāng]

在区驻地西城街道南方向10.2千米。何楼街道辖自然村。人口200。清嘉庆年间，荣氏先祖迁居于此，因此地土地肥沃，灌溉便利，遂于此建村，名荣庄。聚落呈散状分布。经济以种植业为主，种植小麦、玉米、花生、地瓜、杂粮等。有公路经此。

沙土集 371702-B01-H01
[Shātǔjí]

沙土镇人民政府驻地。在区驻地西城街道东方向23.3千米。人口3 300。原名清浪寺，清时因村周围沙土环绕，改名沙土集。聚落呈散状分布。有图书室、幼儿园、小学、中学。经济以种植业为主，种植小麦、玉米、蔬菜等。327国道经此。

八里庄 371702-B01-H02
[Bālǐzhuāng]

在区驻地西城街道东北方向32.5千米。沙土镇辖自然村。人口1 300。明洪武年间，常、王两姓建村，因村距离新兴集、安兴均八里路，故取名八里庄。聚落呈散状分布。经济以种植业为主，种植小麦、玉米、大蒜等。有公路经此。

蔡庄 371702-B01-H03
[Càizhuāng]

在区驻地西城街道东北方向32.8千米。沙土镇辖自然村。人口700。明成化年间，蔡氏自山西洪洞县迁至沙土集北，取名蔡洼村。清光绪十三年（1887），改村名为蔡庄。聚落呈散状分布。有图书室1处、小学1处。经济以种植业为主，种植小麦、玉米、大蒜等。有公路经此。

冯庄 371702-B01-H04
[Féngzhuāng]

在区驻地西城街道东北方向32.0千米。沙土镇辖自然村。人口700。清康熙年间，冯氏自安兴镇外冯庄分居此地建村，以姓氏取名冯庄。聚落呈散状分布。经济以种植业为主，种植小麦、玉米、大蒜等。有公路经此。

曹屯 371702-B01-H05
[Cáotún]

在区驻地西城街道东北方向28.0千米。沙土镇辖自然村。人口1 100。元至顺年间，曹冠由曹楼迁至清浪集西北建村，取名曹屯。聚落呈散状分布。经济以种植业为主，种植小麦、玉米、大蒜等。有公路经此。

大付庄 371702-B01-H06

[Dàfùzhuāng]

在区驻地西城街道东北方向28.0千米。沙土镇辖自然村。人口1 800。明永乐十三年（1415），付氏由山西洪洞县迁此建村，名曰付庄。明正德年间，村庄扩大，改名大付庄。聚落呈散状分布。经济以种植业为主，种植小麦、玉米、大蒜等。有公路经此。

大王楼 371702-B01-H07

[Dàwánglóu]

在区驻地西城街道东北方向27.8千米。沙土镇辖自然村。人口1 100。明永乐年间，王氏迁此建村，取名王庄，后改为大王楼。聚落呈散状分布。经济以种植业为主，种植小麦、玉米、大蒜等。有公路经此。

大李庄 371702-B01-H08

[Dàlǐzhuāng]

在区驻地西城街道东北方向27.5千米。沙土镇辖自然村。人口600。明隆庆年间，李氏自寺前李分居此地建村，名曰李庄。后村西又建一李庄，按规模大小改名为大李庄。聚落呈散状分布。有图书室1处、小学1处。经济以种植业为主，种植小麦、玉米、大蒜等。有公路经此。

大刘庄 371702-B01-H09

[Dàliúzhuāng]

在区驻地西城街道东北方向26.0千米。沙土镇辖自然村。人口800。明嘉靖年间，刘氏由曹县天宫堂迁此建村，村名刘庄。后为区别重名村庄，改为大刘庄。聚落呈散状分布。经济以种植业为主，种植小麦、玉米、大蒜、蔬菜等。有公路经此。

宋海 371702-B01-H10

[Sònghǎi]

在区驻地西城街道东北方向26.0千米。沙土镇辖自然村。人口500。明永乐年间，宋氏由山西洪洞县迁此建村，取名宋海。聚落呈散状分布。经济以种植业为主，种植小麦、玉米、大蒜、蔬菜等。有公路经此。

曹楼 371702-B01-H11

[Cáolóu]

在区驻地西城街道东北方向28.0千米。沙土镇辖自然村。人口600。宋端平年间，曹氏由定陶县东关迁此建村，建有楼房，取名曹楼。聚落呈散状分布。经济以种植业为主，种植小麦、玉米、大蒜、蔬菜等。有公路经此。

徐庄 371702-B01-H12

[Xúzhuāng]

在区驻地西城街道东北方向27.0千米。沙土镇辖自然村。人口200。明洪武年间，徐氏由山西洪洞县迁此建村，以姓氏取名徐庄。聚落呈散状分布。经济以种植业为主，种植小麦、玉米、大蒜、蔬菜等。327国道经此。

苏庄 371702-B01-H13

[Sūzhuāng]

在区驻地西城街道东北方向27.0千米。沙土镇辖自然村。人口600。明成化年间，苏氏由鄄城县北上迁此建村，以姓氏取名苏庄。聚落呈散状分布。经济以种植业为主，种植小麦、玉米、大蒜、蔬菜等。有公路经此。

东王楼 371702-B01-H14

[Dōngwánglóu]

在区驻地西城街道东北方向29.0千米。沙土镇辖自然村。人口1 000。原名王楼，因邻村为西王楼，故以其地理位置命名为东王楼。聚落呈散状分布。经济以种植业为主，种植小麦、玉米、大蒜、蔬菜等。有公路经此。

房庄 371702-B01-H15

[Fángzhuāng]

在区驻地西城街道东北方向35.0千米。沙土镇辖自然村。人口1 200。明洪武年间，房姓由安徽颍州府迁此建村，名房庄。聚落呈散状分布。有图书室1处、小学1处。经济以种植业为主，种植小麦、玉米、大蒜、蔬菜等。有公路经此。

朱庄 371702-B01-H16

[Zhūzhuāng]

在区驻地西城街道东北方向35.0千米。沙土镇辖自然村。人口800。明成化年间，刘氏从新兴迁此建村，因与朱氏为姻亲，以朱姓取名朱庄。聚落呈散状分布。经济以种植业为主，种植小麦、玉米、大蒜、蔬菜等。有公路经此。

郭李楼 371702-B01-H17

[Guōlǐlóu]

在区驻地西城街道东北方向35.0千米。沙土镇辖自然村。人口1 600。清咸丰年间，郭氏由郭李楼分居此地建村，村名沿称郭李楼。聚落呈散状分布。经济以种植业为主，种植小麦、玉米、大蒜、蔬菜等。有公路经此。

贾庄 371702-B01-H18

[Jiǎzhuāng]

在区驻地西城街道东北方向36.0千米。沙土镇辖自然村。人口1 400。明宣德年间，贾厚朴由巨野县贾楼迁此建村，以姓氏取名贾庄。聚落呈散状分布。经济以种植业为主，种植小麦、玉米、大蒜、蔬菜等。有公路经此。

李岔楼 371702-B01-H19

[Lǐchàlóu]

在区驻地西城街道东北方向27.5千米。沙土镇辖自然村。人口800。原名后李桥，明隆庆年间，因李氏建有三尖笔架式小土楼，遂称李岔楼。聚落呈散状分布。经济以种植业为主，种植小麦、玉米、大蒜、蔬菜等。有公路经此。

康庙 371702-B01-H20

[Kāngmiào]

在区驻地西城街道东北方向29.0千米。沙土镇辖自然村。人口600。明洪武年间，康姓从山西洪洞县迁此建村，因村中有庙，故名康庙。聚落呈散状分布。经济以种植业为主，种植小麦、玉米、大蒜、胡萝卜等。有公路经此。

芦村 371702-B01-H21

[Lúcūn]

在区驻地西城街道东北方向29.0千米。沙土镇辖自然村。人口600。明洪武年间，宋姓从山西洪洞县迁此建村，当时村西烽火台遗址上面长满芦苇，以此取名芦墩；后成集市，改为芦墩集，后又改称芦村。聚落呈散状分布。有图书室1处、小学1处。经济以种植业为主，种植小麦、玉米、大蒜、甘蓝、芦笋等。327国道经此。

大吕庄 371702-B01-H22

[Dàlǚzhuāng]

在区驻地西城街道东北方向37.0千米。沙土镇辖自然村。人口1 500。明崇祯年间，吕氏自巨野杨官屯迁此建村，命名为大吕庄。聚落呈散状分布。有小学1处、图书室1处。经济以种植业为主，种植小麦、玉米、大蒜等。日东高速公路经此。

铁佛寺 371702-B01-H23

[Tiěfósì]

在区驻地西城街道东北方向35.0千米。沙土镇辖自然村。人口1 300。明洪武年间，李氏由青州府诸城县迁此建村，取名大李庄。明万历年间，此地建一铁佛寺，村名亦改为铁佛寺。聚落呈散状分布。经济以种植业为主，种植小麦、玉米、大蒜等。有公路经此。

马楼 371702-B01-H24

[Mǎlóu]

在区驻地西城街道东北方向29.5千米。沙土镇辖自然村。人口800。明朝初期，马氏在此建村，以姓氏取名马楼。聚落呈散状分布。经济以种植业为主，种植小麦、玉米、大蒜等。有公路经此。

后苑庄 371702-B01-H25

[Hòuyuànzhuāng]

在区驻地西城街道东北方向30.0千米。沙土镇辖自然村。人口700。明万历年间，苑氏由前苑庄分居此地建村，以姓氏取名后苑庄。聚落呈散状分布。经济以种植业为主，种植小麦、玉米、大蒜等。有公路经此。

庞庄 371702-B01-H26

[Pángzhuāng]

在区驻地西城街道东北方向31.0千米。沙土镇辖自然村。人口400。明嘉靖年间，庞氏由双庙分居此地建村，以姓氏取名庞庄。聚落呈散状分布。经济以种植业为主，种植小麦、玉米、大蒜等。有公路经此。

任庄 371702-B01-H27

[Rénzhuāng]

在区驻地西城街道东北方向27.5千米。沙土镇辖自然村。人口100。清康熙年间，任氏由任楼迁此建村，以姓氏取名任庄。聚落呈散状分布。经济以种植业为主，种植小麦、玉米、大蒜等。327国道经此。

穆解庄 371702-B01-H28

[Mùxièzhuāng]

在区驻地西城街道东北方向35.0千米。沙土镇辖自然村。人口1 100。明建文年间，解姓由嘉祥迁入建村，名解官屯。后有穆姓迁入，改为穆庄。中华人民共和国成立后，改为穆解庄。聚落呈散状分布。有图书室2处、小学1处、中学1处。经济以种植业为主，种植小麦、玉米、大蒜等。有公路经此。

大王庄 371702-B01-H29

[Dàwángzhuāng]

在区驻地西城街道东北方向27.0千米。沙土镇辖自然村。人口1 500。明隆庆年间，王氏由东王楼迁此建村，名曰王庄。后因周边多王庄，为区别，改称大王庄。聚落呈散状分布。经济以种植业为主，种植小麦、玉米、大蒜等。有公路经此。

前付庄 371702-B01-H30

[Qiánfùzhuāng]

在区驻地西城街道东北方向29.0千米。沙土镇辖自然村。人口700。明正德年间，付氏自大付庄分居此地建村，因位于大付庄前，名前付庄。聚落呈散状分布。经济以种植业为主，种植小麦、玉米、大蒜等。有公路经此。

前苑庄 371702-B01-H31

[Qiányuànzhuāng]

在区驻地西城街道东北方向30.0千米。沙土镇辖自然村。人口1 100。明嘉靖年间，苑作南自巨野仓龙镇迁此建村，取名苑庄。明万历年间，又建后苑庄，为加以区别，称前苑庄。聚落呈散状分布。经济以种植业为主，种植小麦、玉米、大蒜等。有公路经此。

西周庄 371702-B01-H32
[Xīzhōuzhuāng]

在区驻地西城街道东北方向30.3千米。沙土镇辖自然村。人口200。明嘉靖年间，周氏自郓城县周大庙迁此建村，以姓氏和方位命名。聚落呈散状分布。经济以种植业为主，种植小麦、玉米、大蒜等。有公路经此。

任楼 371702-B01-H33
[Rénlóu]

在区驻地西城街道东北方向34.0.千米。沙土镇辖自然村。人口2 000。明成化年间，任士荣自青州府营县迁此建村，取名任家楼，后演变为任楼。聚落呈散状分布。经济以种植业为主，种植小麦、玉米、大蒜等。有公路经此。

卞屯 371702-B01-H34
[Biàntún]

在区驻地西城街道东北方向38.0千米。沙土镇辖自然村。人口700。相传卞氏曾追随朱元璋，明朝建立后封此地建村，名卞屯。聚落呈散状分布。经济以种植业为主，种植小麦、玉米、大蒜等。有公路经此。

北宋庄 371702-B01-H35
[Běisòngzhuāng]

在区驻地西城街道东北方向40.0千米。沙土镇辖自然村。人口1 700。明正德年间，宋氏从卞官屯迁此建村，名北宋庄。聚落呈散状分布。经济以种植业为主，种植小麦、玉米、大蒜等。有公路经此。

茅草寺 371702-B01-H36
[Máocǎosì]

在区驻地西城街道东北方向30.0千米。沙土镇辖自然村。人口300。明正统年间，侯氏由鄄城县侯集迁此建村，村旁有一清水寺院，村得名清泉寺。清末，黄沙决口，大片土地茅草丛生，改村名为茅草寺。聚落呈散状分布。经济以种植业为主，种植小麦、玉米、大蒜等。有公路经此。

寺前李 371702-B01-H37
[Sìqiánlǐ]

在区驻地西城街道东北方向27.5千米。沙土镇辖自然村。人口600。明正德年间，李显忠自巨野县新安屯迁此建村，名李庄。后因坐落在当地著名的明教寺前，演变为寺前李。聚落呈散状分布。经济以种植业为主，种植小麦、玉米、大蒜等。有公路经此。

王尹楼 371702-B01-H38
[Wángyǐnlóu]

在区驻地西城街道东北方向29.0千米。沙土镇辖自然村。人口1 500。明嘉靖年间，王岩由成武县迁此建村，建一楼房，取村名王岩楼。清光绪年间，尹姓传艺到此，王姓跟随学艺，后尹姓移居此村，改村名为王尹楼。聚落呈散状分布。经济以种植业为主，种植小麦、玉米、大蒜等。有公路经此。

吴店 371702-B02-H01
[Wúdiàn]

吴店镇人民政府驻地。在区驻地西城街道西北方向5.1千米。人口800。明天顺年间，吴姓迁此以开店为生，故名。有图书室、小学、幼儿园。经济以种植业为主，种植小麦等。有上海鹏博电气设备有限公司、上海昌曦鞋业有限公司、上海加马五金装潢有限公司等企业。有公路经此。

二郎庙 371702-B02-H02
[Èrlángmiào]

在区驻地西城街道西北方向12.5千米。吴店镇辖自然村。人口600。明建文年间，李氏从山西迁此建村，村名李庄。明万历年间，村中建一二郎神庙，得村名二郎庙。聚落呈散状分布。经济以种植业为主，种植小麦、玉米、花生、药材、瓜果等。有公路经此。

刘北斗 371702-B02-H03
[Liúběidǒu]

在区驻地西城街道西北方向13.5千米。吴店镇辖自然村。人口500。明宣德年间，刘万仓由今城北刘庄迁此建村，村名刘庄。明弘治年间，刘万仓后人刘百斗成为刘庄的掌舵人，为纪念先祖刘万仓，改村名为刘万仓。明万历年间，刘百斗后人为纪念他，将村名改为刘百斗，后以谐音演为今名。聚落呈散状分布。经济以种植业为主，种植小麦、玉米、花生、药材、瓜果等。有公路经此。

宦庄 371702-B02-H04
[Huànzhuāng]

在区驻地西城街道西北方向14.0千米。吴店镇辖自然村。人口1 000。明弘治年间，宦氏迁此建村，从姓氏取名宦庄。聚落呈散状分布。有图书室1处、小学1处。经济以种植业为主，种植小麦、玉米、花生、药材、瓜果等。有公路经此。

李油坊 371702-B02-H05
[Lǐyóufáng]

在区驻地西城街道西北方向11.0千米。吴店镇辖自然村。人口600。明洪武年间，李氏从山西洪洞县初迁李二庄，后又迁此建村，名李平房；后村中开设油坊，更名李油坊。聚落呈散状分布。经济以种植业为主，种植小麦、玉米、花生、药材等。有公路经此。

张古云 371702-B02-H06
[Zhānggǔyún]

在区驻地西城街道西北方向14.5千米。吴店镇辖自然村。人口800。明永乐年间，田氏建村，村名许田庄。清康熙年间，张氏迁此定居，嘉庆年间，改村名张庄。1949年，以张氏先祖张古云名字定为村名。聚落呈散状分布。经济以种植业为主，种植小麦、玉米、花生、药材、瓜果等。有公路经此。

卞庄 371702-B02-H07
[Biànzhuāng]

在区驻地西城街道西北方向9.5千米。吴店镇辖自然村。人口400。明正统年间，卞姓从河南归德府迁此建村，以姓氏取名卞庄。聚落呈散状分布。经济以种植业为主，种植小麦、玉米、花生、药材、瓜果等。有公路经此。

鹁鸽堂 371702-B02-H08
[Bógetáng]

在区驻地西城街道西北方向9.0千米。吴店镇辖自然村。人口1 300。清顺治三年（1646），吴氏由城西北吴店迁此建村，因善养鸽子，取村名鹁鸽店，后更名鹁鸽堂。聚落呈散状分布。经济以种植业为主，种植小麦、玉米、花生、药材、瓜果等。有公路经此。

宝庙 371702-B02-H09
[Bǎomiào]

在区驻地西城街道西北方向11.5千米。吴店镇辖自然村。人口1 000。明成化年间，王氏从山西洪洞县迁此建村，村名王庄。

明万历年间，曹州郭允厚去京赶考，路过此地，在小庙歇息，承诺考中后便修缮该庙宇。后果得中，并官至尚书，于是重修这座小庙，并赐名为保庙，村落则以谐音改称宝庙。聚落呈散状分布。经济以种植业为主，种植小麦、玉米、花生、药材、瓜果等。有公路经此。

赵子艾 371702-B02-H10

[Zhàozǐ'ài]

在区驻地西城街道西北方向 12.5 千米。吴店镇辖自然村。人口 1 400。明永乐年间，赵氏从山西迁此建村，起村名赵庄。清嘉庆年间，以赶车能手赵子艾之名定为村名。聚落呈散状分布。经济以种植业为主，种植小麦、玉米、花生、药材、瓜果等。有公路经此。

平安店 371702-B02-H11

[Píng'āndiàn]

在区驻地西城街道西北方向 13.5 千米。吴店镇辖自然村。人口 1 200。明洪武三年（1370），张氏从山西洪洞县迁此建村，后有个官员路过，在店中住宿，平安无事，临行时赠店名平安店，遂为村名。聚落呈散状分布。经济以种植业为主，种植小麦、玉米、花生、药材、瓜果等。有公路经此。

程胡同 371702-B02-H12

[Chénghútòng]

在区驻地西城街道西北方向 11.5 千米。吴店镇辖自然村。人口 900。明天顺年间，程氏由白虎集迁此建村，取名程庄。明崇祯年间，因程姓居住集中，成一条胡同，更名程胡同。聚落呈散状分布。经济以种植业为主，种植小麦、玉米、花生、药材、瓜果等。有公路经此。

冯楼 371702-B02-H13

[Fénglóu]

在区驻地西城街道西北方向 11.0 千米。吴店镇辖自然村。人口 1 400。明永乐年间，冯氏从河南迁此建村，村名冯庄。明崇祯年间，村西建楼一座，村更名冯楼。聚落呈散状分布。经济以种植业为主，种植小麦、玉米、花生、药材、瓜果等。有公路经此。

牛楼 371702-B02-H14

[Niúlóu]

在区驻地西城街道西北方向 8.5 千米。吴店镇辖自然村。人口 800。明永乐年间，牛氏从山西迁此建村，以姓氏定名牛庄。明正德年间，村中建有楼房，改村名为牛楼。聚落呈散状分布。经济以种植业为主，种植小麦、玉米、花生、药材、瓜果等。有公路经此。

张楼 371702-B02-H15

[Zhānglóu]

在区驻地西城街道西北方向 9.0 千米。吴店镇辖自然村。人口 1 200。明成化年间，张氏迁此建楼一座，故名张楼。聚落呈散状分布。有小学 1 处、图书室 1 处。经济以种植业为主，种植小麦、玉米、花生、药材、瓜果等。有公路经此。

桥口 371702-B02-H16

[Qiáokǒu]

在区驻地西城街道西北方向 11.0 千米。吴店镇辖自然村。人口 1 600。明正统十一年（1446），冯氏由曹县迁此建村，地处两条河之间，村东、村西各建桥一座，取村名冯桥口，后改称桥口。聚落呈散状分布。经济以种植业为主，种植小麦、玉米、花生、药材、瓜果等。有公路经此。

许店 371702-B02-H17
[Xǔdiàn]

在区驻地西城街道西北方向 18.0 千米。吴店镇辖自然村。人口 1 000。明成化年间，许氏在此建村，村名许桥。清同治四年（1865），僧格林沁与捻军作战死于许桥附近，因害怕官府追究，故将村名改为许店。聚落呈散状分布。经济以种植业为主，种植小麦、玉米、花生、瓜果等。有公路经此。

刘寨 371702-B02-H18
[Liúzhài]

在区驻地西城街道西北方向 13.5 千米。吴店镇辖自然村。人口 1 500。明洪武八年（1375），刘氏从山西洪洞县先迁曹州潘满店，后又迁此立村，为防战乱，围村筑一木寨，故取村名刘寨。聚落呈散状分布。经济以种植业为主，种植小麦、玉米、花生、瓜果等。有公路经此。

吕庄 371702-B02-H19
[Lǚzhuāng]

在区驻地西城街道西北方向 10.0 千米。吴店镇辖自然村。人口 1 400。明初，吕氏从山西洪洞县迁此建村，以姓氏取名吕庄。聚落呈散状分布。经济以种植业为主，种植小麦、玉米、花生、瓜果等。有公路经此。

孟庄 371702-B02-H20
[Mèngzhuāng]

在区驻地西城街道西北方向 10.5 千米。吴店镇辖自然村。人口 1 300。明嘉靖年间，孟氏从曹县迁此建村，取名孟庄。聚落呈散状分布。经济以种植业为主，种植小麦、玉米、花生、瓜果等。有公路经此。

胡庄 371702-B02-H21
[Húzhuāng]

在区驻地西城街道西北方向 12.5 千米。

吴店镇辖自然村。人口 800。明崇祯年间，胡氏从河南阳胡寨迁此建村，村北河上有桥一座，取村名胡桥。清乾隆年间，河淤桥废，故村改名胡庄。聚落呈散状分布。经济以种植业为主，种植小麦、玉米、花生、瓜果等。有公路经此。

宋庄 371702-B02-H22
[Sòngzhuāng]

在区驻地西城街道西北方向 11.0 千米。吴店镇辖自然村。人口 600。明建文年间，宋氏由成武县部鼎集迁此建村，以姓氏命名宋庄。聚落呈散状分布。经济以种植业为主，种植小麦、玉米、花生、瓜果等。有公路经此。

大刘庄 371702-B02-H23
[Dàliúzhuāng]

在区驻地西城街道西北方向 9.0 千米。吴店镇辖自然村。人口 1 100。明成化年间，刘氏由城西北李庄集迁此建村，村名刘庄。明崇祯年间，改名大刘庄。聚落呈散状分布。经济以种植业为主，种植小麦、玉米、花生、瓜果等。有公路经此。

魏庄 371702-B02-H24
[Wèizhuāng]

在区驻地西城街道西北方向 14.0 千米。吴店镇辖自然村。人口 1 600。明洪武年间，魏氏从山西洪洞县迁此建村，以姓氏取名魏庄。聚落呈散状分布。有图书室 1 处、小学 1 处。经济以种植业为主，种植小麦、玉米、花生、瓜果等。有公路经此。

王浩屯 371702-B03-H01
[Wánghàotún]

王浩屯镇人民政府驻地。在区驻地西城街道西南方向 13.5 千米。人口 2 300。有汉、回族，其中回族占 0.3%。明永乐年间王浩建村，故名。聚落呈团块状分布。有文化广场、图书室、幼儿园等。经济以种植业为主，种植小麦、玉米、大蒜等。有公路经此。

陈庄 371702-B03-H02
[Chénzhuāng]

在区驻地西城街道西南方向16.5千米。王浩屯镇辖自然村。人口300。明万历年间，陈氏自山西洪洞县迁于此处建村，取名陈庄。聚落呈散状分布。经济以种植业为主，种植小麦、玉米、花生、西瓜、辣椒等。220国道经此。

许寺 371702-B03-H03
[Xǔsì]

在区驻地西城街道西南方向29.0千米。王浩屯镇辖自然村。人口1 500。明洪武年间，许氏自山西洪洞县迁至此地，因村北有一寺院，取村名许寺。聚落呈散状分布。有图书室1处、小学1处。经济以种植业为主，种植小麦、玉米、大蒜、辣椒等。有公路经此。

程寨 371702-B03-H04
[Chéngzhài]

在区驻地西城街道西南方向18.0千米。王浩屯镇辖自然村。人口2 000。明洪武二十五年（1392），程姓始祖程至忠率家人从山西洪洞县迁此建村，取名程寨。聚落呈散状分布。有图书室1处、小学1处。经济以种植业为主，种植小麦、玉米、大蒜、西瓜等。有公路经此。

大李庄 371702-B03-H05
[Dàlǐzhuāng]

在区驻地西城街道西南方向20.0千米。王浩屯镇辖自然村。人口900。元末，李氏先祖李振基从山西洪洞县迁此建村，取村名大李庄。聚落呈散状分布。经济以种植业为主，种植小麦、玉米、大蒜、西瓜等。有公路经此。

大裴庄 371702-B03-H06
[Dàpéizhuāng]

在区驻地西城街道西南方向20.0千米。王浩屯镇辖自然村。人口100。明洪武年间，裴氏始祖裴闻德从山西洪洞县迁此建村，取名大裴楼，后改为大裴庄。因村西还有一个裴庄，故又更名为东裴庄。聚落呈散状分布。经济以种植业为主，种植小麦、玉米、大蒜、西瓜等。有公路经此。

大彭庄 371702-B03-H07
[Dàpéngzhuāng]

在区驻地西城街道西南方向22.6千米。王浩屯镇辖自然村。人口1 100。明初，山西洪洞县彭氏先人来此建村，因村南有一条小河沟，得村名河头彭。后村人渐多，村庄扩大，得名大彭庄。聚落呈散状分布。经济以种植业为主，种植小麦、玉米、大蒜、西瓜等。有公路经此。

郜庄 371702-B03-H08
[Gàozhuāng]

在区驻地西城街道西南方向21.0千米。王浩屯镇辖自然村。人口200。清康熙三十九年（1700），始祖从菏泽东南肖楼迁此建村，取村名郜庄。聚落呈散状分布。经济以种植业为主，种植小麦、玉米、大蒜等。有公路经此。

郭寨 371702-B03-H09
[Guōzhài]

在区驻地西城街道西南方向17.0千米。王浩屯镇辖自然村。人口800。明末，范氏从山西洪洞县迁至此村，命名为范庄。后彭氏迁入，人丁兴旺，以方位改名为东彭庄。明洪武年间，郭姓人氏从山西洪洞县迁居于此，故更名为郭寨。聚落呈散状分布。经济以种植业为主，种植小麦、玉米、大蒜等。有公路经此。

皇甫庄 371702-B03-H10
[Huángfǔzhuāng]

在区驻地西城街道西南方向18.2千米。王浩屯镇辖自然村。人口1 000。以姓氏命名。聚落呈散状分布。经济以种植业为主，种植小麦、玉米、大蒜等。220国道经此。

贾寨 371702-B03-H11
[Jiǎzhài]

在区驻地西城街道西南方向20.0千米。王浩屯镇辖自然村。人口1 000。明洪武年间，先祖自山西洪洞县迁此建村，名贾庄。后因盖了一座楼，并修建了寨墙，故更名为贾楼寨，清末改为贾寨。聚落呈散状分布。经济以种植业为主，种植小麦、玉米、大蒜、辣椒等。日兰高速经此。

荆集 371702-B03-H12
[Jīngjí]

在区驻地西城街道西南方向19.5千米。王浩屯镇辖自然村。人口700。原名丁集，后因丁姓逐渐减少，荆姓人数增多，改为荆集。聚落呈散状分布。经济以种植业为主，种植小麦、玉米、大蒜、辣椒等。有公路经此。

雷庄 371702-B03-H13
[Léizhuāng]

在区驻地西城街道西南方向16.5千米。王浩屯镇辖自然村。人口300。清康熙年间，雷氏来此建村，取名雷庄。聚落呈散状分布。经济以种植业为主，种植小麦、玉米、大蒜、辣椒等。有公路经此。

梁庄 371702-B03-H14
[Liángzhuāng]

在区驻地西城街道西南方向20.0千米。王浩屯镇辖自然村。人口300。明洪武年间，梁氏来此建村，取名梁庄。聚落呈散状分布。经济以种植业为主，种植小麦、玉米、大蒜、辣椒等。有公路经此。

樊寺 371702-B03-H15
[Fánsì]

在区驻地西城街道西南方向19.2千米。王浩屯镇辖自然村。人口2 100。明永乐年间，王、樊、姜三姓从山西洪洞县迁此建村，名大王庄。明正德年间，因建有村寨，改名为万福寨。明万历年间，村人樊维翰考中进士，当时村北又有一寺院，故更名为樊寺。聚落呈散状分布。经济以种植业为主，种植小麦、玉米、大蒜、辣椒等。有公路经此。

黄堽 371702-B04-H01
[Huánggāng]

黄堽镇人民政府驻地。在区驻地西城街道北方向7.8千米。人口1 400。因此地原系一黄沙岗子，故名。聚落呈散状分布。有图书室、文化广场、小学等。经济以种植业、养殖业为主，种植小麦、玉米、花生、牡丹、西瓜、蔬菜等，养殖猪、牛、小尾寒羊、青山羊等。有公路经此。

蔡庄 371702-B04-H02
[Càizhuāng]

在区驻地西城街道北方向9.5千米。黄堽镇辖自然村。人口1 200。清康熙年间，蔡氏在此建村，以姓氏取名蔡庄。聚落呈散状分布。经济以种植业为主，种植小麦、玉米、花生、西瓜等。有公路经此。

晁庄 371702-B04-H03
[Cháozhuāng]

在区驻地西城街道北方向 20.0 千米。黄堽镇辖自然村。人口 800。清康熙年间，晁氏由城北晁堤口迁此建村，以姓氏得名。聚落呈散状分布。经济以种植业为主，种植小麦、玉米、花生、西瓜等。有公路经此。

大高庄 371702-B04-H04
[Dàgāozhuāng]

在区驻地西城街道北方向 13.0 千米。黄堽镇辖自然村。人口 2 400。明万历五年（1577），高氏由鄄城县老高庄迁此建村，村名高庄。清乾隆年间，高氏叔侄两人考中进士，曾一度称进士高庄，后改名大高庄。聚落呈团块状分布。有图书室 1 处、小学 1 处。经济以种植业为主，种植小麦、玉米、花生、西瓜等。有公路经此。

孟庄 371702-B04-H05
[Mèngzhuāng]

在区驻地西城街道北方向 10.0 千米。黄堽镇辖自然村。人口 1 400。明洪武年间，孟氏在此建村，以姓氏取名孟庄。聚落呈散状分布。经济以种植业为主，种植小麦、玉米、花生等。有公路经此。

邓庙 371702-B04-H06
[Dèngmiào]

在区驻地西城街道北方向 9.5 千米。黄堽镇辖自然村。人口 1 200。明洪武元年（1368），邓氏从山西洪洞县迁此建村，取村名邓庙。聚落呈散状分布。有图书室 1 处、小学 1 处。经济以种植业为主，种植小麦、玉米、花生、西瓜等。有公路经此。

邓庄 371702-B04-H07
[Dèngzhuāng]

在区驻地西城街道北方向 12.0 千米。黄堽镇辖自然村。人口 1 100。明洪武五年（1372），邓氏从山西洪洞县迁此建村，以姓氏取名邓庄。聚落呈散状分布。经济以种植业为主，种植小麦、玉米、花生、西瓜等。有公路经此。

王庄 371702-B04-H08
[Wángzhuāng]

在区驻地西城街道北方向 13.0 千米。黄堽镇辖自然村。人口 400。清道光十年（1830），靳氏由城西靳楼迁此建村，取村名靳集。后王氏迁入，以编粪箕子为业，至光绪年间，改村名粪箕王庄，后简称王庄。聚落呈散状分布。有图书室 1 处、小学 1 处。经济以种植业为主，种植小麦、玉米、花生、西瓜等。有公路经此。

杜庙 371702-B04-H09
[Dùmiào]

在区驻地西城街道北方向 10.5 千米。黄堽镇辖自然村。人口 2 300。明洪武十二年（1379），杜氏从山西洪洞县迁此建村，以姓氏取名杜家庄。明嘉靖九年（1530），村东南角先后建起以泰山行宫为主的大小不等十几座庙宇，村改名为杜庙。聚落呈散状分布。有图书室 1 处、小学 1 处。经济以种植业为主，种植小麦、玉米、花生、西瓜等。有公路经此。

付庄 371702-B04-H10
[Fùzhuāng]

在区驻地西城街道北方向 18.0 千米。黄堽镇辖自然村。人口 2 300。清康熙年间，付氏由城西付堂迁此建村，以姓氏得名。聚落呈散状分布。经济以种植业为主，种植小麦、玉米、花生等。有公路经此。

关庙李 371702-B04-H11

［Guānmiàolǐ］

在区驻地西城街道北方向 9.5 千米。黄堽镇辖自然村。人口 1 900。明洪武初年，李氏由山西省洪洞县迁至蔺口落户，后李启超与次子李兰如从蔺口迁居此地。清康熙年间，黄河决口，不知从何处冲来关帝神像一尊，村民修建关帝庙以供奉。后因李姓日渐壮大，更村名为关庙李。聚落呈散状分布。有图书室 2 处、小学 1 处、中学 1 处。经济以种植业为主，种植小麦、玉米、花生等。有公路经此。

郭庄 371702-B04-H12

［Guōzhuāng］

在区驻地西城街道北方向 18.0 千米。黄堽镇辖自然村。人口 300。清雍正年间，郭氏由城西南部郭寨迁此建村，取名郭庄。聚落呈散状分布。经济以种植业为主，种植小麦、玉米、花生等。有公路经此。

程庄 371702-B04-H13

［Chéngzhuāng］

在区驻地西城街道北方向 11.0 千米。黄堽镇辖自然村。人口 300。明洪武年间，程氏由河南太康县迁此建村，村名程胡同。清乾隆二十年（1755），改名为程庄。聚落呈散状分布。经济以种植业为主，种植小麦、玉米、花生等。有公路经此。

侯集 371702-B04-H14

［Hóují］

在区驻地西城街道北方向 15.5 千米。黄堽镇辖自然村。人口 2 100。明洪武年间，侯氏从山西洪洞县迁此建村，后起集市，得名侯集。聚落呈散状分布。有图书室 2 处、小学 1 处、中学 1 处。经济以种植业为主，种植小麦、玉米、花生等。有公路经此。

东胡庄 371702-B04-H15

［Dōnghúzhuāng］

在区驻地西城街道北方向 18.0 千米。黄堽镇辖自然村。人口 600。清康熙年间，胡氏在此建村，名胡庄。清光绪三十二年（1906）分为两村，本村以方位称为东胡庄。聚落呈散状分布。有图书室 1 处、小学 1 处。经济以种植业为主，种植小麦、玉米、花生等。有公路经此。

白庄 371702-B04-H16

［Báizhuāng］

在区驻地西城街道北方向 9.0 千米。黄堽镇辖自然村。人口 900。清朝初年，许、张两姓在此建村，村名许张庄。清康熙二十四年（1685），白氏迁入，许、张两姓外迁，村改名白庄。聚落呈散状分布。有图书室 1 处、小学 1 处。经济以种植业为主，种植小麦、玉米、花生等。有公路经此。

贾庄 371702-B04-H17

［Jiǎzhuāng］

在区驻地西城街道北方向 12.0 千米。黄堽镇辖自然村。人口 800。清康熙年间，贾氏从直隶大名府贾沟迁此建村，以姓氏取名贾庄。聚落呈散状分布。经济以种植业为主，种植小麦、玉米、花生等。有公路经此。

解庄 371702-B04-H18

［Xièzhuāng］

在区驻地西城街道北方向 16.0 千米。黄堽镇辖自然村。人口 1 100。明正德年间，解氏由莱阳迁此建村，以姓氏取名解庄。聚落呈散状分布。经济以种植业为主，种植小麦、玉米、花生等。有公路经此。

孔庄 371702-B04-H19
[Kǒngzhuāng]

在区驻地西城街道北方向 17.0 千米。黄堽镇辖自然村。人口 600。清康熙年间，孔氏迁此建村，以姓氏命名。聚落呈散状分布。经济以种植业为主，种植小麦、玉米、花生等。有公路经此。

李先登 371702-B04-H20
[Lǐxiāndēng]

在区驻地西城街道北方向 11.0 千米。黄堽镇辖自然村。人口 700。该村原名王轳辘湾。清乾隆年间，李先登由直隶州来此行医，治好富户王氏之病，王赠李土地 18 亩、牛 1 头，李定居于此。后李氏增多，将王轳辘湾改名为李先登。聚落呈散状分布。经济以种植业为主，种植小麦、玉米、花生等。有公路经此。

李相文 371702-B04-H21
[Lǐxiāngwén]

在区驻地西城街道北方向 15.0 千米。黄堽镇辖自然村。人口 1 100。明洪武元年（1368），李相文从山西洪洞县迁此建村，以其姓名为村名。聚落呈散状分布。有图书室 1 处、小学 1 处。经济以种植业为主，种植小麦、玉米、花生等。有公路经此。

周庄 371702-B04-H22
[Zhōuzhuāng]

在区驻地西城街道北方向 15.0 千米。黄堽镇辖自然村。人口 600。清康熙年间，周氏由刘集分居此地建村，名周庄。1972 年，因开挖洙赵新河，迁移到现址。聚落呈散状分布。经济以种植业为主，种植小麦、玉米、花生等。有公路经此。

刘显扬 371702-B04-H23
[Liúxiǎnyáng]

在区驻地西城街道北方向 9.0 千米。黄堽镇辖自然村。人口 600。明嘉靖十年（1531），刘氏从河南濮阳迁此建村，取名大刘庄。后刘氏八世祖刘显扬为官清正，清康熙元年（1662）以其姓名名村。聚落呈散状分布。经济以种植业为主，种植小麦、玉米、花生、西瓜等。有公路经此。

卢店 371702-B04-H24
[Lúdiàn]

在区驻地西城街道北方向 13.5 千米。黄堽镇辖自然村。人口 300。明洪武年间，卢振业由卢集分居此地建村，因开一家客店，故名卢店。聚落呈散状分布。经济以种植业为主，种植小麦、玉米、花生、西瓜等。有公路经此。

王李庄 371702-B04-H25
[Wánglǐzhuāng]

在区驻地西城街道北方向 10.0 千米。黄堽镇辖自然村。人口 1 200。清乾隆三十年（1765），王氏由城北王梨庄迁此建村，沿用原村名王梨庄。1984 年改名为王李庄。聚落呈散状分布。经济以种植业为主，种植小麦、玉米、花生、西瓜等。有公路经此。

许胡同 371702-B04-H26
[Xǔhútòng]

在区驻地西城街道北方向 20.8 千米。黄堽镇辖自然村。人口 1 700。明永乐十八年（1420），许氏从山西省洪洞县双旗杆斗大街石狮门胡同口迁居曹州好善街。明成化年间，许氏由好善街迁此建村，取名许胡同。聚落呈散状分布。有图书室 1 处、小学 1 处。经济以种植业为主，种植小麦、玉米、花生、西瓜等。有公路经此。

周庄 371702-B05-H01
［Zhōuzhuāng］

都司镇人民政府驻地。在区驻地西城街道东北方向11.3千米。人口500。明宣德年间，周氏世祖由曹县梁堤头迁来，故名周庄。聚落呈散状分布。有文化广场、图书室等。经济以种植业为主，种植小麦、玉米等。德商高速、220国道经此。

刘庄 371702-B05-H02
［Liúzhuāng］

在区驻地西城街道东北方向11.0千米。都司镇辖自然村。人口1 400。清顺治五年（1648），刘氏由任堂迁此建村，故名刘庄。清乾隆年间，该村与白庄合为一村，共议村名为白刘庄。1985年两村分开，村名仍为刘庄。聚落呈散状分布。有图书室1处、小学1处。经济以种植业为主，种植小麦、玉米、花生、西瓜等。有公路经此。

宝珠口 371702-B05-H03
［Bǎozhūkǒu］

在区驻地西城街道东北方向10.5千米。都司镇辖自然村。人口900。明正德年间，村北乌龙寺的石碑上有颗常在夜间闪闪发光的宝珠，故村名宝珠集。清初洪水泛滥，赵王河在此决口，村庄被毁。清康熙三年（1664），胡姓在此重建村庄，定村名宝珠口。聚落呈散状分布。经济以种植业为主，种植小麦、玉米、花生等。有公路经此。

北马庄 371702-B05-H04
［Běimǎzhuāng］

在区驻地西城街道东北方向11.0千米。都司镇辖自然村。人口600。明嘉靖年间，马氏从濮州马油房迁此建村，以姓氏和方位取村名北马庄。聚落呈散状分布。经济以种植业为主，种植小麦、玉米、花生等。220国道、德商高速经此。

都司集 371702-B05-H05
［Dūsījí］

在区驻地西城街道东北方向8.5千米。都司镇辖自然村。人口1 800。明正统年间，官府衙门在此设基层政权都司社，并建社学一处。天顺年间，在此建置都司都。明末清初，因濮水古道淤浅，不通舟楫，宝镇集衰落，集市由宝镇移至该村，遂改村名为都司集。聚落呈散状分布。有图书室2处、小学1处、中学1处。经济以种植业为主，种植小麦、玉米、花生等。220国道、德商高速经此。

北黄庄 371702-B05-H06
［Běihuángzhuāng］

在区驻地西城街道东北方向14.0千米。都司镇辖自然村。人口1 800。清乾隆年间，黄氏由黄堂迁此建村，命名黄庄。1980年地名普查时，因属社内重名，于1982年6月更名为葛黄庄，1985年又以方位改名为北黄庄。聚落呈散状分布。经济以种植业为主，种植小麦、玉米、花生、果蔬等。有公路经此。

葛庄 371702-B05-H07
［Gězhuāng］

在区驻地西城街道东北方向15.0千米。都司镇辖自然村。人口300。明洪武年间，先祖来此定居并建村，以姓氏命名为葛庄。聚落呈散状分布。经济以种植业为主，种植小麦、玉米、花生、果蔬等。有公路经此。

郭堂 371702-B05-H08
［Guōtáng］

在区驻地西城街道东北方向11.5千米。都司镇辖自然村。人口300。明隆庆年间，郭氏从鄄城郭老庄迁此建村，因村西有祠堂，取名郭堂。聚落呈散状分布。有小学1处、图书室1处。经济以种植业为主，种植小麦、玉米、花生、果蔬等。220国道经此。

李庄 371702-B05-H09
[Lǐzhuāng]

在区驻地西城街道东北方向12.0千米。都司镇辖自然村。人口800。明洪武二十年（1387），李氏由山西平阳府洪洞县迁此建村，取名李庄。聚落呈散状分布。经济以种植业为主，种植小麦、玉米、花生、果蔬等。有公路经此。

郭塘坊 371702-B05-H10
[Guōtángfáng]

在区驻地西城街道东北方向9.0千米。都司镇辖自然村。人口1 200。郭氏由濮州郭老庄分居迁往此地，因开设一糖坊，故取村名郭糖坊，后改为郭塘坊。聚落呈散状分布。经济以种植业为主，种植小麦、玉米、花生、果蔬等。有公路经此。

黄堂 371702-B05-H11
[Huángtáng]

在区驻地西城街道东北方向10.0千米。都司镇辖自然村。人口600。明弘治年间，黄氏从山西洪洞县迁此立村，因建有一座观音堂，故取村名黄堂。聚落呈散状分布。经济以种植业为主，种植小麦、玉米、花生、果蔬等。有公路经此。

教门庄 371702-B05-H12
[Jiàoménzhuāng]

在区驻地西城街道东北方向10.7千米。都司镇辖自然村。人口500。该村原名展马王寅庄，明末清初，于氏在此立村，村名新庄。清道光年间，马垓村马济胜后代居此，曾建有清真寺殿房，立有村碑，因马氏为回民，故更名为教门庄。聚落呈散状分布。经济以种植业为主，种植小麦、玉米、花生、果蔬等。有公路经此。

靳楼 371702-B05-H13
[Jìnlóu]

在区驻地西城街道东北方向12.0千米。都司镇辖自然村。人口600。靳氏从山西平阳府洪洞县迁此建村，取名靳庄。清光绪年间，村中建有楼房，故改名靳楼。聚落呈散状分布。经济以种植业为主，种植小麦、玉米、花生、果蔬等。220国道经此。

孔楼 371702-B05-H14
[Kǒnglóu]

在区驻地西城街道东北方向13.0千米。都司镇辖自然村。人口1 000。明嘉靖年间，孔氏迁入，建有小楼，故名孔楼。聚落呈散状分布。经济以种植业为主，种植小麦、玉米、花生、果蔬等。有公路经此。

李桥 371702-B05-H15
[Lǐqiáo]

在区驻地西城街道东北方向13.0千米。都司镇辖自然村。人口1 300。明成化年间，李升从山西洪洞县迁此建村，村前有小桥，故名李桥。聚落呈散状分布。经济以种植业为主，种植小麦、玉米、花生、果蔬等。有公路经此。

骆屯 371702-B05-H16
[Luòtún]

在区驻地西城街道东北方向12.0千米。都司镇辖自然村。人口600。以落户屯田种地为生计，取村名落屯，后演变为骆屯。聚落呈散状分布。经济以种植业为主，种植小麦、玉米、花生、果蔬等。有公路经此。

南刘庄 371702-B05-H17
[Nánliúzhuāng]

在区驻地西城街道东北方向10.0千米。都司镇辖自然村。人口800。明洪武年间，刘氏始祖从山西洪洞县迁此建村，因村旁有一老虎庙，故取村名老虎庙刘庄，后简称刘庄。因重名，1985年更村名为南刘庄。聚落呈散状分布。有图书室1处、小学1处。经济以种植业为主，种植小麦、玉米、花生、果蔬等。菏东高速、德商高速、220国道经此。

邵庄 371702-B05-H18

[Shàozhuāng]

在区驻地西城街道东北方向11.0千米。都司镇辖自然村。人口700。明洪武年间，邵氏由山西洪洞县迁此建村，以姓氏取名邵庄。聚落呈散状分布。经济以种植业为主，种植小麦、玉米、花生、果蔬等。有公路经此。

唐庙李庄 371702-B05-H19

[Tángmiàolǐzhuāng]

在区驻地西城街道东北方向11.0千米。都司镇辖自然村。人口1 700。明洪武八年（1375），复兴公（唐王李渊之后裔）从山西洪洞县迁此建村。复兴公仿山西运城解良庙宇神像，在村西北建关帝庙一座。为了怀念唐高祖李渊，称关帝庙为唐庙，并将庙名与姓氏合一，定村名为唐庙李庄。聚落呈散状分布。经济以种植业为主，种植小麦、玉米、花生、果蔬等。有公路经此。

西马垓 371702-B05-H20

[Xīmǎhǎi]

在区驻地西城街道东北方向15.5千米。都司镇辖自然村。人口4 600。有汉、回族，其中回族占96.8%。明洪武年间，马氏居此地建村，村名马家海，简称马海。明永乐二年（1404），因后世人众，分居濉水河支流东、西两岸，本村居河西，称西马海。中华人民共和国成立后，写为西马垓。聚落呈散状分布。有图书室1处、小学1处。经济以种植业为主，种植小麦、玉米、花生、果蔬等。有公路经此。

北尹楼 371702-B05-H21

[Běiyǐnlóu]

在区驻地西城街道东北方向11.5千米。都司镇辖自然村。人口2 400。明洪武二年（1369），尹氏由山西洪洞县迁此建村，因建有楼房，故名尹家楼，简称尹楼。后分为两村，本村为新村，名北尹楼。聚落呈散状分布。有图书室1处、小学1处。经济以种植业为主，种植小麦、玉米、花生、果蔬等。有公路经此。

张楼 371702-B05-H22

[Zhānglóu]

在区驻地西城街道东北方向15.5千米。都司镇辖自然村。人口700。明万历年间，张姓中了状元，建了楼房，故该村名张楼。聚落呈散状分布。经济以种植业为主，种植小麦、玉米、花生、果蔬等。有公路经此。

纸坊 371702-B05-H23

[Zhǐfáng]

在区驻地西城街道东北方向11.0千米。都司镇辖自然村。人口900。相传，原系宋朝时宝镇集一商贾的造纸作坊，后因暴雨成灾，河水四溢，作坊被毁。明洪武年间，王、张、吴、三姓从山西洪洞迁此建村，以作坊取名为纸坊。聚落呈散状分布。经济以种植业为主，种植小麦、玉米、花生、果蔬等。有公路经此。

周楼 371702-B05-H24

[Zhōulóu]

在区驻地西城街道东北方向12.0千米。都司镇辖自然村。人口1 100。明永乐年间，周氏由江苏淮安迁此建村，取村名周楼。聚落呈散状分布。有图书室1处、小学1处。经济以种植业为主，种植小麦、玉米、花生、果蔬等。有公路经此。

白庄　371702-B05-H25
[Báizhuāng]

在区驻地西城街道东北方向 11.0 千米。都司镇辖自然村。人口 500。清顺治元年（1644），白氏由郓城县白楼迁此建村，以姓氏取名白庄。聚落呈散状分布。经济以种植业为主，种植小麦、玉米、花生、西瓜等。有公路经此。德商高速经此。

朱屯　371702-B05-H26
[Zhūtún]

在区驻地西城街道东北方向 9.5 千米。都司镇辖自然村。人口 300。明嘉靖年间，孔氏由曲阜迁此建庄，以姓取村名朱屯。聚落呈散状分布。有图书室 1 处、小学 1 处。经济以种植业为主，种植小麦、玉米、花生、果蔬等。有公路经此。

高庄　371702-B06-H01
[Gāozhuāng]

高庄镇人民政府驻地。在区驻地西城街道西北方向 11.3 千米。人口 3 600。该村原名高二庄，元朝期间改为高原店，明嘉靖四十年（1561）改名高二庄集，至清嘉庆初年更名为高庄。聚落呈散状分布。有图书室、文化广场、小学、中学等。经济以种植业为主，种植小麦、玉米、花生、地瓜和杂粮等。有利亿纺织有限公司、黄河地毯加工厂等企业。有公路经此。

北头　371702-B06-H02
[Běitóu]

在区驻地西城街道西北方向 26.0 千米。高庄镇辖自然村。人口 1 100。1920 年，因数日连降暴雨，寨内积水甚多，数日不退，村民无法生活，纷纷迁往四处高地，迁至北面高地的村取名北头。聚落呈散状分布。有图书室 1 处、小学 1 处。经济以种植业为主，种植小麦、玉米、花生、地瓜、杂粮等。有公路经此。

汲菜园　371702-B06-H03
[Jícàiyuán]

在区驻地西城街道西北方向 27.0 千米。高庄镇辖自然村。人口 500。明嘉靖年间，汲氏从郓庄村汲堂迁此建村，因以种菜为生，故取名汲菜园。聚落呈散状分布。经济以种植业为主，种植小麦、玉米、花生、地瓜、杂粮等。有公路经此。

大石庄　371702-B06-H04
[Dàshízhuāng]

在区驻地西城街道西北方向 30.0 千米。高庄镇辖自然村。人口 1 400。明洪武二年（1369），石氏由山西迁此建村，以姓氏取名大石庄。聚落呈散状分布。经济以种植业为主，种植小麦、玉米、花生、地瓜、杂粮等。有公路经此。

大王楼　371702-B06-H05
[Dàwánglóu]

在区驻地西城街道西北方向 28.0 千米。高庄镇辖自然村。人口 1 100。明嘉靖年间，王氏于五柳集迁于此处，因建楼房之大而得名大王楼。聚落呈散状分布。经济以种植业为主，种植小麦、玉米、花生、地瓜、杂粮等。有公路经此。

郑窑　371702-B06-H06
[Zhèngyáo]

在区驻地西城街道西北方向 28.6 千米。高庄镇辖自然村。人口 300。明成化年间，郑氏由今河南濮阳市迁此建村，因居于一砖瓦窑旁，故名郑窑。聚落呈散状分布。经济以种植业为主，种植小麦、玉米、花生、地瓜、杂粮等。有公路经此。

东头 371702-B06-H07

[Dōngtóu]

在区驻地西城街道西北方向26.0千米。高庄镇辖自然村。人口1 200。1920年，因数日连降暴雨，寨内积水甚多，数日不退，村民无法生活，纷纷迁往四处高地，迁至东面的村取名东头。聚落呈散状分布。有小学1处、图书室1处。经济以种植业为主，种植小麦、玉米、花生、地瓜、杂粮等。有公路经此。

拐子庙 371702-B06-H08

[Guǎizimiào]

在区驻地西城街道西北方向26.0千米。高庄镇辖自然村。人口900。明洪武二年（1369），王氏在此立村，取名王家。因该村旁原有河流，村民以做船拐子（船夫）为业，且村中有一座奶奶庙，故改名拐子庙。聚落呈散状分布。经济以种植业为主，种植小麦、玉米、花生、地瓜、杂粮等。有公路经此。

鲍楼 371702-B06-H09

[Bàolóu]

在区驻地西城街道西北方向28.0千米。高庄镇辖自然村。人口600。明洪武年间，鲍氏从山西洪洞县迁到白虎集建村，清朝中期迁此，取名为鲍家村，后改为鲍楼。聚落呈散状分布。经济以种植业为主，种植小麦、玉米、花生、地瓜、杂粮等。有公路经此。

汲尧 371702-B06-H10

[Jíyáo]

在区驻地西城街道西北方向29.0千米。高庄镇辖自然村。人口14 00。明嘉靖年间，汲氏从郅庄村汲堂迁此建村，因以烧窑为生，取名汲窑，1979年改为汲尧。聚落呈散状分布。有图书室1处、小学1处。经济以种植业为主，种植小麦、玉米、花生、地瓜、杂粮等。有公路经此。

袁堌堆 371702-B06-H11

[Yuángùduī]

在区驻地西城街道西北方向32.0千米。高庄镇辖自然村。人口1 000。明洪武年间，袁氏从山西洪洞县迁此建村，因有大沙堆，故取名袁堌堆。聚落呈散状分布。有图书室1处、小学1处。经济以种植业为主，种植小麦、玉米、花生、地瓜、杂粮等。有公路经此。

郅堂 371702-B06-H12

[Zhìtáng]

在区驻地西城街道西北方向29.0千米。高庄镇辖自然村。人口800。明洪武年间，郅氏从山西省洪洞县迁此建村，取名郅堂。聚落呈散状分布。经济以种植业为主，种植小麦、玉米、花生、地瓜、杂粮等。有公路经此。

付庄 371702-B06-H13

[Fùzhuāng]

在区驻地西城街道西北方向31.0千米。高庄镇辖自然村。人口1 100。付锋于东周初期来此建村付家塘，明洪武二年（1369），更名付庄。聚落呈散状分布。经济以种植业为主，种植小麦、玉米、花生、地瓜、杂粮等。有公路经此。

白庄 371702-B06-H14

[Báizhuāng]

在区驻地西城街道西北方向25.0千米。高庄镇辖自然村。人口1 100。明洪武年间，白氏自山西洪洞县迁此建村，以姓氏取名白庄。聚落呈散状分布。经济以种植业为主，种植小麦、玉米、花生、地瓜、杂粮等。有公路经此。

耿庄 371702-B06-H15

[Gěngzhuāng]

在区驻地西城街道西北方向 25.5 千米。高庄镇辖自然村。人口 600。明洪武年间，耿氏从山西洪洞县迁此建村，以姓氏取名耿庄。聚落呈散状分布。经济以种植业为主，种植小麦、玉米、花生、地瓜、杂粮等。有公路经此。

曹庄 371702-B06-H16

[Cáozhuāng]

在区驻地西城街道西北方向 22.0 千米。高庄镇辖自然村。人口 300。该村建于西汉时期，以姓氏得村名曹庄。聚落呈散状分布。经济以种植业为主，种植小麦、玉米、花生、地瓜、杂粮等。有公路经此。

屈庄 371702-B06-H17

[Qūzhuāng]

在区驻地西城街道西北方向 25.0 千米。高庄镇辖自然村。人口 500。明洪武年间，屈氏从山西省洪洞县迁此建村，取名屈庄。聚落呈散状分布。经济以种植业为主，种植小麦、玉米、花生、地瓜、杂粮等。有公路经此。

杜庄 371702-B06-H18

[Dùzhuāng]

在区驻地西城街道西北方向 24.5 千米。高庄镇辖自然村。人口 200。明洪武年间，杜氏从山西迁至蔺口，一支分居此地建村，名杜庄。聚落呈散状分布。经济以种植业为主，种植小麦、玉米、花生、地瓜、杂粮等。有公路经此。

吕集 371702-B06-H19

[Lǚjí]

在区驻地西城街道西北方向 24.5 千米。高庄镇辖自然村。人口 500。明洪武十五年（1382），吕氏从山西迁至曹楼南吕庄，约正德年间，一支分居此地建村，取名吕集。聚落呈散状分布。经济以种植业为主，种植小麦、玉米、花生、地瓜、杂粮等。有公路经此。

小留集 371702-B07-H01

[Xiǎoliújí]

小留镇人民政府驻地。在区驻地西城街道北方向 7.6 千米。人口 3 900。明成化年间吴姓建村，传因村西有小流河而得名；另一传说河上有八孔桥，来往行人客商多在此稍停休息，故名。聚落呈散状分布。有图书室、文化广场、幼儿园、小学、中学等。经济以种植业为主，种植小麦、玉米、棉花、牡丹、芍药及中药材。有公路经此。

晁庄 371702-B07-H02

[Cháozhuāng]

在区驻地西城街道北方向 15.0 千米。小留镇辖自然村。人口 200。1305 年，晁氏从城南晁八寨迁出在此建村，以姓氏命名为晁庄。聚落呈散状分布。经济以种植业为主，种植小麦、玉米、花生、果蔬等。有公路经此。

楚庄 371702-B07-H03

[Chǔzhuāng]

在区驻地西城街道北方向 15.0 千米。小留镇辖自然村。人口 1 100。清康熙年间，楚氏始祖迁此建村，以姓氏为村名。聚落呈散状分布。经济以种植业为主，种植小麦、玉米、花生、西瓜等。有公路经此。

顾庄 371702-B07-H04

[Gùzhuāng]

在区驻地西城街道北方向 11.5 千米。小留镇辖自然村。人口 300。清代，顾氏从菏泽城北郝堂迁居于此，以姓取名顾庄。聚落呈散状分布。经济以种植业为主，种植小麦、玉米、花生等。有公路经此。

梨高庄 371702-B07-H05
［Lígāozhuāng］

在区驻地西城街道北方向15.0千米。小留镇辖自然村。人口1 500。明洪武年间，高氏、吴氏、邱氏相继迁居于此。因当时该村爱种梨树，果树成园，因此而称之梨园高庄，后简化为梨高庄。聚落呈散状分布。经济以种植业为主，种植小麦、玉米、花生、果蔬等。有公路经此。

林庄 371702-B07-H06
［Línzhuāng］

在区驻地西城街道北方向10.5千米。小留镇辖自然村。人口900。明洪武年间，林氏始祖由山西洪洞县迁此建村，以姓氏命名为林庄。聚落呈散状分布。经济以种植业为主，种植小麦、玉米、花生、果蔬等。有公路经此。

鲁谢庄 371702-B07-H07
［Lǔxièzhuāng］

在区驻地西城街道北方向12.0千米。小留镇辖自然村。人口700。明末，因鲁氏故土黄水泛滥成灾，为求生存，迁居于此安家立业建村，村名鲁谢庄。聚落呈散状分布。经济以种植业为主，种植小麦、玉米、花生、果蔬等。有公路经此。

马常寨 371702-B07-H08
［Mǎchángzhài］

在区驻地西城街道北方向15.0千米。小留镇辖自然村。人口2 000。明洪武三年（1370），山西洪洞县马氏外出行医至豫鲁交界处，在曹州西北白虎集西马庄落户居住，明永乐年间迁此建村，初名马寨。

由于村东西长约五里，有"五里长寨"之称，故取名马长寨，后更名为马常寨。聚落呈散状分布。经济以种植业为主，种植小麦、玉米、花生、果蔬等。有公路经此。

申庄 371702-B07-H09
［Shēnzhuāng］

在区驻地西城街道北方向15.0千米。小留镇辖自然村。人口300。南宋理宗时期，申氏始祖申合率族人迁此建村，取村名申庄。聚落呈散状分布。经济以种植业为主，种植小麦、玉米、花生、苗木和药材等。有公路经此。

曹庄 371702-B07-H10
［Cáozhuāng］

在区驻地西城街道北方向13.0千米。小留镇辖自然村。人口500。元至顺元年（1330），始祖曹书振铎自定陶东关迁来此处建村，以姓氏取名曹庄。聚落呈散状分布。经济以种植业为主，种植小麦、玉米、花生、果蔬等。有公路经此。

杨庄 371702-B07-H11
［Yángzhuāng］

在区驻地西城街道北方向11.5千米。小留镇辖自然村。人口1 300。以姓氏命名。聚落呈散状分布。经济以种植业为主，种植小麦、玉米、花生、棉花、牡丹等。有公路经此。

杜胡同 371702-B07-H12
［Dùhútòng］

在区驻地西城街道北方向13.0千米。小留镇辖自然村。人口1 400。明洪武年间，杜氏始祖杜大壮携家迁移至五棵柳，次子辗转迁此处建村，取村名杜胡同。聚落呈散状分布。经济以种植业为主，种植小麦、玉米、花生、棉花、牡丹等。有公路经此。

郜寺 371702-B07-H13
[Gàosì]

在区驻地西城街道北方向 13.5 千米。小留镇辖自然村。人口 1 400。明洪武年间，郜氏始祖带领三个儿子由山西洪洞县大槐树迁此落户，郜朋俊落户于圆通寺，时称郜庄，后因与其邻高庄同音，故改称郜寺。聚落呈散状分布。经济以种植业为主，种植小麦、玉米、花生、棉花、牡丹等。有公路经此。

沟子吴 371702-B07-H14
[Gōuziwú]

在区驻地西城街道北方向 13.0 千米。小留镇辖自然村。人口 800。明洪武年间，吴氏始祖被迫迁此安居，村名吴庄。后因村庄地势低，四面都是沟，一年四季不断水，十年九不收，故改名为沟子吴。聚落呈散状分布。经济以种植业为主，种植小麦、玉米、花生、牡丹、芍药、山药等。有公路经此。

郭楼 371702-B07-H15
[Guōlóu]

在区驻地西城街道北方向 12.0 千米。小留镇辖自然村。人口 1 200。明洪武年间，李氏始祖自山西洪洞县奉旨迁民，居于城西南香炉寺。后从香炉寺迁入郭家楼定居，简称郭楼。聚落呈散状分布。经济以种植业、工业、副业为主，种植小麦、玉米、花生等。有公路经此。

洪堂 371702-B07-H16
[Hóngtáng]

在区驻地西城街道北方向 14.0 千米。小留镇辖自然村。人口 600。因村中原有观音堂一座，且明朝时期大量移民从山西洪洞县迁此，故名洪堂。聚落呈散状分布。经济以种植业为主，种植小麦、玉米、花生等。有公路经此。

李公珍 371702-B07-H17
[Lǐgōngzhēn]

在区驻地西城街道北方向 12.0 千米。小留镇辖自然村。人口 900。明洪武年间，山西洪洞县民间医生李公珍四海行医义诊，后定居于此，广泛行医，解除百姓疾苦，享誉山东菏泽、济宁、聊城和河南濮阳一带，深得百姓爱戴。后人为纪念他，把他定居的村庄取名李公珍。聚落呈散状分布。经济以种植业为主，种植小麦、玉米、花生、药材、瓜果等。有公路经此。

史口 371702-B07-H18
[Shǐkǒu]

在区驻地西城街道北方向 13.0 千米。小留镇辖自然村。人口 700。明洪武九年（1376），史姓先祖奉旨自山西洪洞县迁居聊城大张镇史楼村。1340 年，迁史家河口村定居，后改称史口。聚落呈散状分布。经济以种植业为主，种植小麦、玉米、花生、药材、瓜果等。有公路经此。

王蜜蜂 371702-B07-H19
[Wángmìfēng]

在区驻地西城街道北方向 12.8 千米。人口 500。小留镇辖自然村。明洪武年间，王氏从山西洪洞县迁此建村，其原先以养蜜蜂为生，故村名王蜜蜂。聚落呈散状分布。经济以种植业为主，种植小麦、玉米、花生、药材、瓜果等。有公路经此。

邢楼 371702-B07-H20
[Xínglóu]

在区驻地西城街道北方向 14.0 千米。小留镇辖自然村。人口 500。明洪武元年（1368），邢氏从山西洪洞县始迁菏泽城西北潘马店，十余年后迁此建村，村当中建一座楼，故取村名邢楼。聚落呈散状分布。经济以种植业为主，种植小麦、玉米、花生、药材、瓜果等。有公路经此。

李村集 371702-B08-H01
[Lǐcūnjí]

李村镇人民政府驻地。在区驻地西城街道西北方向 19.8 千米。人口 1 300。明初，刘氏从山西洪洞县迁此建村，名刘庄；明嘉靖年间，李氏由河南濮阳市甘露集迁此，在刘庄旁建村，名李村。后两村相连，清顺治年间，设立集市，故村名李村集。聚落呈散状分布。有图书室、文化广场、幼儿园等。经济以种植业为主，种植小麦、玉米等。省道刘口路经此。

东李庄 371702-B08-H02
[Dōnglǐzhuāng]

在区驻地西城街道西北方向 25.0 千米。李村镇辖自然村。人口 1 700。元末，李氏由山西蒲州迁此，因地处东面，故取名东李庄。聚落呈散状分布。有图书室 2 处、小学 1 处、中学 1 处。经济以种植业为主，种植小麦、玉米、花生、地瓜、杂粮等。有公路经此。

郝寨 371702-B08-H03
[Hǎozhài]

在区驻地西城街道西北方向 26.0. 千米。李村镇辖自然村。人口 1 800。明洪武年间，郝姓从山西洪洞县迁此，占地开荒定居建村。清嘉庆年间，为防战乱，围村筑寨，故村名郝寨。聚落呈散状分布。经济以种植业为主，种植小麦、玉米、花生、地瓜、杂粮等。有公路经此。

刘屯 371702-B08-H04
[Liútún]

在区驻地西城街道西北方向 25.0 千米。李村镇辖自然村。人口 400。明崇祯年间，刘民从本镇高李村迁此建村，取名刘屯。聚落呈散状分布。经济以种植业为主，种植小麦、玉米、花生、地瓜、杂粮等。有公路经此。

王刘庄 371702-B08-H05
[Wángliúzhuāng]

在区驻地西城街道西北方向 25.5 千米。李村镇辖自然村。人口 1 100。后金天命年间，王氏从曹州北花园耿庄迁居此地，后有刘姓相继迁入，两姓共议，取村名王刘庄。聚落呈散状分布。有图书室 1 处、小学 1 处。经济以种植业为主，种植小麦、玉米、花生、地瓜、杂粮等。有公路经此。

任拐 371702-B08-H06
[Rènguǎi]

在区驻地西城街道西北方向 25.0 千米。李村镇辖自然村。人口 800。明洪武年间，李姓从山西省洪洞县迁来建村，因地处黄河拐弯处，命名任拐。聚落呈散状分布。经济以种植业为主，种植小麦、玉米、花生、地瓜、杂粮等。有公路经此。

王明珠 371702-B08-H07
[Wángmíngzhū]

在区驻地西城街道西北方向 26.0 千米。李村镇辖自然村。人口 700。明洪武年间，王氏迁此建村，和梨园村张氏族人同居一村。明正德年间，王氏由梨园村迁此建村，取名大王庄。明嘉靖年间，该村有一名人叫王明珠，颇有声望，遂改村名为王明珠。聚落呈散状分布。经济以种植业为主，种植小麦、玉米、花生、地瓜、杂粮等。有公路经此。

魏楼 371702-B08-H08
［Wèilóu］

在区驻地西城街道西北方向26.5千米。李村镇辖自然村。人口3 000。明洪武年间，魏氏先祖由山西洪洞县迁入，取名魏楼。聚落呈散状分布。有图书室1处、小学1处。经济以种植业为主，种植小麦、玉米、花生、地瓜、杂粮等。有公路经此。

秦庄 371702-B08-H09
［Qínzhuāng］

在区驻地西城街道西北方向27.0千米。李村镇辖自然村。人口500。明洪武年间，秦氏家族从山西洪洞县迁此定居，取名秦庄。聚落呈散状分布。经济以种植业为主，种植小麦、玉米、花生、地瓜、杂粮等。有公路经此。

薛庄 371702-B08-H10
［Xuēzhuāng］

在区驻地西城街道西北方向27.5千米。李村镇辖自然村。人口600。明洪武年间，薛氏从山西洪洞县迁此建村，取名薛庄。聚落呈散状分布。经济以种植业为主，种植小麦、玉米、花生、地瓜、杂粮等。有公路经此。

河口 371702-B08-H11
［Hékǒu］

在区驻地西城街道西北方向30.0千米。李村镇辖自然村。人口900。明洪武二十年（1387），张氏兄弟二人由开州花堤口分别定居于一古桥前后，称前后桥河口。后因黄河决口，古桥沉没，遂改称河口。聚落呈散状分布。经济以种植业为主，种植小麦、玉米、花生、地瓜、杂粮等。有公路经此。

潘满店 371702-B08-H12
［Pānmǎndiàn］

在区驻地西城街道西北方向27.6千米。李村镇辖自然村。人口1 000。因潘氏在村中开店，希望生意兴隆，欢迎八方来客住满旅店，故村名潘满店。聚落呈散状分布。经济以种植业为主，种植小麦、玉米、花生、地瓜、杂粮等。有公路经此。

兰口 371702-B08-H13
［Lánkǒu］

在区驻地西城街道西北方向30.5千米。李村镇辖自然村。人口1 700。明洪武年间，始祖由山西洪洞县迁此建村，1975年黄河决口，山东巡抚丁宝桢奉旨合泷后名村名拦河口庄，后更名兰口。聚落呈散状分布。经济以种植业为主，种植小麦、玉米、花生、地瓜、杂粮等。有公路经此。

梨园 371702-B08-H14
［Líyuán］

在区驻地西城街道西北方向30.0千米。李村镇辖自然村。人口2 600。明洪武年间，张氏从山西洪洞县老鸹窝迁此建村，因梨树较多，故名梨园。聚落呈散状分布。经济以种植业为主，种植小麦、玉米、花生、地瓜、杂粮等。有公路经此。

东大屯 371702-B08-H15
［Dōngdàtún］

在区驻地西城街道西北方向30.0千米。李村镇辖自然村。人口800。相传早年大屯、左庄是一个村，名夏文秀屯。清光绪年间分为两村，该村人多，名大屯。1875年分为两村，因在村东，故名东大屯。聚落呈散状分布。经济以种植业为主，种植小麦、玉米、花生、地瓜、杂粮等。有公路经此。

岳庄 371702-B08-H16

[Yuèzhuāng]

在区驻地西城街道西北方向 24.0 千米。李村镇辖自然村。人口 600。因南宋抗金英雄岳飞后人迁此居住，故名。聚落呈散状分布。经济以种植业为主，种植小麦、玉米、花生、地瓜、杂粮等。有公路经此。

王桥 371702-B08-H17

[Wángqiáo]

在区驻地西城街道西北方向 25.6 千米。李村镇辖自然村。人口 200。明永乐年间，王氏从山西洪洞县迁此建村。清嘉庆年间，村前筑桥，故村名王桥。聚落呈散状分布。经济以种植业为主，种植小麦、玉米、花生、地瓜、杂粮等。有公路经此。

庞庄 371702-B08-H18

[Pángzhuāng]

在区驻地西城街道西北方向 27.0 千米。李村镇辖自然村。人口 400。因姓氏得名。聚落呈散状分布。经济以种植业为主，种植小麦、玉米、花生、地瓜、杂粮等。有公路经此。

钮庄 371702-B08-H19

[Niǔzhuāng]

在区驻地西城街道西北方向 24.0 千米。李村镇辖自然村。人口 300。因姓氏得名。聚落呈散状分布。经济以种植业为主，种植小麦、玉米、花生、地瓜、杂粮等。有公路经此。

王河圈 371702-B08-H20

[Wánghéquān]

在区驻地西城街道西北方向 23.0 千米。李村镇辖自然村。人口 1 300。清康熙年间，王氏祖先分别从菏泽城西王庄、白虎集迁此建村，故名王家庄。后因黄河泛滥，三面是河，成为河圈之地，更名王河圈。聚落呈散状分布。经济以种植业为主，种植小麦、玉米、花生、地瓜、杂粮等。有公路经此。

马岭岗 371702-B09-H01

[Mǎlǐnggǎng]

马岭岗镇人民政府驻地。在区驻地西城街道西南方向 7.8 千米。人口 2 300。明初，马姓依黄沙岭建村，故名。有图书室、文化广场、小学、中学等。经济以种植业为主，种植小麦、玉米、大蒜等。有公路经此。

穆李 371702-B09-H02

[Mùlǐ]

在区驻地西城街道西南方向 6.5 千米。马岭岗镇辖自然村。人口 600。以姓氏得名。聚落呈团块状分布。有文化站 1 处、小学 1 处等。有国家级非物质文化遗产项目曹州面人。经济以种植业、旅游业为主，种植蔬菜、果树。有公路经此。

安兴 371702-B10-H01

[Ānxīng]

安兴镇人民政府驻地。在区驻地西城街道东北方向 13.7 千米。人口 5 800。因明时运粮官安兴葬于村西，有安兴墓，故村名安兴。聚落呈带状分布。有图书室、幼儿园、小学。经济以种植业为主，种植小麦、玉米、花生、杂粮等。有公路经此。

大倪庄 371702-B10-H02

[Dànízhuāng]

在区驻地西城街道东北方向 31.0 千米。安兴镇辖自然村。人口 1 100。明崇祯年间，倪治国从山西洪洞县迁此建村，取名倪庄。后村南二里又建一倪庄，故该村改名大倪庄。聚落呈散状分布。经济以种植业为主，种植小麦、玉米、花生、地瓜、大豆等。
日东高速、德商高速经此。

东任庄 371702-B10-H03
［Dōngrénzhuāng］

在区驻地西城街道东北方向32.5千米。安兴镇辖自然村。人口700。清咸丰年间，任崇督由任庄迁此建村，以方位和姓氏取名东任庄。聚落呈散状分布。经济以种植业为主，种植小麦、玉米、花生、地瓜、大豆等。日东高速、德商高速经此。

冯庙 371702-B10-H04
［Féngmiào］

在区驻地西城街道东北方向31.0千米。安兴镇辖自然村。人口900。明洪武年间，冯氏自山西洪洞县迁此建村，因建有庙宇，故取名冯庙。聚落呈散状分布。经济以种植业为主，种植小麦、玉米、花生、地瓜、大豆等。有公路经此。

冯庄 371702-B10-H05
［Féngzhuāng］

在区驻地西城街道东北方向31.0千米。安兴镇辖自然村。人口1 800。明洪武七年（1374），冯羲奉旨东迁到此，以姓氏名村。聚落呈散状分布。经济以种植业为主，种植小麦、玉米、花生、地瓜、山药、杂粮等。有公路经此。

侯楼 371702-B10-H06
［Hóulóu］

在区驻地西城街道东北方向31.0千米。安兴镇辖自然村。人口600。该村原名李园，清康熙四十三年（1704），侯氏由巨野迁居此村，建楼四座，改村名为侯楼。聚落呈散状分布。经济以种植业为主，种植小麦、玉米、花生、地瓜、大豆等。有公路经此。

黄庄 371702-B10-H07
［Huángzhuāng］

在区驻地西城街道东北方向33.5千米。安兴镇辖自然村。人口600。明万历年间，黄玉山由定陶县黄店迁此建村，以姓氏取名黄庄。聚落呈散状分布。经济以种植业为主，种植小麦、玉米、花生、地瓜等。有公路经此。

贾庄 371702-B10-H08
［Jiǎzhuāng］

在区驻地西城街道东北方向31.0千米。安兴镇辖自然村。人口400。清咸丰年间，贾氏由郓城迁居此村。抗日战争时期，贾效聚任伪区长，改村名为贾庄。聚落呈散状分布。经济以种植业为主，种植小麦、玉米、花生、地瓜等。有公路经此。

刘楼 371702-B10-H09
［Liúlóu］

在区驻地西城街道东北方向31.0千米。安兴镇辖自然村。人口1 600。清顺治年间，刘涧涛由巨野迁居此地，刘清江考中探花，改村名为探花刘楼，简称刘楼。聚落呈散状分布。有图书室1处、小学1处。经济以种植业为主，种植小麦、玉米、花生、地瓜、大豆等。有公路经此。

沙土刘 371702-B10-H10
［Shātǔliú］

在区驻地西城街道东北方向30.0千米。安兴镇辖自然村。人口800。明洪武年间，刘氏清初迁此建村，因村西有一个很大的沙堌堆，取名为沙堌堆刘庄。后因驻村工作队更名沙土刘。聚落呈散状分布。经济以种植业为主，种植小麦、玉米、花生、地瓜等。有公路经此。

西桥 371702-B10-H11

[Xīqiáo]

在区驻地西城街道东北方向31.0千米。安兴镇辖自然村。人口1 000。明洪武年间，张氏从山西洪洞县迁此建村，村名张庄。后因村西修了一座桥，改名为桥张庄，1958年改名为西桥。聚落呈散状分布。经济以种植业为主，种植小麦、玉米、花生、地瓜、大豆等。有公路经此。

西任庄 371702-B10-H12

[Xīrénzhuāng]

在区驻地西城街道东北方向32.0千米。安兴镇辖自然村。人口200。明洪武年间，任氏由青州诸城县迁此建村，以姓氏取名任庄。清咸丰年间，以方位改称西任庄。聚落呈散状分布。经济以种植业为主，种植小麦、玉米、花生等。有公路经此。

西田楼 371702-B10-H13

[Xītiánlóu]

在区驻地西城街道东北方向30.5千米。安兴镇辖自然村。人口200。1953年，田全德、田全修由田楼迁此建村，以方位和姓氏得名。聚落呈散状分布。经济以种植业为主，种植小麦、玉米、花生等。有公路经此。

小倪庄 371702-B10-H14

[Xiǎonízhuāng]

在区驻地西城街道东北方向30.5千米。安兴镇辖自然村。人口400。清初，倪国安由大倪庄迁此建村，取村名小倪庄。聚落呈散状分布。经济以种植业为主，种植小麦、玉米、花生、地瓜、杂粮等。有公路经此。

邢庙张庄 371702-B10-H15

[Xíngmiàozhāngzhuāng]

在区驻地西城街道东北方向33.5千米。安兴镇辖自然村。人口300。明洪武年间，张安从山西洪洞县迁此建村，名张庄。后村东建邢庙一座，改为今名邢庙张庄。聚落呈散状分布。经济以种植业为主，种植小麦、玉米、花生、地瓜、杂粮等。有公路经此。

许门口 371702-B10-H16

[Xǔménkǒu]

在区驻地西城街道东北方向28.5千米。安兴镇辖自然村。人口500。666年，许氏迁居此地建村。此处是济水东岸一处渡口，许氏以摆渡为生，故称许门口。聚落呈散状分布。经济以种植业为主，种植小麦、玉米、花生、地瓜、杂粮等。有公路经此。

盐土张庄 371702-B10-H17

[Yántǔzhāngzhuāng]

在区驻地西城街道东北方向33.0千米。安兴镇辖自然村。人口300。明洪武年间，张敏从山西洪洞县迁此建村，名张庄。后因家家晒盐，处处堆积盐土，故改为盐土张庄。聚落呈散状分布。经济以种植业为主，种植小麦、玉米、花生、地瓜、杂粮等。有公路经此。

姚庄 371702-B10-H18

[Yáozhuāng]

在区驻地西城街道东北方向30.0千米。安兴镇辖自然村。人口1 600。清末，姚姓以姓氏命名为姚庄。聚落呈散状分布。经济以种植业为主，种植小麦、玉米、花生、地瓜、杂粮等。有公路经此。

周楼 371702-B10-H19

[Zhōulóu]

在区驻地西城街道东北方向26.0千米。安兴镇辖自然村。人口600。明弘治年间，周世能从山西洪洞县周家庄迁此建村，村以姓氏得名。聚落呈散状分布。经济以种植业为主，种植小麦、玉米、花生、地瓜、胡萝卜、杂粮等。有公路经此。

桑堂 371702-B10-H20
[Sāngtáng]

在区驻地西城街道东北方向33.0千米。安兴镇辖自然村。人口200。清朝中期，桑氏由鄄城彭楼迁此建村，以姓氏得名。聚落呈散状分布。经济以种植业为主，种植小麦、玉米、花生、地瓜、胡萝卜、杂粮等。有公路经此。

船郭庄 371702-B10-H21
[Chuánguōzhuāng]

在区驻地西城街道东北方向30.0千米。安兴镇辖自然村。人口2 400。明洪武初年，郭氏自山西平阳府洪洞县迁居赵王河北岸建村，取名郭庄。郭氏弟兄分家时，分得船一只，故建村时命名为船郭庄。聚落呈散状分布。有小学1处、图书室1处。经济以种植业为主，种植小麦、玉米、花生、地瓜、大豆等。有公路经此。

大黄集 371702-B11-H01
[Dàhuángjí]

大黄集镇人民政府驻地。在区驻地西城街道西南方向25.0千米。人口1 900。明永乐二年（1404），张氏从山西洪洞县迁于直隶垣邑板邱集，后人迁至兴隆村定居，后起集市，与黄庄的青菜小集相对，故改名大黄集。聚落呈散状分布。有小学1处、中学1处、图书室2处。经济以种植业为主，种植小麦、玉米、花生等。220国道经此。

白寨 371702-B11-H02
[Báizhài]

在区驻地西城街道西南方向32.0千米。大黄集镇辖自然村。人口200。明弘治年间，

白氏由山西洪洞县迁此立村，以姓氏取名白寨。聚落呈散状分布。经济以种植业为主，种植小麦、玉米等。有公路经此。

毕寨 371702-B11-H03
[Bìzhài]

在区驻地西城街道西南方向24.0千米。大黄集镇辖自然村。人口3 400。明洪武年间，毕彦实从山西洪洞县迁此建村，后来为防盗贼侵扰，筑起寨墙，故取村名毕家寨，后称毕寨。聚落呈散状分布。有小学1处、图书室1处。经济以种植业为主，种植小麦、玉米、花生等。有公路经此。

安陵 371702-B11-H04
[Ānlíng]

在区驻地西城街道西南方向31.0千米。大黄集镇辖自然村。人口200。由安氏立村，因居于土岭之上，故名安陵。聚落呈散状分布。有小学1处、图书室1处。经济以种植业为主，种植小麦、玉米等。有公路经此。

东赵寨 371702-B11-H05
[Dōngzhàozhài]

在区驻地西城街道西南方向26.0.千米。大黄集镇辖自然村。人口900。明正统五年（1440），刘氏从山西洪洞县迁此建村，取名刘庄。明末，刘河舟被封为统兵，村民担心明朝败后受牵连，以赵姓改村名赵寨，1950年又以方位改为东赵寨。聚落呈散状分布。经济以种植业为主，种植小麦、玉米、花生等。日南高速经此。

耿寨 371702-B11-H06
[Gěngzhài]

在区驻地西城街道西南方向30.0千米。大黄集镇辖自然村。人口1 000。明洪武年间，耿氏由河南济源县迁此建村。后李氏迁入，

共同筑起村寨,取村名李耿寨,又演变为耿寨。聚落呈散状分布。经济以种植业为主,种植小麦、玉米、花生等。有公路经此。

郭寨 371702-B11-H07

［Guōzhài］

在区驻地西城街道西南方向28.0千米。大黄集镇辖自然村。人口500。明嘉靖年间,郭氏由曹州东北十里毛胡同迁此建村,村名为郭寨。聚落呈散状分布。经济以种植业为主,种植小麦、玉米、花生等。有公路经此。

何寨 371702-B11-H08

［Hézhài］

在区驻地西城街道西南方向26.0千米。大黄集镇辖自然村。人口400。明万历年间,何氏从山西洪洞县迁此建村,以姓氏命名为何寨。聚落呈散状分布。有小学1处、图书室1处。经济以种植业为主,种植小麦、玉米、花生等。有公路经此。

后楼 371702-B11-H09

［Hòulóu］

在区驻地西城街道西南方向26.0千米。大黄集镇辖自然村。人口800。明成化年间,张洪由大黄集移此建村,称小张庄。清顺治年间,村中盖起一座楼房,改村名为后楼。聚落呈散状分布。经济以种植业为主,种植小麦、玉米、花生等。有公路经此。

夹堤王 371702-B11-H10

［Jiādīwáng］

在区驻地西城街道西南方向25.0千米。大黄集镇辖自然村。人口400。明永乐年间,王氏自山西洪洞县迁此建村,因居于两条河堤之间,故名夹堤王。聚落呈散状分布。经济以种植业为主,种植小麦、玉米、花生等。有公路经此。

寇家 371702-B11-H11

［Kòujiā］

在区驻地西城街道西南方向35.0千米。大黄集镇辖自然村。人口500。清顺治年间,寇氏祖母姜氏携全家由曹县刘岗迁此建村,以姓氏取名寇家。聚落呈散状分布。经济以种植业为主,种植小麦、玉米、花生等。有公路经此。

李八老 371702-B11-H12

［Lǐbālǎo］

在区驻地西城街道西南方向34.0千米。大黄集镇辖自然村。人口2 100。明洪武年间,八位李姓老人从山西平阳府洪洞县迁此建村,取村名李八老。聚落呈散状分布。有小学1处、图书室1处。经济以种植业为主,种植小麦、玉米、花生等。有公路经此。

李七寨 371702-B11-H13

［Lǐqīzhài］

在区驻地西城街道西南方向26.0千米。大黄集镇辖自然村。人口600。明朝中期,李七星由菏邑西北四十五里李二庄迁此建村,以其姓名取为村名,后演称李七寨。聚落呈散状分布。经济以种植业为主,种植小麦、玉米、花生等。有公路经此。

李树寨 371702-B11-H14

［Lǐshùzhài］

在区驻地西城街道西南方向26.0千米。大黄集镇辖自然村。人口300。明万历年间,李氏从山西洪洞县迁此建村,因当时家穷建不起房屋,在一棵大树下栖息,故取村名李树寨。聚落呈散状分布。经济以种植业为主,种植小麦、玉米、花生等。有公路经此。

刘佰台 371702-B11-H15

[Liúbǎitái]

在区驻地西城街道西南方向20.0千米。大黄集镇辖自然村。人口1 100。明永乐年间，刘氏佰台从山西洪洞县迁此建村，后人为纪念先人，取村名刘佰台。聚落呈散状分布。经济以种植业为主，种植小麦、玉米、花生、西瓜等。有公路经此。

刘三门 371702-B11-H16

[Liúsānmén]

在区驻地西城街道西南方向31.0千米。大黄集镇辖自然村。人口600。刘三门原名大刘庄，清顺治五年（1648）村中遭劫匪，村民纷纷外逃，后赵氏兄弟三人返回该村，从此改为留三门，后演变为刘三门。聚落呈散状分布。经济以种植业为主，种植小麦、玉米、花生、西瓜等。有公路经此。

马府 371702-B11-H17

[Mǎfǔ]

在区驻地西城街道西南方向32.0千米。大黄集镇辖自然村。人口400。明永乐年间，马氏由周集迁此立村，以吉祥嘉言取名马福村，后演变为马府。聚落呈散状分布。经济以种植业为主，种植小麦、玉米、花生、西瓜等。有公路经此。

沙窝李 371702-B11-H18

[Shāwōlǐ]

在区驻地西城街道西南方向20.0千米。大黄集镇辖自然村。人口600。明万历年间，李氏由东明县五岗村迁此建村，命名李庄。清咸丰年间，因上黄水，形成沙窝地，改村名沙窝李。聚落呈散状分布。经济以种植业为主，种植小麦、玉米、花生、西瓜等。有公路经此。

塔墭寺 371702-B11-H19

[Tǎgāngsì]

在区驻地西城街道西南方向26.0千米。大黄集镇辖自然村。人口200。清初，王氏在此地建村，因此地原有一处寺院，名为塔墭寺，村以寺名。聚落呈散状分布。经济以种植业为主，种植小麦、玉米、花生、西瓜等。有公路经此。

湾杨 371702-B11-H20

[Wānyáng]

在区驻地西城街道西南方向36.0千米。大黄集镇辖自然村。人口300。明洪武年间，杨氏从山西洪洞县迁居曹县白庙，后迁此立村。因地处河湾，取名河湾杨，后演变为湾杨。聚落呈散状分布。经济以种植业为主，种植小麦、玉米、花生、西瓜等。有公路经此。

朱海 371702-B12-H01

[Zhūhǎi]

吕陵镇人民政府驻地。在区驻地西城街道东北方向11.9千米。人口1 000。明洪武年间，朱氏由朱庄迁此建村。村旁有一长水坑，俗称海子，故得名朱海。聚落呈团块状分布。有图书室、小学、幼儿园等。经济以种植业为主，种植小麦、玉米、花生、地瓜和杂粮等。丰东公路经此。

葭密寨 371702-B12-H02

[Jiāmìzhài]

在区驻地西城街道东北方向9.4千米。吕陵镇辖自然村。人口1 300。汉初曾在此置葭密县，清代围村筑寨，故名。聚落呈散状分布。有小学1处。经济以种植业为主，种植小麦、玉米、花生、瓜菜和杂粮等。日东高速经此。

胡集 371702-B13-H01

[Hújí]

胡集镇人民政府驻地。在区驻地西城街道东北方向 20.1 千米。人口 3 200。原名平阳屯，后崇祯年间胡氏族人增多，胡思敬成立集市，村改今名。聚落呈散状分布。有图书室、中学、小学、幼儿园等。经济以种植业为主，种植小麦、玉米、花生等。220 国道经此。

北李垓 371702-B13-H02

[Běilǐhǎi]

在区驻地西城街道东北方向 27.0 千米。胡集镇辖自然村。人口 300。明洪武元年（1368），李士元由山西洪洞县迁入山东，于郓邑西南六十华里古雷泽畔小居，日后成村，名曰李家垓，后以方位称北李垓。聚落呈散状分布。经济以种植业为主，种植小麦、玉米、大蒜等。220 国道经此。

陈楼 371702-B13-H03

[Chénlóu]

在区驻地西城街道东北方向 27.0 千米。胡集镇辖自然村。人口 2 200。原名赵花园子。明代中叶，赵氏祖迁入此地，定居立村。明成化年间，赵氏祖招巨野陈楼陈氏为赘婿，后因陈姓族兴业旺，群楼四起，陈家大楼名扬四海，故于明正德年间正式易名为陈家楼，后更名陈楼。聚落呈散状分布。经济以种植业为主，种植小麦、玉米、大蒜等。220 国道经此。

老官店 371702-B13-H04

[Lǎoguāndiàn]

在区驻地西城街道东北方向 26.0 千米。胡集镇辖自然村。人口 1 100。明万历年间，李氏由博兴迁居此地，因有官家开设驿店一座，故名村老官店。聚落呈散状分布。

经济以种植业为主，种植小麦、玉米、大蒜等。220 国道经此。

李屯 371702-B13-H05

[Lǐtún]

在区驻地西城街道东北方向 26.5 千米。胡集镇辖自然村。人口 900。明永乐年间，李士元由青州府博兴县迁于此地，村名李屯。聚落呈散状分布。经济以种植业为主，种植小麦、玉米、大蒜等。有公路经此。

南朱庄 371702-B13-H06

[Nánzhūzhuāng]

在区驻地西城街道东北方向 26.0 千米。胡集镇辖自然村。人口 300。明万历年间，朱氏从安徽凤阳桃花镇迁至此地，故名。聚落呈散状分布。经济以种植业为主，种植小麦、玉米、大蒜等。有公路经此。

黄屯 371702-B13-H07

[Huángtún]

在区驻地西城街道东北方向 28.5 千米。胡集镇辖自然村。人口 2 200。明永乐年间，黄德、黄卷兄弟二人自山西省洪洞县老鸹窝迁此，取村名黄家屯。之后，刘林于明正德年间、朱尔勤于清道光年间先后迁至黄家屯居住，并分别取村名刘桥、朱寨。后经黄、刘、朱三姓协商，三村合为一村，定名为黄屯。聚落呈散状分布。经济以种植业为主，种植小麦、玉米、花生等。有公路经此。

安桥 371702-B13-H08

[Ānqiáo]

在区驻地西城街道东北方向 26.5 千米。胡集镇辖自然村。人口 400。明天顺年间，安氏一家五口由山西洪洞县迁此建村，村名安庄。因村西大运河上建了一座桥，改村名为安桥。聚落呈散状分布。经济以种植业为主，种植小麦、玉米、花生等。有公路经此。

经济以种植业为主，种植小麦、玉米、花生等。有公路经此。

大刘庄 371702-B13-H09
［Dàliúzhuāng］

在区驻地西城街道东北方向29.0千米。胡集镇辖自然村。人口300。明永乐年间，刘瑛由山东曹州迁至赵王河北岸，占地开荒，定居立村。明正德年间，世祖主持筑起寨墙，寨墙高大，占地面积大，故取村名为刘桥。明弘治年间，更名为大刘庄。聚落呈散状分布。有图书室1处、小学1处。经济以种植业为主，种植小麦、玉米、花生等。有公路经此。

北卞庄 371702-B13-H10
［Běibiànzhuāng］

在区驻地西城街道东北方向28.5千米。胡集镇辖自然村。人口300。以方位、姓氏得名。聚落呈散状分布。经济以种植业为主，种植小麦、玉米、花生等。有公路经此。

侯庙 371702-B13-H11
［Hóumiào］

在区驻地西城街道东北方向30.0千米。胡集镇辖自然村。人口700。明洪武年间，侯氏由山西洪洞县孙鹤巢乡迁于此地，古名侯家堂。清咸丰年间，村东建三官庙，后改村名侯庙。聚落呈散状分布。经济以种植业为主，种植小麦、玉米、花生等。有公路经此。

南李垓 371702-B13-H12
［Nánlǐhǎi］

在区驻地西城街道东北方向25.5千米。胡集镇辖自然村。人口400。明洪武二年（1369），李氏从山西洪洞县迁此建村，村名李垓。1980年地名普查时，因有重名村庄，更名为南李垓。聚落呈散状分布。

尹集 371702-B13-H13
［Yǐnjí］

在区驻地西城街道东北方向28.0千米。胡集镇辖自然村。人口400。明洪武三年（1370），李文学自山西省洪洞县迁于此立村定居。村南有一条流沙河，是一道天然屏障，防洪防涝，因而村名又称护河督。后来，因人丁不旺，受外人之欺，与尹姓合并，并设集贸市场，故称尹集。聚落呈散状分布。有小学1处、图书室1处。经济以种植业为主，种植小麦、玉米、花生等。有公路经此。

东马垓 371702-B13-H14
［Dōngmǎhǎi］

在区驻地西城街道东北方向27.5千米。胡集镇辖自然村。人口3 300。均为回族。明洪武十年（1377），马铿率领子孙居此地，开荒种田，建造庄园，村名马家海，简称马垓，后以方位更名东马垓。聚落呈散状分布。有小学1处、图书室1处。经济以种植业为主，种植小麦、玉米、大蒜等。有公路经此。

皇镇 371702-C01-H01
［Huángzhèn］

皇镇乡人民政府驻地。在区驻地西城街道东北方向17.3千米。人口2 900。明崇祯年间，郜氏由今郜庄村迁入。因村东有玉皇庙遗址，故名玉皇镇，1942年改为今名。聚落呈散状分布。有图书室2处、小学1处、中学1处。经济以种植业为主，种植小麦、玉米、花生、地瓜、杂粮等。有公路经此。

后沙海 371702-C01-H02

［Hòushāhǎi］

在区驻地西城街道东北方向21.0千米。皇镇乡辖自然村。人口600。明万历年间，沙氏由山西洪洞县迁此建村，当时地势低洼积水，沙氏居多，且前有中沙海、前沙海，故名后沙海。聚落呈团块分布。经济以种植业为主，种植小麦、玉米、花生、地瓜、杂粮等。有公路经此。

夹河赵 371702-C01-H03

［Jiāhézhào］

在区驻地西城街道东北方向22.0千米。皇镇乡辖自然村。人口900。明洪武年间，赵氏由山西洪洞县迁此建村，因处于赵王河和古旱河之间，故名夹河赵。聚落呈散状分布。经济以种植业为主，种植小麦、玉米、花生、地瓜、杂粮等。有公路经此。

李和阳 371702-C01-H04

［Lǐhéyáng］

在区驻地西城街道东北方向20.5千米。皇镇乡辖自然村。人口1 800。明洪武十三年（1380），李和阳由东平县重逢集迁此建村，故以人名命名。聚落呈带状分布。经济以种植业为主，种植小麦、玉米、花生、地瓜、杂粮等。有公路经此。

李性完 371702-C01-H05

［Lǐxìngwán］

在区驻地西城街道东北方向21.0千米。皇镇乡辖自然村。人口800。明嘉靖年间，李氏自山西洪洞县迁此建村名李庄。清乾隆年间，以村人李性完的名字命名。聚落呈散状分布。经济以种植业为主，种植小麦、玉米、花生、地瓜、杂粮等。有公路经此。

李真庄 371702-C01-H06

［Lǐzhēnzhuāng］

在区驻地西城街道东北方向19.0千米。皇镇乡辖自然村。人口1 100。明崇祯元年（1628），李氏由山西洪洞县迁此建村，村名李真庄。聚落呈散状分布。有小学1处、图书室1处。经济以种植业为主，种植小麦、玉米、花生、地瓜、杂粮等。有公路经此。

刘平坊 371702-C01-H07

［Liúpíngfāng］

在区驻地西城街道东北方向14.0千米。皇镇乡辖自然村。人口800。刘氏自山西洪洞县迁此建村，因刘姓居多，故名村刘平坊。聚落呈散状分布。有小学1处、图书室1处。经济以种植业为主，种植小麦、玉米、花生、地瓜、杂粮等。有公路经此。

南靳庄 371702-C01-H08

［Nánjìnzhuāng］

在区驻地西城街道东北方向20.0千米。皇镇乡辖自然村。人口800。靳氏迁此建村，因北有靳庄，故以方位命名为南靳庄。聚落呈散状分布。经济以种植业为主，种植小麦、玉米、花生、地瓜、杂粮等。有公路经此。

潘庙李 371702-C01-H09

［Pānmiàolǐ］

在区驻地西城街道东北方向15.5千米。皇镇乡辖自然村。人口600。明洪武年间，李氏自山西洪洞县迁此建村。后潘氏迁入，在村北建庙一座，命名为潘庙李。聚落呈散状分布。经济以种植业为主，种植小麦、玉米、花生、地瓜、杂粮等。有公路经此。

祁楼 371702-C01-H10
[Qílóu]

在区驻地西城街道东北方向15.0千米。皇镇乡辖自然村。人口500。明宣德年间，祁氏由山西洪洞县迁此，建一土楼，故名村祁楼。聚落呈散状分布。有图书室1处、小学1处。经济以种植业为主，种植小麦、玉米、花生、地瓜、杂粮等。有公路经此。

王桥 371702-C01-H11
[Wángqiáo]

在区驻地西城街道东北方向13.0千米。皇镇乡辖自然村。人口1 200。明洪武年间，王姓在赵王河以东建村，以桥命名，故名王桥。聚落呈散状分布。经济以种植业为主，种植小麦、玉米、花生、地瓜和杂粮，另有牡丹、芍药、山药等。有公路经此。

周庄 371702-C01-H12
[Zhōuzhuāng]

在区驻地西城街道东北方向19.0千米。皇镇乡辖自然村。人口800。明洪武年间，周氏来此建村，名周庄。聚落呈散状分布。经济以种植业为主，种植小麦、玉米、花生、地瓜、杂粮等。有公路经此。

西李庄 371702-C01-H13
[Xīlǐzhuāng]

在区驻地西城街道东北方向21.0千米。皇镇乡辖自然村。人口600。明崇祯十七年（1644），李氏自山西洪洞县迁此建村，因村东有一座庙，故取名庙西李庄，后更名为西李庄。聚落呈散状分布。经济以种植业为主，种植小麦、玉米、花生、地瓜、杂粮等。有公路经此。

邢楼 371702-C01-H14
[Xínglóu]

在区驻地西城街道东南方向19.3千米。皇镇乡辖自然村。人口1 100。明永乐年间，邢氏自山西洪洞县迁此建村，因有木楼，故名村邢楼。聚落呈散状分布。有图书室1处、小学1处。经济以种植业为主，种植小麦、玉米、花生、地瓜、杂粮等。有公路经此。

朱庄 371702-C01-H15
[Zhūzhuāng]

在区驻地西城街道东北方向19.5千米。皇镇乡辖自然村。人口700。明永乐六年（1408），朱氏迁此建村，名朱庄。聚落呈散状分布。经济以种植业为主，种植小麦、玉米、花生、地瓜、杂粮等。有公路经此。

曹县

城市居民点

锦绣江南小区 371721-I01
[Jǐnxiù Jiāngnán Xiǎoqū]

在县城东部。人口1 020。总面积13.8公顷。该小区的开发，为曹县创造了一个江南花园式高档住居小区，故名锦绣江南小区。2011年始建，2013年正式使用。建筑总面积17 212平方米，住宅楼27栋，其中高层15栋、多层12栋，现代建筑风格。有小学、幼儿园、超市等配套设施。通公交车。

万基世纪名城 371721-I02
[Wànjī Shìjì Míngchéng]

在县城中部。人口4 700。总面积43

公顷。由万基置业开发，寓意楼盘的开发实为世纪之创举，故名。2009年始建，2012年正式使用。建筑总面积430 000平方米，住宅楼35栋，其中高层20栋、多层15栋，现代建筑风格。绿地面积95 000平方米。有商场、医院等配套设施。通公交车。

交通佳园 371721-I03
[Jiāotōng Jiāyuán]

在县城北部。人口2 156。总面积8公顷。由菏泽交通集团有限公司开发，故名。2006年始建，2008年正式使用。建筑总面积80 000平方米，住宅楼22栋，其中高层4栋、多层18栋，现代建筑风格。绿地面积65 000平方米。有幼儿园等配套设施。通公交车。

青菏丽景 371721-I04
[Qīnghé Lìjǐng]

在县城南部。人口1 200。总面积8.8公顷。因小区位于青菏路，故名。2012年始建，2013年正式使用。建筑总面积87 693平方米，住宅楼28栋，其中高层19栋、多层9栋，现代建筑风格。通公交车。

锦绣豪庭 371721-I05
[Jǐnxiù Háotíng]

在县城北部。人口1 260。总面积14公顷。锦绣指锦上添花、锦绣河山，寓意对大自然的追求。2011年始建，2013年正式使用。建筑总面积140 000平方米，住宅楼29栋，其中高层10栋、多层19栋，现代建筑风格。有幼儿园等配套设施。通公交车。

康地君佳小区 371721-I06
[Kāngdì Jūnjiā Xiǎoqū]

在县城中部。人口3 500。总面积54公顷。由菏泽康地置业有限公司投资建设，寓意"健

康福地，请君回家"，故名。2011年始建，2013年正式使用。建筑总面积540 000平方米，住宅楼43栋，其中高层13栋、多层30栋，现代建筑风格。通公交车。

农村居民点

马山庄 371721-A01-H01
[Mǎshānzhuāng]

在县驻地曹城街道西方向2.0千米。曹城街道辖自然村。人口700。明洪武年间，马氏从山西洪洞县迁此建村，因其名马三，故得名马三庄，后改称马山庄。聚落呈带状分布。经济以种植业为主，种植小麦、玉米。有公路经此。

宋堂 371721-A01-H02
[Sòngtáng]

在县驻地曹城街道西方向3.0千米。曹城街道辖自然村。人口400。明洪武年间，宋堂由山西洪洞县迁此，以姓名村。聚落呈带状分布。有幼儿园1处、文化广场1处。经济以种植业为主，种植小麦、玉米。有公路经此。

北田庄 371721-A01-H03
[Běitiánzhuāng]

在县驻地曹城街道西北方向2.0千米。曹城街道辖自然村。人口300。明洪武年间，曹县城中田氏迁此称田庄，因地处曹县城北，故称北田庄。聚落呈带状分布。经济以种植业为主，种植小麦、玉米。有公路经此。

王乐田 371721-A01-H04
[Wánglètián]

在县驻地曹城街道西方向3.0千米。曹城街道辖自然村。人口1 500。明洪武年间，

王洪从山西洪洞县迁此，王洪长子王乐田在此居住，故名村王乐田。聚落呈带状分布。经济以种植业为主，种植小麦、玉米。有公路经此。

刘阁 371721–A01–H05
［Liúgé］

在县驻地曹城街道西方向 2.0 千米。曹城街道辖自然村。人口 400。明洪武年间，刘氏自山西洪洞县迁此建阁，故名。聚落呈带状分布。经济以种植业为主，种植小麦、玉米。有公路经此。

方庄 371721–A01–H06
［Fāngzhuāng］

在县驻地曹城街道西方向 2.0 千米。曹城街道辖自然村。人口 400。清康熙年间，刘、方二姓居此，称刘方庄，1933 年改称方庄。聚落呈带状分布。经济以种植业为主，种植小麦、玉米。有公路经此。

西邵 371721–A01–H07
［Xīshào］

在县驻地曹城街道西方向 2.0 千米。曹城街道辖自然村。人口 300。因邵姓居此，且村庄在县城西，故名西邵。聚落呈带状分布。经济以种植业为主，种植小麦、玉米。有公路经此。

西田庄 371721–A01–H08
［Xītiánzhuāng］

在县驻地曹城街道西方向 2.0 千米。曹城街道辖自然村。人口 300。明洪武年间，田氏自山西洪洞县迁此，名田庄。因处曹县城西，1987 年改名西田庄。聚落呈带状分布。经济以种植业为主，种植小麦、玉米。有公路经此。

刘冈庄 371721–A01–H09
［Liúgāngzhuāng］

在县驻地曹城街道西方向 2.0 千米。曹城街道辖自然村。人口 500。明洪武年间，山西洪洞县刘氏迁此立村，后官至河南南阳府邓州通判，名扬乡里，村得名两冈庄。两冈公曾持节出使异域，带回硕榴，时为邑中奇品，人谓之冈榴，遂名村榴冈庄。因"榴""刘"谐音，更名刘冈庄。聚落呈带状分布。经济以种植业为主，种植小麦、玉米。有公路经此。

乔油坊 371721–A01–H10
［Qiáoyóufáng］

在县驻地曹城街道西方向 2.0 千米。曹城街道辖自然村。人口 100。明洪武年间，山西洪洞县乔氏迁此建磨油坊，遂得名。聚落呈带状分布。经济以种植业为主，种植小麦、玉米。有公路经此。

田洼 371721–A01–H11
［Tiánwā］

在县驻地曹城街道西方向 2.0 千米。曹城街道辖自然村。人口 400。明末，山西洪洞县田干集村民迁此定居，因地势低洼得村名田洼。聚落呈带状分布。经济以种植业为主，种植小麦、玉米。有公路经此。

石庄 371721–A01–H12
［Shízhuāng］

在县驻地曹城街道西方向 2.0 千米。曹城街道辖自然村。人口 400。明末，山西洪洞县石姓来此，定村名为石庄。聚落呈带状分布。有文化广场 1 处。经济以种植业为主，种植小麦、玉米。有公路经此。

李牌坊 371721–A01–H13
［Lǐpáifāng］

在县驻地曹城街道西方向 2.0 千米。曹城街道辖自然村。人口 400。清初，为褒奖村人李景伦之妻节烈淑贞而建牌坊，以此得名。聚落呈带状分布。经济以种植业为主，种植小麦、玉米。有公路经此。

邢寨 371721-A01-H14

[Xíngzhài]

在县驻地曹城街道西方向 2.0 千米。曹城街道辖自然村。人口 100。明末，山西洪洞县邢姓来此立寨，定村名为邢寨。聚落呈带状分布。经济以种植业为主，种植小麦、玉米。有公路经此。

陈庄 371721-A01-H15

[Chénzhuāng]

在县驻地曹城街道西南方向 2.0 千米。曹城街道辖自然村。人口 300。明洪武年间，山西洪洞县陈姓族人迁此定居，以姓氏命名。聚落呈带状分布。经济以种植业为主，种植小麦、玉米。有公路经此。

八里庙 371721-A01-H16

[Bālǐmiào]

在县驻地曹城街道西北方向 4.0 千米。曹城街道辖自然村。人口 1100。明洪武二年（1369），李、杨二氏从山西洪洞县迁于三官庄，因距县城八里，故名。聚落呈带状分布。有文化广场 1 处、幼儿园 1 处、小学 1 处。经济以种植业为主，种植小麦、玉米。有公路经此。

田油坊 371721-A02-H01

[Tiányóufáng]

在县驻地曹城街道东北方向 8.2 千米。青菏街道辖自然村。人口 1 400。明洪武四年（1371），田氏始祖讳好，由山西洪洞县迁至曹县城北二十里许居住，因开油坊而名田油坊。聚落呈团块状分布。有文化广场 3 处、幼儿园 2 处、小学 1 处。经济以种植业为主，种植小麦、玉米。有公路经此。

程李庄 371721-A02-H02

[Chénglǐzhuāng]

在县驻地曹城街道东北方向 8.4 千米。青菏街道辖自然村。人口 300。清初，程氏后裔迁此，斯时亦有李氏迁此，故以二姓名村程李庄。聚落呈团块状分布。经济以种植业为主，种植小麦、玉米。有公路经此。

苏堂 371721-A02-H03

[Sūtáng]

在县驻地曹城街道东北方向 8.1 千米。青菏街道辖自然村。人口 1 000。明洪武九年（1376），苏氏始祖讳世万，自山西洪洞县迁曹邑东北十五里卜居；清光绪年间，后裔因建关帝庙堂，而名村苏堂。聚落呈团块状分布。经济以种植业为主，种植小麦、玉米。有公路经此。

岳庄 371721-A02-H04

[Yuèzhuāng]

在县驻地曹城街道东北方向 8.2 千米。青菏街道辖自然村。人口 900。明洪武年间，岳飞八世孙由成武县伯乐迁此，以姓名村岳庄。聚落呈团块状分布。经济以种植业为主，种植小麦、玉米。有公路经此。

隆华店 371721-A02-H05

[Lónghuádiàn]

在县驻地曹城街道北方向 8.5 千米。青菏街道辖自然村。人口 300。清嘉庆年间，程河村人程隆华在此开店，故村得名隆华店。聚落呈团块状分布。经济以种植业为主，种植小麦、玉米。有公路经此。

东常寨 371721–A02–H06

[Dōngchángzhài]

在县驻地曹城街道东北方向 8.8 千米。青菏街道辖自然村。人口 900。明洪武年间，常姓迁此，此处有东、西两寨，因其在东寨定居，起名东常寨。聚落呈团块状分布。经济以种植业为主，种植小麦、玉米。有公路经此。

武陈楼 371721–A02–H07

[Wǔchénlóu]

在县驻地曹城街道东北方向 8.1 千米。青菏街道辖自然村。人口 400。明洪武年间，陈姓由山西洪洞县迁此，原有武姓地主在此有楼，故起名武陈楼。聚落呈团块状分布。经济以种植业为主，种植小麦、玉米。有公路经此。

西常寨 371721–A02–H08

[Xīchángzhài]

在县驻地曹城街道东北方向 8.7 千米。青菏街道辖自然村。人口 700。明洪武年间，常姓迁此，此处有东、西两寨，因其在西寨定居，起名西常寨。聚落呈团块状分布。经济以种植业为主，种植小麦、玉米。有公路经此。

东刘庄 371721–A02–H09

[Dōngliúzhuāng]

在县驻地曹城街道东北方向 9.1 千米。青菏街道辖自然村。人口 400。明洪武年间，山西洪洞县刘姓人家到此居住，以姓氏、方位命名。聚落呈团块状分布。经济以种植业为主，种植小麦、玉米。有公路经此。

西刘庄 371721–A02–H10

[Xīliúzhuāng]

在县驻地曹城街道东北方向 9.0 千米。青菏街道辖自然村。人口 300。明洪武年间，山西洪洞县刘姓人家到此居住，以姓氏、方位命名。聚落呈团块状分布。经济以种植业为主，种植小麦、玉米。有公路经此。

纪庙 371721–A02–H11

[Jǐmiào]

在县驻地曹城街道东北方向 6.5 千米。青菏街道辖自然村。人口 1 000。明洪武九年（1376），纪氏祖由山西洪洞县迁此，因建关帝庙而名纪庙。聚落呈团块状分布。经济以种植业为主，种植小麦、玉米。有公路经此。

程河 371721–A02–H12

[Chénghé]

在县驻地曹城街道北方向 6.0 千米。青菏街道辖自然村。人口 800。清嘉庆年间，程氏自河南府高县迁移此处，因村邻曹北河，得村名程河。聚落呈团块状分布。经济以种植业为主，种植小麦、玉米。有公路经此。

温庄 371721–A02–H13

[Wēnzhuāng]

在县驻地曹城街道东北方向 6.0 千米。青菏街道辖自然村。人口 800。明建文年间，温氏自山西洪洞县迁此定居，以姓命名。聚落呈团块状分布。经济以种植业为主，种植小麦、玉米。有公路经此。

程庄 371721–A02–H14

[Chéngzhuāng]

在县驻地曹城街道北方向 6.2 千米。青菏街道辖自然村。人口 300。清初，程氏后裔迁此，当时亦有李氏迁此，故以二姓名村程李庄，后更名程庄。聚落呈团块状分布。经济以种植业为主，种植小麦、玉米。有公路经此。

红庙寨 371721-A02-H15
[Hóngmiàozhài]

在县驻地曹城街道北方向 6.1 千米。青菏街道辖自然村。人口 1 000。明朝时期，程氏族人来到此处，修建了一座红色庙宇，得村名红庙。后因在村周边修边寨墙，更名为红庙寨。聚落呈团块状分布。经济以种植业为主，种植小麦、玉米。有公路经此。

王线庄 371721-A02-H16
[Wángxiànzhuāng]

在县驻地曹城街道北方向 6.1 千米。青菏街道辖自然村。人口 400。清乾隆年间，王姓兄弟迁此，称为王线庄。聚落呈团块状分布。经济以种植业为主，种植小麦、玉米。有公路经此。

赵楼 371721-A02-H17
[Zhàolóu]

在县驻地曹城街道北方向 6.2 千米。青菏街道辖自然村。人口 400。明洪武年间，赵姓由山西洪洞县迁此，名村赵楼。聚落呈团块状分布。经济以种植业为主，种植小麦、玉米。有公路经此。

郜庄 371721-A02-H18
[Gàozhuāng]

在县驻地曹城街道北方向 9.2 千米。青菏街道辖自然村。人口 900。明洪武年间，郜姓依堌堆建村，名郜堌堆。至民国时期，以南北大路分两村，本村位东，名郜庄。聚落呈团块状分布。经济以种植业为主，种植小麦、玉米。有公路经此。

郜堌堆 371721-A02-H19
[Gàogùduī]

在县驻地曹城街道北方向 9.3 千米。青菏街道辖自然村。人口 500。明洪武年间，郜姓依堌堆建村，名郜堌堆。至民国时期，以南北大路分两村，本村位西，名郜堌堆。聚落呈团块状分布。经济以种植业为主，种植小麦、玉米。有公路经此。

明庄 371721-A02-H20
[Míngzhuāng]

在县驻地曹城街道北方向 8.8 千米。青菏街道辖自然村。人口 600。明洪武年间，明氏由山西洪洞迁此建村，以姓命名明庄。聚落呈带状分布。经济以种植业为主，种植小麦、玉米。有公路经此。

三里庙 371721-A03-H01
[Sānlǐmiào]

在县驻地曹城街道东北方向 1.5 千米。磐石街道辖自然村。人口 700。明初，袁氏自山西洪洞县迁此，因庄东南方有一庙，距县城三里，故村得名三里庙。聚落呈带状分布。有文化广场 1 处。经济以种植业为主，种植小麦、玉米。有公路经此。

崔庄 371721-A03-H02
[Cuīzhuāng]

在县驻地曹城街道东北方向 3.0 千米。磐石街道辖自然村。人口 300。因崔氏居多，得名崔庄。聚落呈带状分布。经济以种植业为主，种植小麦、玉米。有公路经此。

杜庄 371721-A03-H03
[Dùzhuāng]

在县驻地曹城街道东北方向 2.6 千米。磐石街道辖自然村。人口 1 100。明初，杜氏举家迁此，以姓名村。聚落呈带状分布。有幼儿园 1 处、小学 1 处。经济以种植业为主，种植小麦、玉米。有公路经此。

五里墩 371721-A03-H04
［Wǔlǐdūn］

在县驻地曹城街道东北方向 3.5 千米。磐石街道辖自然村。人口 900。明洪武年间，崔氏自山西洪洞县迁此，因位于曹县城东五里，故名。聚落呈带状分布。有文化广场 1 处、幼儿园 1 处、小学 1 处。经济以种植业为主，种植小麦、玉米。有公路经此。

祝庄 371721-A03-H05
［Zhùzhuāng］

在县驻地曹城街道东北方向 5.8 千米。磐石街道辖自然村。人口 800。明末清初，祝氏由山西洪洞县迁来定居建村，并以姓氏命名为祝庄。聚落呈带状分布。有文化广场 1 处。经济以种植业为主，种植小麦、玉米。有公路经此。

十里铺 371721-A03-H06
［Shílǐpù］

在县驻地曹城街道东北方向 5.5 千米。磐石街道辖自然村。人口 200。明初，张氏自山西洪洞县迁此，因距县城十里，曾设驿铺，故名。聚落呈带状分布。经济以种植业为主，种植小麦、玉米。有公路经此。

苗庄 371721-A03-H07
［Miáozhuāng］

在县驻地曹城街道东北方向 5.1 千米。磐石街道辖自然村。人口 700。明洪武年间，苗氏自山西洪洞县迁此，以姓名村。聚落呈带状分布。有文化广场 1 处。经济以种植业为主，种植小麦、玉米。有公路经此。

刘庄 371721-A03-H08
［Liúzhuāng］

在县驻地曹城街道东南方向 5.5 千米。磐石街道辖自然村。人口 400。以姓氏命名。聚落呈带状分布。有幼儿园 1 处、小学 1 处、文化广场 1 处。经济以种植业为主，种植小麦、玉米。有公路经此。

郝庄 371721-A03-H09
［Hǎozhuāng］

在县驻地曹城街道东北方向 3.5 千米。磐石街道辖自然村。人口 900。明洪武年间，郝氏家族在此建村，以姓氏命名为郝庄。聚落呈带状分布。经济以种植业为主，种植小麦、玉米。有公路经此。

李堂 371721-A03-H10
［Lǐtáng］

在县驻地曹城街道东北方向 6.2 千米。磐石街道辖自然村。人口 500。清末，李氏天官在此建祠堂，故名村李堂。聚落呈带状分布。经济以种植业为主，种植小麦、玉米。有公路经此。

牛王庙 371721-A03-H11
［Niúwángmiào］

在县驻地曹城街道东北方向 6.5 千米。磐石街道辖自然村。人口 1 000。清乾隆年间，周氏讳时德，自曹县西关迁此，因于村东建牛王庙而得名。聚落呈带状分布。有文化广场 1 处。经济以种植业为主，种植小麦、玉米。有公路经此。

王口 371721-A03-H12
［Wángkǒu］

在县驻地曹城街道东北方向 7.1 千米。磐石街道辖自然村。人口 300。清初，王氏四世祖文啟公自曹邑西王乐田迁此，因建村于太行堤河口处，故名王口。聚落呈带状分布。有文化广场 1 处。经济以种植业为主，种植小麦、玉米。有公路经此。

姚寨 371721-A03-H13

[Yáozhài]

在县驻地曹城街道东南方向 5.6 千米。磐石街道辖自然村。人口 300。金末，姚氏自陕西迁山东西路巨野，明永乐七年（1409），六世祖嘉进公由巨野迁此，因筑村寨，故名姚寨。聚落呈带状分布。有文化广场 1 处、幼儿园 1 处、小学 1 处。经济以种植业为主，种植小麦、玉米。有公路经此。

赵楼 371721-A03-H14

[Zhàolóu]

在县驻地曹城街道东南方向 5.5 千米。磐石街道辖自然村。人口 800。明嘉靖年间，赵氏自山西洪洞县迁来并建楼，故名村赵楼。聚落呈带状分布。经济以种植业为主，种植小麦、玉米。有公路经此。

和尚庄 371721-A03-H15

[Héshangzhuāng]

在县驻地曹城街道东南方向 4.6 千米。磐石街道辖自然村。人口 400。明洪武年间，张氏自河北逃荒到此，以种地为生。村的北边有和尚庙地，村民以种和尚的土地为生，因此得名和尚庄。聚落呈带状分布。有文化广场 1 处。经济以种植业为主，种植小麦、玉米。有公路经此。

张庄 371721-A03-H16

[Zhāngzhuāng]

在县驻地曹城街道东南方向 1.6 千米。磐石街道辖自然村。人口 200。张姓自山西洪洞县迁此，以姓氏命名。聚落呈带状分布。经济以种植业为主，种植小麦、玉米。有公路经此。

丰楼 371721-A03-H17

[Fēnglóu]

在县驻地曹城街道东南方向 4.2 千米。磐石街道辖自然村。人口 600。此村以养蜂而得名，后有楼，取谐音名丰楼。聚落呈带状分布。有文化广场 1 处。经济以种植业为主，种植小麦、玉米。有公路经此。

进士庄 371721-A03-H18

[Jìnshìzhuāng]

在县驻地曹城街道东南方向 4.5 千米。磐石街道辖自然村。人口 300。清康熙年间，王氏祖讳三按进士及第，任晋省汾西知县，后于此置田建村，人称进士庄。聚落呈带状分布。经济以种植业为主，种植小麦、玉米。有公路经此。

南朱楼 371721-A03-H19

[Nánzhūlóu]

在县驻地曹城街道东南方向 3.8 千米。磐石街道辖自然村。人口 300。清光绪年间，朱姓迁入此地建村，并建小楼，以此命名小朱楼。后因重名，改为南朱楼。聚落呈带状分布。有文化广场 1 处。经济以种植业为主，种植小麦、玉米。有公路经此。

毛寨 371721-A03-H20

[Máozhài]

在县驻地曹城街道东南方向 3.5 千米。磐石街道辖自然村。人口 900。明洪武年间，毛姓人士迁于此地围寨建村，故名。聚落呈带状分布。经济以种植业为主，种植小麦、玉米。有公路经此。

郑庄 371721-A04-H01

[Zhèngzhuāng]

在县驻地曹城街道西南方向 5.5 千米。郑庄街道辖自然村。人口 2 000。村民自山西迁此，因多郑姓，故名。聚落呈带状分布。有幼儿园 2 处、小学 1 处、文化广场 1 处。经济以种植业为主，种植小麦、玉米。有公路经此。

袁庄 371721-A04-H02
［Yuánzhuāng］

在县驻地曹城街道南方向 3.5 千米。郑庄街道辖自然村。人口 200。清乾隆年间，袁姓先祖从黄岗里迁此，以姓名村袁庄。聚落呈带状分布。经济以种植业为主，种植小麦、玉米。有公路经此。

邵楼 371721-A04-H03
［Shàolóu］

在县驻地曹城街道南方向 3.2 千米。郑庄街道辖自然村。人口 200。因姓氏得名。聚落呈带状分布。有幼儿园 1 处。经济以种植业为主，种植小麦、玉米。有公路经此。

仝庄 371721-A04-H04
［Tóngzhuāng］

在县驻地曹城街道西南方向 3.5 千米。郑庄街道辖自然村。人口 1 100。因姓氏得名。聚落呈带状分布。有文化广场 1 处。经济以种植业为主，种植小麦、玉米。有公路经此。

王党庄 371721-A04-H05
［Wángdǎngzhuāng］

在县驻地曹城街道西南方向 3.9 千米。郑庄街道辖自然村。人口 600。清顺治年间，九世祖治安公之后裔由曹县城内迁居于此。因建村于黄河决口冲淤而成的高档上，名村王档庄，后以谐音称王党庄。聚落呈带状分布。经济以种植业为主，种植小麦、玉米。有公路经此。

王老林 371721-A04-H06
［Wánglǎolín］

在县驻地曹城街道西南方向 4.3 千米。郑庄街道辖自然村。人口 400。因村西南有王氏祖陵，故名村王老林。聚落呈带状分布。经济以种植业为主，种植小麦、玉米。有公路经此。

王平楼 371721-A04-H07
［Wángpínglóu］

在县驻地曹城街道西南方向 4.3 千米。郑庄街道辖自然村。人口 500。明洪武年间，王氏自山西洪洞县老王家寨迁山东曹县平顶楼居住，更名王平楼。聚落呈带状分布。经济以种植业为主，种植小麦、玉米。有公路经此。

潘白刘 371721-A04-H08
［Pānbáiliú］

在县驻地曹城街道南方向 4.8 千米。郑庄街道辖自然村。人口 900。原名宋天塌。明洪武十一年（1378），赵氏自山西洪洞县迁此，因租种潘氏土地，名村潘庄。洪武八年（1375），刘氏始祖讳恒自山西洪洞县迁曹州小留，再迁曹县今址，因租种白姓土地，乃名村白庄。同年，另一刘氏从山西洪洞县迁曹，宣德元年（1426）其后人又迁此，名刘庄。1948 年三村合并，统称为潘白刘。聚落呈带状分布。有小学 1 处。经济以种植业为主，种植小麦、玉米。有公路经此。

白庄 371721-A04-H09
［Báizhuāng］

在县驻地曹城街道南方向 4.8 千米。郑庄街道辖自然村。人口 500。因租种白氏土地，故名村白庄。聚落呈带状分布。经济以种植业为主，种植小麦、玉米。有公路经此。

刘庄 371721-A04-H10

[Liúzhuāng]

在县驻地曹城街道西南方向 5.2 千米。郑庄街道辖自然村。人口 700。刘氏从山西洪洞县迁曹,明宣德元年(1426)其后人迁此,以姓名村。聚落呈带状分布。有文化广场 1 处。经济以种植业为主,种植小麦、玉米。有公路经此。

前刘庄 371721-A04-H11

[Qiánliúzhuāng]

在县驻地曹城街道西南方向 5.3 千米。郑庄街道辖自然村。人口 100。清乾隆年间,刘氏祖讳应举自本乡潘白刘之刘庄分支迁此。因位于旧居之南,故名村前刘庄。聚落呈带状分布。经济以种植业为主,种植小麦、玉米。有公路经此。

孙庄 371721-A04-H12

[Sūnzhuāng]

在县驻地曹城街道西南方向 7.2 千米。郑庄街道辖自然村。人口 200。清顺治十三年(1656),孙氏自曹县城西南二里迁此,故名。聚落呈带状分布。经济以种植业为主,种植小麦、玉米。有公路经此。

唐庄 371721-A04-H13

[Tángzhuāng]

在县驻地曹城街道西南方向 3.1 千米。郑庄街道辖自然村。人口 300。唐氏自山西洪洞县迁此建村,以姓名村唐庄。聚落呈带状分布。有文化广场 1 处。经济以种植业为主,种植小麦、玉米。有公路经此。

周楼 371721-A04-H14

[Zhōulóu]

在县驻地曹城街道西南方向 5.9 千米。郑庄街道辖自然村。人口 200。明洪武末年,周氏自曹县迁此,因建楼,名村周楼。聚落呈带状分布。有幼儿园 1 处、小学 2 处。经济以种植业为主,种植小麦、玉米。有公路经此。

河套园 371721-A04-H15

[Hétàoyuán]

在县驻地曹城街道南方向 4.5 千米。郑庄街道辖自然村。人口 1 200。清嘉庆年间,赵氏七世祖讳孟吉迁此建村。因河水泛滥,村庄被包围过,遂得村名河套园。聚落呈带状分布。有文化广场 1 处、小学 1 处。经济以种植业为主,种植小麦、玉米。有公路经此。

王治环楼 371721-A04-H16

[Wángzhìhuánlóu]

在县驻地曹城街道南方向 5.3 千米。郑庄街道辖自然村。人口 500。明崇祯年间,王治环迁此盖楼,故名。聚落呈带状分布。经济以种植业为主,种植小麦、玉米。有公路经此。

肖河 371721-A05-H01

[Xiāohé]

在县驻地曹城街道西方向 9.1 千米。倪集街道辖自然村。人口 1 400。明洪武元年(1368),肖氏自山西洪洞县迁至山东曹县,以姓氏命名肖河。聚落呈带状分布。有文化广场 1 处。经济以种植业为主,种植小麦、玉米。有公路经此。

王庄 371721-A05-H02

[Wángzhuāng]

在县驻地曹城街道西方向 9.1 千米。倪集街道辖自然村。人口 300。明洪武二年(1369),王氏祖自山西洪洞县迁至曹县西北二十里王楼,后分支傍王楼西北建村,名王庄。聚落呈带状分布。有文化广场 1 处。

经济以种植业为主，种植小麦、玉米。有公路经此。

程庄 371721-A05-H03

[Chéngzhuāng]

在县驻地曹城街道西方向 6.7 千米。倪集街道辖自然村。人口 700。明洪武十年（1377），程姓由山西洪洞县迁至曹县西二十里建村，故名。聚落呈带状分布。经济以种植业为主，种植小麦、玉米。有公路经此。

刘庄 371721-A05-H04

[Liúzhuāng]

在县驻地曹城街道西方向 7.1 千米。倪集街道辖自然村。人口 600。明洪武二年（1369），刘氏自山西洪洞县迁入曹县西 6 千米处，命名刘庄。聚落呈带状分布。有文化广场 1 处。经济以种植业为主，种植小麦、玉米。有公路经此。

赵庙 371721-A05-H05

[Zhàomiào]

在县驻地曹城街道西方向 6.7 千米。倪集街道辖自然村。人口 1 600。明洪武年间，本地居住着几户人家，起名王草庙，后来王氏家族无人，改为赵庙。聚落呈带状分布。有文化广场 1 处、幼儿园 1 处、小学 1 处。经济以种植业为主，种植小麦、玉米。有公路经此。

刘河 371721-A05-H06

[Liúhé]

在县驻地曹城街道西方向 6.8 千米。倪集街道辖自然村。人口 700。因位于曹北河畔，取名刘河。聚落呈带状分布。有幼儿园 1 处、小学 1 处、文化广场 1 处。经济以种植业为主，种植小麦、玉米。有公路经此。

康庄 371721-A05-H07

[Kāngzhuāng]

在县驻地曹城街道西方向 8.1 千米。倪集街道辖自然村。人口 400。明初，康氏祖自山西洪洞县迁至曹县城内，复迁西关。清乾隆年间，其后人迁此，以姓氏命名为康庄。聚落呈带状分布。有幼儿园 1 处、小学 1 处、文化广场 1 处。经济以种植业为主，种植小麦、玉米。有公路经此。

张庄 371721-A05-H08

[Zhāngzhuāng]

在县驻地曹城街道西方向 6.5 千米。倪集街道辖自然村。人口 400。明初，张氏自山西洪洞县迁此建村，因姓氏得名。聚落呈带状分布。有幼儿园 1 处。经济以种植业为主，种植小麦、玉米。有公路经此。

谢庄 371721-A05-H09

[Xièzhuāng]

在县驻地曹城街道西方向 6.2 千米。倪集街道辖自然村。人口 900。明永乐年间，金陵谢氏随军落户于桃源集大谢寨，后分支于县城内，明末自城内转于此处建村，因姓氏得名。聚落呈带状分布。有文化广场 1 处、幼儿园 1 处、小学 1 处。经济以种植业为主，种植小麦、玉米。有公路经此。

岳庄 371721-A05-H10

[Yuèzhuāng]

在县驻地曹城街道西方向 7.1 千米。倪集街道辖自然村。人口 1 200。明洪武年间，岳氏从山西洪洞县迁居此地，以姓氏得名。聚落呈带状分布。有文化广场 1 处、幼儿园 1 处、小学 1 处。经济以种植业为主，种植小麦、玉米。有公路经此。

刘集 371721-A05-H11

［Liújí］

在县驻地曹城街道西方向 9.1 千米。倪集街道辖自然村。人口 200。明洪武年间，刘氏祖自山西洪洞县迁此，清咸丰年间，因成集，名村刘集。聚落呈带状分布。有文化广场 1 处、幼儿园 1 处、小学 1 处。经济以种植业为主，种植小麦、玉米。有公路经此。

王东 371721-A05-H12

［Wángdōng］

在县驻地曹城街道西方向 6.3 千米。倪集街道辖自然村。人口 1 000。明洪武年间，王、吕二氏自山西洪洞县迁此建村，因姓氏和所在方位得名。聚落呈带状分布。有幼儿园 1 处、小学 1 处。经济以种植业为主，种植小麦、玉米。有公路经此。

崔河 371721-A05-H13

［Cuīhé］

在县驻地曹城街道西北方向 5.7 千米。倪集街道辖自然村。人口 1 100。明初，崔氏自山西洪洞县迁来建村，位于曹北河一侧，故名崔河。聚落呈带状分布。有文化广场 1 处、幼儿园 1 处、小学 1 处。经济以种植业为主，种植小麦、玉米。有公路经此。

油坊店 371721-A05-H14

［Yóufángdiàn］

在县驻地曹城街道西北方向 6.7 千米。倪集街道辖自然村。人口 800。明朝，刘氏从山西油坊店迁来，沿用油坊店为村名。聚落呈团块状状分布。有文化广场 1 处、幼儿园 1 处、小学 1 处。经济以种植业为主，种植小麦、玉米。有公路经此。

前赵 371721-A05-H15

［Qiánzhào］

在县驻地曹城街道西方向 5.8 千米。倪集街道辖自然村。人口 700。明洪武年间，赵氏兄弟二人从东阿迁此，一前一后，相隔百米有余，以位置和姓氏得名。聚落呈带状分布。有文化广场 1 处、幼儿园 1 处、小学 1 处。经济以种植业为主，种植小麦、玉米。有公路经此。

后赵 371721-A05-H16

［Hòuzhào］

在县驻地曹城街道西方向 5.8 千米。倪集街道辖自然村。人口 1 100。明洪武年间，赵氏兄弟二人从东阿迁此，一前一后，相隔百米有余，以位置和姓氏得名。聚落呈带状分布。有文化广场 1 处、幼儿园 1 处、小学 1 处。经济以种植业为主，种植小麦、玉米。有公路经此。

赵小井 371721-A05-H17

［Zhàoxiǎojǐng］

在县驻地曹城街道西北方向 6.4 千米。倪集街道辖自然村。人口 800。元顺帝时期，赵村有口井，故名村赵小井。聚落呈带状分布。有文化广场 1 处、幼儿园 1 处、小学 1 处。经济以种植业为主，种植小麦、玉米。有公路经此。

段庄 371721-A05-H18

［Duànzhuāng］

在县驻地曹城街道西方向 7.0 千米。倪集街道辖自然村。人口 200。明洪武年间，段氏奉令自山西洪洞县卢家村迁居此地，名段庄。聚落呈带状分布。有文化广场 1 处、幼儿园 1 处、小学 1 处。经济以种植业为主，种植小麦、玉米。有公路经此。

丁寨 371721-B01-H01
［Dīngzhài］

庄寨镇人民政府驻地。在县驻地曹城街道西北方向 36.6 千米。人口 2 700。明洪武年间，丁氏祖迁此定居，因围村筑寨而得名丁寨。聚落呈团块状分布。有图书室 1 处、幼儿园 6 处、小学 1 处、中学 1 处。经济以桐木加工为主，主要产品有桐木拼板、三合板等。220 国道、省道庄青路经此。

冯寨 371721-B01-H02
［Féngzhài］

在县驻地曹城街道西北方向 38.7 千米。庄寨镇辖自然村。人口 2 800。明洪武十年（1377），冯氏自山西平阳府洪洞县奉诏东迁，冯原、冯欣迁至东河村，后改名为东冯寨，又名冯寨。聚落呈团块状分布。有文化广场 1 处、幼儿园 1 处、小学 1 处。经济以种植业为主，种植小麦、玉米、花生、中药材等。有公路经此。

于庄 371721-B01-H03
［Yúzhuāng］

在县驻地曹城街道西北方向 36.6 千米。庄寨镇辖自然村。人口 2 800。以姓氏得名。聚落呈团块状分布。经济以种植业为主，种植小麦、玉米、花生、中药材等。有公路经此。

秦寨 371721-B01-H04
［Qínzhài］

在县驻地曹城街道西北方向 36.7 千米。庄寨镇辖自然村。人口 4 200。明永乐年间，秦希颜迁至开封。弘治二年（1489），其后裔转迁至曹定居，因筑寨而名秦寨。聚落呈团块状分布。有文化广场 1 处、幼儿园 1 处、小学 1 处。经济以种植业为主，种植小麦、玉米、花生、中药材等。有公路经此。

祥东 371721-B01-H05
［Xiángdōng］

在县驻地曹城街道西北方向 40.2 千米。庄寨镇辖自然村。人口 400。清顺治年间，祁守信自山西洪洞县迁居河南开封东北祁家庄，后祁应雄迁曹县祥符里，因筑寨而得名祥符寨，后分为三村，本村因方位得名祥东。聚落呈团块状分布。有幼儿园 1 处。经济以种植业为主，种植小麦、玉米、花生、中药材等。有公路经此。

祥南 371721-B01-H06
［Xiángnán］

在县驻地曹城街道西北方向 40.5 千米。庄寨镇辖自然村。人口 2 000。清顺治年间，祁守信自山西洪洞县迁居河南开封东北祁家庄，后祁应雄迁曹县祥符里，因筑寨而得名祥符寨，后分为三村，本村因方位得名祥南。聚落呈团块状分布。有文化广场 1 处。经济以种植业为主，种植小麦、玉米、花生、中药材等。有公路经此。

祥北 371721-B01-H07
［Xiángběi］

在县驻地曹城街道西北方向 40.7 千米。庄寨镇辖自然村。人口 2 400。清顺治年间，祁守信自山西洪洞县迁居河南开封东北祁家庄，后祁应雄迁曹县祥符里，因筑寨而得名祥符寨，后分为三村，本村因方位得名祥北。聚落呈团块状分布。有文化广场 1 处、幼儿园 2 处、小学 1 处。经济以种植业为主，种植小麦、玉米、花生、中药材等。有公路经此。

马坊 371721-B01-H08
［Mǎfāng］

在县驻地曹城街道西北方向 38.1 千米。庄寨镇辖自然村。人口 2 600。相传燕王靖难时曾于此驻军养马，故得村名马坊。聚落呈团块状分布。有小学 1 处、文化广场 1 处。经济以种植业为主，种植小麦、玉米、花生、中药材等。有公路经此。

赵寨 371721-B01-H09
[Zhàozhài]

在县驻地曹城街道西北方向 36.7 千米。庄寨镇辖自然村。人口 1 200。明弘治二年（1489），因黄河水患，赵礼智兄弟携木香迁居于鲁河东岸，曾名木香赵，后因本村筑寨，改名赵寨。聚落呈团块状分布。有文化广场 1 处。经济以种植业为主，种植小麦、玉米、花生、中药材等。有公路经此。

邹庄 371721-B01-H10
[Zōuzhuāng]

在县驻地曹城街道西北方向 37.3 千米。庄寨镇辖自然村。人口 900。明永乐二年（1404），始祖邹义自山西洪洞县迁此，以姓命名为邹庄。聚落呈团块状分布。有文化广场 1 处、幼儿园 1 处。经济以种植业为主，种植小麦、玉米、花生、中药材等。有公路经此。

卢庄 371721-B01-H11
[Lúzhuāng]

在县驻地曹城街道西北方向 38.2 千米。庄寨镇辖自然村。人口 600。清雍正年间，卢德新从秦寨迁此定居，以姓氏命名为卢庄。聚落呈团块状分布。经济以种植业为主，种植小麦、玉米、花生、中药材等。有公路经此。

大马王 371721-B01-H12
[Dàmǎwáng]

在县驻地曹城街道西北方向 39.7 千米。庄寨镇辖自然村。人口 2 200。明永乐二年（1404），因始祖骑高头大马，村得名大

马王。聚落呈团块状分布。有文化广场 1 处。经济以种植业为主，种植小麦、玉米、花生、中药材等。有公路经此。

王庄 371721-B01-H13
[Wángzhuāng]

在县驻地曹城街道西北方向 38.7 千米。庄寨镇辖自然村。人口 700。明洪武年间，王姓由山西洪洞县迁此，因姓氏得名。聚落呈团块状分布。经济以种植业为主，种植小麦、玉米、花生、中药材等。有公路经此。

郭小湖 371721-B01-H14
[Guōxiǎohú]

在县驻地曹城街道西北方向 39.0 千米。庄寨镇辖自然村。人口 3 100。明永乐三年（1405），郭诚由山西泽州府高平县迁此定居，因该村地势低洼，雨大积水，故名郭小湖。聚落呈团块状分布。有文化广场 1 处、幼儿园 1 处、小学 1 处。经济以种植业为主，种植小麦、玉米、花生、中药材等。有公路经此。

西冯寨 371721-B01-H15
[Xīféngzhài]

在县驻地曹城街道西北方向 39.9 千米。庄寨镇辖自然村。人口 500。明成化年间，冯氏迁此，因东北有冯寨，故称西冯寨。聚落呈团块状分布。经济以种植业为主，种植小麦、玉米、花生、中药材等。有公路经此。

潘寨 371721-B01-H16
[Pānzhài]

在县驻地曹城街道西北方向 37.3 千米。庄寨镇辖自然村。人口 1 200。元末，潘氏由山东青州府诸城迁此定居，因筑寨墙，故名。聚落呈团块状分布。有文化广场 1 处。

经济以种植业为主，种植小麦、玉米、花生、中药材等。有公路经此。

崔庄 371721-B01-H17

［Cuīzhuāng］

在县驻地曹城街道西北方向38.0千米。庄寨镇辖自然村。人口1 000。明洪武年间，崔四老由山西洪洞县搬迁于此，以姓名村崔庄。聚落呈团块状分布。有文化广场1处。经济以种植业为主，种植小麦、玉米、花生、中药材等。有公路经此。

张寨 371721-B01-H18

［Zhāngzhài］

在县驻地曹城街道西北方向40.4千米。庄寨镇辖自然村。人口1 000。明初，张明元自山东青州举家迁此定居，因筑寨而得村名张寨。聚落呈团块状分布。有文化广场1处、小学1处。经济以种植业为主，种植小麦、玉米、花生等。有公路经此。

车寨 371721-B01-H19

［Chēzhài］

在县驻地曹城街道西北方向39.7千米。庄寨镇辖自然村。人口1 900。明永乐二年（1404），车氏伯亮自山东登州府莱阳县古前社迁此建宅，故名村车寨。聚落呈团块状分布。有文化广场1处、幼儿园2处、小学1处。经济以种植业为主，种植小麦、玉米、花生等。有公路经此。

普连集 371721-B02-H01

［Pǔliánjí］

普连集镇人民政府驻地。在县驻地曹城街道东北方向11.5千米。人口3 300。明洪武年间，路氏迁此建村，督堂路普连率众治水筑寨，并成集市，故名。聚落呈团块状分布。有图书室1处、幼儿园3处、小学1处、中学1处。有县级文物保护单位明代建筑故寨遗址。经济以种植业为主，种植小麦、玉米、棉花等。省道曹鱼公路经此。

王庄寨 371721-B02-H02

［Wángzhuāngzhài］

在县驻地曹城街道东北方向14.2千米。普连集镇辖自然村。人口2 600。清顺治年间，王氏自山西洪洞县迁曹邑北四十里赵庄；清康熙年间，东迁于此，围村筑寨，名村王庄寨。聚落呈团块状分布。有文化广场1处、幼儿园1处、小学1处。经济以种植业为主，种植小麦、玉米。有公路经此。

时庄 371721-B02-H03

［Shízhuāng］

在县驻地曹城街道东北方向15.3千米。普连集镇辖自然村。人口100。清康熙年间，时氏后裔迁此建村，以姓名村时庄。聚落呈团块状分布。经济以种植业为主，种植小麦、玉米。有公路经此。

张庄 371721-B02-H04

［Zhāngzhuāng］

在县驻地曹城街道东北方向15.0千米。普连集镇辖自然村。人口400。明朝年间，张氏迁此定居建村，以姓命名张庄。聚落呈团块状分布。经济以种植业为主，种植小麦、玉米。有公路经此。

李新庄 371721-B02-H05

［Lǐxīnzhuāng］

在县驻地曹城街道东北方向13.5千米。普连集镇辖自然村。人口500。清乾隆年间，李氏迁此，因是新建村而得名李新庄。聚落呈团块状分布。有幼儿园1处。经济以种植业为主，种植小麦、玉米。有公路经此。

吕庄 371721-B02-H06
[Lǔzhuāng]

在县驻地曹城街道北方向 10.1 千米。普连集镇辖自然村。人口 400。明初，吕氏迁此定居建村，以姓命名为吕庄。聚落呈团块状分布。经济以种植业为主，种植小麦、玉米。有公路经此。

大王集 371721-B02-H07
[Dàwángjí]

在县驻地曹城街道东北方向 15.8 千米。普连集镇辖自然村。人口 700。明初，张氏迁入，并起集，因村南有大黄寺，村北有三王庙，故名大王集。聚落呈团块状分布。经济以种植业为主，种植小麦、玉米。有公路经此。

孙庄 371721-B02-H08
[Sūnzhuāng]

在县驻地曹城街道东北方向 14.0 千米。普连集镇辖自然村。人口 500。明洪武六年（1373），孙氏迁至今菏泽市邬胡同后孙庄，后裔分支迁此，以姓名村孙庄。聚落呈团块状分布。经济以种植业为主，种植小麦、玉米。有公路经此。

武庄 371721-B02-H09
[Wǔzhuāng]

在县驻地曹城街道东北方向 15.6 千米。普连集镇辖自然村。人口 100。武氏由山西洪洞县迁居曹邑大石潭东，其后人再迁至此，以姓名庄。聚落呈团块状分布。经济以种植业为主，种植小麦、玉米。有公路经此。

甄楼 371721-B02-H10
[Zhēnlóu]

在县驻地曹城街道东北方向 13.3 千米。普连集镇辖自然村。人口 1 100。明嘉靖年间，甄氏迁此定居建村，因建有楼房，以甄姓命名，得名甄楼。聚落呈团块状分布。经济以种植业为主，种植小麦、玉米。有公路经此。

杨堂 371721-B02-H11
[Yángtáng]

在县驻地曹城街道东北方向 14.0 千米。普连集镇辖自然村。人口 600。明嘉靖年间，杨氏迁此定居建村，并盖庙堂，故村得名杨堂。聚落呈带状分布。经济以种植业为主，种植小麦、玉米。有公路经此。

前刘庄 371721-B02-H12
[Qiánliúzhuāng]

在县驻地曹城街道东北方向 13.0 千米。普连集镇辖自然村。人口 300。明永乐年间，刘氏迁此建村，得名刘庄。因其后人建村后刘庄，故此村名前刘庄。聚落呈带状分布。经济以种植业为主，种植小麦、玉米。有公路经此。

赵庄 371721-B02-H13
[Zhàozhuāng]

在县驻地曹城街道东北方向 10.0 千米。普连集镇辖自然村。人口 500。明洪武年间，赵氏始祖兄弟三人由山西洪洞县迁至曹县，后裔迁此，以姓名村赵庄。聚落呈带状分布。经济以种植业为主，种植小麦、玉米。有公路经此。

司庙 371721-B02-H14
[Sīmiào]

在县驻地曹城街道东北方向 16.1 千米。普连集镇辖自然村。人口 1 800。清顺治年间，司氏四世祖从定陶县司庙迁此，袭用原名。聚落呈带状分布。有文化广场 1 处、幼儿园 1 处、小学 1 处。经济以种植业为主，种植小麦、玉米。有公路经此。

路庄 371721-B02-H15
［Lùzhuāng］

在县驻地曹城街道东北方向12.3千米。普连集镇辖自然村。人口300。明初，路氏迁此建村，以姓命名为路庄。聚落呈带状分布。经济以种植业为主，种植小麦、玉米。有公路经此。

马庄 371721-B02-H16
［Mǎzhuāng］

在县驻地曹城街道东北方向12.7千米。普连集镇辖自然村。人口200。清康熙年间，马氏迁此定居建村，以姓命名为马庄。聚落呈团块状分布。经济以种植业为主，种植小麦、玉米。有公路经此。

张堂 371721-B02-H17
［Zhāngtáng］

在县驻地曹城街道东北方向11.2千米。普连集镇辖自然村。人口600。明初，张氏迁入，后盖关帝庙堂，故名张堂。聚落呈团块状分布。经济以种植业为主，种植小麦、玉米。有公路经此。

李楼寨 371721-B02-H18
［Lǐlóuzhài］

在县驻地曹城街道东北方向10.8千米。普连集镇辖自然村。人口1 500。明洪武年间，李氏迁入，围村筑寨，房舍多楼，李氏人众，因此得名。聚落呈团块状分布。有文化广场1处、幼儿园1处、小学1处。经济以种植业为主，种植小麦、玉米。有公路经此。

仝楼 371721-B02-H19
［Tónglóu］

在县驻地曹城街道东北方向9.8千米。普连集镇辖自然村。人口500。明洪武四年（1371），仝氏迁于郓家焉，复迁于定陶，再迁于此仝庄，后万楼迁此，故改名仝楼。

聚落呈团块状分布。有文化广场1处。经济以种植业为主，种植小麦、玉米。有公路经此。

侯楼 371721-B03-H01
［Hóulóu］

青堌集镇人民政府驻地。在县驻地曹城街道东南方向28.0千米。人口2 000。因村南有一座古楼，取名后楼，后演变为侯楼。聚落呈带状分布。有文化广场1处、文化大院1处、农家书屋1处、幼儿园2处、小学1处。经济以种植业为主，种植小麦、玉米、花生等。105国道经此。

南门 371721-B03-H02
［Nánmén］

在县驻地曹城街道东南方向28.5千米。青堌集镇辖自然村。人口1 300。因位于青堌集镇南门而得名。聚落呈团块状分布。有文化广场1处、幼儿园1处、小学1处。经济以种植业为主，种植小麦、玉米。有公路经此。

刘寨 371721-B03-H03
［Liúzhài］

在县驻地曹城街道东南方向28.1千米。青堌集镇辖自然村。人口1 900。清初，刘氏自江苏丰县关口镇迁此，因筑寨墙，故名村小刘寨。聚落呈团块状分布。有文化广场1处、幼儿园2处、小学1处。经济以种植业为主，种植小麦、玉米。有公路经此。

赵小楼 371721-B03-H04
［Zhàoxiǎolóu］

在县驻地曹城街道东南方向23.4千米。青堌集镇辖自然村。人口300。清末，邻村大赵楼赵氏于此置佃户村，故名小赵楼。聚落呈团块状分布。有文化广场1处。经济以种植业为主，种植小麦、玉米。有公路经此。

樊楼 371721-B03-H05
[Fánlóu]

在县驻地曹城街道东南方向28.5千米。青堌集镇辖自然村。人口1 900。明永乐年间，樊氏由山西洪洞县迁居此地后，建楼一座，故得村名樊楼。聚落呈团块状分布。有幼儿园1处、小学1处。经济以种植业为主，种植小麦、玉米。有公路经此。

赵菜园 371721-B03-H06
[Zhàocàiyuán]

在县驻地曹城街道东南方向23.5千米。青堌集镇辖自然村。人口300。明永乐年间，赵氏由青堌集迁此，以种菜为生，故得名赵菜园。聚落呈团块状分布。经济以种植业为主，种植小麦、玉米。有公路经此。

东张楼 371721-B03-H07
[Dōngzhānglóu]

在县驻地曹城街道东南方向28.6千米。青堌集镇辖自然村。人口1 500。明洪武年间，张氏始祖讳魁元自山西洪洞迁灌南永城，后转迁于此建村盖楼，名村张楼。为避重名，以方位改称东张楼。聚落呈团块状分布。有文化广场1处、幼儿园1处、小学1处。经济以种植业为主，种植小麦、玉米。有公路经此。

邓庄 371721-B03-H08
[Dèngzhuāng]

在县驻地曹城街道东南方向28.8千米。青堌集镇辖自然村。人口1 000。明洪武年间，邓氏自山西洪洞县迁此建村，以姓氏名村。聚落呈团块状分布。有文化广场3处。经济以种植业为主，种植小麦、玉米。有公路经此。

韦东 371721-B03-H09
[Wéidōng]

在县驻地曹城街道东南方向31.4千米。青堌集镇辖自然村。人口800。明洪武年间，韦氏由山西洪洞县迁此居住。后人丁兴旺，分支迁此，名韦老家，后分为两村，本村以方位称韦老家东，后简称韦东。聚落呈团块状分布。有文化广场1处。经济以种植业为主，种植小麦、玉米。有公路经此。

韦西 371721-B03-H10
[Wéixī]

在县驻地曹城街道东南方向31.6千米。青堌集镇辖自然村。人口900。明洪武年间，韦氏始祖讳高由山西洪洞县迁此居住。后人丁兴旺，分支迁此，名韦老家，后分为两村，本村以方位称韦老家西，后简称韦西。聚落呈团块状分布。经济以种植业为主，种植小麦、玉米。有公路经此。

樊老家 371721-B03-H11
[Fánlǎojiā]

在县驻地曹城街道东南方向31.1千米。青堌集镇辖自然村。人口1 300。明嘉靖年间，樊姓由郓城迁至曹县东南六十里许定居，因族丁繁盛而得村名。聚落呈团块状分布。有文化广场1处。经济以种植业为主，种植小麦、玉米。有公路经此。

刘楼 371721-B03-H12
[Liúlóu]

在县驻地曹城街道东南方向30.3千米。青堌集镇辖自然村。人口1 300。清朝年间，刘孟锡来此建村置楼，故名刘楼。聚落呈团块状分布。有文化广场1处、幼儿园1处、小学1处。经济以种植业为主，种植小麦、玉米。有公路经此。

韦庄　371721-B03-H13
[Wéizhuāng]

在县驻地曹城街道东南方向30.4千米。青堌集镇辖自然村。人口1 300。明洪武六年（1373），韦氏自山西洪洞县迁此建村，以姓名村。聚落呈团块状分布。有文化广场1处、小学1处。经济以种植业为主，种植小麦、玉米。有公路经此。

张平楼　371721-B03-H14
[Zhāngpínglóu]

在县驻地曹城街道东南方向30.6千米。青堌集镇辖自然村。人口200。明初，单县郭村集张泽村张举正于此置佃户村，因建平顶楼一座，故名村张平楼。聚落呈团块状分布。经济以种植业为主，种植小麦、玉米。有公路经此。

赵楼　371721-B03-H15
[Zhàolóu]

在县驻地曹城街道东南方向29.1千米。青堌集镇辖自然村。人口900。清康熙五年（1666），赵氏自济宁三里屯迁曹县城北戴楼，后又迁青堌集东房庄，因建楼，故名赵楼。聚落呈团块状分布。有文化广场1处。经济以种植业为主，种植小麦、玉米。有公路经此。

朱庄　371721-B03-H16
[Zhūzhuāng]

在县驻地曹城街道东南方向28.4千米。青堌集镇辖自然村。人口100。明末，朱氏自曹县东南五十王里许大堤北朱庄迁此，名朱庄。聚落呈团块状分布。经济以种植业为主，种植小麦、玉米。有公路经此。

陈庄　371721-B03-H17
[Chénzhuāng]

在县驻地曹城街道东南方向28.6千米。青堌集镇辖自然村。人口400。明洪武年间，陈氏祖讳斌自山西洪洞迁此建村，以姓命名陈庄。聚落呈团块状分布。经济以种植业为主，种植小麦、玉米。有公路经此。

戴楼　371721-B03-H18
[Dàilóu]

在县驻地曹城街道东南方向28.9千米。青堌集镇辖自然村。人口300。明洪武年间，戴氏族人自山西洪洞迁此，建一木楼，故名戴楼。聚落呈团块状分布。经济以种植业为主，种植小麦、玉米。有公路经此。

桃源集　371721-B04-H01
[Táoyuánjí]

桃源集镇人民政府驻地。在县驻地曹城街道西北方向34.1千米。人口1 400。明洪武年间，唐、戴二姓自山西洪洞迁此，因此地有一片桃林，故称桃园，后雅化为桃源。清初，王官营集市迁此，遂名桃源集。聚落呈带状分布。有文化广场2处、文化大院1处、农家书屋1处、幼儿园3处、小学2处。民俗有桃源花供，每年正月初七举行花供会。经济以种植业为主，种植小麦、玉米、大豆、蔬菜等。省道庄青路经此。

大杨口　371721-B04-H02
[Dàyángkǒu]

在县驻地曹城街道西北方向31.2千米。桃源集镇辖自然村。人口1 500。杨氏自山西洪洞县迁此，建村于黄河渡口处，名杨口，后改称大杨口。聚落呈团块状分布。有文化广场1处、小学1处。经济以种植业为主，种植小麦、玉米、花生等。省道庄青路经此。

前杨口　371721-B04-H03
[Qiányángkǒu]

在县驻地曹城街道西北方向31.4千米。

桃源集镇辖自然村。人口 1 400。明嘉靖年间，张氏迁此，因北有大杨口，故名小杨口，后改称前杨口。聚落呈团块状分布。有幼儿园 1 处。经济以种植业为主，种植小麦、玉米、花生等。省道庄青路经此。

南张庄 371721-B04-H04
[Nánzhāngzhuāng]

在县驻地曹城街道西北方向31.2千米。桃源集镇辖自然村。人口 1 800。明成化年间，张氏由河南彰德府武安县西门里迁此建村，以姓名村。聚落呈团块状分布。有文化广场 1 处、幼儿园 1 处、小学 1 处。经济以种植业为主，种植小麦、玉米、花生等。省道庄青路经此。

马庄 371721-B04-H05
[Mǎzhuāng]

在县驻地曹城街道西北方向32.2千米。桃源集镇辖自然村。人口 1 700。以姓氏名村。聚落呈团块状分布。有文化广场 1 处。经济以种植业为主，种植小麦、玉米、花生等。省道庄青路经此。

大寨东街 371721-B04-H06
[Dàzhàidōngjiē]

在县驻地曹城街道西北方向31.2千米。桃源集镇辖自然村。人口 2 500。清咸丰年间，为防匪患，众姓合筑寨墙并为一村，名大寨，后分为三村，本村以位置名大寨东街。聚落呈团块状分布。有文化广场 1 处、幼儿园 1 处、小学 1 处。经济以种植业为主，种植小麦、玉米、花生等。省道庄青路经此。

大寨西街 371721-B04-H07
[Dàzhàixījiē]

在县驻地曹城街道西北方向31.5千米。桃源集镇辖自然村。人口 1 300。清咸丰年间，为防匪患，众姓合筑寨墙并为一村，名大寨，后分为三村，本村以位置名大寨西街。聚落呈团块状分布。有文化广场 1 处。经济以种植业为主，种植小麦、玉米、花生等。省道庄青路经此。

大寨南街 371721-B04-H08
[Dàzhàinánjiē]

在县驻地曹城街道西北方向31.0千米。桃源集镇辖自然村。人口 600。清咸丰年间，为防匪患，众姓合筑寨墙并为一村，名大寨，后分为三村，本村以位置名大寨南街。聚落呈团块状分布。有文化广场 1 处。经济以种植业为主，种植小麦、玉米、花生等。省道庄青路经此。

前王庄 371721-B04-H09
[Qiánwángzhuāng]

在县驻地曹城街道西北方向31.3千米。桃源集镇辖自然村。人口 600。明初，山西洪洞县王氏迁此，因居大寨集之南，名前王庄。聚落呈团块状分布。有文化广场 1 处。经济以种植业为主，种植小麦、玉米、花生等。省道庄青路经此。

前集 371721-B04-H10
[Qiánjí]

在县驻地曹城街道西北方向32.1千米。桃源集镇辖自然村。人口 700。清康熙年间，徐氏从徐家庄迁今址，因位于大寨集前且成集市，取名前小集，1949 年改称前集。聚落呈团块状分布。有文化广场 1 处。经济以种植业为主，种植小麦、玉米、花生等。省道庄青路经此。

界牌 371721-B04-H11
[Jièpái]

在县驻地曹城街道西北方向32.4千米。桃源集镇辖自然村。人口 2 100。明洪武年间，因建村于设有界牌的鲁豫交界处，故得村名界牌。聚落呈团块状分布。有文化广场1处、幼儿园1处、小学1处。经济以种植业为主，种植小麦、玉米、花生等。省道庄青路经此。

徐堤圈　371721-B04-H12
［Xúdīquān］

在县驻地曹城街道西北方向30.1千米。桃源集镇辖自然村。人口1 700。因位于太行堤与金堤之间，故以姓氏名徐堤圈。聚落呈团块状分布。有文化广场1处。经济以种植业为主，种植小麦、玉米、花生等。省道庄青路经此。

张堤圈东村　371721-B04-H13
［Zhāngdīquāndōngcūn］

在县驻地曹城街道西北方向32.1千米。桃源集镇辖自然村。人口1 000。因建村于黄河堤圈处，冠以方位命名。聚落呈团块状分布。有文化广场1处、幼儿园1处、小学1处。经济以种植业为主，种植小麦、玉米、花生等。省道庄青路经此。

张堤圈西村　371721-B04-H14
［Zhāngdīquānxīcūn］

在县驻地曹城街道西北方向31.1千米。桃源集镇辖自然村。人口900。因建村于黄河堤圈处，冠以方位命名。聚落呈团块状分布。有文化广场、幼儿园、小学等。经济以种植业为主，种植小麦、玉米、花生等。省道庄青路经此。

北亭寺　371721-B04-H15
［Běitíngsì］

在县驻地曹城街道西北方向32.2千米。桃源集镇辖自然村。人口1 600。明弘治年间，刘氏迁东明县宋家寨，其后人移居落此建村。因村东北有庙名龙泉寺，位于济宁府至开封府官道，故设驿亭与南亭寺对称，

名北亭寺。聚落呈团块状分布。有文化广场1处、幼儿园1处。经济以种植业为主，种植小麦、玉米、花生等。省道庄青路经此。

高庄　371721-B04-H16
［Gāozhuāng］

在县驻地曹城街道西北方向30.3千米。桃源集镇辖自然村。人口600。清顺治五年（1648），扈氏迁此，称扈高庄，后改称高庄。聚落呈团块状分布。有幼儿园1处、文化广场1处。经济以种植业为主，种植小麦、玉米、花生等。省道庄青路经此。

后耿寺　371721-B04-H17
［Hòugěngsì］

在县驻地曹城街道西北方向30.2千米。桃源集镇辖自然村。人口800。以姓名村。聚落呈团块状分布。有文化广场1处、幼儿园1处、小学1处。经济以种植业为主，种植小麦、玉米、花生等。省道庄青路经此。

王举人庄　371721-B04-H18
［Wángjǔrénzhuāng］

在县驻地曹城街道西北方向28.8千米。桃源集镇辖自然村。人口1 200。清康熙元年（1662），王氏迁此，因其中举，故得其名。聚落呈团块状分布。有文化广场、幼儿园、小学等。经济以种植业为主，种植小麦、玉米、花生等。省道庄青路经此。

冯庄　371721-B04-H19
［Féngzhuāng］

在县驻地曹城街道西北方向28.8千米。桃源集镇辖自然村。人口500。清康熙年间，冯氏祖自成武县小青堌集迁此，以姓名村冯庄。聚落呈团块状分布。有幼儿园1处、文化广场1处。经济以种植业为主，种植小麦、玉米、花生等。省道庄青路经此。

韩集 371721-B05-H01

［Hánjí］

　　韩集镇人民政府驻地。在县驻地曹城街道西北方向25.3千米。人口3 400。传说，焦、韩二氏迁此建村，明末，附近吴岔口之集市迁此，遂取名韩家集，后简称韩集。聚落呈团块状分布。经济以种植业为主，为大棚蔬菜专业村。省道庄青公路经此。

马庄 371721-B05-H02

［Mǎzhuāng］

　　在县驻地曹城街道西北方向28.5千米。韩集镇辖自然村。人口900。明洪武年间，晋氏自山西洪洞县迁来，建村于小河南岸，名镇河村。后有马氏迁入，至清中期，马氏人众，遂改名为马庄。聚落呈团块状分布。有文化广场1处。经济以种植业为主，种植小麦、玉米。有公路经此。

周庙 371721-B05-H03

［Zhōumiào］

　　在县驻地曹城街道西北方向28.8千米。韩集镇辖自然村。人口1 800。清顺治五年（1648），周氏率众人自南京奔此，因村中建祠庙，故名周庙。聚落呈团块状分布。有文化广场1处、幼儿园1处。经济以种植业为主，种植小麦、玉米。有公路经此。

西大庄 371721-B05-H04

［Xīdàzhuāng］

　　在县驻地曹城街道西北方向28.3千米。韩集镇辖自然村。人口1 400。明洪武年间，德广公于此建村，因有白玉庙，村名白庙。张姓后人分居庙东、庙西，渐成二村，此村处于庙西，故名西大庄。聚落呈团块状分布。有文化广场1处。经济以种植业为主，种植小麦、玉米。有公路经此。

小楼 371721-B05-H05

［Xiǎolóu］

　　在县驻地曹城街道西北方向24.7千米。韩集镇辖自然村。人口400。明洪武年间，始祖德广、德顺自山西洪洞县鹞子岭马官村迁至曹州西南安陵定居，德顺于此建村，因建楼而得名安陵大楼，简称大楼。后村民由张大楼迁居此处，由此传说名村小楼。聚落呈团块状分布。经济以种植业为主，种植小麦、玉米。有公路经此。

东大庄 371721-B05-H06

［Dōngdàzhuāng］

　　在县驻地曹城街道西北方向28.3千米。韩集镇辖自然村。人口600。明永乐年间，杨氏兄弟因犯事改姓为张，并名村东大庄。聚落呈团块状分布。有幼儿园1处、小学1处。经济以种植业为主，种植小麦、玉米。有公路经此。

堌堆王 371721-B05-H07

［Gùduīwáng］

　　在县驻地曹城街道西北方向26.3千米。韩集镇辖自然村。人口1 400。明洪武初年，王氏祖自山西洪洞县迁至曹邑王郝楼。后因黄河决口，王氏族人辗转移居安陵堌堆北侧300米，以姓名村堌堆王。聚落呈团块状分布。经济以种植业为主，种植小麦、玉米。有公路经此。

沙岗 371721-B05-H08

［Shāgǎng］

　　在县驻地曹城街道西北方向24.7千米。韩集镇辖自然村。人口1 900。李氏自红庙迁居后桥，其后人复迁至此，名沙凸村。因村址坐落于沙土岗上，故改名沙岗。聚落呈团块状分布。经济以种植业为主，种植小麦、玉米。有公路经此。

金庄 371721-B05-H09
[Jīnzhuāng]

在县驻地曹城街道西北方向24.3千米。韩集镇辖自然村。人口600。金氏自山西洪洞迁居曹州南三十里金堤集，后玉祥公析于此，因开园种菜得名金菜园，后改名金庄。聚落呈团块状分布。经济以种植业为主，种植小麦、玉米。有公路经此。

王彩庄 371721-B05-H10
[Wángcǎizhuāng]

在县驻地曹城街道西北方向24.1千米。韩集镇辖自然村。人口600。明嘉靖年间，王彩迁此居住，名村王彩庄，后改称王庄，1987年复名王彩庄。聚落呈团块状分布。经济以种植业为主，种植小麦、玉米。有公路经此。

贾集 371721-B05-H11
[Jiǎjí]

在县驻地曹城街道西北方向30.7千米。韩集镇辖自然村。人口800。明洪武二年（1369），贾氏自山西洪洞县迁至山东曹县西北70里处建村，以姓命名为贾庄，后因成集，遂改为贾集。聚落呈团块状分布。经济以种植业为主，种植小麦、玉米。有公路经此。

杨庄 371721-B05-H12
[Yángzhuāng]

在县驻地曹城街道西北方向19.1千米。韩集镇辖自然村。人口1 300。明洪武二年（1369），杨氏自山西平阳府迁居于此，以姓命名。聚落呈团块状分布。经济以种植业为主，种植小麦、玉米。有公路经此。

刘岗 371721-B05-H13
[Liúgǎng]

在县驻地曹城街道西北方向28.8千米。韩集镇辖自然村。人口32 300。明永乐二十二年（1424），刘氏三世祖解元讳衡由三丘店迁至刘官寨，因自马岗迁来，后改名刘岗。聚落呈团块状分布。有文化广场1处、幼儿园1处、小学1处。有省级文物保护单位红三村联防遗址。经济以种植业为主，种植小麦、玉米。有公路经此。

刘庄 371721-B05-H14
[Liúzhuāng]

在县驻地曹城街道西北方向24.4千米。韩集镇辖自然村。人口300。明洪武年间，刘公讳喜毛自山西洪洞县迁此建村，因姓氏而得名。聚落呈团块状分布。经济以种植业为主，种植小麦、玉米。有公路经此。

双王庄 371721-B05-H15
[Shuāngwángzhuāng]

在县驻地曹城街道西北方向27.7千米。韩集镇辖自然村。人口600。明万历五年（1577），王氏八世祖由张湾迁曹邑西北50里处定居，因原有王姓，故名双王庄。聚落呈团块状分布。经济以种植业为主，种植小麦、玉米。有公路经此。

郑庄 371721-B05-H16
[Zhèngzhuāng]

在县驻地曹城街道西北方向26.7千米。韩集镇辖自然村。人口1 000。明洪武年间，郑氏奉旨由山西洪洞县东迁曹县西北45里户老家，继迁高海，以姓名村。聚落呈团块状分布。有文化广场、小学。经济以种植业为主，种植小麦、玉米。有公路经此。

赵庄 371721-B05-H17
[Zhàozhuāng]

在县驻地曹城街道西北方向25.1千米。韩集镇辖自然村。人口300。明洪武二年（1369），赵氏自山西洪洞县迁居曹邑西北50里立籍，以姓名村赵庄。聚落呈团块状分布。经济以种植业为主，种植小麦、玉米。有公路经此。

砖庙集 371721-B06-H01
[Zhuānmiàojí]

砖庙镇人民政府驻地。在县驻地曹城街道西北方向17.4千米。人口800。北宋嘉祐年间，有曾姓自曾头市迁此。明初，又有武、田二姓由山西洪洞迁此，渐成聚落。因曾、武、田三姓共建砖结构三官庙，故名砖庙，后因设集市，改名砖庙集。聚落呈团块状分布。有图书室1处、幼儿园3处、小学1处、中学1处等。经济以种植业为主，种植小麦、棉花、花生等。省道庄青路经此。

大郭庄 371721-B06-H02
[Dàguōzhuāng]

在县驻地曹城街道西北方向18.2千米。砖庙镇辖自然村。人口1 000。明初，郭氏由山西洪洞县迁居曹县西北25里砖庙集北，以姓氏命名为大郭庄。聚落呈团块状分布。有文化广场1处、幼儿园1处。经济以种植业为主，种植小麦、玉米。有公路经此。

大李庄 371721-B06-H03
[Dàlǐzhuāng]

在县驻地曹城街道西北方向20.8千米。砖庙镇辖自然村。人口700。明洪武年间，李氏族人从山西洪洞县迁入定居，故名。聚落呈团块状分布。经济以种植业为主，种植小麦、玉米。有公路经此。

崔屯 371721-B06-H04
[Cuītún]

在县驻地曹城街道西北方向15.7千米。砖庙镇辖自然村。人口1 300。明初，山西洪洞县人李遇春迁此建村，故名李遇春屯。因后有崔氏迁此，人口旺盛，清初更名为崔屯。

聚落呈团块状分布。有文化广场1处。经济以种植业为主，种植小麦、玉米。有公路经此。

李经野 371721-B06-H05
[Lǐjīngyě]

在县驻地曹城街道西北方向19.8千米。砖庙镇辖自然村。人口900。明末，村民从广东曾城县小宇州迁此立村。1834年，与范楼、韩庄、何庄、李庄寨、刘贯一组成联合村，名李经野。聚落呈团块状分布。有文化广场1处。经济以种植业为主，种植小麦、玉米。有公路经此。

大杨庄东村 371721-B06-H06
[Dàyángzhuāngdōngcūn]

在县驻地曹城街道西北方向18.6千米。砖庙镇辖自然村。人口700。明洪武年间，杨氏族人定居于此。1988年，以姓氏、方位得名。聚落呈团块状分布。有文化广场1处。经济以种植业为主，种植小麦、玉米。有公路经此。

大杨庄西村 371721-B06-H07
[Dàyángzhuāngxīcūn]

在县驻地曹城街道西北方向18.9千米。砖庙镇辖自然村。人口600。明洪武年间，杨氏由山西洪洞县迁入。1988年，以姓氏、方位得名。聚落呈团块状分布。经济以种植业为主，种植小麦、玉米。有公路经此。

东申楼 371721-B06-H08
[Dōngshēnlóu]

在县驻地曹城街道西北方向17.4千米。砖庙镇辖自然村。人口200。明初，申氏始祖讳义，自山西洪洞县迁此建村。清康熙年间，因盖楼房，得名申楼，1984年改称东申楼。聚落呈团块状分布。有文化广场、幼儿园。经济以种植业为主，种植小麦、玉米。有公路经此。

宗庄　371721-B06-H09
［Zōngzhuāng］

　　在县驻地曹城街道西北方向19.3千米。砖庙镇辖自然村。人口200。以姓氏命名。聚落呈团块状分布。有文化广场、幼儿园。经济以加工业为主。有公路经此。

范楼　371721-B06-H10
［Fànlóu］

　　在县驻地曹城街道西北方向20.8千米。砖庙镇辖自然村。人口700。明初，范氏自山西高平县迁至山东，后范氏祖转迁于此，因盖楼，故称范楼。聚落呈团块状分布。经济以种植业为主，种植小麦、玉米。有公路经此。

高海　371721-B06-H11
［Gāohǎi］

　　在县驻地曹城街道西北方向19.8千米。砖庙镇辖自然村。人口400。宋末，高氏于此建村，名高海。聚落呈团块状分布。经济以种植业为主，种植小麦、玉米。有公路经此。

高梅庄　371721-B06-H12
［Gāoméizhuāng］

　　在县驻地曹城街道西北方向17.5千米。砖庙镇辖自然村。人口200。清雍正年间，高氏从山西洪洞县迁至此地，后来，村民梅分比以医扬名，故名村高梅庄。聚落呈团块状分布。经济以种植业为主，种植小麦、玉米。有公路经此。

郭楼　371721-B06-H13
［Guōlóu］

　　在县驻地曹城街道西北方向17.6千米。砖庙镇辖自然村。人口400。明嘉靖年间，郭氏迁此，因建楼，故名。聚落呈团块状分布。有幼儿园1处。经济以种植业为主，种植小麦、玉米。有公路经此。

邱庄　371721-B06-H14
［Qiūzhuāng］

　　在县驻地曹城街道西北方向17.0千米。砖庙镇辖自然村。人口300。邱氏祖自山西晋中迁此，以姓名村。聚落呈团块状分布。有幼儿园1处。经济以种植业为主，种植小麦、玉米。有公路经此。

王庄　371721-B06-H15
［Wángzhuāng］

　　在县驻地曹城街道西北方向17.6千米。砖庙镇辖自然村。人口400。王氏自曹州金堤河南王迁此，以姓氏得名王庄。聚落呈团块状分布。经济以种植业为主，种植小麦、玉米。有公路经此。

孙高庄　371721-B06-H16
［Sūngāozhuāng］

　　在县驻地曹城街道西北方向22.1千米。砖庙镇辖自然村。人口1300。以姓氏得名。聚落呈团块状分布。有文化广场1处、幼儿园1处、小学1处。经济以种植业为主，种植小麦、玉米。有公路经此。

田集　371721-B06-H17
［Tiánjí］

　　在县驻地曹城街道西北方向21.1千米。砖庙镇辖自然村。人口300。明初，田氏自山西洪洞县迁此，清末，于此交易牛马等大牲畜，而称为牛市田集，简称田集。聚落呈团块状分布。有文化广场1处、幼儿园1处、小学1处。经济以种植业为主，种植小麦、玉米。有公路经此。

古营集 371721-B07-H01

[Gǔyíngjí]

古营集镇人民政府驻地。在县驻地曹城街道东北方向17.7千米。人口4 000。汉高祖刘邦曾在此驻军，历代多次有军队在此安营，故名。聚落呈团块状分布。有文化广场1处、文化大院1处、农家书屋1处、小学1处。经济以种植业为主，种植小麦、良种棉、玉米等。省道枣曹公路经此。

张口 371721-B07-H02

[Zhāngkǒu]

在县驻地曹城街道东北方向17.5千米。古营集镇辖自然村。人口900。因原有张义之宅，故原名张义口，简称张口。聚落呈带状分布。有文化广场2处、幼儿园1处、小学1处等。经济以种植业为主，种植小麦、玉米。有公路经此。

曹庄 371721-B07-H03

[Cáozhuāng]

在县驻地曹城街道东北方向14.1千米。古营集镇辖自然村。人口300。清顺治年间，曹氏自本县仲堤圈西北之曹楼迁此建村，以姓名曹庄。聚落呈团块状分布。经济以种植业为主，种植小麦、玉米。有公路经此。

前王楼 371721-B07-H04

[Qiánwánglóu]

在县驻地曹城街道东北方向14.9千米。古营集镇辖自然村。人口900。明嘉靖年间，王氏自濮州迁曹建村于白花河之南，因盖楼，故以姓氏和方位命名为后王楼。后王氏后裔来此定居并建村，以方位称前王楼。聚落呈团块状分布。经济以种植业为主，种植小麦、玉米。有公路经此。

后王楼 371721-B07-H05

[Hòuwánglóu]

在县驻地曹城街道东北方向15.0千米。古营集镇辖自然村。人口900。明嘉靖年间，王氏自濮州迁曹建村于白花河之南，因盖楼，故以姓氏和方位命名为后王楼。聚落呈带状分布。经济以种植业为主，种植小麦、玉米。有公路经此。

郭楼 371721-B07-H06

[Guōlóu]

在县驻地曹城街道东北方向19.5千米。古营集镇辖自然村。人口400。因姓氏得名。聚落呈环状分布。经济以种植业为主，种植小麦、玉米。有公路经此。

冉庄 371721-B07-H07

[Rǎnzhuāng]

在县驻地曹城街道东北方向19.1千米。古营集镇辖自然村。人口100。该村原为冉庄，清光绪年间，安仁集北之张庄张氏买下此村迁入后，袭用旧称冉庄。聚落呈环状分布。有幼儿园1处、小学1处。经济以种植业为主，种植小麦、玉米。有公路经此。

张奶奶庙 371721-B07-H08

[Zhāngnǎinǎimiào]

在县驻地曹城街道东北方向20.2千米。古营集镇辖自然村。人口300。清顺治年间，村里建泰山奶奶庙一座，故以村中大姓称张奶奶庙。聚落呈团块状分布。经济以种植业为主，种植小麦、玉米。有公路经此。

葛庄 371721-B07-H09

[Gězhuāng]

在县驻地曹城街道东北方向19.8千米。古营集镇辖自然村。人口100。该村原为贾氏所建，名贾菜园。后葛氏迁入，遂更名为葛庄。聚落呈带状分布。经济以种植业为主，种植小麦、玉米。有公路经此。

任庄 371721-B07-H10
[Rénzhuāng]

在县驻地曹城街道东北方向20.5千米。古营集镇辖自然村。人口600。明正德年间，任氏祖讳月和由定陶县鹇鸪集迁此，以姓名村。聚落呈环状分布。经济以种植业为主，种植小麦、玉米。有公路经此。

宋庄 371721-B07-H11
[Sòngzhuāng]

在县驻地曹城街道东北方向17.8千米。古营集镇辖自然村。人口200。明初，宋氏迁此建村，名宋庄。聚落呈带状分布。经济以种植业为主，种植小麦、玉米。有公路经此。

李庄 371721-B07-H12
[Lǐzhuāng]

在县驻地曹城街道东北方向18.3千米。古营集镇辖自然村。人口200。清朝时李氏族人考中秀才，且村地处低洼，故名秀才坑李庄，后简称李庄。聚落呈带状分布。经济以种植业为主，种植小麦、玉米。有公路经此。

后宗集 371721-B07-H13
[Hòuzōngjí]

在县驻地曹城街道东北方向17.6千米。古营集镇辖自然村。人口500。宗氏建村并成集，以姓氏命名为宗集。又因位于成武县九女集宗集村北，更名后宗集。聚落呈带状分布。有幼儿园1处等。经济以种植业为主，种植小麦、玉米。有公路经此。

张破钟 371721-B07-H14
[Zhāngpòzhōng]

在县驻地曹城街道东北方向17.4千米。古营集镇辖自然村。人口1 100。原名张家堂。清初，因河水泛滥，有一口破钟冲滞于此，张氏为避灾，依钟而居，村名改为张破钟。聚落呈团块状分布。有文化广场2处、幼儿园1处。经济以种植业为主，种植小麦、玉米。有公路经此。

缪庄 371721-B07-H15
[Miàozhuāng]

在县驻地曹城街道东北方向18.0千米。古营集镇辖自然村。人口600。明洪武年间，缪氏自山西洪洞县迁此建村，名缪庄。聚落呈环状分布。有文化广场1处。经济以种植业为主，种植小麦、玉米。有公路经此。

顺河 371721-B07-H16
[Shùnhé]

在县驻地曹城街道东北方向18.5千米。古营集镇辖自然村。人口600。村原为崔氏所建，崔氏从济南陀螺山迁至沛县，又迁此建村，后崔氏外迁，朱氏迁入后改村名为顺河。聚落呈带状分布。经济以种植业为主，种植小麦、玉米。有公路经此。

陈集 371721-B07-H17
[Chénjí]

在县驻地曹城街道东北方向20.4千米。古营集镇辖自然村。人口1 500。清雍正十三年（1735），因冉氏居此并起集，名冉村集，后更名为陈集。聚落呈环状分布。有文化广场1处、幼儿园1处等。经济以种植业为主，种植小麦、玉米。有公路经此。

朱庄寨 371721-B07-H18
[Zhūzhuāngzhài]

在县驻地曹城街道东北方向18.5千米。

古营集镇辖自然村。人口100。清咸丰年间，朱氏携家眷由田花园村迁居于此，后因战乱年间以防外侵便修建村寨，并将村寨定名为朱庄寨。聚落呈环状分布。有文化广场6处、幼儿园1处、小学1处等。经济以种植业为主，种植小麦、玉米。有公路经此。

魏湾 371721-B08-H01

［Wèiwān］

魏湾镇人民政府驻地。在县驻地曹城街道西方向17.8千米。人口1 000。元末，魏姓在白花河湾畔摆渡，后渐成村，以姓名村魏家湾，成集后改名魏湾集，建成魏湾。聚落呈团块状分布。有文化广场1处、文化大院1处、农家书屋1处、中学1处、小学1处、幼儿园4处。经济以种植业为主，种植小麦、玉米、棉花、花生等。省道许单公路经此。

西魏庄 371721-B08-H02

［Xīwèizhuāng］

在县驻地曹城街道西北方向18.4千米。魏湾镇辖自然村。人口500。原名姬庄，后魏氏迁此建村，更名西魏庄。聚落呈带状分布。经济以种植业为主，种植小麦、玉米。有公路经此。

阎楼 371721-B08-H03

［Yánlóu］

在县驻地曹城街道西北方向17.8千米。魏湾镇辖自然村。人口200。始祖由山西洪洞县迁定陶半截堤阎楼，后迁阎庙，再迁曹东南阎楼，又迁阎道口，因盖楼，故名阎楼。聚落呈带状分布。经济以种植业为主，种植小麦、玉米。有公路经此。

程庄 371721-B08-H04

［Chéngzhuāng］

在县驻地曹城街道西北方向15.5千米。魏湾镇辖自然村。人口500。以姓氏命名。聚落呈带状分布。经济以种植业为主，种植小麦、玉米。有公路经此。

薛庄 371721-B08-H05

［Xuēzhuāng］

在县驻地曹城街道西北方向14.4千米。魏湾镇辖自然村。人口900。原名沈庄，自薛姓迁此，人丁兴旺，后更名为薛庄。聚落呈带状分布。经济以种植业为主，种植小麦、玉米。有公路经此。

陈胡同 371721-B08-H06

［Chénhútòng］

在县驻地曹城街道西北方向16.0千米。魏湾镇辖自然村。人口300。明洪武年间，陈氏由山西洪洞县迁此，为不忘故土，故名陈胡同。聚落呈带状分布。有文化广场1处、幼儿园1处、小学1处。经济以种植业为主，种植小麦、玉米。有公路经此。

林庄 371721-B08-H07

［Línzhuāng］

在县驻地曹城街道西北方向16.1千米。魏湾镇辖自然村。人口600。以姓氏命名。聚落呈带状分布。经济以种植业为主，种植小麦、玉米。有公路经此。

李花园 371721-B08-H08

［Lǐhuāyuán］

在县驻地曹城街道西北方向17.1千米。魏湾镇辖自然村。人口200。清中期，李氏长门由魏湾北街迁魏湾东建村及花园，故名李花园。聚落呈带状分布。经济以种植业为主，种植小麦、玉米。有公路经此。

朱花园 371721-B08-H09

[Zhūhuāyuán]

在县驻地曹城街道西北方向 17.2 千米。魏湾镇辖自然村。人口 400。明末，朱氏始祖迁此建村，并辟花园，故名朱花园。聚落呈带状分布。经济以种植业为主，种植小麦、玉米。有公路经此。

董花园 371721-B08-H10

[Dǒnghuāyuán]

在县驻地曹城街道西北方向 17.3 千米。魏湾镇辖自然村。人口 400。明洪武年间，董氏祖先自山西洪洞县董大营迁居曹县城西 35 里，以姓名村董庄。其后裔迁此，因嗜花、种花，遂名董花园。聚落呈带状分布。经济以种植业为主，种植小麦、玉米。有公路经此。

李庄 371721-B08-H11

[Lǐzhuāng]

在县驻地曹城街道西北方向 16.2 千米。魏湾镇辖自然村。人口 400。明正德年间，李氏、王氏由本镇北李楼分支迁此，以姓名村李庄。聚落呈带状分布。经济以种植业为主，种植小麦、玉米。有公路经此。

东林庄 371721-B08-H12

[Dōnglínzhuāng]

在县驻地曹城街道西北方向 16.7 千米。魏湾镇辖自然村。人口 900。以姓氏命名。聚落呈带状分布。经济以种植业为主，种植小麦、玉米。有公路经此。

宋楼东村 371721-B08-H13

[Sònglóudōngcūn]

在县驻地曹城街道西北方向 14.3 千米。魏湾镇辖自然村。人口 400。明初，宋公自山西洪洞县迁居此地，因建楼而得名。1980 年分为东西两村，此村居东，故名。聚落呈带状分布。经济以种植业为主，种植小麦、玉米。有公路经此。

户花园 371721-B08-H14

[Hùhuāyuán]

在县驻地曹城街道西北方向 20.7 千米。魏湾镇辖自然村。人口 700。清道光年间，户家建花园一座，故名户花园。聚落呈带状分布。有幼儿园 1 处。经济以种植业为主，种植小麦、玉米。有公路经此。

姜庄 371721-B08-H15

[Jiāngzhuāng]

在县驻地曹城街道西北方向 18.3 千米。魏湾镇辖自然村。人口 400。明洪武年间，姜氏由山西洪洞县迁此，名姜庄。聚落呈带状分布。经济以种植业为主，种植小麦、玉米。有公路经此。

王炉 371721-B08-H16

[Wánglú]

在县驻地曹城街道西北方向 20.6 千米。魏湾镇辖自然村。人口 300。因王氏迁此，以开炉打铁著称，遂称王炉。聚落呈带状分布。经济以种植业为主，种植小麦、玉米。有公路经此。

张堂 371721-B08-H17

[Zhāngtáng]

在县驻地曹城街道西北方向 22.8 千米。魏湾镇辖自然村。人口 300。明洪武二年（1369），张氏始祖自山西洪洞县迁此定居，以姓名村张堂。聚落呈带状分布。经济以种植业为主，种植小麦、玉米。有公路经此。

朱洼 371721-B08-H18

[Zhūwā]

在县驻地曹城街道西北方向 22.0 千米。

魏湾镇辖自然村。人口 400。明洪武年间，朱氏自山西平阳府洪洞县迁此，名村朱洼。聚落呈带状分布。经济以种植业为主，种植小麦、玉米。有公路经此。

单楼 371721-B08-H19
[Shànlóu]

在县驻地曹城街道西北方向 20.7 千米。魏湾镇辖自然村。人口 600。明景泰年间，秦堂共次子讳以刚迁此建村并置楼，故名单楼。聚落呈带状分布。经济以种植业为主，种植小麦、玉米。有公路经此。

侯集 371721-B09-H01
[Hóují]

侯集回族镇人民政府驻地。在县驻地曹城街道东方向 17.6 千米。人口 4 900。元朝末期，侯氏祖由山西洪洞县迁此建村，因成集市，以姓氏命名侯集。聚落呈团块状分布。有中学、小学。经济以种植业为主，种植小麦、玉米、花生等。有侯集地毯厂等企业。有公路经此。

梁堌堆 371721-B09-H02
[Liánggùduī]

在县驻地曹城街道东方向 20.0 千米。侯集回族镇辖自然村。人口 800。原名景山，因梁氏定居山之阳，命名梁景山，后演为梁堌堆。聚落呈团块状分布。有中学、小学、图书室。有省级文物保护单位梁堌堆遗址。经济以种植业为主，种植玉米、小麦、棉花、蔬菜等。有公路经此。

赵庄 371721-B09-H03
[Zhàozhuāng]

在县驻地曹城街道东方向 17.3 千米。侯集回族镇辖自然村。人口 500。明洪武四年（1371），赵氏祖鸿业公由山西洪洞迁菏泽，明正德年间迁此，以姓名村赵庄。

聚落呈团块状分布。有文化广场 1 处。经济以种植业为主，种植小麦、玉米。有公路经此。

杨庄 371721-B09-H04
[Yángzhuāng]

在县驻地曹城街道东方向 17.5 千米。侯集回族镇辖自然村。人口 100。明末，杨氏自今菏泽佃户屯迁此建村，以姓名村杨庄。聚落呈团块状分布。有文化广场 1 处。经济以种植业为主，种植小麦、玉米。有公路经此。

新庄 371721-B09-H05
[Xīnzhuāng]

在县驻地曹城街道东方向 17.6 千米。侯集回族镇辖自然村。人口 200。1920 年，苏氏于此建房屋数间，招顾、刘、朱等姓居此耕种，取名新庄。聚落呈团块状分布。有文化广场 1 处。经济以种植业为主，种植小麦、玉米。有公路经此。

纪庄 371721-B09-H06
[Jǐzhuāng]

在县驻地曹城街道东方向 17.8 千米。侯集回族镇辖自然村。人口 200。清康熙五十六年（1717），纪氏迁入曹县，清乾隆年间，黄河水泛滥，族人失散，一支流落于此地建村，以姓氏名村纪庄。聚落呈团块状分布。有文化广场 1 处。经济以种植业为主，种植小麦、玉米。有公路经此。

王庄 371721-B09-H07
[Wángzhuāng]

在县驻地曹城街道东方向 18.5 千米。侯集回族镇辖自然村。人口 400。原名牛头吴庄，因王氏居此，更名为王庄。聚落呈团块状分布。有文化广场 1 处。经济以种植业为主，种植小麦、玉米。有公路经此。

新村 371721-B09-H08

［Xīncūn］

在县驻地曹城街道东方向 16.2 千米。侯集回族镇辖自然村。人口 200。1962 年 5 月，侯集村人析居于此，因新建村，故名新村。聚落呈团块状分布。有文化广场 1 处。经济以种植业为主，种植小麦、玉米。有公路经此。

师庄 371721-B09-H09

［Shīzhuāng］

在县驻地曹城街道东方向 17.0 千米。侯集回族镇辖自然村。人口 300。因师氏居此，故名。聚落呈团块状分布。有文化广场 1 处。经济以种植业为主，种植小麦、玉米。有公路经此。

卢新庄 371721-B09-H10

［Lúxīnzhuāng］

在县驻地曹城街道东方向 17.4 千米。侯集回族镇辖自然村。人口 100。1915 年，侯集之卢氏分支于此，故名。聚落呈团块状分布。有文化广场 1 处。经济以种植业为主，种植小麦、玉米。有公路经此。

姜庄 371721-B09-H11

［Jiāngzhuāng］

在县驻地曹城街道东方向 16.6 千米。侯集回族镇辖自然村。人口 800。明嘉靖年间，姜氏居此建村，名姜庄。聚落呈团块状分布。有文化广场 1 处。经济以种植业为主，种植小麦、玉米。有公路经此。

小楼子 371721-B09-H12

［Xiǎolóuzi］

在县驻地曹城街道东方向 17.5 千米。侯集回族镇辖自然村。人口 1 300。明永乐间，马氏自山西洪洞县迁居山东。正德年间，马氏祖讳翼带家人迁曹邑 35 里处立村，因盖楼，取名马小楼子，后简称小楼子。聚落呈团块状分布。有文化广场 1 处。经济以种植业为主，种植小麦、玉米。有公路经此。

侯庙 371721-B09-H13

［Hóumiào］

在县驻地曹城街道东方向 17.6 千米。侯集回族镇辖自然村。人口 400。明嘉靖年间，侯氏自山西洪洞县迁此，建有关帝庙，故名侯庙。聚落呈团块状分布。有文化广场 1 处。经济以种植业为主，种植小麦、玉米。有公路经此。

郜黄庄 371721-B09-H14

［Gàohuángzhuāng］

在县驻地曹城街道东方向 16.5 千米。侯集回族镇辖自然村。人口 700。原名黄庄，因郜氏从郜堌堆迁来，故更名为郜黄庄。聚落呈团块状分布。有文化广场 1 处。经济以种植业为主，种植小麦、玉米。有公路经此。

东孟庄 371721-B09-H15

［Dōngmèngzhuāng］

在县驻地曹城街道东方向 17.7 千米。侯集回族镇辖自然村。人口 500。因孟氏迁此建村，故名孟庄，后以方位更名为东孟庄。聚落呈团块状分布。有文化广场 1 处。经济以种植业为主，种植小麦、玉米。有公路经此。

郜楼 371721-B09-H16

［Gàolóu］

在县驻地曹城街道东方向 16.0 千米。侯集回族镇辖自然村。人口 100。因郜氏在此盖楼，更名为郜楼。聚落呈团块状分布。有文化广场 1 处。经济以种植业为主，种植小麦、玉米。有公路经此。

李行 371721-B09-H17

[Lǐháng]

在县驻地曹城街道东方向 16.6 千米。侯集回族镇辖自然村。人口 200。因李氏种植果树成行，故名李行。聚落呈团块状分布。有文化广场 1 处。经济以种植业为主，种植小麦、玉米。有公路经此。

尚庄 371721-B09-H18

[Shàngzhuāng]

在县驻地曹城街道东方向 16.7 千米。侯集回族镇辖自然村。人口 200。清光绪年间，尚氏携四子由苏集尚洼迁来，以姓名村。聚落呈团块状分布。有文化广场 1 处。经济以种植业为主，种植小麦、玉米。有公路经此。

李文庄 371721-B09-H19

[Lǐwénzhuāng]

在县驻地曹城街道东方向 17.4 千米。侯集回族镇辖自然村。人口 400。明洪武年间，刘氏自山西洪洞县迁此建村，名刘文庄。清中期，李氏自土地庙迁此，族人渐多，更名为李文庄。聚落呈团块状分布。有文化广场 1 处。经济以种植业为主，种植小麦、玉米。有公路经此。

苏集 371721-B10-H01

[Sūjí]

苏集镇人民政府驻地。在县驻地曹城街道东方向 23.4 千米。人口 1 200。明初，苏姓建村，因苏家一子考取进士，得村名苏家。后成集市，故名苏集。聚落呈团块状分布。有图书室 1 处、幼儿园 2 处，小学 1 处、中学 1 处。经济以种植业为主，种植小麦、玉米、花生、大豆、蔬菜。省道许单公路、成商公路经此。

金庄 371721-B10-H02

[Jīnzhuāng]

在县驻地曹城街道东南方向 27.4 千米。苏集镇辖自然村。人口 700。清嘉庆年间，金氏自成武金路口迁来，以姓得名金庄。聚落呈团块状分布。有幼儿园 1 处。经济以种植业为主，种植小麦、玉米、花生、芦笋、棉花、药材等。有公路经此。

邵庄 371721-B10-H03

[Shàozhuāng]

在县驻地曹城街道东南方向 28.0 千米。苏集镇辖自然村。人口 400。明洪武年间，邵氏先祖自山西洪洞县迁此，以姓氏名村。聚落呈团块状分布。有文化广场 1 处、幼儿园 1 处、小学 1 处。经济以种植业为主，种植小麦、玉米、花生、芦笋、棉花、药材等。有公路经此。

小袁庄 371721-B10-H04

[Xiǎoyuánzhuāng]

在县驻地曹城街道东南方向 28.6 千米。苏集镇辖自然村。人口 100。清乾隆年间，袁楼袁姓地主的佃户迁此村，因人少，故名小袁庄。聚落呈团块状分布。经济以种植业为主，种植小麦、玉米、花生、芦笋、棉花、药材等。有公路经此。

李仙堂 371721-B10-H05

[Lǐxiāntáng]

在县驻地曹城街道东南方向 26.4 千米。苏集镇辖自然村。人口 500。明洪武年间，李氏始祖自山西洪洞县迁曹县城东白道口，因清初在村东建庙堂，故名李仙堂。聚落呈团块状分布。经济以种植业为主，种植小麦、玉米、花生、芦笋、棉花、药材等。有公路经此。

袁赵庄　371721–B10–H06
［Yuánzhàozhuāng］

在县驻地曹城街道东南方向25.6千米。苏集镇辖自然村。人口500。原名赵庄，清康熙年间，袁氏自红庙庄迁来买下该庄，因赵氏外迁，故冠姓氏，名袁赵庄。聚落呈团块状分布。经济以种植业为主，种植小麦、玉米、花生、芦笋、棉花、药材等。有公路经此。

韩庄　371721–B10–H07
［Hánzhuāng］

在县驻地曹城街道东南方向23.1千米。苏集镇辖自然村。人口1 000。明嘉靖年间，韩氏迁于此，改村名为韩庄。聚落呈团块状分布。经济以种植业为主，种植小麦、玉米、花生、芦笋、棉花、药材等。有公路经此。

大周庄　371721–B10–H08
［Dàzhōuzhuāng］

在县驻地曹城街道东南方向20.9千米。苏集镇辖自然村。人口100。明洪武年间，周氏佃耕于此，渐成村庄，名村大周庄。聚落呈团块状分布。经济以种植业为主，种植小麦、玉米、花生、芦笋、棉花、药材等。有公路经此。

樊楼　371721–B10–H09
［Fánlóu］

在县驻地曹城街道东南方向27.8千米。苏集镇辖自然村。人口600。明嘉靖年间，樊氏自山西洪洞县迁樊老家，清初于此置佃户村，故名樊楼。聚落呈团块状分布。有文化广场1处。经济以种植业为主，种植小麦、玉米、花生、芦笋、棉花、药材等。有公路经此。

大樊楼　371721–B10–H10
［Dàfánlóu］

在县驻地曹城街道东南方向28.0千米。苏集镇辖自然村。人口300。明崇祯年间，樊氏良圣公由青古集东南樊老家迁此，盖了一座大楼，故名。聚落呈团块状分布。有文化广场、幼儿园、小学等。经济以种植业为主，种植小麦、玉米、花生、芦笋、棉花、药材等。有公路经此。

仵庄　371721–B10–H11
［Wǔzhuāng］

在县驻地曹城街道东南方向26.1千米。苏集镇辖自然村。人口200。明洪武年间，仵氏自山西洪洞县迁曹仵楼寨。明嘉靖年间迁出至此，以姓名村仵庄。聚落呈团块状分布。经济以种植业为主，种植小麦、玉米、花生、芦笋、棉花、药材等。有公路经此。

孟楼　371721–B10–H12
［Mènglóu］

在县驻地曹城街道东南方向26.0千米。苏集镇辖自然村。人口1 400。元至正年间，孟氏自成武牧牛村迁此，并建楼，取村名孟楼。聚落呈团块状分布。有文化广场1处。经济以种植业为主，种植小麦、玉米、花生、芦笋、棉花、药材等。有公路经此。

周庄　371721–B10–H13
［Zhōuzhuāng］

在县驻地曹城街道东南方向28.8千米。苏集镇辖自然村。人口300。以姓氏命名。聚落呈团块状分布。经济以种植业为主，种植小麦、玉米、花生、芦笋、棉花、药材等。有公路经此。

东岩里 371721-B10-H14
[Dōngyánlǐ]

在县驻地曹城街道东南方向26.6千米。苏集镇辖自然村。人口700。明永乐年间，李氏自山西洪洞县迁居曹州，以制盐为业，名盐李，谐音岩里。清末分为二村，此村在东，故名东岩里。聚落呈团块状分布。有幼儿园1处。经济以种植业为主，种植小麦、玉米、花生、芦笋、棉花、药材等。有公路经此。

东北陈 371721-B10-H15
[Dōngběichén]

在县驻地曹城街道东南方向27.6千米。苏集镇辖自然村。人口800。清康熙年间，陈氏十三世祖迁此，名陈家庄，因位苏集镇东北，故称东北陈。聚落呈团块状分布。经济以种植业为主，种植小麦、玉米、花生、芦笋、棉花、药材等。有公路经此。

曾田庄 371721-B10-H16
[Zēngtiánzhuāng]

在县驻地曹城街道东南方向22.3千米。苏集镇辖自然村。人口500。1880年，袁家把田地卖给曾家，故名曾田庄。聚落呈团块状分布。有文化广场1处。经济以种植业为主，种植小麦、玉米、花生、芦笋、棉花、药材等。有公路经此。

于庄 371721-B10-H17
[Yúzhuāng]

在县驻地曹城街道东南方向26.8千米。苏集镇辖自然村。人口300。明洪武年间，于氏自山西洪洞县迁此，以姓名村于庄。聚落呈团块状分布。经济以种植业为主，种植小麦、玉米、花生、芦笋、棉花、药材等。有公路经此。

郭庄 371721-B10-H18
[Guōzhuāng]

在县驻地曹城街道东南方向25.0千米。苏集镇辖自然村。人口200。明洪武年间，郭氏始祖迁居至此建村，以姓氏命名。聚落呈团块状分布。经济以种植业为主，种植小麦、玉米、花生、芦笋、棉花、药材等。有公路经此。

林后 371721-B11-H01
[Línhòu]

孙老家镇人民政府驻地。在县驻地曹城街道东南方向14.5千米。人口1 400。清光绪年间，孙氏祖分迁永庆寨，1962年因支脉兴旺，建村于孙氏茔地之后，当地把墓地称为林，故命名林后。聚落呈团块状分布。有文化广场1处、文化大院1处、农家书屋1处、小学1处。经济以种植业为主，种植小麦、玉米等。省道庄青东路经此。

孙庄 371721-B11-H02
[Sūnzhuāng]

在县驻地曹城街道东南方向12.9千米。孙老家镇辖自然村。人口700。明万历年间，孙氏祖自永兴寨移民此地，建村于小川河东安，得名小川庄，后改名孙庄。聚落呈团块状分布。有文化广场1处。经济以种植业为主，种植小麦、玉米、花生等。有公路经此。

张屯 371721-B11-H03
[Zhāngtún]

在县驻地曹城街道东南方向13.1千米。孙老家镇辖自然村。人口1 000。明洪武年间，郭氏于此建村，名郭屯。后张、田二氏迁入，郭氏迁出，改名张屯。聚落呈团块状分布。有文化广场1处。经济以种植业为主，种植小麦、玉米、花生等。有公路经此。

祝庄 371721-B11-H04
［Zhùzhuāng］

在县驻地曹城街道东南方向15.8千米。孙老家镇辖自然村。人口1 000。明崇祯年间，祝氏自成武县白店迁此建村，名祝胡同。1958年改为祝庄。聚落呈团块状分布。有文化广场1处。经济以种植业为主，种植小麦、玉米、花生等。有公路经此。

杨楼 371721-B11-H05
［Yánglóu］

在县驻地曹城街道东南方向16.1千米。孙老家镇辖自然村。人口200。因姓氏得名。聚落呈团块状分布。经济以种植业为主，种植小麦、玉米、花生等。有公路经此。

陈庄 371721-B11-H06
［Chénzhuāng］

在县驻地曹城街道东南方向16.3千米。孙老家镇辖自然村。人口500。因姓氏得名。聚落呈带状分布。经济以种植业为主，种植小麦、玉米、花生等。有公路经此。

李集 371721-B11-H07
［Lǐjí］

在县驻地曹城街道东方向7.6千米。孙老家镇辖自然村。人口1 600。明末，李姓来此定居成集市，遂称李集。聚落呈带状分布。经济以种植业为主，种植小麦、玉米、花生等。有公路经此。

苑庄 371721-B11-H08
［Yuànzhuāng］

在县驻地曹城街道东南方向13.0千米。孙老家镇辖自然村。人口1 100。苑氏迁徙至此，以姓命名。聚落呈带状分布。有幼儿园1处、小学1处、文化广场1处。经济以种植业为主，种植小麦、玉米、花生等。

北张庄 371721-B11-H09
［Běizhāngzhuāng］

在县驻地曹城街道东南方向15.4千米。孙老家镇辖自然村。人口200。因姓氏得名。聚落呈带状分布。经济以种植业为主，种植小麦、玉米、花生等。有公路经此。

魏庄 371721-B11-H10
［Wèizhuāng］

在县驻地曹城街道东南方向13.6千米。孙老家镇辖自然村。人口300。明洪武年间，魏氏自山西洪洞迁此，以姓名村魏庄。聚落呈带状分布。经济以种植业为主，种植小麦、玉米、花生等。有公路经此。

王胡庄 371721-B11-H11
［Wánghúzhuāng］

在县驻地曹城街道东南方向14.2千米。孙老家镇辖自然村。人口900。因姓氏得名王胡庄。聚落呈带状分布。有文化广场1处。经济以种植业为主，种植小麦、玉米、花生等。有公路经此。

李阁 371721-B11-H12
［Lǐgé］

在县驻地曹城街道东南方向14.5千米。孙老家镇辖自然村。人口400。明洪武年间，李阁自山西洪洞县迁此，名村李阁。聚落呈带状分布。经济以种植业为主，种植小麦、玉米、花生等。有公路经此。

王坤集 371721-B11-H13
［Wángkūnjí］

在县驻地曹城街道东南方向12.4千米。孙老家镇辖自然村。人口1 100。明万历年间，王氏迁入，因成集而取名永兴集，后由王氏坤改名王坤集。聚落呈带状分布。有幼儿园1处、文化广场1处等。经济以种植业为主，种植小麦、玉米、花生等。有公路经此。

孙庄 371721-B11-H14

［Sūnzhuāng］

在县驻地曹城街道东南方向14.7千米。孙老家镇辖自然村。人口700。明万历年间，孙氏祖自永兴寨移民此地，建村于小川河东安，得名小川庄，后改名孙庄。聚落呈带状分布。有文化广场1处。经济以种植业为主，种植小麦、玉米、花生等。有公路经此。

宋楼 371721-B11-H15

［Sònglóu］

在县驻地曹城街道东南方向13.5千米。孙老家镇辖自然村。人口500。明洪武年间，宋氏自山西洪洞县迁至河南，成化年间迁此建楼，名宋楼。聚落呈带状分布。经济以种植业为主，种植小麦、玉米、花生等。有公路经此。

康庄 371721-B11-H16

［Kāngzhuāng］

在县驻地曹城街道东南方向12.0千米。孙老家镇辖自然村。人口400。清康熙年间，王氏自定陶辛店迁来建村，名王小楼。后康氏迁入，改为今名。聚落呈带状分布。经济以种植业为主，种植小麦、玉米、花生等。有公路经此。

回民张庄 371721-B11-H17

［Huímínzhāngzhuāng］

在县驻地曹城街道东南方向11.1千米。孙老家镇辖自然村。人口2 400。明洪武年初，回民张氏由山西洪洞县迁此建村，故命名为回民张庄。聚落呈带状分布。有幼儿园1处、文化广场1处。经济以种植业为主，种植小麦、玉米、花生等。有公路经此。

阎店楼 371721-B12-H01

［Yándiànlóu］

阎店楼镇人民政府驻地。在县驻地曹城街道东南方向12.5千米。人口1 400。清顺治年间，阎氏自本县今安蔡楼镇阎楼迁于此，并在此开店，故名阎店楼。聚落呈团块状分布。有文化广场1处、文化大院1处、图书室1处、中学1处、小学1处、幼儿园3所。经济以种植业为主，种植芦笋、花生、棉花等。省道菏商路经此。

张庄 371721-B12-H02

［Zhāngzhuāng］

在县驻地曹城街道南方向8.4千米。阎店楼镇辖自然村。人口300。明嘉靖年间，张氏自张火神庙迁此，以姓名村张庄。聚落呈团块状分布。经济以种植业为主，种植小麦、玉米。有公路经此。

郭庄 371721-B12-H03

［Guōzhuāng］

在县驻地曹城街道南方向8.6千米。阎店楼镇辖自然村。人口300。郭氏自山西洪洞县于此建村，以姓命名为郭庄。聚落呈团块状分布。有文化广场1处。经济以种植业为主，种植小麦、玉米。有公路经此。

曹庄 371721-B12-H04

［Cáozhuāng］

在县驻地曹城街道南方向8.8千米。阎店楼镇辖自然村。人口600。西周武王姬发，封叔振铎于曹，以国为姓。明洪武三年（1370）分居于此，以姓命名为曹庄。聚落呈团块状分布。有文化广场1处。经济以种植业为主，种植小麦、玉米。有公路经此。

万柳 371721-B12-H05

［Wànliǔ］

在县驻地曹城街道南方向 11.8 千米。阎店楼镇辖自然村。人口 200。清顺治年间，万氏由曹氏县城内迁此，因围村广植柳树，遂名万柳。聚落呈团块状分布。有幼儿园 1 处。经济以种植业为主，种植小麦、玉米。有公路经此。

申庄 371721-B12-H06

［Shēnzhuāng］

在县驻地曹城街道南方向 12.0 千米。阎店楼镇辖自然村。人口 500。清顺治年间，申氏自本县倪集迁此建村，以姓名村。聚落呈团块状分布。有文化广场 1 处。经济以种植业为主，种植小麦、玉米。有公路经此。

袁庄 371721-B12-H07

［Yuánzhuāng］

在县驻地曹城街道南方向 11.7 千米。阎店楼镇辖自然村。人口 200。清嘉庆年间，袁氏自本县土山集迁此建村，以姓名村。聚落呈团块状分布。经济以种植业为主，种植小麦、玉米。有公路经此。

草楼集 371721-B12-H08

［Cǎolóují］

在县驻地曹城街道南方向 14.9 千米。阎店楼镇辖自然村。人口 600。清顺治年间，王氏自曹县城内迁此，因建草顶楼一座，命名王草楼。后因成集改称王草楼集，简称草楼集。聚落呈团块状分布。经济以种植业为主，种植小麦、玉米。有公路经此。

范庄 371721-B12-H09

［Fànzhuāng］

在县驻地曹城街道南方向 15.0 千米。阎店楼镇辖自然村。人口 500。清顺治年间，范氏自河南虞城迁此，以姓命名为范庄。聚落呈团块状分布。经济以种植业为主，种植小麦、玉米。有公路经此。

汪庄 371721-B12-H10

［Wāngzhuāng］

在县驻地曹城街道南方向 10.3 千米。阎店楼镇辖自然村。人口 500。明永乐十九年（1421），汪氏祖讳凯，随驾北上屯曹，因为家焉，遂以姓名村汪家楼，后改称汪庄。聚落呈团块状分布。有文化广场 1 处。经济以种植业为主，种植小麦、玉米。有公路经此。

王刘楼 371721-B12-H11

［Wángliúlóu］

在县驻地曹城街道南方向 11.0 千米。阎店楼镇辖自然村。人口 100。明洪武二年（1369），刘氏自山西洪洞县迁曹邑赵家集，其后人从赵家集迁今址王小楼，后刘氏迁入，两姓合议改称王刘楼。聚落呈团块状分布。经济以种植业为主，种植小麦、玉米。有公路经此。

石庄 371721-B12-H12

［Shízhuāng］

在县驻地曹城街道南方向 10.4 千米。阎店楼镇辖自然村。人口 100。清宣统年间，石氏从乡石庄迁此，袭名石庄。聚落呈团块状分布。经济以种植业为主，种植小麦、玉米。有公路经此。

陈楼 371721-B12-H13

［Chénlóu］

在县驻地曹城街道南方向 6.4 千米。阎店楼镇辖自然村。人口 300。1958 年修水库时，此地人全部迁出，1966 年返回库区，以陈姓取村名。聚落呈团块状分布。有文化广场 1 处、幼儿园 1 处。经济以种植业为主，种植小麦、玉米。有公路经此。

王海 371721-B12-H14
[Wánghǎi]

在县驻地曹城街道南方向 14.3 千米。阎店楼镇辖自然村。人口 800。清顺治年间，王氏自本县城东兵马楼迁此，因围村挖寨海而命名为王海。聚落呈团块状分布。有文化广场 1 处。经济以种植业为主，种植小麦、玉米。有公路经此。

王楼 371721-B12-H15
[Wánglóu]

在县驻地曹城街道南方向 7.0 千米。阎店楼镇辖自然村。人口 700。清顺治年间，王氏自本县王庄迁此，因建楼而名村王楼。聚落呈团块状分布。有文化广场 1 处。经济以种植业为主，种植小麦、玉米。有公路经此。

谢庄 371721-B12-H16
[Xièzhuāng]

在县驻地曹城街道南方向 6.8 千米。阎店楼镇辖自然村。人口 300。明永乐年间，谢氏祖讳刚忠，护驾至京后挂冠卜居曹邑桃源集镇大谢寨。清顺治年间，由大谢寨分支迁此，以姓命名为谢庄。聚落呈团块状分布。经济以种植业为主，种植小麦、玉米。有公路经此。

王堂 371721-B12-H17
[Wángtáng]

在县驻地曹城街道南方向 6.5 千米。阎店楼镇辖自然村。人口 300。清顺治年间，王氏自本县城内迁此建村并盖祠堂，遂命名为王堂。聚落呈团块状分布。经济以种植业为主，种植小麦、玉米。有公路经此。

王庄 371721-B12-H18
[Wángzhuāng]

在县驻地曹城街道南方向 7.8 千米。阎店楼镇辖自然村。人口 900。清咸丰年间，王氏自本县青堌集王堤头迁此，以姓命名为王庄。聚落呈团块状分布。有文化广场 1 处、幼儿园 1 处、小学 1 处。经济以种植业为主，种植小麦、玉米。有公路经此。

王春庄 371721-B12-H19
[Wángchūnzhuāng]

在县驻地曹城街道南方向 9.7 千米。阎店楼镇辖自然村。人口 500。清末，有名王春者，自本县王庄迁来，村以人名命名为王春庄。聚落呈团块状分布。有文化广场 1 处、幼儿园 1 处。经济以种植业为主，种植小麦、玉米。有公路经此。

梁南 371721-B13-H01
[Liángnán]

梁堤头镇人民政府驻地。在县驻地曹城街道南方向 19.7 千米。人口 1 500。明初，梁氏迁此立村。明弘治五年（1492），黄河过村南，村建缕水大堤，梁氏迁至堤头，故名梁堤头。1961 年分为三村，本村以位置称梁南。聚落呈带状分布。有文化广场 1 处、文化大院 1 处、农家书屋 1 处、图书室 1 处、中学 1 处、小学 1 处、幼儿园 2 处。经济以种植业为主，种植小麦、玉米等。省道聊商路经此。

东赵庄 371721-B13-H02
[Dōngzhàozhuāng]

在县驻地曹城街道南方向 26.0 千米。梁堤头镇辖自然村。人口 300。元末，祝赵始祖兖仲公自陇西迁鲁，居曹邑东南 35 里祝口，后世分为祝、赵二姓，赵氏迁居旧村四里常庙。清嘉庆间赵氏自常庙迁此，以姓名村赵庄。1949 年分为两村，此村位东，故名东赵庄。聚落呈团块状分布。有幼儿园1处。经济以种植业为主,种植小麦、玉米。有公路经此。

张庄 371721-B13-H03
[Zhāngzhuāng]

在县驻地曹城街道南方向24.5千米。梁堤头镇辖自然村。人口300。明宣德六年（1431），黄河堤决，张氏奉诏自山西大同来河南山东代务河运，因水落船滞难返故里，遂定居店楼。清道光年间迁至榆林集，咸丰年间分迁于此，以姓名村张庄。聚落呈团块状分布。经济以种植业为主，种植小麦、玉米。有公路经此。

陈庄寨 371721-B13-H04
[Chénzhuāngzhài]

在县驻地曹城街道南方向23.4千米。梁堤头镇辖自然村。人口1 100。清雍正年间，陈氏迁居于此，建村立寨，以姓名村陈庄寨。聚落呈团块状分布。经济以种植业为主，种植小麦、玉米。有公路经此。

袁庄 371721-B13-H05
[Yuánzhuāng]

在县驻地曹城街道南方向22.4千米。梁堤头镇辖自然村。人口700。明洪武年间，袁氏祖大老公由山西洪洞县迁至鲁西曹邑土山之南，先名为袁窑，后名袁堂，又改名为袁楼。其后裔分支于此，以姓名村袁庄。聚落呈团块状分布。经济以种植业为主，种植小麦、玉米。有公路经此。

王庄 371721-B13-H06
[Wángzhuāng]

在县驻地曹城街道南方向20.4千米。梁堤头镇辖自然村。人口200。明洪武二十二年（1389），王氏祖讳伯龙偕弟伯虎，自山西洪洞县东迁，伯龙经青州过济宁而

择居曹县于此建村，以姓氏名王庄。聚落呈团块状分布。经济以种植业为主，种植小麦、玉米。有公路经此。

小井子 371721-B13-H07
[Xiǎojǐngzi]

在县驻地曹城街道南方向21.3千米。梁堤头镇辖自然村。人口100。明洪武年间，宋氏由山西洪洞县迁至曹邑东南宋祠楼。清朝，孟公由宋祠楼迁此，因村头有一口小井而得名小井子。聚落呈团块状分布。经济以种植业为主，种植小麦、玉米。

蒋洼 371721-B13-H08
[Jiǎngwā]

在县驻地曹城街道南方向22.4千米。梁堤头镇辖自然村。人口300。明洪武年间，蒋姓迁至此地，因建村时地势低洼，村名蒋洼。聚落呈团块状分布。经济以种植业为主，种植小麦、玉米。有公路经此。

安台 371721-B13-H09
[Āntái]

在县驻地曹城街道南方向25.2千米。梁堤头镇辖自然村。人口300。清朝中期，黄河改道，安氏家族于高台建村，名为安台。聚落呈团块状分布。经济以种植业为主，种植小麦、玉米。有公路经此。

杨集 371721-B13-H10
[Yángjí]

在县驻地曹城街道南方向20.3千米。梁堤头镇辖自然村。人口700。明永乐二年（1404），杨氏昆仲三人由山西省洪洞县东35里杨胡同相偕东迁，行二讳宽字朝於居东昌府濮州东50里杨集，八世祖讳熠分迁于此，袭名杨集。聚落呈团块状分布。经济以种植业为主，种植小麦、玉米。有公路经此。

杨道口 371721-B13-H11

[Yángdàokǒu]

在县驻地曹城街道南方向 21.1 千米。梁堤头镇辖自然村。人口 200。因建村于杨集村南、黄河故堤道口处，故名。聚落呈团块状分布。经济以种植业为主，种植小麦、玉米。有公路经此。

邬庄 371721-B13-H12

[Wūzhuāng]

在县驻地曹城街道南方向 22.4 千米。梁堤头镇辖自然村。人口 300。清末，邬氏由姚万楼迁至本地，在此耕种建村，起名邬庄。聚落呈团块状分布。经济以种植业为主，种植小麦、玉米。有公路经此。

梁东村 371721-B13-H13

[Liángdōngcūn]

在县驻地曹城街道南方向 21.0 千米。梁堤头镇辖自然村。人口 2 300。明初，梁氏迁此立村。明弘治五年（1492），梁氏迁至堤头，因名梁堤头。1961 年分为三个村，以方位得名。聚落呈团块状分布。有幼儿园 1 处。经济以种植业为主，种植小麦、玉米。有公路经此。

申庄 371721-B13-H14

[Shēnzhuāng]

在县驻地曹城街道南方向 23.0 千米。梁堤头镇辖自然村。人口 500。因申氏来此定居建村，故名。聚落呈团块状分布。经济以种植业为主，种植小麦、玉米。有公路经此。

梁西村 371721-B13-H15

[Liángxīcūn]

在县驻地曹城街道南方向 21.5 千米。梁堤头镇辖自然村。人口 2 100。明初，梁氏迁此立村。明弘治五年（1492），梁氏迁至堤头，因名梁堤头。1961 年分为三个村，以方位得名。聚落呈团块状分布。有小学 1 处、文化广场 1 处。经济以种植业为主，种植小麦、玉米。有公路经此。

刘高台 371721-B13-H16

[Liúgāotái]

在县驻地曹城街道南方向 25.4 千米。梁堤头镇辖自然村。人口 600。明清年间，刘氏家族为防洪防匪筑台，故名村刘高台。聚落呈团块状分布。经济以种植业为主，种植小麦、玉米。有公路经此。

孙庄 371721-B13-H17

[Sūnzhuāng]

在县驻地曹城街道南方向 22.3 千米。梁堤头镇辖自然村。人口 100。明末，孙氏先祖自大集迁此落户，取名孙庄。聚落呈团块状分布。经济以种植业为主，种植小麦、玉米。有公路经此。

安蔡楼 371721-B14-H01

[Āncàilóu]

安蔡楼镇人民政府驻地。在县驻地曹城街道东南方向 19.2 千米。人口 1 200。村原为蔡氏所建，因建楼取名蔡楼，后转卖于安氏，村名安蔡楼。聚落呈团块状分布。有文化广场 1 处、文化大院 1 处、农家书屋 1 处、幼儿园 1 处、小学 1 处、中学 1 处等。经济以种植业为主，种植小麦、玉米、棉花、大豆、蔬菜等。有公路经此。

火神台 371721-B14-H02

[Huǒshéntái]

在县驻地曹城街道东南方向 18.8 千米。安蔡楼镇辖自然村。人口 2 300。原名王庄，因状似金鸡称金鸡王庄，又因筑高台改为金凤台。后于台上建火神庙，故命名为火神台。聚落呈团块状分布。有幼儿园 2 处、小学 1 处、文化广场 1 处。经济以种植业为主,种植小麦、玉米、花生、芦笋、棉花、大豆、杂粮等。有公路经此。

魏庄 371721-B14-H03

[Wèizhuāng]

在县驻地曹城街道东南方向 19.4 千米。安蔡楼镇辖自然村。人口 800。明洪武年间,魏氏由山西洪洞县迁单县西南魏堂,清乾隆五十五年(1790)分迁于此,以姓名村。聚落呈团块状分布。经济以种植业为主,种植小麦、玉米、花生、芦笋、棉花、大豆、杂粮等。有公路经此。

东常寨 371721-B14-H04

[Dōngchángzhài]

在县驻地曹城街道东南方向 18.2 千米。安蔡楼镇辖自然村。人口 800。原名常寨,因西边有重名村,故以方位更名东常寨。聚落呈团块状分布。经济以种植业为主,种植小麦、玉米、花生、芦笋、棉花、大豆、杂粮等。有公路经此。

赵庙 371721-B14-H05

[Zhàomiào]

在县驻地曹城街道东南方向 18.5 千米。安蔡楼镇辖自然村。人口 200。清乾隆年间,杨氏于此建村并建庙,名杨庙。后赵氏迁来,改名赵庙。聚落呈团块状分布。经济以种植业为主,种植小麦、玉米、花生、芦笋、棉花、大豆、杂粮等。有公路经此。

高庄 371721-B14-H06

[Gāozhuāng]

在县驻地曹城街道东南方向 20.5 千米。安蔡楼镇辖自然村。人口 400。二世盛盘公迁县城南里许高庄,盘公之孙慧鹏南祖析此建村,以姓名村高庄。聚落呈团块状分布。

经济以种植业为主,种植小麦、玉米、花生、芦笋、棉花、大豆、杂粮等。有公路经此。

高庙 371721-B14-H07

[Gāomiào]

在县驻地曹城街道东南方向 20.1 千米。安蔡楼镇辖自然村。人口 300。明初,高氏自山西洪洞县迁此建村,因建庙而得名。聚落呈团块状分布。经济以种植业为主,种植小麦、玉米、花生、芦笋、棉花、大豆、杂粮等。有公路经此。

张楼 371721-B14-H08

[Zhānglóu]

在县驻地曹城街道东南方向 20.5 千米。安蔡楼镇辖自然村。人口 500。清康熙年间,张氏自山西洪洞县迁来,因建楼,故名张楼。聚落呈团块状分布。有文化广场、幼儿园。经济以种植业为主,种植小麦、玉米、花生、芦笋、棉花、大豆、杂粮等。有公路经此。

宋楼 371721-B14-H09

[Sònglóu]

在县驻地曹城街道东南方向 20.0 千米。安蔡楼镇辖自然村。人口 700。元至元三十一年(1294),宋氏祖平公自成武部鼎集迁此建村,因筑楼而名宋楼。聚落呈团块状分布。经济以种植业为主,种植小麦、玉米、花生、芦笋、棉花、大豆、杂粮等。有公路经此。

侯小庙 371721-B14-H10

[Hóuxiǎomiào]

在县驻地曹城街道东南方向 20.4 千米。安蔡楼镇辖自然村。人口 400。清乾隆年间,侯氏迁入,于村东建一小庙,改名侯小庙。聚落呈团块状分布。经济以种植业为主,种植小麦、玉米、花生、芦笋、棉花、大豆、杂粮等。有公路经此。

王堂 371721-B14-H11

[Wángtáng]

在县驻地曹城街道东南方向21.1千米。安蔡楼镇辖自然村。人口300。明初，王氏祖官于建业应天府任道台，因谤遭贬归里，不思返籍，径入黄河之流辗转漂泊，于此抛锚上岸，择地而居，因建庙堂，名村王堂。聚落呈团块状分布。有文化广场1处、幼儿园1处、小学1处。经济以种植业为主，种植小麦、玉米、花生、芦笋、棉花、大豆、杂粮等。有公路经此。

张庄 371721-B14-H12

[Zhāngzhuāng]

在县驻地曹城街道东南方向16.8千米。安蔡楼镇辖自然村。人口300。清道光十二年（1832），张氏自张小楼析此建村，取名张庄。聚落呈团块状分布。经济以种植业为主，种植小麦、玉米、花生、芦笋、棉花、大豆、杂粮等。有公路经此。

黄家庄 371721-B14-H13

[Huángjiāzhuāng]

在县驻地曹城街道东南方向22.3千米。安蔡楼镇辖自然村。人口600。明洪武年间，黄氏迁曹县安蔡楼南五里许，以姓名村黄庄。清末，因村东建庙两座，改名黄双庙。民国期间，庙除，复名黄庄。中华人民共和国成立后易名黄家庄。聚落呈团块状分布。经济以种植业为主，种植小麦、玉米、花生、芦笋、棉花、大豆、杂粮等。有公路经此。

陈新 371721-B14-H14

[Chénxīn]

在县驻地曹城街道东南方向23.8千米。安蔡楼镇辖自然村。人口300。1933年，陈子敏率佃户八户40余人，自本镇前张楼迁此建村，取村名陈新。聚落呈团块状分布。有文化广场1处。经济以种植业为主，种植小麦、玉米、花生、芦笋、棉花、大豆、杂粮等。有公路经此。

徐冠 371721-B14-H15

[Xúguàn]

在县驻地曹城街道东南方向20.9千米。安蔡楼镇辖自然村。人口200。元末，徐氏自磐石镇迁南京。后裔转迁于此，因建庙观，名村徐观，后以谐音称徐冠。聚落呈团块状分布。经济以种植业为主，种植小麦、玉米、花生、芦笋、棉花、大豆、杂粮等。有公路经此。

徐庄 371721-B14-H16

[Xúzhuāng]

在县驻地曹城街道东南方向19.0千米。安蔡楼镇辖自然村。人口300。元末，徐氏世居磐石镇。清嘉庆五年（1800）析此，因筑寨而名徐寨，后又建楼，改名徐楼。后人迁村西北里许析此，取村名徐庄。聚落呈团块状分布。有文化广场1处。经济以种植业为主，种植小麦、玉米、花生、芦笋、棉花、大豆、杂粮等。有公路经此。

陈河 371721-B14-H17

[Chénhé]

在县驻地曹城街道东南方向19.3千米。安蔡楼镇辖自然村。人口900。原有郭氏居此，村名郭胡同。明洪武九年（1376），因村前有河，且郭氏迁出，改村名陈河。聚落呈团块状分布。有文化广场1处。经济以种植业为主，种植小麦、玉米、花生、芦笋、棉花、大豆、杂粮等。有公路经此。

张小楼 371721-B14-H18

[Zhāngxiǎolóu]

在县驻地曹城街道东南方向21.2千米。安蔡楼镇辖自然村。人口100。明初，张氏自山西洪洞迁此建村，因盖小门楼，名村张小楼。聚落呈团块状分布。经济以种植业为主，种植小麦、玉米、花生、芦笋、棉花、大豆、杂粮等。有公路经此。

邵庄 371721-B15-H01
[Shàozhuāng]

邵庄镇人民政府驻地。在县驻地曹城街道西南方向 16.2 千米。人口 1 300。明洪武年间，邵氏自砀山迁曹邑西邵堂，世代耕读。清嘉庆年间，邵氏后人率族自邵堂迁此建村，以姓命名为邵庄。聚落呈团块状分布。有文化广场 1 处、文化大院 1 处、农家书屋 1 处、图书室 1 处、幼儿园 2 处、小学 1 处、中学 1 处。经济以种植业为主，种植芦笋、花生、棉花等。有公路经此。

程庄寨 371721-B15-H02
[Chéngzhuāngzhài]

在县驻地曹城街道南方向 19.4 千米。邵庄镇辖自然村。人口 300。清乾隆年间，王氏自定陶县城北十里王庄迁此，仍以王庄名村。1987 年为避重名，改称程庄寨。聚落呈团块状分布。有幼儿园 1 处、小学 1 处、文化广场 1 处。经济以种植业为主，种植小麦、玉米。有公路经此。

安庄 371721-B15-H03
[Ānzhuāng]

在县驻地曹城街道南方向 19.0 千米。邵庄镇辖自然村。人口 500。清道光年间，安氏由本县安蔡楼镇乡柏树园村迁此，以姓名村安庄。聚落呈团块状分布。有文化广场 1 处、幼儿园 1 处、小学 1 处。经济以种植业为主，种植小麦、玉米。有公路经此。

前张屋 371721-B15-H04
[Qiánzhāngwū]

在县驻地曹城街道南方向 24.0 千米。邵庄镇辖自然村。人口 600。清嘉庆年间，张氏自曹县东关冷店村迁此，因刚来时建茅屋两间，人称张家茅屋，后称张屋。后分为两村，本村以方位称前张屋。聚落呈带状分布。经济以种植业为主，种植小麦、玉米。有公路经此。

后张屋 371721-B15-H05
[Hòuzhāngwū]

在县驻地曹城街道南方向 24.5 千米。邵庄镇辖自然村。人口 300。清嘉庆年间，张氏自曹县东关冷店村迁此，因刚来时建茅屋两间，人称张家茅屋，后称张屋。后分为两村，本村以方位称后张屋。聚落呈团块状分布。经济以种植业为主，种植小麦、玉米。有公路经此。

赵家庄 371721-B15-H06
[Zhàojiāzhuāng]

在县驻地曹城街道南方向 18.6 千米。邵庄镇辖自然村。人口 200。清道光二十五年（1845），赵氏迁此，以姓名村赵家庄。聚落呈团块状分布。经济以种植业为主，种植小麦、玉米。有公路经此。

程庄 371721-B15-H07
[Chéngzhuāng]

在县驻地曹城街道南方向 19.7 千米。邵庄镇辖自然村。人口 700。清康熙年间，成氏携二子迁来，名成庄，后有程氏徙来，1920 年改村名为程庄。聚落呈团块状分布。经济以种植业为主，种植小麦、玉米。有公路经此。

西曹庄 371721-B15-H08
［Xīcáozhuāng］

在县驻地曹城街道南方向 22.0 千米。邵庄镇辖自然村。人口 300。明洪武三年（1370），曹氏自山西洪洞迁曹，又迁单，复迁曹南二十五里曹楼。清嘉庆年间，曹氏族人从曹楼分支于此，以姓名村曹庄。后以方位更名西曹庄。聚落呈团块状分布。经济以种植业为主，种植小麦、玉米。有公路经此。

黄庄 371721-B15-H09
［Huángzhuāng］

在县驻地曹城街道南方向 22.5 千米。邵庄镇辖自然村。人口 300。清道光二十五年（1845），黄氏由黄口迁此，以姓命名为黄庄。聚落呈团块状分布。经济以种植业为主，种植小麦、玉米。有公路经此。

范庄 371721-B15-H10
［Fànzhuāng］

在县驻地曹城街道南方向 21.8 千米。邵庄镇辖自然村。人口 300。明洪武年间，范氏自山西洪洞县迁曹邑南黄河故道南岸范李庄，清嘉庆三年（1798）复迁于此，以姓名村范庄。聚落呈团块状分布。经济以种植业为主，种植小麦、玉米。有公路经此。

新村 371721-B15-H11
［Xīncūn］

在县驻地曹城街道南方向 15.2 千米。邵庄镇辖自然村。人口 200。因在曹楼旁新建村庄，故名。聚落呈团块状分布。经济以种植业为主，种植小麦、玉米。有公路经此。

鲁庄 371721-B15-H12
［Lǔzhuāng］

在县驻地曹城街道南方向 21.6 千米。邵庄镇辖自然村。人口 500。原为王氏建村，名小王庄。清乾隆八年（1743），鲁氏从河南宁陵城北赵老庄迁此，为小王庄王姓佃耕，后王姓绝，鲁姓兴隆，遂改称鲁庄。聚落呈团块状分布。有文化广场 1 处、幼儿园 1 处、小学 1 处。经济以种植业为主，种植小麦、玉米。有公路经此。

杨庄 371721-B15-H13
［Yángzhuāng］

在县驻地曹城街道南方向 21.8 千米。邵庄镇辖自然村。人口 300。明洪武年间，杨氏二世祖讳聪、文、礼三公，先迁阳谷，再迁宁陵北杨庄。清康熙二十一年（1682），杨氏族人自宁陵迁此建村，以姓命名为杨庄。聚落呈团块状分布。经济以种植业为主，种植小麦、玉米。有公路经此。

大曹庄 371721-B15-H14
［Dàcáozhuāng］

在县驻地曹城街道南方向 22.0 千米。邵庄镇辖自然村。人口 400。明洪武三年（1370），曹氏自山西洪洞县迁曹，又迁单，复迁曹南 25 里曹楼。清嘉庆年间，曹氏族人从曹楼分支于此，以姓名村大曹庄。聚落呈团块状分布。经济以种植业为主，种植小麦、玉米。有公路经此。

曹庄 371721-B15-H15
［Cáozhuāng］

在县驻地曹城街道西南方向 14.6 千米。邵庄镇辖自然村。人口 800。清嘉庆年间，曹氏迁此，以姓名村曹庄。聚落呈团块状分布。经济以种植业为主，种植小麦、玉米。有公路经此。

袁场 371721-B15-H16
[Yuánchǎng]

在县驻地曹城街道南方向 17.4 千米。邵庄镇辖自然村。人口 1 300。清乾隆年间，一袁姓地主于此设打粮场，人称袁家场。后有祝、刘、白等来此为袁姓地主佃耕居此，渐成村庄，称袁场。聚落呈团块状分布。经济以种植业为主，种植小麦、玉米。有公路经此。

陈庄 371721-B15-H17
[Chénzhuāng]

在县驻地曹城街道南方向 19.7 千米。邵庄镇辖自然村。人口 200。清乾隆年间，陈氏自王庄集迁此，以姓名村陈庄。聚落呈团块状分布。经济以种植业为主，种植小麦、玉米。有公路经此。

沟底子 371721-B15-H18
[Gōudǐzi]

在县驻地曹城街道南方向 16.0 千米。邵庄镇辖自然村。人口 300。因傍黄河滩水沟处建村，得村名沟底子。聚落呈团块状分布。经济以种植业为主，种植小麦、玉米。有公路经此。

程窑 371721-B15-H19
[Chéngyáo]

在县驻地曹城街道南方向 19.4 千米。邵庄镇辖自然村。人口 400。清咸丰初年，程氏自本乡程庄寨分支迁于此，因傍窑建村而居，得名程窑。聚落呈团块状分布。经济以种植业为主，种植小麦、玉米。有公路经此。

王集 371721-B16-H01
[Wángjí]

王集镇人民政府驻地。在县驻地曹城街道方向东 9.0 千米。人口 1 900。清初，王氏分支于此建村，曾名和益寨。清末，王氏于本村起集，改名王集。聚落呈团块状分布。有图书室、中学、小学、幼儿园等。经济以种植业为主，种植蔬菜、小麦、玉米等。省道许单公路经此。

季集 371721-B16-H02
[Jìjí]

在县驻地曹城街道东方向 8.8 千米。王集镇辖自然村。人口 1 600。明洪武年间，季、卓二氏由山西洪洞县迁此建村，以二姓名村卓岗季。后卓氏迁出，改称季村。清中期，因设集市，改名季集。聚落呈环状分布。有文化广场 2 处、幼儿园 1 处、小学 1 处。经济以种植业为主，种植小麦、玉米、花生等。省道许单公路经此。

前蒋庄 371721-B16-H03
[Qiánjiǎngzhuāng]

在县驻地曹城街道东方向 10.1 千米。王集镇辖自然村。人口 400。清朝初年，蒋氏族人迁至此地建村，名前蒋庄。聚落呈团块状分布。有文化广场 1 处。经济以种植业为主，种植小麦、玉米、花生等。省道许单公路经此。

前王庄 371721-B16-H04
[Qiánwángzhuāng]

在县驻地曹城街道东方向 10.3 千米。王集镇辖自然村。人口 400。清初，王氏自定陶冉堌集迁来，分建南、北二村，本村位南，名前王庄。聚落呈团块状分布。经济以种植业为主，种植小麦、玉米、花生等。省道许单公路经此。

何屯 371721-B16-H05
[Hétún]

在县驻地曹城街道东北方向 9.6 千米。

王集镇辖自然村。人口 500。清初，何氏由山西洪洞迁此至山东定陶县西戴集。何氏后人迁此，以姓氏名村何屯。聚落呈团块状分布。经济以种植业为主，种植小麦、玉米、花生等。省道许单公路经此。

梁庙 371721-B16-H06

[Liángmiào]

在县驻地曹城街道东方向 9.7 千米。王集镇辖自然村。人口 700。明末，蒋氏祖迁于此，并有吴氏迁此。因于村南建庙，名村两家庙。后梁氏自定陶迁入，改名梁庙。聚落呈团块状分布。有文化广场 1 处、幼儿园 2 处、小学 2 处。经济以种植业为主，种植小麦、玉米、花生等。省道许单公路经此。

王大庄 371721-B16-H07

[Wángdàzhuāng]

在县驻地曹城街道东方向 8.8 千米。王集镇辖自然村。人口 200。明成化年间，王氏自定陶冉堌集北之王双庙前来，改村名为王大庄。聚落呈团块状分布。经济以种植业为主，种植小麦、玉米、花生等。省道许单公路经此。

许庄 371721-B16-H08

[Xǔzhuāng]

在县驻地曹城街道东方向 8.4 千米。王集镇辖自然村。人口 200。清康熙年间，韩氏自曹县城东关迁此立村，名韩庄。后许氏由张店迁入，并买下此村，遂改名为许庄。聚落呈团块状分布。有文化广场、幼儿园、小学。经济以种植业为主，种植小麦、玉米、花生等。省道许单公路经此。

张店 371721-B16-H09

[Zhāngdiàn]

在县驻地曹城街道东方向 8.0 千米。王集镇辖自然村。人口 1 800。明洪武年间名三官庙，后因大部分居民姓张，改为张店。聚落呈团块状分布。有文化广场、幼儿园、小学等。经济以种植业为主，种植小麦、玉米、花生等。省道许单公路经此。

后王庄 371721-B16-H10

[Hòuwángzhuāng]

在县驻地曹城街道东方向 10.4 千米。王集镇辖自然村。人口 400。清初，王氏自定陶冉堌集迁来，分建南、北二村，本村位北，名后王庄。聚落呈团块状分布。有文化广场 1 处、幼儿园 1 处、小学 1 处。经济以种植业为主，种植小麦、玉米、花生等。省道许单公路经此。

前赵庙 371721-B16-H11

[Qiánzhàomiào]

在县驻地曹城街道东方向 12.4 千米。王集镇辖自然村。人口 300。赵氏由青州府益都县迁居曹州安仁郡，其后人迁至永丰郡北，因建村于周公庙旁，故名前赵庙。聚落呈团块状分布。经济以种植业为主，种植小麦、玉米、花生等。省道许单公路经此。

刘一庄 371721-B16-H12

[Liúyīzhuāng]

在县驻地曹城街道东方向 6.6 千米。王集镇辖自然村。人口 500。因本村原为刘氏所建，故名。聚落呈团块状分布。有文化广场 1 处。经济以种植业为主，种植小麦、玉米、花生等。省道许单公路经此。

李庄新村 371721-B16-H13

[Lǐzhuāngxīncūn]

在县驻地曹城街道东北方向 10.6 千米。王集镇辖自然村。人口 1 800。2012 年由李庄、王菜园、刘史庄、李史庄、史庄、赵庄、泰山庙、杨庄户 8 个自然村合并，名为李庄新村。聚落呈团块状分布。有文化广场 2 处、幼儿园 1 处、小学 1 处。经济以种植业为主，种植小麦、玉米、花生等。省道许单公路经此。

邵庄 371721-B16-H14
［Shàozhuāng］

在县驻地曹城街道东方向 11.5 千米。王集镇辖自然村。人口 1 500。清顺治年间，邵氏携带家眷自成武苟村集迁曹东十八里建村，以姓氏取名为邵庄。聚落呈团块状分布。有文化广场 1 处、幼儿园 1 处。经济以种植业为主，种植小麦、玉米、花生等。省道许单公路经此。

王大庙 371721-B16-H15
［Wángdàmiào］

在县驻地曹城街道东方向 10.4 千米。王集镇辖自然村。人口 600。明洪武年间，王氏自山西洪洞县迁至曹邑之南傅集。万历年间，王氏族人后移居曹城东，因建阔达宏伟关帝庙而得名。聚落呈团块状分布。有文化广场 2 处。经济以种植业为主，种植小麦、玉米、花生等。省道许单公路经此。

青岗集 371721-B17-H01
［Qīnggǎngjí］

青岗集镇人民政府驻地。在县驻地曹城街道北方向 18.0 千米。人口 1 900。明正德年间，村前建一青堌寺庙，故得村名青堌村。后该村渐成集市，改称青堌集。因"堌""岗"音近，演称今名。聚落呈团块状分布。有文化广场 1 处、文化大院 1 处、农家书屋 1 处、图书室 1 处、幼儿园 2 处、小学 2 处、中学 1 处。经济以种植业为主，种植蔬菜、花生、玉米等。省道临商公路经此。

郭庄东村 371721-B17-H02
［Guōzhuāngdōngcūn］

在县驻地曹城街道北方向 16.9 千米。青岗集镇辖自然村。人口 900。明正德五年（1510），郭姓先人郭丙刚迁此建村，命名大郭庄。后分两村，本村位东，名郭庄东。聚落呈团块状分布。有文化广场 1 处、小学 1 处。经济以种植业为主，种植小麦、玉米、花生等。省道临商公路经此。

前江海 371721-B17-H03
［Qiánjiānghǎi］

在县驻地曹城街道北方向 18.0 千米。青岗集镇辖自然村。人口 300。明洪武年间，江姓先祖江明安于江海村立村。清初，江氏自江海分支于此，因位旧居之前，故名前江海。聚落呈团块状分布。有文化广场 1 处、幼儿园 1 处、小学 1 处。经济以种植业为主，种植小麦、玉米、花生等。省道临商公路经此。

车庄 371721-B17-H04
［Chēzhuāng］

在县驻地曹城街道北方向 18.9 千米。青岗集镇辖自然村。人口 600。明永乐年间，车氏自山西洪洞县迁至定陶县马集之陈庄。万历年间，讳兴者转迁于此，因姓名村车庄。聚落呈团块状分布。有幼儿园 1 处。经济以种植业为主，种植小麦、玉米、花生等。省道临商公路经此。

郭庄西村 371721-B17-H05
［Guōzhuāngxīcūn］

在县驻地曹城街道北方向 16.9 千米。青岗集镇辖自然村。人口 600。明洪武元年（1368），郭氏始祖恩贡生字仲礼行三，自京师河间府献县迁至曹县安仁集东北八里，牛郎堤南涯里许郭家口，复迁郭楼。

明正德五年（1510），丙刚公迁此建村，命名大郭庄。后分两村，本村位西，故名郭庄西。聚落呈团块状分布。经济以种植业为主，种植小麦、玉米、花生等。省道临商公路经此。

张阁 371721-B17-H06
[Zhānggé]

在县驻地曹城街道北方向 17.2 千米。青岗集镇辖自然村。人口 1 000。明洪武四年（1371），张氏从山西洪洞迁此定居，因于村东建白衣阁庙，故名村白衣阁，后以姓改名张阁。聚落呈团块状分布。有幼儿园 1 处。经济以种植业为主，种植小麦、玉米、花生等。省道临商公路经此。

崔庄 371721-B17-H07
[Cuīzhuāng]

在县驻地曹城街道北方向 19.2 千米。青岗集镇辖自然村。人口 200。崔氏始祖讳成，原籍山西省洪洞县崔家寨，首迁河南卫辉府胙城。明宣德年间，又迁山东曹县西北 35 里吴堂村。后崔氏族人由吴堂迁居西北 5 里，以姓名村崔庄。聚落呈团块状分布。经济以种植业为主，种植小麦、玉米、花生等。省道临商公路经此。

丁楼 371721-B17-H08
[Dīnglóu]

在县驻地曹城街道北方向 16.8 千米。青岗集镇辖自然村。人口 300。明天启年间，丁氏迁至曹邑北约 35 里处建村，以姓名村丁庄，后因建楼，易名丁楼。聚落呈团块状分布。经济以种植业为主，种植小麦、玉米、花生等。省道临商公路经此。

赵庄 371721-B17-H09
[Zhàozhuāng]

在县驻地曹城街道北方向 16.3 千米。青岗集镇辖自然村。人口 400。明弘治二年（1489），赵氏始祖讳青自山西洪洞迁曹州南马家集西北 3 里择地定居。明万历年间，赵氏族人迁曹邑西北 35 里立村，以姓名村赵庄。聚落呈团块状分布。经济以种植业为主，种植小麦、玉米、花生等。省道临商公路经此。

许堂 371721-B17-H10
[Xǔtáng]

在县驻地曹城街道北方向 15.5 千米。青岗集镇辖自然村。人口 500。明崇祯三年（1630），许氏从山西洪洞县迁至河南考城县许河，后分支于此，因建庙堂而得名。聚落呈团块状分布。有文化广场 1 处、幼儿园 1 处、小学 1 处。经济以种植业为主，种植小麦、玉米、花生等。省道临商公路经此。

刘庄 371721-B17-H11
[Liúzhuāng]

在县驻地曹城街道北方向 19.0 千米。青岗集镇辖自然村。人口 400。明初，刘氏始祖自山西洪洞县迁此建村，以姓命名刘庄。聚落呈团块状分布。经济以种植业为主，种植小麦、玉米、花生等。省道临商公路经此。

费庄 371721-B17-H12
[Fèizhuāng]

在县驻地曹城街道北方向 18.5 千米。青岗集镇辖自然村。人口 600。原名李堂。明洪武年间，费氏自山西洪洞县迁居定陶县谷胡同，后费氏后人迁此，后改称费庄。聚落呈团块状分布。经济以种植业为主，种植小麦、玉米、花生等。省道临商公路经此。

程庄 371721-B17-H13

[Chéngzhuāng]

在县驻地曹城街道北方向 18.7 千米。青岗集镇辖自然村。人口 200。清初，程氏迁此，以姓名村程庄。聚落呈团块状分布。经济以种植业为主，种植小麦、玉米、花生等。省道临商公路经此。

朱庄 371721-B17-H14

[Zhūzhuāng]

在县驻地曹城街道北方向 17.1 千米。青岗集镇辖自然村。人口 300。清康熙三年（1664），朱姓后裔迁此建村，以姓命名为朱庄。聚落呈团块状分布。经济以种植业为主，种植小麦、玉米、花生等。省道临商公路经此。

燕城集 371721-B17-H15

[Yānchéngjí]

在县驻地曹城街道北方向 17.7 千米。青岗集镇辖自然村。人口 1 000。商，为亳都王圻之地，其北境为南燕国。后国除成集，故名燕城集。聚落呈团块状分布。有文化广场 1 处、幼儿园 1 处、小学 1 处。经济以种植业为主，种植小麦、玉米、花生等。省道临商公路经此。

后张庄 371721-B17-H16

[Hòuzhāngzhuāng]

在县驻地曹城街道北方向 13.8 千米。青岗集镇辖自然村。人口 700。明洪武年间，张氏始祖从山西洪洞县迁曹邑西北 30 里许立村，因迁时带有一只小虎而名村老虎张庄，后改名张洪洞，清代称后张庄。聚落呈团块状分布。经济以种植业为主，种植小麦、玉米、花生等。省道临商公路经此。

林庄 371721-B17-H17

[Línzhuāng]

在县驻地曹城街道北方向 17.4 千米。青岗集镇辖自然村。人口 600。清康熙年间，林氏自定陶县马集东之林洼迁此定居，以姓名村林庄。聚落呈团块状分布。有文化广场 1 处、幼儿园 1 处、小学 1 处。经济以种植业为主，种植小麦、玉米、花生等。省道临商公路经此。

常乐集 371721-B18-H01

[Chánglèjí]

常乐集镇人民政府驻地。在县驻地曹城街道西北方向 26.9 千米。人口 3 000。该村建于周朝，原名常乐村。明初成集，易名常乐集。聚落呈团块状分布。有文化广场 1 处、文化大院 1 处、农家书屋 1 处、图书室 1 处、中学 2 处、小学 2 处。经济以种植业为主，种植小麦、玉米、棉花、大豆。有公路经此。

常刘庄 371721-B18-H02

[Chángliúzhuāng]

在县驻地曹城街道西北方向 25.5 千米。常乐集镇辖自然村。人口 900。明洪武二年（1369），刘氏兄弟二人自山西洪洞县迁此，名村常刘庄。聚落呈团块状分布。有幼儿园 2 处。经济以种植业为主，种植小麦、玉米。有公路经此。

常庄 371721-B18-H03

[Chángzhuāng]

在县驻地曹城街道西北方向 26.2 千米。常乐集镇辖自然村。人口 400。以姓名村常庄。聚落呈团块状分布。经济以种植业为主，种植小麦、玉米。有公路经此。

白堂 371721-B18-H04
[Báitáng]

在县驻地曹城街道西北方向27.0千米。常乐集镇辖自然村。人口500。明洪武年间，有村民自山西洪洞县迁此，因在村西北建白玉堂一座而得村名白堂。聚落呈团块状分布。经济以种植业为主，种植小麦、玉米。有公路经此。

三邱店 371721-B18-H05
[Sānqiūdiàn]

在县驻地曹城街道西北方向28.6千米。常乐集镇辖自然村。人口2 400。唐末，农民起义领袖黄巢将三员大将丘埋在该村广教寺内，后人便因此将该村起名为三邱店。聚落呈团块状分布。有文化广场1处、幼儿园1处、小学2处等。经济以种植业为主，种植小麦、玉米。有公路经此。

孙庄 371721-B18-H06
[Sūnzhuāng]

在县驻地曹城街道西北方向27.7千米。常乐集镇辖自然村。人口400。孙氏自山西洪洞县大冯庄东头迁山东曹县西北安陵埚堆以南之孙庄，后分支于此，因以制作木香为业，故称孙香庄，后改称孙庄。聚落呈团块状分布。经济以种植业为主，种植小麦、玉米。有公路经此。

后鹿庙 371721-B18-H07
[Hòulùmiào]

在县驻地曹城街道西北方向29.5千米。常乐集镇辖自然村。人口600。鹿氏始祖讳尽忠自山西洪洞县迁至曹邑西北定居，因村南有座泰山老奶奶庙且有前鹿庙，故改称后鹿庙。聚落呈团块状分布。经济以种植业为主，种植小麦、玉米。有公路经此。

王新庄 371721-B18-H08
[Wángxīnzhuāng]

在县驻地曹城街道西北方向28.4千米。常乐集镇辖自然村。人口1 100。明洪武年间，王氏自山西洪洞迁至曹邑李楼西之王井，其后人析此后取新建之意，以姓名村王新庄。聚落呈团块状分布。经济以种植业为主，种植小麦、玉米。有公路经此。

冯庄 371721-B18-H09
[Féngzhuāng]

在县驻地曹城街道西北方向26.6千米。常乐集镇辖自然村。人口500。清乾隆年间冯氏族人冯进国闻名乡里，遂改称冯进国庄，简称冯庄。聚落呈团块状分布。经济以种植业为主，种植小麦、玉米。有公路经此。

沙土李 371721-B18-H10
[Shātǔlǐ]

在县驻地曹城街道西北方向26.4千米。常乐集镇辖自然村。人口500。明洪武年间，李姓由山西洪洞县迁曹县35里西李楼，其后人至此建村，因村东有一座沙土岗，故名沙土李。聚落呈团块状分布。经济以种植业为主，种植小麦、玉米。有公路经此。

陈庄 371721-B18-H11
[Chénzhuāng]

在县驻地曹城街道西北方向25.9千米。常乐集镇辖自然村。人口400。明洪武年间，陈姓自山西洪洞县迁往山东青州府槐子乡朱二社，明永乐年间转迁至此，以姓命名为陈庄。聚落呈团块状分布。经济以种植业为主，种植小麦、玉米。有公路经此。

汪庄 371721-B18-H12
[Wāngzhuāng]

在县驻地曹城街道西北方向26.5千米。

常乐集镇辖自然村。人口 400。明永乐年间，汪氏以姓名村。聚落呈团块状分布。经济以种植业为主，种植小麦、玉米。有公路经此。

李楼 371721-B18-H13
[Lǐlóu]

在县驻地曹城街道西北方向 28.5 千米常乐集镇辖自然村。人口 1 400。因李氏在此盖楼而得名。聚落呈团块状分布。有文化广场 1 处、幼儿园 1 处、小学 1 处。经济以种植业为主，种植小麦、玉米。有公路经此。

师庄 371721-B18-H14
[Shīzhuāng]

在县驻地曹城街道西北方向 27.4 千米。常乐集镇辖自然村。人口 1 100。明永乐七年（1409），师氏迁到此地，故名师庄。聚落呈团块状分布。经济以种植业为主，种植小麦、玉米。有公路经此。

宋庄 371721-B18-H15
[Sòngzhuāng]

在县驻地曹城街道西北方向 24.8 千米。常乐集镇辖自然村。人口 1 000。明洪武年间，山西洪洞县宋氏迁此建村，因建天爷庙，名村宋天庙。清乾隆四十八年（1783），村庙俱毁于洪水，村重建后以姓更名宋庄。聚落呈团块状分布。有幼儿园 1 处。经济以种植业为主，种植小麦、玉米。有公路经此。

任庄 371721-B18-H16
[Rénzhuāng]

在县驻地曹城街道西北方向 25.6 千米。常乐集镇辖自然村。人口 1 300。明初，任氏由山西洪洞县迁往山东曹县，以姓名村任庄。聚落呈团块状分布。有文化广场 2 处、幼儿园 2 处、小学 1 处等。经济以种植业为主，种植小麦、玉米。有公路经此。

武庄 371721-B18-H17
[Wǔzhuāng]

在县驻地曹城街道西北方向 23.6 千米。常乐集镇辖自然村。人口 400。明洪武年间，武姓自山西洪洞县迁至山东曹县西北桃源村，其后人徙此以姓名村武庄。聚落呈团块状分布。有幼儿园 1 处。经济以种植业为主，种植小麦、玉米。有公路经此。

赵庄 371721-B18-H18
[Zhàozhuāng]

在县驻地曹城街道西北方向 28.8 千米。常乐集镇辖自然村。人口 200。以姓名村赵庄。聚落呈团块状分布。有小学 1 处。经济以种植业为主，种植小麦、玉米。有公路经此。

李八庄 371721-B19-H01
[Lǐbāzhuāng]

大集镇人民政府驻地。在县驻地曹城街道东南方向 15.6 千米。人口 1 900。明洪武年间，李氏祖讳克让自山西洪洞县迁此建村，因开设八处店铺而得名李八庄。聚落呈团块状分布。有文化大院 1 处、农家书屋 1 处、图书室 1 处、小学 1 处、幼儿园 1 处。经济以种植业为主，种植小麦、玉米、花生、地瓜和杂粮等。有公路经此。

东街 371721-B19-H02
[Dōngjiē]

在县驻地曹城街道东南方向 14.2 千米。大集镇辖自然村。人口 100。大集镇的街道呈十字形，分为东、南、西、北、东北五条街。因该村在大集的东面，故称东街。聚落呈团块状分布。经济以种植业为主，种植小麦、玉米。有公路经此。

曹海 371721-B19-H03

[Cáohǎi]

在县驻地曹城街道东南方向14.8千米。大集镇辖自然村。人口600。因原为曹氏建村，故名曹海。聚落呈团块状分布。经济以种植业为主，种植小麦、玉米。有公路经此。

前胡楼 371721-B19-H04

[Qiánhúlóu]

在县驻地曹城街道东南方向14.4千米。大集镇辖自然村。人口300。明洪武年间，胡氏由陕西庆阳府槐远迁曹邑东南大义集，后世析此，初名山福村，后改为胡楼。又分两村，本村以方位称前胡楼。聚落呈团块状分布。经济以种植业为主，种植小麦、玉米。有公路经此。

后胡楼 371721-B19-H05

[Hòuhúlóu]

在县驻地曹城街道东南方向14.3千米。大集镇辖自然村。人口700。明洪武年间，胡氏由陕西庆阳府槐远迁曹邑东南大义集，后世析此，初名山福村，后改为胡楼。又分两村，本村以方位称后胡楼。聚落呈团块状分布。经济以种植业为主，种植小麦、玉米。有公路经此。

大寺 371721-B19-H06

[Dàsì]

在县驻地曹城街道东南方向15.2千米。大集镇辖自然村。人口200。因大义寺而得村名大义寺，1947年更名为大寺。聚落呈团块状分布。有文化广场1处、幼儿园1处、小学1处等。经济以种植业为主，种植小麦、玉米。有公路经此。

韩旧楼 371721-B19-H07

[Hánjiùlóu]

在县驻地曹城街道东南方向16.0千米。大集镇辖自然村。人口200。清顺治四年（1647），韩氏自山西洪洞县迁此，因建楼，名村韩楼。乾隆年间，其后裔因迁西建新楼，此地楼为老楼而取名韩旧楼。聚落呈团块状分布。经济以种植业为主，种植小麦、玉米。有公路经此。

东高楼 371721-B19-H08

[Dōnggāolóu]

在县驻地曹城街道东南方向15.8千米。大集镇辖自然村。人口400。明永乐年间，高氏迁此建村并筑楼，故名高楼。后裔族人析出建此村，以方位称东高楼。聚落呈团块状分布。经济以种植业为主，种植小麦、玉米。有公路经此。

西高楼 371721-B19-H09

[Xīgāolóu]

在县驻地曹城街道东南方向16.0千米。大集镇辖自然村。人口100。明永乐年间，高氏迁此建村并筑楼，故名高楼。后裔族人析出建东高楼，本村遂改称西高楼。聚落呈团块状分布。经济以种植业为主，种植小麦、玉米。有公路经此。

高庄 371721-B19-H10

[Gāozhuāng]

在县驻地曹城街道东南方向15.3千米。大集镇辖自然村。人口400。清嘉庆年间，高氏自高楼析此，以姓名村高庄。聚落呈团块状分布。经济以种植业为主，种植小麦、玉米。有公路经此。

刘庄 371721-B19-H11

[Liúzhuāng]

在县驻地曹城街道东南方向15.4千米。

大集镇辖自然村。人口 200。明初，刘氏祖鸿渐公与家人自山西洪洞县迁曹邑春墓岗。清康熙六年（1667），其六世裔仲瑷、仲瑞分支于此，以姓名村刘庄。聚落呈团块状分布。经济以种植业为主，种植小麦、玉米。有公路经此。

付海 371721-B19-H12
[Fùhǎi]

在县驻地曹城街道东南方向 14.7 千米。大集镇辖自然村。人口 100。明洪武年间，付氏迁自山西洪洞县，因挖寨海儿得名付海。聚落呈团块状分布。有文化广场、幼儿园、小学。经济以种植业为主，种植小麦、玉米。有公路经此。

张庄 371721-B19-H13
[Zhāngzhuāng]

在县驻地曹城街道东南方向 15.8 千米。大集镇辖自然村。人口 200。明初，张氏自山西洪洞县迁居曹邑北张庄。明末，张氏祖讳立业自北张庄迁此建村，因姓得名张庄。聚落呈团块状分布。有幼儿园 1 处。经济以种植业为主，种植小麦、玉米。有公路经此。

后任庄 371721-B19-H14
[Hòurénzhuāng]

在县驻地曹城街道东南方向 17.6 千米。大集镇辖自然村。人口 800。明洪武年间，任氏自山西洪洞县迁曹邑大义集南任庄。清乾隆二十五年（1760）其后裔析此，因居旧村之北，故名后任庄。聚落呈团块状分布。经济以种植业为主，种植小麦、玉米。有公路经此。

韩庄 371721-B19-H15
[Hánzhuāng]

在县驻地曹城街道东南方向 13.1 千米。

大集镇辖自然村。人口 200。明初，韩氏自山西洪洞县迁至曹邑东南王鲁集南韩楼，其后裔分支迁此建村，以姓命名为韩庄。聚落呈团块状分布。经济以种植业为主，种植小麦、玉米。有公路经此。

后张庄 371721-B19-H16
[Hòuzhāngzhuāng]

在县驻地曹城街道东南方向 15.7 千米。大集镇辖自然村。人口 300。明洪武年间，张氏祖讳秀领自山西洪洞县迁此建村，初名张庄。因村庄靠后，故名后张庄。聚落呈团块状分布。经济以种植业为主，种植小麦、玉米。有公路经此。

宋庄 371721-B19-H17
[Sòngzhuāng]

在县驻地曹城街道东南方向 15.9 千米。大集镇辖自然村。人口 200。原为宋氏建村，以姓命名为宋村。明弘治年间，王氏祖讳金箱由山西洪洞县迁来，仍名宋庄。聚落呈团块状分布。经济以种植业为主，种植小麦、玉米。有公路经此。

孟庙 371721-B19-H18
[Mèngmiào]

在县驻地曹城街道东南方向 16.6 千米。大集镇辖自然村。人口 400。清乾隆三十二（1767），孟氏祖讳尚友自曹县南关分支于此，因建村于已拆庙址而得名孟庙。聚落呈团块状分布。经济以种植业为主，种植小麦、玉米。有公路经此。

仵楼 371721-B20-H01
[Wǔlóu]

仵楼镇人民政府驻地。在县驻地曹城街道东南方向 28.8 千米。人口 1 600。民国初年，仵氏于此建佃户村，王、李、韩等数姓迁此佣耕，名村小仵楼，1949 年改为仵楼。聚落呈散状分布。有文化广场1处、文化大院1处、农家书屋1处、图书室1处、中学1处、小学2处。经济以种植业为主，种植韭菜、黄瓜、茄子、山药等。有公路经此。

前油坊 371721-B20-H02
[Qiányóufáng]

在县驻地曹城街道东南方向27.9千米。仵楼镇辖自然村。人口900。明洪武二十二年（1389），王氏自山西洪洞县迁此，因祖先开设一油坊，故名油坊。后分两村，本村以方位称前油坊。聚落呈带状分布。经济以种植业为主，种植小麦、玉米。有公路经此。

后油坊 371721-B20-H03
[Hòuyóufáng]

在县驻地曹城街道东南方向27.8千米。仵楼镇辖自然村。人口1 000。明洪武二十二年（1389），王氏自山西洪洞县迁此，因祖先开设一油坊，故名油坊。后分两村，本村以方位称后油坊。聚落呈带状分布。经济以种植业为主，种植小麦、玉米。有公路经此。

陈楼 371721-B20-H04
[Chénlóu]

在县驻地曹城街道东南方向28.1千米。仵楼镇辖自然村。人口1 200。明洪武二十二年（1389），陈氏自山西洪洞县迁此，命村名为陈楼。聚落呈团块状分布。有幼儿园1处、小学1处。经济以种植业为主，种植小麦、玉米。有公路经此。

新庄 371721-B20-H05
[Xīnzhuāng]

在县驻地曹城街道东南方向26.7千米。仵楼镇辖自然村。人口900。明洪武二十二年（1389），王氏自山西洪洞县迁此，命名为新庄。聚落呈带状分布。经济以种植业为主，种植小麦、玉米。有公路经此。

旗杆庄 371721-B20-H06
[Qígānzhuāng]

在县驻地曹城街道东南方向28.5千米。仵楼镇辖自然村。人口800。明朝时期，此为黄河故道，船只航行于本村中央，因有一旗杆作为导航，故以旗杆为名，称旗杆庄。聚落呈带状分布。经济以种植业为主，种植小麦、玉米。有公路经此。

王一庄 371721-B20-H07
[Wángyīzhuāng]

在县驻地曹城街道东南方向28.2千米。仵楼镇辖自然村。人口800。明洪武二十二年（1389），赵氏自山西洪洞县迁此，得村名王一庄。聚落呈带状分布。经济以种植业为主，种植小麦、玉米。有公路经此。

张飞庙 371721-B20-H08
[Zhāngfēimiào]

在县驻地曹城街道东南方向28.4千米。仵楼镇辖自然村。人口800。明洪武二十二年（1389），因村旁有一供奉张飞的庙宇，故村名张飞庙。聚落呈团块状分布。经济以种植业为主，种植小麦、玉米。有公路经此。

菜园李 371721-B20-H09
[Càiyuánlǐ]

在县驻地曹城街道东南方向23.8千米。仵楼镇辖自然村。人口800。因李姓开园种菜而得村名菜园李。聚落呈团块状分布。有幼儿园1处。经济以种植业为主，种植小麦、玉米。有公路经此。

郭井 371721-B20-H10
[Guōjǐng]

在县驻地曹城街道东南方向28.4千米。仵楼镇辖自然村。人口 500。商代名瓦岗集南头，清同治年间，郭氏迁此建村，凿得水井一口，因井水甘甜而得名郭井。聚落呈团块状分布。经济以种植业为主，种植小麦、玉米。有公路经此。

尹庄 371721-B20-H11
[Yǐnzhuāng]

在县驻地曹城街道东南方向25.4千米。仵楼镇辖自然村。人口 900。明洪武初年，尹氏自山西洪洞县迁曹境，创业于古营。后其后人自古营迁此，以姓名村尹庄。聚落呈团块状分布。有幼儿园 1 处。经济以种植业为主，种植小麦、玉米。有公路经此。

谢集 371721-B20-H12
[Xièjí]

在县驻地曹城街道东南方向25.2千米。仵楼镇辖自然村。人口 500。谢氏从金陵护驾北上，定居于曹邑，后分支于此，以姓名村谢庄。1932年成集市，改谢庄为谢集。聚落呈团块状分布。经济以种植业为主，种植小麦、玉米。有公路经此。

东北宋 371721-B20-H13
[Dōngběisòng]

在县驻地曹城街道东南方向26.9千米。仵楼镇辖自然村。人口 1 200。宋氏自山西洪洞县老鸹窝迁此，以姓名村东北宋。聚落呈团块状分布。有文化广场。经济以种植业为主，种植小麦、玉米。有公路经此。

大郭楼 371721-B20-H14
[Dàguōlóu]

在县驻地曹城街道东南方向28.5千米。仵楼镇辖自然村。人口 800。明洪武年间，郭氏自山西洪洞县迁至曹邑东南，以姓名村。清同治年间，因族人析居于村南建南郭楼，改名为大郭楼。聚落呈团块状分布。有文化广场。经济以种植业为主，种植小麦、玉米。有公路经此。

小郭楼 371721-B20-H15
[Xiǎoguōlóu]

在县驻地曹城街道东南方向28.9千米。仵楼镇辖自然村。人口 900。明洪武年间，郭氏自山西洪洞县迁至曹邑东南，以姓名村。清同治年间，族人析居于村南建村，称南郭楼。1979年改为小郭楼。聚落呈团块状分布。有文化广场。经济以种植业为主，种植小麦、玉米。有公路经此。

周庄 371721-B20-H16
[Zhōuzhuāng]

在县驻地曹城街道东南方向27.6千米。仵楼镇辖自然村。人口 1 000。明洪武年间，周氏自山西洪洞县迁至曹邑东南，因姓周而得村名周庄。聚落呈团块状分布。经济以种植业为主，种植小麦、玉米。有公路经此。

中张楼 371721-B20-H17
[Zhōngzhānglóu]

在县驻地曹城街道东南方向27.5千米。仵楼镇辖自然村。人口 900。明洪武初年，张氏由山西洪洞县迁曹邑西张菜园。清同治年间，二门分迁今本村东里许张楼。1934年张氏族人析此，名中张楼。聚落呈团块状分布。有幼儿园 1 处、文化广场 1 处。经济以种植业为主，种植小麦、玉米。有公路经此。

楼庄 371721-C01-H01
[Lóuzhuāng]

楼庄乡人民政府驻地。在县驻地曹城

街道西方向 25.6 千米。人口 4 600。清同治年间，谢惠子、谢勤方兄弟二人自本乡琉璃阁迁此，相继建楼五座，故得名楼庄。聚落呈带状分布。有文化广场 1 处、文化大院 2 处、农家书屋 2 处、图书室 2 处、幼儿园 2 处、小学 2 处、中学 1 处。经济以商贸业、加工业为主。省道许单路经此。

谢庄 371721-C01-H02
[Xièzhuāng]

在县驻地曹城街道西南方向 26.0 千米。楼庄乡辖自然村。人口 500。清同治年间，谢氏迁至本地建村，因姓氏而得名。聚落呈团块状分布。经济以种植业为主，种植小麦、玉米、山药等。有公路经此。

赵庄 371721-C01-H03
[Zhàozhuāng]

在县驻地曹城街道西南方向 26.4 千米。楼庄乡辖自然村。人口 500。清朝官员赵天一来此定居并建村，名村赵天一，后更名为赵庄。聚落呈团块状分布。经济以种植业为主，种植小麦、玉米、山药等。有公路经此。

新村 371721-C01-H04
[Xīncūn]

在县驻地曹城街道西南方向 27.0 千米。楼庄乡辖自然村。人口 500。1958 年，王堂、孙庄部分村民迁居至此形成一个新的村庄，故名新村。聚落呈团块状分布。经济以种植业为主，种植小麦、玉米、山药等。有公路经此。

楼庄西村 371721-C01-H05
[Lóuzhuāngxīcūn]

在县驻地曹城街道西南方向 26.2 千米。楼庄乡辖自然村。人口 1 100。清同治年间，谢氏兄弟二人自本乡琉璃阁迁此，因盖楼五座，故取名楼庄。1999 年分为东、西二村，本村因位西，故名。聚落呈团块状分布。有文化广场 1 处、幼儿园 2 处、小学 1 处。经济以种植业为主，种植小麦、玉米、山药等。有公路经此。

楼庄东村 371721-C01-H06
[Lóuzhuāngdōngcūn]

在县驻地曹城街道西南方向 25.9 千米。楼庄乡辖自然村。人口 1 900。清同治年间，谢氏兄弟二人自本乡琉璃阁迁此，因盖楼五座，故取名楼庄。1999 年分为东、西二村，本村因位东，故名。聚落呈团块状分布。经济以种植业为主，种植小麦、玉米、山药等。有公路经此。

北韩庄 371721-C01-H07
[Běihánzhuāng]

在县驻地曹城街道西南方向 26.5 千米。楼庄乡辖自然村。人口 600。明洪武年间，始祖自山西洪洞县迁至曹邑西韩寨。成化年间分支迁此，以姓名村韩庄，后以方位更名北韩庄。聚落呈团块状分布。有文化广场 1 处。经济以种植业为主，种植小麦、玉米、山药等。有公路经此。

王楼 371721-C01-H08
[Wánglóu]

在县驻地曹城街道西南方向 26.8 千米。楼庄乡辖自然村。人口 400。清乾隆年间，王氏佃种于此，因建楼，故名王楼。聚落呈团块状分布。有文化广场 1 处等。经济以种植业为主，种植小麦、玉米、山药等。有公路经此。

东谢集 371721-C01-H09
[Dōngxièjí]

在县驻地曹城街道西方向 26.0 千米。楼庄乡辖自然村。人口 1 200。明万历年间称林集，因谢氏人丁兴旺改为谢集，后因方位更名东谢集。聚落呈团块状分布。有文化广场1处、幼儿园1处、小学1处。经济以种植业为主，种植小麦、玉米、山药等。有公路经此。

老谢集 371721-C01-H10
[Lǎoxièjí]

在县驻地曹城街道西南方向26.9千米。楼庄乡辖自然村。人口700。清末，谢氏兄弟自本乡琉璃阁迁此建村，因设集而名谢集。1958年兴修水库时迁出，1960年库废迁原址，改称老谢集。聚落呈团块状分布。经济以种植业为主，种植小麦、玉米、山药等。有公路经此。

西谢集 371721-C01-H11
[Xīxièjí]

在县驻地曹城街道西南方向25.5千米。楼庄乡辖自然村。人口500。明万历年间称林集，因谢氏人丁兴旺改为谢集，后因方位更名西谢集。聚落呈团块状分布。有文化广场2处。经济以种植业为主，种植小麦、玉米、山药等。有公路经此。

葛庄 371721-C01-H12
[Gězhuāng]

在县驻地曹城街道西南方向26.6千米。楼庄乡辖自然村。人口2 900。明永乐二年（1404），葛氏自山西洪洞县迁至曹县城西葛大屯，葛氏后人复迁于此，以姓名村葛庄。聚落呈团块状分布。有文化广场1处。经济以种植业为主，种植小麦、玉米、山药等。有公路经此。

安乐村 371721-C01-H13
[Ānlècūn]

在县驻地曹城街道西南方向27.7千米。楼庄乡辖自然村。人口1 700。明朝年间，高、刘、张、庞、姜等姓由山西洪洞县迁此安居乐业，故名安乐村。聚落呈团块状分布。有文化广场1处。经济以种植业为主，种植小麦、玉米、山药等。有公路经此。

丁庄 371721-C01-H14
[Dīngzhuāng]

在县驻地曹城街道西南方向26.8千米。楼庄乡辖自然村。人口800。以姓得名。聚落呈团块状分布。有文化广场1处。经济以种植业为主，种植小麦、玉米、山药等。有公路经此。

耿庄 371721-C01-H15
[Gěngzhuāng]

在县驻地曹城街道西南方向22.4千米。楼庄乡辖自然村。人口500。明洪武年间，耿氏自山西洪洞县迁此，以姓名村耿庄。聚落呈团块状分布。有文化广场1处。经济以种植业为主，种植小麦、玉米、山药等。有公路经此。

黄水口 371721-C01-H16
[Huángshuǐkǒu]

在县驻地曹城街道西南方向25.4千米。楼庄乡辖自然村。人口600。明洪武二年（1369），黄姓由山西洪洞县迁此，因傍黄河口而得名。聚落呈团块状分布。有文化广场1处。经济以种植业为主，种植小麦、玉米、山药等。有公路经此。

忠义寨 371721-C01-H17
[Zhōngyìzhài]

在县驻地曹城街道西南方向26.4千米。楼庄乡辖自然村。人口900。清顺治年间，先祖从琉璃阁迁此定居并筑村寨，因其平生秉倡忠义，故名村忠义寨。聚落呈团块状分布。经济以种植业为主，种植小麦、玉米、山药等。有公路经此。

南韩庄 371721-C01-H18
［Nánhánzhuāng］

在县驻地曹城街道西南方向26.7千米。楼庄乡辖自然村。人口600。明洪武年间，韩氏自山西洪洞县迁至曹邑西韩寨。成化年间建分支于此，以姓名村韩庄。1958年划分为库区南迁，1963年返迁部分村民，以方位改称南韩庄。聚落呈团块状分布。经济以种植业为主，种植小麦、玉米、山药等。有公路经此。

朱洪庙 371721-C02-H01
［Zhūhóngmiào］

朱洪庙乡人民政府驻地。在县驻地曹城街道南方向20.9千米。人口4 600。明洪武三年（1370），朱氏自山西洪洞县迁河南商丘北20里许朱寨，其后裔分迁于此，村中建朱洪武庙，遂改称朱洪庙。聚落呈团块状分布。有文化广场、文化大院、农家书屋、图书室、中学、小学、幼儿园。经济以种植业为主，种植小麦、玉米、薯类、白菜、黄瓜、西红柿等。有公路经此。

安庄 371721-C02-H02
［Ānzhuāng］

在县驻地曹城街道南方向24.4千米。朱洪庙乡辖自然村。人口400。因姓氏得名安庄。聚落呈带状分布。经济以种植业为主，种植小麦、玉米、花生等。有公路经此。

赵辛庄 371721-C02-H03
［Zhàoxīnzhuāng］

在县驻地曹城街道南方向17.6千米。朱洪庙乡辖自然村。人口400。明洪武年间，赵氏自山西洪洞县迁菏泽赵楼，后分支于此建村，取新建之意，故名。聚落呈带状分布。有幼儿园1处、小学1处、文化广场1处。经济以种植业为主，种植小麦、玉米、花生等。

陈李 371721-C02-H04
［Chénlǐ］

在县驻地曹城街道南方向24.0千米。朱洪庙乡辖自然村。人口1 300。明末，李氏自山西洪洞县迁至曹邑南50里黄河故道北岸，陈氏又至，合议村名，以姓氏命村名。聚落呈带状分布。有文化广场1处、幼儿园1处、小学1处。经济以种植业为主，种植小麦、玉米、花生等。有公路经此。

后赵坝 371721-C02-H05
［Hòuzhàobà］

在县驻地曹城街道南方向21.0千米。朱洪庙乡辖自然村。人口400。清乾隆年间，赵氏由赵集迁来，因方位及临堤坝建村而得名。聚落呈带状分布。有文化广场1处、幼儿园1处、小学1处。经济以种植业为主，种植小麦、玉米、花生等。有公路经此。

桑庄 371721-C02-H06
［Sāngzhuāng］

在县驻地曹城街道南方向21.9千米。朱洪庙乡辖自然村。人口300。清道光年间，桑氏由菏泽西北大桑庄迁来，以姓名村桑庄。聚落呈带状分布。经济以种植业为主，种植小麦、玉米、花生等。有公路经此。

杨堂 371721-C02-H07
［Yángtáng］

在县驻地曹城街道南方向22.8千米。朱洪庙乡辖自然村。人口1 900。明洪武年间，杨氏由山西洪洞县迁此，因建寨而名义和寨。后立祠堂，改名杨堂。聚落呈带状分布。有文化广场1处、幼儿园1处、小学1处。经济以种植业为主，种植小麦、玉米、花生等。有公路经此。

夏庄 371721-C02-H08

［Xiàzhuāng］

在县驻地曹城街道南方向 22.4 千米。朱洪庙乡辖自然村。人口 300。明崇祯年间，夏氏因避黄水，自村南四里鲁豫交界处夏庄徙此，仍袭旧称。聚落呈带状分布。经济以木材加工业、建筑业、室内外装饰业为主。有公路经此。

秦庄 371721-C02-H09

［Qínzhuāng］

在县驻地曹城街道南方向 23.4 千米。朱洪庙乡辖自然村。人口 200。清同治年间，秦氏于此建村，名秦庄。聚落呈带状分布。经济以种植业为主，种植小麦、玉米、花生等。有公路经此。

宋庄 371721-C02-H10

［Sòngzhuāng］

在县驻地曹城街道南方向 22.8 千米。朱洪庙乡辖自然村。人口 300。明崇祯年间，宋氏自王堤圈之花庄迁此建村，以姓命名为宋庄。聚落呈带状分布。经济以种植业为主，种植小麦、玉米、花生。有公路经此。

朱庄 371721-C02-H11

［Zhūzhuāng］

在县驻地曹城街道南方向 22.4 千米。朱洪庙乡辖自然村。人口 400。清同治年间，朱氏由梁堤头朱潭坑迁此建村，以姓命名为朱庄。聚落呈带状分布。经济以种植业为主，种植小麦、玉米、花生。有公路经此。

西堤 371721-C02-H12

［Xīdī］

在县驻地曹城街道南方向 22.6 千米。朱洪庙乡辖自然村。人口 500。清康熙年间，王氏由王大庙迁此，因建村于黄河大堤之西而得名。聚落呈带状分布。经济以种植业为主，种植小麦、玉米、花生等。有公路经此。

王大庙 371721-C02-H13

［Wángdàmiào］

在县驻地曹城街道南方向 22.8 千米。朱洪庙乡辖自然村。人口 2 000。清初，王氏自郓城郎家村迁此，因建庙宇阔大宏伟，故称王大庙。聚落呈带状分布。经济以木材加工业、建筑业、室内外装饰业为主。有公路经此。

柴庄 371721-C02-H14

［Cháizhuāng］

在县驻地曹城街道南方向 23.2 千米。朱洪庙乡辖自然村。人口 1 000。明洪武年间，杨氏自山西洪洞县迁曹邑南杨堂，于此建柴禾园，故称柴庄。聚落呈带状分布。经济以种植业为主，种植小麦、玉米、花生等。有公路经此。

老朱庄 371721-C02-H15

［Lǎozhūzhuāng］

在县驻地曹城街道南方向 23.5 千米。朱洪庙乡辖自然村。人口 200。明初，朱氏自山西洪洞县迁曹邑南 50 里建村，因地势低洼得名老朱洼，后避黄水北移 2 里，改称今名。聚落呈带状分布。经济以种植业为主，种植小麦、玉米、花生等。有公路经此。

范李 371721-C02-H16

［Fànlǐ］

在县驻地曹城街道南方向 20.8 千米。朱洪庙乡辖自然村。人口 300。明万历年间，范氏自郑州西范庄迁来至此建庄，名范庄；李氏自曹州长岗集迁此建村，名李庄。1955 年合称范李。聚落呈团块状分布。

有文化广场 1 处、幼儿园 1 处、小学 1 处。经济以种植业为主，种植小麦、玉米、花生等。有公路经此。

刘楼西 371721-C02-H17

[Liúlóuxī]

在县驻地曹城街道南方向 23.9 千米。朱洪庙乡辖自然村。人口 600。明洪武年间，因刘氏迁此地建楼而得名，后以方位称刘楼西。聚落呈团块状分布。经济以种植业为主，种植小麦、玉米、花生等。有公路经此。

单县

城市居民点

北辰新都 371722-I01

[Běichén Xīndū]

在县城北部。1 786 户。总面积 13.7 公顷。寓意是北城一个闪耀的新社区，故名。2007 年始建，2009 年正式使用。建筑总面积 200 000 平方米，住宅楼 39 栋，其中高层 14 栋、多层 25 栋，现代建筑风格。绿化率 36%。通公交车。

东大佳苑 371722-I02

[Dōngdà Jiāyuàn]

在县境东南部。308 户。总面积 4 公顷。寓意以居住高度第一的高层宜居住宅为典范，雄踞在有着浓厚文化底蕴的东沟河畔，故名。2006 年始建，2013 年正式使用。建筑总面积 40 000 平方米，高层住宅楼 3 栋，现代建筑风格。绿化率 30%。通公交车。

名仕豪庭小区 371722-I03

[Míngshì Háotíng Xiǎoqū]

在县境中部。1 785 户。总面积 22.3 公顷。"名"为名人、名贵，"仕"为仕途、事业，"豪"为豪华、奢华，"庭"为庭院，故名。2006 年始建，2012 年正式使用。建筑总面积 229 910 平方米，高层住宅楼 29 栋，现代建筑风格。绿化率 35%。通公交车。

舜和雅苑小区 371722-I04

[Shùnhé Yǎyuàn Xiǎoqū]

在县境东部。1 389 户。总面积 16.4 公顷。"舜"指美丽，"和"指祥和，"雅苑"指优雅的院所，故名。2008 年始建，2009 年正式使用。建筑总面积 229 910 平方米，多层住宅楼 59 栋，现代建筑风格。绿化率 42.4%。通公交车。

舜师名园 371722-I05

[Shùnshī Míngyuán]

在县境东部。1 680 户。总面积 22.1 公顷。因单县为舜帝的老师单卷居住地，故名。2004 年始建，2006 年正式使用。建筑总面积 221 433.8 平方米，多层住宅楼 48 栋，现代建筑风格。绿化率 39%。通公交车。

香溪庭院 371722-I06

[Xiāngxī Tíngyuàn]

在县境东部。1 286 户。总面积 15.6 公顷。因西邻东沟河畔，致力于打造现代城市罕有的生态住宅，故名。2008 年始建，2009 年正式使用。建筑总面积 156 000 平方米，住宅楼 23 栋，其中高层 11 栋、多层 12 栋，现代建筑风格。绿化率 37%。通公交车。

农村居民点

程庄 371722-A01-H01
[Chéngzhuāng]

　　在县驻地园艺街道北方向 4.0 千米。园艺街道辖自然村。人口 300。明洪武十年（1377），程氏迁此，以姓氏命名。聚落呈团块状分布。经济以种植业为主，种植小麦、玉米等。有公路经此。

樊集 371722-A01-H02
[Fánjí]

　　在县驻地园艺街道东方向 1.0 千米。园艺街道辖自然村。人口 800。明朝中期，樊姓族人来此建村居住，后逐渐成集市，故名樊集。聚落呈团块状分布。经济以种植业为主，种植小麦、玉米、花生、苹果、梨、桃等。有公路经此。

辽庄 371722-A01-H03
[Liáozhuāng]

　　在县驻地园艺街道西方向 3.0 千米。园艺街道辖自然村。人口 500。清嘉庆年间，邹氏迁此。后有一钦差大臣过此，在村中存放战马饲料，故称料庄。后人误书为廖庄，后改为辽庄。聚落呈团块状分布。经济以种植业为主，种植小麦、玉米等。有公路经此。

刘伍楼 371722-A01-H04
[Liúwǔlóu]

　　在县驻地园艺街道西北方向 3.0 千米。园艺街道辖自然村。人口 1 200。清嘉庆二十五年（1820），刘氏居此。道光十五年（1835），其子中了武进士，且村中建了楼房，故取村名刘武楼，后误写为刘伍楼。聚落呈团块状分布。经济以商贸业为主。有公路经此。

王土城 371722-A01-H05
[Wángtǔchéng]

　　在县驻地园艺街道南方向 1.0 千米。园艺街道辖自然村。人口 500。明嘉靖二十一年（1542），王氏迁此建村，围村筑了土墙，故名王土城。聚落呈团块状分布。经济以种植业为主，种植桃等。有公路经此。

五里井 371722-A01-H06
[Wǔlǐjǐng]

　　在县驻地园艺街道东北方向 2.5 千米。园艺街道辖自然村。人口 300。据传，当时离原县城 5 里处有一口水井，故名村五里井。聚落呈团块状分布。经济以商贸业为主。有公路经此。

武圣庙 371722-A01-H07
[Wǔshèngmiào]

　　在县驻地园艺街道北方向 4.5 千米。园艺街道辖自然村。人口 500。清乾隆二十五年（1760），惠氏在此建村居住，因村东头有座武圣庙，故名村武圣庙。聚落呈团块状分布。经济以种植业为主，种植小麦、玉米、棉花、大蒜等。有公路经此。

武庄 371722-A01-H08
[Wǔzhuāng]

　　在县驻地园艺街道东北方向 2.0 千米。园艺街道辖自然村。人口 300。明洪武年间，武氏自山西洪洞县迁此建村居住，因此命名为武庄。聚落呈团块状分布。经济以种植业为主，种植小麦、玉米、花生、山药等。有公路经此。

徐楼 371722-A01-H09
[Xúlóu]

　　在县驻地园艺街道东北方向 3.0 千米。园艺街道辖自然村。人口 800。原名七里河。明朝时期，徐氏族人来此建村并定居，取名徐楼。聚落呈团块状分布。经济以商贸业为主。有公路经此。

枣园 371722-A01-H10
［Zǎoyuán］

在县驻地园艺街道东方向 2.0 千米。园艺街道辖自然村。人口 200。清乾隆十一年（1746），张氏自山西洪洞县迁此居住建村，因村西南有枣树林，取名枣园。聚落呈团块状分布。经济以种植业为主，种植小麦、玉米、棉花、蔬菜等。有公路经此。

张黄庄 371722-A01-H11
［Zhānghuángzhuāng］

在县驻地园艺街道东北方向 1.0 千米。园艺街道辖自然村。人口 600。明洪武年间，张氏自山西洪洞县迁此建村，名张庄。后黄氏在张庄东边建村，名黄庄。由于人口繁衍，逐渐连成一村，两姓议称张黄庄。聚落呈团块状分布。经济以种植业为主，种植小麦、玉米、山药等。有公路经此。

张六新村 371722-A01-H12
［Zhāngliùxīncūn］

在县驻地园艺街道东北方向 1.0 千米。园艺街道辖自然村。人口 800。明朝时期，张氏族人来此建村并定居，取名张六。后因政府改造建新村，得名张六新村。聚落呈团块状分布。经济以商贸业为主。有公路经此。

张知楼新村 371722-A01-H13
［Zhāngzhīlóuxīncūn］

在县驻地园艺街道西方向 3.0 千米。园艺街道辖自然村。人口 1 800。明嘉靖年间，张氏祖官同知府，定居于此建有楼房深院，邻里称张知府楼，简称张知楼。后因政府改造建新村，得名张知楼新村。聚落呈团块状分布。经济以商贸业为主。有公路经此。

张庄 371722-A01-H14
［Zhāngzhuāng］

在县驻地园艺街道东南方向 1.0 千米。园艺街道辖自然村。人口 200。清宣统年间，张氏族人在此建村居住，由于村小人少，所以命名为张庄。聚落呈团块状分布。经济以种植业为主，种植小麦、玉米、棉花、西瓜等。有公路经此。

赵阁 371722-A01-H15
［Zhàogé］

在县驻地园艺街道西北方向 6.0 千米。园艺街道辖自然村。人口 400。明洪武四年（1371），此地有一楼阁，后有一赵姓来此居住，更名村赵阁。聚落呈团块状分布。经济以种植业为主，种植小麦、玉米等。有公路经此。

赵庄 371722-A01-H16
［Zhàozhuāng］

在县驻地园艺街道东南方向 3.0 千米。园艺街道辖自然村。人口 300。清咸丰年间，赵姓人在此建村居住，命名为赵庄。聚落呈团块状分布。经济以种植业为主，种植小麦、玉米、棉花等。有朱氏药业等企业。有公路经此。

安乐窝 371722-A02-H01
［Ānlèwō］

在县驻地园艺街道西方向 4.2 千米。南城街道辖自然村。人口 400。清乾隆年间，村东南角有座土山，朱氏建客厅、凉亭于其上，常在此饮酒作乐，故得安乐窝之名。聚落呈团块状分布。经济以商贸业为主。有公路经此。

胡菜园 371722-A02-H02
［Húcàiyuán］

在县驻地园艺街道西方向 0.5 千米。南城街道辖自然村。人口 2 200。因此处系胡姓的菜园而得名。聚落呈团块状分布。经济以商贸业为主。有公路经此。

狄庄　371722-A02-H03
［ Dízhuāng ］

在县驻地园艺街道西方向 3.5 千米。南城街道辖自然村。人口 600。元至元年间，狄氏建村，名狄庄。聚落呈团块状分布。经济以商贸业、住宿餐饮业为主。有公路经此。

东鹿湾　371722-A02-H04
［ Dōnglùwān ］

在县驻地园艺街道西方向 6.1 千米。南城街道辖自然村。人口 1 300。清顺治年间，有郑氏居此，名郑楼。康熙年间，张姓迁入，时因村人种菜常用辘轳提水灌园，遂改名辘轳湾，后习写为鹿湾。后世人众宅居扩建，遂以村中南北大道分为两村，此村位东，名东鹿湾。聚落呈团块状分布。有文化广场 1 处。经济以种植业、加工业为主，种植小麦、玉米、花生、山药。有公路经此。

郭黄庄　371722-A02-H05
［ Guōhuángzhuāng ］

在县驻地园艺街道西方向 3.8 千米。南城街道辖自然村。人口 1 200。清康熙三年（1664），郭氏迁此，七年后，黄氏迁入。两姓睦处，议立村名为郭黄庄。聚落呈团块状分布。经济以商贸业、运输业、加工业、种植业为主。有公路经此。

马溜　371722-A02-H06
［ Mǎliù ］

在县驻地园艺街道西方向 5.8 千米。南城街道辖自然村。人口 1 500。明嘉靖年间，有柳氏居此，清顺治九年（1652），马氏迁来。后来柳氏绝嗣，马氏留居，遂改名马留，

后人传为马溜。聚落呈团块状分布。有文化广场 1 处。经济以种植业为主，种植小麦、玉米、蔬菜等。有公路经此。

吴堌堆　371722-A02-H07
［ Wúgùduī ］

在县驻地园艺街道西方向 4.1 千米。南城街道辖自然村。人口 1 000。明成化年间，吴氏迁来，因有一土堌堆系古代文化遗址，遂取名吴堌堆。聚落呈团块状分布。经济以种植业、建筑业、塑料加工业为主，种植小麦、玉米等。有单县日佳木业有限公司、单县生产资料有限公司等企业。105 国道、省道定砀路经此。

西鹿湾　371722-A02-H08
［ Xīlùwān ］

在县驻地园艺街道西方向 6.1 千米。南城街道辖自然村。人口 1 000。清顺治年间，有郑氏居此，名郑楼。康熙年间，张姓迁入，时因村人种菜常用辘轳提水灌园，遂改名辘轳湾，后习写为鹿湾。后世人众宅居扩建，遂以村中南北大道分为两村，此村位西，名西鹿湾。聚落呈团块状分布。经济以种植业、加工业为主，种植小麦、玉米、花生、山药。有公路经此。

黄小楼　371722-A02-H09
［ Huángxiǎolóu ］

在县驻地园艺街道西方向 3.4 千米。南城街道辖自然村。人口 2 000。明洪武年间，黄氏先人迁来，因建有小楼，遂称黄小楼。聚落呈团块状分布。经济以商贸业、运输业、加工业、种植业为主。省道定砀路经此。

尘庄　371722-A02-H10
［ Chénzhuāng ］

在县驻地园艺街道西方向 5.2 千米。南城街道辖自然村。人口 500。明洪武年间，

尘氏迁来，取名尘庄。聚落呈团块状分布。经济以种植业、食品加工业为主，种植小麦、玉米。有公路经此。

董庄 371722-A02-H11
[Dǒngzhuāng]

在县驻地园艺街道西方向 4.5 千米。南城街道辖自然村。人口 1 800。明洪武四年（1371），董氏迁此，故名董庄。聚落呈团块状分布。经济以加工业为主。有公路经此。

北关街 371722-A03-H01
[Běiguānjiē]

在县驻地园艺街道西北方向 2.8 千米。北城街道辖自然村。人口 5 000。因在北关街而得名。聚落呈团块状分布。有中学 1 处、小学 1 处。经济以商贸业为主。有公路经此。

东吴六村 371722-A03-H02
[Dōngwúliùcūn]

在县驻地园艺街道西北方向 5.6 千米。北城街道辖自然村。人口 800。因在吴六村东而得名。聚落呈团块状分布。有小学 1 处。经济以种植业为主。有公路经此。

广生殿 371722-A03-H03
[Guǎngshēngdiàn]

在县驻地园艺街道西北方向 4.1 千米。北城街道辖自然村。人口 1 000。清康熙年间，王氏迁居此地，有一庙名为广生殿，村庄以广生殿为村名。聚落呈团块状分布。经济以种植业为主，种植小麦、玉米。有公路经此。

三官庙 371722-A03-H04
[Sānguānmiào]

在县驻地园艺街道西北方向 6.2 千米。北城街道辖自然村。人口 600。以庙名为村

名。聚落呈团块状分布。经济以种植业为主，种植蔬菜、小麦、玉米。105 国道经此。

四里埠 371722-A03-H05
[Sìlǐbù]

在县驻地园艺街道西北方向 5.5 千米。北城街道辖自然村。人口 3 500。明嘉靖十二年（1533），赵氏迁来，因距城四里，故取名四里埠。聚落呈团块状分布。经济以种植业为主。有公路经此。

鸡市北街 371722-A03-H06
[Jīshìběijiē]

在县驻地园艺街道西北方向 3.1 千米。北城街道辖自然村。人口 500。因居民曾在此买卖土鸡、烧鸡，卖鸡的鸡市为南北街道，此街道在北，故名鸡市北街。聚落呈团块状分布。经济以加工业为主。有公路经此。

西关街 371722-A03-H07
[Xīguānjiē]

在县驻地园艺街道西北方向 2.8 千米。北城街道辖自然村。人口 800。因在老县城西关，故名西关街。聚落呈团块状分布。经济以加工业为主。有公路经此。

郭任庄 371722-A03-H08
[Guōrénzhuāng]

在县驻地园艺街道西北方向 4.8 千米。北城街道辖自然村。人口 900。宋朝初年，郭氏建村。清道光十四年（1834），任氏先人迁此落户，后议称郭任庄。聚落呈团块状分布。经济以种植业为主，种植蔬菜。有公路经此。

单溜 371722-A03-H09
[Shànliù]

在县驻地园艺街道西北方向 5.4 千米。北城街道辖自然村。人口 1 100。清乾隆年

间，单氏迁来，在该村西邻建居，因房屋聚落呈一溜线排行，故取名单溜。聚落呈带状分布。经济以种植业为主，种植蔬菜。有公路经此。

常坊 371722-A04-H01
[Chángfāng]

在县驻地园艺街道南方向 6.8 千米。东城街道辖自然村。人口 200。明洪武二年（1369），常氏自山西洪洞县迁此建村，因宅呈方形，故名常方，后误写成常坊。聚落呈团块状分布。经济以种植业为主。有公路经此。

常兴寨 371722-A04-H02
[Chángxīngzhài]

在县驻地园艺街道南方向 5.5 千米。东城街道辖自然村。人口 300。清光绪三十三年（1907），阎氏由本镇高店村迁此建村，因修有寨，取吉利之意，故名常兴寨。聚落呈团块状分布。经济以种植业为主，种植小麦、玉米、红薯、山药等。有公路经此。

陈庄 371722-A04-H03
[Chénzhuāng]

在县驻地园艺街道南方向 5.2 千米。东城街道辖自然村。人口 500。1642 年，陈氏自山西洪洞县迁此建村，故名陈庄。聚落呈团块状分布。有小学 1 处。经济以种植业为主，种植小麦、玉米、山药等。有公路经此。

孙楼 371722-A04-H04
[Sūnlóu]

在县驻地园艺街道南方向 5.3 千米。东城街道辖自然村。人口 200。孙氏迁此建村，建有楼房，且有祈福之意，故起名孙楼。聚落呈团块状分布。经济以种植业为主，种植小麦、玉米、山药等。有公路经此。

老孙庄 371722-A04-H05
[Lǎosūnzhuāng]

在县驻地园艺街道南方向 5.3 千米。东城街道辖自然村。人口 100。明嘉靖年间，孙氏自郓城县迁此建村，故起名老孙庄。聚落呈团块状分布。经济以种植业为主，种植小麦、玉米、山药等。有公路经此。

孙庄 371722-A04-H06
[Sūnzhuāng]

在县驻地园艺街道南方向 5.2 千米。东城街道辖自然村。人口 500。清康熙五十九年（1720），孙氏分支自老孙庄迁此定居并建村，起名孙庄。聚落呈团块状分布。经济以种植业为主，种植小麦、玉米、山药、大蒜等。有公路经此。

孙溜 371722-A04-H07
[Sūnliù]

在县驻地园艺街道南方向 4.0 千米。东城街道辖自然村。人口 1 400。孙氏迁此建村，村西是大沙河，故起名孙溜。聚落呈团块状分布。经济以种植业为主，种植小麦、玉米、山药等。有美边美格门业等企业。有公路经此。

程庄 371722-A04-H08
[Chéngzhuāng]

在县驻地园艺街道南方向 5.3 千米。东城街道辖自然村。人口 700。清乾隆三年（1738），程氏分支迁此建村，起名程庄。聚落呈团块状分布。经济以种植业为主，种植小麦、玉米、山药等。有万达家俬和缠茧股份有限公司等企业。省道定砀路经此。

楚庄 371722-A04-H09
[Chǔzhuāng]

在县驻地园艺街道南方向 6.5 千米。东城街道辖自然村。人口 200。以姓氏名村。

聚落呈团块状分布。经济以种植业为主，种植小麦、玉米、山药等。有公路经此。

大黄庄 371722-A04-H10

［Dàhuángzhuāng］

在县驻地园艺街道南方向 7.1 千米。东城街道辖自然村。人口 400。黄氏自山西洪洞县迁此建村，起名黄庄，后因重名，改名为大黄庄。聚落呈团块状分布。经济以种植业为主，种植小麦、玉米、山药等。有公路经此。

大刘庄 371722-A04-H11

［Dàliúzhuāng］

在县驻地园艺街道南方向 6.5 千米。东城街道辖自然村。人口 600。刘氏自山西洪洞县迁此建村，名刘庄，后人口增多，遂改称大刘庄。聚落呈团块状分布。经济以种植业为主，种植小麦、玉米、山药等。有公路经此。

大张庄 371722-A04-H12

［Dàzhāngzhuāng］

在县驻地园艺街道南方向 3.5 千米。东城街道辖自然村。人口 600。明洪武年间，张氏迁此建村，以姓氏命名为张庄。清顺治年间，村中立贞节牌坊，故更名为牌坊张庄，1962 年改称大张庄。聚落呈团块状分布。经济以种植业为主，种植小麦、玉米、山药等。有公路经此。

代庙 371722-A04-H13

［Dàimiào］

在县驻地园艺街道南方向 7.1 千米。东城街道辖自然村。人口 800。1642 年，代氏自山西洪洞县迁此建村，因建有庙宇，故起名代庙。聚落呈团块状分布。经济以种植业为主，种植小麦、玉米、山药等。有公路经此。

单集 371722-A04-H14

［Shànjí］

在县驻地园艺街道南方向 7.5 千米。东城街道辖自然村。人口 300。单氏自山西洪洞县迁此建村，逐渐成集市，故起名单集。聚落呈团块状分布。经济以种植业为主，种植小麦、玉米、山药等。有公路经此。

东陈庄 371722-A04-H15

［Dōngchénzhuāng］

在县驻地园艺街道南方向 8.9 千米。东城街道辖自然村。人口 300。王氏自今李田楼镇王楼迁此给陈氏种地，逐渐成村，因是陈氏林地，故起名陈庄。后因重名，以方位更名为东陈庄。聚落呈团块状分布。经济以种植业为主，种植小麦、玉米、山药等。有公路经此。

东刘庄 371722-A04-H16

［Dōngliúzhuāng］

在县驻地园艺街道南方向 7.1 千米。东城街道辖自然村。人口 200。刘氏自山西洪洞县迁此建村，故名刘庄。后因重名，以方位更名为东刘庄。聚落呈团块状分布。经济以种植业为主，种植小麦、玉米、花生、山药等。有公路经此。

东张溜 371722-A04-H17

［Dōngzhāngliù］

在县驻地园艺街道南方向 8.2 千米。东城街道辖自然村。人口 800。1644 年，郭氏迁此建村名郭溜。后张氏迁入，郭氏无人，遂改称张溜。因重名，以方位更名为东张溜。聚落呈团块状分布。经济以种植业为主，种植小麦、玉米、山药等。有公路经此。

东张楼 371722-A04-H18

［Dōngzhānglóu］

在县驻地园艺街道南方向 8.9 千米。东城街道辖自然村。人口 1 700。张氏迁此建村，因建有楼房，故名张楼。因重名，更名东张楼。聚落呈团块状分布。经济以种植业为主，种植小麦、玉米、山药等。有公路经此。

东周楼 371722-A04-H19
[Dōngzhōulóu]

在县驻地园艺街道南方向 6.7 千米。东城街道辖自然村。人口 200。1808 年，周氏自西周楼迁此建村，以方位命名东周楼。聚落呈团块状分布。经济以种植业为主，种植小麦、玉米、山药等。有公路经此。

斗虎营 371722-A04-H20
[Dòuhǔyíng]

在县驻地园艺街道南方向 4.0 千米。东城街道辖自然村。人口 300。明洪武二年（1369），张氏迁此建村，相传此地荒草丛生，有两虎相斗，故名斗虎营。聚落呈团块状分布。有中学 1 处。经济以种植业为主，种植小麦、玉米等。有公路经此。

段阁 371722-A04-H21
[Duàngé]

在县驻地园艺街道南方向 6.2 千米。东城街道辖自然村。人口 200。明正统二年（1437），段姓来此定居并建村，因建有楼阁，故名段阁。聚落呈团块状分布。经济以种植业为主，种植小麦、玉米、红薯、大蒜、棉花等，有木材加工业。有公路经此。

段楼 371722-A04-H22
[Duànlóu]

在县驻地园艺街道南方向 7.9 千米。东城街道辖自然村。人口 200。段氏迁此建村，因村址被黄水淹没，有楼迹，故名段楼。聚落呈团块状分布。经济以种植业为主，种植小麦、玉米、山药等。有公路经此。

高店 371722-A04-H23
[Gāodiàn]

在县驻地园艺街道南方向 6.9 千米。东城街道辖自然村。人口 200。高氏迁此建村，因开有店房，故名高店。聚落呈团块状分布。经济以种植业为主，种植小麦、玉米、花生、山药等。有公路经此。

高庄户 371722-A04-H24
[Gāozhuānghù]

在县驻地园艺街道南方向 5.7 千米。东城街道辖自然村。人口 600。明洪武元年（1368）高氏迁此建村，故名高庄户。聚落呈团块状分布。经济以种植业为主，种植小麦、玉米、山药等。有公路经此。

郭庄 371722-A04-H25
[Guōzhuāng]

在县驻地园艺街道南方向 6.9 千米。东城街道辖自然村。人口 400。郭氏自山西洪洞县迁此建村，故名郭庄。聚落呈团块状分布。经济以种植业为主，种植小麦、玉米、山药等。有公路经此。

韩庙 371722-A04-H26
[Hánmiào]

在县驻地园艺街道南方向 5.8 千米。东城街道辖自然村。人口 300。明洪武四年（1371），韩氏自山西洪洞县迁此建村，因建有一庙，故起名韩家庙，后简称韩庙。聚落呈团块状分布。有小学 1 处。经济以种植业为主，种植小麦、玉米、山药等。有公路经此。

韩庄 371722-A04-H27
[Hánzhuāng]

在县驻地园艺街道南方向 6.3 千米。东城街道辖自然村。人口 200。1368 年，韩氏自山西洪洞县迁此建村，故名韩庄。聚落呈团块状分布。经济以种植业为主，种植小麦、玉米、山药等。有公路经此。

郝油坊 371722–A04–H28

［Hǎoyóufáng］

在县驻地园艺街道南方向 7.1 千米。东城街道辖自然村。人口 200。1688 年，郝氏自山西洪洞县迁此建村，建有油坊，故名郝油坊。聚落呈团块状分布。有幼儿园 1 处。经济以种植业为主，种植小麦、玉米、山药等。有公路经此。

贺窑 371722–A04–H29

［Hèyáo］

在县驻地园艺街道南方向 7.9 千米。东城街道辖自然村。人口 200。贺氏迁此建村，因有一座木炭窑，故名贺窑。聚落呈团块状分布。经济以种植业为主，种植小麦、玉米、山药、大蒜等。有公路经此。

贺庄 371722–A04–H30

［Hèzhuāng］

在县驻地园艺街道南方向 6.5 千米。东城街道辖自然村。人口 700。明洪武年间，贺氏迁此建村，故名贺庄。聚落呈团块状分布。经济以种植业为主，种植小麦、玉米、山药等。有公路经此。

后霍庄 371722–A04–H31

［Hòuhuòzhuāng］

在县驻地园艺街道南方向 5.1 千米。东城街道辖自然村。人口 100。1799 年，霍氏自本县城西关迁此建村，因在霍庄后建村，遂取名后霍庄。聚落呈团块状分布。经济以种植业为主，种植小麦、玉米等。省道单丰路经此。

后集 371722–A04–H32

［Hòují］

在县驻地园艺街道南方向 5.7 千米。东城街道辖自然村。人口 200。明嘉靖年间，李氏迁此建村，因位于韩庙集后面，故名后集。聚落呈团块状分布。经济以种植业为主，种植小麦、玉米、山药等。有公路经此。

花亭孟庄 371722–A04–H33

［Huātíngmèngzhuāng］

在县驻地园艺街道南方向 5.3 千米。东城街道辖自然村。人口 400。孟氏迁此建村，据传因建有花亭，故名花亭孟庄。聚落呈团块状分布。经济以种植业为主，种植小麦、玉米、山药等。有公路经此。

黄庄 371722–A04–H34

［Huángzhuāng］

在县驻地园艺街道南方向 4.2 千米。东城街道辖自然村。人口 500。1388 年，黄氏自山西洪洞县迁此建村，故名黄庄。聚落呈团块状分布。经济以种植业为主，种植小麦、玉米、山药等。有公路经此。

马庙 371722–A04–H35

［Mǎmiào］

在县驻地园艺街道南方向 6.0 千米。东城街道辖自然村。人口 600。1738 年，王氏自单县杨楼镇王集迁此建村，因有一马王庙，故名马庙。聚落呈团块状分布。经济以种植业为主，种植小麦、玉米、山药、棉花等。有公路经此。

十二里井 371722–A04–H36

［Shí'èrlǐjǐng］

在县驻地园艺街道南方向 5.8 千米。东城街道辖自然村。人口 300。万氏迁此建村，当时打了十二眼大井，且距县城十二华里，遂取村名十二里井。聚落呈团块状分布。经济以种植业为主，种植小麦、玉米、山药等。有公路经此。

顺城集 371722-A04-H37
[Shùnchéngjí]

在县驻地园艺街道南方向6.6千米。东城街道辖自然村。人口300。明嘉靖元年（1522），朱氏迁此建村，成为集市，且从原居住地至此需经过县城，故名顺城集。聚落呈团块状分布。经济以种植业为主，种植小麦、玉米、红薯、棉花、大蒜等。有公路经此。

田贾庄 371722-A04-H38
[Tiánjiǎzhuāng]

在县驻地园艺街道南方向5.1千米。东城街道辖自然村。人口100。田氏和贾氏迁此建村，故名田贾庄。聚落呈团块状分布。经济以种植业为主，种植小麦、玉米、山药等。有公路经此。

西张楼 371722-A04-H39
[Xīzhānglóu]

在县驻地园艺街道南方向5.9千米。东城街道辖自然村。人口200。1645年，张氏迁此建村，因建有楼房，故名张楼。因重名，1986年以方位改称西张楼。聚落呈团块状分布。经济以种植业为主，种植小麦、玉米、山药、大蒜等。有公路经此。

张楼 371722-A04-H40
[Zhānglóu]

在县驻地园艺街道南方向6.8千米。东城街道辖自然村。人口1 000。1772年，张氏分支迁此建村，因族中有一孝子，取祈福之意，故起名张孝子楼，后人省称张楼。聚落呈团块状分布。经济以种植业为主，种植小麦、玉米、红薯、棉花等。省道单虞路经此。

宗庙 371722-A04-H41
[Zōngmiào]

在县驻地园艺街道南方向5.2千米。东城街道辖自然村。人口400。1375年，宗氏迁此建村，因建有庙宇，故名宗庙。聚落呈团块状分布。经济以种植业为主，种植小麦、玉米、山药、大蒜等。有公路经此。

小章庄 371722-A04-H42
[Xiǎozhāngzhuāng]

在县驻地园艺街道南方向3.5千米。东城街道辖自然村。人口300。章氏自山西洪洞县迁此建村，因庄小人少，故名小章庄。聚落呈团块状分布。经济以种植业为主，种植小麦、玉米、山药等。有公路经此。

新赵留 371722-A04-H43
[Xīnzhàoliú]

在县驻地园艺街道南方向7.1千米。东城街道辖自然村。人口300。1966年，赵氏迁此建村，因建立新村，故名新赵留。聚落呈团块状分布。经济以种植业为主，种植小麦、玉米、山药等。有公路经此。

张宅 371722-B01-H01
[Zhāngzhái]

郭村镇人民政府驻地。在县驻地园艺街道西方向17.5千米。人口1 300。明洪武三年（1370），张氏先居曹县，不久又迁此，后张氏人财两旺，遂改称张宅。聚落呈团块状分布。经济以种植业为主，种植小麦、玉米、芦笋、地瓜等。有公路经此。

郭村 371722-B01-H02
[Guōcūn]

在县驻地园艺街道西南方向15.0千米。郭村镇辖自然村。人口3 500。明洪武年间，郭氏在此建村，得名郭村。有中学、小学。

经济以种植业为主，种植小麦、玉米、花生、芦笋。105 国道经此。

大韩庄 371722-B01-H03
[Dàhánzhuāng]

在县驻地园艺街道西方向 15.1 千米。郭村镇辖自然村。人口 900。明成化年间，韩氏迁入此地建村，取名大韩庄。聚落呈团块状分布。经济以种植业为主，种植小麦、玉米、芦笋、山药、杂粮等。有公路经此。

大李海 371722-B01-H04
[Dàlǐhǎi]

在县驻地园艺街道西方向 17.3 千米。郭村镇辖自然村。人口 1 400。清乾隆年间，翰林院编修李簧迁此定居，因村东、西两头有两个大坑塘，故名李家海。后村东建一小李海，故改称大李海。聚落呈团块状分布。经济以种植业为主，种植小麦、玉米、地瓜、杂粮等。有公路经此。

大马楼 371722-B01-H05
[Dàmǎlóu]

在县驻地园艺街道西方向 18.4 千米。郭村镇辖自然村。人口 600。明永乐十五年（1417），张氏迁此建村，因张氏脸部有几个大麻子，故起村名张大麻子楼，后简称大马楼。聚落呈团块状分布。经济以种植业为主，种植小麦、玉米、棉花、花生等。有公路经此。

东万庄 371722-B01-H06
[Dōngwànzhuāng]

在县驻地园艺街道西方向 16.2 千米。郭村镇辖自然村。人口 700。明嘉靖年间，万氏迁此建村，初名万庄。至万历年间，分支在村西又建一村，遂改称东万庄。聚落呈团块状分布。经济以种植业为主，种植小麦、玉米、芦笋、花生等。有公路经此。

高杨庄 371722-B01-H07
[Gāoyángzhuāng]

在县驻地园艺街道西方向 12.8 千米。郭村镇辖自然村。人口 300。始为杨氏立村，名杨庄。清雍正八年（1730），高氏迁来，遂更名为高杨庄。聚落呈团块状分布。经济以种植业为主，种植小麦、玉米、芦笋等。有公路经此。

葛庙 371722-B01-H08
[Gěmiào]

在县驻地园艺街道西方向 13.8 千米。郭村镇辖自然村。人口 1 600。明嘉靖十六年（1537），为纪念名医葛洪修建了葛君庙，自此称村为葛君庙，后简称葛庙。聚落呈团块状分布。经济以种植业为主，种植小麦、玉米、花生等。有公路经此。

郭村集东村 371722-B01-H09
[Guōcūnjídōngcūn]

在县驻地园艺街道西方向 15.9 千米。郭村镇辖自然村。人口 2 100。明洪武六年（1373），郭氏从山西洪洞县迁此建村，故名郭村，明末设立集市，遂称郭村集。后因位置命名为郭村集东村。聚落呈团块状分布。经济以种植业为主，种植小麦、玉米、芦笋、花生、葡萄等。有公路经此。

郭村集西村 371722-B01-H10
[Guōcūnjíxīcūn]

在县驻地园艺街道西方向 16.0 千米。郭村镇辖自然村。人口 2 700。明洪武六年（1373），郭氏从山西洪洞县迁此建村，故名郭村，明末设立集市，遂称郭村集。后因位置命名为郭村集西村。聚落呈团块状分布。经济以种植业为主，种植小麦、玉米、芦笋、地瓜等。105 国道经此。

郭庄 371722-B01-H11
［Guōzhuāng］

在县驻地园艺街道西方向 15.0 千米。郭村镇辖自然村。人口 600。明成化年间，郭氏迁此建村，取名郭庄。聚落呈团块状分布。经济以种植业为主，种植小麦、玉米、花生、芦笋等。有公路经此。

侯寺 371722-B01-H12
［Hóusì］

在县驻地园艺街道西方向 15.7 千米。郭村镇辖自然村。人口 700。明万历年间，侯氏迁此建村，因村东北角有一座严兴寺，遂取名侯寺。聚落呈团块状分布。经济以种植业为主，种植小麦、玉米、芦笋、棉花、大豆、花生等。有公路经此。

后付庄 371722-B01-H13
［Hòufùzhuāng］

在县驻地园艺街道西方向 15.9 千米。郭村镇辖自然村。人口 300。明成化年间，付氏迁此建村，初名付庄。至嘉靖年间，族人又在村前建一新村，故改为后付庄。聚落呈团块状分布。经济以种植业为主，种植小麦、玉米、芦笋等。有公路经此。

胡楼 371722-B01-H14
［Húlóu］

在县驻地园艺街道西方向 19.3 千米。郭村镇辖自然村。人口 700。此村系胡氏建立，故名胡楼。聚落呈团块状分布。经济以种植业为主，种植小麦、玉米、棉花、花生等。有公路经此。

李庄 371722-B01-H15
［Lǐzhuāng］

在县驻地园艺街道西方向 17.2 千米。郭村镇辖自然村。人口 100。清乾隆年间，李氏迁此建村，全村皆姓李，故名李庄。聚落呈团块状分布。经济以种植业为主，种植小麦、玉米、花生等。有公路经此。

刘陈庄 371722-B01-H16
［Liúchénzhuāng］

在县驻地园艺街道西方向 19.3 千米。郭村镇辖自然村。人口 50。系陈氏始建，原名陈庄。清嘉庆年间，刘氏迁此，遂改为刘陈庄。聚落呈团块状分布。经济以种植业为主，种植小麦、玉米、芦笋、大豆等。有公路经此。

刘楼 371722-B01-H17
［Liúlóu］

在县驻地园艺街道西方向 17.2 千米。郭村镇辖自然村。人口 1 100。明洪武年间，刘氏迁此建村，因建有楼房，故名刘楼。聚落呈团块状分布。经济以种植业为主，种植小麦、玉米、花生等。有公路经此。

刘平楼 371722-B01-H18
［Liúpínglóu］

在县驻地园艺街道西方向 18.0 千米。郭村镇辖自然村。人口 200。明洪武年间，刘虎迁此定居，取名刘虎庄。后因刘虎在此建土楼，故名刘虎楼，后改名刘平楼。聚落呈团块状分布。经济以种植业为主，种植小麦、玉米、芦笋、花生等。有公路经此。

马菜园 371722-B01-H19
［Mǎcàiyuán］

在县驻地园艺街道西方向 25.2 千米。郭村镇辖自然村。人口 900。明天顺八年（1464），马氏迁此立村，并修园种菜，故名马菜园。聚落呈团块状分布。经济以种植业为主，种植小麦、玉米、芦笋、花生等。有公路经此。

苗楼 371722-B01-H20
[Miáolóu]

在县驻地园艺街道西方向 24.2 千米。郭村镇辖自然村。人口 100。明宣德五年（1430），苗氏迁此立村，后苗氏盖楼一栋，起名苗楼。聚落呈团块状分布。经济以种植业为主，种植小麦、玉米、大豆等。有公路经此。

南李庄 371722-B01-H21
[Nánlǐzhuāng]

在县驻地园艺街道西方向 20.0 千米。郭村镇辖自然村。人口 100。明崇祯年间，李氏迁此立村，因重名，后更名南李庄。聚落呈团块状分布。经济以种植业为主，种植小麦、玉米、粮食、棉花等。有公路经此。

潘庄 371722-B01-H22
[Pānzhuāng]

在县驻地园艺街道西方向 19.5 千米。郭村镇辖自然村。人口 900。明成化年间，潘氏迁此建村，取名潘庄。聚落呈团块状分布。经济以种植业为主，种植小麦、玉米、棉花、花生等。有公路经此。

破楼角 371722-B01-H23
[Pòlóujiǎo]

在县驻地园艺街道西方向 20.3 千米。郭村镇辖自然村。人口 1 400。明万历八年（1580），朱氏迁此立庄，盖楼时，楼角处有一块破砖，故名村破角楼。聚落呈团块状分布。经济以种植业为主，种植小麦、玉米、芦笋、花生等。有公路经此。

前付庄 371722-B01-H24
[Qiánfùzhuāng]

在县驻地园艺街道西方向 19.5 千米。郭村镇辖自然村。人口 200。明成化年间，付氏迁后付庄建村。嘉靖年间，族人又在此前建一新村，故改为前付庄。聚落呈团块状分布。经济以种植业为主，种植小麦、玉米、芦笋等。有公路经此。

前顺河店 371722-B01-H25
[Qiánshùnhédiàn]

在县驻地园艺街道西方向 21.0 千米。郭村镇辖自然村。人口 600。李氏傍河建村，以开店为业，名顺河店。后因建房取土，在村中挖成一个坑，将村分为前后两村，此为前顺河店。聚落呈团块状分布。经济以种植业为主，种植小麦、玉米、山药、芦笋等。有公路经此。

太平集 371722-B01-H26
[Tàipíngjí]

在县驻地园艺街道西方向 19.7 千米。郭村镇辖自然村。人口 700。因设有集市，以吉祥嘉言命名。聚落呈团块状分布。有小学 1 处。经济以种植业为主，种植小麦、玉米、棉花、花生等。有公路经此。

田桥 371722-B01-H27
[Tiánqiáo]

在县驻地园艺街道西方向 18.5 千米。郭村镇辖自然村。人口 1 500。明景泰年间，田氏迁此建村。因田氏在村前河沟上修了一座石板桥，故名田桥。聚落呈团块状分布。经济以种植业为主，种植小麦、玉米、棉花、花生、大豆等。有公路经此。

童油坊 371722-B01-H28
[Tóngyóufáng]

在县驻地园艺街道西方向 21.0 千米。郭村镇辖自然村。人口 400。明洪武年间，蒋、刘两家迁此建村，名蒋刘庄。后蒋家外迁，刘氏人丁兴旺，又有加工帽子的手艺等，遂称帽子刘庄。后童氏来此建村，以开油坊为业，取名童油坊。聚落呈团块状分布。经济以种植业为主，种植小麦、玉米、芦笋、山药、花生等。有公路经此。

魏楼 371722-B01-H29

[Wèilóu]

在县驻地园艺街道西方向 18.0 千米。郭村镇辖自然村。人口 600。明成化年间，魏氏迁此建村。因盖了九座楼房，遂命名为魏楼。聚落呈团块状分布。经济以种植业为主，种植小麦、玉米、芦笋等。有公路经此。

吴三庙 371722-B01-H30

[Wúsānmiào]

在县驻地园艺街道西方向 20.0 千米。郭村镇辖自然村。人口 1 100。清康熙年间，吴氏迁此，因村中有座三官庙，遂取名吴三官庙，后省称吴三庙。聚落呈团块状分布。经济以种植业为主，种植小麦、玉米、芦笋、山药等。有公路经此。

小李海 371722-B01-H31

[Xiǎolǐhǎi]

在县驻地园艺街道西方向 13.0 千米。郭村镇辖自然村。人口 1 500。清乾隆年间，李氏迁此建村，因村中有一坑塘，而且西边有一村大李海，遂取名小李海。聚落呈团块状分布。经济以种植业为主，种植小麦、玉米、大豆、棉花、花生等。有公路经此。

杨楼 371722-B01-H32

[Yánglóu]

在县驻地园艺街道西方向 15.8 千米。郭村镇辖自然村。人口 500。明洪武年间，杨氏迁此建村，取祈福之意名杨楼。聚落呈团块状分布。经济以种植业为主，种植小麦、玉米、芦笋。有公路经此。

杨庙 371722-B01-H33

[Yángmiào]

在县驻地园艺街道西方向 17.8 千米。郭村镇辖自然村。人口 500。清雍正年间，杨氏迁此，买了张氏的庄田，并在村西建了一座古庙，遂改称杨庙。聚落呈团块状分布。经济以种植业为主，种植小麦、玉米、芦笋、棉花等。有公路经此。

翟楼 371722-B01-H34

[Zháilóu]

在县驻地园艺街道西方向 14.2 千米。郭村镇辖自然村。人口 600。明成化年间，翟氏由山西洪洞县迁此定居，因建有楼房，故名翟楼。聚落呈团块状分布。经济以种植业为主，种植小麦、玉米、花生、芦笋、山药。有公路经此。

张保楼 371722-B01-H35

[Zhāngbǎolóu]

在县驻地园艺街道西方向 21.1 千米。郭村镇辖自然村。人口 1 400。明洪武十三年（1380），张氏迁此建村，建有楼院，为祈愿永保稳固，故名张保楼。聚落呈团块状分布。经济以种植业为主，种植小麦、玉米、芦笋、花生等。有公路经此。

张靳楼 371722-B01-H36

[Zhāngjìnlóu]

在县驻地园艺街道西方向 18.2 千米。郭村镇辖自然村。人口 1 100。由老张庄、靳楼、白隅首、方庄四村合为一村，名张靳楼。聚落呈团块状分布。经济以种植业为主，种植小麦、玉米、芦笋、花生等。有公路经此。

张香庄 371722-B01-H37

[Zhāngxiāngzhuāng]

在县驻地园艺街道西方向 17.6 千米。郭村镇辖自然村。人口 1 100。此村为张氏建立，以制香为业，故名张香庄。聚落呈团块状分布。经济以种植业为主，种植小麦、玉米、芦笋、棉花、花生、杂粮等。有公路经此。

张雪楼 371722–B01–H38
[Zhāngxuělóu]

在县驻地园艺街道西方向 14.0 千米。郭村镇辖自然村。人口 700。明成化年间，张氏兄弟二人迁此立村，并建有楼房，取祈富之意，名张雪楼。聚落呈团块状分布。经济以种植业为主，种植小麦、玉米、芦笋、花生等。有公路经此。

周楼 371722–B01–H39
[Zhōulóu]

在县驻地园艺街道西方向 15.1 千米。郭村镇辖自然村。人口 400。明天顺年间，周氏迁至此地，取名周楼。聚落呈团块状分布。经济以种植业为主，种植小麦、玉米、芦笋、大豆等。有公路经此。

朱楼 371722–B01–H40
[Zhūlóu]

在县驻地园艺街道西方向 19.3 千米。郭村镇辖自然村。人口 1 200。明嘉靖年间，朱氏迁此立村，因建有楼房，取名朱楼。聚落呈团块状分布。有幼儿园 1 处。经济以种植业为主，种植小麦、玉米、芦笋、花生等。有公路经此。

朱油坊 371722–B01–H41
[Zhūyóufáng]

在县驻地园艺街道西方向 13.1 千米。郭村镇辖自然村。人口 500。明天顺年间，朱氏迁此建村，以开油坊为业，遂取名朱油坊。聚落呈团块状分布。经济以种植业为主，种植小麦、玉米、芦笋、花生等。有公路经此。

黄岗 371722–B02–H01
[Huánggǎng]

黄岗镇人民政府驻地。在县驻地园艺街道南方向 15.0 千米。人口 8 700。明景泰年间，黄氏携五子自山西迁此建村，称黄五庄，后搬至土岗居住，改称黄岗。聚落呈团块状分布。有中学 1 处、小学 1 处。经济以加工业为主。特产有黄岗徽子、黄岗大炖羊肉等。省道单虞路经此。

安庄 371722–B02–H02
[Ānzhuāng]

在县驻地园艺街道南方向 18.0 千米。黄岗镇辖自然村。人口 700。清雍正年间，安氏迁此立村，取名安庄。聚落呈团块状分布。经济以种植业为主，种植小麦、玉米、花生、地瓜、杂粮等。有公路经此。

柴庄 371722–B02–H03
[Cháizhuāng]

在县驻地园艺街道南方向 18.4 千米。黄岗镇辖自然村。人口 800。清乾隆年间，柴氏迁此建村，取名柴庄。聚落呈团块状分布。经济以种植业为主，种植小麦、玉米、西瓜等。省道单虞路经此。

常溜 371722–B02–H04
[Chángliù]

在县驻地园艺街道南方向 17.4 千米。黄岗镇辖自然村。人口 1 300。清乾隆年间，张氏迁此，因黄河水常从村南三堤决口，流入村中，故名常溜。聚落呈团块状分布。经济以种植业为主，种植小麦、玉米、花生、西瓜等。有公路经此。

尘庄 371722–B02–H05
[Chénzhuāng]

在县驻地园艺街道南方向 11.1 千米。

黄岗镇辖自然村。人口 500。清嘉庆年间，尘氏迁此建村，初名尘园，后改尘庄。聚落呈团块状分布。经济以种植业为主，种植小麦、玉米、花生等。有公路经此。

大黄 371722-B02-H06
［Dàhuáng］

在县驻地园艺街道南方向 14.2 千米。黄岗镇辖自然村。人口 400。清嘉庆年间，黄氏迁此建村，取名大黄。聚落呈团块状分布。经济以种植业为主，种植小麦、玉米、花生等。有公路经此。

大赵庄 371722-B02-H07
［Dàzhàozhuāng］

在县驻地园艺街道南方向 17.3 千米。黄岗镇辖自然村。人口 1 000。赵氏分支迁此建村，故名大赵庄。聚落呈团块状分布。经济以种植业为主，种植小麦、玉米、花生、棉花等。省道单虞路经此。

邓窑 371722-B02-H08
［Dèngyáo］

在县驻地园艺街道南方向 19.1 千米。黄岗镇辖自然村。人口 2 000。清雍正年间，邓氏在此建一砖瓦窑，故称邓家窑，后称邓窑。聚落呈团块状分布。有小学 1 处。经济以种植业为主，种植小麦、玉米、花生等。省道单虞路经此。

董庄 371722-B02-H09
［Dǒngzhuāng］

在县驻地园艺街道南方向 13.1 千米。黄岗镇辖自然村。人口 600。清顺治十三年（1656），董姓夫妻迁此居住，命名为董庄。聚落呈团块状分布。经济以种植业为主，种植小麦、玉米、花生等。有公路经此。

渡口王庄 371722-B02-H10
［Dùkǒuwángzhuāng］

在县驻地园艺街道南方向 20.0 千米。黄岗镇辖自然村。人口 1 600。清乾隆年间，众人在此渡口定居，因王姓居多，故名渡口王庄。聚落呈团块状分布。经济以种植业为主，种植小麦、玉米、花生。省道单虞路经此。

段阁 371722-B02-H11
［Duàngé］

在县驻地园艺街道南方向 13.7 千米。黄岗镇辖自然村。人口 300。清康熙年间，段氏迁此建村，建有楼阁，故名段阁。聚落呈团块状分布。经济以种植业为主，种植小麦、玉米、棉花、山药等。省道单虞路经此。

段庄 371722-B02-H12
［Duànzhuāng］

在县驻地园艺街道南方向 18.5 千米。黄岗镇辖自然村。人口 300。清乾隆年间，段氏迁此建村，故名段庄。聚落呈团块状分布。经济以种植业为主，种植小麦、玉米、花生等。省道单虞路经此。

后花园 371722-B02-H13
［Hòuhuāyuán］

在县驻地园艺街道南方向 9.4 千米。黄岗镇辖自然村。人口 1 300。清乾隆年间，张氏迁此建村，原名张花园，后以方位更名后花园。聚落呈团块状分布。有文化广场 1 处。经济以种植业为主，种植小麦、玉米、花生、棉花、山药等。有公路经此。

李溜 371722-B02-H14
［Lǐliù］

在县驻地园艺街道南方向 9.4 千米。黄岗镇辖自然村。人口 1 500。因宅舍连成一溜，遂取名李溜。聚落呈团块状分布。经济以种植业为主，种植小麦、玉米、花生等。有公路经此。

李楼 371722-B02-H15
[Lǐlóu]

在县驻地园艺街道南方向 13.1 千米。黄岗镇辖自然村。人口 200。清嘉庆年间，李氏迁此建村，因李氏盖有楼房，故名李楼。聚落呈团块状分布。经济以种植业为主，种植小麦、玉米、棉花、山药等。有公路经此。

南老窝 371722-B02-H16
[Nánlǎowō]

在县驻地园艺街道南方向 19.1 千米。黄岗镇辖自然村。人口 1 600。清宣统年间，黄氏自今黄岗镇北老鸦窝村迁此建村，取名南老鸦窝，后改称南老窝。聚落呈团块状分布。有文化广场 1 处。经济以种植业为主，种植小麦、玉米、西瓜等。省道单虞路经此。

潘店 371722-B02-H17
[Pāndiàn]

在县驻地园艺街道南方向 7.4 千米。黄岗镇辖自然村。人口 500。明朝，潘氏在此开店，故名潘店。聚落呈团块状分布。经济以种植业为主，种植小麦、玉米、棉花等。有公路经此。

齐庄 371722-B02-H18
[Qízhuāng]

在县驻地园艺街道南方向 13.4 千米。黄岗镇辖自然村。人口 500。明景泰年间，齐氏迁此建村，取名齐庄。聚落呈团块状分布。经济以种植业为主，种植小麦、玉米、花生、棉花等。省道单虞路经此。

前阁 371722-B02-H19
[Qiángé]

在县驻地园艺街道南方向 13.3 千米。黄岗镇辖自然村。人口 600。明万历年间，梁氏迁此建村，初名杏黄庄；明末，村东建一庙，内有阁楼，改名李西河阁，后改为前阁。聚落呈团块状分布。经济以种植业为主，种植小麦、玉米、花生等。省道单虞路经此。

前花园 371722-B02-H20
[Qiánhuāyuán]

在县驻地园艺街道南方向 10.7 千米。黄岗镇辖自然村。人口 600。清康熙年间，张氏迁至本乡后花园，分支在此建村，称前花园。聚落呈团块状分布。经济以种植业为主，种植小麦、玉米、花生、地瓜、杂粮等。有公路经此。

任庄 371722-B02-H21
[Rénzhuāng]

在县驻地园艺街道南方向 15.8 千米。黄岗镇辖自然村。人口 1 000。清光绪年间，任氏迁至本地，定名任庄。聚落呈团块状分布。经济以种植业为主，种植小麦、玉米、花生、棉花等。有公路经此。

申庄 371722-B02-H22
[Shēnzhuāng]

在县驻地园艺街道南方向 8.0 千米。黄岗镇辖自然村。人口 700。清嘉庆年间，申氏迁此建村，取名申庄。聚落呈团块状分布。经济以种植业为主，种植小麦、玉米、棉花、山药等。有公路经此。

四街 371722-B02-H23
[Sìjiē]

在县驻地园艺街道南方向 15.5 千米。黄岗镇辖自然村。人口 2 000。明万历年间，黄氏分支由东海子迁入黄岗镇集，取名黄后楼，后更名四街。聚落呈团块状分布。经济以种植业为主，种植小麦、玉米、山药等。省道单虞路经此。

汤楼 371722-B02-H24
[Tānglóu]

在县驻地园艺街道南方向 12.1 千米。黄岗镇辖自然村。人口 400。因汤氏在此盖了一座楼，称汤家楼，后简称汤楼。聚落呈团块状分布。经济以种植业为主，种植小麦、玉米、棉花、山药等。省道单虞路经此。

土山 371722-B02-H25
[Tǔshān]

在县驻地园艺街道南方向 18.5 千米。黄岗镇辖自然村。人口 1 100。因村东有一土堆如山状，故名土山。聚落呈团块状分布。经济以种植业为主，种植小麦、玉米、西瓜等。省道单虞路经此。

丁庄 371722-B02-H26
[Dīngzhuāng]

在县驻地园艺街道南方向 10.6 千米。黄岗镇辖自然村。人口 900。清康熙年间，丁氏迁此建村，取名丁庄。聚落呈团块状分布。经济以种植业为主，种植小麦、玉米、花生等。有公路经此。

一街 371722-B02-H27
[Yījiē]

在县驻地园艺街道南方向 15.5 千米。黄岗镇辖自然村。人口 2 300。明景泰年间，黄氏迁此建村，始称黄五庄，后改称黄岗。因本村居黄岗东端，后称东街。1996 年底改名为一街。聚落呈团块状分布。经济以种植业为主，种植小麦、玉米、花生等。省道单虞路经此。

张菜园 371722-B02-H28
[Zhāngcàiyuán]

在县驻地园艺街道南方向 13.6 千米。黄岗镇辖自然村。人口 800。清顺治十二年（1655），张氏迁此地种菜，后名张菜园。聚落呈团块状分布。经济以种植业为主，种植小麦、玉米、花生等。有公路经此。

张下庄 371722-B02-H29
[Zhāngxiàzhuāng]

在县驻地园艺街道南方向 14.7 千米。黄岗镇辖自然村。人口 800。张氏原籍张上庄，清乾隆年间族人分居迁此立村，取名张下庄。聚落呈团块状分布。经济以种植业为主，种植小麦、玉米、花生等。有公路经此。

张庄 371722-B02-H30
[Zhāngzhuāng]

在县驻地园艺街道南方向 12.4 千米。黄岗镇辖自然村。人口 300。明景泰年间，张氏迁此建村，因庄小，取名小张庄，后改称张庄。聚落呈团块状分布。经济以种植业为主，种植小麦、玉米、花生、山药等。省道单虞路经此。

赵楼 371722-B02-H31
[Zhàolóu]

在县驻地园艺街道南方向 16.2 千米。黄岗镇辖自然村。人口 700。1758 年，赵氏在此建楼房，故称赵楼。聚落呈团块状分布。经济以种植业为主，种植小麦、玉米、花生等。有公路经此。

赵庙 371722-B02-H32
[Zhàomiào]

在县驻地园艺街道南方向 12.2 千米。黄岗镇辖自然村。人口 900。明中叶，赵氏迁此建村，村东修三官庙一座，故名。聚落呈团块状分布。经济以种植业为主，种植小麦、玉米、花生、山药等。有万都木业、单棉六厂等企业。省道单虞路经此。

朱堤口 371722-B02-H33

[Zhūdīkǒu]

在县驻地园艺街道南方向 18.0 千米。黄岗镇辖自然村。人口 1 200。清乾隆年间，朱氏在三堤下建立此村，故名。聚落呈团块状分布。经济以种植业为主，种植小麦、玉米、花生等。省道单虞路经此。

耿许庄 371722-B02-H34

[Gěngxǔzhuāng]

在县驻地园艺街道南方向 11.8 千米。黄岗镇辖自然村。人口 700。因耿氏始建，故名耿庄，后许氏迁此定居，改称耿许庄。聚落呈团块状分布。经济以种植业为主，种植小麦、玉米、棉花、花生等。省道单虞路经此。

刘老家 371722-B02-H35

[Liúlǎojiā]

在县驻地园艺街道南方向 15.8 千米。黄岗镇辖自然村。人口 500。明景泰年间，刘氏分支建村。清乾隆年间，刘娥在此建造刘氏家庙，命名刘老家。聚落呈团块状分布。有小学 1 处。经济以种植业为主，种植小麦、玉米、花生、山药等。省道单虞路经此。

毛庄 371722-B02-H36

[Máozhuāng]

在县驻地园艺街道南方向 19.2 千米。黄岗镇辖自然村。人口 1 000。清乾隆年间，毛氏建村，称毛庄。聚落呈团块状分布。有小学 1 处。经济以种植业为主，种植小麦、玉米、西瓜等。省道单虞路经此。

姬庄 371722-B02-H37

[Jīzhuāng]

在县驻地园艺街道南方向 15.6 千米。黄岗镇辖自然村。人口 500。明洪武年间，刘氏迁此建村，时闻雄鸡啼叫，故名吉庄，后演变成姬庄。聚落呈团块状分布。经济以种植业为主，种植小麦、玉米、花生等。有公路经此。

烟庄 371722-B02-H38

[Yānzhuāng]

在县驻地园艺街道南方向 7.7 千米。黄岗镇辖自然村。人口 600。清嘉庆年间，鄢氏在此建村，取名鄢庄，后演变为烟庄。聚落呈团块状分布。经济以种植业为主，种植小麦、玉米、花生、棉花等。省道单虞路经此。

八岔口 371722-B02-H39

[Bāchàkǒu]

在县驻地园艺街道南方向 14.8 千米。黄岗镇辖自然村。人口 500。明景泰年间，刘氏支系分居迁此建村，村东头紧靠八岔路口，故名八岔口。聚落呈团块状分布。经济以种植业为主，种植小麦、玉米、花生等。有公路经此。

白楼 371722-B02-H40

[Báilóu]

在县驻地园艺街道南方向 8.5 千米。黄岗镇辖自然村。人口 700。清康熙年间，白氏来此建楼定居，故名白楼。聚落呈团块状分布。经济以种植业为主，种植小麦、玉米、山药等。有公路经此。

东南隅 371722-B02-H41

[Dōngnányú]

在县驻地园艺街道南方向 15.2 千米。

黄岗镇辖自然村。人口 1 100。明景泰年间，黄氏携五子迁此建村，始称黄五庄，后因居土岗子上改称黄岗，后渐成集，在黄岗东南角，故称东南隅。聚落呈团块状分布。经济以种植业为主，种植小麦、玉米、花生等。省道单虞路经此。

范堤口 371722-B02-H42
[Fàndīkǒu]

在县驻地园艺街道南方向 9.7 千米。黄岗镇辖自然村。人口 1 200。清乾隆年间，有人在此居住种地，原地有一堤口，故名范堤口。聚落呈团块状分布。经济以种植业为主，种植小麦、玉米、花生、棉花、山药等。省道单虞路经此。

高庄 371722-B02-H43
[Gāozhuāng]

在县驻地园艺街道南方向 12.6 千米。黄岗镇辖自然村。人口 700。明嘉靖年间，黄河在现庄西冲一深坑，清乾隆元年（1736），马氏迁此居住，由于地势相对较高，故名高庄。聚落呈团块状分布。经济以种植业为主，种植小麦、玉米、花生、棉花、山药等。有公路经此。

杜庄 371722-B02-H44
[Dùzhuāng]

在县驻地园艺街道南方向 18.8 千米。黄岗镇辖自然村。人口 700。清顺治年间，刘氏迁此立村，取名独庄，后误传为杜庄。聚落呈团块状分布。经济以种植业为主，种植小麦、玉米、地瓜等。有公路经此。

胡楼 371722-B02-H45
[Húlóu]

在县驻地园艺街道南方向 13.6 千米。黄岗镇辖自然村。人口 600。明万历年间，胡氏迁此立村，并建楼房，取名胡楼。聚

落呈团块状分布。经济以种植业为主，种植小麦、玉米、花生、山药等。有公路经此。

终兴 371722-B03-H01
[Zhōngxīng]

终兴镇人民政府驻地。在县驻地园艺街道东方向 25.0 千米。人口 1 800。明景泰六年（1455），刘氏在此以开客店为业，名刘方店。汉高祖刘邦称帝以后，带吕后荣归故里，在此乘酒兴挥笔写下"千秋大业，百战终兴"八个大字，故名村终兴。聚落呈团块状分布。有中学 1 处、小学 1 处。经济以种植业为主，种植小麦、玉米、花生、山药等。有机械制造、服装加工等副业。省道单丰路经此。

东孟集 371722-B03-H02
[Dōngmèngjí]

在县驻地园艺街道东南方向 15.0 千米。终兴镇辖自然村。人口 200。此村原名孟花园，是孔氏、孟氏的赏花园圃，有孟氏人丁护管。宋初有贸易场所，名孟集。清乾隆年间，西邻出现同名村，遂改为东孟集。聚落呈团块状分布。经济以种植业为主，种植小麦、玉米、山药。有公路经此。

白楼 371722-B03-H03
[Báilóu]

在县驻地园艺街道东南方向 19.3 千米。终兴镇辖自然村。人口 700。因白氏迁此建村，建有楼房，得名白楼。聚落呈团块状分布。经济以种植业为主，种植玉米、小麦、山药、大蒜。有公路经此。

东蔡溜 371722-B03-H04
[Dōngcàiliù]

在县驻地园艺街道东南方向 16.5 千米。终兴镇辖自然村。人口 700。原名蔡溜，后因村居扩展为两村，此村以方位称东蔡溜。

聚落呈团块状分布。经济以种植业为主，种植小麦、玉米、山药。有公路经此。

东程溜 371722-B03-H05

[Dōngchéngliù]

在县驻地园艺街道东南方向14.3千米。终兴镇辖自然村。人口900。原名为走马汉河集，后程氏自洛阳迁此，改称程溜。明成化十六年（1480）分支迁于村西建村，此村遂称东程溜。聚落呈团块状分布。经济以种植业为主，种植小麦、玉米、山药。有公路经此。

董楼 371722-B03-H06

[Dǒnglóu]

在县驻地园艺街道东南方向21.6千米。终兴镇辖自然村。人口500。董氏在此安家居住并建有楼房，取名董楼。聚落呈团块状分布。经济以种植业为主，种植小麦、玉米、山药。有公路经此。

高楼寨 371722-B03-H07

[Gāolóuzhài]

在县驻地园艺街道东南方向22.5千米。终兴镇辖自然村。人口500。原名朱新庄，因后来建起来高楼大院，筑了寨垣，更名高楼寨。聚落呈团块状分布。经济以种植业为主，种植小麦、玉米、山药。有公路经此。

郭楼 371722-B03-H08

[Guōlóu]

在县驻地园艺街道东南方向15.9千米。终兴镇辖自然村。人口600。因郭氏迁此建村，建有楼房，得名郭楼。聚落呈团块状分布。经济以种植业为主，种植小麦、玉米、山药。有公路经此。

郭堂 371722-B03-H09

[Guōtáng]

在县驻地园艺街道东南方向20.8千米。终兴镇辖自然村。人口900。因郭氏迁此建村，得名郭堂。聚落呈团块状分布。经济以种植业为主，种植小麦、玉米、山药。有公路经此。

郭庄 371722-B03-H10

[Guōzhuāng]

在县驻地园艺街道东南方向23.7千米。终兴镇辖自然村。人口800。原名裴堂，后郭氏搬迁至此居住，改名郭庄。聚落呈团块状分布。经济以种植业为主，种植小麦、玉米、山药。有公路经此。

黑楼 371722-B03-H11

[Hēilóu]

在县驻地园艺街道东南方向20.9千米。终兴镇辖自然村。人口700。黑氏迁此建村，因建有楼房，得名黑楼。聚落呈团块状分布。经济以种植业为主，种植小麦、玉米、山药。有公路经此。

后光明集 371722-B03-H12

[Hòuguāngmíngjí]

在县驻地园艺街道东南方向18.4千米。终兴镇辖自然村。人口500。原名胡家寨、朱黑楼，后朱氏族人觉得不吉利，遂改名光明集。后因省道单丰路贯穿东西，把村分隔为前后村，本村以方位得名后光明集。聚落呈团块状分布。经济以种植业为主，种植小麦、玉米、山药、桃。有公路经此。

后王竹园 371722-B03-H13

[Hòuwángzhúyuán]

在县驻地园艺街道东南方向21.3千米。终兴镇辖自然村。人口700。王氏分支迁此建村，因其位于王氏的竹园子里，得名后王竹园。聚落呈团块状分布。经济以种植业为主，种植小麦、玉米、山药。有公路经此。

科王楼 371722-B03-H14
[Kēwánglóu]

在县驻地园艺街道东南方向21.7千米。终兴镇辖自然村。人口500。王氏迁此定居，因村西有座科圣庙，内有科圣殿，遂名科圣殿王楼，后简称科王楼。聚落呈团块状分布。经济以种植业为主，种植玉米、小麦、山药、大蒜。有公路经此。

孔庄 371722-B03-H15
[Kǒngzhuāng]

在县驻地园艺街道东南方向20.9千米。终兴镇辖自然村。人口900。因孔氏在此落户，得名孔庄。聚落呈团块状分布。经济以种植业为主，种植玉米、小麦、山药、大蒜。有公路经此。

刘楼 371722-B03-H16
[Liúlóu]

在县驻地园艺街道东南方向16.1千米。终兴镇辖自然村。人口1 000。以姓氏得名。聚落呈团块状分布。经济以种植业为主，种植小麦、玉米、山药。有公路经此。

平城庵 371722-B03-H17
[Píngchéng'ān]

在县驻地园艺街道东南方向16.2千米。终兴镇辖自然村。人口1 200。因村内有一平城庵而得名。聚落呈团块状分布。经济以种植业为主。有公路经此。

前光明集 371722-B03-H18
[Qiánguāngmíngjí]

在县驻地园艺街道东南方向18.5千米。

终兴镇辖自然村。人口800。原名胡家寨、朱黑楼，后朱氏族人觉得不吉利，遂改名光明集。后因省道单丰路贯穿东西，把村分隔为前后村，本村以方位得名前光明集。聚落呈团块状分布。经济以种植业为主，种植小麦、玉米、山药、桃。有公路经此。

瞿庄 371722-B03-H19
[Qúzhuāng]

在县驻地园艺街道东南方向23.2千米。终兴镇辖自然村。人口600。因瞿氏迁到此处安家落户，故名瞿庄。聚落呈团块状分布。经济以种植业为主，种植小麦、玉米、山药。有公路经此。

时寨 371722-B03-H20
[Shízhài]

在县驻地园艺街道东南方向20.2千米。终兴镇辖自然村。人口1 300。因时氏迁此建村，得名时寨。聚落呈团块状分布。经济以种植业为主，种植玉米、小麦、山药、大蒜。有公路经此。

孙小庙 371722-B03-H21
[Sūnxiǎomiào]

在县驻地园艺街道东南方向22.5千米。终兴镇辖自然村。人口1 700。明永乐年间，孙氏迁此建村，建有小庙一座，故名孙小庙。聚落呈团块状分布。经济以种植业为主，种植小麦、玉米、山药。有公路经此。

唐庄 371722-B03-H22
[Tángzhuāng]

在县驻地园艺街道东南方向24.0千米。终兴镇辖自然村。人口800。明嘉靖三十五年（1556），唐、薛、邵、郎四姓迁来，共建村庄，因唐姓人口众多，故名唐庄。聚落呈团块状分布。经济以种植业为主，种植小麦、玉米、山药。有公路经此。

王双楼 371722-B03-H23

[Wángshuānglóu]

在县驻地园艺街道东南方向20.0千米。终兴镇辖自然村。人口600。明万历三十四年（1606），王氏迁此建村，因建有两座楼房，故名王双楼。聚落呈团块状分布。经济以种植业为主，种植小麦、玉米、山药。有公路经此。

王小庄 371722-B03-H24

[Wángxiǎozhuāng]

在县驻地园艺街道东南方向20.3千米。终兴镇辖自然村。人口1 500。因王氏迁此建村，村小人少，得名王小庄。聚落呈团块状分布。有学校1处、幼儿园2处。经济以种植业为主，种植小麦、玉米、山药。有公路经此。

西程溜 371722-B03-H25

[Xīchéngliù]

在县驻地园艺街道东南方向13.9千米。终兴镇辖自然村。人口900。程氏分支迁此建村，因位于原住村西边，此村遂称西程溜。聚落呈团块状分布。经济以种植业为主，种植小麦、玉米、山药。有公路经此。

郗楼 371722-B03-H26

[Xīlóu]

在县驻地园艺街道东南方向21.0千米。终兴镇辖自然村。人口700。因郗氏迁此落户建村，建有楼，故名郗楼。聚落呈团块状分布。经济以种植业为主，种植小麦、玉米、山药。有公路经此。

席庙 371722-B03-H27

[Xímiào]

在县驻地园艺街道东南方向27.1千米。终兴镇辖自然村。人口500。席氏迁此建村，因在此建了一座庙，得名席庙。聚落呈团块状分布。经济以种植业为主，种植小麦、玉米、山药。有公路经此。

谢海 371722-B03-H28

[Xièhǎi]

在县驻地园艺街道东南方向26.2千米。终兴镇辖自然村。人口600。谢氏迁此建村，因地势低洼，遇大雨遍地都是水，得名谢海。聚落呈团块状分布。经济以种植业为主，种植小麦、玉米、山药。有公路经此。

薛楼 371722-B03-H29

[Xuēlóu]

在县驻地园艺街道东南方向23.2千米。终兴镇辖自然村。人口600。因薛氏迁至此地建村，建有楼房，得名薛楼。聚落呈团块状分布。经济以种植业为主，种植小麦、玉米、山药。有公路经此。

阎楼 371722-B03-H30

[Yánlóu]

在县驻地园艺街道东南方向20.1千米。终兴镇辖自然村。人口500。因阎姓迁居于此，取祈福之意，得名阎楼。聚落呈团块状分布。经济以种植业为主，种植小麦、玉米、山药。有公路经此。

杨菜园 371722-B03-H31

[Yángcàiyuán]

在县驻地园艺街道东南方向15.0千米。终兴镇辖自然村。人口800。明万历年间，杨氏迁此，以种菜为业，故名杨菜园。聚落呈团块状分布。有小学1处、幼儿园1处。经济以种植业为主，种植小麦、玉米、山药。有公路经此。

杨庄 371722-B03-H32
[Yángzhuāng]

在县驻地园艺街道东南方向14.1千米。终兴镇辖自然村。人口1 100。明末，杨氏在此建村，故名杨庄。聚落呈团块状分布。有幼儿园1处。经济以种植业为主，种植小麦、玉米、山药。有公路经此。

永镇集 371722-B03-H33
[Yǒngzhènjí]

在县驻地园艺街道东南方向22.7千米。终兴镇辖自然村。人口800。取太平之意，称永镇集。聚落呈团块状分布。经济以种植业为主，种植玉米、小麦、大蒜。有公路经此。

枣园 371722-B03-H34
[Zǎoyuán]

在县驻地园艺街道东南方向19.5千米。终兴镇辖自然村。人口500。因此地原为楚氏的枣树园子，故名枣园。聚落呈团块状分布。经济以种植业为主，种植小麦、玉米、山药。有公路经此。

赵庄 371722-B03-H35
[Zhàozhuāng]

在县驻地园艺街道东南方向20.5千米。终兴镇辖自然村。人口600。清康熙十五年（1676），赵氏迁此建村，故名赵庄。聚落呈团块状分布。经济以种植业为主，种植小麦、玉米、山药。有公路经此。

朱双楼 371722-B03-H36
[Zhūshuānglóu]

在县驻地园艺街道东南方向17.5千米。终兴镇辖自然村。人口700。因朱姓迁此建村，建有两座楼房，得名朱双楼。聚落呈团块状分布。经济以种植业为主，种植小麦、玉米、山药。有公路经此。

朱油坊 371722-B03-H37
[Zhūyóufáng]

在县驻地园艺街道东南方向19.9千米。终兴镇辖自然村。人口500。明末，朱氏建村，因以开油坊为业，故得名朱油坊。聚落呈团块状分布。经济以种植业为主，种植小麦、玉米、山药。有公路经此。

高韦庄 371722-B04-H01
[Gāowéizhuāng]

高韦庄镇人民政府驻地。在县驻地园艺街道西南方向35.0千米。人口2 800。明万历九年（1581），高氏、韦氏相继迁此，在高阜处共同建村，故名。聚落呈团块状分布。有中学1处、小学1处。经济以种植业为主，种植小麦、玉米、棉花、花生等。有公路经此。

高刘庄 371722-B04-H02
[Gāoliúzhuāng]

在县驻地园艺街道东南方向28.0千米。高韦庄镇辖自然村。人口1 000。明洪武年间，刘氏迁此，得名刘庄，后清嘉庆年间，高氏来此地，村中以高姓、刘姓家族人口居多，故名高刘庄。聚落呈团块状分布。经济以种植业为主，种植小麦、玉米等。有公路经此。

后安庄 371722-B04-H03
[Hòu'ānzhuāng]

在县驻地园艺街道东南方向29.8千米。高韦庄镇辖自然村。人口700。清康熙年间，安氏迁此建村，取名安庄。清光绪年间，因与西南邻近庄同名，为区分，故以方位改名后安庄。聚落呈团块状分布。经济以种植业为主，种植小麦、玉米、大豆、地瓜等。有公路经此。

仵袁庄 371722-B04-H04

[Wǔyuánzhuāng]

在县驻地园艺街道东南方向32.2千米。高韦庄镇辖自然村。人口800。清嘉庆年间，袁氏所建，故名袁庄。清光绪年间，仵氏迁来，遂改称仵袁庄。聚落呈团块状分布。经济以种植业为主，种植小麦、玉米、花生等。有公路经此。

刘寨 371722-B04-H05

[Liúzhài]

在县驻地园艺街道东南方向33.0千米。高韦庄镇辖自然村。人口2 300。明洪武年间，刘氏迁此建村，始称刘庄。清光绪年间，围村修了寨垣，遂改名刘寨。聚落呈团块状分布。经济以种植业为主，种植小麦、玉米、花生、地瓜等。有公路经此。

郑庄 371722-B04-H06

[Zhèngzhuāng]

在县驻地园艺街道东南方向31.7千米。高韦庄镇辖自然村。人口800。清康熙六年（1667），郑氏迁此建村，取名郑庄。聚落呈团块状分布。经济以种植业为主，种植小麦、玉米、花生等。有公路经此。

大徐庄 371722-B04-H07

[Dàxúzhuāng]

在县驻地园艺街道东南方向29.5千米。高韦庄镇辖自然村。人口800。清康熙年间，徐氏迁此建村，故取名大徐庄。聚落呈团块状分布。有文体广场1处、小学1处。经济以种植业为主，种植小麦、玉米、花生、地瓜、杂粮、樱桃、柿子、杏等。有公路经此。

张贺庄 371722-B04-H08

[Zhānghèzhuāng]

在县驻地园艺街道东南方向32.0千米。高韦庄镇辖自然村。人口500。清康熙年间，贺氏迁此建村，取名贺庄。后张氏迁入，买入贺氏大部分庄田，遂改称张贺庄。聚落呈团块状分布。经济以种植业为主，种植小麦、玉米、花生、地瓜和杂粮等。有公路经此。

高庄 371722-B04-H09

[Gāozhuāng]

在县驻地园艺街道东南方向30.5千米。高韦庄镇辖自然村。人口1 800。清嘉庆年间，高氏迁此建村，取名高庄。聚落呈团块状分布。经济以种植业为主，种植小麦、玉米等。有公路经此。

张庄 371722-B04-H10

[Zhāngzhuāng]

在县驻地园艺街道东南方向31.8千米。高韦庄镇辖自然村。人口700。清宣统年间，张氏自河南王花楼迁来建村，取名张庄。聚落呈团块状分布。经济以种植业为主，种植小麦、玉米、花生等。有公路经此。

大刘庄 371722-B04-H11

[Dàliúzhuāng]

在县驻地园艺街道东南方向30.2千米。高韦庄镇辖自然村。人口1 900。清乾隆六十年（1795），刘氏迁到此处，因刘姓人居多，得名大刘庄。聚落呈团块状分布。经济以种植业为主，种植小麦、玉米、花生、樱桃、桃等。有公路经此。

马寨 371722-B04-H12

[Mǎzhài]

在县驻地园艺街道东南方向33.2千米。高韦庄镇辖自然村。人口1 200。清乾隆年间，马氏迁此建村，修了寨垣，遂称马寨。聚落呈团块状分布。经济以种植业为主，种植花生、棉花、西瓜等。有公路经此。

二郎庙 371722-B04-H13

［Èrlángmiào］

在县驻地园艺街道东南方向34.7千米。高韦庄镇辖自然村。人口1 500。清顺治年间，危氏迁此建村，因村中建有一座二郎庙，故名。聚落呈散状分布。经济以种植业为主，种植花生、小麦、玉米。有公路经此。

仁集 371722-B04-H14

［Rénjí］

在县驻地园艺街道东南方向33.0千米。高韦庄镇辖自然村。人口600。明洪武年间，杨氏建村，成了集，且村人颇讲仁义，外人赠名仁义集，后简称仁集。聚落呈团块状分布。经济以种植业为主，种植小麦、玉米、山药。有公路经此。

赵集 371722-B04-H15

［Zhàojí］

在县驻地园艺街道东南方向31.0千米。高韦庄镇辖自然村。人口1 200。清嘉庆年间，赵氏迁此建村，名大赵庄，后设立集市，遂改称赵集。聚落呈团块状分布。经济以种植业为主，种植小麦、玉米、山药等。有公路经此。

范集 371722-B04-H16

［Fànjí］

在县驻地园艺街道东南方向30.0千米。高韦庄镇辖自然村。人口900。清末，村民迁到此处，范姓人居多，后起了集市，得名范集。聚落呈团块状分布。经济以种植业为主，种植小麦、玉米、大豆、樱桃、桃等。有公路经此。

徐寨 371722-B05-H01

［Xúzhài］

徐寨镇人民政府驻地。在县驻地园艺街道东北方向18.0千米。人口1 700。明建文年间，此处是徐楼村徐氏的下庄子，后修了寨垣，取名徐寨。聚落呈团块状分布。有中学1处、小学1处。经济以种植业为主，种植大蒜、洋葱、小麦、玉米、棉花等。105国道经此。

芦墓 371722-B05-H02

［Lúmù］

在县驻地园艺街道东北方向16.7千米。徐寨镇辖自然村。人口1 500。明洪武年间，李氏从山西洪洞县迁此建村，李氏死后，李氏后人搭芦草棚滤土为墓，守墓三年，故名滤墓，后又称芦墓。聚落呈团块状分布。经济以种植业为主，种植小麦、玉米、棉花、大蒜等。有公路经此。

安庄 371722-B05-H03

［Ānzhuāng］

在县驻地园艺街道东北方向18.2千米。徐寨镇辖自然村。人口1 100。明崇祯八年（1635），安氏从山西洪洞县迁此建村，取名安庄。聚落呈团块状分布。经济以种植业为主，种植小麦、玉米、棉花、大蒜等。有公路经此。

赵庄 371722-B05-H04

［Zhàozhuāng］

在县驻地园艺街道东北方向19.0千米。徐寨镇辖自然村。人口800。明万历七年（1579），赵氏从山西洪洞县迁此建村，取名赵庄。聚落呈团块状分布。经济以种植业为主，种植小麦、玉米、棉花、大蒜等。有公路经此。

刘楼 371722-B05-H05

［Liúlóu］

在县驻地园艺街道东北方向18.5千米。徐寨镇辖自然村。人口400。明洪武年间，刘氏从山西洪洞县迁此建村，取名刘楼。聚落呈团块状分布。经济以种植业为主，种植小麦、玉米、棉花、大蒜等。有公路经此。

穆李庄 371722-B05-H06
[Mùlǐzhuāng]

在县驻地园艺街道东北方向18.0千米。徐寨镇辖自然村。人口800。明万历三十五年（1607），李氏从曹州迁此建村，得名李庄。后因附近有同名村，故以方位改称西李庄。1940年，穆氏迁入，改名穆李庄。聚落呈团块状分布。经济以种植业为主，种植小麦、玉米、棉花、大蒜等。有公路经此。

柴庙 371722-B05-H07
[Cháimiào]

在县驻地园艺街道东北方向17.0千米。徐寨镇辖自然村。人口1 000。明万历五年（1577），柴氏从山西洪洞县迁此建村，有庙宇，故名柴庙。聚落呈团块状分布。经济以种植业为主，种植小麦、玉米、棉花、大蒜等。有公路经此。

李胡同 371722-B05-H08
[Lǐhútòng]

在县驻地园艺街道东北方向14.9千米。徐寨镇辖自然村。人口600。明洪武年间，李氏从山西洪洞县迁此建村建造房屋，户与户之间留有胡同，故名李胡同。聚落呈团块状分布。经济以种植业为主，种植小麦、玉米、花生等。有公路经此。

鹿庄 371722-B05-H09
[Lùzhuāng]

在县驻地园艺街道东北方向12.0千米。徐寨镇辖自然村。人口1 700。明洪武年间，鹿氏从山西洪洞县迁此建村，取名鹿庄。聚落呈团块状分布。经济以种植业为主，

种植小麦、玉米、大蒜、洋葱、棉花等。有公路经此。

王庄 371722-B05-H10
[Wángzhuāng]

在县驻地园艺街道东北方向14.2千米。徐寨镇辖自然村。人口700。明洪武年间，王氏从山西洪洞县迁此建村，故名王庄。聚落呈团块状分布。经济以种植业为主，种植小麦、玉米、棉花、大蒜等。有公路经此。

韩庄 371722-B05-H11
[Hánzhuāng]

在县驻地园艺街道东北方向13.8千米。徐寨镇辖自然村。人口1 400。明崇祯十三年（1640），韩氏从金乡县吉黍集迁此建村，取名韩庄。聚落呈团块状分布。经济以种植业为主，种植小麦、玉米、棉花、大蒜等。有公路经此。

毛庄 371722-B05-H12
[Máozhuāng]

在县驻地园艺街道东北方向15.6千米。徐寨镇辖自然村。人口900。原名武家屯。明崇祯十二年（1639），毛氏从山西洪洞县迁此立村，更名毛庄。聚落呈团块状分布。经济以种植业为主，种植小麦、玉米、花生、棉花等。有公路经此。

刘本庄 371722-B05-H13
[Liúběnzhuāng]

在县驻地园艺街道东北方向15.3千米。徐寨镇辖自然村。人口800。明洪武元年（1368），刘氏从山西洪洞县迁此立村，名刘本庄。聚落呈团块状分布。经济以种植业为主，种植小麦、玉米、花生、棉花等。有公路经此。

时集 371722-B05-H14

[Shíjí]

在县驻地园艺街道东北方向 16.4 千米。徐寨镇辖自然村。人口 700。明崇祯元年（1628），时氏从今时楼镇时家庙迁此建村，成有集市，故名时集。聚落呈团块状分布。经济以种植业为主，种植小麦、玉米、大蒜、芸豆、菠菜等。有公路经此。

丁楼 371722-B05-H15

[Dīnglóu]

在县驻地园艺街道东北方向 16.2 千米。徐寨镇辖自然村。人口 1 200。清光绪十一年（1885），丁氏从山西洪洞县迁此建村，有楼房，故名丁楼。聚落呈团块状分布。经济以种植业为主，种植小麦、玉米、棉花、大蒜、西瓜、菠菜等。有公路经此。

齐庄 371722-B05-H16

[Qízhuāng]

在县驻地园艺街道东北方向 16.0 千米。徐寨镇辖自然村。人口 900。齐氏自山东胶州迁居东昌博平县。清雍正八年（1730），其后裔从县城东齐楼迁此建村，名齐庄。聚落呈团块状分布。经济以种植业为主，种植小麦、玉米、大蒜、棉花等。有公路经此。

商楼 371722-B05-H17

[Shānglóu]

在县驻地园艺街道东北方向 16.4 千米。徐寨镇辖自然村。人口 100。明成化年间，商氏从山西洪洞县迁此建村，有楼房，故名商楼。聚落呈团块状分布。经济以种植业为主，种植小麦、玉米、大蒜、棉花、蔬菜等。有公路经此。

万庄 371722-B05-H18

[Wànzhuāng]

在县驻地园艺街道东北方向 15.4 千米。徐寨镇辖自然村。人口 700。原名常庄，明万历年间，万氏从徐寨镇齐庄迁此定居，万氏兴旺，改名万庄。聚落呈团块状分布。经济以种植业为主，种植小麦、玉米、棉花、大蒜等。有公路经此。

田楼 371722-B05-H19

[Tiánlóu]

在县驻地园艺街道东北方向 17.7 千米。徐寨镇辖自然村。人口 500。清乾隆十二年（1747），此处是县城北关朱氏的下庄子，有田姓佃户居此，名田楼。聚落呈团块状分布。经济以种植业为主，种植小麦、玉米、大蒜、棉花等。有公路经此。

廉店 371722-B05-H20

[Liándiàn]

在县驻地园艺街道东北方向 19.0 千米。徐寨镇辖自然村。人口 600。明洪武年间，廉氏从山西洪洞县迁此建村，以开店为业，故名廉店。聚落呈团块状分布。经济以种植业为主，种植小麦、玉米、棉花，大蒜等。有公路经此。

徐园 371722-B05-H21

[Xúyuán]

在县驻地园艺街道东北方向 16.8 千米。徐寨镇辖自然村。人口 600。原名刘园。因黄河改道时被黄河水淹没，生出很多柿树，故又名柿园。后因徐姓迁来居住，得名徐园。聚落呈团块状分布。经济以种植业为主，种植小麦、玉米、棉花、大蒜等。有公路经此。

牛杨楼新村 371722-B05-H22

[Niúyánglóuxīncūn]

在县驻地园艺街道东北方向 14.0 千米。徐寨镇辖自然村。人口 2 000。2012 年，新农村建设，经镇政府与牛杨楼村委协商，命名为牛杨楼新村。聚落呈团块状分布。

经济以种植业为主，种植小麦、玉米、花生、大蒜、棉花等。有公路经此。

关帝庙 371722-B05-H23
[Guāndìmiào]

在县驻地园艺街道东北方向13.7千米。徐寨镇辖自然村。人口500。清乾隆四年（1739），初氏从本镇初楼迁此建村，因此地有座关帝庙，故以庙名村。聚落呈团块状分布。经济以种植业为主，种植大蒜、小麦、玉米、棉花、杂粮。有公路经此。

许集 371722-B05-H24
[Xǔjí]

在县驻地园艺街道东北方向13.6千米。徐寨镇辖自然村。人口1 000。明嘉靖年间，许氏从本镇芳桂集迁此建村，因设有集市，故名许集。聚落呈团块状分布。经济以种植业为主，种植大蒜、菠菜、西瓜、棉花、小麦、玉米等。有公路经此。

杜楼 371722-B05-H25
[Dùlóu]

在县驻地园艺街道东北方向12.1千米。徐寨镇辖自然村。人口800。明洪武八年（1375），杜氏从山西洪洞县迁此建村，因建有楼房，故名杜楼。聚落呈团块状分布。经济以种植业为主，种植小麦、玉米、棉花、大蒜等。有公路经此。

刘寨 371722-B05-H26
[Liúzhài]

在县驻地园艺街道东北方向15.5千米。徐寨镇辖自然村。人口700。刘氏于明永乐三年（1405）从山西洪洞县迁此建村，名刘庄。清末为避乱筑起寨墙，遂改名刘寨。聚落呈团块状分布。经济以种植业为主，种植小麦、玉米、大蒜、蔬菜等。105国道经此。

芳桂集 371722-B05-H27
[Fāngguìjí]

在县驻地园艺街道东北方向13.6千米。徐寨镇辖自然村。人口1 700。明景泰年间，吴氏从陈蛮庄乡吴老家迁此建村，时有方贵寺，遂以寺名村。清初有集市，遂称方贵寺集，简称方贵集，后人演写为芳桂集。聚落呈团块状分布。经济以种植业为主，种植小麦、玉米、大蒜、芸豆等。105国道经此。

北张庄 371722-B05-H28
[Běizhāngzhuāng]

在县驻地园艺街道东北方向14.5千米。徐寨镇辖自然村。人口1 000。元泰定年间，张氏从山西洪洞县迁此建村，以方位称北张庄。聚落呈团块状分布。经济以种植业为主，种植小麦、玉米、棉花、甘蓝、油豆、西红柿、香瓜等。有公路经此。

刘堂 371722-B05-H29
[Liútáng]

在县驻地园艺街道东北方向10.6千米。徐寨镇辖自然村。人口1 000。明永乐年间，刘氏从山西洪洞县迁此建村，建有庙堂，故名刘堂。聚落呈团块状分布。经济以种植业为主，种植小麦、玉米、棉花、芸豆、大蒜、菠菜等。有公路经此。

袁湾 371722-B05-H30
[Yuánwān]

在县驻地园艺街道东北方向10.6千米。徐寨镇辖自然村。人口800。明嘉靖三十二年（1553），袁氏从今成武县白浮图袁庄迁此建村，挑河围村，取名挑河湾。明万历初年，改称袁湾。聚落呈团块状分布。经济以种植业为主，种植小麦、玉米、棉花、大蒜、洋葱、西瓜等。有公路经此。

马寨 371722-B05-H31

［Mǎzhài］

在县驻地园艺街道东北方向11.0千米。徐寨镇辖自然村。明洪武二十三年（1390），马氏从今本镇马楼迁此建村，得名马庄。清光绪年间，因围村筑起寨垣，遂改称马寨。聚落呈团块状分布。经济以种植业为主，种植小麦、玉米、大蒜、棉花等。有公路经此。

彭庄 371722-B05-H32

［Péngzhuāng］

在县驻地园艺街道东北方向10.7千米。徐寨镇辖自然村。人口800。明万历年间，夏氏迁此建村，取名夏庄。后彭氏从河南省夏邑县迁此定居。宋末，夏氏迁出，改称彭庄。聚落呈团块状分布。经济以种植业为主，种植小麦、玉米、花生、棉花、大蒜等。有东升木业等企业。105国道经此。

火神庙 371722-B05-H33

［Huǒshénmiào］

在县驻地园艺街道东北方向12.8千米。徐寨镇辖自然村。人口500。明成化元年（1465），朱氏从今成武县孙庙乡朱庄迁此建村，名朱庄。清道光年间修火神庙一座，遂改称火神庙。聚落呈团块状分布。经济以种植业为主，种植小麦、玉米、棉花、大蒜、菠菜、芸豆、甘蓝等。105国道经此。

马楼 371722-B05-H34

［Mǎlóu］

在县驻地园艺街道东北方向12.3千米。徐寨镇辖自然村。人口700。明洪武三年（1370），马氏从山西洪洞县迁此建村，建有楼房，取名马楼。聚落呈团块状分布。经济以种植业为主，种植小麦、玉米、棉花、大蒜。105国道经此。

蔡堂 371722-B06-H01

［Càitáng］

蔡堂镇人民政府驻地。在县驻地园艺街道东南方向22.0千米。人口2 800。明洪武年间，蔡、冯、权、许四姓在此分别建村，1956年四村合并，统称蔡堂。聚落呈团块状分布。有中学2处、小学1处。经济以种植业为主，种植小麦、玉米、花生等。省道新定砀路、老定砀路经此。

苏双楼 371722-B06-H02

［Sūshuānglóu］

在县驻地园艺街道东南方向21.5千米。蔡堂镇辖自然村。人口800。清光绪年间，苏氏从山西洪洞县迁此建村，因建有两座楼，故名苏双楼。聚落呈团块状分布。经济以种植业为主，种植小麦、玉米、山药。

孟集 371722-B06-H03

［Mèngjí］

在县驻地园艺街道东南方向16.4千米。蔡堂镇辖自然村。人口8 000。明天启年间，孟氏在此建村，因设有集市，故名孟集。聚落呈团块状分布。经济以种植业为主，种植小麦、玉米、花生。有公路经此。

杨平楼 371722-B06-H04

［Yángpínglóu］

在县驻地园艺街道东南方向22.5千米。蔡堂镇辖自然村。人口500。清咸丰六年（1856），杨氏从本镇杨庄迁此建村，有平顶楼房，取村名杨平楼。聚落呈团块状分布。经济以种植业为主，种植小麦、玉米。有公路经此。

李河滩 371722-B06-H05

［Lǐhétān］

在县驻地园艺街道东南方向20.3千米。

蔡堂镇辖自然村。人口 800。明万历年间，李氏从黄河故道李庄迁此建村，因处蒋河滩，故名李河滩。聚落呈团块状分布。经济以种植业为主，种植小麦、玉米、花生。有公路经此。

陈溜 371722-B06-H06
［Chénliù］

在县驻地园艺街道东南方向 17.4 千米。蔡堂镇辖自然村。人口 700。明嘉靖四十三年（1564），陈氏从山西太原迁此建村，因临太行堤河流，故名陈溜。聚落呈团块状分布。经济以种植业为主，种植小麦、玉米。有公路经此。

郝庄 371722-B06-H07
［Hǎozhuāng］

在县驻地园艺街道东南方向 17.6 千米。蔡堂镇辖自然村。人口 900。明万历九年（1581），郝氏从今本镇辛羊庙东头迁此建村，取名郝庄。聚落呈团块状分布。经济以种植业为主，种植小麦。有公路经此。

管庄 371722-B06-H08
［Guǎnzhuāng］

在县驻地园艺街道东南方向 15.1 千米。蔡堂镇辖自然村。人口 1 000。管氏于清乾隆四年（1739）从山西洪洞县迁此建村，名管庄。聚落呈团块状分布。经济以种植业为主，种植小麦。有公路经此。

吴李庄 371722-B06-H09
［Wúlǐzhuāng］

在县驻地园艺街道东南方向 18.7 千米。蔡堂镇辖自然村。人口 800。清道光二十七年（1847），吴、李两姓从河南商丘迁此建村，名吴李庄。聚落呈团块状分布。经济以种植业为主，种植小麦、玉米、花生。有公路经此。

辛羊庙 371722-B06-H10
［Xīnyángmiào］

在县驻地园艺街道东南方向 18.2 千米。蔡堂镇辖自然村。人口 1 600。唐朝初期，村建辛羊庙一座，后人以此为村名。聚落呈团块状分布。经济以种植业为主，种植小麦。特产有辛羊庙酒。有公路经此。

刘寺 371722-B06-H11
［Liúsì］

在县驻地园艺街道东南方向 17.6 千米。蔡堂镇辖自然村。人口 700。因村西有一寺院，故名刘寺。聚落呈团块状分布。经济以种植业为主，种植小麦。有公路经此。

大杨树 371722-B06-H12
［Dàyángshù］

在县驻地园艺街道东南方向 19.7 千米。蔡堂镇辖自然村。人口 900。传说杨氏居此，有棵毛白杨树，粗三四丈，高数十丈，故以树命名。聚落呈团块状分布。经济以种植业为主，种植小麦、玉米、山药。有公路经此。

邵庙 371722-B06-H13
［Shàomiào］

在县驻地园艺街道东南方向 20.9 千米。蔡堂镇辖自然村。人口 800。清乾隆年间，邵氏迁此建村，村南建家庙，遂命名为邵庙。聚落呈团块状分布。经济以种植业为主，种植小麦、玉米。有公路经此。

因庄 371722-B06-H14
［Yīnzhuāng］

在县驻地园艺街道东南方向 20.5 千米。蔡堂镇辖自然村。人口 600。清同治元年（1862），殷氏从成武迁此立村，故名殷庄，后演变为因庄。聚落呈团块状分布。经济以种植业为主，种植小麦、玉米、山药。有公路经此。

黄菜园 371722-B06-H15
[Huángcàiyuán]

在县驻地园艺街道东南方向21.6千米。蔡堂镇辖自然村。人口700。明洪武八年（1375），黄氏从山西太原迁此建村，村西有菜园，故名黄菜园。聚落呈团块状分布。经济以种植业为主，种植小麦、玉米。有公路经此。

四座楼 371722-B06-H16
[Sìzuòlóu]

在县驻地园艺街道东南方向21.5千米。蔡堂镇辖自然村。人口700。明洪武十八年（1385），吴氏从河北迁此建村，建有楼房四合院，故名四座楼。聚落呈团块状分布。经济以种植业为主，种植小麦、玉米。有公路经此。

黄楼 371722-B06-H17
[Huánglóu]

在县驻地园艺街道东南方向24.4千米。蔡堂镇辖自然村。人口1 300。清乾隆二十七年（1762），黄氏从山西迁此建村，建有堂楼，初名黄明楼，后改为黄楼。聚落呈团块状分布。经济以种植业为主，种植小麦、玉米。有公路经此。

安溜 371722-B06-H18
[Ānliù]

在县驻地园艺街道东南方向26.2千米。蔡堂镇辖自然村。人口1 800。清乾隆年间，安氏在此定居时遭遇大水，全族迁出避水，遂名安溜。聚落呈团块状分布。经济以种植业为主，种植小麦、玉米、花生。有公路经此。

前刘庄 371722-B06-H19
[Qiánliúzhuāng]

在县驻地园艺街道东南方向28.3千米。蔡堂镇辖自然村。人口800。苏、刘两姓所建，故名苏刘庄。后因村北有一刘庄，故以位置改称前刘庄。聚落呈团块状分布。经济以种植业为主，盛产梨。有公路经此。

李寨 371722-B06-H20
[Lǐzhài]

在县驻地园艺街道东南方向26.0千米。蔡堂镇辖自然村。人口1 500。清康熙十年（1671），李氏从山西洪洞县迁此建村。光绪十三年（1887）修了围村墙，称李寨。聚落呈团块状分布。经济以种植业为主，种植小麦、玉米、有机蔬菜等。有公路经此。

朱高台子 371722-B06-H21
[Zhūgāotáizi]

在县驻地园艺街道东南方向29.0千米。蔡堂镇辖自然村。人口2 200。清雍正十一年（1733），朱、杨、吴三姓先后迁来，且朱氏富有，经三姓商议，取村名朱高台子。聚落呈团块状分布。经济以种植业为主，种植小麦、玉米。有公路经此。

孔集 371722-B06-H22
[Kǒngjí]

在县驻地园艺街道东南方向26.4千米。蔡堂镇辖自然村。人口1 400。明末，孔氏在此设集市经营蔬菜，成村后，遂称孔集。聚落呈团块状分布。经济以种植业为主，盛产砀梨。有孔集村建筑材料厂等企业。有公路经此。

梅庄 371722-B06-H23
[Méizhuāng]

在县驻地园艺街道东南方向19.0千米。

蔡堂镇辖自然村。人口 600。清雍正七年（1729），梅氏自河南迁居此地，取名梅庄。聚落呈团块状分布。经济以种植业为主，盛产杂果。有公路经此。

朱老家 371722-B06-H24

［Zhūlǎojiā］

在县驻地园艺街道东南方向 25.6 千米。蔡堂镇辖自然村。人口 500。清顺治七年（1650），周氏建周老家。1697 年，周氏外迁卖于朱氏，改称朱老家。聚落呈团块状分布。经济以种植业为主，种植小麦、玉米。有公路经此。

朱集 371722-B07-H01

［Zhūjí］

朱集镇人民政府驻地。在县驻地园艺街道东南方向 35.0 千米。人口 1 900。明成化年间，温氏自江苏丰县迁此建村，清初因村中旺族朱氏而得名。聚落呈团块状分布。有中学 1 处、小学 1 处。经济以种植业为主，种植小麦、玉米、花生等。有公路经此。

马桥 371722-B07-H02

［Mǎqiáo］

在县驻地园艺街道东南方向 25.0 千米。朱集镇辖自然村。人口 200。马氏迁此建村，因村东河上有一石桥，故名马桥。聚落呈团块状分布。经济以种植业为主，种植小麦、玉米、山药。有公路经此。

张寨 371722-B07-H03

［Zhāngzhài］

在县驻地园艺街道东南方向 19.5 千米。朱集镇辖自然村。人口 1 100。明万历年间，此村系张氏所建，因修有护村寨土墙，故名张寨。聚落呈团块状分布。有革命纪念雕塑、张子敬故居、抗战展厅、烈士展厅、

湖西地道战旧址、饮马井、刘少奇故居、魏钦公故居、抗日自强小学旧址、李贞乾故居、潘复生故居等景点。经济以种植业、旅游业为主，种植小麦、玉米、大豆、山药等。有公路经此。

姜双楼 371722-B07-H04

［Jiāngshuānglóu］

在县驻地园艺街道东南方向 24.9 千米。朱集镇辖自然村。人口 500。明成化九年（1473），姜氏自今本县龙王庙乡杏花村分支迁此居住，建楼房两座，遂名姜双楼。聚落呈团块状分布。经济以种植业为主，种植小麦、玉米、花生。有公路经此。

楚洼 371722-B07-H05

［Chǔwā］

在县驻地园艺街道东南方向 28.5 千米。朱集镇辖自然村。人口 500。明洪武四年（1371），楚氏自山西洪洞县迁此建庄，因地势低洼，故名楚洼。聚落呈团块状分布。经济以种植业为主，种植小麦、玉米、大豆、山药等。有公路经此。

郭楼 371722-B07-H06

［Guōlóu］

在县驻地园艺街道东南方向 24.7 千米。朱集镇辖自然村。人口 900。清光绪年间，郭氏自砀山县李庵迁出在此定居并建村，建有楼房，取名郭楼。聚落呈团块状分布。经济以种植业为主，种植小麦、玉米、花生等。有公路经此。

石村集 371722-B07-H07

［Shícūnjí］

在县驻地园艺街道东南方向 25.2 千米。朱集镇辖自然村。人口 1 500。明嘉靖年间，因村东修庙剩余青石，故名石岭集。后因每年有一次庙会，庙会为集，因村太小，

故名十寸集，后改称石村集。聚落呈团块
状分布。经济以种植业为主，种植小麦、
玉米、山药。有公路经此。

吴六 371722-B07-H08
［Wúliù］

在县驻地园艺街道东南方向23.6千米。
朱集镇辖自然村。人口1 300。明崇祯十三
年（1640），吴姓人来此居住并建村，因
村庄紧靠一条小河居住，取名吴溜，后简
写成吴六。聚落呈团块状分布。经济以种
植业为主，种植小麦、玉米、大豆、山药等。
有公路经此。

武河 371722-B07-H09
［Wǔhé］

在县驻地园艺街道东南方向28.7千米。
朱集镇辖自然村。人口500。明万历三十八
年（1610），武氏迁居此地，因村临小河，
故名武河。聚落呈团块状分布。经济以种
植业为主，种植小麦、玉米、大豆、山药等。
有公路经此。

韩六 371722-B07-H10
［Hánliù］

在县驻地园艺街道东南方向24.8千米。
朱集镇辖自然村。人口1 000。此处原有柴
家沟、史胡洞两个小村。明嘉靖四年（1525），
韩氏自今菏泽北鄄城南韩屯迁来将两村扩
展合为一村，故名韩六。聚落呈团块状分布。
经济以种植业为主，种植小麦、玉米、山药。
有公路经此。

侯楼 371722-B07-H11
［Hóulóu］

在县驻地园艺街道东南方向26.5千米。
朱集镇辖自然村。人口1 100。明崇祯十三
年（1640），侯氏从山西迁来居住，因建
有楼房，故名侯楼。聚落呈散状分布。经

济以种植业为主，种植小麦、玉米、花生。
有公路经此。

门庙 371722-B07-H12
［Ménmiào］

在县驻地园艺街道东南方向25.4千米。
朱集镇辖自然村。人口500。1750年，门
氏迁居此地，因村中建有庙宇，故名门庙。
聚落呈团块状分布。经济以种植业为主，
种植小麦、玉米、山药。有公路经此。

裴庄 371722-B07-H13
［Péizhuāng］

在县驻地园艺街道东南方向24.2千米。
朱集镇辖自然村。人口500。清乾隆五十四
年（1789），裴氏自今本县王小庄乡裴庄
分支迁此地定居，为不忘原籍，仍取名裴庄。
聚落呈团块状分布。经济以种植业为主，
种植小麦、玉米、山药等。有公路经此。

刘楼 371722-B07-H14
［Liúlóu］

在县驻地园艺街道东南方向24.1千米。
朱集镇辖自然村。人口600。清乾隆三十九
年（1774），刘氏自单县城里全道宫分支
迁此，因建有楼房，故名刘楼。聚落呈团
块状分布。经济以种植业为主，种植小麦、
玉米、山药。有公路经此。

王小庄 371722-B07-H15
［Wángxiǎozhuāng］

在县驻地园艺街道东南方向21.2千米。
朱集镇辖自然村。人口1 000。王氏从陕西
迁至此地居住建村，因人口较少，遂取名
王小庄。聚落呈团块状分布。经济以种植
业为主，种植小麦、玉米、花生。有公路
经此。

朱庄 371722-B07-H16
[Zhūzhuāng]

在县驻地园艺街道东南方向26.5千米。朱集镇辖自然村。人口600。清顺治年间，朱氏自本县马楼乡朱庙迁居此地，因朱氏土地较多，遂取名朱庄。聚落呈团块状分布。经济以种植业为主，种植小麦、玉米、山药。有公路经此。

袁庙 371722-B07-H17
[Yuánmiào]

在县驻地园艺街道东南方向27.9千米。朱集镇辖自然村。人口800。清乾隆年间，袁氏从成武白浮图迁居此地，因村中曾建有庙宇，故名袁庙。聚落呈团块状分布。经济以种植业为主，种植小麦、玉米、山药。有公路经此。

南赵 371722-B07-H18
[Nánzhào]

在县驻地园艺街道东南方向25.0千米。朱集镇辖自然村。人口700。清康熙年间，赵、荣两氏迁此定居，赵氏兴旺，故以方位、姓氏命名为南赵。聚落呈团块状分布。有文化广场、幼儿园。经济以种植业为主，种植小麦、玉米、花生。有公路经此。

李新庄 371722-B08-H01
[Lǐxīnzhuāng]

李新庄镇人民政府驻地。在县驻地园艺街道西北方向12.0千米。人口200。1937年，李氏从本镇王楼迁此建村，故名。聚落呈团块状分布。有中学1处、小学1处。经济以种植业为主，种植小麦、玉米、花生、蔬菜、洋香瓜。有公路经此。

李坑 371722-B08-H02
[Lǐkēng]

在县驻地园艺街道西北方向12.5千米。

李新庄镇辖自然村。人口700。清道光年间，李姓从山西洪洞县迁此建村，因村邻坑塘，故名李坑。聚落呈团块状分布。经济以种植业为主，种植小麦、玉米、大豆、瓜果蔬菜等。有公路经此。

高乡店 371722-B08-H03
[Gāoxiāngdiàn]

在县驻地园艺街道西北方向13.2千米。李新庄镇辖自然村。人口1 000。东汉时期，有一皇姑落难于此，为寻访乱离亲旧，在通衢高敞处开一客店，后洪水泛滥，村舍尽毁，唯有客栈幸存，故取名高乡店。聚落呈团块状分布。经济以种植业为主，种植小麦、玉米、大豆、瓜果蔬菜等。有公路经此。

黄寺 371722-B08-H04
[Huángsì]

在县驻地园艺街道西北方向10.8千米。李新庄镇辖自然村。人口500。元初李氏建村，该村建有寺院，故名黄固寺，后简称黄寺。聚落呈团块状分布。经济以种植业为主，种植小麦、玉米、大豆、瓜果蔬菜等。有公路经此。

刘草庙 371722-B08-H05
[Liúcǎomiào]

在县驻地园艺街道西北方向10.7千米。李新庄镇辖自然村。该村由曹姓建村，建有庙宇，故名曹庙。明嘉靖七年（1528），刘姓从成武县大刘庄迁来，买下曹氏庄田，更名刘草庙。聚落呈团块状分布。经济以种植业为主，种植小麦、玉米、大蒜等。有公路经此。

孟店 371722-B08-H06
[Mèngdiàn]

在县驻地园艺街道西北方向16.3千米。

李新庄镇辖自然村。人口 1 100。明建文年间，孟姓从邹县迁此建村，开有客店，故名孟店。聚落呈团块状分布。经济以种植业为主，种植小麦、玉米、大豆、葡萄。有公路经此。

孟楼 371722-B08-H07

［Mènglóu］

在县驻地园艺街道西北方向 16.1 千米。李新庄镇辖自然村。人口 300。清乾隆五年（1740），孟姓由邹县迁此建村，故名孟楼。聚落呈团块状分布。经济以种植业为主，种植小麦、玉米、瓜果蔬菜等。有公路经此。

潘庄 371722-B08-H08

［Pānzhuāng］

在县驻地园艺街道西北方向 14.8 千米。李新庄镇辖自然村。人口 1 100。清顺治年间，潘姓从济宁迁此建村，故名潘庄。聚落呈团块状分布。经济以种植业为主，种植小麦、玉米、蔬菜等。有公路经此。

牛庄 371722-B08-H09

［Niúzhuāng］

在县驻地园艺街道西北方向 11.8 千米。李新庄镇辖自然村。人口 1 000。清康熙年间，牛姓从山西洪洞县迁入建村，命名为牛庄。聚落呈团块状分布。经济以种植业为主，种植小麦、玉米、大豆、棉花等。有公路经此。

谢洼 371722-B08-H10

［Xièwā］

在县驻地园艺街道西北方向 13.0 千米。李新庄镇辖自然村。人口 900。明成化三年（1467），谢姓来此建村，因地势低洼，故名谢洼。聚落呈团块状分布。经济以种植业为主，种植小麦、玉米、蔬菜等。有承启皮鞋厂等企业。有公路经此。

杨庄 371722-B08-H11

［Yángzhuāng］

在县驻地园艺街道西北方向 14.8 千米。李新庄镇辖自然村。人口 1 100。清乾隆三年（1738），杨氏由陈蛮庄乡杨洼迁此建村，命名为杨庄。聚落呈团块状分布。经济以种植业为主，种植小麦、玉米、瓜果蔬菜等。有公路经此。

张楼 371722-B08-H12

［Zhānglóu］

在县驻地园艺街道西北方向 14.2 千米。李新庄镇辖自然村。人口 500。明建文二年（1400），张姓从山西洪洞县迁此建村，建有楼房，原名张珍楼，后简称张楼。聚落呈团块状分布。经济以种植业为主，种植小麦、玉米、蔬菜等。有公路经此。

朱双楼 371722-B08-H13

［Zhūshuānglóu］

在县驻地园艺街道西北方向 14.4 千米。李新庄镇辖自然村。人口 700。清顺治年间，朱姓从山西洪洞县迁此建村，盖楼房两座，故名朱双楼。聚落呈团块状分布。经济以种植业为主，种植小麦、玉米、大豆、瓜果蔬菜等。有公路经此。

修庄 371722-B08-H14

［Xiūzhuāng］

在县驻地园艺街道西北方向 13.2 千米。李新庄镇辖自然村。人口 600。明永乐年间，修氏从山西洪洞县迁此建村，取名修庄。聚落呈团块状分布。经济以种植业为主，种植小麦、玉米、棉花、大蒜等。有公路经此。

北孟楼 371722-B08-H15

［Běimènglóu］

在县驻地园艺街道西北方向 13.7 千米。

李新庄镇辖自然村。人口700。明洪武五年（1372），孟姓迁此建村，因此处建有楼房，故名孟楼。因有重名村，1986年更名为北孟楼。聚落呈团块状分布。经济以种植业为主，种植小麦、玉米、芸豆等。有公路经此。

东张庄 371722-B08-H16
［Dōngzhāngzhuāng］

在县驻地园艺街道西北方向13.6千米。李新庄镇辖自然村。人口500。明洪武二十五年（1392），张氏从山西文喜县迁此建村，名张庄。清乾隆年间，宅居扩展，形成东、西两村，该村以方位称东张庄。聚落呈团块状分布。经济以种植业为主，种植小麦、玉米、瓜果蔬菜等。有公路经此。

李埝 371722-B08-H17
［Lǐniàn］

在县驻地园艺街道西北方向13.7千米。李新庄镇辖自然村。人口300。清康熙年间，李姓由山西洪洞县迁至此地建村，村前有河，为防水患，筑了防水堰，取名李埝。聚落呈团块状分布。经济以种植业为主，种植小麦、玉米、大豆、瓜果蔬菜等。有公路经此。

刘老家 371722-B08-H18
［Liúlǎojiā］

在县驻地园艺街道西北方向16.2千米。李新庄镇辖自然村。人口1100。明万历年间，刘姓从成武县双碑集迁此建村，取名刘老家。聚落呈团块状分布。经济以种植业为主，种植小麦、玉米、瓜果蔬菜等。有公路经此。

刘瓦屋 371722-B08-H19
［Liúwǎwū］

在县驻地园艺街道西北方向20.7千米。李新庄镇辖自然村。人口400。清顺治九年

（1652），刘氏从山西洪洞县迁此建村，因建有瓦屋，故名刘瓦屋。聚落呈团块状分布。经济以种植业为主，种植小麦、玉米、瓜果蔬菜等。有公路经此。

舒郭庄 371722-B08-H20
［Shūguōzhuāng］

在县驻地园艺街道西北方向10.9千米。李新庄镇辖自然村。人口500。清乾隆年间，郭姓由山西洪洞县迁到此地建村，后舒姓从本乡相继迁入，共建村舍，经两姓商议，取名舒郭庄。聚落呈团块状分布。经济以种植业为主，种植小麦、玉米、大豆、香瓜。有公路经此。

王庙 371722-B08-H21
［Wángmiào］

在县驻地园艺街道西北方向19.4千米。李新庄镇辖自然村。人口700。明弘治年间，王氏家族从郓城县迁到此地，盖庙一座，故名王庙。聚落呈团块状分布。经济以种植业为主，种植小麦、玉米、大蒜、芸豆等。有公路经此。

浮岗集 371722-B09-H01
［Fúgǎngjí］

浮岗镇人民政府驻地。在县驻地园艺街道西南方向18.0千米。人口5300。古称百座楼，清乾隆年间黄河泛滥，遍地洪水，唯有百座楼如岗浮出，故名。聚落呈团块状分布。有中学1处、小学1处。经济以种植业、旅游业为主，种植小麦、玉米、大豆、花生等。有公路经此。

管庄 371722-B09-H02
［Guǎnzhuāng］

在县驻地园艺街道西南方向21.2千米。浮岗镇辖自然村。人口700。明崇祯年间，管氏在此建村，取名管桥，后改为管庄。

聚落呈团块状分布。经济以种植业为主，种植小麦、玉米、花生等。有公路经此。

白衣阁 371722-B09-H03
[Báiyīgé]

在县驻地园艺街道西南方向 20.9 千米。浮岗镇辖自然村。人口 500。清乾隆年间，由齐氏建村，取名齐园子。1949 年，因修建白衣大士庙宇，故更名为白衣阁。聚落呈团块状分布。经济以旅游业为主。有公路经此。

大坝 371722-B09-H04
[Dàbà]

在县驻地园艺街道西南方向 29.8 千米。浮岗镇辖自然村。人口 1 500。清嘉庆年间，郭氏迁此建村，后有刘氏迁入，为防水患，两姓在村头修建了一座土坝，以此命村名为大坝。聚落呈团块状分布。经济以种植业为主，种植小麦、玉米、花生、地瓜和棉花等。有公路经此。

大范庄 371722-B09-H05
[Dàfànzhuāng]

在县驻地园艺街道西南方向 26.1 千米。浮岗镇辖自然村。人口 2 200。清宣统年间，范氏迁此建村，取名大范庄。聚落呈团块状分布。经济以种植业为主，种植小麦、玉米、花生等。有刘连成奶牛厂等企业。有公路经此。

大王庄 371722-B09-H06
[Dàwángzhuāng]

在县驻地园艺街道西南方向 24.6 千米。浮岗镇辖自然村。人口 3 700。清康熙十八年（1679），王氏迁此建村，取名大王庄。聚落呈团块状分布。经济以种植业为主，种植小麦、玉米、花生等。有公路经此。

浮龙湖新村 371722-B09-H07
[Fúlónghúxīncūn]

在县驻地园艺街道西南方向 20.8 千米。浮岗镇辖自然村。人口 1 000。该村由魏楼、中街两个自然村合并，因位于浮龙湖区域，故名浮龙湖新村。聚落呈团块状分布。经济以种植业为主，种植小麦、玉米、花生等。有公路经此。

郭庙 371722-B09-H08
[Guōmiào]

在县驻地园艺街道西南方向 15.9 千米。浮岗镇辖自然村。人口 3 100。清乾隆年间，郭氏建村，称郭村，后郭氏族长梦中遇仙让其在此地修庙，故更名郭庙。聚落呈团块状分布。经济以种植业为主，种植小麦、玉米、花生。有公路经此。

郭庄寨 371722-B09-H09
[Guōzhuāngzhài]

在县驻地园艺街道西南方向 17.7 千米。浮岗镇辖自然村。人口 1 400。明嘉靖年间，郭姓、李姓迁居此地建村，称郭李庄，后修筑寨墙，改称郭庄寨。聚落呈团块状分布。经济以种植业为主，种植小麦、玉米、花生。有公路经此。

焦庄 371722-B09-H10
[Jiāozhuāng]

在县驻地园艺街道西南方向 26.7 千米。浮岗镇辖自然村。人口 1 000。清嘉庆年间，焦氏迁此建村，取名焦庄。聚落呈团块状分布。经济以种植业为主，种植小麦、玉米、花生、棉花等。有公路经此。

李新集 371722-B09-H11
[Lǐxīnjí]

在县驻地园艺街道西南方向 25.0 千米。

浮岗镇辖自然村。人口 4 000。清顺治年间，李氏迁此立村并设立集市，故名李集。乾隆年间，筑寨垣、修老君庙，遂改称老君庙。光绪年间，因李氏在此建村，故名李新集。聚落呈团块状分布。有幼儿园 1 处、小学 1 处。经济以种植业、旅游业为主，种植小麦、玉米等。有公路经此。

李油坊 371722-B09-H12

[Lǐyóufáng]

在县驻地园艺街道西南方向 16.6 千米。浮岗镇辖自然村。人口 800。明嘉靖年间，李氏在此建村，并建油坊，故名李油坊。聚落呈团块状分布。经济以种植业为主，种植小麦、玉米、花生等。有公路经此。

林庄 371722-B09-H13

[Línzhuāng]

在县驻地园艺街道西南方向 29.9 千米。浮岗镇辖自然村。人口 3 100。清嘉庆年间，范氏来此居住，名范庄，后张氏迁入，改名范张庄。清嘉庆年间，林氏迁入，后族人兴旺，遂改称林庄。聚落呈团块状分布。经济以种植业为主，种植小麦、玉米、花生、地瓜和棉花等。有公路经此。

三里井 371722-B09-H14

[Sānlǐjǐng]

在县驻地园艺街道西南方向 16.9 千米。浮岗镇辖自然村。人口 500。清乾隆年间，李氏在此定居建村，因村中水井距浮岗隅首三华里，故名三里井。聚落呈团块状分布。经济以种植业为主，种植小麦、玉米、花生等。有公路经此。

石老家 371722-B09-H15

[Shílǎojiā]

在县驻地园艺街道西南方向 22.4 千米。浮岗镇辖自然村。人口 1 800。明洪武年间，石氏迁此建村，以姓取名石老家。聚落呈团块状分布。经济以种植业为主，种植小麦、玉米、花生、地瓜和棉花等。有公路经此。

石小洼 371722-B09-H16

[Shíxiǎowā]

在县驻地园艺街道西南方向 23.4 千米。浮岗镇辖自然村。人口 900。1958 年，石氏族人迁此建村，因地势低洼，故名石小洼。聚落呈团块状分布。经济以种植业为主，种植小麦、玉米、花生、牡丹等。有公路经此。

西王堂 371722-B09-H17

[Xīwángtáng]

在县驻地园艺街道西南方向 21.2 千米。浮岗镇辖自然村。人口 600。明末，王姓迁此建村，因村后有芦苇坑塘而得名王塘，后称王堂。清乾隆年间，王氏迁居东邻，村名相同，本村遂改称西王堂。聚落呈团块状分布。经济以种植业为主，种植小麦、玉米、花生等。有公路经此。

张集 371722-B09-H18

[Zhāngjí]

在县驻地园艺街道西南方向 26.7 千米。浮岗镇辖自然村。人口 1 200。清嘉庆年间，张氏迁此建村，并设集市，遂名张集。聚落呈团块状分布。有中学 1 处。经济以种植业为主，种植小麦、玉米、棉花、果树等。有公路经此。

张楼 371722-B09-H19

[Zhānglóu]

在县驻地园艺街道西南方向 27.3 千米。浮岗镇辖自然村。人口 300。明正德年间，张姓来此定居并建村，以祈富之意，取名张楼。聚落呈团块状分布。经济以种植业为主，种植小麦、玉米、花生等。有公路经此。

赵兴 371722-B09-H20
[Zhàoxīng]

在县驻地园艺街道西南方向20.0千米。浮岗镇辖自然村。人口800。清朝，赵氏来此定居并建村，取名赵兴。聚落呈团块状分布。经济以种植业、旅游业为主，种植小麦、玉米、花生等。有公路经此。

朱庄 371722-B09-H21
[Zhūzhuāng]

在县驻地园艺街道西南方向25.1千米。浮岗镇辖自然村。人口500。清光绪年间，朱氏家族迁到此处，取名朱庄。聚落呈团块状分布。经济以种植业为主，种植小麦、玉米、花生、棉花等。有公路经此。

李半庄 371722-B10-H01
[Lǐbànzhuāng]

莱河镇人民政府驻地。在县驻地园艺街道西南方向7.0千米。人口500。吴氏建村，名吴小楼。后沦为李家言的田庄。张氏于清咸丰五年（1855）买下李氏半个田庄，遂称李半庄。聚落呈团块状分布。有中学1处、小学1处。经济以种植业为主，种植小麦、玉米、花生。105国道经此。

半坡店 371722-B10-H02
[Bànpōdiàn]

在县驻地园艺街道西方向8.1千米。莱河镇辖自然村。人口800。明成化九年（1473），许氏迁此建村，时因此地荒草漫坡，遂取名半坡店。聚落呈团块状分布。经济以种植业为主，种植蔬菜。

陈李庄 371722-B10-H03
[Chénlǐzhuāng]

在县驻地园艺街道西方向8.0千米。莱河镇辖自然村。人口600。清乾隆初年，陈氏自今本县李新庄乡陈庄迁来建村，名陈庄。乾隆年间，李氏自曹州穆李寨迁来建村，名李庄。后因两村房舍连为一体，遂合称陈李庄。聚落呈团块状分布。经济以种植业为主，种植小麦、玉米、棉花、西瓜、花生、山药等。有公路经此。

崔口 371722-B10-H04
[Cuīkǒu]

在县驻地园艺街道西方向6.2千米。莱河镇辖自然村。人口2 400。明成化十六年（1480），孙氏迁此建成，名孙家口。后崔姓居此，人丁兴旺，因村北临涞河渡口，得名崔口。聚落呈团块状分布。有百姓大舞台1处。经济以种植业为主，种植小麦、玉米、花生、大葱、山药等。有公路经此。

崔庄 371722-B10-H05
[Cuīzhuāng]

在县驻地园艺街道西方向9.3千米。莱河镇辖自然村。人口2 000。明永乐十八年（1420），崔氏迁此建村，名崔庄。经济以种植业为主，种植小麦、玉米、花生、蔬菜。有公路经此。

大徐海 371722-B10-H06
[Dàxúhǎi]

在县驻地园艺街道西方向8.0千米。莱河镇辖自然村。人口800。明成化十六年（1480），徐氏迁来，因四周挖有围村海子，得名徐海。清乾隆四年（1739），徐氏将此村卖掉，迁村西另建一同名村，为便于区分，遂改称大徐海。聚落呈团块状分布。经济以种植业为主，种植小麦、玉米、棉花、山药等。有公路经此。

大许河 371722-B10-H07
[Dàxǔhé]

在县驻地园艺街道西方向11.3千米。

莱河镇辖自然村。人口 2 600。明成化十六年（1480），许氏迁来，因不远处有条大河，遂取名大许河。清乾隆四十年（1775），韩氏迁来建韩小庄，武氏迁来建武新庄。清嘉庆四年（1799），三村合并，统称大许河。聚落呈团块状分布。经济以种植业为主，种植小麦、玉米、芦笋、山药等。有公路经此。

丁楼 371722-B10-H08
[Dīnglóu]

在县驻地园艺街道西方向 8.6 千米。莱河镇辖自然村。人口 2 400。明万历二十五年（1597），丁氏从山西洪洞县老鸦窝迁此定居，后因人丁兴旺，建了楼房，遂称丁楼。聚落呈团块状分布。经济以种植业为主，种植小麦、玉米、花生、地瓜等。有公路经此。

黄六 371722-B10-H09
[Huángliù]

在县驻地园艺街道西方向 9.3 千米。莱河镇辖自然村。人口 800。明崇祯十三年（1640），黄氏从罗庄乡黄顺堤迁此建村，因村靠河溜，故取名黄溜，后改称黄六。聚落呈团块状分布。经济以种植业为主，种植小麦、玉米、花生、棉花等。有公路经此。

贾楼 371722-B10-H10
[Jiǎlóu]

在县驻地园艺街道西方向 10.9 千米。莱河镇辖自然村。人口 700。明成化十六年（1480），贾氏迁此建村，率先盖起了楼房，远近闻名，故名贾楼。聚落呈团块状分布。经济以种植业为主，种植小麦、玉米等。有公路经此。

江庄 371722-B10-H11
[Jiāngzhuāng]

在县驻地园艺街道西方向 7.3 千米。莱河镇辖自然村。人口 600。清乾隆二十年（1755），江氏族人自金乡县牌坊街小江庄迁来，为纪念原来村名，取名江庄。聚落呈团块状分布。经济以种植业为主，种植小麦、玉米、花生、棉花、山药等。有公路经此。

刘棚 371722-B10-H12
[Liúpéng]

在县驻地园艺街道西方向 7.3 千米。莱河镇辖自然村。人口 4 900。明成化元年（1465），刘氏迁此，在路旁经营饭店，因搭有用餐饭棚，遂称刘饭棚，后改名刘棚。聚落呈团块状分布。经济以种植业为主，种植小麦、玉米、花生、蔬菜。有公路经此。

秦庙 371722-B10-H13
[Qínmiào]

在县驻地园艺街道西方向 10.0 千米。莱河镇辖自然村。人口 2 000。明成化年间，秦氏从山西洪洞县迁此建村，时值中午，故名秦午庄。明嘉靖四十年（1561），因修了一座奶奶庙，遂以秦奶奶庙为村名，后简称秦奶庙。为了称呼方便，又简称秦庙。聚落呈团块状分布。经济以种植业为主，种植小麦、玉米、花生、棉花等。有公路经此。

帅楼 371722-B10-H14
[Shuàilóu]

在县驻地园艺街道西方向 10.8 千米。莱河镇辖自然村。人口 1 400。明成化年间，陶氏迁此定居，名里水陶楼。后因帅氏人口众多，家族强大，故改为帅楼。聚落呈团块状分布。经济以种植业为主，种植小麦、玉米、山药等。有公路经此。

袁堂 371722-B10-H15
［Yuántáng］

在县驻地园艺街道西方向 6.8 千米。莱河镇辖自然村。人口 1 600。明洪武五年（1372），自陕西延安菜市口街迁至成武县白浮图，至景泰六年（1455）迁此，因建有袁氏祠堂，遂以袁家堂名村，后简称袁堂。聚落呈团块状分布。经济以种植业为主，种植山药、西瓜、小麦、玉米等。105 国道经此。

周庄 371722-B10-H16
［Zhōuzhuāng］

在县驻地园艺街道西方向 8.6 千米。莱河镇辖自然村。人口 1 200。清康熙二十年（1681），周氏自浙江秀水迁此建村，易称周庄。聚落呈团块状分布。经济以种植业为主，种植小麦、玉米、花生、棉花、山药、桑树等。有公路经此。

朱心庄 371722-B10-H17
［Zhūxīnzhuāng］

在县驻地园艺街道西方向 10.7 千米。莱河镇辖自然村。人口 600。清道光十年(1830)，朱氏从山西洪洞县迁此建村，周围土地用于种植作物，故取名朱心庄。聚落呈团块状分布。经济以种植业为主，种植小麦、玉米、花生、棉花等。有公路经此。

赵庄 371722-B10-H18
［Zhàozhuāng］

在县驻地园艺街道西方向 9.5 千米。莱河镇辖自然村。人口 700。明万历九年（1581），赵氏自今单城镇八里庄迁此建村，取名赵庄。聚落呈团块状分布。经济以种植业为主，种植小麦、玉米、花生、棉花等。有公路经此。

张海 371722-B10-H19
［Zhānghǎi］

在县驻地园艺街道西方向 6.0 千米。莱河镇辖自然村。人口 1 700。明崇祯三年（1630），张氏八世祖自山西洪洞县迁往郓城县，后从郓城县迁此，挖有围村海子，遂以张海命名。聚落呈团块状分布。经济以种植业为主，种植山药、西瓜、小麦、玉米等。105 国道经此。

宋阁 371722-B10-H20
［Sònggé］

在县驻地园艺街道西方向 6.6 千米。莱河镇辖自然村。人口 800。宋氏家族迁此定居，因生活富裕，家家盖上了楼阁，取名宋阁。聚落呈团块状分布。经济以种植业为主，种植小麦、玉米、大葱、山药、桑树等。有公路经此。

孔楼 371722-B10-H21
［Kǒnglóu］

在县驻地园艺街道西方向 8.3 千米。莱河镇辖自然村。人口 1 100。明成化十六年（1480），孔氏自山西洪洞县迁此，为祈后人能致富，皆能住进楼房，故名孔楼。聚落呈团块状分布。经济以种植业为主，种植小麦、玉米。有公路经此。

东房溜 371722-B10-H22
［Dōngfángliù］

在县驻地园艺街道西方向 5.4 千米。莱河镇辖自然村。人口 700。清康熙五年（1666），房氏自鱼台大房庄迁此建村，初名房溜。清乾隆三十年（1765）黄河决口，将村冲断，形成东、西两村，本村以方位称东房溜。聚落呈团块状分布。经济以种植业为主，种植小麦、玉米、花生、山药。有公路经此。

邓庙 371722-B10-H23
[Dèngmiào]

在县驻地园艺街道西方向 8.9 千米。莱河镇辖自然村。人口 900。清康熙十九年（1680），邓氏自单城南迁来，后邓氏人众多，在村内建庙，用于祈福许愿，遂改称邓庙。聚落呈团块状分布。经济以种植业为主，种植小麦、玉米、棉花、西瓜、花生、山药等。有公路经此。

程庄 371722-B10-H24
[Chéngzhuāng]

在县驻地园艺街道西方向 9.9 千米。莱河镇辖自然村。人口 600。清顺治二年（1645），程氏从单城西南迁此建村，取名程庄。聚落呈团块状分布。经济以种植业为主，种植小麦、玉米、花生、棉花等。有公路经此。

东平楼 371722-B11-H01
[Dōngpínglóu]

时楼镇人民政府驻地。在县驻地园艺街道东北方向 16.6 千米。人口 1 200。时氏迁此定居，明崇祯年间建平楼一座，因村址在时氏家祠东，遂称东平楼。聚落呈团块状分布。经济以种植业为主，种植小麦、玉米、花生、棉花、大蒜、洋葱等。有公路经此。

时楼 371722-B11-H02
[Shílóu]

在县驻地园艺街道东北方向 23.0 千米。时楼镇辖自然村。人口 300。明成化年间，时氏自本省东阿县迁此建村，因建有高楼，遂名村时楼。聚落呈团块状分布。有中学 1 处、小学 1 处。经济以种植业为主，种植小麦、玉米、花生、辣椒。特产有时楼酱菜园的贡品酱辣椒。有公路经此。

曹马南村 371722-B11-H03
[Cáomǎnáncūn]

在县驻地园艺街道东北方向 19.8 千米。时楼镇辖自然村。人口 3 000。汉末，曹操屯兵马于此，且成集市，始称曹马集。后因村逐渐扩大，划为北、南两村，此村以方位称曹马南村。聚落呈团块状分布。有幼儿园 1 处。经济以种植业为主，种植小麦、玉米、棉花、大蒜、辣椒。有公路经此。

丙灵宫 371722-B11-H04
[Bǐnglínggōng]

在县驻地园艺街道东北方向 18.1 千米。时楼镇辖自然村。人口 500。清康熙十二年（1673），陈氏迁此建村，因此处有座古庙，名丙灵宫，遂以庙名村。聚落呈团块状分布。经济以种植业为主，种植小麦、玉米、花生、棉花、大蒜、洋葱等。有公路经此。

常李庄 371722-B11-H05
[Chánglǐzhuāng]

在县驻地园艺街道东北方向 18.5 千米。时楼镇辖自然村。人口 1 000。明弘治年间，李氏迁此，以李庄名村。清初，又有李姓迁至村西建村后油坊。后两村联为一体，因村落东西较长，初人称长李庄，逐渐称常李庄。聚落呈团块状分布。经济以种植业为主，种植小麦、玉米、辣椒、洋葱等。有公路经此。

陈洪庄 371722-B11-H06
[Chénhóngzhuāng]

在县驻地园艺街道东北方向 15.5 千米。时楼镇辖自然村。人口 900。明景泰年间，陈氏迁此建村，因先人名字和祖籍均带有"洪"字，取名陈洪庄。聚落呈团块状分布。经济以种植业为主，种植小麦、玉米、花生、棉花、大蒜、洋葱等。有公路经此。

大孟庄 371722-B11-H07
［Dàmèngzhuāng］

在县驻地园艺街道东北方向14.1千米。时楼镇辖自然村。人口900。因孟氏人多，故称大孟庄。聚落呈团块状分布。经济以种植业为主，种植小麦、玉米、辣椒、洋葱等。有公路经此。

刘堂 371722-B11-H08
［Liútáng］

在县驻地园艺街道东北方向17.6千米。时楼镇辖自然村。人口900。明洪武年间，刘氏迁此建村，初名刘庄，后建了祠堂，遂改称刘堂。聚落呈团块状分布。经济以种植业为主，种植小麦、玉米、棉花、大蒜、辣椒等。有公路经此。

时门楼 371722-B11-H09
［Shíménlóu］

在县驻地园艺街道东北方向21.0千米。时楼镇辖自然村。人口700。清顺治年间，时氏迁此建村，盖了高大门楼，取名时门楼。聚落呈团块状分布。经济以种植业为主，种植小麦、玉米、花生、棉花、大蒜、洋葱等。有公路经此。

时油坊 371722-B11-H10
［Shíyóufáng］

在县驻地园艺街道东北方向18.7千米。时楼镇辖自然村。人口700。明洪武年间，刘氏来此建村，名刘庄。清雍正年间，时氏迁此以开油坊为业，遂改名时油坊。聚落呈团块状分布。经济以种植业为主，种植小麦、玉米、油用牡丹、大蒜、洋葱等。有公路经此。

王门楼 371722-B11-H11
［Wángménlóu］

在县驻地园艺街道东北方向10.6千米。时楼镇辖自然村。人口500。明洪武四年（1371），王氏迁此并建有高大门楼，故称王门楼。聚落呈团块状分布。经济以种植业为主，种植小麦、玉米、大蒜、洋葱等。有公路经此。

王寨 371722-B11-H12
［Wángzhài］

在县驻地园艺街道东北方向18.8千米。时楼镇辖自然村。人口900。明嘉靖年间，王氏迁来，初名王庄。清咸丰年间，修建了护村寨垣，故更名为王寨。聚落呈团块状分布。经济以种植业为主，种植小麦、玉米、棉花、大蒜、辣椒等。有公路经此。

枣庄集 371722-B11-H13
［Zǎozhuāngjí］

在县驻地园艺街道东北方向13.4千米。时楼镇辖自然村。人口1 200。旧名找耳集，因传说是吕洞宾找车耳的地方得名。明初，时氏迁来，嫌名称不雅，改称枣庄集。聚落呈团块状分布。经济以种植业为主，种植小麦、玉米、花生、棉花、大蒜、洋葱等。有公路经此。

张堂 371722-B11-H14
［Zhāngtáng］

在县驻地园艺街道东北方向17.6千米。时楼镇辖自然村。人口1 100。明万历年间，张氏迁此，因张氏建有庙堂，故称张堂。聚落呈团块状分布。经济以种植业为主，种植小麦、玉米、花生、棉花、洋葱、大蒜等。有公路经此。

郑新庄 371722-B11-H15
［Zhèngxīnzhuāng］

在县驻地园艺街道东北方向17.7千米。时楼镇辖自然村。人口800。清顺治初年，郑氏迁此建新居，取名郑新庄。聚落呈团块状分布。经济以种植业为主，种植小麦、玉米、山药、洋葱等。有公路经此。

朱庄 371722-B11-H16

[Zhūzhuāng]

在县驻地园艺街道东北方向21.5千米。时楼镇辖自然村。人口1 000。明洪武年间，朱、杨、裴三姓迁此地定居，名朱杨裴庄。后杨、裴两姓迁出，遂改称朱庄。聚落呈团块状分布。经济以种植业为主，种植小麦、玉米、花生、棉花、大蒜、洋葱等。有公路经此。

张草庙 371722-B11-H17

[Zhāngcǎomiào]

在县驻地园艺街道东北方向18.2千米。时楼镇辖自然村。人口500。张氏迁此建村，因村西有草房关帝庙一座，故名张草庙。聚落呈团块状分布。经济以种植业为主，种植小麦、玉米、油用牡丹、大蒜、洋葱等。有公路经此。

樊庙 371722-B11-H18

[Fánmiào]

在县驻地园艺街道东北方向14.6千米。时楼镇辖自然村。人口500。明洪武年间，樊氏迁此，初名樊庄。后因建了家庙，遂改称樊庙。聚落呈团块状分布。经济以种植业为主，种植小麦、玉米、花生、棉花、大蒜、洋葱等。有公路经此。

傅海 371722-B11-H19

[Fùhǎi]

在县驻地园艺街道东北方向18.8千米。时楼镇辖自然村。人口800。清康熙年间，傅氏迁居此地，因舍后有海子（深塘），初名傅家海，后省称傅海。聚落呈团块状分布。经济以种植业为主，种植小麦、玉米、油用牡丹、大蒜、洋葱等。有公路经此。

黄杨庄 371722-B11-H20

[Huángyángzhuāng]

在县驻地园艺街道东北方向20.4千米。时楼镇辖自然村。人口500。明成化年间，杨氏迁此建村，名杨庄。崇祯年间，黄氏迁入，人丁兴旺，杨氏迁出，故改称黄杨庄。聚落呈团块状分布。经济以种植业为主，种植小麦、玉米、花生、棉花、大蒜、洋葱等。有公路经此。

牛河 371722-B11-H21

[Niúhé]

在县驻地园艺街道东北方向13.9千米。时楼镇辖自然村。人口700。明崇祯年间，牛氏建村，时有小河过村，初名牛家河，后省称牛河。聚落呈团块状分布。经济以种植业为主，种植小麦、玉米、花生、棉花、大蒜、洋葱等。有公路经此。

杨楼 371722-B12-H01

[Yánglóu]

杨楼镇人民政府驻地。在县驻地园艺街道东南方向18.0千米。人口3 500。明崇祯四年（1631），杨氏从本县李田楼镇杨洼村迁此，初名二槐树。后家业兴旺，盖了楼，遂更名杨楼。聚落呈团块状分布。有中学1处、小学1处。经济以种植业为主，种植小麦、玉米、花生、蔬菜，养殖青山羊。有公路经此。

崇福集 371722-B12-H02

[Chóngfújí]

在县驻地园艺街道东南方向18.8千米。杨楼镇辖自然村。人口800。明崇祯初年，刘氏自江苏沛县迁此立村设集，后集散，十年后又设集市，遂名重复集，又名崇福集。聚落呈团块状分布。经济以种植业为主。有公路经此。

大姜庄　371722-B12-H03
［Dàjiāngzhuāng］

在县驻地园艺街道东南方向23.3千米。杨楼镇辖自然村。人口900。清嘉庆年间，姜氏从山西洪洞县迁此建村，名姜庄，后因人员增多，村庄变大，遂改名大姜庄。聚落呈团块状分布。经济以种植业为主，种植小麦、玉米。有公路经此。

大朱庄　371722-B12-H04
［Dàzhūzhuāng］

在县驻地园艺街道东南方向22.4千米。杨楼镇辖自然村。人口1 200。清乾隆年间，朱氏从安徽宿县迁此建村，取名朱庄，后人员增多，村庄变大，且附近有一同名村，改称大朱庄。聚落呈团块状分布。经济以种植业为主，种植小麦、玉米、山药、地瓜等。有公路经此。

黄尔庄　371722-B12-H05
［Huáng'ěrzhuāng］

在县驻地园艺街道东南方向20.6千米。杨楼镇辖自然村。人口1 700。明万历年间，黄氏自山西运城迁此建村。后明朝年间重建，称黄尔庄。聚落呈团块状分布。经济以种植业为主，种植小麦、玉米、花生、杂粮等。有公路经此。

蒋楼　371722-B12-H06
［Jiǎnglóu］

在县驻地园艺街道东南方向18.3千米。杨楼镇辖自然村。人口600。清雍正年间，蒋氏迁此建村，因建有楼房，故名蒋楼。聚落呈团块状分布。经济以种植业为主，种植小麦、玉米等。有公路经此。

孟新楼村　371722-B12-H07
［Mèngxīnlóucūn］

在县驻地园艺街道东南方向18.6千米。杨楼镇辖自然村。人口1 500。清乾隆年间，孟氏自孟陈楼迁此居住建楼设村，取名孟新楼村。聚落呈团块状分布。经济以种植业为主，种植小麦、玉米等。有公路经此。

前刘寨　371722-B12-H08
［Qiánliúzhài］

在县驻地园艺街道东南方向17.2千米。杨楼镇辖自然村。人口700。刘氏兄弟从前刘寨分家后，分为前、后刘寨，此村以方位得名前刘寨。聚落呈团块状分布。经济以种植业为主，种植小麦、玉米等。有公路经此。

土疙瘩　371722-B12-H09
［Tǔgēda］

在县驻地园艺街道东南方向23.0千米。杨楼镇辖自然村。人口600。清雍正年间，石氏、李氏自河南南阳迁此建村，因村西有许多大土丘，故名。聚落呈团块状分布。经济以种植业为主，种植小麦、玉米、西瓜、地瓜和牡丹等。有公路经此。

王集　371722-B12-H10
［Wángjí］

在县驻地园艺街道东南方向22.3千米。杨楼镇辖自然村。人口1 300。因王氏迁此村，此地成集市，得名王集。聚落呈团块状分布。经济以种植业为主，种植小麦、玉米。有公路经此。

许楼　371722-B12-H11
［Xǔlóu］

在县驻地园艺街道东南方向20.6千米。杨楼镇辖自然村。人口900。清康熙年间，许氏自本县蔡堂迁此立村建楼，取名许楼。聚落呈团块状分布。经济以种植业为主。有公路经此。

杨黑楼 371722-B12-H12
［Yánghēilóu］

在县驻地园艺街道东南方向21.6千米。杨楼镇辖自然村。人口500。清雍正年间，杨氏自今本镇杨楼迁此立村建楼，因建楼竣工时天色已晚，取名杨黑楼。聚落呈团块状分布。经济以种植业为主，种植小麦、玉米、地瓜等。有公路经此。

杨楼西村 371722-B12-H13
［Yánglóuxīcūn］

在县驻地园艺街道东南方向19.4千米。杨楼镇辖自然村。人口700。杨姓从城东杨洼村迁入到此地定居，后改名为杨楼。后因家族兴旺，分为东、西两村，此村得名杨楼西村。聚落呈团块状分布。经济以种植业为主，种植小麦、玉米、棉花、花生、红薯等。有公路经此。

尤庄 371722-B12-H14
［Yóuzhuāng］

在县驻地园艺街道东南方向16.3千米。杨楼镇辖自然村。人口1 200。明万历年间，尤氏从山西洪洞县迁此建村，取名尤庄。聚落呈团块状分布。有文化广场2处、小学1处。经济以种植业为主，种植小麦、玉米、山药。有公路经此。

张平坊 371722-B12-H15
［Zhāngpíngfāng］

在县驻地园艺街道东南方向22.3千米。杨楼镇辖自然村。人口800。清乾隆年间，前、后罗庄及张花园三家张姓财主在此设庄，佃户居此，因全是平房，故名张平坊。聚落呈团块状分布。经济以种植业为主，种植小麦、玉米。有公路经此。

赵庵 371722-B12-H16
［Zhào'ān］

在县驻地园艺街道东南方向22.0千米。杨楼镇辖自然村。人口500。清嘉庆年间，赵氏族人逃荒至此，由于长途奔波，天色已晚，遂就地取材，搭起一个草庵住宿，故取名赵庵。聚落呈团块状分布。经济以种植业为主，种植小麦、玉米、花生、大豆和地瓜等。有公路经此。

郑店 371722-B12-H17
［Zhèngdiàn］

在县驻地园艺街道东南方向22.7千米。杨楼镇辖自然村。人口1 800。清雍正年间，郑氏从山西洪洞县迁此建村，因在黄河北岸开一店铺，故称郑店。聚落呈团块状分布。经济以种植业为主，种植小麦、玉米、大豆、红薯等。有公路经此。

朱麻子 371722-B12-H18
［Zhūmázi］

在县驻地园艺街道东南方向18.2千米。杨楼镇辖自然村。人口2 500。春秋战国时期，伍子胥保太子，被人追杀，路经此地，饥饿难耐，看路边有麻籽，便煮麻籽充饥，故村取名煮麻籽，后演为今名。聚落呈团块状分布。经济以种植业为主，种植小麦、玉米、花生、大豆等。有公路经此。

朱寨 371722-B12-H19
［Xhūzhài］

在县驻地园艺街道东南方向16.8千米。杨楼镇辖自然村。人口900。清康熙年间，朱氏从山西洪洞县迁此建村，筑有寨墙，故名朱寨。聚落呈团块状分布。经济以种植业为主，种植小麦、玉米等。有公路经此。

张集 371722-B13-H01
[Zhāngjí]

张集镇人民政府驻地。在县驻地园艺街道东北方向21.6千米。人口2 000。明永乐年间，张氏自山西洪洞县迁此建村，因临惠河，初名临河集。后因张氏家族兴旺，改称张集。聚落呈团块状分布。有中学1处、小学1处。经济以种植业为主，种植小麦、玉米、花生、山药。有公路经此。

八大 371722-B13-H02
[Bādà]

在县驻地园艺街道东北方向22.8千米。张集镇辖自然村。人口1 200。明嘉靖年间，聂氏自安徽保安山迁来，建村时原有王、田、赵、朱、李、聂、周、张八个姓氏，故名村八大。聚落呈团块状分布。经济以种植业为主，种植小麦、玉米、花生等。有公路经此。

张坊 371722-B13-H03
[Zhāngfāng]

在县驻地园艺街道东北方向24.6千米。张集镇辖自然村。人口1 100。明永乐年间，张氏迁此，名张坊。聚落呈团块状分布。经济以种植业为主，种植小麦、玉米、花生等。有公路经此。

西姬集 371722-B13-H04
[Xījījí]

在县驻地园艺街道东北方向26.2千米。张集镇辖自然村。人口2 900。明天顺年间，姬氏祖讳超伦，自汶城县姬沟迁此建村，且设有集市，遂以姬集名村。后村居扩展，形成两村，此村以方位称西姬集。聚落呈团块状分布。经济以种植业为主，种植小麦、玉米、大蒜、山药、棉花等。有公路经此。

平岗 371722-B13-H05
[Pínggǎng]

在县驻地园艺街道东北方向26.2千米。张集镇辖自然村。人口1 900。明嘉靖三年（1524），吴氏自南虞城迁此，地处高地，故名平岗。聚落呈团块状分布。有文化广场1处。经济以种植业为主，种植小麦、玉米、棉花、大蒜和辣椒等。省道单丰路经此。

衙里 371722-B13-H06
[Yálǐ]

在县驻地园艺街道东北方向23.6千米。张集镇辖自然村。人口1 100。北宋徽宗年间，拟在北兴建衙门，设立山阳县治所，后因故未兴，居此之民遂以衙里名村。聚落呈团块状分布。经济以种植业为主，种植小麦、玉米、花生等。有公路经此。

张庄寨 371722-B13-H07
[Zhāngzhuāngzhài]

在县驻地园艺街道东北方向24.5千米。张集镇辖自然村。人口700。明崇祯年间，张氏自本乡张三官庙迁此建村，名张庄。清嘉庆年间，修了围村寨垣，故名张庄寨。聚落呈团块状分布。经济以种植业为主，种植小麦、玉米、大蒜、山药、棉花等。有公路经此。

谢张庄 371722-B13-H08
[Xièzhāngzhuāng]

在县驻地园艺街道东北方向20.5千米。张集镇辖自然村。人口1 300。清嘉庆年间，谢氏自本县曹马集镇谢楼迁此建村，后张氏迁入，两姓商议，取名谢张庄。聚落呈团块状分布。经济以种植业为主，种植小麦、玉米、棉花、大蒜等。有公路经此。

田花园 371722-B13-H09
[Tiánhuāyuán]

在县驻地园艺街道东北方向27.3千米。张集镇辖自然村。人口600。清康熙年间，田氏迁入后，有富绅建一花园，香飘数里，远近闻名，故名田花园。聚落呈团块状分布。经济以种植业为主，种植小麦、玉米、棉花、大蒜和辣椒等。有公路经此。

夏庄 371722-B13-H10
[Xiàzhuāng]

在县驻地园艺街道东北方向21.6千米。张集镇辖自然村。人口700。明洪武四年（1371），夏氏迁此定居，故名夏庄。聚落呈团块状分布。经济以种植业为主，种植小麦、玉米、大蒜、棉花等。有公路经此。

姚阁 371722-B13-H11
[Yáogé]

在县驻地园艺街道东北方向23.7千米。张集镇辖自然村。人口600。明成化八年（1472），姚氏自今蔡堂镇辛羊庙迁来定居，建有楼阁，遂名姚阁。聚落呈团块状分布。经济以种植业为主，种植小麦、玉米、花生等。有公路经此。

朱庄 371722-B13-H12
[Zhūzhuāng]

在县驻地园艺街道东北方向21.2千米。张集镇辖自然村。人口800。清顺治年间，朱氏自今成武县防城寺迁此建村，取名朱庄。聚落呈散状分布。经济以种植业为主，种植小麦、玉米、大蒜、棉花等。有公路经此。

大张楼 371722-B13-H13
[Dàzhānglóu]

在县驻地园艺街道东北方向24.5千米。张集镇辖自然村。人口700。明洪武年间，张氏迁此建有楼房，初名张家楼，后张氏逐渐壮大，改为大张楼。经济以种植业为主，种植小麦、玉米、大蒜、棉花等。有公路经此。

东白楼 371722-B13-H14
[Dōngbáilóu]

在县驻地园艺街道东北方向27.7千米。张集镇辖自然村。人口600。清康熙三年（1664），白氏自江苏迁此建村，故名白楼。后因重名，以该村在张集东北部，称东白楼。聚落呈团块状分布。经济以种植业为主，种植小麦、玉米、大蒜、棉花等。有公路经此。

皇亲府 371722-B13-H15
[Huángqīnfǔ]

在县驻地园艺街道东北方向28.1千米。张集镇辖自然村。人口600。清康熙三年（1664），田氏自本乡田老家迁此建村，因田氏与皇家联为姻亲，故名皇亲府。聚落呈团块状分布。经济以种植业为主，种植小麦、玉米、大蒜、棉花等。有公路经此。

胡庄 371722-B13-H16
[Húzhuāng]

在县驻地园艺街道东北方向27.0千米。张集镇辖自然村。人口1000。明洪武年间，胡氏迁此，建有庙宇，初名胡庙。后庙宇拆除，改称胡庄。聚落呈团块状分布。经济以种植业为主，种植小麦、玉米、棉花、大蒜和辣椒等。有公路经此

姜庄 371722-B13-H17
[Jiāngzhuāng]

在县驻地园艺街道东北方向23.8千米。张集镇辖自然村。人口900。明朝年间，姜氏自江苏丰县迁此建村，故名姜庄。聚落呈团块状分布。经济以种植业为主，种植

小麦、玉米、棉花、大蒜、杂粮。有公路经此。

瞿楼 371722-B13-H18

[Qúlóu]

在县驻地园艺街道东北方向21.3千米。张集镇辖自然村。人口700。清乾隆二十二年（1757），瞿氏迁此定居，并建一楼阁，取名瞿楼。聚落呈团块状分布。经济以种植业为主，种植小麦、玉米、花生等。有公路经此。

宋庄 371722-B13-H19

[Sòngzhuāng]

在县驻地园艺街道东北方向22.3千米。张集镇辖自然村。人口600。明万历年间，宋氏迁此建村，故名宋庄。聚落呈团块状分布。经济以种植业为主，种植小麦、玉米、棉花、大蒜、洋葱等。有公路经此。

孙海 371722-B13-H20

[Sūnhǎi]

在县驻地园艺街道东北方向25.8千米。张集镇辖自然村。人口600。孙氏自江苏丰县大孙庄迁此，挖有护村海壕，故名孙海。聚落呈团块状分布。经济以种植业为主，种植小麦、玉米、棉花、大蒜和辣椒。有公路经此。

田老家后村 371722-B13-H21

[Tiánlǎojiāhòucūn]

在县驻地园艺街道东北方向26.1千米。张集镇辖自然村。人口700。明洪武年间，田氏迁此建村，初名田家庄。后部分族人迁到其他处立村，称此村为老家，故称田老家。后村居扩展，形成两村，此村以位置称田老家后村。聚落呈团块状分布。经济以种植业为主，种植小麦、玉米、棉花、大蒜和辣椒等。有公路经此

田老家前村 371722-B13-H22

[Tiánlǎojiāqiáncūn]

在县驻地园艺街道东北方向25.9千米。张集镇辖自然村。人口700。明洪武年间，田氏迁此建村，初名田家庄。后较多族人迁到其他处立村，称此村为老家，故称田老家。后村居扩展，形成两村，此村以位置称田老家前村。聚落呈团块状分布。经济以种植业为主，种植小麦、玉米、棉花、大蒜和辣椒等。有公路经此

龙王庙 371722-B14-H01

[Lóngwángmiào]

龙王庙镇人民政府驻地。在县驻地园艺街道东南方向12.0千米。人口3 900。明天顺年间，孙氏自山西洪洞县迁此定居，名孙庄。后建龙王庙，遂改村名龙王庙。聚落呈团块状分布。有中学1处、小学1处。经济以种植业为主，种植小麦、玉米、花生、蔬菜。省道新定砀路、老定砀路经此。

刘士城 371722-B14-H02

[Liúshìchéng]

在县驻地园艺街道东南方向8.3千米。龙王庙镇辖自然村。人口1 000。明洪武四年（1371），此处有个庙，刘家落址于此，以其姓氏名刘士城。聚落呈团块状分布。经济以种植业为主，种植小麦、玉米、西瓜、山药、棉花。有公路经此。

柴王楼 371722-B14-H03

[Cháiwánglóu]

在县驻地园艺街道东南方向14.8千米。龙王庙镇辖自然村。人口900。明洪武年间，王氏建村，始称王楼。清朝中期，孔氏改称孔王楼。后柴氏居住，1937年又改称柴王楼。聚落呈团块状分布。经济以种植业为主，种植小麦、玉米、山药。有公路经此。

陈草庙 371722-B14-H04

［Chéncǎomiào］

在县驻地园艺街道东南方向15.3千米。龙王庙镇辖自然村。人口500。据传本村有一庙，明朝有位娘娘经过小庙生一太子，庙内一人陈氏太太接生，接生庙前有一小草屋，故名村陈草庙。聚落呈团块状分布。经济以种植业为主，种植小麦、玉米、棉花。有公路经此。

李庄 371722-B14-H05

［Lǐzhuāng］

在县驻地园艺街道东南方向18.8千米。龙王庙镇辖自然村。人口800。明嘉靖年间，李氏来此定居建村，故名李庄。聚落呈团块状分布。经济以种植业、加工业为主，种植小麦、玉米、山药。有公路经此。

戚集 371722-B14-H06

［Qījí］

在县驻地园艺街道东南方向12.0千米。龙王庙镇辖自然村。人口1 700。明朝时期，戚氏从梁山迁往单县城东南郑家岗，并设立集市，故名戚集。聚落呈团块状分布。经济以种植业、加工业为主，种植小麦、山药、玉米。有公路经此。

田庄 371722-B14-H07

［Tiánzhuāng］

在县驻地园艺街道东南方向13.3千米。龙王庙镇辖自然村。人口600。明末，田氏迁入此地，发展成村，取名田庄。聚落呈团块状分布。经济以种植业为主，种植小麦、玉米、花生、棉花等。有公路经此。

王寨新村 371722-B14-H08

［Wángzhàixīncūn］

在县驻地园艺街道东南方向15.9千米。龙王庙镇辖自然村。人口2 400。清雍正年间，王氏兄弟迁至此地，以租地种植为生，逐渐建房立庄，取名王寨。1930年王氏分居，移此立村，因位于原籍之前，故名王寨新村。聚落呈团块状分布。有文化广场、百姓大舞台。经济以种植业为主，种植玉米、小麦。有公路经此。

王竹园 371722-B14-H09

［Wángzhúyuán］

在县驻地园艺街道东南方向8.3千米。龙王庙镇辖自然村。人口200。清光绪年间，孙氏将庄田卖给王氏，依王氏姓氏命名为王竹园。聚落呈团块状分布。经济以种植业为主，种植小麦、玉米、山药等。有公路经此。

大孟庄 371722-B14-H10

［Dàmèngzhuāng］

在县驻地园艺街道东南方向16.3千米。龙王庙镇辖自然村。人口1 300。明嘉靖年间，祖先由老鸦窝来此地定居建村，因孟氏家族人员多，且最早迁入本村，故名大孟庄。聚落呈团块状分布。经济以种植业为主，种植小麦、玉米、山药。有公路经此。

朱杨楼 371722-B14-H11

［Zhūyánglóu］

在县驻地园艺街道东南方向14.5千米。龙王庙镇辖自然村。人口2 200。清乾隆年间，杨氏从山西洪洞县迁至此处，建村定居，发展壮大，名村杨楼。后咸丰年间，朱氏买下了杨氏的庄田，名朱杨楼。聚落呈团块状分布。经济以种植业为主。有公路经此。

闫堂 371722-B14-H12

［Yántáng］

在县驻地园艺街道东南方向10.3千米。龙王庙镇辖自然村。人口1 700。1664年，闫氏由成武县迁居此地，建村定居，遂以其姓氏取名闫堂。聚落呈团块状分布。经济以种植业为主，种植小麦、玉米、花生等，有公路经此。

张六 371722-B14-H13
[Zhāngliù]

在县驻地园艺街道东南方向14.0千米。龙王庙镇辖自然村。人口900。明正德九年（1514），张氏在此处建村定居，取名张六。聚落呈团块状分布。经济以种植业为主，种植小麦、玉米、山药等。有公路经此。

黄瓦屋 371722-B14-H14
[Huángwǎwū]

在县驻地园艺街道东南方向13.3千米。龙王庙镇辖自然村。人口2 800。因黄氏盖有瓦屋数间，故名黄瓦屋。聚落呈团块状分布。经济以种植业为主，种植小麦、玉米、山药等。有公路经此。

小孟庄 371722-B14-H15
[Xiǎomèngzhuāng]

在县驻地园艺街道东南方向10.6千米。龙王庙镇辖自然村。人口500。清乾隆年间，孟氏由单县城西迁此建村，因村小人少，故名小孟庄。聚落呈团块状分布。经济以种植业为主，种植小麦、玉米、山药、花生等。有公路经此。

惠竹园 371722-B14-H16
[Huìzhúyuán]

在县驻地园艺街道东南方向15.0千米。龙王庙镇辖自然村。人口600。明成化年间，惠氏在此建村，因村中有一竹园，故名惠竹园。聚落呈团块状分布。经济以种植业为主，种植小麦、玉米、花生、大豆、棉花、山药等。有公路经此。

李堤口 371722-B14-H17
[Lǐdīkǒu]

在县驻地园艺街道东南方向15.8千米。龙王庙镇辖自然村。人口600。以姓氏命名。聚落呈团块状分布。经济以种植业为主，种植小麦、玉米、山药。有公路经此。

谷瓦房 371722-B14-H18
[Gǔwǎfáng]

在县驻地园艺街道东南方向13.1千米。龙王庙镇辖自然村。人口600。此村原名柳仙村，后谷姓来此居住，建瓦房，故名谷瓦房。聚落呈团块状分布。经济以种植业为主，种植小麦、玉米、山药、大蒜等。有公路经此。

刀张庄 371722-B14-H19
[Dāozhāngzhuāng]

在县驻地园艺街道东南方向10.2千米。龙王庙镇辖自然村。人口400。明初，张氏由山西洪洞县迁此建村。村北、东、南有河，形如刀，称刀挂子河，故称村为刀挂子张庄，后称刀张庄。聚落呈团块状分布。经济以种植业为主，种植玉米、小麦、花生等。有公路经此。

大孙庄 371722-B14-H20
[Dàsūnzhuāng]

在县驻地园艺街道东南方向14.5千米。龙王庙镇辖自然村。人口600。清康熙年间，孙氏从河北迁至单县。乾隆年间迁此建村定居，以其姓氏取名为孙庄，后更名为大孙庄。聚落呈团块状分布。经济以种植业为主，种植小麦、玉米、花生、大豆、山药等。有公路经此。

大苏楼 371722-B14-H21

[Dàsūlóu]

在县驻地园艺街道东南方向 14.3 千米。龙王庙镇辖自然村。人口 1 100。清雍正十三年（1735），苏氏在此建村，建有一栋楼房，故名苏楼。后因在此定居人多，改称大苏楼。聚落呈团块状分布。经济以种植业为主，种植小麦、玉米、花生等。有公路经此。

鲍苏楼 371722-B14-H22

[Bàosūlóu]

在县驻地园艺街道东南方向 14.6 千米。龙王庙镇辖自然村。人口 600。明嘉靖年间，苏氏从杨楼乡苏门楼迁此建村，名苏楼。后鲍氏迁入，改称鲍苏楼。聚落呈团块状分布。经济以种植业为主，种植小麦、玉米、山药、大蒜。有公路经此。

程庄 371722-B14-H23

[Chéngzhuāng]

在县驻地园艺街道东南方向 12.7 千米。龙王庙镇辖自然村。人口 500。明洪武年间，程氏由山西洪洞县迁来，故名程庄。聚落呈团块状分布。经济以种植业为主，种植小麦、玉米、大豆、棉花。有公路经此。

谢集 371722-B15-H01

[Xièjí]

谢集镇人民政府驻地。在县驻地园艺街道西北方向 8.0 千米。人口 700。明成化年间，此处为许氏的田庄，王氏迁此为许氏种地。清道光十一年（1831），谢氏买下许氏的庄田，又成集市，故名。聚落呈团块状分布。有中学 1 处、小学 1 处。经济以种植业为主，种植小麦、玉米、花生，特产铁棍山药。105 国道、省道定砀路经此。

白寨 371722-B15-H02

[Báizhài]

在县驻地园艺街道北方向 9.0 千米。谢集镇辖自然村。人口 500。明洪武七年（1374），白氏自山西平阳府石观庄迁至单城西白家庄定居，万历十一年（1583）又迁此立村名白庄。后修了寨墙，遂改称白寨。聚落呈团块状分布。有小学 1 处。经济以种植业为主，种植小麦、玉米、杂粮。有公路经此。

程庄 371722-B15-H03

[Chéngzhuāng]

在县驻地园艺街道北方向 9.6 千米。谢集镇辖自然村。人口 800。明万历年间，程氏迁此建村，以姓氏命名为程庄。聚落呈团块状分布。经济以种植业为主，种植小麦、玉米、棉花、大蒜等。有公路经此。

刘江楼 371722-B15-H04

[Liújiānglóu]

在县驻地园艺街道西北方向 11.3 千米。谢集镇辖自然村。人口 500。清乾隆年间，刘氏迁此建村，后江氏迁入建有楼房，两姓议称刘江楼。聚落呈团块状分布。经济以种植业为主，种植小麦、玉米、杂粮等。有公路经此。

齐寨 371722-B15-H05

[Qízhài]

在县驻地园艺街道西北方向 8.3 千米。谢集镇辖自然村。人口 600。清顺治二年（1645），齐氏由今单县李田楼乡齐楼迁此定居，初名齐庄，后为避乱修寨墙，遂改称齐寨。聚落呈团块状分布。经济以种植业为主，种植小麦、玉米、山药等。有公路经此。

三里庄 371722-B15-H06
［Sānlǐzhuāng］

在县驻地园艺街道西北方向 4.1 千米。谢集镇辖自然村。人口 500。明万历年间，李氏自山西迁此定居，名李庄。因离城三里，又名三里李庄，后改称三里庄。聚落呈团块状分布。经济以种植业为主，种植小麦、玉米、花生、棉花。有公路经此。

十里铺 371722-B15-H07
［Shílǐpù］

在县驻地园艺街道北方向 7.2 千米。谢集镇辖自然村。人口 900。村系古代迎宾送客的十里长亭，至明永乐年间发展成村。明万历三十八年（1610），朱氏承祖业居此，取名十里铺。聚落呈团块状分布。经济以种植业为主，种植小麦、玉米、棉花等。有公路经此。

王板桥 371722-B15-H08
［Wángbǎnqiáo］

在县驻地园艺街道西北方向 7.8 千米。谢集镇辖自然村。人口 900。明洪武九年（1376），王氏迁此，因村东南角有一木板桥，故名王板桥。聚落呈团块状分布。有小学 1 处。经济以种植业为主，种植玉米、小麦。有公路经此。

谢花园 371722-B15-H09
［Xièhuāyuán］

在县驻地园艺街道西北方向 6.4 千米。谢集镇辖自然村。人口 600。清末，谢氏远居于谢店村，后从谢店迁此建村，因修有花园，故名谢花园。聚落呈团块状分布。经济以种植业为主，种植小麦、玉米、花生、牡丹、菜花、西红柿。有公路经此。

大耿庄 371722-B15-H10
［Dàgěngzhuāng］

在县驻地园艺街道西北方向 6.2 千米。谢集镇辖自然村。人口 700。明弘治年间，耿氏少数人从耿庄分出建小耿庄，本村故名大耿庄。聚落呈团块状分布。经济以种植业为主，种植小麦、玉米。有公路经此。

包河 371722-B15-H11
［Bāohé］

在县驻地园艺街道西北方向 8.5 千米。谢集镇辖自然村。人口 500。南宋年间，包氏迁此建村，名包河。聚落呈团块状分布。经济以种植业为主，种植小麦、玉米、花生、高粱、大豆、蔬菜。有公路经此。

曹李坑 371722-B15-H12
［Cáolǐkēng］

在县驻地园艺街道西北方向 5.7 千米。谢集镇辖自然村。人口 600。原名李家湾。清乾隆年间，曹氏迁此居住，后族人兴旺，两姓商议称曹李坑。聚落呈团块状分布。经济以种植业为主，种植小麦、玉米、棉花、花生等。有公路经此。

曹庄 371722-B15-H13
［Cáozhuāng］

在县驻地园艺街道西北方向 5.4 千米。谢集镇辖自然村。人口 500。明崇祯年间，曹氏自定陶迁此建村，取名曹庄。聚落呈团块状分布。经济以种植业为主，种植小麦、玉米、花生、棉花。有公路经此。

大高庄 371722-B15-H14
［Dàgāozhuāng］

在县驻地园艺街道西北方向 7.7 千米。谢集镇辖自然村。人口 500。明崇祯年间，高氏由山西洪洞县迁此建村，取名大高庄。

聚落呈团块状分布。经济以种植业为主，种植小麦、玉米、棉花、大蒜。有公路经此。

大朱庄 371722-B15-H15

［Dàzhūzhuāng］

在县驻地园艺街道西北方向 8.2 千米。谢集镇辖自然村。人口 800。清雍正年间，朱氏从肖口迁此建村，名朱庄。因村南又建一朱庄，此村改名大朱庄。聚落呈团块状分布。经济以种植业为主，种植小麦、玉米、棉花。有公路经此。

东二郎庙 371722-B15-H16

［Dōng'èrlángmiào］

在县驻地园艺街道西北方向 7.2 千米。谢集镇辖自然村。人口 700。清乾隆年间建村，因此处有座二郎庙，故以二郎庙为村名。后人口增多，分东、西两村，此村以方位称东二郎庙。聚落呈团块状分布。经济以种植业为主，种植小麦、玉米等。有公路经此。

东郭庄 371722-B15-H17

［Dōngguōzhuāng］

在县驻地园艺街道西北方向10.2千米。谢集镇辖自然村。人口 500。郭氏由山西洪洞县迁此建村，因此地已有郭庄，此村在原郭庄东部，故名东郭庄。聚落呈团块状分布。经济以种植业为主，种植小麦、玉米、杂粮等。有公路经此。

东邢庄 371722-B15-H18

［Dōngxíngzhuāng］

在县驻地园艺街道西北方向 6.9 千米。谢集镇辖自然村。人口 500。明嘉靖元年（1522），邢氏由丰县迁此建村，取名邢庄。因重名，1987 年更名为东邢庄。聚落呈团块状分布。经济以种植业为主，种植小麦、玉米、花生、棉花、杂粮。有公路经此。

古路沟 371722-B15-H19

［Gǔlùgōu］

在县驻地园艺街道西北方向 11.1 千米。谢集镇辖自然村。人口 900。明洪武年间，秦氏由单县黄堆迁此定居，村内有一条南北沟，系南北通道，故名古路沟。聚落呈团块状分布。经济以种植业为主，种植小麦、高粱、玉米、花生、大豆、蔬果等。有公路经此。

李田楼 371722-B16-H01

［Lǐtiánlóu］

李田楼镇人民政府驻地。在县驻地园艺街道东方向 15.0 千米。人口 1 400。明天顺年间，田姓建村，名田老庄。后李姓为旺族，并建楼房，名村李田楼。聚落呈团块状分布。有中学 1 处、小学 1 处。经济以种植业为主，种植小麦、玉米、花生、洋蓟、哈密瓜、香菇、大白菜、菊苣、玉米、水果等。省道单丰路经此。

安德 371722-B16-H02

［Āndé］

在县驻地园艺街道东北方向11.1千米。李田楼镇辖自然村。人口 1 100。村名寓意安养德行。聚落呈团块状分布。经济以种植业为主，种植小麦、玉米、花生等。有公路经此。

八里河 371722-B16-H03

［Bālǐhé］

在县驻地园艺街道东北方向 4.4 千米。李田楼镇辖自然村。人口 700。元至元十七年（1280），李氏迁此，因村临沙河且距城八里，故名八里河。聚落呈团块状分布。经济以种植业为主，种植小麦、棉花、玉米、花生等。有公路经此。

北丁庄 371722-B16-H04
[Běidīngzhuāng]

在县驻地园艺街道南方向 10.7 千米。李田楼镇辖自然村。人口 300。清康熙年间，丁氏迁来，取名丁庄。因重名，1986 年以方位更名北丁庄。聚落呈团块状分布。经济以种植业为主，种植小麦、山药、玉米、花生等。有公路经此。

柴店 371722-B16-H05
[Cháidiàn]

在县驻地园艺街道东南方向10.5千米。李田楼镇辖自然村。人口 500。明万历年间，柴氏自今龙王庙柴王楼迁来，开设客店，故名柴店。聚落呈团块状分布。经济以种植业为主，种植小麦、山药、玉米、大蒜、洋葱、花生等。有公路经此。

陈侯庙 371722-B16-H06
[Chénhóumiào]

在县驻地园艺街道东北方向 12.2 千米。李田楼镇辖自然村。人口 300。明嘉靖二十二年（1543），侯氏迁居此地，因建有庙宇，遂名村侯庙。后因与陈庙村连在一起，称为陈侯庙。聚落呈团块状分布。经济以种植业为主，种植小麦、棉花、玉米、花生等。有公路经此。

陈线庄 371722-B16-H07
[Chénxiànzhuāng]

在县驻地园艺街道东北方向 8.7 千米。李田楼镇辖自然村。人口 40。清嘉庆十年（1805），陈氏迁居此地，因以纺线为生，取名陈线庄。聚落呈团块状分布。经济以种植业为主，种植小麦、山药、大蒜、洋葱、玉米、花生等。有公路经此。

大杨庄 371722-B16-H08
[Dàyángzhuāng]

在县驻地园艺街道东方向 7.0 千米。李田楼镇辖自然村。人口 300。清道光十一年（1831），杨氏自山西洪洞县迁此建村，故名大杨庄。聚落呈团块状分布。经济以种植业为主，种植小麦、棉花、玉米、花生等。有公路经此。

丁新庄 371722-B16-H09
[Dīngxīnzhuāng]

在县驻地园艺街道东南方向14.2千米。李田楼镇辖自然村。人口 300。清乾隆年间，丁氏自本县城西丁楼迁此，名丁庄。因重名，1986 年改称丁新庄。聚落呈团块状分布。经济以种植业为主，种植小麦、玉米、花生等。有公路经此。

丁庄 371722-B16-H10
[Dīngzhuāng]

在县驻地园艺街道东南方向18.3千米。李田楼镇辖自然村。人口 300。清乾隆年间，丁氏自砀山县城南丁庙迁来，取名丁庄。聚落呈团块状分布。经济以种植业为主，种植小麦、玉米、花生等。有公路经此。

董堂 371722-B16-H11
[Dǒngtáng]

在县驻地园艺街道东北方向10.8千米。李田楼镇辖自然村。人口 300。清顺治二年（1645），董氏迁此，因建有庙堂，遂名董堂。聚落呈团块状分布。经济以种植业为主，种植小麦、玉米、花生等。有公路经此。

二郎庙 371722-B16-H12
[Èrlángmiào]

在县驻地园艺街道东北方向 9.1 千米。李田楼镇辖自然村。人口 400。明嘉靖十五年（1536），魏氏迁此，因建有二郎庙，遂以庙名村。聚落呈团块状分布。经济以种植业为主，种植小麦、山药、大蒜、洋葱、玉米、花生等。有公路经此。

高马庄 371722–B16–H13

[Gāomǎzhuāng]

在县驻地园艺街道东北方向 8.2 千米。李田楼镇辖自然村。人口 400。明成化年间，此村东头原名高庄，为高氏所建；西头原名马庄，因村里养马的多得名。后因村居扩展，两村连为一体，故名高马庄。聚落呈团块状分布。经济以种植业为主，种植小麦、山药、大蒜、洋葱、玉米、花生等。有公路经此。

贺庄 371722–B16–H14

[Hèzhuāng]

在县驻地园艺街道东北方向 7.2 千米。李田楼镇辖自然村。人口 400。明景泰三年（1452），贺氏迁居此地，初名贺庄。清道光年间，族人在村北又建一村，为便于区分，此村以方位改称前贺庄，习称贺庄。聚落呈团块状分布。经济以种植业为主，种植小麦、玉米、花生等。有公路经此。

后马坊 371722–B16–H15

[Hòumǎfáng]

在县驻地园艺街道东南方向 10.6 千米。李田楼镇辖自然村。人口 500。明洪武年间，马氏自山西洪洞县迁来建新、后两村，以开粉坊为业，故名后马坊。聚落呈团块状分布。经济以种植业为主，种植小麦、玉米、花生等。有公路经此。

胡庄 371722–B16–H16

[Húzhuāng]

在县驻地园艺街道东方向 13.0 千米。李田楼镇辖自然村。人口 500。明崇祯四年（1631），胡氏自今王小庄乡柴楼迁来，称胡油坊。后油坊停业，改称胡庄。聚落呈团块状分布。经济以种植业为主，种植小麦、山药、玉米、花生等。有公路经此。

扈庄 371722–B16–H17

[Hùzhuāng]

在县驻地园艺街道东南方向 11.5 千米。李田楼镇辖自然村。人口 400。明成化八年（1472），扈氏迁居此地，取名扈庄。聚落呈团块状分布。经济以种植业为主，种植小麦、玉米、大蒜、洋葱、花生等。有公路经此。

黄瓜园 371722–B16–H18

[Huángguāyuán]

在县驻地园艺街道东方向 7.8 千米。李田楼镇辖自然村。人口 300。清雍正年间，王氏迁来，以种菜为业，所产黄瓜颇有名声，故名村黄瓜园。聚落呈团块状分布。经济以种植业为主，种植小麦、玉米、花生等。有公路经此。

黄李庄 371722–B16–H19

[Huánglǐzhuāng]

在县驻地园艺街道东北方向 7.8 千米。李田楼镇辖自然村。人口 300。南宋初年，黄、李两姓先后迁此共同建村，遂以两姓氏取名黄李庄。聚落呈团块状分布。经济以种植业为主，种植小麦、山药、大蒜、洋葱、玉米、花生等。有公路经此。

九楼 371722–B16–H20

[Jiǔlóu]

在县驻地园艺街道东北方向 5.1 千米。李田楼镇辖自然村。人口 500。明嘉靖年间，有富绅孟氏迁居此地，因建有九间楼房，得名九间楼，后简称九楼。聚落呈团块状分布。经济以种植业为主，种植小麦、棉花、玉米、花生等。有公路经此。

老龙窝 371722-B16-H21
[Lǎolóngwō]

在县驻地园艺街道东南方向 9.4 千米。李田楼镇辖自然村。人口 1 000。明隆庆四年（1570），彭氏迁来，初名彭庄。传说雨后村中陷一深坑，人云是龙卧之处，自此遂称老龙窝。聚落呈团块状分布。经济以种植业为主，种植小麦、山药、大蒜、洋葱、玉米、花生等。有公路经此。

刘菜园 371722-B16-H22
[Liúcàiyuán]

在县驻地园艺街道东方向 12.1 千米。李田楼镇辖自然村。人口 800。明成化九年（1473），刘氏迁居此地，因以种菜为生，故称刘菜园。聚落呈团块状分布。经济以种植业为主，种植小麦、大蒜、山药、玉米、花生等。有公路经此。

高老家 371722-C01-H01
[Gāolǎojiā]

高老家乡人民政府驻地。在县驻地园艺街道西南方向 18.0 千米。人口 2 100。明洪武七年（1374），高氏迁此建村，故名。聚落呈团块状分布。有乡村大舞台 2 处、中学 1 处、小学 1 处。经济以种植业为主，种植小麦、玉米、花生、芦笋、银杏等，有芦笋加工业。105 国道经此。

安庄 371722-C01-H02
[Ānzhuāng]

在县驻地园艺街道西南方向 24.5 千米。高老家乡辖自然村。人口 600。清康熙年间，安氏迁此建村，故名安庄。聚落呈团块状分布。经济以种植业为主，种植小麦、玉米、花生、芦笋等。有公路经此。

曹叵集 371722-C01-H03
[Cáopǒjí]

在县驻地园艺街道西南方向 25.0 千米。高老家乡辖自然村。人口 4 400。清雍正年间，曹、耿、芳三氏由山西洪洞县迁来建村，因姓氏得名。经济以种植业为主，种植小麦、玉米、花生和杂粮等。有公路经此。

董老家 371722-C01-H04
[Dǒnglǎojiā]

在县驻地园艺街道西南方向 23.0 千米。高老家乡辖自然村。人口 1 500。明洪武年间，董氏迁此立村，始称董老家。聚落呈团块状分布。经济以种植业为主，种植小麦、玉米、花生和杂粮等。有公路经此。

董邵楼 371722-C01-H05
[Dǒngshàolóu]

在县驻地园艺街道西南方向 22.5 千米。高老家乡辖自然村。人口 400。清顺治年间，董氏迁来，买下邵氏庄田，改称董邵楼。聚落呈团块状分布。经济以种植业为主，种植小麦、玉米、花生、杂粮、芦笋等。有公路经此。

樊辛庄 371722-C01-H06
[Fánxīnzhuāng]

在县驻地园艺街道西南方向 25.5 千米。高老家乡辖自然村。人口 500。清道光年间，樊氏从郓城县迁来，先居申楼。同治年间转迁于此，取名樊新庄，后演变为樊辛庄。聚落呈团块状分布。经济以种植业为主，种植小麦、玉米、花生和杂粮等。有公路经此。

高楼 371722-C01-H07
[Gāolóu]

在县驻地园艺街道西南方向 20.7 千米。高老家乡辖自然村。人口 900。明洪武七年

（1374），高氏由山西洪洞县迁此建村并建一个楼房，故名高楼。聚落呈团块状分布。经济以种植业为主，种植小麦、玉米、花生、地瓜和芦笋等。有公路经此。

黄岗 371722-C01-H08

［Huánggǎng］

在县驻地园艺街道西南方向24.5千米。高老家乡辖自然村。人口1 700。宋朝时期，老黄河不断决口，此处逐渐积成黄土岗子，故名黄岗。聚落呈团块状分布。经济以种植业为主，种植芦笋、小麦、玉米。有公路经此。

李桥 371722-C01-H09

［Lǐqiáo］

在县驻地园艺街道西南方向21.5千米。高老家乡辖自然村。人口2 500。明洪武年间，李氏自山西洪洞县迁此建村，因村南有座石板桥，故名李桥。聚落呈团块状分布。经济以种植业为主，种植小麦、玉米、花生、大豆等。有公路经此。

刘暗楼 371722-C01-H10

［Liú'ànlóu］

在县驻地园艺街道西南方向23.5千米。高老家乡辖自然村。人口700。明朝中期，刘氏在此建一土楼，采光比较暗，故名。聚落呈团块状分布。经济以种植业为主，种植小麦、玉米、花生、大豆等。有公路经此。

刘寨 371722-C01-H11

［Liúzhài］

在县驻地园艺街道西南方向24.5千米。高老家乡辖自然村。人口1 500。因本村修寨墙，以刘氏居多，故名刘寨。聚落呈团块状分布。有阅览室。经济以种植业为主，种植小麦、玉米、花生、大豆等。有公路经此。

刘庄 371722-C01-H12

［Liúzhuāng］

在县驻地园艺街道西南方向19.5千米。高老家乡辖自然村。人口800。清康熙五十四年（1715），刘氏自曹县山药刘庄迁此建村，名刘庄。聚落呈团块状分布。经济以种植业为主，种植小麦、玉米、花生、大豆、芦笋。有公路经此。

刘庄集 371722-C01-H13

［Liúzhuāngjí］

在县驻地园艺街道西南方向26.5千米。高老家乡辖自然村。人口600。清顺治年间，刘氏自今曹县青古集镇王楼迁此建村，初名刘庄。1943年在此起了集，遂改称刘庄集。聚落呈团块状分布。经济以种植业为主，种植小麦、玉米、花生、大豆等。有公路经此。

南王楼 371722-C01-H14

［Nánwánglóu］

在县驻地园艺街道西南方向18.5千米。高老家乡辖自然村。人口1 500。明洪武年间，王氏迁此建村，因建有楼房，取名王楼。又因重名，1987年以方位更名南王楼。聚落呈团块状分布。经济以种植业为主，种植小麦、玉米、花生、大豆等。有公路经此。

许楼 371722-C01-H15

［Xǔlóu］

在县驻地园艺街道西南方向22.0千米。高老家乡辖自然村。人口1 300。以许氏集聚而命名。聚落呈团块状分布。经济以种植业为主，种植小麦、玉米、花生、杂粮等。有公路经此。

孙老家 371722-C01-H16

［Sūnlǎojiā］

在县驻地园艺街道西南方向20.5千米。高老家乡辖自然村。人口900。明永乐元年

（1403），孙氏从山西洪洞县迁此定居，后孙氏分支多从此处外迁，故名孙老家。聚落呈团块状分布。经济以种植业为主，种植小麦、玉米、花生、地瓜、杂粮、芦笋等。有公路经此。

王庄寨 371722-C01-H17
[Wángzhuāngzhài]

在县驻地园艺街道西南方向22.8千米。高老家乡辖自然村。人口1 000。明洪武年间，高氏从山西洪洞县迁此始建，名高庄。清光绪年间，王氏从本乡王花楼迁入，因村东北角有一寨院，遂改称王庄寨。聚落呈团块状分布。经济以种植业为主，种植小麦、玉米、花生、大豆等。有公路经此。

韦楼 371722-C01-H18
[Wéilóu]

在县驻地园艺街道西南方向26.3千米。高老家乡辖自然村。人口2 400。韦氏迁此定居并建楼房，时至盛夏，取名夏韦楼，后简称韦楼。聚落呈团块状分布。经济以种植业为主，种植小麦、玉米、花生、杂粮等。有公路经此。

韦洼 371722-C01-H19
[Wéiwā]

在县驻地园艺街道西南方向28.5千米。高老家乡辖自然村。人口2 000。清康熙年间，韦氏分支自曹县韦老家迁此建村，因地势低洼，取名韦洼。聚落呈团块状分布。经济以种植业为主，种植小麦、玉米、花生、大豆、芦笋、银杏。有公路经此。

张老家 371722-C01-H20
[Zhānglǎojiā]

在县驻地园艺街道西南方向25.0千米。高老家乡辖自然村。人口600。明洪武十一年（1378），张氏自山西洪洞县迁此建村，名张老家。聚落呈团块状分布。经济以种植业为主，种植小麦、玉米、花生、杂粮等。有公路经此。

张乃庙 371722-C01-H21
[Zhāngnǎimiào]

在县驻地园艺街道西南方向23.5千米。高老家乡辖自然村。人口700。清康熙四十四年（1705），张氏迁此建村，因有一座奶奶庙，故名张奶奶庙，后简称张奶庙，演称张乃庙。聚落呈团块状分布。经济以种植业为主。有公路经此。

张庄 371722-C01-H22
[Zhāngzhuāng]

在县驻地园艺街道西南方向29.5千米。高老家乡辖自然村。人口500。清康熙年间，张氏从河南马牧集迁此建村，故名张庄。聚落呈团块状分布。经济以种植业为主，种植小麦、玉米、花生、地瓜、杂粮、芦笋等。有公路经此。

北王楼 371722-C01-H23
[Běiwánglóu]

在县驻地园艺街道西南方向20.5千米。高老家乡辖自然村。人口1 200。明成武年间，王氏迁此建村，因建楼房，故名王楼。后因位于北部，更名北王楼。聚落呈团块状分布。经济以种植业为主，种植小麦、玉米、花生、芦笋、大豆等。有公路经此。

马堂 371722-C01-H24
[Mǎtáng]

在县驻地园艺街道西南方向25.0千米。高老家乡辖自然村。人口700。明洪武年间，马氏迁此建村，始称马庄。后因建一庙堂，遂改称马堂。聚落呈团块状分布。经济以种植业为主，种植小麦、玉米、花生、芦笋等。有公路经此。

曹庄 371722-C02-H01
[Cáozhuāng]

曹庄乡人民政府驻地。在县驻地园艺街道西南方向 15.0 千米。人口 500。明万历年间，曹氏率 20 余人从单县城南曹碾迁此居住。后来人丁兴旺，于明天启二年（1622）改称曹庄。聚落呈团块状分布。有中学 1 处、小学 1 处。经济以种植业为主，种植小麦、玉米、花生、棉花、山药。有公路经此。

鲁菜园 371722-C02-H02
[Lǔcàiyuán]

在县驻地园艺街道西南方向 14.9 千米。曹庄乡辖自然村。人口 900。南宋咸丰年间，朱氏建村，取名朱菜园。明初鲁氏迁入，至永乐年间，改名鲁菜园。聚落呈团块状分布。经济以种植业为主，种植小麦、花生、玉米。有公路经此。

谢寨 371722-C02-H03
[Xièzhài]

在县驻地园艺街道西南方向 19.8 千米。曹庄乡辖自然村。人口 1 900。明洪武元年（1368），谢氏祖先由山西洪洞县移民来此定居并建村，围村筑了寨墙，故名。聚落呈团块状分布。经济以种植业为主，种植小麦、玉米、花生等。有公路经此。

前谢楼 371722-C02-H04
[Qiánxièlóu]

在县驻地园艺街道西南方向 20.5 千米。曹庄乡辖自然村。人口 500。明初，谢氏从山西洪洞县迁此定居，盖楼房，取名谢楼。不久，北邻建同名村，此村称前谢楼。聚落呈散状分布。有小学 1 处。经济以种植业为主，种植果树、小麦、花生、玉米等。有公路经此。

王寨 371722-C02-H05
[Wángzhài]

在县驻地园艺街道西南方向 16.5 千米。曹庄乡辖自然村。人口 1 900。明成化年间，王氏迁此建村筑寨，取名王寨。聚落呈团块状分布。经济以种植业为主，种植小麦、地瓜、花生、玉米。有公路经此。

孙楼 371722-C02-H06
[Sūnlóu]

在县驻地园艺街道西南方向 17.7 千米。曹庄乡辖自然村。人口 700。清嘉庆年间，孙氏迁此建村，因建有小土楼，取名孙楼。聚落呈团块状分布。经济以种植业为主，种植小麦、地瓜、花生、玉米。有公路经此。

张武庄 371722-C02-H07
[Zhāngwǔzhuāng]

在县驻地园艺街道西南方向 13.5 千米。曹庄乡辖自然村。人口 700。明成化年间，吴氏迁此建村，取名吴庄。清康熙年间，吴氏将庄子划分给张氏，取名张吴庄。清末，张氏人中了武举，由此改名为张武庄。聚落呈团块状分布。经济以种植业为主，种植小麦、地瓜、花生、玉米。有公路经此。

后荣庄 371722-C02-H08
[Hòuróngzhuāng]

在县驻地园艺街道西南方向 13.5 千米。曹庄乡辖自然村。人口 600。清康熙年间，荣氏分支自本乡前荣庄迁此建村，因在原籍村后，故名后荣庄。聚落呈团块状分布。有文化广场、幼儿园。经济以种植业为主，种植小麦、地瓜、玉米。有公路经此。

东赵庄 371722-C02-H09
[Dōngzhàozhuāng]

在县驻地园艺街道西南方向 11.5 千米。

曹庄乡辖自然村。人口600。明崇祯年间，郝氏在此建村。清乾隆年间，赵氏迁入，郝氏不旺，赵氏人口增多，遂改称大赵庄。后以方位更名东赵庄。聚落呈团块状分布。经济以种植业为主，种植小麦、地瓜、玉米等。有公路经此。

郭堤口 371722-C02-H10
[Guōdīkǒu]

在县驻地园艺街道西南方向13.9千米。曹庄乡辖自然村。人口800。原名临太集。明万历年间，圮于黄泛。后郭氏自山西洪洞县迁此重建，因村对太行堤口，故名郭堤口。聚落呈团块状分布。经济以种植业为主，种植小麦、玉米、花生等。有公路经此。

霍庄 371722-C02-H11
[Huòzhuāng]

在县驻地园艺街道西南方向12.5千米。曹庄乡辖自然村。人口400。因霍氏从今孙溜乡孙庄迁此建村，得名霍庄。聚落呈团块状分布。有小学1处。经济以种植业为主，种植小麦、地瓜、玉米。有公路经此。

肖溜 371722-C02-H12
[Xiāoliù]

在县驻地园艺街道西南方向16.0千米。曹庄乡辖自然村。人口800。肖氏自山西洪洞县迁此建村，因东处东河沟，故得名肖溜。聚落呈团块状分布。有小学1处。经济以种植业为主，种植小麦、花生、玉米等。有公路经此。

成武县

城市居民点

金帝花园小区 371723-I01
[Jīndì Huāyuán Xiǎoqū]

在县境中部。人口870。总面积3.5公顷。寓尊贵之意，故名。2005年始建，2007年正式使用。建筑总面积34 879平方米，住宅楼11栋，其中高层1栋、多层10栋，现代建筑风格。通公交车。

邦盛现代城 371723-I02
[Bāngshèng Xiàndài Chéng]

在县境南部。人口2 100。总面积3.8公顷。寓意兴邦盛世的现代化城市，故名。2011年始建，2013年正式使用。建筑总面积100 000平方米，住宅楼19栋，其中高层5栋、多层14栋，有别墅16栋，现代建筑风格，绿化率50%，有健身器材等配套设施。

嘉禾佳园 371723-I03
[Jiāhé Jiāyuán]

在县境西部。人口5 012。总面积8.2公顷。取吉祥佳言命名。2010年始建，2012年正式使用。建筑总面积146 300平方米，住宅楼18栋，其中高层3栋、多层15栋，现代建筑风格，绿化率50%，有健身器材等配套设施。通公交车。

丽景苑 371723-I04
[Lìjǐng Yuàn]

在县境西部。人口740。总面积9公顷。取美丽的景苑之意命名。2012年正式使用。建筑总面积89 930平方米，住宅楼10栋，其中高层3栋、多层7栋，现代建筑风格，绿化率30%，有健身器材等配套设施。通公交车。

名仕华庭 371723-I05
[Míngshì Huátíng]

在县境北部。人口 465。总面积 2 公顷。寓意高品质的生活区，故名。2009 年始建，2011 年正式使用。建筑总面积 19 600 平方米，住宅楼 5 栋，其中高层 2 栋、多层 3 栋，现代建筑风格，绿化率 20%，通公交车。

农村居民点

大田集 371723-B01-H01
[Dàtiánjí]

大田集镇人民政府驻地。在县驻地文亭街道东北方向 23.0 千米。人口 6 200。明洪武年间建村，原名永宁集，后因田氏中武举后携家眷至永宁村安家立业，子孙诗书继世，文武传家，成为当地名门望族，遂将永宁改为大田集。聚落呈散状分布。有文化广场、幼儿园、中学、小学等。经济以种植业为主，种植棉花、大蒜。有公路经此。

八岔路口 371723-B01-H02
[Bāchàlùkǒu]

在县驻地文亭街道东北方向 16.2 千米。大田集镇辖自然村。人口 500。明洪武年间，村西南有一座庙，庙前是八条路的交叉处，故名八岔路口。聚落呈散状分布。有文化广场、幼儿园。经济以种植业为主，种植小麦、大蒜、玉米。有公路经此。

北李楼 371723-B01-H03
[Běilǐlóu]

在县驻地文亭街道东北方向 18.9 千米。大田集镇辖自然村。人口 1 600。李氏于明洪武年间从山西洪洞县迁此建村，并盖有楼房，取村名李楼，1982 年以方位更名为北李楼。聚落呈散状分布。有文化广场、幼儿园。经济以种植业为主，种植小麦、大蒜、玉米。有公路经此。

陈胡同 371723-B01-H04
[Chénhútòng]

在县驻地文亭街道东北方向 15.7 千米。大田集镇辖自然村。人口 2 800。明初，陈良臣由南京市金陵县龙虎卫战区迁此地建村，因当时村内阡陌城巷状类似胡同格局，故名陈胡同。聚落呈散状分布。有文化广场、幼儿园。经济以种植业为主，种植小麦、大蒜、玉米。有公路经此。

陈庄 371723-B01-H05
[Chénzhuāng]

在县驻地文亭街道东北方向 16.2 千米。大田集镇辖自然村。人口 600。明洪武年间，因陈氏人数多，故名陈庄。聚落呈散状分布。有文化广场、幼儿园。经济以种植业为主，种植小麦、大蒜、玉米。有公路经此。

程楼 371723-B01-H06
[Chénglóu]

在县驻地文亭街道东北方向 23.8 千米。大田集镇辖自然村。人口 1 400。因姓氏得名。聚落呈散状分布。有文化广场、幼儿园。经济以种植业为主，种植小麦、大蒜、玉米。有公路经此。

大崔洼 371723-B01-H07
[Dàcuīwā]

在县驻地文亭街道东北方向 13.5 千米。大田集镇辖自然村。人口 800。明洪武年间，始祖从山西洪洞县迁此立村，因地势低洼，命名崔洼。后兄弟分居，在附近立新村，称大崔洼。聚落呈散状分布。有文化广场、幼儿园。经济以种植业为主，种植小麦、大蒜、玉米。有公路经此。

大郭庄 371723-B01-H08
[Dàguōzhuāng]

在县驻地文亭街道东北方向 11.3 千米。大田集镇辖自然村。人口 900。清朝年间，郭氏弟兄二人在此安居，取名大郭庄。聚落呈散状分布。有文化广场、幼儿园。经济以种植业为主，种植小麦、大蒜、玉米。有公路经此。

大碾集 371723-B01-H09
[Dàniǎnjí]

在县驻地文亭街道东北方向 9.7 千米。大田集镇辖自然村。人口 500。后汉史洪照将军为抵抗外侮，修一大碾专轧军火。明洪武年间，更村名为大碾，后因设集改名大碾集。聚落呈散状分布。有文化广场、幼儿园。经济以种植业为主，种植小麦、大蒜、玉米。有公路经此。

大屯 371723-B01-H10
[Dàtún]

在县驻地文亭街道东北方向 20.5 千米。大田集镇辖自然村。人口 1 300。明朝时，王、于、孙来此安庄，因当时随朱棣北征，当兵落到此处为屯户，后改名为大屯。聚落呈散状分布。有文化广场、幼儿园。经济以种植业为主，种植小麦、大蒜、玉米。有公路经此。

大张庄 371723-B01-H11
[Dàzhāngzhuāng]

在县驻地文亭街道东北方向 13.5 千米。大田集镇辖自然村。人口 1 200。明洪武年间，张姓三兄弟定居此地，命名为大张庄。聚落呈散状分布。有文化广场、幼儿园。经济以种植业为主，种植小麦、大蒜、玉米。有公路经此。

党庄 371723-B01-H12
[Dǎngzhuāng]

在县驻地文亭街道东北方向 14.6 千米。大田集镇辖自然村。人口 600。明洪武年间，党姓居多，故名党庄。聚落呈散状分布。有文化广场、幼儿园。经济以种植业为主，种植小麦、大蒜、玉米。有公路经此。

邓庄 371723-B01-H13
[Dèngzhuāng]

在县驻地文亭街道东北方向 19.4 千米。大田集镇辖自然村。人口 900。明洪武年间，邓氏从山西洪洞县迁此，故名邓庄。聚落呈散状分布。有文化广场、幼儿园。经济以种植业为主，种植小麦、大蒜、玉米。有公路经此。

狄庄 371723-B01-H14
[Dízhuāng]

在县驻地文亭街道东北方向 21.6 千米。大田集镇辖自然村。人口 900。原名杨树王庄，后狄氏来此定居，人丁兴旺，改名狄庄。聚落呈散状分布。有文化广场、幼儿园。经济以种植业为主，种植小麦、大蒜、玉米。有公路经此。

东许庄 371723-B01-H15
[Dōngxǔzhuāng]

在县驻地文亭街道东北方向 16.7 千米。大田集镇辖自然村。人口 900。原名屯子舀子许庄，后简化为东许庄。聚落呈散状分布。有文化广场、幼儿园。经济以种植业为主，种植小麦、大蒜、玉米。有公路经此。

东姚楼 371723-B01-H16
[Dōngyáolóu]

在县驻地文亭街道东北方向 19.4 千米。大田集镇辖自然村。人口 800。清顺治年间，姚氏从河南迁巨野城南，取名东姚楼。聚落呈散状分布。有文化广场、幼儿园。经济以种植业为主，种植小麦、大蒜、玉米。有公路经此。

二泉庄 371723-B01-H17
[Èrquánzhuāng]

在县驻地文亭街道东北方向18.9千米。大田集镇辖自然村。人口600。清道光年间，田氏兄弟二人从田集迁来立村，兄弟俩分为东、西两个院，各打一眼泉水井，故取村名二泉庄。聚落呈散状分布。有文化广场、幼儿园。经济以种植业为主，种植小麦、大蒜、玉米。有公路经此。

冯楼 371723-B01-H18
[Fénglóu]

在县驻地文亭街道东北方向20.3千米。大田集镇辖自然村。人口700。明洪武九年（1376），冯氏从山西洪洞县迁成武东北50千米定居，取名冯集。明永乐十五年（1417），冯氏分支从冯集迁此立村，并建楼一座，取名冯楼。聚落呈散状分布。有文化广场、幼儿园。经济以种植业为主，种植小麦、大蒜、玉米。有公路经此。

前高庄 371723-B01-H19
[Qiángāozhuāng]

在县驻地文亭街道东北方向14.1千米。大田集镇辖自然村。人口600。因高氏分支在村前另立新村，取名前高庄。聚落呈散状分布。有文化广场、幼儿园。经济以种植业为主，种植小麦、大蒜、玉米。有公路经此。

刘洼 371723-B01-H20
[Liúwā]

在县驻地文亭街道东北方向8.6千米。大田集镇辖自然村。人口400。清顺治年间，刘氏分支在此建村，因地势低洼，故名刘洼。聚落呈散状分布。有文化广场、幼儿园。经济以种植业为主，种植小麦、大蒜、玉米。有公路经此。

堌堆寺王庄 371723-B01-H21
[Gùduīsìwángzhuāng]

在县驻地文亭街道东北方向21.6千米。大田集镇辖自然村。人口1 300。明洪武年间，王氏从山西洪洞县迁此立村，村旁有一堌堆寺院，故名堌堆寺王庄。聚落呈散状分布。有文化广场、幼儿园。经济以种植业为主，种植小麦、大蒜、玉米。有公路经此。

韩堂 371723-B01-H22
[Hántáng]

在县驻地文亭街道东北方向12.4千米。大田集镇辖自然村。人口1 500。明末清初，韩氏迁来定居，因有一座庙堂，故名韩堂。韩氏在此人丁不兴旺，迁至桃花寺东南定居，村有韩、刘两姓，取名韩刘庄。后沿袭原村名，称韩堂。聚落呈散状分布。有文化广场、幼儿园。经济以种植业为主，种植小麦、大蒜、玉米。有公路经此。

郝海 371723-B01-H23
[Hǎohǎi]

在县驻地文亭街道东北方向10.3千米。大田集镇辖自然村。人口700。明洪武年间，郝氏族人由山西洪洞县迁此，故名。聚落呈散状分布。有文化广场、幼儿园。经济以种植业为主，种植小麦、大蒜、玉米。有公路经此。

合集 371723-B01-H24
[Héjí]

在县驻地文亭街道东北方向15.1千米。大田集镇辖自然村。人口2 000。刘氏家族自山西洪洞县迁此，清康熙年间陈氏家族后迁入，以刘氏、陈氏家族为主，故取村名合集。聚落呈散状分布。有文化广场、幼儿园。经济以种植业为主，种植小麦、大蒜、玉米。有公路经此。

何楼 371723-B01-H25
[Hélóu]

在县驻地文亭街道东北方向16.2千米。大田集镇辖自然村。人口700。明洪武年间，何氏有一富户在村中盖楼一座，故名何楼。聚落呈散状分布。有文化广场、幼儿园。经济以种植业为主，种植小麦、大蒜、玉米。有公路经此。

阚庄 371723-B01-H26
[Kànzhuāng]

在县驻地文亭街道东北方向11.3千米。大田集镇辖自然村。人口1 300。明洪武年间，阚氏先祖从山西洪洞县奉旨迁来建村，以姓氏命名为阚庄。聚落呈散状分布。有文化广场、幼儿园。经济以种植业为主，种植小麦、大蒜、玉米。有公路经此。

李村 371723-B01-H27
[Lǐcūn]

在县驻地文亭街道东北方向9.2千米。大田集镇辖自然村。人口800。明洪武年间，李姓由张楼镇双庙集东李庄迁此建村，取村名为李村。聚落呈散状分布。有文化广场、幼儿园。经济以种植业为主，种植小麦、大蒜、玉米。有公路经此。

满白寺 371723-B01-H28
[Mǎnbáisì]

在县驻地文亭街道东北方向17.3千米。大田集镇辖自然村。人口2 000。清朝后期，满姓和白姓在这里建村，当时此处有庙，故名满白寺。聚落呈散状分布。有文化广场、幼儿园。经济以种植业为主，种植小麦、大蒜、玉米。有公路经此。

丙公庙 371723-B01-H29
[Bǐnggōngmiào]

在县驻地文亭街道东北方向18.4千米。大田集镇辖自然村。人口400。1833年，村民从山西洪洞县迁此，名村郭庄。后因村里有庙，改名为丙公庙。聚落呈散状分布。有文化广场、幼儿园。经济以种植业为主，种植小麦、大蒜、玉米。有公路经此。

前史楼 371723-B01-H30
[Qiánshǐlóu]

在县驻地文亭街道东北方向9.2千米。大田集镇辖自然村。人口1 800。后汉时期，统军大将军史弘肇在此地建立村庄，命名为史楼。后分为两村，本村以方位得名前史楼。聚落呈散状分布。有文化广场、幼儿园。经济以种植业为主，种植小麦、大蒜、玉米。有公路经此。

天宫庙 371723-B02-H01
[Tiāngōngmiào]

天宫庙镇人民政府驻地。在县驻地文亭街道南方向12.0千米。人口3 600。原名油铃集，明代建庙，遂以庙名村。聚落呈团块状分布。有文化广场、幼儿园、中学、小学等。经济以种植业为主，种植小麦、玉米、花生、芦笋等。省道德商公路经此。

白楼 371723-B02-H02
[Báilóu]

在县驻地文亭街道南方向8.1千米。天宫庙镇辖自然村。人口1 600。明朝，白信革迁此立村，白氏建楼2座，故名白楼。聚落呈散状分布。有文化广场、幼儿园。经济以种植业为主，种植小麦、大蒜、玉米。有公路经此。

黄庄 371723-B02-H03
[Huángzhuāng]

在县驻地文亭街道南方向 4.9 千米。天宫庙镇辖自然村。人口 400。明洪武年间，黄氏在此建村，名黄庄。聚落呈散状分布。有文化广场、幼儿园。经济以种植业为主，种植小麦、大蒜、玉米。有公路经此。

前柏树园 371723-B02-H04
[Qiánbǎishùyuán]

在县驻地文亭街道南方向 4.9 千米。天宫庙镇辖自然村。人口 200。清代中期，宋氏族人由今柏树园村分出来在此建村，取村名前柏树园。聚落呈散状分布。有文化广场、幼儿园。经济以种植业为主，种植小麦、大蒜、玉米。有公路经此。

毕庙 371723-B02-H05
[Bìmiào]

在县驻地文亭街道南方向 3.2 千米。天宫庙镇辖自然村。人口 600。宋宣和年间，秘氏携妻子老小逃荒迁此，并盖庙，故取村名秘庙，后演变为毕庙。聚落呈散状分布。有文化广场、幼儿园。经济以种植业为主，种植小麦、大蒜、玉米。有公路经此。

曹楼 371723-B02-H06
[Cáolóu]

在县驻地文亭街道南方向 1.9 千米。天宫庙镇辖自然村。人口 800。明初，曹氏寄居成武县。清初，家业凋敝，曹鼎臣之祖避荒丰县，设教数年。清康熙年间，曹鼎臣回来建村，名曹楼。聚落呈散状分布。有文化广场、幼儿园。经济以种植业为主，种植小麦、大蒜、玉米。有公路经此。

邵楼 371723-B02-H07
[Shàolóu]

在县驻地文亭街道南方向 1.1 千米。天宫庙镇辖自然村。人口 400。明万历年间，邵氏五代孙邵伯于从成武城里迁此建村，盖楼一座，故名邵楼。聚落呈散状分布。有文化广场、幼儿园。经济以种植业为主，种植小麦、大蒜、玉米。有公路经此。

常楼 371723-B02-H08
[Chánglóu]

在县驻地文亭街道南方向 7.3 千米。天宫庙镇辖自然村。人口 1 200。以姓氏得名常楼。聚落呈散状分布。有文化广场、幼儿园。经济以种植业为主，种植小麦、大蒜、玉米。有公路经此。

陈楼 371723-B02-H09
[Chénlóu]

在县驻地文亭街道南方向 8.6 千米。天宫庙镇辖自然村。人口 700。由陈姓来此定居并建村，故名陈楼。聚落呈散状分布。有文化广场、幼儿园。经济以种植业为主，种植小麦、大蒜、玉米。有公路经此。

单庄 371723-B02-H10
[Shànzhuāng]

在县驻地文亭街道南方向 9.2 千米。天宫庙镇辖自然村。人口 900。清康熙二十年（1681），单氏迁居谢楼台落户，后谢楼台改为三河寨。清末，单氏更村名为单庄。聚落呈散状分布。有文化广场、幼儿园。经济以种植业为主，种植小麦、大蒜、玉米。有公路经此。

东秦楼 371723-B02-H11
[Dōngqínlóu]

在县驻地文亭街道南方向 3.2 千米。天宫庙镇辖自然村。人口 300。明洪武年间，车氏从山西迁来建村，名车楼。后因车氏无后，将庄田卖给秦楼，遂改名秦楼。因本村在秦楼以东，更名东秦楼。聚落呈散状分布。有文化广场、幼儿园。经济以种植业为主，种植小麦、大蒜、玉米。有公路经此。

耿庄 371723-B02-H12
[Gěngzhuāng]

在县驻地文亭街道南方向 9.7 千米。天宫庙镇辖自然村。人口 400。明崇祯年间，耿廷桐、耿廷梅兄弟由耿贾庄迁此地立村，名耿庄。聚落呈散状分布。有文化广场、幼儿园。经济以种植业为主，种植小麦、大蒜、玉米。有公路经此。

韩胡 371723-B02-H13
[Hánhú]

在县驻地文亭街道南方向 7.6 千米。天宫庙镇辖自然村。人口 500。韩、胡二氏原籍山西洪洞县，明初，两姓迁此建村，命名为韩胡。聚落呈散状分布。有文化广场、幼儿园。经济以种植业为主，种植小麦、大蒜、玉米。有公路经此。

胡店 371723-B02-H14
[Húdiàn]

在县驻地文亭街道南方向 8.6 千米。天宫庙镇辖自然村。人口 900。清顺治年间，胡氏迁入并在集上开店，故名胡店。聚落呈散状分布。有文化广场、幼儿园。经济以种植业为主，种植小麦、大蒜、玉米。有公路经此。

霍楼 371723-B02-H15
[Huòlóu]

在县驻地文亭街道南方向 8.1 千米。天宫庙镇辖自然村。人口 700。明洪武年间，霍氏迁此立村，盖楼一座，取名霍楼。聚落呈散状分布。有文化广场、幼儿园。经济以种植业为主，种植小麦、大蒜、玉米。有公路经此。

李楼 371723-B02-H16
[Lǐlóu]

在县驻地文亭街道南方向 7.6 千米。天宫庙镇辖自然村。人口 1 700。清道光年间，李氏父子中有三成进士，有七马台一个，由此称上马台李楼，后改为李楼。聚落呈散状分布。有文化广场、幼儿园。经济以种植业为主，种植小麦、大蒜、玉米。有公路经此。

刘氏家楼 371723-B02-H17
[Liúshìjiālóu]

在县驻地文亭街道南方向 3.2 千米。天宫庙镇辖自然村。人口 800。明洪武年间，刘氏从山西洪洞县先迁巨野柳林，后迁成武唐梁村，后人财两旺，其分支在此立村，并盖有楼房，故名刘氏家楼。聚落呈散状分布。有文化广场、幼儿园。经济以种植业为主，种植小麦、大蒜、玉米。有公路经此。

粉刘庄 371723-B02-H18
[Fěnliúzhuāng]

在县驻地文亭街道南方向 7.8 千米。天宫庙镇辖自然村。人口 200。明洪武年间，刘氏在此立村，取名刘庄。后因建粉房，故称粉房刘庄，简称粉刘庄。聚落呈散状分布。有文化广场、幼儿园。经济以种植业为主，种植小麦、大蒜、玉米。有公路经此。

潘庄 371723-B02-H19
[Pānzhuāng]

在县驻地文亭街道南方向 8.1 千米。天宫庙镇辖自然村。人口 300。明洪武年间，潘氏从山西洪洞县迁九女集西武盘寺居住。明朝中叶，潘氏分支到此建村，取名潘庄。聚落呈散状分布。有文化广场、幼儿园。

经济以种植业为主，种植小麦、大蒜、玉米。有公路经此。

仁集 371723-B02-H20
[Rénjí]

在县驻地文亭街道南方向 7.3 千米。天宫庙镇辖自然村。人口 900。明洪武年间，仁氏从山西洪洞县迁来建村，名任寨。后成集市，遂改为仁集。聚落呈散状分布。有文化广场、幼儿园。经济以种植业为主，种植小麦、大蒜、玉米。有公路经此。

沙楼 371723-B02-H21
[Shālóu]

在县驻地文亭街道南方向 2.2 千米。天宫庙镇辖自然村。人口 100。此村系回族沙家立村，且建岔楼一座，故名沙楼。聚落呈散状分布。有文化广场、幼儿园。经济以种植业为主，种植小麦、大蒜、玉米。有公路经此。

邵柳园 371723-B02-H22
[Shàoliǔyuán]

在县驻地文亭街道南方向 2.9 千米。天宫庙镇辖自然村。人口 300。1627 年，邵氏从邵楼迁此立村，邵姓定居且居多，因村周围多柳树，遂取村名邵柳园。聚落呈散状分布。有文化广场、幼儿园。经济以种植业为主，种植小麦、大蒜、玉米。有公路经此。

西申楼 371723-B02-H23
[Xīshēnlóu]

在县驻地文亭街道南方向 5.9 千米。天宫庙镇辖自然村。人口 500。明初，申氏在此建村，人财两旺，盖了九座楼、三进院子，外人称九楼院，又名申家楼，后将村演变为申楼。清末，李、何二姓人口增多，村庄扩大，分为三段，此村居西，为西申楼。

聚落呈散状分布。有文化广场、幼儿园。经济以种植业为主，种植小麦、大蒜、玉米。有公路经此。

东申楼 371723-B02-H24
[Dōngshēnlóu]

在县驻地文亭街道南方向 6.2 千米。天宫庙镇辖自然村。人口 300。明初，申氏在此建村，人财两旺，盖了九座楼、三进院子，外人称九楼院，又名申家楼，后将村演变为申楼。清末，李、何二姓人口增多，村庄扩大，分为三段，此村居东，为东申楼。聚落呈散状分布。有文化广场、幼儿园。经济以种植业为主，种植小麦、大蒜、玉米。有公路经此。

宋三堂 371723-B02-H25
[Sòngsāntáng]

在县驻地文亭街道南方向 9.5 千米。天宫庙镇辖自然村。人口 800。清嘉庆年间，宋氏从宋大楼迁此居住，因在此建大庙一座，名三教堂，故改村名为宋三堂。聚落呈散状分布。有文化广场、幼儿园。经济以种植业为主，种植小麦、大蒜、玉米。有公路经此。

牛店 371723-B02-H26
[Niúdiàn]

在县驻地文亭街道南方向 4.9 千米。天宫庙镇辖自然村。人口 200。明洪武年间，牛氏迁此立村，故名牛店。聚落呈散状分布。有文化广场、幼儿园。经济以种植业为主，种植小麦、大蒜、玉米。有公路经此。

王饭铺 371723-B02-H27
[Wángfànpù]

在县驻地文亭街道南方向 1.6 千米。天宫庙镇辖自然村。人口 200。1921 年，单县人高启明在村头路边卖茶饭，本人呼为高饭铺，但村中王姓较多，来往商称王饭铺。聚落呈散状分布。有文化广场、幼儿园。经济以种植业为主，种植小麦、大蒜、玉米。有公路经此。

王瓦房　371723-B02-H28
［Wángwǎfáng］

在县驻地文亭街道南方向 2.2 千米。天宫庙镇辖自然村。人口 200。明永乐年间，王学成中副榜，曾任太原巡抚，后告老还乡，修宅建院，盖太瓦房，占地十余亩，遂改名王瓦房。聚落呈散状分布。有文化广场、幼儿园。经济以种植业为主，种植小麦、大蒜、玉米。有公路经此。

伍伦集　371723-B02-H29
［Wǔlúnjí］

在县驻地文亭街道南方向 0.3 千米。天宫庙镇辖自然村。人口 600。此村原系小集市，附近有五个居民点、五口水井，五个居民点轮流集会，后发展成村落，取名五伦集，后演变成伍伦集。聚落呈散状分布。有文化广场、幼儿园。经济以种植业为主，种植小麦、大蒜、玉米。有公路经此。

西黄　371723-B02-H30
［Xīhuáng］

在县驻地文亭街道南方向 6.8 千米。天宫庙镇辖自然村。人口 400。明永乐年间，黄氏迁此立村，取名黄庄。为与近村黄庄区分，且此村在西，故名西黄。聚落呈散状分布。有文化广场、幼儿园。经济以种植业为主，种植小麦、大蒜、玉米。有公路经此。

岳楼　371723-B02-H31
［Yuèlóu］

在县驻地文亭街道南方向 5.4 千米。天宫庙镇辖自然村。人口 500。清雍正年间，岳姓在此居住，故名岳楼。聚落呈散状分布。有文化广场、幼儿园。经济以种植业为主，种植小麦、大蒜、玉米。有公路经此。

翟楼　371723-B02-H32
［Zháilóu］

在县驻地文亭街道南方向 5.1 千米。天宫庙镇辖自然村。人口 300。清雍正年间，翟姓在此居住，故名翟楼。聚落呈散状分布。有文化广场、幼儿园。经济以种植业为主，种植小麦、大蒜、玉米。有公路经此。

北陈庄　371723-B02-H33
［Běichénzhuāng］

在县驻地文亭街道南方向 6.2 千米。天宫庙镇辖自然村。人口 300。明永乐四年（1406），陈氏从山西洪洞县迁往清丰县，又迁郜城集（今郜鼎集）西立村，名陈楼。明末，分支又迁此立村，以姓氏命名为陈庄，1983 年以方位更名为北陈庄。聚落呈散状分布。有文化广场、幼儿园。经济以种植业为主，种植小麦、大蒜、玉米。有公路经此。

东胡庄　371723-B02-H34
［Dōnghúzhuāng］

在县驻地文亭街道南方向 5.4 千米。天宫庙镇辖自然村。人口 200。明永乐年间，胡氏迁此建村，以姓氏命名为胡庄。因附近有相邻两个胡庄，此村在东，故名东胡庄。聚落呈散状分布。有文化广场、幼儿园。经济以种植业为主，种植小麦、大蒜、玉米。有公路经此。

汶上集东村　371723-B03-H01
［Wènshàngjídōngcūn］

汶上集镇人民政府驻地。在县驻地文亭街道西北方向 18.0 千米。人口 2 200。传南宋时为汶河码头，商贾云集，故名汶上集。

后分为两村，因在集东，故名汶上集东村。聚落呈团块状分布。有文化站、幼儿园、中学、小学。经济以种植业为主，种植小麦、玉米、大豆、花生、杂粮、辣椒。有万丽服装工业园。有公路经此。

宝峰集西村 371723-B03-H02
[Bǎofēngjíxīcūn]

在县驻地文亭街道北方向 5.9 千米。汶上集镇辖自然村。人口 1 000。元初，许氏建村，取名许集。许氏无后，李氏从今本镇李楼迁来居住。明万历年间，因建有宝峰寺院，故改许集为宝峰集。此集较大，分东、西两个村，此村以方位称宝峰集西村。聚落呈团块状分布。有文化广场、幼儿园。经济以种植业为主，种植小麦、大蒜、玉米。有公路经此。

宝峰集东村 371723-B03-H03
[Bǎofēngjídōngcūn]

在县驻地文亭街道北方向 5.9 千米。汶上集镇辖自然村。人口 800。元初，许氏建村，取名许集。许氏无后，李氏从今本镇李楼迁来居住。明万历年间，因建有宝峰寺院，故改许集为宝峰集。此集较大，分东、西两个村，此村以方位称为宝峰集东村。聚落呈散状分布。有文化广场、幼儿园。经济以种植业为主，种植小麦、大蒜、玉米。有公路经此。

蔡庄 371723-B03-H04
[Càizhuāng]

在县驻地文亭街道北方向 12.4 千米。汶上集镇辖自然村。人口 700。明洪武年间，蔡氏从山西洪洞县迁来立村，取名蔡庄。聚落呈散状分布。有文化广场、幼儿园。经济以种植业为主，种植小麦、大蒜、玉米。有公路经此。

常路口 371723-B03-H05
[Chánglùkǒu]

在县驻地文亭街道北方向 14.1 千米。汶上集镇辖自然村。人口 800。明末清初，常氏从山西洪洞县迁来立村，因村紧靠路口，故名常路口。聚落呈散状分布。有文化广场、幼儿园。经济以种植业为主，种植小麦、大蒜、玉米。有公路经此。

陈朱楼 371723-B03-H06
[Chénzhūlóu]

在县驻地文亭街道西北方向 17.3 千米。汶上集镇辖自然村。人口 600。明洪武年间，陈、朱二人从山西洪洞县迁来立村，并建有楼房，故取村名为陈朱楼。聚落呈散状分布。有文化广场、幼儿园。经济以种植业为主，种植小麦、大蒜、玉米。有公路经此。

大王堂 371723-B03-H07
[Dàwángtáng]

在县驻地文亭街道北方向 5.9 千米。汶上集镇辖自然村。人口 400。原名阁楼村，后胡氏迁来，改村为东胡。明洪武年间，王氏由同里小王堂迁来。明万历三十九年（1611），王氏修建白衣大士观音堂，后将东胡改为王家堂，因此村当时比小王堂大，故称大王堂。聚落呈散状分布。有文化广场、幼儿园。经济以种植业为主，种植小麦、大蒜、玉米。有公路经此。

大周 371723-B03-H08
[Dàzhōu]

在县驻地文亭街道西北方向 10.8 千米。汶上集镇辖自然村。人口 800。元末，周氏兄弟四人，因避兵乱，自山西洪洞县迁濮州定居。明洪武年间，因周氏人丁兴旺，其分支先后迁出建村，此村较大，故称大周。聚落呈散状分布。有文化广场、幼儿园。

经济以种植业为主，种植小麦、大蒜、玉米。有公路经此。

单王庄　371723-B03-H09

［Shànwángzhuāng］

在县驻地文亭街道西北方向15.9千米。汶上集镇辖自然村。人口1 000。清康熙年间，王氏从巨野八里井迁来立村，因当时由单县管辖，故名单王庄。聚落呈散状分布。有文化广场、幼儿园。经济以种植业为主，种植小麦、大蒜、玉米。有公路经此。

党楼　371723-B03-H10

［Dǎnglóu］

在县驻地文亭街道西北方向9.9千米。汶上集镇辖自然村。人口1 600。清乾隆年间，党氏从山西洪洞县迁此立村，并建楼一座，故名党楼。聚落呈散状分布。有文化广场、幼儿园。经济以种植业为主，种植小麦、大蒜、玉米。有公路经此。

东孙庄　371723-B03-H11

［Dōngsūnzhuāng］

在县驻地文亭街道北方向5.7千米。汶上集镇辖自然村。人口600。明洪武初年，孙氏从山西洪洞县迁来立村，名孙庄。为与其他孙庄区别，故以方位改称东孙庄。聚落呈散状分布。经济以种植业为主，种植小麦、大蒜、玉米。有公路经此。

东杨庄　371723-B03-H12

［Dōngyángzhuāng］

在县驻地文亭街道北方向4.3千米。汶上集镇辖自然村。人口600。明洪武年间，杨氏建村，名杨庄。嘉靖年间，谷氏迁入居住，村名仍沿用旧名，因在其他杨庄东，遂称东杨庄。聚落呈散状分布。有文化广场、幼儿园。经济以种植业为主，种植小麦、大蒜、玉米。有公路经此。

东张庄　371723-B03-H13

［Dōngzhāngzhuāng］

在县驻地文亭街道北方向5.1千米。汶上集镇辖自然村。人口1 100。明万历年间，张氏兄弟从山西洪洞县先迁县城北张草庙定居，次年兄弟分居，老三到此立村，因周围低洼，芦苇很多，野鸡成群，有人送名老草鸡张庄，后改为东张庄。聚落呈散状分布。有文化广场、幼儿园。经济以种植业为主，种植小麦、大蒜、玉米。有公路经此。

董阁　371723-B03-H14

［Dǒnggé］

在县驻地文亭街道北方向7.1千米。汶上集镇辖自然村。人口300。明初，董氏由山西洪洞县迁来在此立村。明万历四十七年（1619），村旁建成一阁，村名遂称董阁。聚落呈散状分布。经济以种植业为主，种植小麦、大蒜、玉米。有公路经此。

董口　371723-B03-H15

［Dǒngkǒu］

在县驻地文亭街道北方向4.1千米。汶上集镇辖自然村。人口1 000。董氏始祖希圣于明初从山西洪洞县迁此立村，因当时村西是过古济水河去成武县的交通要口，时常停船，故名董口。后建有楼房，改称董楼，1982年恢复原名董口。聚落呈散状分布。有文化广场、幼儿园。经济以种植业为主，种植小麦、大蒜、玉米。有公路经此。

董庄　371723-B03-H16

［Dǒngzhuāng］

在县驻地文亭街道北方向3.5千米。汶上集镇辖自然村。人口600。明万历年间，董氏从今本镇长李庄迁来立村，以姓氏名董庄。聚落呈散状分布。有文化广场、幼儿园。经济以种植业为主，种植小麦、大蒜、玉米。有公路经此。

傅潭 371723-B03-H17
[Fùtán]

在县驻地文亭街道北方向13.2千米。汶上集镇辖自然村。人口1 200。明洪武年间，傅氏从山西洪洞县迁来建村，因村东有一水潭，故取村名为傅潭。聚落呈散状分布。有文化广场、幼儿园。经济以种植业为主，种植小麦、大蒜、玉米。有公路经此。

高庄 371723-B03-H18
[Gāozhuāng]

在县驻地文亭街道北方向14.3千米。汶上集镇辖自然村。人口1 100。明洪武年间，高、田、李三姓从山西洪洞县迁来建村，因村建在高处，又有高姓，故名高庄。聚落呈散状分布。有文化广场、幼儿园。经济以种植业为主，种植小麦、大蒜、玉米。有公路经此。

巩庄 371723-B03-H19
[Gǒngzhuāng]

在县驻地文亭街道北方向4.6千米。汶上集镇辖自然村。人口1 300。此村原名海瑞集，后经洪水，兵荒马乱，此处只有几户巩姓在此居住，故改村名为巩庄。聚落呈散状分布。有文化广场、幼儿园。经济以种植业为主，种植小麦、大蒜、玉米。有公路经此。

洪楼 371723-B03-H20
[Hónglóu]

在县驻地文亭街道北方向6.8千米。汶上集镇辖自然村。人口700。明洪武年间，洪氏于山西洪洞县迁至洪家湾，开荒立村，编户为民。嘉靖年间，洪氏族人又迁此居住，村名洪楼。聚落呈散状分布。有文化广场、

幼儿园。经济以种植业为主，种植小麦、大蒜、玉米。有公路经此。

后苗楼 371723-B03-H21
[Hòumiáolóu]

在县驻地文亭街道北方向3.2千米。汶上集镇辖自然村。人口700。元末，苗氏祖从单父刘老家迁居，后村庄演变为苗楼。又因苗氏分支在村前另立新村，此村在后，故名后苗楼。聚落呈散状分布。经济以种植业为主，种植小麦、大蒜、玉米。有公路经此。

后张庄 371723-B03-H22
[Hòuzhāngzhuāng]

在县驻地文亭街道北方向9.9千米。汶上集镇辖自然村。人口700。明洪武年间，张氏由山西洪洞县迁成武县北文亭山后建村，名张庄。因村前有一张庄，故称后张庄。聚落呈散状分布。有文化广场、幼儿园。经济以种植业为主，种植小麦、大蒜、玉米。有公路经此。

胡堂 371723-B03-H23
[Hútáng]

在县驻地文亭街道北方向3.2千米。汶上集镇辖自然村。人口300。明洪武年间，始祖从山西洪洞县迁居于此，在村东头建一庙堂，村名胡堂。聚落呈散状分布。有文化广场、幼儿园。经济以种植业为主，种植小麦、大蒜、玉米。有公路经此。

姬楼 371723-B03-H24
[Jīlóu]

在县驻地文亭街道西北方向17.6千米。汶上集镇辖自然村。人口900。明弘治二年（1489），姬氏由山西绛州闻喜县迁山东定陶县东北48里定居，后建一座楼，故名姬楼。聚落呈散状分布。有文化广场、幼

儿园。经济以种植业为主，种植小麦、大蒜、玉米。有公路经此。

记河寺 371723-B03-H25
[Jìhésì]

在县驻地文亭街道西北方向15.7千米。汶上集镇辖自然村。人口800。因村中寺庙得名。聚落呈散状分布。有文化广场、幼儿园。经济以种植业为主，种植小麦、大蒜、玉米。有公路经此。

李庄 371723-B03-H26
[Lǐzhuāng]

在县驻地文亭街道北方向6.8千米。汶上集镇辖自然村。人口200。明洪武年间，李氏先迁成武县城北兴隆村。清康熙年间，其后裔再迁宝峰西北孟居住，后孟氏外出，遂改村名为李庄。聚落呈散状分布。有文化广场、幼儿园。经济以种植业为主，种植小麦、大蒜、玉米。有公路经此。

林路口 371723-B03-H27
[Línlùkǒu]

在县驻地文亭街道北方向4.1千米。汶上集镇辖自然村。人口300。明洪武年间，林氏始祖从山西洪洞县迁居于此，因村庄立在成武县龙堌集官路路口，始名林家路口，后演变成林路口。聚落呈散状分布。有文化广场、幼儿园。经济以种植业为主，种植小麦、大蒜、玉米。有公路经此。

刘楼 371723-B03-H28
[Liúlóu]

在县驻地文亭街道北方向4.1千米。汶上集镇辖自然村。人口1 000。明洪武年间，刘氏从山西洪洞县迁此立村，在村前打了两眼井，命名刘双井。清嘉庆年间，刘氏人财两旺，建了楼房，故改名刘楼。聚落呈散状分布。有文化广场、幼儿园。经济

以种植业为主，种植小麦、大蒜、玉米。有公路经此。

鲁集 371723-B03-H29
[Lǔjí]

在县驻地文亭街道西北方向16.5千米。汶上集镇辖自然村。人口500。明洪武年间，鲁氏由山西洪洞县迁来建村，曾设集市，故名鲁集。聚落呈散状分布。有文化广场、幼儿园。经济以种植业为主，种植小麦、大蒜、玉米。有公路经此。

马寺 371723-B03-H30
[Mǎsì]

在县驻地文亭街道北方向6.8千米。汶上集镇辖自然村。人口500。元末，马氏于邑西北马海迁来，分居于成武北十九里宝峰寺西落户建村，因马姓修建寺庙，故名马寺。聚落呈散状分布。有文化广场、幼儿园。经济以种植业为主，种植小麦、大蒜、玉米。有公路经此。

苗岗 371723-B03-H31
[Miáogǎng]

在县驻地文亭街道北方向2.9千米。汶上集镇辖自然村。人口400。明嘉靖年间，苗氏从单县刘老家迁此立村，因处高岗，故名苗岗。聚落呈散状分布。有文化广场、幼儿园。经济以种植业为主，种植小麦、大蒜、玉米。有公路经此。

南村 371723-B04-H01
[Náncūn]

南鲁集镇人民政府驻地。在县驻地文亭街道北方向18.0千米。人口2 100。村西北有一遗址，叫凤凰台，相传落过凤凰，且村北已有一村名落凤集，故名村南落凤集，后简为南村。聚落呈团块状分布。有文化广场、中学、小学。经济以种植业为主，

种植小麦、玉米、大蒜、棉花等，有农副产品加工业，为县北部地区农副产品重要集散地。省道德商公路、省道东丰公路经此。

安庄 371723-B04-H02

[Ānzhuāng]

在县驻地文亭街道北方向 7.8 千米。南鲁集镇辖自然村。人口 700。明永乐四年（1406），安氏分支从安兴迁此立村，取村名安庄。聚落呈散状分布。有文化广场、幼儿园。经济以种植业为主，种植小麦、大蒜、玉米。有公路经此。

鲍楼 371723-B04-H03

[Bàolóu]

在县驻地文亭街道北方向 10.8 千米。南鲁集镇辖自然村。人口 2 600。明洪武年间，鲍氏宣、溶兄弟二人自山西省洪洞县老官屋徙居成武县小房庙西鲍庄。明永乐年间，鲍氏分支迁此建村，故名鲍楼。聚落呈散状分布。有文化广场、幼儿园。经济以种植业为主，种植小麦、大蒜、玉米。有公路经此。

鲍田庄 371723-B04-H04

[Bàotiánzhuāng]

在县驻地文亭街道北方向 11.1 千米。南鲁集镇辖自然村。人口 700。鲍氏分支从鲍楼迁来，在田庄村西另建新村，因鲍氏人丁兴旺，村庄扩大，鲍姓与田姓协商，更名鲍田庄。聚落呈散状分布。有文化广场、幼儿园。经济以种植业为主，种植小麦、大蒜、玉米。有公路经此。

高庄 371723-B04-H05

[Gāozhuāng]

在县驻地文亭街道北方向 11.3 千米。南鲁集镇辖自然村。人口 300。原名田庄，因高氏逐渐人丁兴旺，后更名为高庄。聚落呈散状分布。有文化广场、幼儿园。经济以种植业为主，种植小麦、大蒜、玉米。有公路经此。

西刘庄 371723-B04-H06

[Xīliúzhuāng]

在县驻地文亭街道北方向 11.3 千米。南鲁集镇辖自然村。人口 300。以姓氏命名，为区别于其他刘庄，故以方位称西刘庄。聚落呈散状分布。有文化广场、幼儿园。经济以种植业为主，种植小麦、大蒜、玉米。有公路经此。

北陈庄 371723-B04-H07

[Běichénzhuāng]

在县驻地文亭街道东北方向 7.3 千米。南鲁集镇辖自然村。人口 1 000。明洪武年间，陈氏从山西洪洞县迁来建村，名陈庄。后为区别于其他陈庄，且此村在北，习称北陈庄。聚落呈散状分布。有文化广场、幼儿园。经济以种植业为主，种植小麦、大蒜、玉米。有公路经此。

北村 371723-B04-H08

[Běicūn]

在县驻地文亭街道东北方向 9.7 千米。南鲁集镇辖自然村。人口 1 400。由南鲁集北大队划分而来，故名南鲁北村，后简称北村。聚落呈散状分布。有文化广场、幼儿园。经济以种植业为主，种植小麦、大蒜、玉米。有公路经此。

后徐庄 371723-B04-H09

[Hòuxúzhuāng]

在县驻地文亭街道东北方向 9.9 千米。南鲁集镇辖自然村。人口 800。明洪武元年（1368），徐氏从山西洪洞县迁来定居，取村名徐庄。因在南鲁集村北，称后徐庄。聚落呈散状分布。有文化广场、幼儿园。

经济以种植业为主,种植小麦、大蒜、玉米。有公路经此。

大王店 371723-B04-H10
[Dàwángdiàn]

在县驻地文亭街道东北方向 8.9 千米。南鲁集镇辖自然村。人口 700。曾为孟楼一部分,后于孟楼东北部独立建村,曾名王家店,后改称大王店。聚落呈散状分布。有文化广场、幼儿园。经济以种植业为主,种植小麦、大蒜、玉米。有公路经此。

东赵庄 371723-B04-H11
[Dōngzhàozhuāng]

在县驻地文亭街道东北方向 12.4 千米。南鲁集镇辖自然村。人口 300。原名赵庄,因其西有西赵庄,故更名为东赵庄。聚落呈散状分布。有文化广场、幼儿园。经济以种植业为主,种植小麦、大蒜、玉米。有公路经此。

大王庄 371723-B04-H12
[Dàwángzhuāng]

在县驻地文亭街道东北方向 9.2 千米。南鲁集镇辖自然村。人口 1 800。明洪武年间,王姓由山西洪洞县迁至山东省成武县城北 30 里荒坡地区安户,故名大王庄。聚落呈散状分布。有文化广场、幼儿园。经济以种植业为主,种植小麦、大蒜、玉米。有公路经此。

党庄 371723-B04-H13
[Dǎngzhuāng]

在县驻地文亭街道东北方向 11.3 千米。南鲁集镇辖自然村。人口 900。明洪武年间,党氏从山西洪洞县迁金庄定居,后因党氏人丁兴旺,金氏人渐少,故改金庄为党庄。聚落呈散状分布。有文化广场、幼儿园。经济以种植业为主,种植小麦、大蒜、玉米。有公路经此。

东付庄 371723-B04-H14
[Dōngfùzhuāng]

在县驻地文亭街道东北方向 9.5 千米。南鲁集镇辖自然村。人口 300。明永乐年间,付氏从山西洪洞县迁今汶上集镇付潭定居。明万历年间,付氏分支迁此,以方位称东付庄。聚落呈散状分布。有文化广场、幼儿园。经济以种植业为主,种植小麦、大蒜、玉米。有公路经此。

范张庄 371723-B04-H15
[Fànzhāngzhuāng]

在县驻地文亭街道东北方向 10.3 千米。南鲁集镇辖自然村。人口 600。明洪武二年(1369),张氏从山西洪洞县迁来建村,名张庄。明万历四年(1576),范氏迁来居住,因人丁兴旺,张氏人渐少,故名范张庄。聚落呈散状分布。有文化广场、幼儿园。经济以种植业为主,种植小麦、大蒜、玉米。有公路经此。

范庄 371723-B04-H16
[Fànzhuāng]

在县驻地文亭街道东北方向 8.9 千米。南鲁集镇辖自然村。人口 600。明末,范姓来此定居并建村,命名为范庄。聚落呈散状分布。有文化广场、幼儿园。经济以种植业为主,种植小麦、大蒜、玉米。有公路经此。

后李楼 371723-B04-H17
[Hòulǐlóu]

在县驻地文亭街道东北方向 13.2 千米。南鲁集镇辖自然村。人口 900。明永乐十三年(1415),李氏从山西洪洞县迁来建村,后人丁兴旺,建有楼房,故取村名李楼。因村南有同名村,此村以位置称后李楼。聚落呈散状分布。有文化广场、幼儿园。经济以种植业为主,种植小麦、大蒜、玉米。有公路经此。

姜海 371723-B04-H18
[Jiānghǎi]

在县驻地文亭街道东北方向 5.9 千米。南鲁集镇辖自然村。人口 800。因原村庄地势低洼，雨季一片汪洋，如大江大海，故名江海。因发音相同，后改名为姜海。聚落呈散状分布。有文化广场、幼儿园。经济以种植业为主，种植小麦、大蒜、玉米。有公路经此。

李堂 371723-B04-H19
[Lǐtáng]

在县驻地文亭街道东北方向 7.6 千米。南鲁集镇辖自然村。人口 1 400。明代，李氏自山西省洪洞县迁此立村，故名李堂。聚落呈散状分布。有文化广场、幼儿园。经济以种植业为主，种植小麦、大蒜、玉米。有公路经此。

李园 371723-B04-H20
[Lǐyuán]

在县驻地文亭街道东北方向 9.9 千米。南鲁集镇辖自然村。人口 1 000。清康熙年间，李氏先祖从桃花寺李村迁来立村。因村北有个大梨园，由于"梨""李"谐音，演变成李园。聚落呈散状分布。有文化广场、幼儿园。经济以种植业为主，种植小麦、大蒜、玉米。有公路经此。

刘阁 371723-B04-H21
[Liúgé]

在县驻地文亭街道东北方向 10.3 千米。南鲁集镇辖自然村。人口 1 700。明永乐元年（1403），刘氏祖文进从山东莱州迁来建村，后村中建一楼阁，故名刘阁。聚落呈散状分布。有文化广场、幼儿园。经济以种植业为主，种植小麦、大蒜、玉米。有公路经此。

刘西湖 371723-B04-H22
[Liúxīhú]

在县驻地文亭街道东北方向 10.3 千米。南鲁集镇辖自然村。人口 500。清顺治二年（1645），卢氏始祖卢景环其侄在刘阁东头另立新村，取村名留锡壶，因"留锡壶""刘西湖"谐音，遂演变为刘西湖。聚落呈散状分布。有文化广场、幼儿园。经济以种植业为主，种植小麦、大蒜、玉米。有公路经此。

南陈庄 371723-B04-H23
[Nánchénzhuāng]

在县驻地文亭街道东北方向 6.5 千米。南鲁集镇辖自然村。人口 100。明代，陈氏自巨野陈集迁此立村，名陈庄。因在北陈庄南，故名南陈庄。聚落呈散状分布。有文化广场、幼儿园。经济以种植业为主，种植小麦、大蒜、玉米。有公路经此。

前李楼 371723-B04-H24
[Qiánlǐlóu]

在县驻地文亭街道东北方向 7.1 千米。南鲁集镇辖自然村。人口 1 500。明洪武八年（1375），李氏从山西洪洞县迁至奇祥村居住，后因人丁兴旺，村中建有几座楼房，故取村名李楼。因村北有一同名村，故此村称前李楼。聚落呈散状分布。有文化广场、幼儿园。经济以种植业为主，种植小麦、大蒜、玉米。有公路经此。

秦楼 371723-B04-H25
[Qínlóu]

在县驻地文亭街道东北方向 12.4 千米。南鲁集镇辖自然村。人口 1 500。明万历年间，秦氏从今伯乐集乡秦铺迁来建村，并盖小楼一座，故名秦楼。聚落呈散状分布。有文化广场、幼儿园。经济以种植业为主，种植小麦、大蒜、玉米。有公路经此。

史庄 371723-B04-H26
［Shǐzhuāng］

在县驻地文亭街道东北方向 12.7 千米。南鲁集镇辖自然村。人口 400。明洪武年间，史氏由山西洪洞县迁史堂居住，后因族人在外犯法，怕受株连，明永乐元年（1403）在史堂东另立新村，名史庄。聚落呈散状分布。有文化广场、幼儿园。经济以种植业为主，种植小麦、大蒜、玉米。有公路经此。

陶庄 371723-B04-H27
［Táozhuāng］

在县驻地文亭街道东北方向 6.2 千米。南鲁集镇辖自然村。人口 600。明洪武年间，陶姓由山西洪洞县迁此安户，故名陶庄。聚落呈散状分布。有文化广场、幼儿园。经济以种植业为主，种植小麦、大蒜、玉米。有公路经此。

西孔庄 371723-B04-H28
［Xīkǒngzhuāng］

在县驻地文亭街道东北方向 10.8 千米。南鲁集镇辖自然村。人口 700。明洪武三年（1370），孔氏从山西洪洞县迁来立村，名孔庄。1956 年以聊商公路为界，公路以西称为西孔庄。聚落呈散状分布。有文化广场、幼儿园。经济以种植业为主，种植小麦、大蒜、玉米。有公路经此。

西李楼 371723-B04-H29
［Xīlǐlóu］

在县驻地文亭街道东北方向 7.6 千米。南鲁集镇辖自然村。人口 400。明洪武年间，李姓兄弟自山西迁移而来，各建土楼，此村按方位称西李楼。聚落呈散状分布。有文化广场、幼儿园。经济以种植业为主，种植小麦、大蒜、玉米。有公路经此。

小房庙 371723-B04-H30
［Xiǎofángmiào］

在县驻地文亭街道东北方向 8.6 千米。南鲁集镇辖自然村。人口 800。黄氏原籍浙江省金华府义乌县，明永乐年间迁此建村，因北有佛爷庙，且房屋较小，故名小房庙。聚落呈散状分布。有文化广场、幼儿园。经济以种植业为主，种植小麦、大蒜、玉米。有公路经此。

小王庄 371723-B04-H31
［Xiǎowángzhuāng］

在县驻地文亭街道东北方向 8.4 千米。南鲁集镇辖自然村。人口 600。明洪武年间，王姓由山西洪洞县迁此建村，故名小王庄。聚落呈散状分布。有文化广场、幼儿园。经济以种植业为主，种植小麦、大蒜、玉米。有公路经此。

徐庄 371723-B04-H32
［Xúzhuāng］

在县驻地文亭街道东北方向 11.3 千米。南鲁集镇辖自然村。人口 900。明万历二年（1574），徐氏从山西洪洞县迁来建村，取名徐庄。聚落呈散状分布。有文化广场、幼儿园。经济以种植业为主，种植小麦、大蒜、玉米。有公路经此。

刘庄 371723-B04-H33
［Liúzhuāng］

在县驻地文亭街道东北方向 11.6 千米。南鲁集镇辖自然村。人口 800。明万历二年（1574），刘氏从山西洪洞县迁来建村，取名刘庄。聚落呈散状分布。有文化广场、幼儿园。经济以种植业为主，种植小麦、大蒜、玉米。有公路经此。

张阁 371723-B04-H34

[Zhānggé]

在县驻地文亭街道东北方向10.3千米。南鲁集镇辖自然村。人口1000。此村原名三圣阁，明洪武元年（1368），张氏从山西洪洞县迁此居住，因张氏人丁兴旺，故村名张阁。聚落呈散状分布。有文化广场、幼儿园。经济以种植业为主，种植小麦、大蒜、玉米。有公路经此。

伯乐集 371723-B05-H01

[Bólèjí]

伯乐集镇人民政府驻地。在县驻地文亭街道西北方向7.5千米。人口1000。唐代中期孙姓建村。因是春秋时代的相马名师伯乐诞生地，南有伯乐冢，后设集市，故名。聚落呈团块状分布。经济以种植业为主，种植小麦、玉米、大蒜、棉花、花生等。有公路经此。

陈家楼 371723-B05-H02

[Chénjiālóu]

在县驻地文亭街道北方向4.6千米。伯乐集镇辖自然村。人口1300。明永乐年间，陈氏从今定陶县陈集镇陈楼迁此立村，盖楼一座，取名陈家楼。聚落呈散状分布。有文化广场、幼儿园。经济以种植业为主，种植小麦、大蒜、玉米。有公路经此。

陈庄 371723-B05-H03

[Chénzhuāng]

在县驻地文亭街道北方向4.6千米。伯乐集镇辖自然村。人口500。明洪武年间，陈氏从山西洪洞县迁此立村，取名陈庄。聚落呈散状分布。有文化广场、幼儿园。经济以种植业为主，种植小麦、大蒜、玉米。有公路经此。

崇福集 371723-B05-H04

[Chóngfújí]

在县驻地文亭街道西北方向8.4千米。伯乐集镇辖自然村。人口1400。因洪福寺而得名，有崇尚洪福之意，取名崇福集。聚落呈散状分布。有文化广场、幼儿园。经济以种植业为主，种植小麦、大蒜、玉米。有公路经此。

大郭庄 371723-B05-H05

[Dàguōzhuāng]

在县驻地文亭街道西北方向1.4千米。伯乐集镇辖自然村。人口1100。明洪武年间，任氏从山西洪洞县迁此立村。清康熙年间，任氏从本乡后郭庄请郭氏来教书，后人财两旺，取名大郭庄。聚落呈散状分布。有文化广场、幼儿园。经济以种植业为主，种植小麦、大蒜、玉米。有公路经此。

东祝楼 371723-B05-H06

[Dōngzhùlóu]

在县驻地文亭街道西北方向7.3千米。伯乐集镇辖自然村。人口600。清康熙年间，祝氏从近村祝岗子迁此立村并建楼，故以方位称东祝楼。聚落呈散状分布。有文化广场、幼儿园。经济以种植业为主，种植小麦、大蒜、玉米。有公路经此。

东祝庄 371723-B05-H07

[Dōngzhùzhuāng]

在县驻地文亭街道西北方向7.1千米。伯乐集镇辖自然村。人口200。祝氏从白店迁此立村，以土固为界，此村以方位称东祝庄。聚落呈散状分布。有文化广场、幼儿园。经济以种植业为主，种植小麦、大蒜、玉米。有公路经此。

瓜李庄 371723-B05-H08
［Guālǐzhuāng］

在县驻地文亭街道北方向 1.6 千米。伯乐集镇辖自然村。人口 1 200。明嘉靖年间，李氏从县城西关迁此立村，取名李庄。后因李氏种瓜很有名，便称瓜李庄。聚落呈散状分布。有文化广场、幼儿园。经济以种植业为主，种植小麦、大蒜、玉米。有公路经此。

大侯庄 371723-B05-H09
［Dàhóuzhuāng］

在县驻地文亭街道北方向 5.9 千米。伯乐集镇辖自然村。人口 700。明洪武年间，侯氏堂兄三人从山西洪洞县迁来，其中一人迁至九女镇侯楼，其余兄弟二人在此立村，此村为长，起名大侯庄。聚落呈散状分布。有文化广场、幼儿园。经济以种植业为主，种植小麦、大蒜、玉米。有公路经此。

胡庄 371723-B05-H10
［Húzhuāng］

在县驻地文亭街道西北方向 4.3 千米。伯乐集镇辖自然村。人口 700。明洪武年间，胡公满从山西洪洞县迁今党集乡胡楼立村，后其分支又迁此建村，以姓氏取名胡庄。聚落呈散状分布。有文化广场、幼儿园。经济以种植业为主，种植小麦、大蒜、玉米。有公路经此。

黄楼 371723-B05-H11
［Huánglóu］

在县驻地文亭街道西北方向 6.2 千米。伯乐集镇辖自然村。人口 800。明嘉靖年间，黄氏从定陶县迁入，人财两旺，盖楼一座，故名黄楼。聚落呈散状分布。有文化广场、幼儿园。经济以种植业为主，种植小麦、大蒜、玉米。有公路经此。

姜庄 371723-B05-H12
［Jiāngzhuāng］

在县驻地文亭街道北方向 2.7 千米。伯乐集镇辖自然村。人口 300。清康熙年间，姜氏从县城北关迁此立村，取名姜庄。聚落呈散状分布。有文化广场、幼儿园。经济以种植业为主，种植小麦、大蒜、玉米。有公路经此。

康楼 371723-B05-H13
［Kānglóu］

在县驻地文亭街道西北方向 0.8X 千米。伯乐集镇辖自然村。人口 800。明洪武年间，康氏从山西洪洞县迁此立村，盖楼一座，故名康楼。聚落呈散状分布。有文化广场、幼儿园。经济以种植业为主，种植小麦、大蒜、玉米。有公路经此。

李海 371723-B05-H14
［Lǐhǎi］

在县驻地文亭街道西北方向 3.7 千米。伯乐集镇辖自然村。人口 500。因处洼地，一下雨水像海一样，故名李海。聚落呈散状分布。有文化广场、幼儿园。经济以种植业为主，种植小麦、大蒜、玉米。有公路经此。

李庄 371723-B05-H15
［Lǐzhuāng］

在县驻地文亭街道北方向 5.1 千米。伯乐集镇辖自然村。人口 300。明永乐年间，李氏来此定居并建庄，故名李庄。聚落呈散状分布。有文化广场、幼儿园。经济以种植业为主，种植小麦、大蒜、玉米。有公路经此。

梁庄 371723-B05-H16

[Liángzhuāng]

在县驻地文亭街道北方向 1.9 千米。伯乐集镇辖自然村。人口 400。明洪武年间，梁氏从山西洪洞县迁此立村，取名梁庄。聚落呈散状分布。有文化广场、幼儿园。经济以种植业为主，种植小麦、大蒜、玉米。有公路经此。

临河集 371723-B05-H17

[Línhéjí]

在县驻地文亭街道西北方向 9.5 千米。伯乐集镇辖自然村。人口 600。明嘉靖年间，常氏从山西洪洞县迁此立村，当时村北有一古赵王河，又成了集会，故名临河集。聚落呈散状分布。有文化广场、幼儿园。经济以种植业为主，种植小麦、大蒜、玉米。有公路经此。

刘楼 371723-B05-H18

[Liúlóu]

在县驻地文亭街道北方向 0.2 千米。伯乐集镇辖自然村。人口 200。清顺治年间，刘氏迁此立村，取名刘楼。聚落呈散状分布。有文化广场、幼儿园。经济以种植业为主，种植小麦、大蒜、玉米。有公路经此。

前马海 371723-B05-H19

[Qiánmǎhǎi]

在县驻地文亭街道北方向 6.5 千米。伯乐集镇辖自然村。人口 500。明洪武年间，马氏兄弟自山西洪洞县迁此立村，因地势洼取名马海。又因重名，故以位置称前马海。聚落呈散状分布。有文化广场、幼儿园。经济以种植业为主，种植小麦、大蒜、玉米。有公路经此。

大马楼 371723-B05-H20

[Dàmǎlóu]

在县驻地文亭街道北方向 2.7 千米。伯乐集镇辖自然村。人口 200。因马氏建村时盖有楼房，故名大马楼。聚落呈散状分布。有文化广场、幼儿园。经济以种植业为主，种植小麦、大蒜、玉米。有公路经此。

南郭庄 371723-B05-H21

[Nánguōzhuāng]

在县驻地文亭街道西北方向 1.1 千米。伯乐集镇辖自然村。人口 400。原名前郭庄，后因重名，故以方位更名为南郭庄。聚落呈散状分布。有文化广场、幼儿园。经济以种植业为主，种植小麦、大蒜、玉米。有公路经此。

南邵庄 371723-B05-H22

[Nánshàozhuāng]

在县驻地文亭街道西北方向 0.3 千米。伯乐集镇辖自然村。人口 600。清乾隆年间，邵氏从本县苟村集迁此立村，取名邵庄，1982 年以方位更名为南邵庄。聚落呈散状分布。有文化广场、幼儿园。经济以种植业为主，种植小麦、大蒜、玉米。有公路经此。

庞楼 371723-B05-H23

[Pánglóu]

在县驻地文亭街道西北方向 7.3 千米。伯乐集镇辖自然村。人口 1 800。明永乐年间，宋庞丞相后裔从开封迁此立村，盖有楼房，故名庞楼。聚落呈散状分布。有文化广场、幼儿园。经济以种植业为主，种植小麦、大蒜、玉米。有公路经此。

前郭庄 371723-B05-H24

[Qiánguōzhuāng]

在县驻地文亭街道西北方向 8.1 千米。

伯乐集镇辖自然村。人口1 100。明成化年间，郭氏从郭楼迁来居住，人丁兴旺，遂将庄名改为郭庄。因近村有一郭庄，且此村在南，故称前郭庄。聚落呈散状分布。有文化广场、幼儿园。经济以种植业为主，种植小麦、大蒜、玉米。有公路经此。

秦铺 371723-B05-H25
[Qínpù]

在县驻地文亭街道西北方向5.1千米。伯乐集镇辖自然村。人口1 400。明永乐二年（1404），秦氏从山西洪洞县迁此立村，因距城十里，始名十里铺。成化年间，村东有一片蒲子地，故改十里铺为秦蒲，后演变成秦铺。聚落呈散状分布。有文化广场、幼儿园。经济以种植业为主，种植小麦、大蒜、玉米。有公路经此。

尚庄 371723-B05-H26
[Shàngzhuāng]

在县驻地文亭街道西北方向4.9千米。伯乐集镇辖自然村。人口800。明洪武年间，尚氏从山西洪洞县迁此立村，取名尚庄。聚落呈散状分布。有文化广场、幼儿园。经济以种植业为主，种植小麦、大蒜、玉米。有公路经此。

邵菜园 371723-B05-H27
[Shàocàiyuán]

在县驻地文亭街道北方向0.6千米。伯乐集镇辖自然村。人口1 300。清康熙年间，邵姓从苟村迁来，因种菜有名，故名邵菜园。聚落呈散状分布。有文化广场、幼儿园。经济以种植业为主，种植小麦、大蒜、玉米。有公路经此。

邵继楼 371723-B05-H28
[Shàojìlóu]

在县驻地文亭街道西北方向0.3千米。

伯乐集镇辖自然村。人口800。清乾隆年间，村人邵翟中进士，建楼一座，改村名为邵楼，后改为邵继楼。聚落呈散状分布。有文化广场、幼儿园。经济以种植业为主，种植小麦、大蒜、玉米。有公路经此。

邵庄 371723-B05-H29
[Shàozhuāng]

在县驻地文亭街道西北方向6.8千米。伯乐集镇辖自然村。人口1 100。明万历年间，邵氏从苟村集迁此立村，以姓氏命名为邵庄。聚落呈散状分布。有文化广场、幼儿园。经济以种植业为主，种植小麦、大蒜、玉米。有公路经此。

田楼 371723-B05-H30
[Tiánlóu]

在县驻地文亭街道北方向2.2千米。伯乐集镇辖自然村。人口1 100。田氏在此建楼立村，取名田楼。聚落呈散状分布。有文化广场、幼儿园。经济以种植业为主，种植小麦、大蒜、玉米。有公路经此。

苟村集 371723-B06-H01
[Gǒucūnjí]

苟村集镇人民政府驻地。在县驻地文亭街道东方向9.0千米。人口4 000。为战国时期卫国名将苟变故里，故名。聚落呈团块状分布。有文化站、幼儿园、中小学等。经济以种植业为主，种植小麦、玉米、棉花、大蒜、芸豆。省道枣曹路经此。

大曹庄 371723-B06-H02
[Dàcáozhuāng]

在县驻地文亭街道东方向4.9千米。苟村集镇辖自然村。人口700。曹氏来此定居，因村庄大，人口多，故名大曹庄。聚落呈散状分布。有文化广场、幼儿园。经济以种植业为主，种植小麦、大蒜、玉米。有公路经此。

李井 371723-B06-H03

［Lǐjǐng］

在县驻地文亭街道东方向 4.9 千米。苟村集镇辖自然村。人口 600。因李氏先在此打井竣工，故名李井。聚落呈散状分布。有文化广场、幼儿园。经济以种植业为主，种植小麦、大蒜、玉米。有公路经此。

刘庄 371723-B06-H04

［Liúzhuāng］

在县驻地文亭街道东方向 2.2 千米。苟村集镇辖自然村。人口 300。明永乐年间，刘氏分支从刘海迁至此立村，因村北有一座黄庵庙，故取名黄庵刘庄，后改名为刘庄。聚落呈散状分布。有文化广场、幼儿园。经济以种植业为主，种植小麦、大蒜、玉米。有公路经此。

董庄 371723-B06-H05

［Dǒngzhuāng］

在县驻地文亭街道东方向 4.1 千米。苟村集镇辖自然村。人口 300。清顺治年间，董氏迁入此地，人丁兴旺，逐渐演变为董庄。聚落呈散状分布。有文化广场、幼儿园。经济以种植业为主，种植小麦、大蒜、玉米。有公路经此。

马庄 371723-B06-H06

［Mǎzhuāng］

在县驻地文亭街道东方向 3.8 千米。苟村集镇辖自然村。人口 500。以姓氏命名为马庄。聚落呈散状分布。有文化广场、幼儿园。经济以种植业为主，种植小麦、大蒜、玉米。有公路经此。

张庄 371723-B06-H07

［Zhāngzhuāng］

在县驻地文亭街道东方向 4.3 千米。苟村集镇辖自然村。人口 100。以姓氏命名为张庄。聚落呈散状分布。有文化广场、幼儿园。经济以种植业为主，种植小麦、大蒜、玉米。有公路经此。

高庄 371723-B06-H08

［Gāozhuāng］

在县驻地文亭街道东方向 7.6 千米。苟村集镇辖自然村。人口 800。清朝中期，高姓由山西洪洞县逃荒到此定居建村，故名高庄。聚落呈散状分布。有文化广场、幼儿园。经济以种植业为主，种植小麦、大蒜、玉米。有公路经此。

刘庄 371723-B06-H09

［Liúzhuāng］

在县驻地文亭街道东方向 3.5 千米。苟村集镇辖自然村。人口 100。此村曾是宋田庄杨家的佃户村，原田、黄、李给杨家种地。清宣统年间，刘氏迁来建村，以姓氏命名，故名刘庄。聚落呈散状分布。有文化广场、幼儿园。经济以种植业为主，种植小麦、大蒜、玉米。有公路经此。

后张口 371723-B06-H10

［Hòuzhāngkǒu］

在县驻地文亭街道东方向 2.7 千米。苟村集镇辖自然村。人口 800。宋初，张氏分支迁此立村，因村后有张口，故名后张口。聚落呈散状分布。有文化广场、幼儿园。经济以种植业为主，种植小麦、大蒜、玉米。有公路经此。

霍宋庄 371723-B06-H11

［Huòsòngzhuāng］

在县驻地文亭街道东方向 4.3 千米。苟村集镇辖自然村。人口 200。明末，霍姓由山西省霍家洼迁本村建村，故名。聚落呈散状分布。有文化广场、幼儿园。经济以种植业为主，种植小麦、大蒜、玉米。有公路经此。

孔李楼 371723-B06-H12

［Kǒnglǐlóu］

在县驻地文亭街道东方向 7.8 千米。苟村集镇辖自然村。人口 600。李氏从山西洪洞县迁此立村，盖楼一座，故名孔李楼。聚落呈散状分布。有文化广场、幼儿园。经济以种植业为主，种植小麦、大蒜、玉米。有公路经此。

孔楼 371723-B06-H13

［Kǒnglóu］

在县驻地文亭街道东方向 5.9 千米。苟村集镇辖自然村。人口 800。孔氏来此定居，势力强，经济来源广，发展快，又建有楼房，故名孔楼。聚落呈散状分布。有文化广场、幼儿园。经济以种植业为主，种植小麦、大蒜、玉米。有公路经此。

刘池堂 371723-B06-H14

［Liúchítáng］

在县驻地文亭街道东方向 0.8 千米。苟村集镇辖自然村。人口 1 200。清顺治年间，刘池来此居住，把村中庙堂修整一新，香火甚旺，后人为了纪念他，改村名为刘池堂。聚落呈散状分布。有文化广场、幼儿园。经济以种植业为主，种植小麦、大蒜、玉米。有公路经此。

刘海 371723-B06-H15

［Liúhǎi］

在县驻地文亭街道东方向 3.2 千米。苟村集镇辖自然村。人口 600。因当时此地多水，故名刘海。聚落呈散状分布。有文化广场、幼儿园。经济以种植业为主，种植小麦、大蒜、玉米。有公路经此。

刘庄 371723-B06-H16

［Liúzhuāng］

在县驻地文亭街道东方向 2.2 千米。苟村集镇辖自然村。人口 100。刘姓由山西迁此，故名。聚落呈散状分布。有文化广场、幼儿园。经济以种植业为主，种植小麦、大蒜、玉米。有公路经此。

吕庄 371723-B06-H17

［Lǚzhuāng］

在县驻地文亭街道东方向 7.3 千米。苟村集镇辖自然村。人口 300。因吕氏人口较多，故名。聚落呈散状分布。有文化广场、幼儿园。经济以种植业为主，种植小麦、大蒜、玉米。有公路经此。

前张口 371723-B06-H18

［Qiánzhāngkǒu］

在县驻地文亭街道东方向 2.9 千米。苟村集镇辖自然村。人口 900。因村后白沙河渡口而得名前张口。聚落呈散状分布。有文化广场、幼儿园。经济以种植业为主，种植小麦、大蒜、玉米。有公路经此。

桥翅王庄 371723-B06-H19

［Qiáochìwángzhuāng］

在县驻地文亭街道东方向 4.9 千米。苟村集镇辖自然村。人口 500。明洪武年间，王姓从山西迁此建村，因村庄正对村南一座桥的桥翅，故名桥翅王庄。聚落呈散状分布。有文化广场、幼儿园。经济以种植业为主，种植小麦、大蒜、玉米。有公路经此。

田庄 371723-B06-H20

［Tiánzhuāng］

在县驻地文亭街道东方向 5.4 千米。苟村集镇辖自然村。人口 300。以姓氏命名。

聚落呈散状分布。有文化广场、幼儿园。经济以种植业为主，种植小麦、大蒜、玉米。有公路经此。

小留集 371723-B06-H21
[Xiǎoliújí]

在县驻地文亭街道东方向 5.9 千米。苟村集镇辖自然村。人口 1 500。因设有买卖集市而得名小留集。聚落呈散状分布。有文化广场、幼儿园。经济以种植业为主，种植小麦、大蒜、玉米。有公路经此。

徐庄 371723-B06-H22
[Xúzhuāng]

在县驻地文亭街道东方向 7.1 千米。苟村集镇辖自然村。人口 300。明洪武年间，徐氏从山西洪洞县迁居此地，故名。聚落呈散状分布。有文化广场、幼儿园。经济以种植业为主，种植小麦、大蒜、玉米。有公路经此。

杨庄 371723-B06-H23
[Yángzhuāng]

在县驻地文亭街道东方向 4.1 千米。苟村集镇辖自然村。人口 400。以姓氏命名。聚落呈散状分布。有文化广场、幼儿园。经济以种植业为主，种植小麦、大蒜、玉米。有公路经此。

张河口 371723-B06-H24
[Zhānghékǒu]

在县驻地文亭街道东方向 8.6 千米。苟村集镇辖自然村。人口 500。清朝时期，张氏从山西洪洞县来此定居并建村，取名张河口。聚落呈散状分布。有文化广场、幼儿园。经济以种植业为主，种植小麦、大蒜、玉米。有公路经此。

张庄 371723-B06-H25
[Zhāngzhuāng]

在县驻地文亭街道东方向 2.4 千米。苟村集镇辖自然村。人口 800。以姓氏命名。聚落呈散状分布。有文化广场、幼儿园。经济以种植业为主，种植小麦、大蒜、玉米。有公路经此。

赵瓦屋 371723-B06-H26
[Zhàowǎwū]

在县驻地文亭街道东方向 3.8 千米。苟村集镇辖自然村。人口 300。赵氏建村，盖有瓦屋，故名。聚落呈散状分布。有文化广场、幼儿园。经济以种植业为主，种植小麦、大蒜、玉米。有公路经此。

甄庄 371723-B06-H27
[Zhēnzhuāng]

在县驻地文亭街道东方向 5.9 千米。苟村集镇辖自然村。人口 500。该村村民甄庄是舜的后裔，甄氏后人为纪念祖先而命名。聚落呈散状分布。有文化广场、幼儿园。经济以种植业为主，种植小麦、大蒜、玉米。有公路经此。

大祝楼 371723-B06-H28
[Dàzhùlóu]

在县驻地文亭街道东方向 2.2 千米。苟村集镇辖自然村。人口 400。宋朝，祝氏由今伯乐集乡白店迁此，立村盖楼，因村大，故名大祝楼。聚落呈散状分布。有文化广场、幼儿园。经济以种植业为主，种植小麦、大蒜、玉米。有公路经此。

祝桥 371723-B06-H29
[Zhùqiáo]

在县驻地文亭街道东方向 4.3 千米。苟村集镇辖自然村。人口 800。明朝时期，祝氏来此定居，因村北有一大桥，故名祝桥。聚落呈散状分布。有文化广场、幼儿园。经济以种植业为主，种植小麦、大蒜、玉米。有公路经此。

白浮图 371723-B07-H01
[Báifútú]

白浮图镇人民政府驻地。在县驻地文亭街道东方向 23.0 千米。人口 1 900。因村内建白色砖塔一座，塔梵音"浮图"，故名白浮图。聚落呈团块状分布。有文化站、中小学、幼儿园等。经济以种植业为主，种植小麦、玉米、大蒜、芸豆。有公路经此。

安陈庄 371723-B07-H02
[Ānchénzhuāng]

在县驻地文亭街道东方向 18.1 千米。白浮图镇辖自然村。人口 900。明洪武年间，陈氏与安氏表兄二人迁此，前后分别建村，名前陈、后安，合称安陈庄。聚落呈散状分布。有文化广场、幼儿园。经济以种植业为主，种植小麦、大蒜、玉米。有公路经此。

巴庄 371723-B07-H03
[Bāzhuāng]

在县驻地文亭街道东方向 12.9 千米。白浮图镇辖自然村。人口 100。明崇祯年间，因战乱，巴守占迁此立村，命名巴庄。聚落呈散状分布。有文化广场、幼儿园。经济以种植业为主，种植小麦、大蒜、玉米。有公路经此。

白堂 371723-B07-H04
[Báitáng]

在县驻地文亭街道东方向 12.9 千米。白浮图镇辖自然村。人口 300。明嘉靖年间，刘氏由山西洪洞县迁此立村，因村西头建一白衣奶奶庙，故名白衣堂，简称白堂。

聚落呈散状分布。有文化广场、幼儿园。经济以种植业为主，种植小麦、大蒜、玉米。有公路经此。

侯河 371723-B07-H05
[Hóuhé]

在县驻地文亭街道东方向 12.4 千米。白浮图镇辖自然村。人口 500。明洪武年间，侯氏由山西洪洞县迁此立村，因当时村前有条河（白杨河），故名侯河。聚落呈散状分布。有文化广场、幼儿园。经济以种植业为主，种植小麦、大蒜、玉米。有公路经此。

于桥 371723-B07-H06
[Yúqiáo]

在县驻地文亭街道东方向 12.9 千米。白浮图镇辖自然村。人口 400。明嘉靖年间，因村东小河沟上修有石板桥一座，故名于桥。聚落呈散状分布。有文化广场、幼儿园。经济以种植业为主，种植小麦、大蒜、玉米。有公路经此。

张鲁集 371723-B07-H07
[Zhānglǔjí]

在县驻地文亭街道东方向 13.2 千米。白浮图镇辖自然村。人口 300。清乾隆年间，因有集市，人们习称张楼集，后改称张鲁集。聚落呈散状分布。有文化广场、幼儿园。经济以种植业为主，种植小麦、大蒜、玉米。有公路经此。

当典 371723-B07-H08
[Dàngdiǎn]

在县驻地文亭街道东方向 14.3 千米。白浮图镇辖自然村。人口 300。明洪武初年，张家在村内官道两旁开设了钱庄、典当铺、饭馆、客栈等。由于典当铺生意兴隆，名声大噪，遂命名为当典。聚落呈散状分布。

有文化广场、幼儿园。经济以种植业为主，种植小麦、大蒜、玉米。有公路经此。

丁庄 371723-B07-H09
[Dīngzhuāng]

在县驻地文亭街道东方向 15.7 千米。白浮图镇辖自然村。人口 600。明末，始祖迁白浮图戚河西立村，取名戚河丁庄。后丁氏兴旺，村庄不断扩大，逐渐演变为丁庄。聚落呈散状分布。有文化广场、幼儿园。经济以种植业为主，种植小麦、大蒜、玉米。有公路经此。

东侯楼 371723-B07-H10
[Dōnghóulóu]

在县驻地文亭街道东方向 21.3 千米。白浮图镇辖自然村。人口 400。明永乐年间，侯氏由山西洪洞县迁居成武孙寺歇马亭。明崇祯年间，侯氏分支又由歇马亭迁此立村，后建有楼房，遂名侯楼。后因重名，以方位更名为东侯楼。聚落呈散状分布。有文化广场、幼儿园。经济以种植业为主，种植小麦、大蒜、玉米。有公路经此。

高庄 371723-B07-H11
[Gāozhuāng]

在县驻地文亭街道东方向 17.6 千米。白浮图镇辖自然村。人口 400。明崇祯年间，高氏先祖由本县九女集高堂村迁此立村，取村名高庄。聚落呈散状分布。有文化广场、幼儿园。经济以种植业为主，种植小麦、大蒜、玉米。有公路经此。

河里王 371723-B07-H12
[Hélǐwáng]

在县驻地文亭街道东方向 17.3 千米。白浮图镇辖自然村。人口 700。明初，王氏兄弟三人从山西迁此立村，因村庄处于乐成河和一旧河道的夹套内，遂取村名河里王。聚落呈散状分布。有文化广场、幼儿园。经济以种植业为主，种植小麦、大蒜、玉米。有公路经此。

郝寨 371723-B07-H13
[Hǎozhài]

在县驻地文亭街道东方向 22.7 千米。白浮图镇辖自然村。人口 1 000。1851 年，捻军北窜，土匪为患。村民郝明席组织全村建设围村寨墙，以防匪患，故名郝寨。聚落呈散状分布。有文化广场、幼儿园。经济以种植业为主，种植小麦、大蒜、玉米。有公路经此。

侯寨 371723-B07-H14
[Hóuzhài]

在县驻地文亭街道东方向 16.2 千米。白浮图镇辖自然村。人口 900。清咸丰年间，因战乱，侯氏族人自发护村，民众齐心协力，挖坑壕，打木桩，将村四周筑上寨墙，故名侯寨。聚落呈散状分布。有文化广场、幼儿园。经济以种植业为主，种植小麦、大蒜、玉米。有公路经此。

贾楼 371723-B07-H15
[Jiǎlóu]

在县驻地文亭街道东方向 16.5 千米。白浮图镇辖自然村。人口 700。明嘉靖年间，单邑黄河决口，居民稀少，贾氏一世祖贾端从单县城北迁白浮图北立村，名贾楼。聚落呈散状分布。有文化广场、幼儿园。经济以种植业为主，种植小麦、大蒜、玉米。有公路经此。

李楼 371723-B07-H16
[Lǐlóu]

在县驻地文亭街道东方向 15.4 千米。白浮图镇辖自然村。人口 1 400。明万历年间，李氏始祖李晶迁此立村，原住户侯氏人丁凋敝，王氏迁出，李氏兴盛，遂名村李楼。聚落呈散状分布。有文化广场、幼儿园。经济以种植业为主，种植小麦、大蒜、玉米。有公路经此。

李双楼 371723-B07-H17
[Lǐshuānglóu]

在县驻地文亭街道东方向 20.5 千米。白浮图镇辖自然村。人口 700。明初，李氏自汴梁迁单县防城寺之乔家村北暂住，李氏祖母挖菜时，于此处发现一古井，遂迁此安家，取村名行河村。清乾隆年间，李氏繁衍生息，子孙兴旺，生活富裕，建楼两座，遂改村名李双楼。聚落呈散状分布。有文化广场、幼儿园。经济以种植业为主，种植小麦、大蒜、玉米。有公路经此。

梁寨 371723-B07-H18
[Liángzhài]

在县驻地文亭街道东方向 20.5 千米。白浮图镇辖自然村。人口 300。明嘉靖年间，梁氏由莱阳县迁来立村，因村旁有一古寺，取村名梁寺。清道光年间，兵匪为患，本村团总陈秀渠组织村民建寨护村，遂改梁寺为梁寨。聚落呈散状分布。有文化广场、幼儿园。经济以种植业为主，种植小麦、大蒜、玉米。有公路经此。

刘堂 371723-B07-H19
[Liútáng]

在县驻地文亭街道东方向 14.9 千米。白浮图镇辖自然村。人口 300。唐中期，刘氏先祖刘斌因做官定居于此，并建祠堂一座，故村名刘家祠堂，后简称刘堂。聚落呈散状分布。有文化广场、幼儿园。经济以种植业为主，种植小麦、大蒜、玉米。有公路经此。

刘土城 371723-B07-H20
[Liútǔchéng]

在县驻地文亭街道东方向 19.4 千米。白浮图镇辖自然村。人口 1 000。明崇祯年间，因村筑有寨墙而得名奎罟寨。由于刘世先祖曾助清摄政王平叛有功，被朝廷封官，返乡后筑寨墙以卫家园，因寨海深阔，寨墙高大，四方设有寨门，安有火炮，巍然如城，故名。聚落呈散状分布。有文化广场、幼儿园。经济以种植业为主，种植小麦、大蒜、玉米。有公路经此。

柿子园 371723-B07-H21
[Shìziyuán]

在县驻地文亭街道东方向 16.2 千米。白浮图镇辖自然村。人口 200。明洪武年间，王氏由山西北部迁此立村，因多植柿子树，故名柿子园。聚落呈散状分布。有文化广场、幼儿园。经济以种植业为主，种植小麦、大蒜、玉米。有公路经此。

前宋庄 371723-B07-H22
[Qiánsòngzhuāng]

在县驻地文亭街道东方向 12.9 千米。白浮图镇辖自然村。人口 400。清康熙年间，宋氏从本县鄗鼎集迁此立村，命名宋庄。后因宋氏分支又在村后立村，此村取名前宋庄。聚落呈散状分布。有文化广场、幼儿园。经济以种植业为主，种植小麦、大蒜、玉米。有公路经此。

苏阁 371723-B07-H23
[Sūgé]

在县驻地文亭街道东方向 20.5 千米。白浮图镇辖自然村。人口 600。苏氏从山西省洪洞县迁此立村定居，取村名安闲。后苏氏不断发展壮大，人财两旺，在村左建一庙宇，内有高阁，遂改村名为苏阁。聚落呈散状分布。有文化广场、幼儿园。经济以种植业为主，种植小麦、大蒜、玉米。有公路经此。

孙庙 371723-B07-H24

[Sūnmiào]

在县驻地文亭街道东方向 18.9 千米。白浮图镇辖自然村。人口 400。以姓氏及历史建筑得名。聚落呈散状分布。有文化广场、幼儿园。经济以种植业为主，种植小麦、大蒜、玉米。有公路经此。

田海 371723-B07-H25

[Tiánhǎi]

在县驻地文亭街道东方向 15.9 千米。白浮图镇辖自然村。人口 1 400。明洪武年间，田氏先人由山西洪洞县迁入此地，名田家庄。后因四周挖沟筑寨，村中有大坑且海子众多，故名田海。聚落呈散状分布。有文化广场、幼儿园。经济以种植业为主，种植小麦、大蒜、玉米。有公路经此。

田小楼 371723-B07-H26

[Tiánxiǎolóu]

在县驻地文亭街道东方向 16.5 千米。白浮图镇辖自然村。人口 200。田氏于明朝迁此定居，并建有小楼一座，故村名田小楼。聚落呈散状分布。有文化广场、幼儿园。经济以种植业为主，种植小麦、大蒜、玉米。有公路经此。

谢庄 371723-B07-H27

[Xièzhuāng]

在县驻地文亭街道东方向 21.1 千米。白浮图镇辖自然村。人口 500。清乾隆年间，兵部尚书刘鄂在永固庄梁氏住宅建站马台，后梁氏迁往谢庄，沿用原村名。聚落呈散状分布。有文化广场、幼儿园。经济以种植业为主，种植小麦、大蒜、玉米。有公路经此。

徐官庄 371723-B07-H28

[Xúguānzhuāng]

在县驻地文亭街道东方向 11.1 千米。白浮图镇辖自然村。人口 900。清乾隆年间，徐氏为徐格妻建刘氏节孝牌坊，故名徐官庄。聚落呈散状分布。有文化广场、幼儿园。经济以种植业为主，种植小麦、大蒜、玉米。有公路经此。

于庄 371723-B07-H29

[Yúzhuāng]

在县驻地文亭街道东方向 21.6 千米。白浮图镇辖自然村。人口 300。明弘治年间，于氏由山西迁此立村，故名于庄。聚落呈散状分布。有文化广场、幼儿园。经济以种植业为主，种植小麦、大蒜、玉米。有公路经此。

张士楼 371723-B07-H30

[Zhāngtǔlóu]

在县驻地文亭街道东方向 12.9 千米。白浮图镇辖自然村。人口 600。张氏先祖张峰谦由山西平阳府闻喜县万阳里迁此立村，后建土楼一座，遂称张土楼。聚落呈散状分布。有文化广场、幼儿园。经济以种植业为主，种植小麦、大蒜、玉米。有公路经此。

张庄 371723-B07-H31

[Zhāngzhuāng]

在县驻地文亭街道东方向 18.4 千米。白浮图镇辖自然村。人口 300。明洪武年间，张氏叔侄三人从山西洪洞县丁甲五社迁至定陶县孟海张庄定居，4 年后，张氏把两个侄儿安顿好，又迁至白浮图东定居，取村名张庄。聚落呈散状分布。有文化广场、幼儿园。经济以种植业为主，种植小麦、大蒜、玉米。有公路经此。

朱集 371723-B07-H32
[Zhūjí]

在县驻地文亭街道东方向 20.5 千米。白浮图镇辖自然村。人口 1 200。明永乐年间，朱氏先祖从江苏省怀宁县迁此居住，取村名朱集。聚落呈散状分布。有文化广场、幼儿园。经济以种植业为主，种植小麦、大蒜、玉米。有公路经此。

朱楼 371723-B07-H33
[Zhūlóu]

在县驻地文亭街道东方向 10.3 千米。白浮图镇辖自然村。人口 900。明永乐年间，朱氏从山西洪洞县迁入山东成武东南 25 里淳（于）集定居，三世祖迁此立村，后人财两旺，盖有东西楼院，故名朱楼。聚落呈散状分布。有文化广场、幼儿园。经济以种植业为主，种植小麦、大蒜、玉米。有公路经此。

孙寺 371723-B08-H01
[Sūnsì]

孙寺镇人民政府驻地。在县驻地文亭街道东南方向 12.0 千米。人口 2 200。为纪念孝子孙期，于此建孙孝祠，后演变为孙孝寺，村以寺名。聚落呈团块状分布。有文化站、广播站、中小学、幼儿园等。经济以种植业为主，种植小麦、玉米、花生等。有公路经此。

草里王东村 371723-B08-H02
[Cǎolǐwángdōngcūn]

在县驻地文亭街道东南方向 8.1 千米。孙寺镇辖自然村。人口 1 100。明永乐二年（1404），王德从山西洪洞县迁此，因此处无人烟，到处荒草丛生，其建草房、扎篱笆，取名草篱王。后以谐音逐渐演变成草里王。后村庄扩大，发展成二庄，此村在南，故名前草里王，1978 年建草里王东、西大队，故以方位更名草里王东村。聚落呈散状分布。有文化广场、幼儿园。经济以种植业为主，种植小麦、大蒜、玉米。有公路经此。

草里王西村 371723-B08-H03
[Cǎolǐwángxīcūn]

在县驻地文亭街道东南方向 7.8 千米。孙寺镇辖自然村。人口 1 200。明永乐二年（1404），王德从山西洪洞县迁此，因此处无人烟，到处荒草丛生，其建草房、扎篱笆，取名草篱王。后以谐音逐渐演变成草里王。后村庄扩大，发展成二庄，此村在北，故名后草里王。1978 年建草里王东、西大队，故以方位更名草里王西村。聚落呈散状分布。有文化广场、幼儿园。经济以种植业为主，种植小麦、大蒜、玉米。有公路经此。

前单桥 371723-B08-H04
[Qiánshànqiáo]

在县驻地文亭街道东南方向 10.5 千米。孙寺镇辖自然村。人口 300。清同治年间，单氏从山西洪洞县迁此立村，因村前有一小桥，取名单桥。清末，单氏人多，其分支到村后另立新村，称为后单桥，此村遂称前单桥。聚落呈散状分布。有文化广场、幼儿园。经济以种植业为主，种植小麦、大蒜、玉米。有公路经此。

付楼 371723-B08-H05
[Fùlóu]

在县驻地文亭街道东南方向 13.2 千米。孙寺镇辖自然村。人口 400。明崇祯年间，付氏从付潭迁此立村，名村付楼。聚落呈散状分布。有文化广场、幼儿园。经济以种植业为主，种植小麦、大蒜、玉米。有公路经此。

郭集 371723-B08-H06

［Guōjí］

在县驻地文亭街道东南方向13.8千米。孙寺镇辖自然村。人口900。此村比较古老，曾成庙会，集市十分兴盛。郭氏从单县郭庄迁此定居，摆摊做生意，取村名郭家集，后李、孟、孙、谢、魏、刘等十余姓合议，改称郭集。聚落呈散状分布。有文化广场、幼儿园。经济以种植业为主，种植小麦、大蒜、玉米。有公路经此。

郭楼 371723-B08-H07

［Guōlóu］

在县驻地文亭街道东南方向12.2千米。孙寺镇辖自然村。人口200。清嘉庆年间，郭氏从近村郭老家迁此立村，后盖一楼房，取村名郭楼。聚落呈散状分布。有文化广场、幼儿园。经济以种植业为主，种植小麦、大蒜、玉米。有公路经此。

侯楼 371723-B08-H08

［Hóulóu］

在县驻地文亭街道东南方向11.9千米。孙寺镇辖自然村。人口1 400。明洪武年间，侯氏从山西洪洞县迁至此村建楼一座，故取名侯楼。聚落呈散状分布。有文化广场、幼儿园。经济以种植业为主，种植小麦、大蒜、玉米。有公路经此。

歇马亭 371723-B08-H09

［Xiēmǎtíng］

在县驻地文亭街道东南方向12.4千米。孙寺镇辖自然村。人口200。相传刘邦、项羽争天下，曾带兵从徐州去河北，路过此地歇息兵马，后人建亭纪念，故名歇马亭。聚落呈散状分布。有文化广场、幼儿园。经济以种植业为主，种植小麦、大蒜、玉米。有公路经此。

后草里王 371723-B08-H10

［Hòucǎolǐwáng］

在县驻地文亭街道东南方向8.1千米。孙寺镇辖自然村。人口900。明嘉靖四年（1525），王氏从前草里王分支迁此建新村，按方位称后草里王。聚落呈散状分布。有文化广场、幼儿园。经济以种植业为主，种植小麦、大蒜、玉米。有公路经此。

孔李庄 371723-B08-H11

［Kǒnglǐzhuāng］

在县驻地文亭街道东南方向10.3千米。孙寺镇辖自然村。人口500。明洪武年间，李氏从晏堌堆迁此立村，并盖院，取名李楼。后孔、辛、苗诸姓相继迁入，1912年改村名为孔李庄。聚落呈散状分布。有文化广场、幼儿园。经济以种植业为主，种植小麦、大蒜、玉米。有公路经此。

李化寨 371723-B08-H12

［Lǐhuàzhài］

在县驻地文亭街道东南方向6.2千米。孙寺镇辖自然村。人口400。清康熙四年（1665），李氏从李楼迁于楼居住，并出文、武二进士，便改于楼为激化寨，未成，人们仍称于楼。后更名李化寨。聚落呈散状分布。有文化广场、幼儿园。经济以种植业为主，种植小麦、大蒜、玉米。有公路经此。

李庄 371723-B08-H13

［Lǐzhuāng］

在县驻地文亭街道东南方向8.6千米。孙寺镇辖自然村。人口400。明嘉靖年间，李氏从山西洪洞县迁居凤阳府蒙城后，又迁此立村，取名李庄。聚落呈散状分布。有文化广场、幼儿园。经济以种植业为主，种植小麦、大蒜、玉米。有公路经此。

解元刘楼 371723-B08-H14

[Jièyuánliúlóu]

在县驻地文亭街道东南方向 11.9 千米。孙寺镇辖自然村。人口 1 100。明嘉靖年间，刘氏从单县十里堆迁此居住，并盖有楼院，取名刘楼，清光绪年间，刘培义中武解元，群众习称解元刘楼。聚落呈散状分布。有文化广场、幼儿园。经济以种植业为主，种植小麦、大蒜、玉米。有公路经此。

刘王庄 371723-B08-H15

[Liúwángzhuāng]

在县驻地文亭街道东南方向 11.6 千米。孙寺镇辖自然村。人口 500。明崇祯年间，刘氏迁王庄居住，后刘氏兴旺，遂改名刘庄。1982 年改名为刘王庄。聚落呈散状分布。有文化广场、幼儿园。经济以种植业为主，种植小麦、大蒜、玉米。有公路经此。

卢庄 371723-B08-H16

[Lúzhuāng]

在县驻地文亭街道东南方向 11.1 千米。孙寺镇辖自然村。人口 300。清乾隆五十五年（1790），卢氏从单县卢堰村迁此立村，取名卢庄。聚落呈散状分布。有文化广场、幼儿园。经济以种植业为主，种植小麦、大蒜、玉米。有公路经此。

毛洼 371723-B08-H17

[Máowā]

在县驻地文亭街道东南方向 11.9 千米。孙寺镇辖自然村。人口 200。清嘉庆年间，毛氏从山西洪洞县迁此立村，因村周地势低洼，取名毛洼。聚落呈散状分布。有文化广场、幼儿园。经济以种植业为主，种植小麦、大蒜、玉米。有公路经此。

平楼 371723-B08-H18

[Pínglóu]

在县驻地文亭街道东南方向 11.6 千米。孙寺镇辖自然村。人口 600。清康熙年间，侯氏兄弟三人从近村侯楼迁此立村，名后侯楼。不久，村人建平楼一座，改村名为后平楼，简称平楼。聚落呈散状分布。有文化广场、幼儿园。经济以种植业为主，种植小麦、大蒜、玉米。有公路经此。

前陈庄 371723-B08-H19

[Qiánchénzhuāng]

在县驻地文亭街道东南方向 10.3 千米。孙寺镇辖自然村。人口 200。清光绪年间，陈氏分支迁此立村，因在后陈庄南，故名前陈庄。聚落呈散状分布。有文化广场、幼儿园。经济以种植业为主，种植小麦、大蒜、玉米。有公路经此。

前李庄 371723-B08-H20

[Qiánlǐzhuāng]

在县驻地文亭街道东南方向 11.3 千米。孙寺镇辖自然村。人口 300。清光绪年间，李姓来此定居建村，以方位起名前李庄。聚落呈散状分布。有文化广场、幼儿园。经济以种植业为主，种植小麦、大蒜、玉米。有公路经此。

双楼 371723-B08-H21

[Shuānglóu]

在县驻地文亭街道东南方向 10.3 千米。孙寺镇辖自然村。人口 800。清乾隆五年（1740），宋氏从郜城集迁居此地，盖楼两座，取村名宋双楼，后简称双楼。聚落呈散状分布。有文化广场、幼儿园。经济以种植业为主，种植小麦、大蒜、玉米。有公路经此。

宋庄 371723-B08-H22
[Sòngzhuāng]

在县驻地文亭街道东南方向 8.4 千米。孙寺镇辖自然村。人口 500。明嘉靖年间，宋氏由郜城集迁此立村，取名宋庄。聚落呈散状分布。有文化广场、幼儿园。经济以种植业为主，种植小麦、大蒜、玉米。有公路经此。

孙楼 371723-B08-H23
[Sūnlóu]

在县驻地文亭街道东南方向 9.7 千米。孙寺镇辖自然村。人口 600。清康熙年间，孟氏从山西洪洞县迁此立村，取名孟庄。后孙氏从单县城北孙楼迁此居住，并盖有楼房，孟氏无后，便改村名为孙楼。聚落呈散状分布。有文化广场、幼儿园。经济以种植业为主，种植小麦、大蒜、玉米。有公路经此。

王集 371723-B08-H24
[Wángjí]

在县驻地文亭街道东南方向 12.7 千米。孙寺镇辖自然村。人口 700。明嘉靖年间，王氏从山西洪洞县迁此立村，后又设立集市，市场兴旺，远近闻名，称大王集，后更名为王集。聚落呈散状分布。有文化广场、幼儿园。经济以种植业为主，种植小麦、大蒜、玉米。有公路经此。

前王庄 371723-B08-H25
[Qiánwángzhuāng]

在县驻地文亭街道东南方向 9.5 千米。孙寺镇辖自然村。人口 300。唐朝后期，王氏迁此立村，取名王庄。后因村北又新立王庄，故称此村为前王庄。聚落呈散状分布。有文化广场、幼儿园。经济以种植业为主，种植小麦、大蒜、玉米。有公路经此。

吴楼 371723-B08-H26
[Wúlóu]

在县驻地文亭街道东南方向 13.8 千米。孙寺镇辖自然村。人口 500。明宣德年间，吴氏从兴集迁此立村，盖了楼院，取名吴楼。聚落呈散状分布。有文化广场、幼儿园。经济以种植业为主，种植小麦、大蒜、玉米。有公路经此。

小集 371723-B08-H27
[Xiǎojí]

在县驻地文亭街道东南方向 7.6 千米。孙寺镇辖自然村。人口 100。宋初立村，初名东南镇，因邻盛大寨，故更名为小集。聚落呈散状分布。有文化广场、幼儿园。经济以种植业为主，种植小麦、大蒜、玉米。有公路经此。

谢楼 371723-B08-H28
[Xièlóu]

在县驻地文亭街道东南方向 11.1 千米。孙寺镇辖自然村。人口 600。清顺治年间，谢氏由单县谢楼迁此立村，建楼二座，取名谢楼。聚落呈散状分布。有文化广场、幼儿园。经济以种植业为主，种植小麦、大蒜、玉米。有公路经此。

辛兴集 371723-B08-H29
[Xīnxīngjí]

在县驻地文亭街道东南方向 9.7 千米。孙寺镇辖自然村。人口 900。本名兴隆集，俗称兴兴集。抗日战争时期属单县地，名辛兴集。聚落呈散状分布。有文化广场、幼儿园。经济以种植业为主，种植小麦、大蒜、玉米。有公路经此。

徐楼 371723-B08-H30
[Xúlóu]

在县驻地文亭街道东南方向 6.2 千米。

孙寺镇辖自然村。人口 1 200。明洪武年间，徐氏从山东洪洞县迁此盖楼一座，故名徐楼。聚落呈散状分布。有文化广场、幼儿园。经济以种植业为主，种植小麦、大蒜、玉米。有公路经此。

许盆窑 371723-B08-H31
[Xǔpényáo]

在县驻地文亭街道东南方向10.3千米。孙寺镇辖自然村。人口 300。明永乐年间，许氏从近村许双庙迁此立村，以烧盆窑为业，故村名许盆窑。聚落呈散状分布。有文化广场、幼儿园。经济以种植业为主，种植小麦、大蒜、玉米。有公路经此。

九女集 371723-B09-H01
[Jiǔnǚjí]

九女集镇人民政府驻地。在县驻地文亭街道西南方向9.0 千米。人口 4 000。因有九女坟和九女庙得名。有文化站、中小学、幼儿园。经济以种植业为主，主要农作物有小麦、玉米、大豆、蔬菜等。有公路经此。

艾庄 371723-H09-H02
[Àizhuāng]

在县驻地文亭街道西南方向5.9 千米。九女集镇辖自然村。人口 300。明洪武年间，艾氏从山西洪洞县迁来建村，以姓氏命名为艾庄。聚落呈散状分布。经济以种植业为主，主要农作物有小麦、大蒜、玉米。有公路经此。

包庄 371723-B09-H03
[Bāozhuāng]

在县驻地文亭街道西南方向14.6千米。九女集镇辖自然村。人口 500。据说包家兄弟四人迁至此地，老大、老二迁至江苏，老三、老四驻留此地，并发展建村，取名

包庄。聚落呈散状分布。经济以种植业为主，主要农作物有小麦、大蒜、玉米。有公路经此。

北张楼 371723-B09-H04
[Běizhānglóu]

在县驻地文亭街道西南方向10.5千米。九女集镇辖自然村。人口 600。清顺治年间，张氏从张瓦房（今属成武镇）迁来给于家地主种地。后于氏乏后，张氏人丁兴旺，且村后有一小庙，内有钟楼，曾名小庙寺张楼，习称张楼，后以位置改为北张楼。聚落呈散状分布。经济以种植业为主，主要农作物有小麦、大蒜、玉米。有公路经此。

步楼 371723-B09-H05
[Bùlóu]

在县驻地文亭街道西南方向11.1千米。九女集镇辖自然村。人口 1 200。明洪武年间，步氏从河南省确山县小沟村迁来寄居曹门，后有二子，长子姓步，次子姓曹。因长子人财两旺，盖楼一座，故名步楼。聚落呈散状分布。经济以种植业为主，主要农作物有小麦、大蒜、玉米。有公路经此。

曹楼 371723-B09-H06
[Cáolóu]

在县驻地文亭街道西南方向11.3千米。九女集镇辖自然村。人口 1 900。曹氏家族于明洪武时期从山西老鸹窝迁居到此，原和邵庄相邻，当时曹氏家族盖土楼九间，立村名曹楼。聚落呈散状分布。经济以种植业为主，主要农作物有小麦、大蒜、玉米。有公路经此。

陈庙 371723-B09-H07
[Chénmiào]

在县驻地文亭街道西南方向6.5千米。九女集镇辖自然村。人口 400。明朝时先祖

因奸臣陷害，逃难至此，当时有一陈氏老妇独居此地，故认此老妇为母，从此生儿育女，繁衍后代，且因村中有庙一座，故以姓氏称陈庙。聚落呈散状分布。经济以种植业为主，主要农作物有小麦、大蒜、玉米。有公路经此。

大张庄 371723-B09-H08
[Dàzhāngzhuāng]

在县驻地文亭街道西南方向5.1千米。九女集镇辖自然村。人口600。明洪武年间，张氏从山西洪洞县迁此，取名张庄，后张氏人丁兴旺，更名为大张庄。聚落呈散状分布。经济以种植业为主，主要农作物有小麦、大蒜、玉米。有公路经此。

东张楼 371723-B09-H09
[Dōngzhānglóu]

在县驻地文亭街道西南方向4.6千米。九女集镇辖自然村。人口300。清顺治年间，张氏迁此立村，人财两旺，盖楼一座，名张楼。后以位置改称东张楼。聚落呈散状分布。经济以种植业为主，主要农作物有小麦、大蒜、玉米。有公路经此。

杜井 371723-B09-H10
[Dùjǐng]

在县驻地文亭街道西南方向10.5千米。九女集镇辖自然村。人口100。明朝中叶，杜氏从南京迁至曹县杜庄定居，后又从杜庄迁到此地建村，因村旁有一眼琉璃井，故名杜井。聚落呈散状分布。经济以种植业为主，主要农作物有小麦、大蒜、玉米。有公路经此。

樊庄 371723-B09-H11
[Fánzhuāng]

在县驻地文亭街道西南方向14.9千米。九女集镇辖自然村。人口1300。明朝中期，

樊姓家族定居建村，因村西有一河流，故名樊河，后改为樊庄。明万历年间，樊姓家族迁此建村，因村东、西各有樊、黄两大姓氏，分为东、西樊庄。1955年后统称樊庄。聚落呈散状分布。经济以种植业为主，主要农作物有小麦、大蒜、玉米。有公路经此。

高堂 371723-B09-H12
[Gāotáng]

在县驻地文亭街道西南方向6.8千米。九女集镇辖自然村。人口700。明万历十三年（1585年），高氏从濮州高家庄迁来建村，因村后有一庙堂，故名高堂。聚落呈散状分布。经济以种植业为主，主要农作物有小麦、大蒜、玉米。有公路经此。

谷庄 371723-B09-H13
[Gǔzhuāng]

在县驻地文亭街道西南方向12.9千米。九女集镇辖自然村。人口400。明洪武二年（1369），谷氏由今党集乡谷楼迁来建村，因村中土地碱化严重，命名为谷碱场，后改为谷庄。聚落呈散状分布。经济以种植业为主，主要农作物有小麦、大蒜、玉米。有公路经此。

郭庙 371723-B09-H14
[Guōmiào]

在县驻地文亭街道西南方向14.6千米。九女集镇辖自然村。人口800。郭氏于明末从北郭楼（今属党集镇）迁来立村，因村西有三观庙一座，故村名郭庙。聚落呈散状分布。经济以种植业为主，主要农作物有小麦、大蒜、玉米。有公路经此。

郭庄 371723-B09-H15
[Guōzhuāng]

在县驻地文亭街道西南方向12.2千米。九女集镇辖自然村。人口500。明永乐年间，

郭氏分支从郭楼迁入王庄居住，后王氏破产，将宅田卖给郭氏，遂改村名为郭庄。聚落呈散状分布。经济以种植业为主，主要农作物有小麦、大蒜、玉米。有公路经此。

韩铺 371723-B09-H16
[Hánpù]

在县驻地文亭街道西南方向5.9千米。九女集镇辖自然村。人口2 000。原名十里铺，明洪武年间，徐、王二氏从山西洪洞县迁来建村，并在官路旁开设饭铺，故改村名徐王铺。后韩氏迁来居住，人财两旺，又改村名韩铺。聚落呈散状分布。经济以种植业为主，主要农作物有小麦、大蒜、玉米。有公路经此。

侯楼 371723-B09-H17
[Hóulóu]

在县驻地文亭街道西南方向9.2千米。九女集镇辖自然村。人口400。此村原名张管公楼，明永乐年间，侯氏从山西洪洞县迁来居住，因张氏无后，故改村名为侯楼。聚落呈散状分布。经济以种植业为主，主要农作物有小麦、大蒜、玉米。有公路经此。

贾楼 371723-B09-H18
[Jiǎlóu]

在县驻地文亭街道西南方向9.5千米。九女集镇辖自然村。人口600。此村原名焦碱场。明嘉靖年间，贾氏分支从九女集村迁来居住，并建楼，故改村名为贾楼。聚落呈散状分布。经济以种植业为主，主要农作物有小麦、大蒜、玉米。有公路经此。

贾庄 371723-B09-H19
[Jiǎzhuāng]

在县驻地文亭街道西南方向11.6千米。九女集镇辖自然村。人口300。清康熙年间，贾氏分支迁此立村，随姓氏命名为贾庄。聚落呈散状分布。经济以种植业为主，主要农作物有小麦、大蒜、玉米。有公路经此。

康庄 371723-B09-H20
[Kāngzhuāng]

在县驻地文亭街道西南方向10.8千米。九女集镇辖自然村。人口600。康氏于明洪武年间从山西洪洞县迁至山东省成武县三里许立村，取名康楼，后人又迁此立村，名康庄。聚落呈散状分布。经济以种植业为主，主要农作物有小麦、大蒜、玉米。有公路经此。

李胡同 371723-B09-H21
[Lǐhútòng]

在县驻地文亭街道西南方向9.2千米。九女集镇辖自然村。人口700。李氏于明洪武年间从山西洪洞县奉旨迁山东成武百王村，后因黄河决堤，兵荒马乱，又迁往成武鲛鲸村，又因村中胡同较多，故改名为李胡同。聚落呈散状分布。经济以种植业为主，主要农作物有小麦、大蒜、玉米。有公路经此。

李楼 371723-B09-H22
[Lǐlóu]

在县驻地文亭街道西南方向8.1千米。九女集镇辖自然村。人口500。明弘治年间，李氏从山西洪洞县迁来立村，人财两旺，盖楼两座，得名李双楼，后改为李楼。聚落呈散状分布。经济以种植业为主，主要农作物有小麦、大蒜、玉米。有公路经此。

李庄寨 371723-B09-H23
[Lǐzhuāngzhài]

在县驻地文亭街道西南方向12.2千米。九女集镇辖自然村。人口600。李氏于明洪武年间从山西洪洞县迁此立村，为防匪患，特挖沟筑寨，故命村名为李庄寨。聚落呈散状分布。经济以种植业为主，主要农作物有小麦、大蒜、玉米。有公路经此。

刘吕庄 371723-B09-H24
[Liúlǚzhuāng]

在县驻地文亭街道西南方向 7.6 千米。九女集镇辖自然村。人口 600。此村原名李庄。清光绪年间，刘氏从巨野县苏集迁来居住，吕氏从西洼迁来定居，村名未变，后改为刘吕庄。聚落呈散状分布。经济以种植业为主，主要农作物有小麦、大蒜、玉米。有公路经此。

龙王庙 371723-B09-H25
[Lóngwángmiào]

在县驻地文亭街道西南方向 10.5 千米。九女集镇辖自然村。人口 300。明嘉靖年间，张氏从张瓦房迁来，李氏从八里河迁来，共建一村。相传因久旱无雨，百姓烧香拜佛，求来一条大蛇下了大雨，此事传开，百姓认为龙王显灵，便盖庙一座，并以此为村名。聚落呈散状分布。经济以种植业为主，主要农作物有小麦、大蒜、玉米。有公路经此。

鹿楼 371723-B09-H26
[Lùlóu]

在县驻地文亭街道西南方向 7.8 千米。九女集镇辖自然村。人口 1 400。明洪武年间，鹿、张两氏从山西洪洞县同时迁来建村，各盖楼房，因张氏楼房没有鹿氏楼房出名，故名鹿楼。聚落呈散状分布。经济以种植业为主，主要农作物有小麦、大蒜、玉米。有公路经此。

鹿堂 371723-B09-H27
[Lùtáng]

在县驻地文亭街道西南方向 5.9 千米。九女集镇辖自然村。人口 1 000。明洪武年间，鹿氏从山西洪洞县迁山东成武县城西十里定居，因村后建祠堂一座，故名鹿堂。

聚落呈散状分布。经济以种植业为主，主要农作物有小麦、大蒜、玉米。有公路经此。

马庙 371723-B09-H28
[Mǎmiào]

在县驻地文亭街道西南方向 14.6 千米。九女集镇辖自然村。人口 600。明洪武年间，马氏从今菏泽西北 35 里马集迁此立村，因在村旁修了一座三官庙，故名马庙。聚落呈散状分布。经济以种植业为主，主要农作物有小麦、大蒜、玉米。有公路经此。

南张楼 371723-B09-H29
[Nánzhānglóu]

在县驻地文亭街道西南方向 8.6 千米。九女集镇辖自然村。人口 700。张氏从南京先迁河南，明嘉靖年间张氏分支又迁居定陶，明万历年间，迁此立村，并盖楼一座，取名南张楼。聚落呈散状分布。经济以种植业为主，主要农作物有小麦、大蒜、玉米。有公路经此。

党集 371723-B10-H01
[Dǎngjí]

党集镇人民政府驻地。在县驻地文亭街道东北方向 9.0 千米。人口 5 000。明洪武年间，党姓居此，且成集会，故名。有文化站、中小学、幼儿园。经济以种植业为主，主要农作物有小麦、玉米、大蒜、棉花、山药等。有公路经此。

北王楼 371723-B10-H02
[Běiwánglóu]

在县驻地文亭街道东北方向 12.4 千米。党集镇辖自然村。人口 700。王氏原籍山西洪洞县，明崇祯年间迁此建村，以方位、姓氏取名北王楼。聚落呈散状分布。经济以种植业为主，主要农作物有小麦、大蒜、玉米。有公路经此。

曹庄 371723-B10-H03
［Cáozhuāng］

在县驻地文亭街道东北方向12.2千米。党集镇辖自然村。人口600。明永乐年间，曹氏由山西洪洞县迁此建村，取名曹庄。聚落呈散状分布。经济以种植业为主，主要农作物有小麦、大蒜、玉米。有公路经此。

大盐场 371723-B10-H04
［Dàyánchǎng］

在县驻地文亭街道东北方向12.7千米。党集镇辖自然村。人口600。因村中盐碱地较多，村民靠蒸制小盐生活，故名盐场。后人口增多，其分支在村东南另建新村，原村称大盐场。聚落呈散状分布。经济以种植业为主，主要农作物有小麦、大蒜、玉米。有公路经此。

陈兴庄 371723-B10-H05
［Chénxīngzhuāng］

在县驻地文亭街道东北方向10.8千米。党集镇辖自然村。人口300。清嘉庆十四年（1809），陈相辅从秦滩集（今属田集镇桃花寺）迁此建村，故取名陈庄，后改称今名。聚落呈散状分布。经济以种植业为主，主要农作物有小麦、大蒜、玉米。有公路经此。

东贾庄 371723-B10-H06
［Dōngjiǎzhuāng］

在县驻地文亭街道东北方向9.7千米。党集镇辖自然村。人口300。贾氏始祖原籍山西洪洞县，明永乐二年（1404）迁居成武东北定居，取村名贾堂，后改为贾庄。后因家族人多，其分支在贾堂西另立新村，故原贾庄改名东贾庄。聚落呈散状分布。经济以种植业为主，主要农作物有小麦、大蒜、玉米。有公路经此。

西贾庄 371723-B10-H07
［Xījiǎzhuāng］

在县驻地文亭街道东北方向9.5千米。党集镇辖自然村。人口300。贾氏始祖原籍山西洪洞县，明永乐二年（1404）迁居成武东北定居，取村名贾堂。后因家族人多，其分支在贾堂西另立新村，故名西贾庄。聚落呈散状分布。经济以种植业为主，主要农作物有小麦、大蒜、玉米。有公路经此。

杨庄 371723-B10-H08
［Yángzhuāng］

在县驻地文亭街道东北方向10.3千米。党集镇辖自然村。人口300。杨之春于康熙三十二年（1693）从小留集（今属苟村镇）迁此立村，名杨庄。聚落呈散状分布。经济以种植业为主，主要农作物有小麦、大蒜、玉米。有公路经此。

大郭楼 371723-B10-H09
［Dàguōlóu］

在县驻地文亭街道东北方向6.2千米。党集镇辖自然村。人口1 500。郭彦礼于明洪武年间从山西洪洞县迁至成武县城北10里老君堂，后移居杜村，因人财两旺，并盖楼，遂改名凤凰岭郭楼，后简称大郭楼。聚落呈散状分布。经济以种植业为主，主要农作物有小麦、大蒜、玉米。有公路经此。

大李楼 371723-B10-H10
［Dàlǐlóu］

在县驻地文亭街道东北方向11.1千米。党集镇辖自然村。人口1 000。此村原名仁义村，清康熙年间，刘、李、阎等姓迁此居住。后因李氏族人兴旺，并建土楼一座，故改村名为大李楼。聚落呈散状分布。经济以种植业为主，主要农作物有小麦、大蒜、玉米。有公路经此。

大李庄 371723–B10–H11

[Dàlǐzhuāng]

在县驻地文亭街道东北方向 7.3 千米。党集镇辖自然村。人口 400。明永乐年间，先祖从海滨迁来建村，名李庄，后人财两旺，故称大李庄。聚落呈散状分布。经济以种植业为主，主要农作物有小麦、大蒜、玉米。有公路经此。

申楼 371723–B10–H12

[Shēnlóu]

在县驻地文亭街道东北方向 13.2 千米。党集镇辖自然村。人口 400。元代时此村名刘庄，申氏于清康熙年间从大田集东南申楼迁刘庄居住，后刘氏人口渐少，申氏人丁兴旺，遂改刘庄为申楼。聚落呈散状分布。经济以种植业为主，主要农作物有小麦、大蒜、玉米。有公路经此。

段庄 371723–B10–H13

[Duànzhuāng]

在县驻地文亭街道东北方向 12.4 千米。党集镇辖自然村。人口 200。清康熙三十五年（1696），段氏从祖师庙迁来建庄，取名段庄。聚落呈散状分布。经济以种植业为主，主要农作物有小麦、大蒜、玉米。有公路经此。

郭庄 371723–B10–H14

[Guōzhuāng]

在县驻地文亭街道东北方向 10.5 千米。党集镇辖自然村。人口 400。清乾隆年间，郭氏从郭楼分支建村，取名郭庄。聚落呈散状分布。经济以种植业为主，主要农作物有小麦、大蒜、玉米。有公路经此。

胡楼 371723–B10–H15

[Húlóu]

在县驻地文亭街道东北方向 5.4 千米。党集镇辖自然村。人口 1 000。明洪武年间，胡氏与其胞弟林公从山西洪洞县迁山东，以姓氏取名胡楼。聚落呈散状分布。经济以种植业为主，主要农作物有小麦、大蒜、玉米。有公路经此。

刘老家 371723–B10–H16

[Liúlǎojiā]

在县驻地文亭街道东北方向 9.2 千米。党集镇辖自然村。人口 1 500。刘氏祖先从山西洪洞县迁至此地，明崇祯年间，刘淮重整家业，取村名刘老家。聚落呈散状分布。经济以种植业为主，主要农作物有小麦、大蒜、玉米。有公路经此。

胡张庄 371723–B10–H17

[Húzhāngzhuāng]

在县驻地文亭街道东北方向 11.3 千米。党集镇辖自然村。人口 300。胡、张二姓于明洪武年间从山西洪洞县迁来建村，因在村头盖一土庙，上面长满青草，取村名张草庙，后胡氏兴旺，经二姓协商，改村名为胡张庄。聚落呈散状分布。经济以种植业为主，主要农作物有小麦、大蒜、玉米。有公路经此。

马庄 371723–B10–H18

[Mǎzhuāng]

在县驻地文亭街道东北方向 9.7 千米。党集镇辖自然村。人口 600。明天启年间，马氏先祖迁入成武，遂以马姓命名为马庄。聚落呈散状分布。经济以种植业为主，主要农作物有小麦、大蒜、玉米。有公路经此。

南王楼 371723–B10–H19

[Nánwánglóu]

在县驻地文亭街道东北方向 6.2 千米。党集镇辖自然村。人口 1 200。明洪武年间，王氏先祖从山西洪洞县三槐堂迁河南省确山县，又迁巨野县东南佃子村，后又迁此立村，为了不受洪水猛兽侵袭，就地筑台盖楼，故名大王楼。后以方位改为南王楼。聚落呈散状分布。经济以种植业为主，主要农作物有小麦、大蒜、玉米。有公路经此。

邵家庄 371723-B10-H20

[Shàojiāzhuāng]

在县驻地文亭街道东北方向 5.1 千米。党集镇辖自然村。人口 700。传说明朝中期，窦姓由定陶迁此建村，因当时此处是一片荒草墓地，故名荒草林，后李、刘二姓相继迁入，清康熙年间，邵姓从今苟村集迁来，在村东定居建村为邵庄，因二村相邻，定名荒草林邵庄，后改为邵家庄。聚落呈散状分布。经济以种植业为主，主要农作物有小麦、大蒜、玉米。有公路经此。

孙海 371723-B10-H21

[Sūnhǎi]

在县驻地文亭街道东北方向 5.7 千米。党集镇辖自然村。人口 500。孙希冉于明嘉靖年间从山西洪洞县迁居成武城东北 12 里孙氏村居住，因地势低洼，故改村名为孙海。聚落呈散状分布。经济以种植业为主，主要农作物有小麦、大蒜、玉米。有公路经此。

孙刘庄 371723-B10-H22

[Sūnliúzhuāng]

在县驻地文亭街道东北方向 11.9 千米。党集镇辖自然村。人口 600。明洪武年间，于氏从山西洪洞县迁来建村，取名于庄。平氏乏后，后孙、刘两姓迁来居住，1982 年更名为孙刘庄。聚落呈散状分布。经济以种植业为主，主要农作物有小麦、大蒜、玉米。有公路经此。

大田海 371723-B10-H23

[Dàtiánhǎi]

在县驻地文亭街道东北方向 7.1 千米。党集镇辖自然村。人口 400。明万历年间，田氏分支从前田海迁此建村，名田海，后人丁兴旺，村落扩大，故称大田海。聚落呈散状分布。经济以种植业为主，主要农作物有小麦、大蒜、玉米。有公路经此。

田庄庙 371723-B10-H24

[Tiánzhuāngmiào]

在县驻地文亭街道东北方向 11.1 千米。党集镇辖自然村。人口 700。明洪武二十四年（1391），田氏从山西洪洞县迁来建村，名田庄。清雍正十三年（1735）平氏迁入，在村西建庙一座，遂改为平庙田庄，后平氏无后，田氏人丁兴旺，又恢复村名田庄庙。聚落呈散状分布。经济以种植业为主，主要农作物有小麦、大蒜、玉米。有公路经此。

王草庙 371723-B10-H25

[Wángcǎomiào]

在县驻地文亭街道东北方向 8.1 千米。党集镇辖自然村。人口 500。清顺治年间，王氏兄弟从郑庄（今属伯乐集镇）迁此建村，因当时生活贫寒，在村西建一草房为庙，故名王草庙。聚落呈散状分布。经济以种植业为主，主要农作物有小麦、大蒜、玉米。有公路经此。

西刘海 371723-B10-H26

[Xīliúhǎi]

在县驻地文亭街道东北方向 5.9 千米。党集镇辖自然村。人口 700。清康熙年间，刘氏永福、进福兄弟二人自本县大田集镇合集迁来建村，因地势低洼，故名刘海，后以方位改称西刘海。聚落呈散状分布。经济以种植业为主，主要农作物有小麦、大蒜、玉米。有公路经此。

辛集 371723-B10-H27
［Xīnjí］

在县驻地文亭街道东北方向12.2千米。党集镇辖自然村。人口400。明万历年间，刘氏从刘庄迁来建村，曾设集会，故称新集，又因"新"与"辛"谐音，演变成辛集。聚落呈散状分布。经济以种植业为主，主要农作物有小麦、大蒜、玉米。有公路经此。

闫庄 371723-B10-H28
［Yánzhuāng］

在县驻地文亭街道东北方向11.3千米。党集镇辖自然村。人口1 100。明嘉靖年间，阎氏祖法祥从定陶县阎楼迁来建村，名阎庄。聚落呈散状分布。经济以种植业为主，主要农作物有小麦、大蒜、玉米。有公路经此。

张石店 371723-B10-H29
［Zhāngshídiàn］

在县驻地文亭街道东北方向6.5千米。党集镇辖自然村。人口1 100。此村原名太平集，明洪武年间建村，后张石在此开客店，经营有方，顾客满意，久而久之村名变为张石店。聚落呈散状分布。经济以种植业为主，主要农作物有小麦、大蒜、玉米。有公路经此。

西郑庄 371723-B10-H30
［Xīzhèngzhuāng］

在县驻地文亭街道东北方向7.8千米。党集镇辖自然村。人口400。明洪武年间，郑氏从山西洪洞县迁至成武城东北18里建村，名郑庄。后刘王张姓先后迁入此村，庄田扩大，依村中间南北路为界，路以西称西郑庄。聚落呈散状分布。经济以种植业为主，主要农作物有小麦、大蒜、玉米。有公路经此。

朱庙 371723-B10-H31
［Zhūmiào］

在县驻地文亭街道东北方向11.3千米。党集镇辖自然村。人口100。明洪武年间，朱氏从山西洪洞县迁来建村，因村东建有三官庙，故名朱庙。后朱氏无后，王庄的王、刘二姓，先后迁此居住，村名未改。聚落呈散状分布。经济以种植业为主，主要农作物有小麦、大蒜、玉米。有公路经此。

小张楼 371723-B11-H01
［Xiǎozhānglóu］

张楼镇人民政府驻地。在县驻地文亭街道东北方向18.6千米。人口900。小张楼张氏先祖张守贵于明万历二十四年（1596）率全家由山西洪洞县迁来定居，经过几年辛勤劳作，家境逐渐殷实，遂盖土楼一座，根据村西北里许有沙洼一片地理特征，始取村名沙洼张楼。清光绪年间，村西北沙洼已被淤平，村名中失去了"沙洼"地理特征，同时村庄又较小，于是改村名为小张楼。聚落呈散状分布。经济以种植业为主，主要农作物有小麦、大蒜、玉米。有公路经此。

陈小庙 371723-B11-H02
［Chénxiǎomiào］

在县驻地文亭街道东北方向17.1千米。张楼镇辖自然村。人口700。因村西有一关帝小庙，故取名陈小庙。聚落呈散状分布。经济以种植业为主，主要农作物有小麦、大蒜、玉米。有公路经此。

双庙集 371723-B11-H03
［Shuāngmiàojí］

在县驻地文亭街道东北方向12.4千米。张楼镇辖自然村。人口200。因村西北有佛爷庙、奶奶庙南北相对而立，名双庙，清末改集，称双庙集。聚落呈散状分布。经济以种植业为主，主要农作物有小麦、大蒜、玉米。有公路经此。

大陈楼 371723-B11-H04
[Dàchénlóu]

在县驻地文亭街道东北方向15.1千米。张楼镇辖自然村。人口1 200。陈氏从山西洪洞县迁此立村，因盖楼一座，故取名大陈楼。聚落呈散状分布。经济以种植业为主，主要农作物有小麦、大蒜、玉米。有公路经此。

大张楼 371723-B11-H05
[Dàzhānglóu]

在县驻地文亭街道东北方向18.1千米。张楼镇辖自然村。人口1 400。明洪武五年（1372），张氏先祖张守信率全家由鱼台县清河崖迁此立村，并盖楼一座，取名张楼，相传，明末已盖楼九十九座，加之村大人多，习称大张楼。聚落呈散状分布。经济以种植业为主，主要农作物有小麦、大蒜、玉米。有公路经此。

大赵庄 371723-B11-H06
[Dàzhàozhuāng]

在县驻地文亭街道东北方向18.4千米。张楼镇辖自然村。人口900。明洪武年间，赵氏从山西洪洞县迁此立村，因村大人多，取名大赵庄。聚落呈散状分布。经济以种植业为主，主要农作物有小麦、大蒜、玉米。有公路经此。

东黄海 371723-B11-H07
[Dōnghuánghǎi]

在县驻地文亭街道东北方向19.4千米。张楼镇辖自然村。人口500。明崇祯年间，西黄海黄氏分支在此立村，因在老家之东，故取名东黄海。聚落呈散状分布。经济以种植业为主，主要农作物有小麦、大蒜、玉米。有公路经此。

杜庄 371723-B11-H08
[Dùzhuāng]

在县驻地文亭街道东北方向16.7千米。张楼镇辖自然村。人口600。明洪武年间，杜氏从山西洪洞县迁此立村，取名杜庄。聚落呈散状分布。经济以种植业为主，主要农作物有小麦、大蒜、玉米。有公路经此。

冯楼 371723-B11-H09
[Fénglóu]

在县驻地文亭街道东北方向14.1千米。张楼镇辖自然村。人口1 500。冯氏先祖冯志于明洪武七年（1374）由山西洪洞县迁此立村，因怀念故土，仍沿用老家村名冯楼。聚落呈散状分布。经济以种植业为主，主要农作物有小麦、大蒜、玉米。有公路经此。

冀楼 371723-B11-H10
[Jìlóu]

在县驻地文亭街道东北方向20.3千米。张楼镇辖自然村。人口1 100。冀氏先祖于明洪武年间由山西洪洞县迁此立村，盖一土楼，取名冀楼。聚落呈散状分布。经济以种植业为主，主要农作物有小麦、大蒜、玉米。有公路经此。

兰楼 371723-B11-H11
[Lánlóu]

在县驻地文亭街道东北方向18.1千米。张楼镇辖自然村。人口700。明永乐年间，兰书从曹县青天兰楼迁此立村，故名兰楼。聚落呈散状分布。经济以种植业为主，主要农作物有小麦、大蒜、玉米。有公路经此。

大刘楼 371723-B11-H12

［Dàliúlóu］

在县驻地文亭街道东北方向13.8千米。张楼镇辖自然村。人口400。明洪武三年（1370），刘氏一族在刘钟带领下，由河南淇县小苟村迁至此处立村，并盖土楼一座，因为村庄较大，故名大刘楼。聚落呈散状分布。经济以种植业为主，主要农作物有小麦、大蒜、玉米。有公路经此。

刘铺 371723-B11-H13

［Liúpù］

在县驻地文亭街道东北方向21.3千米。张楼镇辖自然村。人口1 100。因刘姓在历史上出过多个皇帝，取村名刘殿铺。明清时期，刘殿铺村西有一条南北走向大道，车辆不断，刘氏饭铺应时而设，刘铺村因此得名。聚落呈散状分布。经济以种植业为主，主要农作物有小麦、大蒜、玉米。有公路经此。

吕胡同 371723-B11-H14

［Lǚhútòng］

在县驻地文亭街道东北方向18.1千米。张楼镇辖自然村。人口1 400。明崇祯年间，吕英率全家由本乡吕洼迁此立村，因街巷形似胡同，故称吕胡同。聚落呈散状分布。经济以种植业为主，主要农作物有小麦、大蒜、玉米。有公路经此。

吕洼 371723-B11-H15

［Lǚwā］

在县驻地文亭街道东北方向23.2千米。张楼镇辖自然村。人口800。吕氏先祖吕滚于明永乐年间率全家由郓城、梁山之间的吕家鸭沟迁此立村，因地势低洼，故名吕洼。聚落呈散状分布。经济以种植业为主，主要农作物有小麦、大蒜、玉米。有公路经此。

前马寺 371723-B11-H16

［Qiánmǎsì］

在县驻地文亭街道东北方向23.2千米。张楼镇辖自然村。人口500。明洪武年间，马氏从山西洪洞县迁此立村，因村西有座吉祥寺，取名马寺。后马氏人财两旺，分居在古赵王河南北，此村在南，称前马寺。聚落呈散状分布。经济以种植业为主，主要农作物有小麦、大蒜、玉米。有公路经此。

苗楼 371723-B11-H17

［Miáolóu］

在县驻地文亭街道东北方向15.7千米。张楼镇辖自然村。人口400。清顺治年间，苗氏从伯乐集镇苗庄迁此立村，取名苗楼。聚落呈散状分布。经济以种植业为主，主要农作物有小麦、大蒜、玉米。有公路经此。

倪楼 371723-B11-H18

［Nílóu］

在县驻地文亭街道东北方向21.6千米。张楼镇辖自然村。人口1 200。因倪氏先祖立村时盖楼一座，取名倪楼。聚落呈散状分布。经济以种植业为主，主要农作物有小麦、大蒜、玉米。有公路经此。

乔庄 371723-B11-H19

［Qiáozhuāng］

在县驻地文亭街道东北方向15.9千米。张楼镇辖自然村。人口1 700。明崇祯年间，乔氏先祖乔加奉从白浮图镇乔楼迁此立村，取名乔庄。聚落呈散状分布。经济以种植业为主，主要农作物有小麦、大蒜、玉米。有公路经此。

秦庄 371723-B11-H20

［Qínzhuāng］

在县驻地文亭街道东北方向17.6千米。

张楼镇辖自然村。人口 800。清顺治年间，秦氏从南鲁集镇秦楼迁此立村，取名秦庄。聚落呈散状分布。经济以种植业为主，主要农作物有小麦、大蒜、玉米。有公路经此。

石楼 371723-B11-H21
[Shílóu]

在县驻地文亭街道东北方向 13.5 千米。张楼镇辖自然村。人口 400。明崇祯年间，石好礼从白浮图镇高堌堆（原石村）迁此立村，并盖楼一座，取名石楼。聚落呈散状分布。经济以种植业为主，主要农作物有小麦、大蒜、玉米。有公路经此。

谭楼 371723-B11-H22
[Tánlóu]

在县驻地文亭街道东北方向 21.6 千米。张楼镇辖自然村。人口 200。因村内有土楼一座并加以姓氏取名谭楼。聚落呈散状分布。经济以种植业为主，主要农作物有小麦、大蒜、玉米。有公路经此。

田楼 371723-B11-H23
[Tiánlóu]

在县驻地文亭街道东北方向 17.3 千米。张楼镇辖自然村。人口 500。田氏先祖田凌汉于明洪武二十四年（1391）由山西洪洞县迁至巨野县田家庙，其后代兄弟四人分居，长支、四支留居田家庙，三支迁来本县田庄，二支田迁良在此立村，盖楼房一座，取名田楼。聚落呈散状分布。经济以种植业为主，主要农作物有小麦、大蒜、玉米。有公路经此。

谢楼 371723-B11-H24
[Xièlóu]

在县驻地文亭街道东北方向 13.8 千米。张楼镇辖自然村。人口 200。明万历年间，谢氏由巨野县谢集迁此立村，并盖楼房一座，取名谢楼。聚落呈散状分布。经济以种植业为主，主要农作物有小麦、大蒜、玉米。有公路经此。

前许庄 371723-B11-H25
[Qiánxǔzhuāng]

在县驻地文亭街道东北方向 16.8 千米。张楼镇辖自然村。人口 600。许氏于明洪武年间迁此立村，取名许庄。因在许庄前，故名前许庄。聚落呈散状分布。经济以种植业为主，主要农作物有小麦、大蒜、玉米。有公路经此。

张海 371723-B11-H26
[Zhānghǎi]

在县驻地文亭街道东北方向 18.6 千米。张楼镇辖自然村。人口 400。明洪武年间，张氏先祖张寅由山西洪洞县迁此立村，因地势低洼，取名张海。聚落呈散状分布。经济以种植业为主，主要农作物有小麦、大蒜、玉米。有公路经此。

后张桥 371723-B11-H27
[Hòuzhāngqiáo]

在县驻地文亭街道东北方向 20.8 千米。张楼镇辖自然村。人口 300。张氏从前张桥迁此立村，因在前张桥村后，故取名后张桥。聚落呈散状分布。经济以种植业为主，主要农作物有小麦、大蒜、玉米。有公路经此。

前赵集 371723-B11-H28
[Qiánzhàojí]

在县驻地文亭街道东北方向 20.8 千米。张楼镇辖自然村。人口 400。赵氏始祖赵仪从山西洪洞县迁此立村，后又成集，取名赵集，又因在后赵集之前，改名前赵集。聚落呈散状分布。经济以种植业为主，主要农作物有小麦、大蒜、玉米。有公路经此。

赵小庙 371723-B11-H29

［Zhàoxiǎomiào］

在县驻地文亭街道东北方向 19.7 千米。张楼镇辖自然村。人口 1 200。明崇祯年间，赵伯环从邻村赵集迁来立村，因当时人少村小，建一庙，故名赵小庙。聚落呈散状分布。经济以种植业为主，主要农作物有小麦、大蒜、玉米。有公路经此。

前朱庄 371723-B11-H30

［Qiánzhūzhuāng］

在县驻地文亭街道东北方向 20.5 千米。张楼镇辖自然村。人口 300。明嘉靖年间，朱氏从白浮图镇朱集迁此立村，附近有 3 个朱庄，此村在前，取名前朱庄。聚落呈散状分布。经济以种植业为主，主要农作物有小麦、大蒜、玉米。有公路经此。

巨野县

城市居民点

麟居花园 371724-I01

［Líniū Huāyuán］

在县境北部。235 户。总面积 4.7 公顷。因巨野是麒麟之乡，麒麟是祥瑞之兽、吉祥神兽，主太平、长寿，故名麟居花园。2001 年始建，2003 年 11 月正式使用。建筑总面积 46 721 平方米，多层住宅楼 16 栋，中式建筑风格，绿地面积 14 016 平方米，有小学、超市、公园等配套设施。通公交车。

丽景苑 371724-I02

［Lìjǐng Yuàn］

在县境北部。705 户。总面积 7.8 公顷。丽景苑寓意景色美丽的家园。2005 年始建，2007 年正式使用。建筑总面积 75 000 平方米，住宅楼 20 栋，其中高层 2 栋、多层 18 栋，中式建筑风格，绿地面积 21 400 平方米，有小学、超市、卫生室等配套设施。通公交车。

文景新城 371724-I03

［Wénjǐng Xīnchéng］

在县境西部。743 户。总面积 10.5 公顷。名字来源于汉朝时的文景之治，寓意富强、繁荣。2010 年始建，2011 年正式使用。建筑总面积 200 000 平方米，住宅楼 27 栋，其中高层 13 栋、多层 14 栋，中式建筑风格，绿地面积 31 773 平方米，有小学、超市、卫生室等配套设施。通公交车。

恒巨花园 371724-I04

［Héngjù Huāyuán］

在县境北部。895 户。总面积 12.1 公顷。由开发公司得名，意为永恒的巨野，像花园一样的环境。2008 年始建，2010 年正式使用。建筑总面积 150 000 平方米，多层住宅楼 38 栋，中式建筑风格，绿地面积 30 000 平方米，有小学、超市、幼儿园等配套设施。通公交车。

文昌苑 371724 I05

［Wénchāng Yuàn］

在县境北部。906 户。总面积 19.7 公顷。因紧邻文昌路，故名文昌苑，2011 年始建，2013 年正式使用。建筑总面积 454 500 平方米，住宅楼 56 栋，其中小高层 13 栋、高层 6 栋、多层 37 栋，别墅 16 栋，中式建筑风格，绿地面积 50 726 平方米，有超市、幼儿园等配套设施。通公交车。

康美小区 371724-I06

［Kāngměi Xiǎoqū］

在县境北部。291 户。总面积 4.5 公顷。康美意为健康、美好期盼。2009 年始建，

2010 年正式使用。建筑总面积 37 000 平方米，住宅楼 20 栋，其中高层 2 栋、多层 18 栋，中式建筑风格，绿地面积 13 000 平方米，有超市、医院等配套设施。通公交车。

丽天苑 371724-I07
[LìtiānYuàn]

在县境北部。872 户。总面积 5.8 公顷。冠名丽天，意为美丽的天空。2007 年始建，2009 年正式使用。建筑总面积 155 000 平方米，住宅楼 26 栋，其中高层 5 栋、多层 21 栋，中式建筑风格，绿地面积 17 000 平方米，有超市、幼儿园等配套设施。通公交车。

牡丹花园 371724-I08
[Mǔdān Huāyuán]

在县境北部。748 户。总面积 8.3 公顷。因牡丹雍容大度，是富贵、吉祥的象征，小区内又有花园式的绿地，故名牡丹花园。2006 年始建，2012 年正式使用。建筑总面积 172 331 平方米，住宅楼 32 栋，其中高层 8 栋、多层 24 栋，中式建筑风格，绿地面积 21 699 平方米，有超市、幼儿园等配套设施。通公交车。

农村居民点

北庞庄 371724-A01-H01
[Běipángzhuāng]

在县驻地凤凰街道西北方向 5.0 千米。凤凰街道辖自然村。人口 1 000。庞氏先祖庞云许携家眷复迁至巨野县城西北 12 里建庞家庄，又因南有一庞庄，后为区分两村，故以方位更名为北庞庄。聚落呈团块状分布。经济以种植业为主，主要农作物有小麦等。有公路经此。

刘庄 371724-A01-H02
[Liúzhuāng]

在县驻地凤凰街道西北方向 7.5 千米。凤凰街道辖自然村。人口 800。明朝后期，刘氏在汉石桥村南建庄，名刘庄。聚落呈团块状分布。经济以种植业为主，主要农作物有小麦等。有公路经此。

大姚庄 371724-A01-H03
[Dàyáozhuāng]

在县驻地凤凰街道北方向 8.5 千米。凤凰街道辖自然村。人口 1 200。因有姚氏来此定居并建村，名为姚庄。道光年间，因姚氏人丁兴旺，声望高，周围村人向往，故改名为大姚庄。聚落呈团块状分布。有文化广场 1 处、农家书屋 1 处、图书室 1 处。经济以种植业为主，主要农作物有小麦等。有公路经此。

胡庄 371724-A01-H04
[Húzhuāng]

在县驻地凤凰街道西北方向 5.0 千米。凤凰街道辖自然村。人口 400。因最早胡氏来此定居，命名为胡庄。聚落呈团块状分布。有文体广场 1 处。经济以种植业为主，主要农作物有小麦、玉米等。有公路经此。

东刘庄 371724-A01-H05
[Dōngliúzhuāng]

在县驻地凤凰街道东北方向 3.0 千米。凤凰街道辖自然村。人口 1 600。因有刘氏家族从田庄沙土搬来在此定居并建村，故名刘庄。1953 年后，按地理位置命名为东刘庄。聚落呈团块状分布。有小学 1 处。经济以种植业为主。有公路经此。

义和庄 371724–A01–H06

[Yìhézhuāng]

在县驻地凤凰街道南方向 3.0 千米。凤凰街道辖自然村。人口 500。建村时主要有张姓、魏姓、郭姓，因邻居团结、互帮互助，大家商议取吉祥名，故命名为义和庄。聚落呈团块状分布。经济以种植业为主，主要农作物有小麦等。有公路经此。

吴庄 371724–A01–H07

[Wúzhuāng]

在县驻地凤凰街道西北方向 4.0 千米。凤凰街道辖自然村。人口 1 300。明永乐年间，吴氏于山东诸城县野鹊巢迁入巨野建村，并以姓氏命名。聚落呈团块状分布。有文化广场 1 处、文化大院 1 处、农家书屋 1 处、图书室 1 处、幼儿园 1 处。经济以种植业为主，主要农作物有小麦、玉米、棉花等。有公路经此。

张坑 371724–A01–H08

[Zhāngkēng]

在县驻地凤凰街道西北方向 2.0 千米。凤凰街道辖自然村。人口 400。清嘉庆年间，张氏先祖由老张庄迁入此地立庄，因村址周围低洼成坑，故以姓氏取村名张坑。聚落呈团块状分布。经济以种植业为主，主要农作物有小麦。有公路经此。

林庄 371724–A01–H09

[Línzhuāng]

在县驻地凤凰街道西北方向 5.0 千米。凤凰街道辖自然村。人口 400。明朝末年有林姓来此建庄，故命名为林庄。聚落呈团块状分布。经济以种植业为主，主要农作物有小麦。有公路经此。

沈庄 371724–A01–H10

[Shěnzhuāng]

在县驻地凤凰街道北方向 2.5 千米。凤凰街道辖自然村。人口 1 000。明洪武年间，沈氏建村，命名为沈庄。聚落呈团块状分布。经济以种植业为主，主要农作物有小麦。有公路经此。

新城 371724–A02–H01

[Xīnchéng]

在县驻地凤凰街道南方向 8.0 千米。永丰街道辖自然村。人口 2 900。明洪武年间，有付姓、王姓等从山西迁徙而来定居，村头有一大柳树，故名大柳村。清朝初年，降清明将杨都督奉旨来此开荒垦田，在村南围墙造营，该村名新城。聚落呈团块状分布。有文化广场 2 处、幼儿园 1 处、小学 1 处、中学 1 处。经济以种植业为主，主要农作物有小麦、棉花。有公路经此。

姚楼 371724–A02–H02

[Yáolóu]

在县驻地凤凰街道东南方向 4.9 千米。永丰街道辖自然村。人口 900。明洪武二十三年（1390），有姚氏族人迁巨野东南里许袁庄种田，称姚楼。聚落呈带状分布。有文化活动室 1 处、农家书屋 1 处、图书室 1 处。经济以种植业为主，主要农作物有小麦、玉米、棉花等。有公路经此。

洪庙 371724–A02–H03

[Hóngmiào]

在县驻地凤凰街道东方向 6.6 千米。永丰街道辖自然村。人口 400。明初，洪姓人家定居立村，定村名为洪庙。聚落呈带状分布。经济以种植业为主，主要农作物有小麦、棉花等。有公路经此。

魏海 371724-A02-H04
[Wèihǎi]

在县驻地凤凰街道东南方向 7.7 千米。永丰街道辖自然村。人口 1 200。传说，在明朝永乐年间，此地经常闹水灾，村周围筑埝子墙，取名魏埝，后改为魏海。聚落呈带状分布。有幼儿园 1 处。经济以种植业为主，主要农作物有小麦、玉米等。有公路经此。

高楼 371724-A02-H05
[Gāolóu]

在县驻地凤凰街道南方向 7.6 千米。永丰街道辖自然村。人口 1 800。明永乐年间，高氏自本县城东南万堂村迁至此定居，因村舍建有楼房，村以姓称，故名高楼。聚落呈团块状分布。有文化广场 1 处、农家书屋 1 处、图书室 1 处。经济以种植业为主，主要农作物有小麦、玉米等。有公路经此。

东赵 371724-A02-H06
[Dōngzhào]

在县驻地凤凰街道南方向 7.1 千米。永丰街道辖自然村。人口 1 900。明永乐元年（1402），赵氏族人来此定居并建村，取名城南赵家庄，后因与西赵庄区分，更名为东赵。聚落呈团块状分布。有文体广场 1 处、文化活动室 1 处。经济以种植业为主，主要农作物有小麦、玉米等。有公路经此。

程庄 371724-A02-H07
[Chéngzhuāng]

在县驻地凤凰街道东南方向 8.5 千米。永丰街道辖自然村。人口 1 500。明永乐年间，程氏在此立村，以姓氏命名为程庄。聚落呈团块状分布。有文化广场 1 处、小学 1 处。经济以种植业为主，主要农作物有小麦、玉米等。有公路经此。

庞庄 371724-A02-H08
[Pángzhuāng]

在县驻地凤凰街道东方向 6.9 千米。永丰街道辖自然村。人口 900。元末庞氏立村，后因黄河决口，水患频繁，村落逐渐废弃。清康熙初年，姚姓、万姓迁入，沿用庞庄村名至今。聚落呈团块状分布。有文体广场 1 处、文化活动室 1 处。经济以种植业为主，主要农作物有小麦、棉花等。有公路经此。

大杨庄 371724-A02-H09
[Dàyángzhuāng]

在县驻地凤凰街道东南方向 9.8 千米。永丰街道辖自然村。人口 1 000。明洪武年间，单氏立村，名单坑。明崇祯年间，单氏迁出，杨氏迁入，易名杨庄。后为区分同名村，改称大杨庄。聚落呈团块状分布。有文化活动室 1 处、农家书屋 1 处、图书室 1 处。经济以种植业为主，主要农作物有小麦、玉米、棉花、大豆等。有公路经此。

前薛 371724-A02-H10
[Qiánxuē]

在县驻地凤凰街道南方向 5.5 千米。永丰街道辖自然村。人口 400。元末明初，薛姓迁入，因薛氏有两兄弟，故分为前薛和后薛，该村以方位称前薛。聚落呈团块状分布。有文体广场 1 处、文化活动室 1 处、小学 1 处。经济以种植业为主，主要农作物有小麦。有公路经此。

南朱庄 371724-A02-H11
[Nánzhūzhuāng]

在县驻地凤凰街道南方向 12.1 千米。永丰街道辖自然村。人口 1 300。1315 年，朱姓从山西迁到大义北门，后迁到大义王店朱家小庙处，又迁到现住址，为与城南朱庄区分，故名南朱庄。聚落呈团块状分布。有文体广场1处、文化活动室1处、小学1处。经济以种植业为主，主要农作物有小麦。有公路经此。

周庄 371724-A02-H12
[Zhōuzhuāng]

在县驻地凤凰街道东方向6.6千米。永丰街道辖自然村。人口1 100。明洪武年间周姓由山西洪洞县迁此居住，命名为周庄。聚落呈团块状分布。有文体广场1处、文化活动室1处。经济以种植业为主，主要农作物有小麦。有公路经此。

孙大庙 371724-A02-H13
[Sūndàmiào]

在县驻地凤凰街道南方向8.2千米。永丰街道辖自然村。人口600。明洪武年间，孙氏自山西洪洞县迁此地建村，因此处有一座庙，故命名为孙大庙。聚落呈团块状分布。有文化活动室1处、农家书屋1处。经济以种植业为主，主要农作物有小麦。有公路经此。

王寨 371724-B01-H01
[Wángzhài]

龙堌镇人民政府驻地。在县驻地凤凰街道西方向22.0千米。人口1 100。明洪武年间，王氏祖从浙江绍兴迁至济宁，1401年从济宁迁至龙堌集西南，设寨围定居，取村名西南隅，后改为王寨。聚落呈团块状分布。有文化广场1处、文化活动室1处、图书室1处。经济以种植业为主，主要农作物有小麦、玉米等。有公路经此。

张楼 371724-B01-H02
[Zhānglóu]

在县驻地凤凰街道西南方向24.0千米。龙堌镇辖自然村。人口1 800。据说，张氏

三兄弟自山西洪洞县迁入此地建楼，故称张楼。聚落呈团块状分布。有文化活动室1处、文化大院1处、图书室1处、小学1处。经济以种植业为主，主要农作物有小麦、玉米等。有公路经此。

唐庄 371724-B01-H03
[Tángzhuāng]

在县驻地凤凰街道西南方向33.0千米。龙堌镇辖自然村。人口1 300。明洪武年间，唐氏族人从山西洪洞县迁居到此立村，命名为唐庄。聚落呈团块状分布。经济以种植业为主，主要农作物有小麦、玉米等。327国道经此。

蔡桥 371724-B01-H04
[Càiqiáo]

在县驻地凤凰街道西南方向20.0千米。龙堌镇辖自然村。人口900。因此村蔡氏家族人多，并东头有大桥、水流量大，故命名为蔡桥。聚落呈团块状分布。经济以种植业为主，主要农作物有小麦、玉米等。有公路经此。

许庄 371724-B01-H05
[Xǔzhuāng]

在县驻地凤凰街道西南方向24.0千米。龙堌镇辖自然村。人口100。许氏家族自陕西宝鸡迁入此地建村，命名为许庄。聚落呈团块状分布。有文体广场1处、文化活动室1处、幼儿园1处、小学1处。经济以种植业为主，主要农作物有小麦、玉米等。有公路经此。

大李庄 371724-B01-H06
[Dàlǐzhuāng]

在县驻地凤凰街道西南方向27.0千米。龙堌镇辖自然村。人口1 400。明洪武年间，李姓由山西省洪洞县迁于济宁安居村，永

乐年间迁此定居，命名为大李庄。聚落呈团块状分布。经济以种植业为主，主要农作物有小麦、玉米等。有公路经此。

大李集东村 371724-B01-H07
[Dàlǐjídōngcūn]

在县驻地凤凰街道西南方向26.0千米。龙堌镇辖自然村。人口2 200。原村名安乐村，后更名安义集。李氏携家人由济宁迁入后，遂易村名为李集，后李集分为三个村，此村因在李集东部，名大李集东村。聚落呈团块状分布。有幼儿园1处、小学1处。经济以种植业为主，主要农作物有小麦。有公路经此。

沙沃 371724-B01-H08
[Shāwò]

在县驻地凤凰街道西南方向24.5千米。龙堌镇辖自然村。人口2 100。明永乐年间，史姓家族自定陶迁居此地，因当时沙土遍地，并有一很长的沙丘在此围成半圆状，史姓族人傍丘立村，取村名沙沃。聚落呈团块状分布。有幼儿园1处、小学1处。经济以种植业为主，主要农作物有小麦、玉米等。有公路经此。

观集 371724-B01-H09
[Guānjí]

在县驻地凤凰街道西南方向27.0千米。龙堌镇辖自然村。人口1 900。明洪武年间，宋、王两姓由日照迁此立村，因此地有一观音阁，故名观集。聚落呈团块状分布。有小学1处。经济以种植业为主，主要农作物有小麦、玉米等。有小学1处。有公路经此。

左庄 371724-B01-H10
[Zuǒzhuāng]

在县驻地凤凰街道西南方向28.0千米。

龙堌镇辖自然村。人口800。明洪武年间，左氏族人由山西洪洞县迁至现大义镇左店，后又迁至现址立村，命名左庄。聚落呈团块状分布。有小学1处。经济以种植业为主，主要农作物有小麦、玉米等。有公路经此。

大文楼 371724-B01-H11
[Dàwénlóu]

在县驻地凤凰街道西南方向26.0千米。龙堌镇辖自然村。人口2 000。传说，明洪武年间，文姓族人家财富裕，在村西建一栋望京楼，故取名大文楼。聚落呈团块状分布。经济以种植业为主，主要农作物有小麦、玉米等。有公路经此。

路海 371724-B01-H12
[Lùhǎi]

在县驻地凤凰街道西南方向30.0千米。龙堌镇辖自然村。人口1 900。明洪武年间，路姓、刘姓、李姓族人由山西省洪洞县迁入此地，命名路海。聚落呈团块状分布。有文体广场1处。经济以种植业为主，主要农作物有小麦、玉米等。有公路经此。

三街 371724-B02-H01
[Sānjiē]

大义镇人民政府驻地。在县驻地凤凰街道东南方向12.0千米。人口1 200。因村中各姓混居，故按街道划分，称三街。聚落呈团块状分布。有文化广场1处、文化活动室1处、幼儿园1处。经济以种植业为主，主要农作物有玉米、小麦、大蒜等。有公路经此。

孔楼 371724-B02-H02
[Kǒnglóu]

在县驻地凤凰街道南方向15.0千米。大义镇辖自然村。人口4 700。元末，孔子后人以姓氏名村。聚落呈团块状分布。有文体广场 1 处、文化活动室 1 处、幼儿园 1 处、小学 1 处。经济以种植业为主，主要农作物有小麦、玉米等。有公路经此。

王店 371724-B02-H03
[Wángdiàn]

在县驻地凤凰街道南方向 14.0 千米。大义镇辖自然村。人口 2 000。明洪武年间，王氏由临清五里闸迁至巨野县南建庄王家店，后改名为王店。聚落呈团块状分布。有文体广场 1 处、文化活动室 1 处、幼儿园 1 处、小学 1 处。经济以种植业为主，主要农作物有小麦、玉米等。有公路经此。

葛店 371724-B02-H04
[Gědiàn]

在县驻地凤凰街道南方向 21.0 千米。大义镇辖自然村。人口 2 800。原名和药集，后因葛姓在此开店，很有名望，旅行的人不管早晚都要赶到葛店住宿，渐改称葛店。聚落呈团块状分布。有文体广场 1 处、文化活动室 1 处、幼儿园 2 处、小学 1 处、中学 1 处。经济以种植业为主，主要农作物有小麦。有公路经此。

谷庄 371724-B02-H05
[Gǔzhuāng]

在县驻地凤凰街道南方向 9.9 千米。大义镇辖自然村。人口 800。明末清初，谷姓由大义镇镇谷府迁此地建村，故名谷庄。聚落呈团块状分布。有文体广场 1 处、文化活动室 1 处。经济以种植业为主，主要农作物有小麦。有公路经此。

开官屯 371724-B02-H06
[Kāiguāntún]

在县驻地凤凰街道南方向 9.1 千米。大义镇辖自然村。人口 1 200。明永乐年间，有官兵解甲归田，垦荒建屯，以开氏家族为主，官府赐名开官屯。聚落呈团块状分布。有文体广场 1 处、文化活动室 1 处、幼儿园 1 处、小学 1 处。经济以种植业为主，主要农作物有小麦。有公路经此。

常庄 371724-B02-H07
[Chángzhuāng]

在县驻地凤凰街道南方向 13.0 千米。大义镇辖自然村。人口 600。清顺治年间，常姓由巨野城南常楼迁至此地立村，名常庄。聚落呈团块状分布。有文化广场 1 处、文化活动室 1 处。经济以种植业为主，主要农作物有小麦、玉米等。有公路经此。

张楼 371724-B02-H08
[Zhānglóu]

在县驻地凤凰街道东南方向 22.0 千米。大义镇辖自然村。人口 2 000。明永乐年间，张氏族人由山西洪洞县迁此定居，故名张楼。聚落呈团块状分布。有文体广场 1 处、文化活动室 1 处、幼儿园 1 处、小学 1 处。经济以种植业为主，主要农作物有小麦、棉花等。有公路经此。

德化集 371724-B02-H09
[Déhuàjí]

在县驻地凤凰街道东南方向 28.0 千米。大义镇辖自然村。人口 1 800。明洪武年间，姜、牛、李表兄三人居此，因民风淳朴，注重以德感化，故名德化集。聚落呈团块状分布。有文化活动室 1 处、幼儿园 1 处、小学 1 处。经济以种植业为主，主要农作物有小麦、玉米等。有公路经此。

大王庄 371724-B02-H10
[Dàwángzhuāng]

在县驻地凤凰街道东南方向 21.0 千米。大义镇辖自然村。人口 300。明洪武年间，王氏由北京涿州迁此居住，取名大王庄。

聚落呈团块状分布。有文化广场 1 处、文化活动室 1 处、幼儿园 1 处。经济以种植业为主，主要农作物有小麦、玉米等。有公路经此。

二街 371724-B02-H11
[Èrjiē]

在县驻地凤凰街道南方向 15.0 千米。大义镇辖自然村。人口 900。明洪武初年，陶逯等由山西洪洞县迁此定居，按照街道划分，名二街。聚落呈团块状分布。有文体广场 1 处、文化活动室 1 处、幼儿园 1 处。经济以种植业为主，主要农作物有小麦、玉米等。有公路经此。

前祝庄 371724-B02-H12
[Qiánzhùzhuāng]

在县驻地凤凰街道南方向 15.0 千米。大义镇辖自然村。人口 1 100。明洪武二年（1369），祝氏族人由山西洪洞迁此定居，因在大义集南头，故称前祝庄。聚落呈团块状分布。有文体广场 1 处、文化活动室 1 处、幼儿园 1 处。经济以种植业为主，主要农作物有小麦、棉花等。有公路经此。

小集子 371724-B02-H13
[Xiǎojízi]

在县驻地凤凰街道西南方向 23.0 千米。大义镇辖自然村。人口 900。原名贺村店。因村庄紧靠大义集，原村内有集市贸易，故改为小集子。聚落呈团块状分布。有文体广场 1 处、文化活动室 1 处。经济以种植业为主，主要农作物有小麦、棉花等。有公路经此。

东营 371724-B02-H14
[Dōngyíng]

在县驻地凤凰街道南方向 18.0 千米。大义镇辖自然村。人口 2 300。明末清初，因皇帝赐李氏此处最东边界之地建村，故名东营。聚落呈团块状分布。有文体广场 1 处、文化活动室 1 处、幼儿园 1 处、小学 1 处。经济以种植业为主，主要农作物有小麦。有公路经此。

东彭堂 371724-B02-H15
[Dōngpéngtáng]

在县驻地凤凰街道东南方向 20.0 千米。大义镇辖自然村。人口 1 500。传说明永乐三年（1405），彭氏由山西洪洞县迁至巨野县东南石桥村定居，改村名为彭家堂，后因在县城东南方向，改为东彭堂。聚落呈团块状分布。有文体广场 1 处、文化活动室 1 处。经济以种植业为主，主要农作物有小麦。有公路经此。

吴集 371724-B02-H16
[Wújí]

在县驻地凤凰街道东南方向 22.0 千米。大义镇辖自然村。人口 1 700。传说吴集早晨设有菜市，来此赶集的人甚多，故名吴集。聚落呈团块状分布。有文体广场 1 处、文化活动室 1 处、小学 1 处。经济以种植业为主，主要农作物有小麦。有公路经此。

柯针园 371724-B02-H17
[Kēzhēnyuán]

在县驻地凤凰街道东南方向 19.0 千米。大义镇辖自然村。人口 1 900。明洪武二年（1369），张氏族人由山西洪洞县迁此定居，命名张庄，后又北移一华里改名柯针园。聚落呈团块状分布。有文体广场 1 处、文化活动室 1 处、幼儿园 1 处。经济以种植业为主，主要农作物有小麦。有公路经此。

奚阁 371724-B02-H18
[Xīgé]

在县驻地凤凰街道东南方向 25.0 千米。

大义镇辖自然村。人口1 900。明洪武年间，奚姓族人由山东诸城迁至此地，以姓氏命名。聚落呈团块状分布。有文体广场1处、文化活动室1处、幼儿园1处、小学1处。经济以种植业为主，主要农作物有小麦。有公路经此。

棠林集 371724-B02-H19
［Tánglínjí］

在县驻地凤凰街道南方向21.0千米。大义镇辖自然村。人口2 200。明初，闫姓由山西洪洞县迁此立村，因旁边有棠梨树林，故名棠林，后因设集，故改今名。聚落呈团块状分布。有文体广场1处、文化活动室1处、幼儿园1处。经济以种植业为主，主要农作物有小麦。有公路经此。

西闫庄 371724-B02-H20
［Xīyánzhuāng］

在县驻地凤凰街道东南方向24.0千米。大义镇辖自然村。人口1 800。明洪武年间，闫姓奉旨东迁，兄弟四人被安置四县，占东、西、南、北四个方位。此村居西方，故名西闫庄。聚落呈团块状分布。有文体广场1处、文化活动室1处、幼儿园1处、小学1处。经济以种植业为主，主要农作物有小麦。有公路经此。

马河 371724-B02-H21
［Mǎhé］

在县驻地凤凰街道南方向23.0千米。大义镇辖自然村。人口1 300。明洪武年间，马姓从巨野城马家街迁至此地，因当时有一条小河，故起名马河。聚落呈团块状分布。有文体广场1处、文化活动室1处、幼儿园1处。经济以种植业为主，主要农作物有小麦。有公路经此。

小徐营 371724-B02-H22
［Xiǎoxúyíng］

在县驻地凤凰街道西南方向9.4千米。大义镇辖自然村。人口2 200。明洪武年间，因本村徐姓最多，故名徐庄，在明朝初期，改为小徐营。聚落呈团块状分布。有文体广场1处、文化活动室1处、幼儿园1处、小学1处。经济以种植业为主，主要农作物有小麦。有公路经此。

柳林 371724-B03-H01
［Liǔlín］

柳林镇人民政府驻地。在县驻地凤凰街道西北方向40.0千米。人口4 200。明洪武年间，柳氏由山西洪洞县迁移此地建村，因当时此地有一片树林，故名柳林。聚落呈团块状分布。有文化广场1处、文化活动室1处、幼儿园1处、小学1处、中学1处。经济以种植业为主，主要农作物有小麦、玉米等。有公路经此。

马楼 371724-B03-H02
［Mǎlóu］

在县驻地凤凰街道西南方向35.0千米。柳林镇辖自然村。人口1 900。清朝年间，马氏族人由定陶县迁入此处，命名马楼。聚落呈团块状分布。有文体广场1处、文化活动室1处。经济以种植业为主，主要农作物有小麦。有公路经此。

闫庄 371724-B03-H03
［Yánzhuāng］

在县驻地凤凰街道西南方向40.0千米。柳林镇辖自然村。人口400。1449年，闫氏族人从定陶迁此定居建村，以姓氏命名。聚落呈团块状分布。有文体广场1处、文化活动室1处。经济以种植业为主，主要农作物有小麦、玉米等。有公路经此。

大李楼东村 371724-B03-H04
[Dàlǐlóudōngcūn]

在县驻地凤凰街道西南方向38.0千米。柳林镇辖自然村。人口2 500。明洪武年间，李氏从山西路定府迁到此处，原名火烧屯，后以方位改为大李楼东村。聚落呈团块状分布。有文体广场1处、文化活动室1处、幼儿园1处、小学1处。经济以种植业为主，主要农作物有小麦。有公路经此。

大李楼西村 371724-B03-H05
[Dàlǐlóuxīcūn]

在县驻地凤凰街道西南方向39.0千米。柳林镇辖自然村。人口1 800。明洪武年间，李氏从山西路定府迁到此处，原名火烧屯，后以方位改为大李楼西村。聚落呈团块状分布。有文体广场1处、文化活动室1处、幼儿园1处。经济以种植业为主，主要农作物有小麦。有公路经此。

东葛集 371724-B03-H06
[Dōnggějí]

在县驻地凤凰街道西南方向40.0千米。柳林镇辖自然村。人口2 400。明洪武年间，朱元璋部将葛成与二弟葛兴、三弟葛盛到郓城寻宗，因遭灾乱、水患，祖籍散没，遂在此定居，取名葛集，后以方位改称今名。聚落呈团块状分布。有文体广场1处、文化活动室1处、幼儿园1处、小学1处。经济以种植业为主，主要农作物有小麦等。有公路经此。

西葛集 371724-B03-H07
[Xīgějí]

在县驻地凤凰街道西南方向41.0千米。柳林镇辖自然村。人口2 600。明洪武年间，朱元璋部将葛成与二弟葛兴、三弟葛盛到郓城寻宗，因遭灾乱、水患，祖籍散没，遂在此定居，取名葛集，后以方位改称今名。聚落呈团块状分布。有文体广场1处、文化活动室1处、幼儿园1处。经济以种植业为主，主要农作物有小麦。有公路经此。

徐堂 371724-B03-H08
[Xútáng]

在县驻地凤凰街道西南方向34.0千米。柳林镇辖自然村。人口1 500。元朝时期，村南有一大坑名堂坑，早年是一个码头，徐氏由南袁仓集迁居于此，立舍建村，以姓氏取名徐堂。聚落呈团块状分布。有文体广场1处、文化活动室1处。经济以种植业为主，主要农作物有小麦。有公路经此。

王西庄 371724-B03-H09
[Wángxīzhuāng]

在县驻地凤凰街道西南方向36.0千米。柳林镇辖自然村。人口400。明洪武年间，王氏先祖自山西洪洞县迁入徐堂西侧定居，取名王西庄。聚落呈团块状分布。有文体广场1处、文化活动室1处。经济以种植业为主，主要农作物有小麦。有公路经此。

秦庄 371724-B03-H10
[Qínzhuāng]

在县驻地凤凰街道西南方向33.0千米。柳林镇辖自然村。人口400。清雍正年间，秦姓族人由成武秦甫迁此建村，故名秦庄。聚落呈团块状分布。有文体广场1处、文化活动室1处。经济以种植业为主，主要农作物有小麦。有公路经此。

蒋海 371724-B03-H11
[Jiǎnghǎi]

在县驻地凤凰街道西南方向34.0千米。柳林镇辖自然村。人口2 600。明永乐年间，蒋氏敬亭自山西潞州迁于此，命名蒋海。聚落呈团块状分布。有文体广场1处、文化活动室1处、幼儿园1处、小学1处。经济以种植业为主，主要农作物有小麦。有公路经此。

戴楼 371724-B03-H12

[Dàilóu]

在县驻地凤凰街道西南方向40.0千米。柳林镇辖自然村。人口1 000。明洪武年间，崔姓从山西洪洞县迁居于此，取名崔堂，后因崔氏豪杰义杀恶贼受村民爱戴，故名戴楼。聚落呈团块状分布。有文体广场1处、文化活动室1处。经济以种植业为主，主要农作物有小麦。有公路经此。

王水坑 371724-B03-H13

[Wángshuǐkēng]

在县驻地凤凰街道西南方向39.0千米。柳林镇辖自然村。人口700。1141年，因洪水泛滥，一官员巡视灾情，船无法行驶，便问船家此处是否还有人家，船家说还有王氏一家，便在簿上记录"王水坑"，故名。聚落呈团块状分布。有文体广场1处、文化活动室1处。经济以种植业为主，主要农作物有小麦。有公路经此。

马台子 371724-B03-H14

[Mǎtáizi]

在县驻地凤凰街道西南方向29.0千米。柳林镇辖自然村。人口1 700。明隆庆年间，巨野西关菜园村民迁居此地，习武保家卫国，为了练马上功夫，立了两个上马台，所以取名马台子。聚落呈团块状分布。有文体广场1处、文化活动室1处。经济以种植业为主，主要农作物有小麦。有公路经此。

闫河 371724-B03-H15

[Yánhé]

在县驻地凤凰街道西南方向31.0千米。柳林镇辖自然村。人口1 700。明正统年间，闫姓世祖自兴隆集迁居闫河，初建村庄，因在老洙水河拐弯处南岸，老洙水河围绕整个村庄的北面、东面，故称沿河，后改名闫河。聚落呈团块状分布。有文化广场1处、图书室1处、小学1处、幼儿园1处。经济以种植业为主，主要农作物有小麦。有公路经此。

毕庄 371724-B03-H16

[Bìzhuāng]

在县驻地凤凰街道西南方向34.0千米。柳林镇辖自然村。人口700。原名孔庄，孔姓族人来此定居并建村，后因毕姓村民居多，故改为毕庄。聚落呈团块状分布。有文体广场1处、文化活动室1处。经济以种植业为主，主要农作物有小麦。有公路经此。

王岸楼 371724-B03-H17

[Wáng'ànlóu]

在县驻地凤凰街道西南方向31.0千米。柳林镇辖自然村。人口900。明朝时，王氏族人到此游玩，见四野水势浩渺，水秀景佳，实为宝地，遂在此建一楼台，于此定居，取名王岸楼。聚落呈团块状分布。有文体广场1处、文化活动室1处。经济以种植业为主，主要农作物有小麦。有公路经此。

榆园 371724-B03-H18

[Yúyuán]

在县驻地凤凰街道西南方向30.0千米。柳林镇辖自然村。人口1 100。明洪武年间王姓建村，因当时此处是片榆树园，故名榆园。聚落呈团块状分布。有文体广场1处、文化活动室1处。经济以种植业为主，主要农作物有小麦。有公路经此。

前郝庄 371724-B03-H19
[Qiánhǎozhuāng]

在县驻地凤凰街道西南方向29.0千米。柳林镇辖自然村。人口1 000。明洪武年间，郝姓由山西省洪洞县迁此建村，因村北五里处还有一郝庄，故该村以位置称为前郝庄。聚落呈团块状分布。有文体广场1处、文化活动室1处、中学1处。经济以种植业为主，主要农作物有小麦。有公路经此。

张表 371724-B03-H20
[Zhāngbiǎo]

在县驻地凤凰街道西南方向35.0千米。柳林镇辖自然村。人口2 700。传说，清雍正年间，张姓由山西洪洞县迁此建村，并命名为张表集，简称张表。聚落呈团块状分布。有文体广场1处、文化活动室1处、幼儿园1处、小学1处。经济以种植业为主，主要农作物有小麦。有公路经此。

清河集 371724-B03-H21
[Qīnghéjí]

在县驻地凤凰街道西南方向37.0千米。柳林镇辖自然村。人口1 100。清雍正年间，张姓由山西洪洞县迁至此地，因有一条小河清澈透明，常年有水，故在此建村，后解姓、洪姓自山西洪洞县迁入，名为清河集。聚落呈团块状分布。有文体广场1处、文化活动室1处、幼儿园1处、小学1处。经济以种植业为主，主要农作物有小麦。有公路经此。

高油坊 371724-B03-H22
[Gāoyóufáng]

在县驻地凤凰街道西南方向33.0千米。柳林镇辖自然村。人口1 100。清雍正年间，高氏由山西洪洞县迁此建村，因高氏油坊比较出名，故名高油坊。聚落呈团块状分布。有文体广场1处、文化活动室1处、幼儿园1处。经济以种植业为主，主要农作物有小麦。有公路经此。

章西 371724-B04-H01
[Zhāngxī]

章缝镇人民政府驻地。在县驻地凤凰街道西南方向20.0千米。人口2 400。1969年，章缝镇所辖三大队合并为章缝大队。1980年分成3个村，因该村位于大队的西方，故称章西。聚落呈环状分布。有文化广场1处、文化活动室1处、幼儿园1处、小学1处、中学1处。经济以种植业为主，主要农作物有玉米、小麦等。有公路经此。

后仓集 371724-B04-H02
[Hòucāngjí]

在县驻地凤凰街道南方向23.0千米。章缝镇辖自然村。人口1 300。明洪武年间，苑、苍两姓立村，取村名苑苍。明万历年间，村内成立集市，遂改村名为苍集，现多写为仓集。由于人口较多，姓氏较杂，为便于管理，将该村以内垓墙为界分为两个村，居前者为前仓集，居后者为后仓集。聚落呈团块状分布。有文体广场1处、文化活动室1处、幼儿园1处。经济以种植业为主，主要农作物有小麦。有公路经此。

官李庄 371724-B04-H03
[Guānlǐzhuāng]

在县驻地凤凰街道南方向25.0千米。章缝镇辖自然村。人口1 000。明永乐年间，李氏由山西洪洞县迁此定居，因在官路东侧，取名官路李庄，后简称官李庄。聚落呈团块状分布。有文体广场1处、文化活动室1处。经济以种植业为主，主要农作物有小麦。有公路经此。

西姜庄 371724-B04-H04
[Xījiāngzhuāng]

在县驻地凤凰街道南方向 22.0 千米。章缝镇辖自然村。人口 1 100。明洪武年间姜姓立村，取名姜庄。明万历年间，举人姜仪兵与鲁王之女结亲，更名大姜庄，后因与江庄村相依，故以方位更名西姜庄。聚落呈团块状分布。有文体广场 1 处、文化活动室 1 处、幼儿园 1 处、小学 1 处。经济以种植业为主，主要农作物有小麦。有公路经此。

毕花园 371724-B04-H05
[Bìhuāyuán]

在县驻地凤凰街道南方向 22.0 千米。章缝镇辖自然村。人口 1 100。明洪武年间，毕氏族人从四合集迁此居住，为大户人家管理花园，立村取名毕花园。聚落呈团块状分布。有文体广场 1 处、文化活动室 1 处。经济以种植业为主，主要农作物有小麦、大蒜、洋葱等。有公路经此。

孙庄 371724-B04-H06
[Sūnzhuāng]

在县驻地凤凰街道南方向 20.0 千米。章缝镇辖自然村。人口 1 600。明洪武年间，孙氏自山西洪洞县迁此立村，因此处土质为沙土地，故得名沙沃孙庄，后改为孙庄。聚落呈团块状分布。有文体广场 1 处、文化活动室 1 处、幼儿园 1 处。经济以种植业为主，主要农作物有小麦、大蒜、洋葱等。有公路经此。

姜村 371724-B04-H07
[Jiāngcūn]

在县驻地凤凰街道南方向 28.0 千米。章缝镇辖自然村。人口 2 200。明洪武年间，商姓迁此投靠岳父母，其岳父母居于姜庙村，由此取名姜村。聚落呈团块状分布。有文体广场 1 处、文化活动室 1 处、幼儿园 1 处、小学 1 处。经济以种植业为主，主要农作物有小麦、大蒜、山药等。有公路经此。

曹海 371724-B04-H08
[Cáohǎi]

在县驻地凤凰街道南方向 27.0 千米。章缝镇辖自然村。人口 2 600。明洪武年间，曹氏族人由巨野县东关迁此定居，立村名曹海。聚落呈团块状分布。有文体广场 1 处、文化活动室 1 处、幼儿园 1 处、小学 1 处。经济以种植业为主，主要农作物有小麦。有公路经此。

燕洼 371724-B04-H09
[Yānwā]

在县驻地凤凰街道南方向 27.0 千米。章缝镇辖自然村。人口 1 900。明洪武年间，燕氏由山西洪洞县迁此立村，因地势低洼，以姓氏称村名燕洼。聚落呈团块状分布。有文体广场 1 处、文化活动室 1 处、幼儿园 1 处。经济以种植业为主，主要农作物有小麦。有公路经此。

窦刘庄 371724-B04-H10
[Dòuliúzhuāng]

在县驻地凤凰街道南方向 26.0 千米。章缝镇辖自然村。人口 1 200。明万历年间，刘姓自山西洪洞县迁此立村，取村名刘围子。后有窦姓迁入，改村名窦刘庄。聚落呈团块状分布。有文体广场 1 处、文化活动室 1 处、幼儿园 1 处、小学 1 处。经济以种植业为主，主要农作物有小麦。有公路经此。

重集 371724-B04-H11
[Chóngjí]

在县驻地凤凰街道南方向 27.0 千米。

章缝镇辖自然村。人口1 100。明洪武年间，张氏与刘氏在此立村，村名重兴集，后更名为重集。聚落呈团块状分布。有文体广场1处、文化活动室1处。经济以种植业为主，主要农作物有小麦。有公路经此。

章东 371724-B04-H12
[Zhāngdōng]

在县驻地凤凰街道南方向24.0千米。章缝镇辖自然村。人口1 300。1969年，章缝镇所辖三大队合并为章缝大队。1980年分成3个村，因该村位于大队的东方，故称章东。聚落呈团块状分布。有文体广场1处、文化活动室1处、幼儿园1处。经济以种植业为主，主要农作物有小麦。有公路经此。

冯庄 371724-B04-H13
[Féngzhuāng]

在县驻地凤凰街道南方向24.0千米。章缝镇辖自然村。人口900。明洪武年间，冯氏自山西洪洞县初迁至大冯庄，至明正德年间始迁此建村，以姓氏为名，称冯庄。聚落呈团块状分布。有文体广场1处、文化活动室1处。经济以种植业为主，主要农作物有小麦。有公路经此。

西王庄 371724-B04-H14
[Xīwángzhuāng]

在县驻地凤凰街道南方向26.0千米。章缝镇辖自然村。人口1 200。明崇祯年间，王氏家族由山西洪洞县迁此建村，因村东有寺庙曹寺，故命村名曹寺王庄。后以方位更名为西王庄。聚落呈团块状分布。有文体广场1处、文化活动室1处。经济以种植业为主，主要农作物有小麦。有公路经此。

前谷庄 371724-B04-H15
[Qiángǔzhuāng]

在县驻地凤凰街道南方向26.0千米。章缝镇辖自然村。人口800。明初，谷氏由山西洪洞县初迁至现大义镇棠林集，至明弘治二年（1489）始迁此建村，因村后有一谷庄，故名前谷庄。聚落呈团块状分布。有文体广场1处、文化活动室1处。经济以种植业为主，主要农作物有小麦。有公路经此。

翟庄 371724-B05-H01
[Zháizhuāng]

大谢集镇人民政府驻地。在县驻地凤凰街道东南方向25.0千米。人口62 000。以姓氏得名。聚落呈团块状分布。有文化广场1处。经济以种植业为主，主要农作物有玉米、小麦、大蒜等。327国道经此。

前昌邑 371724-B05-H02
[Qiánchāngyì]

在县驻地凤凰街道东南方向32.5千米。大谢集镇辖自然村。人口2 600。西汉时期由于村址于古昌邑王城之前，故而取名前昌邑。聚落呈团块状分布。有文体广场1处、文化活动室1处、幼儿园2处、小学1处、中学1处。经济以种植业为主，主要农作物有小麦、大蒜。有公路经此。

后昌邑 371724-B05-H03
[Hòuchāngyì]

在县驻地凤凰街道东南方向30.0千米。大谢集镇辖自然村。人口1 100。清康熙年间，蔡氏族人由福建省迁此定居，因故址在古昌邑王城后，故名。聚落呈团块状分布。有文化广场1处。经济以种植业为主，主要农作物有大蒜、小麦等。有公路经此。

大刘庄 371724-B05-H04

[Dàliúzhuāng]

在县驻地凤凰街道东南方向32.0千米。大谢集镇辖自然村。人口1 200。明成化年间，刘渊始祖之孙刘峨祖从田家塔迁到巨野县昌邑古城南拓荒立村，以姓氏取名大刘庄。聚落呈团块状分布。有文化广场1处、文化大院1处、幼儿园1处、小学1处。经济以种植业为主，主要农作物有大蒜、棉花等。有公路经此。

侯花园 371724-B05-H05

[Hóuhuāyuán]

在县驻地凤凰街道东南方向32.0千米。大谢集镇辖自然村。人口900。明洪武年间，侯氏族人由巨野城南60里侯家楼迁此定居，因此处有昌邑城花园故址，故名侯花园。聚落呈团块状分布。有文化广场1处、文化活动室1处、幼儿园1处。经济以种植业为主，主要农作物有大蒜、棉花等。有公路经此。

城角刘村 371724-B05-H06

[Chéngjiǎoliúcūn]

在县驻地凤凰街道东南方向32.0千米。大谢集镇辖自然村。人口700。明永乐年间，刘氏族人由山西迁此定居，因紧邻古昌邑城而定名城角刘村。聚落呈团块状分布。有文体广场1处。经济以种植业为主，主要农作物有大蒜、棉花等。有公路经此。

康营 371724-B05-H07

[Kāngyíng]

在县驻地凤凰街道东南方向32.0千米。大谢集镇辖自然村。人口500。康熙三十六年（1697），有一部官兵在巨野安营，康姓时任长官，所以称康营。聚落呈团块状分布。有文体广场1处、文化活动室1处。经济以种植业为主，主要农作物有大蒜、棉花等。有公路经此。

三王庄 371724-B05-H08

[Sānwángzhuāng]

在县驻地凤凰街道东南方向30.5千米。大谢集镇辖自然村。人口2 100。明朝时期，王氏族人分别由南京、山西、太原迁此定居，三王庄由此得名。聚落呈团块状分布。有文体广场1处、文化活动室1处、幼儿园1处、小学1处。经济以种植业为主，主要农作物有大蒜、棉花等。有公路经此。

田小集 371724-B05-H09

[Tiánxiǎojí]

在县驻地凤凰街道东南方向35.0千米。大谢集镇辖自然村。人口800。明洪武年间，田氏族人由山西迁此定居，取名田小集。聚落呈团块状分布。经济以种植业为主，主要农作物有大蒜、棉花等。有公路经此。

吴庄 371724-B05-H10

[Wúzhuāng]

在县驻地凤凰街道东南方向29.8千米。大谢集镇辖自然村。人口600。明永乐年间，吴氏族人由山西平阳府迁此定居，取名吴庄。聚落呈团块状分布。有幼儿园1处、小学1处。经济以种植业为主，主要农作物有大蒜、棉花等。有公路经此。

固子张 371724-B05-H11

[Gùzizhāng]

在县驻地凤凰街道东南方向33.0千米。大谢集镇辖自然村。人口500。明永乐年间，张氏族人由山西迁此定居，取名固子张。聚落呈团块状分布。有文体广场1处、文化活动室1处。经济以种植业为主，主要农作物有大蒜、棉花等。有公路经此。

徐庄 371724-B05-H12

[Xúzhuāng]

在县驻地凤凰街道东南方向32.0千米。大谢集镇辖自然村。人口800。明永乐年间，徐氏族人由山西洪洞县迁此定居，取名徐庄。聚落呈团块状分布。有文体广场1处。经济以种植业为主，主要农作物有大蒜、棉花等。有公路经此。

染坊冯 371724-B05-H13

[Rǎnfángféng]

在县驻地凤凰街道东南方向32.5千米。大谢集镇辖自然村。人口700。元朝末年，冯氏族人由山西省洪洞县迁此定居，因族人有染布手艺，故取名染坊冯。聚落呈团块状分布。有农家书屋1处、小学1处。经济以种植业为主，主要农作物有大蒜、棉花等。有公路经此。

东侯楼 371724-B05-H14

[Dōnghóulóu]

在县驻地凤凰街道东南方向34.0千米。大谢集镇辖自然村。人口800。明嘉靖九年（1530），先祖自老庄迁巨野城南60里文兴保侯楼，后易名侯楼，现以方位分为东侯楼和西侯楼。聚落呈团块状分布。有农家书屋1处。经济以种植业为主，主要农作物有大蒜、棉花等。有公路经此。

前贺庄 371724-B05-H15

[Qiánhèzhuāng]

在县驻地凤凰街道东南方向36.0千米。大谢集镇辖自然村。人口800。明永乐年间，本祖彦养公祖居越州永兴，后前辈奉昌迁居此地，命名贺桥。后因发大水村庄被淹没，又向东迁1千米处建居，取名前贺庄。聚落呈团块状分布。有文化活动室1处。经济以种植业为主，主要农作物有大蒜、棉花等。有公路经此。

后高庄 371724-B05-H16

[Hòugāozhuāng]

在县驻地凤凰街道东南方向33.0千米。大谢集镇辖自然村。人口900。明万历年间，高氏村民从巨野县营里镇前店子村迁入，因其与前高庄村高氏是兄弟，遂定名后高庄。聚落呈团块状分布。有文体广场1处、小学1处。经济以种植业为主，主要农作物有大蒜、棉花等。有公路经此。

真武西村 371724-B05-H17

[Zhēnwǔxīcūn]

在县驻地凤凰街道东南方向32.0千米。大谢集镇辖自然村。人口600。1711年，冯氏迁此定居，当时村名叫西庄，人口很少，又与现在的真武东村相邻，后改为真武西村。聚落呈团块状分布。经济以种植业为主，主要农作物有大蒜、棉花等。有公路经此。

东黄海 371724-B05-H18

[Dōnghuánghǎi]

在县驻地凤凰街道东南方向30.0千米。大谢集镇辖自然村。人口1 100。明永乐年间，黄氏自山西洪洞县老官屋迁此立村，因村东有一水域，故名东黄海。聚落呈团块状分布。有文化活动室1处、小学1处。经济以种植业为主，主要农作物有大蒜、棉花等。有公路经此。

张油坊 371724-B05-H19

[Zhāngyóufáng]

在县驻地凤凰街道东南方向32.0千米。大谢集镇辖自然村。人口1 100。明洪武年间，张氏族人由山西迁此定居，因祖上曾以榨油为业，因此取名张油坊。聚落呈团块状分布。有文体广场1处、文化活动室1处。经济以种植业为主，主要农作物有大蒜、棉花等。有公路经此。

大谢集 371724-B05-H20

［Dàxièjí］

在县驻地凤凰街道东南方向28.5千米。大谢集镇辖自然村。人口6 200。明末清初，谢氏族人自山西洪洞县迁此立村，取名大谢集。聚落呈团块状分布。有文化广场1处、文化大院1处、图书室1处、幼儿园2处、小学1处、中学1处。经济以种植业为主，主要农作物有大蒜、棉花等。有公路经此。

南隅 371724-B06-H01

［Nányú］

独山镇人民政府驻地。在县驻地凤凰街道东南方向20.0千米。人口2 600。明洪武年间，胡、王、马、杨、解等氏族由山西迁独山集定居，后因人口增多，分居东、西、南、北。该村居南，故称南隅。聚落呈团块状分布。有文化广场2处、文化活动室1处、中学1处、小学1处、幼儿园1处。经济以商贸业、种植业为主，主要农作物有玉米、小麦、大蒜等。有公路经此。

东隅 371724-B06-H02

［Dōngyú］

在县驻地凤凰街道东南方向20.0千米。独山镇辖自然村。人口1 500。明洪武年间，胡、王、马、杨、解等氏族由山西迁独山集定居，后因人口增多，分居东、西、南、北。该村居东，故称东隅。聚落呈团块状分布。有文化广场1处、文化活动室1处、幼儿园1处、小学1处。经济以种植业为主，主要农作物有小麦。有公路经此。

烟王 371724-B06-H03

［Yānwáng］

在县驻地凤凰街道东南方向29.0千米。独山镇辖自然村。人口700。明洪武年间，王氏族人由山西平阳府洪洞县迁于此地，因王氏族人在村内建有烟店，称为烟店王庄，后简称烟王。聚落呈团块状分布。有文化广场1处、文化活动室1处、幼儿园1处、小学1处。经济以种植业为主，主要农作物有小麦、玉米等。有公路经此。

魏集 371724-B06-H04

［Wèijí］

在县驻地凤凰街道东南方向27.0千米。独山镇辖自然村。人口1 200。魏集村原名古炉村，明朝初年，魏氏族人从山东诸城马耳山前魏庄迁来，因村内有集市，故称魏集。聚落呈团块状分布。有文化广场1处、文化活动室1处。经济以种植业为主，主要农作物有小麦。有公路经此。

前田 371724-B06-H05

［Qiántián］

在县驻地凤凰街道东南方向23.0千米。独山镇辖自然村。人口900。明永乐年间，田姓人立村，因北有后田村，故名前田村。聚落呈团块状分布。有文化广场1处、文化活动室1处、幼儿园1处。经济以种植业为主，主要农作物有小麦。有公路经此。

金山店子 371724 B06 H06

［Jīnshāndiànzi］

在县驻地凤凰街道东南方向23.0千米。独山镇辖自然村。人口4 400。曾用名铁寨，因在金山脚下，后改为金山古道店，又改为金山店子。聚落呈团块状分布。有文化广场4处、文化活动室1处、幼儿园1处、小学1处。经济以种植业为主，主要农作物有小麦。有公路经此。

曹楼 371724-B06-H07

［Cáolóu］

在县驻地凤凰街道东南方向25.0千米。独山镇辖自然村。人口3 000。明洪武年间立村，当时由曹楼、后铺、庞庵三村组成，后合并为曹楼。聚落呈团块状分布。经济以种植业为主，主要农作物有小麦。有文化广场 2 处、文化活动室 1 处、幼儿园 1 处、小学 1 处。有公路经此。

郑楼 371724-B06-H08
[Zhènglóu]

在县驻地凤凰街道东南方向 13.0 千米。独山镇辖自然村。人口 1 600。始建于明洪武末年，郑姓立村，故名郑家楼，后简称郑楼。聚落呈团块状分布。有文化广场 1 处、文化活动室 1 处、幼儿园 1 处、小学 1 处。经济以种植业为主，主要农作物有小麦。有公路经此。

双庙 371724-B06-H09
[Shuāngmiào]

在县驻地凤凰街道东南方向 10.0 千米。独山镇辖自然村。人口 1 500。原名顺河集，明洪武年间，高、马、刘、程姓氏迁来，因村东西各有一座关帝庙，故更名双庙。聚落呈团块状分布。有文化广场 1 处、文化活动室 1 处、幼儿园 1 处、小学 1 处。经济以种植业为主，主要农作物有小麦。有公路经此。

曹魏庄 371724-B06-H10
[Cáowèizhuāng]

在县驻地凤凰街道东南方向 10.0 千米。独山镇辖自然村。人口 1 500。明洪武年间，曹氏自山西平阳府洪洞大槐树迁到巨野，立村为曹庄。明万历年间，魏氏从青州府诸城县迁入，立村为魏庄。后两村合并，称为曹魏庄。聚落呈团块状分布。有文化广场 1 处、文化活动室 1 处、幼儿园 1 处。经济以种植业为主，主要农作物有小麦。有公路经此。

蒿庄 371724-B06-H11
[Hāozhuāng]

在县驻地凤凰街道东南方向 10.0 千米。独山镇辖自然村。人口 1 100。明洪武年间，村人由山西洪洞县迁来定居，当时，蒿姓人居多，立村为蒿庄。聚落呈团块状分布。有文化广场 2 处、文化活动室 1 处。经济以种植业为主，主要农作物有小麦。有公路经此。

后集 371724-B06-H12
[Hòují]

在县驻地凤凰街道东南方向 19.0 千米。独山镇辖自然村。人口 1 900。明朝初期，任氏族人最早迁此定居，至永乐二年（1404），解氏族人、杨氏族人等相继到此定居。当时与独山集统称独山，分前街、后街。前街叫独山前集，后街叫独山后集，后演称今名。聚落呈团块状分布。有文化广场 1 处、文化活动室 1 处、幼儿园 1 处。经济以种植业为主，主要农作物有小麦。有公路经此。

王桥 371724-B06-H13
[Wángqiáo]

在县驻地凤凰街道东南方向 15.0 千米。独山镇辖自然村。人口 900。明洪武年间，王姓来此定居并建村，故名王桥。聚落呈团块状分布。有文化广场 1 处、文化活动室 1 处、幼儿园 1 处、小学 1 处。经济以种植业为主，主要农作物有小麦。有公路经此。

蒋寺张庄 371724-B06-H14
[Jiǎngsìzhāngzhuāng]

在县驻地凤凰街道东南方向 13.0 千米。独山镇辖自然村。人口 1 300。明朝时期，张锡庭携家人从巨野县城西关张菜园村迁居此地，建村张庄。后因距蒋寺庙近，众人常说蒋寺前张庄，后演变为蒋寺张庄。聚落呈团块状分布。有文化广场1处、文化活动室1处、幼儿园1处、小学1处。经济以种植业为主，主要农作物有小麦。有公路经此。

林山 371724-B06-H15
[Línshān]

在县驻地凤凰街道东南方向18.0千米。独山镇辖自然村。人口1 200。清朝时期蔡氏迁居此地，立村林山。聚落呈团块状分布。有文化广场1处、文化活动室1处、幼儿园1处、小学1处。经济以种植业为主，主要农作物有小麦。有公路经此。

刘庄 371724-B06-H16
[Liúzhuāng]

在县驻地凤凰街道东南方向18.0千米。独山镇辖自然村。人口1 000。明洪武年间，刘姓立村，命名刘庄。聚落呈团块状分布。有文化广场1处、文化活动室1处、幼儿园1处、小学1处。经济以种植业为主，主要农作物有小麦。有公路经此。

西隅 371724-B06-H17
[Xīyú]

在县驻地凤凰街道东南方向11.0千米。独山镇辖自然村。人口800。明洪武年间，胡、王、马、杨、解等氏族由山西迁独山集定居，后因人口增多，分居东、西、南、北。该村居西，故称西隅。聚落呈团块状分布。有文化广场1处、文化活动室1处。经济以种植业为主，主要农作物有小麦。有公路经此。

高海 371724-B06-H18
[Gāohǎi]

在县驻地凤凰街道东南方向20.0千米。独山镇辖自然村。人口1 800。明洪武二年（1369），高氏自山西初迁鄄城南杨妃店，明永乐年间迁此立村，村名高和店，后因在村侧挖纣王河，更名顺河，约在1850年改名高海，具体原因不详。聚落呈团块状分布。有文化广场1处、文化活动室1处、幼儿园1处、小学1处。经济以种植业为主，主要农作物有小麦。有公路经此。

薛楼 371724-B06-H19
[Xuēlóu]

在县驻地凤凰街道东南方向19.0千米。独山镇辖自然村。人口1 700。明朝朱、许二姓在此定居，取村名朱许堂。后巨野城南前薛庄薛氏在此购买土地，于同治年间迁此居住，建有楼房，又因朱、许二姓无后，故更名为薛楼。聚落呈团块状分布。有文化广场1处、文化活动室1处、幼儿园1处、小学1处。经济以种植业为主，主要农作物有小麦。有公路经此。

刘围子 371724-B06-H20
[Liúwéizi]

在县驻地凤凰街道东南方向10.0千米。独山镇辖自然村。人口1 500。明洪武年间立村，因刘姓在村四周建围墙，故为刘围子。聚落呈团块状分布。有文化广场1处、文化活动室1处、幼儿园1处、小学1处。经济以种植业为主，主要农作物有小麦。有公路经此。

夏官屯 371724-B07-H01
[Xiàguāntún]

麒麟镇人民政府驻地。在县驻地凤凰街道东方向8.0千米。人口1 100。传说明朝人北征，安定国家后，有夏氏为官者在此安村，故名夏官屯。聚落呈团块状分布。有幼儿园2处、特殊教育学校1处。经济以种植业为主，主要农作物有棉花、小麦、玉米等。新兖石铁路经此。

陈胡庄 371724-B07-H02
[Chénhúzhuāng]

在县驻地凤凰街道东方向 6.0 千米。麒麟镇辖自然村。人口 1 100。明永乐年间，陈氏族人由南京迁居于此建村，后又有胡氏来此定居，命名陈胡庄。聚落呈团块状分布。有文化广场 1 处、文化活动室 1 处。经济以种植业为主，主要农作物有小麦。有公路经此。

大屯 371724-B07-H03
[Dàtún]

在县驻地凤凰街道东方向 15.0 千米。麒麟镇辖自然村。人口 2 400。明嘉靖年间，肖氏族人前往此地建村，命名肖官屯，清末肖氏家族衰败，改称大屯。聚落呈团块状分布。有文化广场 1 处、文化活动室 1 处、幼儿园 1 处。经济以种植业为主，主要农作物有小麦。有公路经此。

东欢口 371724-B07-H04
[Dōnghuānkǒu]

在县驻地凤凰街道东南方向 15.0 千米。麒麟镇辖自然村。人口 1 600。明洪武年间，因地势低洼，名灌口，后改为欢口，后为与西欢口区分，取名东欢口。聚落呈团块状分布。有文化广场 1 处、文化活动室 1 处、幼儿园 1 处。经济以种植业为主，主要农作物有小麦。有公路经此。

获麟集 371724-B07-H05
[Huòlínjí]

在县驻地凤凰街道东方向 10.0 千米。麒麟镇辖自然村。人口 1 300。春秋时期，鲁哀公西狩获麟于此，故名获麟集。聚落呈团块状分布。有文化广场 1 处、文化活动室 1 处。经济以种植业为主，主要农作物有小麦。有公路经此。

北张庄 371724-B07-H06
[Běizhāngzhuāng]

在县驻地凤凰街道东方向 13.0 千米。麒麟镇辖自然村。人口 1 200。明朝时期，张氏祖先迁入居住，名磨盘张庄，后以方位改为北张庄。聚落呈团块状分布。有文化广场 1 处、文化活动室 1 处、幼儿园 1 处、小学 1 处。经济以种植业为主，主要农作物有小麦。有公路经此。

六北村 371724-B07-H07
[Liùběicūn]

在县驻地凤凰街道东南方向 9.0 千米。麒麟镇辖自然村。人口 2 300。明洪武年间，名为柳树营。1668 年，官兵到六所营落户，1694 年设为六营保。1978 年，因此村位于北方向，更名六北村。聚落呈团块状分布。有文化广场 1 处、文化活动室 1 处、幼儿园 1 处、小学 1 处。经济以种植业为主，主要农作物有小麦。有公路经此。

六南村 371724-B07-H08
[Liùnáncūn]

在县驻地凤凰街道东南方向 9.0 千米。麒麟镇辖自然村。人口 2 400。明洪武年间，名为柳树营。1668 年，官兵到六所营落户，1694 年设为六营保。1978 年，因此村位于南部，更名六南村。聚落呈团块状分布。经济以种植业为主，主要农作物有小麦。有公路经此。

六西村 371724-B07-H09
[Liùxīcūn]

在县驻地凤凰街道东南方向 9.0 千米。麒麟镇辖自然村。人口 1 500。明洪武年间，名为柳树营。1668 年，官兵到六所营落户。1978 年，因此村位于西方向，更名六西村。聚落呈团块状分布。经济以种植业为主，主要农作物有小麦。有公路经此。

杨官屯 371724-B07-H10

[Yángguāntún]

在县驻地凤凰街道东方向 9.2 千米。麒麟镇辖自然村。人口 4 300。明永乐年间，杨氏、吕氏等氏族奉旨来巨野屯田，因杨氏先祖被封百户，故称杨官屯。聚落呈团块状分布。有文化广场 1 处、文化活动室 1 处、幼儿园 1 处、小学 1 处、中学 1 处。经济以种植业为主，主要农作物有小麦。327 国道经此。

后冯桥 371724-B07-H11

[Hòuféngqiáo]

在县驻地凤凰街道东方向 8.5 千米。麒麟镇辖自然村。人口 1 100。明洪武年间，冯氏自山西洪洞县迁此建村，因村旁有一座桥，且西南有前冯桥，故名后冯桥。聚落呈团块状分布。有文化广场 1 处、文化活动室 1 处。经济以种植业为主，主要农作物有小麦。有公路经此。

宋楼 371724-B07-H12

[Sònglóu]

在县驻地凤凰街道东南方向 8.0 千米。麒麟镇辖自然村。人口 1 100。明洪武年间，宋氏祖先从山西迁入建村，命名为宋楼。聚落呈团块状分布。经济以种植业为主，主要农作物有小麦。有公路经此。

王庄 371724-B07-H13

[Wángzhuāng]

在县驻地凤凰街道东方向 7.0 千米。麒麟镇辖自然村。人口 1 100。明洪武三年（1370），王氏自山西洪洞县迁此建村，以姓氏命名为王庄。聚落呈团块状分布。有文化广场 1 处、文化活动室 1 处、幼儿园 1 处、小学 1 处。经济以种植业为主，主要农作物有小麦。有公路经此。

薛扶集 371724-B07-H14

[Xuēfújí]

在县驻地凤凰街道东南方向 12.0 千米。麒麟镇辖自然村。人口 2 300。金天兴三年（1234），薛氏由嘉祥迁入定居，村民一起整修村庄，称薛符屯，后改为薛扶集。聚落呈团块状分布。有文化广场 1 处、文化活动室 1 处、幼儿园 1 处、小学 1 处、中学 1 处。经济以种植业为主，主要农作物有小麦。有公路经此。

姚楼 371724-B07-H15

[Yáolóu]

在县驻地凤凰街道东方向 13.0 千米。麒麟镇辖自然村。人口 1 000。金朝末年，姚氏家族由河南省三门迁来定居，村名姚楼。聚落呈团块状分布。有文化广场 1 处、文化活动室 1 处。经济以种植业为主，主要农作物有小麦。有公路经此。

于楼 371724-B07-H16

[Yúlóu]

在县驻地凤凰街道东方向 10.0 千米。麒麟镇辖自然村。人口 1 500。明永乐二年（1404），于氏家族迁此定居，命名于楼。聚落呈团块状分布。经济以种植业为主，主要农作物有小麦。有公路经此。

付庄 371724-B07-H17

[Fùzhuāng]

在县驻地凤凰街道东方向 10.0 千米。麒麟镇辖自然村。人口 1 400。明洪武年间，付氏由山西洪洞县迁此定居，以姓氏名村。聚落呈团块状分布。有文化广场 1 处、文化活动室 1 处、幼儿园 1 处。经济以种植业为主，主要农作物有小麦。有公路经此。

尚村 371724-B07-H18
[Shàngcūn]

在县驻地凤凰街道东方向 15.0 千米。麒麟镇辖自然村。人口 1 400。明末清初，柏氏族人由山西洪洞县迁此，取高尚之意，名尚村。聚落呈团块状分布。有文化广场 1 处、文化活动室 1 处、幼儿园 1 处、小学 1 处。经济以种植业为主，主要农作物有小麦。有公路经此。

核桃园 371724-B08-H01
[Hétaoyuán]

核桃园镇人民政府驻地。在县驻地凤凰街道东南方向 22.0 千米。人口 1 700。传明初国姓园中长出核桃树一株，后渐增多，成为当地特产，故名。聚落呈团块状分布。有文化广场 1 处、幼儿园 1 处、小学 1 处。经济以种植业为主，主要农作物有地瓜、香椿、玉米、小麦、大蒜、洋葱等。日东高速经此。

满庄 371724-B08-H02
[Mǎnzhuāng]

在县驻地凤凰街道东南方向 29.0 千米。核桃园镇辖自然村。人口 800。东汉时期，满姓在此建村，村内满姓居多，故名满庄。聚落呈团块状分布。有幼儿园 1 处。经济以种植业为主，主要农作物有小麦。有公路经此。

乐土 371724-B08-H03
[Lètǔ]

在县驻地凤凰街道东南方向 30.0 千米。核桃园镇辖自然村。人口 2 800。明洪武元年（1368），刘氏族人迁此定居，取名黄金村，后改为乐土。聚落呈团块状分布。有文体广场 1 处、幼儿园 1 处、小学 1 处。经济以种植业为主，主要农作物有小麦。有公路经此。

李登楼 371724-B08-H04
[Lǐdēnglóu]

在县驻地凤凰街道东南方向 36.0 千米。核桃园镇辖自然村。人口 3 000。明末，李自成堂弟李登在村中建楼房，故称李登楼。聚落呈团块状分布。有小学 1 处。经济以种植业为主，主要农作物有小麦。有公路经此。

马山 371724-B08-H05
[Mǎshān]

在县驻地凤凰街道东南方向 28.0 千米。核桃园镇辖自然村。人口 1 400。明洪武六年（1373），马氏由山西洪洞县迁入，建白马峰道隆村，后改为马山。聚落呈团块状分布。有中学 1 处。经济以种植业为主，主要农作物有小麦。有公路经此。

前山王 371724-B08-H06
[Qiánshānwáng]

在县驻地凤凰街道东南方向 29.0 千米。核桃园镇辖自然村。人口 700。因东面靠山，且北与后山王村相连，故名前山王。聚落呈团块状分布。经济以种植业为主，主要农作物有小麦。有公路经此。

齐山 371724-B08-H07
[Qíshān]

在县驻地凤凰街道东南方向 29.0 千米。核桃园镇辖自然村。人口 1 100。明洪武年间齐姓立村，东靠大山，故名齐山。聚落呈团块状分布。有幼儿园 1 处、小学 1 处。经济以种植业为主，主要农作物有小麦。有公路经此。

前王庄 371724-B08-H08
[Qiánwángzhuāng]

在县驻地凤凰街道东南方向 33.0 千米。核桃园镇辖自然村。人口 1 500。传说，全村房屋均由石头建成，明清时期称石头寨，后以姓氏改为前王庄。聚落呈团块状分布。有幼儿园1处、小学1处。经济以种植业为主，主要农作物有小麦。有公路经此。

商庄 371724-B08-H09
[Shāngzhuāng]

在县驻地凤凰街道东南方向41.0千米。核桃园镇辖自然村。人口2 200。先贤商瞿六十一代孙商咸在康熙元年（1662）从嘉祥迁入，以姓氏定名商庄。聚落呈团块状分布。有幼儿园1处、小学1处。经济以种植业为主，主要农作物有小麦。有公路经此。

付庙 371724-B08-H10
[Fùmiào]

在县驻地凤凰街道东南方向36.0千米。核桃园镇辖自然村。人口1 700。明洪武元年（1368），朋氏择地定居，取名道隆村，因村中有一付君庙，后来村名演称付庙。聚落呈团块状分布。经济以种植业为主，主要农作物有小麦。有文体广场。有公路经此。

尹口 371724-B08-H11
[Yǐnkǒu]

在县驻地凤凰街道东南方向39.0千米。核桃园镇辖自然村。人口1 500。因姓氏得名。聚落呈团块状分布。经济以种植业为主，主要农作物有小麦。有公路经此。

田庄 371724-B09-H01
[Tiánzhuāng]

田庄镇人民政府驻地。在县驻地凤凰街道北方向9.0千米。人口2 200。因姓氏得名。聚落呈团块状分布。有文化广场1处、文化活动室1处、中学1处、小学1处、幼儿园2处。经济以种植业为主，主要农

作物有小麦、玉米等。济菏高速、日东高速经此。

栾官屯 371724-B09-H02
[Luánguāntún]

在县驻地凤凰街道西北方向8.0千米。田庄镇辖自然村。人口2 900。明洪武末年，王、毕、邹三姓相继迁此，立村名庆和寨，至永乐年间，有栾氏一德任百户长，故易村名栾一德屯，后称栾官屯。聚落呈团块状分布。有文化广场1处、文化活动室1处、幼儿园1处、小学1处。经济以种植业为主，主要农作物有小麦。有公路经此。

沙土集 371724-B09-H03
[Shātǔjí]

在县驻地凤凰街道西北方向16.0千米。田庄镇辖自然村。人口3 000。明洪武年间，该地河道畅通，有人用桨摇动着小船打鱼，两岸稻谷飘香，取名橹稻集，后因村建在沙土丘上，清乾隆年间更名为沙土集。聚落呈团块状分布。有幼儿园1处、小学1处。经济以种植业为主，主要农作物有小麦。有公路经此。

马庄 371724-B09-H04
[Mǎzhuāng]

在县驻地凤凰街道西北方向13.0千米。田庄镇辖自然村。人口1 600。明永乐年间，马、丛二姓来此定居，建村于小清河北岸，定名马家河咀，1958年改为马庄。聚落呈团块状分布。经济以种植业为主，主要农作物有小麦。有公路经此。

小屯 371724-B09-H05
[Xiǎotún]

在县驻地凤凰街道西北方向13.0千米。田庄镇辖自然村。人口2 100。明洪武年间有王、李二姓来此租种孔府佃地，因村小

而得名小屯。聚落呈团块状分布。有小学1处。经济以种植业为主，主要农作物有小麦。有公路经此。

官厂 371724-B09-H06
[Guānchǎng]

在县驻地凤凰街道西北方向14.0千米。田庄镇辖自然村。人口1 900。明洪武二年（1369），先祖刘斌自山东文登迁此定居，因以供圣府官粉（孔府佃地）为业，故命村名为官粉厂，后简称官厂。聚落呈团块状分布。有小学1处。经济以种植业为主，主要农作物有小麦。有公路经此。

白果树 371724-B09-H07
[Báiguǒshù]

在县驻地凤凰街道西北方向6.8千米。田庄镇辖自然村。人口1 700。明洪武年间，王氏自山西洪洞县迁本县东南金山店子定居，后迁居于平阳屯，因村里有银杏树，故改称白果树。聚落呈团块状分布。有幼儿园1处、小学1处、中学1处。经济以种植业为主，主要农作物有小麦。有公路经此。

南隅 371724-B09-H08
[Nányú]

在县驻地凤凰街道西北方向6.0千米。田庄镇辖自然村。人口2 700。明永乐二年（1404），韩、孟、王、李、石氏族人由登州黄县迁居巨野县城西北丁彬才屯，后改为丁官屯，分东、南、西、北四隅四个村，本村位于南部，因而得名南隅。聚落呈团块状分布。有幼儿园2处。经济以种植业为主，主要农作物有小麦。有公路经此。

东隅 371724-B09-H09
[Dōngyú]

在县驻地凤凰街道西北方向8.0千米。

田庄镇辖自然村。人口2 000。明永乐二年（1404），韩、孟、王、李、石氏族人由登州黄县迁居巨野县城西北丁彬才屯，后改为丁官屯，分东、南、西、北四隅四个村，本村位于东部，因而得名东隅。聚落呈团块状分布。经济以种植业为主，主要农作物有小麦。有公路经此。

后屯 371724-B09-H10
[Hòutún]

在县驻地凤凰街道西北方向7.9千米。田庄镇辖自然村。人口2 000。明洪武年间，李氏迁于巨野县城西北杨家庄居住，由于荒灾，又迁至巨野县城西北后屯村居住，因耕种孔府佃地，初取名佃户屯，后因坐落于丁官屯后面，改名后屯。聚落呈团块状分布。经济以种植业为主，主要农作物有小麦。有公路经此。

西隅 371724-B09-H11
[Xīyú]

在县驻地凤凰街道西北方向5.0千米。田庄镇辖自然村。人口1 000。明永乐二年（1404），韩、孟、王、李、石氏族人由登州黄县迁居巨野县城西北丁彬才屯，后改为丁官屯，分东、南、西、北四隅四个村，本村位于西部，因而得名西隅。聚落呈团块状分布。经济以种植业为主，主要农作物有小麦。有公路经此。

宋楼 371724-B09-H12
[Sònglóu]

在县驻地凤凰街道北方向9.0千米。田庄镇辖自然村。人口1 100。明洪武年间，宋氏先祖从山西迁往此处，因姓氏而立村。聚落呈团块状分布。经济以种植业为主，主要农作物有小麦。有公路经此。

西杨楼 371724-B09-H13

[Xīyánglóu]

在县驻地凤凰街道北方向6.0千米。田庄镇辖自然村。人口2 100。明洪武年间，葛、刘两氏从山西洪洞县迁入此地立村。据说，以杨姓官员路过此地，在村中建一座小楼命名杨楼，后因人口增多，杨楼分成东、西杨楼，因此村在西，故称西杨楼。聚落呈团块状分布。有幼儿园2处。经济以种植业为主，主要农作物有小麦。有公路经此。

佃户屯 371724-B09-H14

[Diànhùtún]

在县驻地凤凰街道北方向11.0千米。田庄镇辖自然村。人口2 700。明朝时，先民自甘肃天水迁民至河北唐山，后又迁到山东巨野城北十里佃户屯村，原村名松阳大屯，因全村所种土地都属孔府之地，大部分村民做了孔家的佃户，后改名佃户屯。聚落呈团块状分布。有文化广场1处、幼儿园1处、小学1处。经济以种植业为主，主要农作物有小麦。有公路经此。

太平 371724-B10-H01

[Tàipíng]

太平镇人民政府驻地。在县驻地凤凰街道西方向20.0千米。人口3 200。明洪武初年，蒋氏和吕氏由山西洪洞县迁此定居，立村名开平集。后借"万世开太平"寓意，开平集改为太平集，后简称今名。聚落呈团块状分布。有文化广场1处、中学1处、小学1处、幼儿园2处。经济以种植业为主，主要农作物有玉米、小麦、苹果。有公路经此。

朱丛 371724-B10-H02

[Zhūcóng]

在县驻地凤凰街道西方向32.0千米。太平镇辖自然村。人口1 000。明洪武年间，朱氏、丛氏从山东登州府等地迁此定居，以姓氏名村朱丛。聚落呈团块状分布。有文化活动室1处。经济以种植业为主，主要农作物有小麦。有公路经此。

丛马 371724-B10-H03

[Cóngmǎ]

在县驻地凤凰街道西方向29.0千米。太平镇辖自然村。人口1 100。明嘉靖年间，丛氏由山东文登迁此定居，马氏由山西洪洞县迁此定居，故立村名丛马。聚落呈团块状分布。有小学1处。经济以种植业为主，主要农作物有小麦。有公路经此。

中邓楼 371724-B10-H04

[Zhōngdènglóu]

在县驻地凤凰街道西方向27.0千米。太平镇辖自然村。人口1 500。明永乐四年（1406），邓氏封于此地，立村名邓家楼，后人简称邓楼，后因水患分为三村居住，称为前邓楼、中邓楼、后邓楼，因此村位于中间，故称中邓楼。聚落呈团块状分布。有幼儿园2处、小学1处。经济以种植业为主，主要农作物有小麦。有公路经此。

欧庄 371724-B10-H05

[Ōuzhuāng]

在县驻地凤凰街道西方向25.0千米。太平镇辖自然村。人口1 300。明朝时，欧阳修后人孙廷财追随朱棣北征，后定居于鲁，始迁巨野县百时屯村，后定居欧家庄，简称欧庄。聚落呈团块状分布。有幼儿园1处。经济以种植业为主，主要农作物有小麦。有公路经此。

史庄 371724-B10-H06

[Shǐzhuāng]

在县驻地凤凰街道西方向26.0千米。太平镇辖自然村。人口1 500。以姓氏名村。

聚落呈团块状分布。有小学1处。经济以种植业为主，主要农作物有小麦。有公路经此。

潘庄 371724-B10-H07
[Pānzhuāng]

在县驻地凤凰街道西方30.0千米。太平镇辖自然村。人口900。明末清初，潘氏自山西洪洞县迁此居住，以姓氏名村潘庄。聚落呈团块状分布。经济以种植业为主，主要农作物有小麦。有公路经此。

小集子 371724-B10-H08
[Xiǎojízi]

在县驻地凤凰街道西方向23.0千米。太平镇辖自然村。人口800。明永乐年间，赵氏族人由青州府迁居此地，立村名善福集，至清光绪年间，易名小集子。聚落呈团块状分布。经济以种植业为主，主要农作物有小麦。有公路经此。

苏集 371724-B11-H01
[Sūjí]

万丰镇人民政府驻地。在县驻地凤凰街道南方向30.0千米。人口4 200。原以姓氏名苏村，后改苏集。聚落呈团块状分布。有文化广场1处、小学1处、幼儿园1处。经济以种植业为主，主要农作物有玉米、棉花、小麦等。有公路经此。

毕小楼 371724-B11-H02
[Bìxiǎolóu]

在县驻地凤凰街道南方向36.0千米。万丰镇辖自然村。人口200。传说，清乾隆年间，毕氏从泗合集迁出，并建有一个二层小土楼，取村名毕小楼。聚落呈团块状分布。经济以种植业为主，主要农作物有小麦。有公路经此。

毕庄 371724-B11-H03
[Bìzhuāng]

在县驻地凤凰街道南方向27.0千米。万丰镇辖自然村。人口1 000。明嘉靖九年（1530），毕氏由泗合集村迁此建村，命名毕庄。聚落呈团块状分布。有幼儿园1处。经济以种植业为主，主要农作物有小麦。有公路经此。

陈集 371724-B11-H04
[Chénjí]

在县驻地凤凰街道南方向29.0千米。万丰镇辖自然村。人口2 600。明洪武年间，由高姓立村，名称高家村。成化年间，由陈晾携本族人从龙堌巴庵迁入。由于大部分高氏族人已迁出，后改名陈天王集。其后数年，其他姓氏陆续迁入，改名陈集。有文化活动室1处、幼儿园1处、小学1处。聚落呈团块状分布。经济以种植业为主，主要农作物有小麦。有公路经此。

东龙山 371724-B11-H05
[Dōnglóngshān]

在县驻地凤凰街道南方向31.0千米。万丰镇辖自然村。人口600。明洪武年间，汉氏由山西洪洞县迁此定居，村中有一寺庙，据传寺庙中有条龙，得名龙山，后因建立集市，以经商为生，命名为龙山集。后分为两村，因位置在东，被命名为东龙山。聚落呈团块状分布。有文化大院1处、文化活动室1处、幼儿园1处。经济以种植业为主，主要农作物有小麦。有公路经此。

冯沙沃 371724-B11-H06
[Féngshāwò]

在县驻地凤凰街道南方向31.0千米。万丰镇辖自然村。人口2 000。明洪武二十二年（1389），山西洪洞县村民迁此建村，因沙地多，故取名沙窝，后因冯氏族人多，改为冯沙沃。有文化大院1处、文化活动室1处、幼儿园1处、小学1处。聚落呈团块状分布。经济以种植业为主，主要农作物有小麦。有公路经此。

侯堂王庄 371724-B11-H07

[Hóutángwángzhuāng]

在县驻地凤凰街道南方向27.5千米。万丰镇辖自然村。人口200。明洪武年间，侯氏和王氏祖先由山西洪洞县迁移至此，后侯义中举，任山西副使后命村名为侯庄，后来村民王纯中举，官至学政，后升为御医，村名改为侯堂王庄。聚落呈团块状分布。有幼儿园1处。经济以种植业为主，主要农作物有小麦。有公路经此。

后李楼 371724-B11-H08

[Hòulǐlóu]

在县驻地凤凰街道南方向32.5千米。万丰镇辖自然村。人口1 400。明洪武年间，李信由山西洪洞县迁居于此，取名李信楼，后改为后李楼。聚落呈团块状分布。有文化大院1处、文化活动室1处。经济以种植业为主，主要农作物有小麦。有公路经此。

阚店 371724-B11-H09

[Kàndiàn]

在县驻地凤凰街道南方向30.0千米。万丰镇辖自然村。人口2 500。因村落位于从济宁府至曹州的交通要道，有阚姓人家在路边开旅店，遂起名阚店。聚落呈团块状分布。经济以种植业为主，主要农作物有小麦。有幼儿园1处、小学1处。有公路经此。

刘集 371724-B11-H10

[Liújí]

在县驻地凤凰街道南方向28.0千米。

万丰镇辖自然村。人口1 300。明洪武年间，刘姓立村，村名刘家，后因设立集市，改为刘集。聚落呈团块状分布。有幼儿园1处、小学1处。经济以种植业为主，主要农作物有小麦。有公路经此。

马寺 371724-B11-H11

[Mǎsì]

在县驻地凤凰街道南方向27.0千米。万丰镇辖自然村。人口1 700。明洪武年间，朱、马、王三姓氏族人自山西省洪洞县迁来后建村，初名柳园，至明宣德元年（1426），村南建院明寺，马氏人众多，故改村名为马寺。聚落呈团块状分布。经济以种植业为主，主要农作物有小麦。有公路经此。

毛胡同 371724-B11-H12

[Máohútòng]

在县驻地凤凰街道南方向29.0千米。万丰镇辖自然村。人口1 200。明洪武年间，毛氏由山西洪洞县迁入立村，命名毛胡同。聚落呈团块状分布。有文化大院1处、文化活动室1处、幼儿园1处、小学1处。经济以种植业为主，主要农作物有小麦。有公路经此。

孟堂 371724-B11-H13

[Mèngtáng]

在县驻地凤凰街道南方向28.0千米。万丰镇辖自然村。人口900。明初，孟氏族人自山西洪洞县迁此定居，以姓氏命村名孟堂。聚落呈团块状分布。有文化广场。经济以种植业为主，主要农作物有小麦。有公路经此。

顺河 371724-B11-H14

[Shùnhé]

在县驻地凤凰街道南方向31.0千米。万丰镇辖自然村。人口1 400。明末清初，此村有集市，故以地理位置得名顺河集，后简称顺河。聚落呈团块状分布。经济以种植业为主，主要农作物有小麦。有幼儿园1处。有公路经此。

宋庄 371724-B11-H15
[Sòngzhuāng]

在县驻地凤凰街道南方向35.0千米。万丰镇辖自然村。人口1 200。明洪武年间，宋氏由山西省洪洞县迁此定居，建村宋庄。聚落呈团块状分布。有文体广场1处、小学1处。经济以种植业为主，主要农作物有小麦。有公路经此。

许楼 371724-B11-H16
[Xǔlóu]

在县驻地凤凰街道南方向35.0千米。万丰镇辖自然村。人口2 100。明洪武年间，许姓奉召由山西洪洞县迁居到此，命村名许楼。聚落呈团块状分布。有农家书屋1处、图书室1处。经济以种植业为主，主要农作物有小麦。有公路经此。

许面庄 371724-B11-H17
[Xǔmiànzhuāng]

在县驻地凤凰街道南方向31.0千米。万丰镇辖自然村。人口800。清乾隆年间，许氏自本县苏集村西南许庄迁此建村，因其雅号为"许二面子"，故名许面庄。聚落呈团块状分布。有文体广场1处、有幼儿园1处。经济以种植业为主，主要农作物有小麦。有公路经此。

白楼 371724-B11-H18
[Báilóu]

在县驻地凤凰街道南方向30.0千米。万丰镇辖自然村。人口1 800。明洪武年间，白姓族人由董庄迁此建村，命名白楼。聚落呈团块状分布。有文化广场1处、文化大院1处、农家书屋1处、图书室1处。经济以种植业为主，主要农作物有小麦。有公路经此。

龙寺王庄 371724-B11-H19
[Lóngsìwángzhuāng]

在县驻地凤凰街道南方向30.0千米。万丰镇辖自然村。人口1 800。明洪武年间，王氏族人由山西洪洞县迁此定居，故名龙寺王庄。聚落呈团块状分布。有幼儿园1处、小学1处。经济以种植业为主，主要农作物有小麦。有公路经此。

关桥 371724-B11-H20
[Guānqiáo]

在县驻地凤凰街道南方向34.0千米。万丰镇辖自然村。人口1 200。清雍正年间，王姓由王庄迁此建村，因村南有桥，得名关桥。聚落呈团块状分布。有文体广场1处、文化活动室1处、幼儿园1处。经济以种植业为主，主要农作物有小麦。有公路经此。

王庄 371724-B11-H21
[Wángzhuāng]

在县驻地凤凰街道南方向28.0千米。万丰镇辖自然村。人口1 300。明洪武年间，王氏族人自山西洪洞县迁此定居，故名王庄。聚落呈团块状分布。有文化活动室1处、幼儿园1处、小学1处。经济以种植业为主，主要农作物有小麦。有公路经此。

陶庙 371724-B12-H01
[Táomiào]

陶庙镇人民政府驻地。在县驻地凤凰街道东南方向32.0千米。人口400。以姓氏名村。聚落呈团块状分布。经济以种植业为主，主要农作物有玉米、大蒜、小麦等。有公路经此。

夏庄 371724–B12–H02

[Xiàzhuāng]

在县驻地凤凰街道东南方向34.0千米。陶庙镇辖自然村。人口800。清乾隆年间，夏氏由济宁搬迁到此地，建立新村落户，命名为夏庄。聚落呈团块状分布。经济以种植业为主，主要农作物有小麦。有公路经此。

夏苗庄 371724–B12–H03

[Xiàmiáozhuāng]

在县驻地凤凰街道东南方向33.0千米。陶庙镇辖自然村。人口500。金大定年间，时氏迁此建村。元太宗年间，更名为夏苗庄。聚落呈团块状分布。经济以种植业为主，主要农作物有小麦。有公路经此。

姚店 371724–B12–H04

[Yáodiàn]

在县驻地凤凰街道东南方向29.0千米。陶庙镇辖自然村。人口700。金大定年间，时氏迁此建村，名白石屯。元太宗年间，因姚姓人多，更名为姚店。聚落呈团块状分布。经济以种植业为主，主要农作物有小麦。有公路经此。

水寺张 371724–B12–H05

[Shuǐsìzhāng]

在县驻地凤凰街道东南方向31.0千米。陶庙镇辖自然村。人口1 600。清乾隆年间，张氏从山西洪洞县迁居诸城，从诸城迁居巨野县城独山镇柳园村，又从柳园迁居张庄，因庄西南角二里路有一寺院，改名为水寺张。聚落呈团块状分布。有幼儿园1处。经济以种植业为主，主要农作物有小麦。有公路经此。

截河集 371724–B12–H06

[Jiéhéjí]

在县驻地凤凰街道东南方向33.0千米。陶庙镇辖自然村。人口3 100。因此村之前有一条西南—东北走向的古河，本村建在河滩旁，且设有集市，故得名截河集。聚落呈团块状分布。经济以种植业为主，主要农作物有小麦。有公路经此。

金山屯 371724–B12–H07

[Jīnshāntún]

在县驻地凤凰街道东南方向33.0千米。陶庙镇辖自然村。人口2 100。明洪武年间，李氏族人自青州府诸城县迁此建村，因毗邻金山，便以山名村金山屯。聚落呈团块状分布。有幼儿园1处。经济以种植业为主，主要农作物有小麦。有公路经此。

褚庄 371724–B12–H08

[Chǔzhuāng]

在县驻地凤凰街道东南方向28.0千米。陶庙镇辖自然村。人口1 500。明洪武年间，褚氏族人自山西大槐树迁到巨野县城东南建村，因村庄有九龙庙，故取名九龙庙。后因村内褚氏族人居多，改名褚庄。聚落呈团块状分布。有文体广场1处、文化活动室1处、幼儿园1处。经济以种植业为主，主要农作物有小麦。有公路经此。

王楼 371724–B12–H09

[Wánglóu]

在县驻地凤凰街道东南方向30.0千米。陶庙镇辖自然村。人口1 600。明洪武年间，王氏自山西洪洞县迁此建一楼房，故取名王楼。聚落呈团块状分布。有文化活动室1处、幼儿园2处、小学1处。经济以种植业为主，主要农作物有小麦。有公路经此。

前董楼 371724–B12–H10
[Qiándǒnglóu]

在县驻地凤凰街道东南方向36.0千米。陶庙镇辖自然村。人口2 300。清雍正年间，董氏自独山北董楼迁此建村，命名前董楼。聚落呈团块状分布。经济以种植业为主，主要农作物有小麦。有公路经此。

田庄 371724–B12–H11
[Tiánzhuāng]

在县驻地凤凰街道东南方向33.0千米。陶庙镇辖自然村。人口1 200。明洪武年间，田氏族人从山西洪洞县迁入此地定居，以姓名村田庄。聚落呈团块状分布。经济以种植业为主，主要农作物有小麦。有公路经此。

董西 371724–B13–H01
[Dǒngxī]

董官屯镇人民政府驻地。在县驻地凤凰街道西南方向20.0千米。人口6 000。由老董官屯大队搬至西方向，故名董西。聚落呈团块状分布。有文化广场1处、文化活动室1处、中学1处、小学1处、幼儿园1处。经济以种植业为主，主要农作物有小麦、玉米、大豆等。有公路经此。

天庙 371724–B13–H02
[Tiānmiào]

在县驻地凤凰街道西南方向18.0千米。董官屯镇辖自然村。人口1 500。明洪武年间，孟氏、王氏由山西省洪洞县迁此定居，村内有一庙宇叫天爷庙，简称天庙，村因此得名。聚落呈团块状分布。有文体广场1处、文化活动室1处。经济以种植业为主，主要农作物有小麦。有公路经此。

百时屯 371724–B13–H03
[Bǎishítún]

在县驻地凤凰街道西南方向24.0千米。董官屯镇辖自然村。人口2 700。相传金大定年间，时氏迁此建村，命名白石屯。元太宗年间，更名百时屯。聚落呈团块状分布。有文化活动室1处、幼儿园2处、小学1处。经济以种植业为主，主要农作物有小麦。有公路经此。

崔阁 371724–B13–H04
[Cuīgé]

在县驻地凤凰街道西南方向21.0千米。董官屯镇辖自然村。人口1 000。清朝年间，崔氏迁至此地后，建造一座楼阁，由此取名崔阁。聚落呈团块状分布。有文体广场2处、文化活动室1处、小学1处。经济以种植业为主，主要农作物有小麦。有公路经此。

单西 371724–B13–H05
[Dānxī]

在县驻地凤凰街道西南方向20.0千米。董官屯镇辖自然村。人口900。明万历年间，刘氏族人由山西洪洞县迁此建村，因建一土楼，故命名为单楼，后以方位改名为单西。聚落呈团块状分布。有文化活动室1处、小学1处。经济以种植业为主，主要农作物有小麦。有公路经此。

董海 371724–B13–H06
[Dǒnghǎi]

在县驻地凤凰街道西南方向19.0千米。董官屯镇辖自然村。人口1 200。明永乐年间，董氏祖先居永平府抚宁县回巴寨，迁居山东省曹州府巨野县西南37里，命名董海。有文体广场1处、文化活动室1处、小学1处、幼儿园1处。聚落呈团块状分布。经济以种植业为主，主要农作物有小麦。有公路经此。

董中 371724-B13-H07

［Dǒngzhōng］

在县驻地凤凰街道西南方向19.0千米。董官屯镇辖自然村。人口1 300。以姓氏和方位命名。聚落呈团块状分布。有文体广场1处、小学1处。经济以种植业为主，主要农作物有小麦。有公路经此。

甘庄 371724-B13-H08

［Gānzhuāng］

在县驻地凤凰街道西南方向22.0千米。董官屯镇辖自然村。人口1 900。明洪武七年（1374），甘氏自山西洪洞县迁此建村，以姓氏命名，故名甘庄。聚落呈团块状分布。有文体广场1处、文化活动室1处、幼儿园1处。经济以种植业为主，主要农作物有小麦。有公路经此。

后马海 371724-B13-H09

［Hòumǎhǎi］

在县驻地凤凰街道西南方向30.0千米。董官屯镇辖自然村。人口1 300。明天启年间，程氏立村，定村名程海，后因兵荒马乱，程氏与马庄马氏商议，程海、马庄二村合为一村，改村名为马海，因村南有马海，为区别起见，以方位定村名为后马海。聚落呈团块状分布。有文体广场1处、幼儿园1处、小学1处。经济以种植业为主，主要农作物有小麦。有公路经此。

后徐 371724-B13-H10

［Hòuxú］

在县驻地凤凰街道西南方向17.0千米。董官屯镇辖自然村。人口2 000。明洪武年间，徐氏族人从山西省洪洞县迁此定居，以方位命村名为后徐。聚落呈团块状分布。有

文体广场1处、文化活动室1处、幼儿园1处。经济以种植业为主，主要农作物有小麦。有公路经此。

黄庄 371724-B13-H11

［Huángzhuāng］

在县驻地凤凰街道西南方向20.0千米。董官屯镇辖自然村。人口1 800。清光绪年间，陈姓立村，村名陈庄。后来黄氏祖先黄伯彩落户至此村，因黄氏家族子孙旺盛，改名黄庄。聚落呈团块状分布。有文体广场1处、文化活动室1处、幼儿园1处、小学1处。经济以种植业为主，主要农作物有小麦。有公路经此。

会堂 371724-B13-H12

［Huìtáng］

在县驻地凤凰街道西南方向20.0千米。董官屯镇辖自然村。人口1 200。因曾有僧人来村建庙宇，寺中长老法号会登，曾用名会登堂，后改为会堂。聚落呈团块状分布。有文体广场1处、文化活动室1处。经济以种植业为主，主要农作物有小麦。有公路经此。

贾楼 371724-B13-H13

［Jiǎlóu］

在县驻地凤凰街道西南方向20.0千米。董官屯镇辖自然村。人口1 300。贾氏于明永乐二年（1404）迁到此地定居，因有古建筑楼房66栋，故取名贾楼。聚落呈团块状分布。有文体广场1处、幼儿园1处。经济以种植业为主，主要农作物有小麦。有公路经此。

芦庄 371724-B13-H14

［Lúzhuāng］

在县驻地凤凰街道西南方向27.0千米。董官屯镇辖自然村。人口1 300。因村中芦

姓人居多，故名芦庄。聚落呈团块状分布。有文体广场1处。经济以种植业为主，主要农作物有小麦。有公路经此。

庞庵 371724-B13-H15
[Páng'ān]

在县驻地凤凰街道西南方向17.0千米。董官屯镇辖自然村。人口700。明洪武年间，庞姓由山西洪洞县迁此定居，因当时此处有一座尼姑庵，由此得名庞庵。聚落呈团块状分布。有文体广场1处、文化活动室1处。经济以种植业为主，主要农作物有小麦。有公路经此。

前徐 371724-B13-H16
[Qiánxú]

在县驻地凤凰街道西南方向17.0千米。董官屯镇辖自然村。人口1 300。明洪武年间，徐氏家族由山西洪洞县迁此定居，后取名为前徐。聚落呈团块状分布。有文体广场1处、文化活动室1处。经济以种植业为主，主要农作物有小麦。有公路经此。

双楼 371724-B13-H17
[Shuānglóu]

在县驻地凤凰街道西南方向21.0千米。董官屯镇辖自然村。人口900。明洪武年间，刘氏族人由山西洪洞县迁此定居，以村中建筑名村双楼。聚落呈团块状分布。有文体广场1处。经济以种植业为主，主要农作物有小麦。有公路经此。

孙官屯 371724-B13-H18
[Shūnguāntún]

在县驻地凤凰街道西南方向17.0千米。董官屯镇辖自然村。人口2 800。明永乐年间，官府采取裁军为民之策，以孙士臣为首的13位异姓兄弟携家眷定居此地，以孙姓立村，村名孙士臣屯。后明朝廷赐运粮

官船两只，村易名孙官屯。聚落呈团块状分布。有文体广场1处。经济以种植业为主，主要农作物有小麦。有公路经此。

王平坊 371724-B13-H19
[Wángpíngfāng]

在县驻地凤凰街道西南方向28.0千米。董官屯镇辖自然村。人口1 100。明朝初年，王氏族人从山西洪洞县迁此定居立村，定村名王平坊。聚落呈团块状分布。有文体广场1处、文化活动室1处、幼儿园1处。经济以种植业为主，主要农作物有小麦。有公路经此。

人祖庙 371724-B13-H20
[Rénzǔmiào]

在县驻地凤凰街道西南方向16.0千米。董官屯镇辖自然村。人口1 500。明嘉靖年间，徐氏由曲阜南关迁此定居，时称张堂。清康熙五十九年（1720），村东修建人祖爷庙，更村名为人祖庙。聚落呈团块状分布。有文化活动室1处。经济以种植业为主，主要农作物有小麦。有公路经此。

田桥 371724-B14-H01
[Tiánqiáo]

田桥镇人民政府驻地。在县驻地凤凰街道西方向12.0千米。人口2 700。因靠近洙水河，故以姓氏和河上桥梁命名。聚落呈团块状分布。有中学1处、小学1处、幼儿园1处。经济以种植业和养殖业为主，主要农作物有玉米、小麦、棉花，畜牧业以养殖鲁西南黄牛、小尾寒羊为主。327国道、兖兰铁路经此。

赐固寺 371724-B14-H02
[Cìgùsì]

在县驻地凤凰街道西方向16.0千米。田桥镇辖自然村。人口300。唐朝时村中建

一庙宇名赐堌寺，故村名亦称赐堌寺。聚落呈团块状分布。经济以种植业为主，主要农作物有小麦。有公路经此。

泗兴屯 371724-B14-H03
［Sìxīngtún］

在县驻地凤凰街道西方向 11.0 千米。田桥镇辖自然村。人口 3 300。明永乐二年（1404），有于、赵、殷等十三姓族人来巨野县城西定居，取名泗兴洲屯，后来来了姓肖的富人，故改名为肖官屯，后肖氏绝嗣，大家认为肖官屯寓意不好，2002 年为泗兴屯，寓意兴旺发达。聚落呈团块状分布。有文体广场 1 处、文化活动室 1 处、小学 1 处。经济以种植业为主，主要农作物有小麦、苹果等。有公路经此。

王楼 371724-B14-H04
［Wánglóu］

在县驻地凤凰街道西方向 15.0 千米。田桥镇辖自然村。人口 2 000。明永乐年间，王氏先人从河南登封迁此定居，建村时在村中心建楼一座，故名王楼。聚落呈团块状分布。有幼儿园 1 处。经济以种植业为主，主要农作物有小麦。有公路经此。

王土墩 371724-B14-H05
［Wángtǔdūn］

在县驻地凤凰街道西方向 16.0 千米。田桥镇辖自然村。人口 800。相传很久以前，洙水河侧有一土墩，有王氏族人见此地丰田活土，便于此地定居，命名王土墩。聚落呈团块状分布。有文化广场 1 处。经济以种植业为主，主要农作物有小麦。有公路经此。

姚店 371724-B14-H06
［Yáodiàn］

在县驻地凤凰街道西方向 10.0 千米。田桥镇辖自然村。人口 1 800。金元之际有姚氏族人自陕州迁居巨邑西南双碑集，至明永乐年间，因碑损集废，故以姓氏改名姚店。聚落呈团块状分布。有文化活动室 1 处、幼儿园 2 处、小学 1 处。经济以种植业为主，主要农作物有小麦。有公路经此。

赵庄 371724-B14-H07
［Zhàozhuāng］

在县驻地凤凰街道西方向 14.0 千米。田桥镇辖自然村。人口 2 700。明成化年间，赵姓以姓氏名村。聚落呈团块状分布。有文化广场 1 处、小学 1 处、幼儿园 1 处。经济以种植业为主，主要农作物有小麦。有公路经此。

朱烟墩 371724-B14-H08
［Zhūyāndūn］

在县驻地凤凰街道西方向 13.0 千米。田桥镇辖自然村。人口 2 300。明永乐年间，朱氏从山西省洪洞县迁此定居，因村北有一烽火台（又名狼烟墩），故命名为朱烟墩。聚落呈团块状分布。有文化广场 1 处、文化大院 1 处、幼儿园 1 处、小学 1 处。经济以种植业为主，主要农作物有小麦。有公路经此。

营东村 371724-B15-H01
［Yíngdōngcūn］

营里镇人民政府驻地。在县驻地凤凰街道东南方向 31.0 千米。人口 1 400。明洪武年间，大批移民迁入兵营里定居，故命名营里。1949 年后，按照地理位置分为营东、营西两村，此村居东，故名。聚落呈团块状分布。有文化广场 1 处、中学 1 处、小学 1 处、幼儿园 1 处。经济以种植业为主，主要农作物有小麦、棉花、大蒜等。有公路经此。

毕堂 371724-B15-H02
[Bìtáng]

在县驻地凤凰街道南方向 28.0 千米。营里镇辖自然村。人口 1 000。明洪武年间，栗姓迁此立村，因村内建有祠堂，故名栗堂。后来毕姓大量迁此定居，遂易名为毕堂。聚落呈团块状分布。经济以种植业为主，主要农作物有小麦。有公路经此。

大袁楼 371724-B15-H03
[Dàyuánlóu]

在县驻地凤凰街道南方向 29.0 千米。营里镇辖自然村。人口 1 400。明万历年间，袁姓兄弟自陶城迁此定居建村，因建有楼房，取名袁楼。后两兄弟分家，弟弟西移建一村，取名小袁楼，其兄居住地更名为大袁楼。聚落呈团块状分布。经济以种植业为主，主要农作物有小麦。有公路经此。

东里 371724-B15-H04
[Dōnglǐ]

在县驻地凤凰街道南方向 28.0 千米。营里镇辖自然村。人口 600。李氏初建村时，因地势低洼取村名李家洼，后因地势低洼村址东移里许建舍，村名自此称东李。明万历年间，用谐音字"里"演变成村名东里。聚落呈团块状分布。经济以种植业为主，主要农作物有小麦。有公路经此。

东刘 371724-B15-H05
[Dōngliú]

在县驻地凤凰街道南方向 34.0 千米。营里镇辖自然村。人口 1 000。清乾隆年间，刘姓由山西洪洞县迁此建村，因此地有两道深沟，故名两道海子刘庄，后更名为东刘。聚落呈团块状分布。经济以种植业为主，主要农作物有小麦。有公路经此。

杜阁 371724-B15-H06
[Dùgé]

在县驻地凤凰街道南方向 29.0 千米。营里镇辖自然村。人口 600。明洪武年间，杜氏自山西洪洞县迁此立村，因建有楼阁，命名为杜阁。聚落呈团块状分布。经济以种植业为主，主要农作物有小麦。有公路经此。

冯桥 371724-B15-H07
[Féngqiáo]

在县驻地凤凰街道南方向 36.0 千米。营里镇辖自然村。人口 1 700。明洪武年间，王姓自山西洪洞县迁此定居，因在村前老万福河上修一桥，遂取庄名王桥，后冯氏迁此，因人众物丰重修万福河桥，遂改庄名为冯桥。聚落呈团块状分布。经济以种植业为主，主要农作物有小麦。有公路经此。

郭桥 371724-B15-H08
[Guōqiáo]

在县驻地凤凰街道南方向 36.0 千米。营里镇辖自然村。人口 1 000。明洪武年间，郭氏自山西洪洞县迁此立村，以姓氏命名为郭家庄，因康熙二十五年（1686）于村前挖河，村东南修桥，故定名为郭桥。聚落呈团块状分布。经济以种植业为主。有公路经此。

后店子 371724-B15-H09
[Hòudiànzi]

在县驻地凤凰街道南方向 37.0 千米。营里镇辖自然村。人口 900。明洪武年间，刘氏家族迁此立村，因村前有堌堆，村里有开店为业者，故名犇固店，后因位置更名后店子。聚落呈团块状分布。经济以种植业为主，主要农作物有小麦。有公路经此。

姜东村 371724–B15–H10
[Jiāngdōngcūn]

在县驻地凤凰街道南方向 29.0 千米。营里镇辖自然村。人口 1 200。明洪武年间，村名原叫夹黄庙，后叶氏带二子姜景存迁入，在夹黄庙立碑，故改为姜庙。1978 年姜庙分为姜东、姜西两村，此村居东，故名。聚落呈团块状分布。经济以种植业为主，主要农作物有小麦。有公路经此。

姜西村 371724–B15–H11
[Jiāngxīcūn]

在县驻地凤凰街道南方向 29.0 千米。营里镇辖自然村。人口 500。明洪武年间，村名原叫夹黄庙，后叶氏带二子姜景存迁入，在夹黄庙立碑，故改为姜庙。1978 年姜庙分为姜东、姜西两村，此村居西，故名。聚落呈团块状分布。有小学 1 处。经济以种植业为主，主要农作物有小麦。有公路经此。

梁楼 371724–B15–H12
[Liánglóu]

在县驻地凤凰街道南方向 31.0 千米。营里镇辖自然村。人口 1 400。梁姓于明朝末年自郓城西南梁店迁此居住，因建有楼房取名梁楼。聚落呈团块状分布。经济以种植业为主，主要农作物有小麦。有公路经此。

前店子 371724–B15–H13
[Qiándiànzi]

在县驻地凤凰街道南方向 36.0 千米。营里镇辖自然村。人口 1 800。明洪武年间，高姓迁此立村，村南有埝堆，村里有开店为业者，故名犟固店，后因位置更名前店子。有小学 1 处、幼儿园 1 处。聚落呈团块状分布。经济以种植业为主，主要农作物有小麦。有公路经此。

劝门刘 371724–B15–H14
[Quànménliú]

在县驻地凤凰街道南方向 36.0 千米。营里镇辖自然村。人口 800。明洪武年间，刘氏一姓从山西洪洞县迁此立村，因村内有圈门，故名圈门刘庄，后称劝门刘。聚落呈团块状分布。经济以种植业为主，主要农作物有小麦。有公路经此。

西陈庄 371724–B15–H15
[Xīchénzhuāng]

在县驻地凤凰街道南方向 32.0 千米。营里镇辖自然村。人口 1 200。明朝末年，陈姓由田集西的大陈庄迁此建村，因当时位于营里集西方向，故名西陈庄。聚落呈团块状分布。有幼儿园 1 处。经济以种植业为主，主要农作物有小麦。有公路经此。

夏官屯 371724–B15–H16
[Xiàguāntún]

在县驻地凤凰街道南方向 33.0 千米。营里镇辖自然村。人口 1 200。明洪武年间，夏姓自山西洪洞县迁此立村，取名夏官屯。聚落呈团块状分布。有农家书屋 1 处。经济以种植业为主，主要农作物有小麦。有公路经此。

郓城县

城市居民点

翰文尚城小区 371725–I01
[Hànwén Shàngchéng Xiǎoqū]

在县境中部。1 029 户。总面积 5.4 公顷。菏泽鸿德置业有限公司开发，鸿德集团涉及教育、地产、矿业等多个领域，故加"翰"字；"文"为文风、文气，"尚"为高尚，"城"

为配套齐全，故名翰文尚城。2014 年始建，同年正式使用。建筑总面积 170 000 平方米，住宅楼 13 栋，其中高层 11 栋、多层 2 栋，中式建筑风格，绿地面积 16 200 平方米。通公交车。

华灵佳苑 371725-I02
[Huálíng Jiāyuàn]

在县城中部。538 户。总面积 5.4 公顷。由华灵集团开发，"佳"是美好、美丽的意思，"苑"是指花园、花圃的意思，故名华灵佳苑。2007 年始建，2009 年正式使用。建筑总面积 71 000 平方米，多层住宅楼 22 栋，中式建筑风格，绿地面积 16 000 平方米。有健身器材等配套设施。通公交车。

金都豪庭小区 371725-I03
[Jīndū Háotíng Xiǎoqū]

在县城中部。2 816 户。总面积 20.6 公顷。因开发企业而得名。2010 年始建，2011 年正式使用。建筑总面积 430 000 平方米，住宅楼 74 栋，其中高层 21 栋、多层 53 栋，中式建筑风格，绿地面积 7 400 平方米，有大型超市、卫生室等配套设施。通公交车。

千禧园 371725-I04
[Qiānxǐ Yuán]

在县城中部。298 户。总面积 1.78 公顷。"千禧"寓意永久吉祥。2006 年始建，2007 年正式使用。建筑总面积 30 500 平方米，多层住宅楼 6 栋，中式建筑风格。通公交车。

时代豪庭小区 371725-I05
[Shídài Háotíng Xiǎoqū]

在县境中部。280 户。总面积 0.5 公顷。小区名寓意为在新的时代，为居民打造的舒适的住宅小区。2009 年始建，2012 年正式使用。建筑总面积 41 770 平方米，高层住宅楼 2 栋，中式建筑风格，绿地面积 200 平方米。通公交车。

书苑小区 371725-I06
[Shūyuàn Xiǎoqū]

在县境中部。130 户。总面积 1.5 公顷。因小区业主多为教师，故取名书苑小区。2007 年始建，2009 年正式使用。建筑总面积 41 770 平方米，多层住宅楼 7 栋，中式建筑风格，绿地面积 600 平方米。通公交车。

唐塔商城小区 371725-I07
[Tángtǎ Shāngchéng Xiǎoqū]

在县境中部。680 户。总面积 8.9 公顷。因位于唐塔街道，属于商住一体小区，故名。2005 年始建，2006 年正式使用。建筑总面积 100 000 平方米，多层住宅楼 11 栋，中式建筑风格，绿地面积 200 平方米。通公交车。

唐塔小区 371725-I08
[Tángtǎ Xiǎoqū]

在县境中部。212 户。总面积 1.6 公顷。因位于唐塔街道，且靠近唐塔社区，故名唐塔小区。1993 年始建，1996 年正式使用。建筑总面积 26 000 平方米，多层住宅楼 7 栋，中式建筑风格，绿地面积 1 500 平方米。通公交车。

香墅湾小区 371725-I09
[Xiāngshùwān Xiǎoqū]

在县境中部。550 户。总面积 18.6 公顷。建筑风格以小高层与多层洋房为主，故称"香墅"，小区北邻西沙河，故称"湾"，故名香墅湾小区。2011 年始建，2012 年正式使用。建筑总面积 200 000 平方米，住宅楼 40 栋，其中高层 11 栋、多层 29 栋，中式建筑风格，绿地面积 35 500 平方米。通公交车。

花园小区 371725-I10

[Huāyuán Xiǎoqū]

在县境中部。140 户。总面积 1.2 公顷。因本小区隶属花园社区，故名。2009 年始建，2010 年正式使用。建筑总面积 24 000 平方米，多层住宅楼 4 栋，中式建筑风格，绿地面积 300 平方米。通公交车。

帝景湾小区 371725-I11

[Dìjǐngwān Xiǎoqū]

在县境中部。1 550 户。总面积 17.8 公顷。取高贵、景色优美之意，湾代表温馨的港湾，故名。2012 年始建，同年正式使用。建筑总面积 250 000 平方米，住宅楼 37 栋，其中高层 22 栋、多层 15 栋，中式建筑风格，绿地面积 62 300 平方米，有儿童游乐场、健身器材等配套设施。通公交车。

和馨嘉园 371725-I12

[Héxīn Jiāyuán]

在县境中部。2 335 户。总面积 12.5 公顷。"和馨"寓意和谐、温馨，"嘉"寓意吉庆、祥和，"园"指家园，故名和馨嘉园。2009 年始建，2010 年正式使用。建筑总面积 190 000 平方米，住宅楼 43 栋，其中高层 3 栋、多层 40 栋，中式建筑风格，绿地面积 37 463 平方米，有大型超市、卫生室等配套设施。通公交车。

锦和花园 371725-I13

[Jǐnhé Huāyuán]

在县境中部。561 户。总面积 6.8 公顷。"锦"为锦绣、华丽，"和"为和谐，故名锦和花园。2007 年始建，2008 年正式使用。建筑总面积 83 000 平方米，住宅楼 35 栋，其中高层 13 栋、多层 22 栋，中式建筑风格，绿地面积 12 500 平方米。通公交车。

金河丽景小区 371725-I14

[Jīnhé Lìjǐng Xiǎoqū]

在县境中部。240 户。总面积 1.8 公顷。丽景寓意小区环境优美，是一个像花园一般温馨的家园。2008 年始建，2010 年正式使用。建筑总面积 31 000 平方米，多层住宅楼 10 栋，中式建筑风格，绿地面积 5 400 平方米。通公交车。

金旭凯旋城小区 371725-I15

[Jīnxù Kǎixuánchéng Xiǎoqū]

在县境中部。1 138 户。总面积 11 公顷。因开发公司而得名。2010 年始建，2012 年正式使用。建筑总面积 360 000 平方米，住宅楼 43 栋，其中高层 6 栋、多层 37 栋，中式建筑风格，绿地面积 2 200 平方米。通公交车。

锦绣苑 371725-I16

[Jǐnxiù Yuàn]

在县境中部。460 户。总面积 11.74 公顷。以"前程似锦绣年华"之意命名。2013 年始建，2014 年正式使用。建筑总面积 330 000 平方米，住宅楼 36 栋，其中高层 29 栋、多层 7 栋，中式建筑风格，绿地面积 2 300 平方米。通公交车。

金河景城小区 371725-I17

[Jīnhé Jǐngchéng Xiǎoqū]

在县境中部。133 户。总面积 20.7 公顷。因开发公司得名。2010 年始建，2012 年正式使用。建筑总面积 433 000 平方米，住宅楼 18 栋，其中高层 12 栋、多层 6 栋，中式建筑风格，绿地面积 18 500 平方米。通公交车。

和泰嘉苑 371725-I18

[Hétài Jiāyuán]

在县城中部。156 户。总面积 1.0 公顷。

以吉祥嘉言命名。2010 年始建，2011 年正式使用。建筑总面积 19 000 平方米，多层住宅楼 4 栋，中式建筑风格，绿地面积 350 平方米。通公交车。

勤润家园 371725-I19

[Qínrùn Jiāyuán]

在县境中部。520 户。总面积 16.5 公顷。寓意勤勤勉勉工作，故名。2012 年始建，2013 年正式使用。建筑总面积 106 300 平方米，住宅楼 12 栋，中式建筑风格，绿地面积 28 000 平方米。通公交车。

胜利住宅小区 371725-I20

[Shènglì Zhùzhái Xiǎoqū]

在县境中部。170 户。总面积 1.6 公顷。因该小区位于胜利东街，故以道路命名。1997 年始建，2001 年正式使用。建筑总面积 20 000 平方米，多层住宅楼 8 栋，中式建筑风格，绿地面积 200 平方米。通公交车。

盛世华庭 371725-I21

[Shèngshì Huátíng]

在县境中部。511 户。总面积 18.6 公顷。"华"为豪华、奢华，"庭"为庭院，故名盛世华庭。2010 年始建，2011 年正式使用。建筑总面积 140 000 平方米，高层住宅楼 23 栋，中式建筑风格，绿地面积 38 000 平方米。通公交车。

盛世年华温泉小区 371725-I22

[Shèngshì Niánhuá Wēnquán Xiǎoqū]

在县境中部。230 户。总面积 8.1 公顷。寓意安定幸福、富足强盛的年代，故名。2009 年始建，2010 年正式使用。建筑总面积 37 800 平方米，多层住宅楼 15 栋，中式建筑风格，绿地面积 5 400 平方米。通公交车。

水岸新都小区 371725-I23

[Shuǐ'àn Xīndū Xiǎoqū]

在县境中部。920 户。总面积 16.8 公顷。因紧邻郓城县宋金河，故名水岸新都，意为靠近河水的新城。2010 年始建，2012 年正式使用。建筑总面积 430 000 平方米，住宅楼 32 栋，其中高层 26 栋、多层 6 栋，中式建筑风格，绿地面积 51 864 平方米。通公交车。

富海公馆小区 371725-I24

[Fùhǎi Gōngguǎn Xiǎoqū]

在县境中部。944 户。总面积 6.3 公顷。取富泽天下、海纳百川之意，故名富海公馆小区。2013 年始建，2014 年正式使用。建筑总面积 120 000 平方米，高层住宅楼 20 栋，中式建筑风格，绿地面积 8 500 平方米。通公交车。

水浒小区 371725-I25

[Shuǐhǔ Xiǎoqū]

在县境中部。320 户。总面积 19.24 公顷。因郓城是水浒故事的发祥地，故名。1998 年始建，2001 年正式使用。建筑总面积 380 000 平方米，多层住宅楼 10 栋，别墅 84 套，中式建筑风格，绿地面积 16 350 平方米。通公交车。

宋江名都小区 371725-I26

[Sòngjiāng Míngdū Xiǎoqū]

在县境中部。656 户。总面积 22.54 公顷。因郓城是宋江的故乡，故取名宋江名都。2009 年始建，2011 年正式使用。建筑总面积 120 000 平方米，多层住宅楼 35 栋，中式建筑风格，绿地面积 42 680 平方米。通公交车。

万象世纪小区 371725-I27

[Wànxiàng Shìjì Xiǎoqū]

在县境中部。260户。总面积15.6公顷。寓意万象更新，故名万象世纪小区。2010年始建，2012年正式使用。建筑总面积120 000平方米，住宅楼18栋，其中高层8栋、多层10栋，中式建筑风格，绿地面积48 426平方米。通公交车。

温馨家园 371725-I28

[Wēnxīn Jiāyuán]

在县境中部。220户。总面积9.5公顷。意为邻里和睦、温馨祥和，这里像是一个大家庭，温馨幸福，故名温馨家园。2012年始建，2014年正式使用。建筑总面积30 000平方米，住宅楼15栋，其中高层4栋、多层11栋，中式建筑风格，绿地面积6 500平方米。通公交车。

西湖豪园 371725-I29

[Xīhú Háoyuán]

在县境中部。2 500户。总面积10公顷。取西湖美景、豪华家园之意，故名。2010年始建，2011年正式使用。建筑总面积250 000平方米，高层住宅楼25栋，中式建筑风格，绿地面积35 000平方米。通公交车。

星河国际小区 371725-I30

[Xīnghé Guójì Xiǎoqū]

在县境中部。550户。总面积8.2公顷。因毗邻宋金河，寓意此处是与国际接轨的住宅区，故名。2011年始建，2013年正式使用。建筑总面积188 000平方米，高层住宅楼21栋，欧式建筑风格，绿地面积9 500平方米，有幼儿园等配套设施。通公交车。

一品世家小区 371725-I31

[Yīpǐn Shìjiā Xiǎoqū]

在县境中部。710户。总面积10.8公顷。"一品"寓意档次最高，故名。2006年始建，2008年正式使用。建筑总面积67 000平方米，多层住宅楼27栋，中式建筑风格，绿地面积6 500平方米。通公交车。

怡美家园 371725-I32

[Yíměi Jiāyuán]

在县境中部。266户。总面积6.7公顷。寓意优美的生活环境，故名怡美家园。2011年始建，2012年正式使用。建筑总面积19 000平方米，多层住宅楼10栋，中式建筑风格，绿地面积1 080平方米。通公交车。

东城国际小区 371725-I33

[Dōngchéng Guójì Xiǎoqū]

在县境中部。1 000户。总面积5.6公顷。因位于郓城县东环位置，故名东城国际小区。2011年始建，2012年正式使用。建筑总面积150 000平方米，住宅楼19栋，其中高层8栋、多层11栋，中式建筑风格，绿地面积19 600平方米。通公交车。

农村居民点

黄安 371725-B01-H01

[Huáng'ān]

黄安镇人民政府驻地。在县驻地唐塔街道西南方向18.0千米。人口4 900。原名西平镇。相传，明万历年间皇姑经此，在庵内休息，得名皇姑庵，后改称黄庵，1958年易名黄安。聚落呈团块状分布。有小学、幼儿园、初中。经济以种植业为主，主要农作物有小麦、玉米。有公路经此。

大张楼 371725-B01-H02
［DàZhānglóu］

在县驻地唐塔街道西南方向28.0千米。黄安镇辖自然村。人口1 000。以姓氏和建筑物命名。聚落呈团块状分布。有文化活动中心1处、小学1处。经济以种植业为主，主要农作物有小麦、玉米。省道巨鄄公路经此。

东贾屯 371725-B01-H03
［Dōngjiǎtún］

在县驻地唐塔街道西南方向32.0千米。黄安镇辖自然村。人口1 800。明洪武年间，贾敬从山西洪洞县李自元村迁此，按方位取名东贾屯。聚落呈团块状分布。有文化活动中心1处、小学1处。经济以种植业为主，主要农作物有小麦、玉米。有公路经此。

樊庄 371725-B01-H04
［Fánzhuāng］

在县驻地唐塔街道南方向23.0千米。黄安镇辖自然村。人口1 300。明永乐年间，樊姓从郓城芦庄科迁此，以姓氏命名为樊庄。聚落呈团块状分布。有文化活动中心1处、小学1处。经济以种植业为主，主要农作物有小麦、玉米。有公路经此。

冯屯 371725-B01-H05
［Féngtún］

在县驻地唐塔街道南方向22.0千米。黄安镇辖自然村。人口1 100。明洪武年间，冯氏兄弟三人从山西洪洞县迁此建村，取名龙镇集，后李、张、吴、王、关等姓氏相继迁入，经协商更名冯屯。聚落呈团块状分布。有文化活动中心1处、小学1处。经济以种植业为主，主要农作物有小麦、玉米。有公路经此。

管庄 371725-B01-H06
［Guǎnzhuāng］

在县驻地唐塔街道南方向21.0千米。黄安镇辖自然村。人口400。清初此地有管氏建村，曾用村名管井、管墓，后迁出。1870年又有管氏迁入，取名管庄。聚落呈团块状分布。有文化活动中心1处、小学1处。经济以种植业为主，主要农作物有小麦、玉米。有公路经此。

郭垓 371725-B01-H07
［Guōhǎi］

在县驻地唐塔街道南方向20.0千米。黄安镇辖自然村。人口1 100。明洪武年间，始祖龙光兄弟八人从山西洪洞县奉命东迁来此定居，建村取名为郭家垓，后简称郭垓。聚落呈团块状分布。有文化活动中心1处、小学1处。经济以种植业为主，主要农作物有小麦、玉米。有公路经此。

郭辛庄 371725-B01-H08
［Guōxīnzhuāng］

在县驻地唐塔街道南方向29.0千米。黄安镇辖自然村。人口700。因当时郭姓人多又是新建村庄，故命名为郭新庄，后称郭辛庄。聚落呈散状分布。有文化活动中心1处、小学1处。经济以种植业为主，主要农作物有小麦、玉米。有公路经此。

韩屯 371725-B01-H09
［Hántún］

在县驻地唐塔街道西南方向22.0千米。黄安镇辖自然村。人口400。以姓氏命名。聚落呈散状分布。有文化活动中心1处、小学1处。经济以种植业为主，主要农作物有小麦、玉米。有公路经此。

后于庄 371725-B01-H10

［Hòuyúzhuāng］

在县驻地唐塔街道西南方向24.0千米。黄安镇辖自然村。人口900。明末时期，前于庄建村，后期刘姓迁入，由于人口众多，于、刘两姓另建一村，故更名为后于庄。聚落呈团块状分布。有文化活动中心1处、小学1处。经济以种植业为主，主要农作物有小麦、玉米。有公路经此。

季垓 371725-B01-H11

［Jìhǎi］

在县驻地唐塔街道南方向29.0千米。黄安镇辖自然村。人口2 400。明洪武年间，季宽、季宏兄弟从山西省洪洞县迁此定居，取村名季垓。聚落呈散状分布。有文化活动中心1处、小学1处。经济以种植业为主，主要农作物有小麦、玉米。有公路经此。

孔庄 371725-B01-H12

［Kǒngzhuāng］

在县驻地唐塔街道西南方向29.0千米。黄安镇辖自然村。人口1 000。明崇祯年间，孔氏从曲阜迁址建村，取名孔庄。聚落呈团块状分布。有文化活动中心1处、小学1处。经济以种植业为主，主要农作物有小麦、玉米。有公路经此。

老陈庄 371725-B01-H13

［Lǎochénzhuāng］

在县驻地唐塔街道南方向26.0千米。黄安镇辖自然村。人口400。东周敬王十二年（前508），陈甫从今濮阳逃荒至此定居，取名陈庄。清道光年间，其族从该村陆续迁出三支，分别建村，因陈庄是他们的老家，故取名老陈庄。聚落呈团块状分布。有文化活动中心1处、小学1处。经济以种植业为主，主要农作物有小麦、玉米。有公路经此。

老罗庄 371725-B01-H14

［Lǎoluózhuāng］

在县驻地唐塔街道南方向26.0千米。黄安镇辖自然村。人口1 300。明永乐年间，罗氏从山西洪洞县迁此定居，取名罗庄，后因重名，1982年改名为老罗庄。聚落呈团块状分布。有文化活动中心1处、小学1处。经济以种植业为主，主要农作物有小麦、玉米。有公路经此。

梁庄 371725-B01-H15

［Liángzhuāng］

在县驻地唐塔街道南方向28.0.千米。黄安镇辖自然村。人口400。明洪武年间，梁氏从山西洪洞县迁此建村，故为梁庄。聚落呈团块状分布。有文化活动中心1处、小学1处。经济以种植业为主，主要农作物有小麦、玉米。有公路经此。

吕垓 371725-B01-H16

［Lǚhǎi］

在县驻地唐塔街道南方向27.0千米。黄安镇辖自然村。人口1 000。相传明万历年间吕氏兄弟三人由本县双桥乡吕堌堆迁此建村，取名吕垓。聚落呈团块状分布。有文化活动中心1处、小学1处。经济以种植业为主，主要农作物有小麦、玉米。有公路经此。

吕公堂 371725-B01-H17

［Lǚgōngtáng］

在县驻地唐塔街道南方向23.0千米。黄安镇辖自然村。人口1 800。明崇祯年间，许氏祖在此建村，因村后有吕祖庙一座，故取名为吕公堂。聚落呈团块状分布。有文化活动中心1处、小学1处。经济以种植业为主，主要农作物有小麦、玉米。有公路经此。

马驿店 371725-B01-H18

[Mǎyìdiàn]

在县驻地唐塔街道南方向 22.0 千米。黄安镇辖自然村。人口 1 000。明崇祯年间，张明汉来此定居，当时此地是郓城、曹州之间驿站，故取村名马驿站，清顺治年间驿站撤销，客店犹存，故更名为马驿店。聚落呈团块状分布。有文化活动中心 1 处、小学 1 处。经济以种植业为主，主要农作物有小麦、玉米。有公路经此。

马寨 371725-B01-H19

[Mǎzhài]

在县驻地唐塔街道南方向 22.0 千米。黄安镇辖自然村。人口 1 100。相传，明末时期，马氏祖先马文焕在此建村立寨，取名马家寨，后简称马寨。聚落呈团块状分布。有文化活动中心 1 处、小学 1 处。经济以种植业为主，主要农作物有小麦、玉米。有公路经此。

南官庄 371725-B01-H20

[Nánguānzhuāng]

在县驻地唐塔街道南方向 29.0 千米。黄安镇辖自然村。人口 900。明末关氏迁居此地，命村名关庄。清乾隆年间，杜、黄、姬、张、任、郭等姓氏先后迁居此地，改村名为官庄，后因村名相似，1982 年以方位称南官庄。聚落呈团块状分布。有文化活动中心 1 处、小学 1 处。经济以种植业为主，主要农作物有小麦、玉米。有公路经此。

前于楼 371725-B01-H21

[Qiányúlóu]

在县驻地唐塔街道南方向 25.0 千米。黄安镇辖自然村。人口 600。明洪武二年（1369），于化从青州府迁此定居，因建有楼房一座，故取名于楼，后聚落分散，1958 年成立大队时按方位分为三个于楼，本村居前，故名前于楼。聚落呈团块状分布。有文化活动中心 1 处、小学 1 处。经济以种植业为主，主要农作物有小麦、玉米。有公路经此。

桑庄 371725-B01-H22

[Sāngzhuāng]

在县驻地唐塔街道南方向 24.0 千米。黄安镇辖自然村。人口 1 200。明永乐年间，桑氏祖自南京凤阳临淮县迁此建村，以姓取名桑庄。聚落呈团块状分布。有文化活动中心 1 处、小学 1 处。经济以种植业为主，主要农作物有小麦、玉米。有公路经此。

商庄 371725-B01-H23

[Shāngzhuāng]

在县驻地唐塔街道西南方向 24.0 千米。黄安镇辖自然村。人口 1 700。明末，商显从巨野县城西 70 里商坑迁此，因商氏建村，故名商庄。聚落呈团块状分布。有文化活动中心 1 处、小学 1 处。经济以种植业为主，主要农作物有小麦、玉米。有公路经此。

孙庄 371725-B01-H24

[Sūnzhuāng]

在县驻地唐塔街道南方向 27.0 千米。黄安镇辖自然村。人口 800。清乾隆年间，孙氏迁此，以姓名命名为孙庄。聚落呈团块状分布。有文化活动中心 1 处、小学 1 处。经济以种植业为主，主要农作物有小麦、玉米。有公路经此。

孙吾屯 371725-B01-H25

[Sūnwútún]

在县驻地唐塔街道西南方向 22.0 千米。黄安镇辖自然村。人口 1 000。明洪武年间，孙氏由山西洪洞县迁此建村，因孙吾居官，划该村为户屯，故取名孙吾屯。聚落呈团块状分布。有文化活动中心 1 处、小学 1 处。经济以种植业为主，主要农作物有小麦、玉米。有公路经此。

魏楼 371725-B01-H26
[Wèilóu]

在县驻地唐塔街道西南方向 21.0 千米。黄安镇辖自然村。人口 600。魏氏兄弟三人于清康熙年间迁此建村，因有楼房一座，故名魏楼。聚落呈团块状分布。有文化活动中心 1 处、小学 1 处。经济以种植业为主，主要农作物有小麦、玉米。有公路经此。

西贾屯 371725-B01-H27
[Xījiǎtún]

在县驻地唐塔街道西南方向 27.0 千米。黄安镇辖自然村。人口 1 800。明洪武年间，贾敬从山西洪洞县李自元村迁此，按方位取名西贾屯。聚落呈团块状分布。有文化活动中心 1 处、小学 1 处。经济以种植业为主，主要农作物有小麦、玉米。有公路经此。

西王庄 371725-B01-H28
[Xīwángzhuāng]

在县驻地唐塔街道西南方向 28.0 千米。黄安镇辖自然村。人口 500。原名草庙王庄，清末村民兴旺，向西延伸，后因与原庄不连接，故名西王庄。聚落呈团块状分布。有文化活动中心 1 处、小学 1 处。经济以种植业为主，主要农作物有小麦、玉米。有公路经此。

徐垓 371725-B01-H29
[Xúhǎi]

在县驻地唐塔街道西南方向 25.0 千米。黄安镇辖自然村。人口 1 800。明永乐年间，徐氏由山西洪洞县迁此定居，故取村名徐垓。聚落呈团块状分布。有文化活动中心 1 处、初中 1 处、幼儿园 1 处、小学 1 处。

经济以种植业为主，主要农作物有小麦、玉米。有公路经此。

杨庄 371725-B01-H30
[Yángzhuāng]

在县驻地唐塔街道西南方向 23.0 千米。黄安镇辖自然村。人口 1 700。宋朝末期，杨氏迁此定居，以姓氏命名为杨庄。聚落呈团块状分布。有文化活动中心 1 处、小学 1 处。经济以种植业为主，主要农作物有小麦、玉米。有公路经此。

张菜园 371725-B01-H31
[Zhāngcàiyuán]

在县驻地唐塔街道西南方向 25.0 千米。黄安镇辖自然村。人口 1 500。明永乐年间，张正从张营迁居此地，因以种菜为生，故取名张菜园。聚落呈团块状分布。有文化活动中心 1 处、小学 1 处。经济以种植业为主，主要农作物有小麦、玉米。有公路经此。

中邵垓 371725-B01-H32
[Zhōngshàohǎi]

在县驻地唐塔街道西南方向 24.0 千米。黄安镇辖自然村。人口 400。明永乐年间，邵氏从南赵楼迁此立村，仍名邵垓，后以方位改称今名。聚落呈团块状分布。有文化活动中心 1 处、小学 1 处。经济以种植业为主，主要农作物有小麦、玉米。有公路经此。

宗陈庄 371725-B01-H33
[Zōngchénzhuāng]

在县驻地唐塔街道西南方向 29.0 千米。黄安镇辖自然村。人口 1 100。明洪武年间，陈氏迁来，后又有宗氏迁来，因多为宗、陈姓氏，故名宗陈庄。聚落呈团块状分布。有文化活动中心 1 处、小学 1 处。经济以种植业为主，主要农作物有小麦、玉米。有公路经此。

杨庄集 371725-B02-H01
［Yángzhuāngjí］

杨庄集镇人民政府驻地。在县驻地唐塔街道东北方向 12.0 千米。人口 1 700。明朝中期建村，名杨二庄，后因设集，故改今名。聚落呈团块状分布。经济以种植业为主，主要农作物有小麦、玉米。220 国道经此。

常庄 371725-B02-H02
［Chángzhuāng］

在县驻地唐塔街道东北方向 12.0 千米。杨庄集镇辖自然村。人口 1 300。明洪武年间，常氏文兴祖迁此，定名常庄。聚落呈团块状分布。有文化活动中心 1 处、小学 1 处。经济以种植业为主，主要农作物有小麦、玉米、棉花。有公路经此。

大陈楼 371725-B02-H03
［Dàchénlóu］

在县驻地唐塔街道东北方向 16.0 千米。杨庄集镇辖自然村。人口 1 600。明朝中期，陈姓由兖州分支至郓城周屯村定居，后人口增多，家庭殷实且建楼房，故更名陈楼，后因重名改为大陈楼。聚落呈团块状分布。有文化活动中心 1 处、小学 1 处。经济以种植业为主，主要农作物有小麦、玉米、棉花。有公路经此。

陈屯 371725-B02-H04
［Chéntún］

在县驻地唐塔街道东北方向 16.0 千米。杨庄集镇辖自然村。人口 1 600。以姓氏命名。聚落呈团块状分布。有文化活动中心 1 处、小学 1 处。经济以种植业为主，主要农作物有小麦、玉米、棉花。有公路经此。

大王庄 371725-B02-H05
［Dàwángzhuāng］

在县驻地唐塔街道东北方向 15.5 千米。杨庄集镇辖自然村。人口 700。明洪武二年（1369），王氏从山西洪洞县迁此建村，取名王庄。后为区别于村东另一王庄，即以村大人多，改称大王庄。聚落呈团块状分布。有文化活动中心 1 处、小学 1 处。经济以种植业为主，主要农作物有小麦、玉米。有公路经此。

东程庄 371725-B02-H06
［Dōngchéngzhuāng］

在县驻地唐塔街道东方向 13.0 千米。杨庄集镇辖自然村。人口 1 600。李氏建村，原名李家垓子，明初，程氏祖从山西洪洞县来探亲友，遂安家于此，清末，李家人在朝犯法，为隐姓避难，故改村名为程庄，后为区别于西程庄，以方位更名为东程庄。聚落呈团块状分布。有文化活动中心 1 处、小学 1 处、幼儿园 1 处。经济以种植业为主，主要农作物有小麦、玉米。有公路经此。

东马庄 371725-B02-H07
［Dōngmǎzhuāng］

在县驻地唐塔街道东方向 18.0 千米。杨庄集镇辖自然村。人口 1 100。明朝初年，马氏祖从山西洪洞县迁此定居，以姓氏取名马庄。后因重名，按方位改名为东马庄。聚落呈团块状分布。有文化活动中心 1 处、小学 1 处。经济以种植业为主，主要农作物有小麦、玉米。有公路经此。

东孟庄 371725-B02-H08
［Dōngmèngzhuāng］

在县驻地唐塔街道东方向 19.0 千米。杨庄集镇辖自然村。人口 1 400。据传元末孟氏迁此建村，以姓氏命名，1982 年以方位改为东孟庄。聚落呈团块状分布。有文化活动中心 1 处、小学 1 处。经济以种植业为主，主要农作物有小麦、玉米。有公路经此。220 国道经此。

冯李庄 371725-B02-H09

[Fénglǐzhuāng]

在县驻地唐塔街道东方向 14.0 千米。杨庄集镇辖自然村。人口 500。明洪武年间，冯氏祖从山西洪洞县始迁唐店，约历三代，迁至此村。清末，周、皮二姓乏嗣，冯氏遂更村名为冯庄，后因重名，改称冯李庄。聚落呈团块状分布。有文化活动中心 1 处、小学 1 处。经济以种植业为主，主要农作物有小麦、玉米。有公路经此。

红门厂 371725-B02-H10

[Hóngménchǎng]

在县驻地唐塔街道东方向 13.0 千米。杨庄集镇辖自然村。人口 2 300。该村建于明朝后期，建村前，此处原有邢庙、董坑、王庙、薛庙、庄户屯五个小村，因同在原鲁王封地，故皇叔鲁王于明万历年间在此修庄园、建粮厂并置红漆大门，同时将原来的五个小村以"红门"和"粮厂"命名红门厂。聚落呈团块状分布。有文化活动中心 1 处、小学 1 处。经济以种植业为主，主要农作物有小麦、玉米。有公路经此。

后孙庄 371725-B02-H11

[Hòusūnzhuāng]

在县驻地唐塔街道东方向 14.0 千米。杨庄集镇辖自然村。人口 400。明永乐二年（1404），孙氏从曲阜迁此立村，建前、中、后三街，村名孙家疃，明末为防兵乱，三街各筑土围，按方位改为前垓、中垓、后垓。清末人口增多，故更名为前孙庄、中孙庄、后孙庄。聚落呈团块状分布。有文化活动中心 1 处、小学 1 处。经济以种植业为主，主要农作物有小麦、玉米。有公路经此。

路楼 371725-B02-H12

[Lùlóu]

在县驻地唐塔街道东方向 14.0 千米。杨庄集镇辖自然村。人口 1 200。明初，有一路氏尚书在此买地建村，并于村西建楼，故取名路楼。聚落呈团块状分布。有文化活动中心 1 处、小学 1 处。经济以种植业为主，主要农作物有小麦、玉米。有公路经此。

南张庄 371725-B02-H13

[Nánzhāngzhuāng]

在县驻地唐塔街道东方向 9.0 千米。杨庄集镇辖自然村。人口 1 400。原名黄垓，清初以张氏姓氏为庄名，为避重名，1958 年以方位更名南张庄。聚落呈团块状分布。有文化活动中心 1 处、小学 1 处。经济以种植业为主，主要农作物有小麦、玉米。有公路经此。

前刘庄 371725-B02-H14

[Qiánliúzhuāng]

在县驻地唐塔街道东方向 10.0 千米。杨庄集镇辖自然村。人口 1 800。明末清初，刘氏迁此居住，取名刘庄。民国初年，为与后刘庄有区分，更名为前刘庄。聚落呈团块状分布。有文化活动中心 1 处、小学 1 处。经济以种植业为主，主要农作物有小麦、玉米。有公路经此。

前孙庄 371725-B02-H15

[Qiánsūnzhuāng]

在县驻地唐塔街道东方向 13.0 千米。杨庄集镇辖自然村。人口 1 300。明永乐二年（1404），孙氏从曲阜迁此立村，因孙氏人口众多，故名孙庄，按前、中、后建三条街，因本村居前，故名前孙庄。聚落呈团块状分布。有文化活动中心 1 处、小学 1 处。经济以种植业为主，主要农作物有小麦、玉米。220 国道经此。

商白 371725-B02-H16
[Shāngbái]

在县驻地唐塔街道东方向 18.0 千米。杨庄集镇辖自然村。人口 500。村名原为桑白，后以谐音称商白。聚落呈团块状分布。有文化活动中心 1 处、小学 1 处。经济以种植业为主，主要农作物有小麦、玉米。有公路经此。

唐街 371725-B02-H17
[Tángjiē]

在县驻地唐塔街道东方向 6.0 千米。杨庄集镇辖自然村。人口 800。元初，唐氏从山西洪洞县迁此定居，取名大兴集，明末，因唐氏人多，且有为官者，故更名唐街。聚落呈团块状分布。有文化活动中心 1 处、小学 1 处。经济以种植业为主，主要农作物有小麦、玉米。有公路经此。

温庄 371725-B02-H18
[Wēnzhuāng]

在县驻地唐塔街道东方向 9.0 千米。杨庄集镇辖自然村。人口 700。明万历年间，温氏、王氏、周氏从本县城东狄家店（今吴店）迁此立村，当时温氏人多，故取村名为温庄。聚落呈团块状分布。有文化活动中心 1 处、小学 1 处。经济以种植业为主，主要农作物有小麦、玉米。有公路经此。

西赵庙 371725-B02-H19
[Xīzhàomiào]

在县驻地唐塔街道东方向 17.0 千米。杨庄集镇辖自然村。人口 500。明洪武年间，赵氏从山西洪洞县迁此建村，取名赵楼，后建庙一座，又更名为赵庙。明中叶，赵氏兄弟分居，长居坑东，次居坑西，自然形成两村，均名赵庙，为示区别，该村按方位称西赵庙。聚落呈团块状分布。有文化活动中心 1 处、小学 1 处。经济以种植业为主，主要农作物有小麦、玉米。220 国道经此。

辛集 371725-B02-H20
[Xīnjí]

在县驻地唐塔街道东方向 15.0 千米。杨庄集镇辖自然村。人口 600。明洪武年间，吴、顾两姓于山西洪洞县先迁至山东邹县，后为避难逃至郓东北金线岭建村安家，因一路辛苦，故命村名为辛集。聚落呈团块状分布。有文化活动中心 1 处、小学 1 处。经济以种植业为主，主要农作物有小麦、玉米。有公路经此。

辛庄 371725-B02-H21
[Xīnzhuāng]

在县驻地唐塔街道东方向 14.0 千米。杨庄集镇辖自然村。人口 600。清顺治年间，王氏祖从梁山县马振杨村迁此，闫氏祖从郓城县张营镇闫庄村迁此，殷氏祖从郓城县张营镇殷垓村迁此，曹氏祖从嘉祥县曹垓村迁此，新建村庄，名辛庄。聚落呈团块状分布。有文化活动中心 1 处、小学 1 处。经济以种植业为主，主要农作物有小麦、玉米。有公路经此。

新张庄 371725-B02-H22
[Xīnzhāngzhuāng]

在县驻地唐塔街道东方向 13.0 千米。杨庄集镇辖自然村。人口 500。明洪武二年（1369），张氏祖从山西洪洞县先迁东张庄，清康熙年间复迁此立村，以姓氏取名张庄，后因重名，以嘉言改为新张庄。聚落呈团块状分布。有文化活动中心 1 处、小学 1 处。经济以种植业为主，主要农作物有小麦、玉米。有公路经此。

袁屯 371725-B02-H23
[Yuántún]

在县驻地唐塔街道东方向 14.0 千米。杨庄集镇辖自然村。人口 1 600。明朝时，袁成累授校尉、将军、万户等职，随燕王朱棣扫北，功成后，由兖州迁此屯田立村，以姓命名为袁屯。聚落呈团块状分布。有文化活动中心 1 处、小学 1 处。经济以种植业为主，主要农作物有小麦、玉米。有公路经此。

赵家垓 371725-B02-H24
[Zhàojiāhǎi]

在县驻地唐塔街道东方向 14.0 千米。杨庄集镇辖自然村。人口 1 200。明洪武元年（1368），赵氏迁郓北建村，取名赵家垓，后称赵垓，因重名，1982 年复称赵家垓。聚落呈团块状分布。有文化活动中心 1 处、小学 1 处。经济以种植业为主，主要农作物有小麦、玉米。有公路经此。

曹屯 371725-B02-H25
[Cáotún]

在县驻地唐塔街道东方向 15.0 千米。杨庄集镇辖自然村。人口 600。明正德年间，曹氏祖从汶上迁此立村，以姓氏取村名曹屯。聚落呈团块状分布。有文化活动中心 1 处、小学 1 处。经济以种植业为主，主要农作物有小麦、玉米。220 国道经此。

侯咽集 371725-B03-H01
[Hòuyānjí]

侯咽集镇人民政府驻地。在县驻地唐塔街道西北方向 16.0 千米。人口 3 600。明洪武年间，王姓傍河建村，因河槽较窄，形似咽喉，故名侯咽集，后改侯集，1982 年复名侯咽集。聚落呈团块状分布。经济以种植业为主，主要农作物有小麦、玉米。有公路经此。

子房墓 371725-B03-H02
[Zǐfángmù]

在县驻地唐塔街道西北方向 18.0 千米。侯咽集镇辖自然村。人口 1 400。因汉代谋臣张良（字子房）死后葬于此，故村名为子房墓。聚落呈团块状分布。有小学。经济以种植业为主，主要农作物有小麦、玉米。有公路经此。

蔡楼 371725-B03-H03
[Càilóu]

在县驻地唐塔街道北方向 22.0 千米。侯咽集镇辖自然村。人口 800。明正德年间，殷姓从殷楼村迁至此，因村有胡、刘两姓人稀而殷姓人财两旺并建起大楼，故取名蔡楼。聚落呈团块状分布。有文化活动中心 1 处、小学 1 处。经济以种植业为主，主要农作物有小麦、棉花、玉米。有公路经此。

陈楼 371725-B03-H04
[Chénlóu]

在县驻地唐塔街道北方向 21.0 千米。侯咽集镇辖自然村。人口 1 300。明初，陈氏从兖州府滋阳县李宫社村迁郓城西北梳洗楼又迁此，以姓氏取村名为陈楼。聚落呈团块状分布。有文化活动中心 1 处、小学 1 处。经济以种植业为主，主要农作物有小麦、玉米。有公路经此。

大力赵 371725-B03-H05
[Dàlìzhào]

在县驻地唐塔街道北方向 24.0 千米。侯咽集镇辖自然村。人口 800。明洪武年间，赵大力从汶上南栈附近王村迁至郓城西北定居。相传此人力大无穷，日餐斗米，为赞誉其力大，故名村大力赵。聚落呈团块状分布。有文化活动中心 1 处、小学 1 处。

经济以种植业为主，主要农作物有小麦、玉米。有公路经此。

东郭垓 371725-B03-H06
［Dōngguōhǎi］

在县驻地唐塔街道北方向 18.0 千米。侯咽集镇辖自然村。人口 700。明洪武年间，郭氏由山西洪洞县迁于濮城东红船口，二世祖郭荣贵继迁于郓城西北，建村名郭垓。明正统年间郭氏兄弟分居，该村以方位称东郭垓。聚落呈团块状分布。有文化活动中心 1 处、小学 1 处。经济以种植业为主，主要农作物有小麦、玉米。有公路经此。

何堂 371725-B03-H07
［Hétáng］

在县驻地唐塔街道北方向 17.0 千米。侯咽集镇辖自然村。人口 1 200。明朝时，朱棣北征，何氏随驾迁至此定居，取名何堂。聚落呈团块状分布。有文化活动中心 1 处、小学 1 处。经济以种植业为主，主要农作物有小麦、玉米。有公路经此。

侯楼 371725-B03-H08
［Hóulóu］

在县驻地唐塔街道北方向 15.0 千米。侯咽集镇辖自然村。人口 1 800。明洪武年间，始祖忠信自河南归德府迁至郓城西北刘曹庙定居，后刘、曹两姓迁出。因侯氏建有楼房，故于明末更名侯楼。聚落呈团块状分布。有文化活动中心 1 处、小学 1 处。经济以种植业为主，主要农作物有小麦、玉米。有公路经此。

前铺 371725-B03-H09
［Qiánpù］

在县驻地唐塔街道北方向 17.0 千米。侯咽集镇辖自然村。人口 900。明洪武年间，侯氏迁郓城县城内卜宅而居。天顺年间，侯氏后人又迁此定居，因村东有条河流经过村旁，一段像咽喉，故取名喉咽铺，后省略"咽"字，改为喉铺，后以姓氏演变为侯铺。再后分前、后两村，此村居前，称为侯前铺，简称前铺。聚落呈团块状分布。有文化活动中心 1 处、小学 1 处。经济以种植业为主，主要农作物有小麦、玉米。有公路经此。

黄岗 371725-B03-H10
［Huánggǎng］

在县驻地唐塔街道北方向 16.0 千米。侯咽集镇辖自然村。人口 800。因黄氏最早迁于此，该村地势较高，故以姓氏取村名黄岗。聚落呈团块状分布。有文化活动中心 1 处、小学 1 处。经济以种植业为主，主要农作物有小麦、蔬菜、玉米。有公路经此。

霍楼 371725-B03-H11
［Huòlóu］

在县驻地唐塔街道北方向 25.0 千米。侯咽集镇辖自然村。人口 800。明洪武二年（1369），霍氏由山西洪洞县迁至济南东霍中永村，次年迁郓城西定居，取村名霍楼。聚落呈团块状分布。有文化活动中心 1 处、小学 1 处。经济以种植业为主，主要农作物有小麦、蔬菜、玉米。有公路经此。

碱店 371725-B03-H12
［Jiǎndiàn］

在县驻地唐塔街道北方向 16.0 千米。侯咽集镇辖自然村。人口 1 600。明洪武二年（1369），谭氏从潍县东关迁至郓城西北潘渡，其后人由潘渡迁此定居，因土地盐碱且有客店，故取名碱店。聚落呈团块状分布。有文化活动中心 1 处、小学 1 处。经济以种植业为主，主要农作物有小麦、蔬菜、玉米。有公路经此。

李垓 371725-B03-H13

［Lǐhǎi］

在县驻地唐塔街道北方向 21.0 千米。侯咽集镇辖自然村。人口 1 600。明宣德年间，李氏由山东省兖州府汶上县城西草桥迁此，以姓氏取名李家垓，后简称李垓。聚落呈团块状分布。有文化活动中心 1 处、小学 1 处。经济以种植业为主，主要农作物有小麦、蔬菜、玉米。有公路经此。

刘营 371725-B03-H14

［Liúyíng］

在县驻地唐塔街道北方向 22.0 千米。侯咽集镇辖自然村。人口 1 300。明洪武年间，刘姓迁此最早，以姓取村名刘家营，后简称刘营。聚落呈团块状分布。有文化活动中心 1 处、小学 1 处。经济以种植业为主，主要农作物有小麦、蔬菜、玉米。有公路经此。

陆庄 371725-B03-H15

［Lùzhuāng］

在县驻地唐塔街道北方向 23.0 千米。侯咽集镇辖自然村。人口 1 100。明景泰年间，陆氏祖随驾迁至嘉祥县马村，其后人又从马村迁此定居，以姓氏取村名陆庄。聚落呈团块状分布。有文化活动中心 1 处、小学 1 处。经济以种植业为主，主要农作物有小麦、蔬菜、玉米。有公路经此。

戚庄 371725-B03-H16

［Qīzhuāng］

在县驻地唐塔街道北方向 22.0 千米。侯咽集镇辖自然村。人口 800。明洪武年间，戚氏由东平路登乡北冯困山迁此，以姓取名戚庄。聚落呈团块状分布。有文化活动中心 1 处、小学 1 处。经济以种植业为主，主要农作物有小麦、蔬菜、玉米。有公路经此。

祁集 371725-B03-H17

［Qíjí］

在县驻地唐塔街道北方向 23.0 千米。侯咽集镇辖自然村。人口 1 100。明天启年间，祁氏迁此，以姓取名祁家庄，明崇祯年间，因此村设集，取名祁集。聚落呈团块状分布。有文化活动中心 1 处、小学 1 处。经济以种植业为主，主要农作物有小麦、蔬菜、玉米。有公路经此。

秦集 371725-B03-H18

［Qínjí］

在县驻地唐塔街道北方向 25.0 千米。侯咽集镇辖自然村。人口 1 300。明洪武年间，秦氏从山西洪洞县城南秦家堡迁至郓城西北，定居后设集，故以姓氏命名为秦集。聚落呈团块状分布。有文化活动中心 1 处、小学 1 处。经济以种植业为主，主要农作物有小麦、蔬菜、玉米。有公路经此。

梳洗楼 371725-B03-H19

［Shūxǐlóu］

在县驻地唐塔街道北方向 20.0 千米。侯咽集镇辖自然村。人口 1 300。该村建于战国时期，相传齐国无盐人钟离春貌极丑，40 岁不得嫁，自请见齐宣王，陈述挽救齐国危难的 4 点建议，为齐王采纳，被立为王后，后称无盐娘娘。其出嫁时曾在此梳洗打扮，后人为纪念此事，曾修建一楼，名梳洗楼，该村以此为名。聚落呈团块状分布。有文化活动中心 1 处、小学 1 处。经济以种植业为主，主要农作物有小麦、蔬菜、玉米。有公路经此。

孙万庄 371725-B03-H20

［Sūnwànzhuāng］

在县驻地唐塔街道北方向 20.0 千米。侯咽集镇辖自然村。人口 700。为避乱，孙氏于明万历年间从城西孙庄迁此立村，以姓氏取名孙庄，后因重名，更名孙万庄。聚落呈团块状分布。有文化活动中心 1 处、小学 1 处。经济以种植业为主，主要农作物有小麦、蔬菜、玉米。有公路经此。

王凤车 371725-B03-H21
[Wángfèngchē]

在县驻地唐塔街道北方向 20.0 千米。侯咽集镇辖自然村。人口 900。明洪武年间，王氏由山西洪洞县奉旨迁此建村，因当时生活贫困，全部家产不过一粪车，故以姓取名王粪车。清光绪十九年（1893），因"王粪车"此名不雅，改称王凤车。聚落呈团块状分布。有文化活动中心 1 处、小学 1 处。经济以种植业为主，主要农作物有小麦、蔬菜、玉米。有公路经此。

王庄 371725-B03-H22
[Wángzhuāng]

在县驻地唐塔街道北方向 22.0 千米。侯咽集镇辖自然村。人口 800。明成化年间，王氏由本县东南王沙湾迁此建村，取名王庄。聚落呈团块状分布。有文化活动中心 1 处、小学 1 处。经济以种植业为主，主要农作物有小麦、蔬菜、玉米。有公路经此。

西二合 371725-B03-H23
[Xī'èrhé]

在县驻地唐塔街道北方向 22.0 千米。侯咽集镇辖自然村。人口 600。因此村为王庄和苑庄相连而成，故名二合，后因重名，以方位称西二合。聚落呈带状分布。有文化活动中心 1 处、小学 1 处。经济以种植业为主，主要农作物有小麦、蔬菜、玉米。有公路经此。

东邢庄 371725-B03-H24
[Dōngxíngzhuāng]

在县驻地唐塔街道北方向 23.0 千米。

侯咽集镇辖自然村。人口 400。明景泰二年（1451），邢氏由濮州旧城集（现鄄城）迁此，以姓命村名邢庄，后人口增多，聚落分散，按地理方位称东邢庄。聚落呈团块状分布。有文化活动中心 1 处、小学 1 处。经济以种植业为主，主要农作物有小麦、蔬菜、玉米。有公路经此。

徐楼 371725-B03-H25
[Xúlóu]

在县驻地唐塔街道北方向 23.0 千米。侯咽集镇辖自然村。人口 900。明洪武年间，徐氏敬祖由山西洪洞县奉诏迁此建村，以姓取名徐楼。聚落呈团块状分布。有文化活动中心 1 处、小学 1 处。经济以种植业为主，主要农作物有小麦、蔬菜、玉米。有公路经此。

徐桥 371725-B03-H26
[Xúqiáo]

在县驻地唐塔街道北方向 27.0 千米。侯咽集镇辖自然村。人口 1 200。明洪武二年（1369），徐氏始祖从山西洪洞县迁此定居，因村东南赵王河上有座石桥，故加姓氏取村名为徐桥。聚落呈团块状分布。有文化活动中心、小学。经济以种植业为主，主要农作物有小麦、蔬菜、玉米。有公路经此。

姚庄 371725-B03-H27
[Yáozhuāng]

在县驻地唐塔街道北方向 22.0 千米。侯咽集镇辖自然村。人口 800。明景泰年间，姚氏由巨野迁此建村，以姓取名姚庄。聚落呈团块状分布。有文化活动中心 1 处、小学 1 处。经济以种植业为主，主要农作物有小麦、蔬菜、玉米。有公路经此。

于楼 371725-B03-H28

［Yúlóu］

在县驻地唐塔街道北方向 24.0 千米。侯咽集镇辖自然村。人口 1 900。明正德年间，于氏随母从济南府长山县迁此，以姓取名于楼。聚落呈团块状分布。有文化活动中心 1 处、小学 1 处。经济以种植业为主，主要农作物有小麦、蔬菜、玉米。有公路经此。

枣杭 371725-B03-H29

［Zǎoháng］

在县驻地唐塔街道北方向 23.0 千米。侯咽集镇辖自然村。人口 1 300。王氏于明代自山东诸城迁此立村，因其原籍为山西洪洞县枣杭村，故以原籍地取名枣杭。聚落呈团块状分布。有文化活动中心 1 处、小学 1 处。经济以种植业为主，主要农作物有小麦、蔬菜、玉米。有公路经此。

张堂 371725-B03-H30

［Zhāngtáng］

在县驻地唐塔街道北方向 16.0 千米。侯咽集镇辖自然村。人口 800。元末，张氏为避战乱迁此定居，因此处有一座庙堂，故取名张家堂，后简称张堂。聚落呈团块状分布。有文化活动中心 1 处、小学 1 处。经济以种植业为主，主要农作物有小麦、蔬菜、玉米。有公路经此。

周楼 371725-B03-H31

［Zhōulóu］

在县驻地唐塔街道北方向 24.0 千米。侯咽集镇辖自然村。人口 600。明洪武二年（1369），周氏由山西洪洞县迁此建村，取名周楼。聚落呈团块状分布。有文化活动中心 1 处、小学 1 处。经济以种植业为主，主要农作物有小麦、蔬菜、玉米。有公路经此。

朱庄 371725-B03-H32

［Zhūzhuāng］

在县驻地唐塔街道北方向 19.0 千米。侯咽集镇辖自然村。人口 600。明洪武年间，朱氏自山西洪洞县奉诏迁此，以姓取名朱庄。聚落呈团块状分布。有文化活动中心 1 处、小学 1 处。经济以种植业为主，主要农作物有小麦、蔬菜、玉米。有公路经此。

八里湾 371725-B03-H33

［Bālǐwān］

在县驻地唐塔街道北方向 24.0 千米。侯咽集镇辖自然村。人口 1 800。明洪武年间，谭、吕两姓氏迁此居住，因当时村南至村北有条八道湾的小河，外人皆称八里湾，后即为村名。聚落呈团块状分布。有文化活动中心 1 处、小学 1 处。经济以种植业为主，主要农作物有小麦、棉花、玉米。有公路经此。

武安 371725-B04-H01

［Wǔ'ān］

武安镇人民政府驻地。在县驻地唐塔街道西南方向 17.5 千米。人口 2 900。原名金店。明嘉靖年间，宋氏从郓城武安街迁此，改名武安寨。清初设集，又改武安集，简称武安。聚落呈团块状分布。经济以种植业为主，主要农作物有小麦、玉米。有宏远肠衣、水浒木业、天源木业、正大纺织等企业。220 国道经此。

后胡庄 371725-B04-H02

［HòuHúzhuāng］

在县驻地唐塔街道西南方向 5.0 千米。武安镇辖自然村。人口 1 000。明洪武年间，胡氏建村定名胡庄。清雍正年间，刘氏从本县刘口迁此，清同治年间，刘氏迁出该村建前胡村，此村遂改为后胡庄。聚落呈团块状分布。有小学 1 处。经济以种植业为主，主要农作物有小麦、玉米。有公路经此。

于庙 371725-B04-H03
[Yúmiào]

在县驻地唐塔街道西南方向 15.0 千米。武安镇辖自然村。人口 1 000。明万历年间，于氏从山西省洪洞县迁郓邑西南冷庄河北立村，取名于家庄。后因水患迁至于阁，15 年后，又返回于家庄，并于村中修一座庙，故更名于庙。聚落呈团块状分布。有小学 1 处。经济以种植业为主，主要农作物有小麦、玉米。有公路经此。

沈桥 371725-B04-H04
[Shěnqiáo]

在县驻地唐塔街道西南方向 13.0 千米。武安镇辖自然村。人口 500。明洪武年间，沈氏祖迁此建村，因靠近冷庄河桥，故以姓氏取名沈桥。聚落呈团块状分布。有小学 1 处。经济以种植业为主，主要农作物有小麦、玉米。有公路经此。

张坑 371725-B04-H05
[Zhāngkēng]

在县驻地唐塔街道西南方向 16.0 千米。武安镇辖自然村。人口 1 300。明洪武年间，张氏从山西洪洞县初迁至本县张营，1523 年转迁城北王庄，1654 年夏迁此定居。因当时此地有一大坑，故取名张坑。聚落呈团块状分布。有小学 1 处。经济以种植业为主，主要农作物有小麦、玉米。有公路经此。

华营 371725-B04-H06
[Huáyíng]

在县驻地唐塔街道西南方向 14.0 千米。武安镇辖自然村。人口 1 600。元朝末年，群雄四起，大动干戈，天下大乱，此处建辽兵营，其首领姓华，后在此定居，故取名华营。聚落呈团块状分布。有小学 1 处。经济以种植业为主，主要农作物有小麦、玉米。有公路经此。

西王楼 371725-B04-H07
[Xīwánglóu]

在县驻地唐塔街道西南方向 15.0 千米。武安镇辖自然村。人口 1 500。明洪武二年（1369），先民自今河北献县迁居巨野西北五界首保护雷庄（今西王楼），后因人多，遂改村名为王楼。明天顺年间，部分村民徙村东三里许建村，名五界首王楼，该村遂按方位改称西王楼。聚落呈团块状分布。有小学 1 处。经济以种植业为主，主要农作物有小麦、玉米。有公路经此。

前宋庄 371725-B04-H08
[Qiánsòngzhuāng]

在县驻地唐塔街道西南方向 17.5 千米。武安镇辖自然村。人口 1 100。明洪武年间，宋氏从山西洪洞县跃儿庄迁此，命名为宋家庄，后以方位更名为前宋庄。聚落呈团块状分布。有小学 1 处。经济以种植业为主，主要农作物有小麦、玉米。有公路经此。

洪福寺 371725-B04-H09
[Hóngfúsì]

在县驻地唐塔街道西南方向 12.0 千米。武安镇辖自然村。人口 600。元时，一年黄水为患，四周村民入当地济党寺避难，住持觉洪倾可食之物救济民众，使之度过水灾。他死后，众民感恩，取其法号"洪"及予民之惠，命村名洪福寺。聚落呈团块状分布。有小学 1 处。经济以种植业为主，主要农作物有小麦、玉米。有公路经此。

吕张庄 371725-B04-H10

[Lǚzhāngzhuāng]

在县驻地唐塔街道西南方向19.0千米。武安镇辖自然村。人口500。明宣德年间，吕氏祖从本县吕堌堆迁此立村，取名吕庄。后张姓徙入，村名未变。1982年4月更名为吕张庄。聚落呈团块状分布。有小学1处。经济以种植业为主，主要农作物有小麦、玉米。有公路经此。

唐庄 371725-B04-H11

[Tángzhuāng]

在县驻地唐塔街道西南方向15.0千米。武安镇辖自然村。人口700。元至正十一年（1351），唐氏兄弟迁此建村，因位于郓邑南，故以姓氏取名南唐庄，后简称唐庄。聚落呈团块状分布。有小学1处。经济以种植业为主，主要农作物有小麦、玉米。有公路经此。

夏垓 371725-B04-H12

[Xiàhǎi]

在县驻地唐塔街道西南方向18.0千米。武安镇辖自然村。人口1 200。明洪武年间，夏刚从南京水西门到此定居，取村名夏垓。聚落呈团块状分布。有小学1处。经济以种植业为主，主要农作物有小麦、玉米。有公路经此。

马屯 371725-B04-H13

[Mǎtún]

在县驻地唐塔街道西南方向21.0千米。武安镇辖自然村。人口1 400。元代马氏建村，名马屯。聚落呈团块状分布。有小学1处。经济以种植业为主，主要农作物有小麦、玉米。有公路经此。

前王楼 371725-B04-H14

[Qiánwánglóu]

在县驻地唐塔街道西南方向23.0千米。武安镇辖自然村。人口1 100。明崇祯年间，王如陵，字思赞，从北王楼迁此立村，以人名命村名王思赞楼。后按方位改此村为前王楼。聚落呈团块状分布。有小学1处。经济以种植业为主，主要农作物有小麦、玉米。有公路经此。

飞集 371725-B04-H15

[Fēijí]

在县驻地唐塔街道西南方向15.0千米。武安镇辖自然村。人口900。元朝刘氏建村，建村后，在元驸马侯飞哲帮助下设集，后为纪念此事，故于元末更名为飞哲集，简称飞集。聚落呈团块状分布。有小学1处。有县级文物保护单位万人堌堆义军公墓。经济以种植业为主，主要农作物有小麦、玉米。有公路经此。

窦寺 371725-B04-H16

[Dòusì]

在县驻地唐塔街道西南方向25.0千米。武安镇辖自然村。人口1 200。窦氏于明洪武年间奉诏迁至廪丘，永乐年间又迁此立村，因村有一清凉寺，故以姓取名窦寺。聚落呈团块状分布。有小学1处。经济以种植业为主，主要农作物有小麦、玉米。有公路经此。

洪王庄 371725-B04-H17

[Hóngwángzhuāng]

在县驻地唐塔街道西南方向16.0千米。武安镇辖自然村。人口900。清初，王鸿渐从鄄城县红船迁此建村，以姓氏并采取祖讳之"鸿"字，取名鸿王家庄，后演变为洪王庄。聚落呈团块状分布。有小学1处。

经济以种植业为主，主要农作物有小麦、玉米。有公路经此。

火王庄 371725-B04-H18
[Huǒwángzhuāng]

在县驻地唐塔街道西南方向18.0千米。武安镇辖自然村。人口700。明洪武年间，王友诚从山西省洪洞县迁此定居，以姓取村名王庄。清咸丰年间，洪水为患，水落后，在村北洼地现一大如铡墩的火头鱼，故改村名为火头洼王庄，后简称火王庄。聚落呈团块状分布。有小学1处。经济以种植业为主，主要农作物有小麦、玉米。有公路经此。

明李垓 371725-B04-H19
[Mínglǐhǎi]

在县驻地唐塔街道西南方向18.0千米。武安镇辖自然村。人口1 400。李氏于明永乐二年（1404）自山西洪洞县迁至济宁，复迁至郓邑南关剪子股街，后人丁兴旺，分支迁于潘庄。明嘉靖年间，潘氏无后，且李氏较多，改名为李家垓。1982年4月，因重名，且建村于明朝，故更名为明李垓。聚落呈团块状分布。有小学1处。经济以种植业为主，主要农作物有小麦、玉米。有公路经此。

鸡鸣寺 371725-B04-H20
[Jīmíngsì]

在县驻地唐塔街道西南方向20.0千米。武安镇辖自然村。人口700。相传，该村原系一大寺院。明洪武年间，郭氏兄弟二人从山西洪洞县奉命东迁，长支至此定居，因用荆棘做墙，以护寺院，故取村名棘城寺，后改吉承寺，后演称今名。另传，从前寺内有一雄鸡，每逢鸡唱，声达京城，后被梁山时迁盗去，现尚存鸡架旧址。清末随世人传说，将村名改为鸡鸣寺。聚落呈团

块状分布。有小学1处。经济以种植业为主，主要农作物有小麦、玉米。有公路经此。

大王庄 371725-B04-H21
[Dàwángzhuāng]

在县驻地唐塔街道西南方向14.0千米。武安镇辖自然村。人口1 100。明永乐年间，王氏从范县迁入郓邑小堤村，后二世祖迁出建村取名王庄，后因人多部分村民迁此建新村，取名大王庄。聚落呈团块状分布。有小学1处。经济以种植业为主，主要农作物有小麦、玉米。有公路经此。

江湾 371725-B04-H22
[Jiāngwān]

在县驻地唐塔街道西南方向15.0千米。武安镇辖自然村。人口700。元末，江氏迁此建村，因居冷庄河转弯处，故名江湾。聚落呈团块状分布。有小学1处。经济以种植业为主，主要农作物有小麦、玉米。有公路经此。

冯庄 371725-B04-H23
[Féngzhuāng]

在县驻地唐塔街道西南方向20.0千米。武安镇辖自然村。人口1 100。明崇祯年间，冯氏从鄄城冯庄迁此定居，以姓氏取名冯庄。聚落呈团块状分布。有小学1处。经济以种植业为主，主要农作物有小麦、玉米。有公路经此。

五界首王楼 371725-B04-H24
[Wǔjièshǒuwánglóu]

在县驻地唐塔街道西南方向16.0千米。武安镇辖自然村。人口2 200。明洪武二年（1369），王世祖福宽、福胜兄弟二人由今河北献县迁巨野西北五界保护雷庄（今西王楼）。王世祖铖公于明天顺年间于村东立村，因属郓城、巨野、曲阜、濮县（今

鄄城）五县所辖，故名五界首王楼。聚落呈团块状分布。有小学1处。经济以种植业为主，主要农作物有小麦、玉米。有公路经此。

王杨庄 371725-B04-H25
［Wángyángzhuāng］

在县驻地唐塔街道西南方向18.0千米。武安镇辖自然村。人口800。明永乐年间，杨氏祖从山东青州府迁此立村，名杨庄，继有王姓迁入。因重名，1982年4月以姓氏改称王杨庄。聚落呈团块状分布。有小学1处。经济以种植业为主，主要农作物有小麦、玉米。有公路经此。

孙庄 371725-B04-H26
［Sūnzhuāng］

在县驻地唐塔街道西南方向19.0千米。武安镇辖自然村。人口1 000。明洪武年间，孙氏由山西洪洞县迁此建村，以姓氏取村名为孙庄。聚落呈团块状分布。有小学1处。经济以种植业为主，主要农作物有小麦、玉米。有公路经此。

郭屯 371725-B05-H01
［Guōtún］

郭屯镇人民政府驻地。在县驻地唐塔街道南方向12.0千米。人口3 600。明永乐年间，王氏建村，以人名村王文光屯。后王氏绝嗣，宣德年间，因郭氏为屯长，更名郭官屯，后简称郭屯。聚落呈团块状分布。有中学、小学。经济以种植业为主，主要农作物有小麦、玉米。有公路经此。

车楼 371725-B05-H02
［Chēlóu］

在县驻地唐塔街道南方向13.0千米。郭屯镇辖自然村。人口1 800。清康熙年间，因车姓在此地先建起了楼，故取村名为车楼。聚落呈团块状分布。有小学1处。经济以种植业为主，主要农作物有小麦、玉米。有公路经此。

丁官屯 371725-B05-H03
［Dīngguāntún］

在县驻地唐塔街道南方向11.0千米。郭屯镇辖自然村。人口2 900。明永乐年间，丁正簧为护卫军右营长，后以军功领卫所分军田，故易名丁正簧屯，其后人袭职，改称丁国都屯，明万历年间，以官更名为丁官屯。聚落呈团块状分布。有小学1处。经济以种植业为主，主要农作物有小麦、玉米。有公路经此。

东张楼 371725-B05-H04
［Dōngzhānglóu］

在县驻地唐塔街道南方向12.0千米。郭屯镇辖自然村。人口2 900。清康熙五十一年（1712）前后，张氏盖起楼房，故名张家楼。清咸丰年间，张家楼、董寄村、郑家庄三村连成一片，为御贼防洪，三村合为一村筑垓子墙后，为区别于西张楼，按方位定名东张楼。聚落呈团块状分布。有小学1处。经济以种植业为主，主要农作物有小麦、玉米。有公路经此。

付官屯 371725-B05-H05
［Fùguāntún］

在县驻地唐塔街道南方向10.0千米。郭屯镇辖自然村。人口1 600。明朝朱棣征北时，付氏为运粮官，因有功，奉旨迁于郓城之南，置田45顷，封为屯户，其后人付腾蛟继承祖功业而发扬光大，皇上赐村名付腾蛟屯。后因叫祖名不尊，后改名为付官屯。聚落呈团块状分布。小学1处。经济以种植业为主，主要农作物有小麦、玉米、蔬菜。有公路经此。

娘娘庙张庄 371725-B05-H06

[Niángniangmiàozhāngzhuāng]

在县驻地唐塔街道南方向 11.0 千米。郭屯镇辖自然村。人口 1 400。因村中大姓和古建筑而得名。聚落呈团块状分布。有小学 1 处。经济以种植业为主，主要农作物有小麦、玉米。有公路经此。

七陵碑 371725-B05-H07

[Qīlíngbēi]

在县驻地唐塔街道南方向 17.0 千米。郭屯镇辖自然村。人口 700。因汉代历史碑刻而得名。聚落呈团块状分布。有小学 1 处。经济以种植业为主，主要农作物有小麦、玉米、蔬菜。有公路经此。

邵集 371725-B05-H08

[Shàojí]

在县驻地唐塔街道南方向 12.0 千米。郭屯镇辖自然村。人口 4 000。因邵氏聚居且设有集市，故名邵家集，简称邵集。聚落呈团块状分布。有小学 1 处。经济以种植业为主，主要农作物有小麦、玉米。有公路经此。

唐官屯 371725-B05-H09

[Tángguāntún]

在县驻地唐塔街道南方向 17.0 千米。郭屯镇辖自然村。人口 1 000。明永乐二年（1404），唐氏奉旨迁此建村，取名唐官屯。聚落呈团块状分布。有小学 1 处。经济以种植业为主，主要农作物有小麦、玉米、蔬菜。有公路经此。

乔庄 371725-B06-H01

[Qiáozhuāng]

丁里长镇人民政府驻地。在县驻地唐塔街道东南方向 9.0 千米。人口 1 000。明

正德年间，乔氏祖迁此建村，取名乔家庄，后简称乔庄。有文化站、广播站、初中、小学、幼儿园。经济以种植业为主，主要农作物有小麦、玉米。省道聊商路经此。

单垓 371725-B06-H02

[Shànhǎi]

在县驻地唐塔街道南方向 14.0 千米。丁里长镇辖自然村。人口 2 700。单氏原姓姬，周成王之子，封邑于单（今单县），遂以邑为姓，改姬为单。明初，单氏祖避兵乱来郓，迁居位于单垓东南的房庄，因纠纷，单氏被杀，只剩一子名旷，避难潜居于此，后族人兴旺，以姓取村名。聚落呈团块状分布。有小学 1 处。经济以种植业为主，主要农作物有小麦、玉米、蔬菜。有公路经此。

孟庄 371725-B06-H03

[Mèngzhuāng]

在县驻地唐塔街道南方向 10.0 千米。丁里长镇辖自然村。人口 1 100。相传明洪武年间，姬姓建村，以姓取名姬庄。明成化年间，孟氏自郓邑李河口迁此定居，后姬姓外徙，孟氏人丁兴旺，明末，更名为孟庄。聚落呈团块状分布。有小学 1 处。经济以种植业为主，主要农作物有小麦、玉米、蔬菜。有公路经此。

芦营 371725-B06-H04

[Lúyíng]

在县驻地唐塔街道南方向 5.0 千米。丁里长镇辖自然村。人口 2 400。原名牛营，村庄被洪水淹没，水退后，有李、冯、侣、侯、郭、卢等姓陆续迁入此地定居。其中卢氏人口最多，故改村名为卢营，后演为今名。聚落呈团块状分布。有小学 1 处。经济以种植业为主，主要农作物有小麦、玉米、蔬菜。有公路经此。

富苑楼 371725-B06-H05
[Fùyuànlóu]

在县驻地唐塔街道南方向8.0千米。丁里长镇辖自然村。人口1 600。明正德年间，苑氏祖建村，以姓氏取村名苑楼，后因重名，改为富苑楼，寓意富贵吉祥。聚落呈团块状分布。有小学1处。经济以种植业为主，主要农作物有小麦、玉米、蔬菜。有公路经此。

丁里长 371725-B06-H06
[Dīnglǐzhǎng]

在县驻地唐塔街道南方向9.0千米。丁里长镇辖自然村。人口4 000。明中叶，村内有丁姓为里长，威望较高，故改村名为丁里长集，后简称丁里长。聚落呈团块状分布。有小学1处。经济以种植业为主，主要农作物有小麦、玉米、蔬菜。有公路经此。

张武屯 371725-B06-H07
[Zhāngwǔtún]

在县驻地唐塔街道南方向11.0千米。丁里长镇辖自然村。人口1 900。明永乐年间，张武，字干国，官居二品定国将军，祖籍南京西门里张家胡同，因随燕王朱棣北征，战功卓越，后来此建村，取名张武屯。聚落呈团块状分布。有小学1处。经济以种植业为主，主要农作物有小麦、玉米、蔬菜。有公路经此。

王兵马集 371725-B06-H08
[Wángbīngmǎjí]

在县驻地唐塔街道南方向9.0千米。丁里长镇辖自然村。人口3 100。明洪武年间，朱元璋之子鲁王为选妃派兵马司驻此，为筹集军饷，在此设集市，故以姓氏取名王兵马集，简称王集。聚落呈团块状分布。

有小学1处。经济以种植业为主，主要农作物有小麦、玉米、蔬菜。有公路经此。

周垓 371725-B06-H09
[Zhōuhǎi]

在县驻地唐塔街道南方向9.0千米。丁里长镇辖自然村。人口2 300。明朝时，周氏南卫军都粮尉随朱棣北征，后在此建村，以姓氏取名周垓。聚落呈团块状分布。有小学1处。经济以种植业为主，主要农作物有小麦、玉米、蔬菜。有公路经此。

前营 371725-B06-H10
[Qiányíng]

在县驻地唐塔街道南方向6.0千米。丁里长镇辖自然村。人口1 700。明洪武年间，朱元璋之鲁王为选妃，派兵马司驻此设兵营，故以方位称前营。聚落呈团块状分布。有小学1处。经济以种植业为主，主要农作物有小麦、玉米、蔬菜。有公路经此。

马垓 371725-B06-H11
[Mǎhǎi]

在县驻地唐塔街道南方向11.0千米。丁里长镇辖自然村。人口1 500。马氏自安徽砀山迁此定居，后人口渐多，遂以姓名村马垓。聚落呈团块状分布。有小学1处。经济以种植业为主，主要农作物有小麦、玉米、蔬菜。有公路经此。

玉皇庙 371725-B07-H01
[Yùhuángmiào]

玉皇庙镇人民政府驻地。在县驻地唐塔街道西方向12.0千米。人口2 400。明初建村，因村中有玉皇庙得名。聚落呈团块状分布。经济以种植业为主，主要农作物有小麦、玉米。有公路经此。

北彭庄 371725-B07-H02
[Běipéngzhuāng]

在县驻地唐塔街道西方向 15.0 千米。玉皇庙镇辖自然村。人口 700。彭庄村民从彭家庄析此建村，亦名彭家庄，后简称彭庄。因重名，1982 年 4 月以方位更名为北彭庄。聚落呈团块状分布。有小学 1 处。经济以种植业为主，主要农作物有小麦、玉米、蔬菜。有公路经此。

北郑庄 371725-B07-H03
[BěiZhèngzhuāng]

在县驻地唐塔街道西方向 10.0 千米。玉皇庙镇辖自然村。人口 1 700。明洪武二年（1369），郑氏祖从山西洪洞县先迁郓邑樊楼，后又迁此建村，取名郑家庄。清道光年间，部分村民迁村南处另建村庄，取名坡里郑庄，1956 年按方位改名为北郑庄。聚落呈团块状分布。有小学 1 处。经济以种植业为主，主要农作物有小麦、玉米、蔬菜。有公路经此。

曾庄 371725-B07-H04
[Zēngzhuāng]

在县驻地唐塔街道西方向 8.0 千米。玉皇庙镇辖自然村。人口 2 000。明永乐年间，曾氏在此建村，以姓氏取村名曾庄。聚落呈团块状分布。有小学 1 处。经济以种植业为主，主要农作物有小麦、玉米、蔬菜。有公路经此。

程楼 371725-B07-H05
[Chénglóu]

在县驻地唐塔街道西方向 9.0 千米。玉皇庙镇辖自然村。人口 800。明嘉靖年间，程氏由东阿斑鸠店迁此建村，以姓取名程楼。聚落呈团块状分布。有小学 1 处。经济以种植业为主，主要农作物有小麦、玉米、蔬菜。有公路经此。

大王集 371725-B07-H06
[Dàwángjí]

在县驻地唐塔街道西方向 14.0 千米。玉皇庙镇辖自然村。人口 700。明宣德年间，王本迁居于郓城西北，建村王家集，后简称王集。后因重名，1982 年更名大王集。聚落呈团块状分布。有小学 1 处。经济以种植业为主，主要农作物有小麦、玉米、蔬菜。有公路经此。

东马楼 371725-B07-H07
[Dōngmǎlóu]

在县驻地唐塔街道西方向 13.0 千米。玉皇庙镇辖自然村。人口 800。原名司家坑，有司氏建村，明万历四十四年（1616），马氏祖有本县马家湾迁居于此。后司氏乏嗣，遂更村名为马家楼，为区别于村西的马楼，故以方位改称东马楼。聚落呈团块状分布。有小学 1 处。经济以种植业为主，主要农作物有小麦、玉米、蔬菜。有公路经此。

俄厂 371725-B07-H08
[Échǎng]

在县驻地唐塔街道西方向 13.0 千米。玉皇庙镇辖自然村。人口 1 000。明正德年间，杨氏迁此定居，时此村附近一片汪洋，此处地势较高，夜间鸭鹅常栖息于此，故名鹅鸭场，简称鹅厂，后又简化成俄厂。聚落呈团块状分布。有小学 1 处。经济以种植业为主，主要农作物有小麦、玉米、蔬菜。有公路经此。

樊楼 371725-B07-H09
[Fánlóu]

在县驻地唐塔街道西方向 10.0 千米。玉皇庙镇辖自然村。人口 1 200。明洪武年间，郑氏祖从山西洪洞县迁此建村，取名郑家洼子，又名封王庙。明万历年间，樊氏迁此定居，其后人在村西建楼一座，名樊家大楼，村名遂改为樊楼。聚落呈团块状分布。有小学 1 处。经济以种植业为主，主要农作物有小麦、玉米、蔬菜。有公路经此。

房村 371725-B07-H10
［Fángcūn］

在县驻地唐塔街道西方向 11.0 千米。玉皇庙镇辖自然村。人口 900。明洪武年间，房氏迁此立村，以姓取名房村。聚落呈团块状分布。有小学 1 处。经济以种植业为主，主要农作物有小麦、玉米、蔬菜。有公路经此。

葛庄 371725-B07-H11
［Gězhuāng］

在县驻地唐塔街道西方向 13.0 千米。玉皇庙镇辖自然村。人口 700。明洪武年间，葛氏祖从山西洪洞县迁郓邑西南小堤村（现葛营）居住，明正德年间，其后人迁此建村，以姓取名葛庄。聚落呈团块状分布。有小学 1 处。经济以种植业为主，主要农作物有小麦、玉米、蔬菜。有公路经此。

韩庄 371725-B07-H12
［Hánzhuāng］

在县驻地唐塔街道西方向 9.0 千米。玉皇庙镇辖自然村。人口 900。明洪武年间，韩氏祖永义自青州府西关初迁郓城东南申厂，崇祯年间，韩氏后人迁此定居，故名韩庄。聚落呈团块状分布。有小学 1 处。经济以种植业为主，主要农作物有小麦、玉米、蔬菜。有公路经此。

黄桥 371725-B07-H13
［Huángqiáo］

在县驻地唐塔街道西方向 17.0 千米。玉皇庙镇辖自然村。人口 2 100。明景泰年间，黄氏迁此建村，时有一小河，流经本村，为方便交通，砌桥一座，故取名黄桥。聚落呈团块状分布。有小学 1 处。经济以种植业为主，主要农作物有小麦、玉米、蔬菜。有公路经此。

老口 371725-B07-H14
［Lǎokǒu］

在县驻地唐塔街道西方向 11.0 千米。玉皇庙镇辖自然村。人口 700。相传，春秋时，老君曾在此渡口摆渡，该村即以此取村名老君口，后简称老口。聚落呈团块状分布。有小学 1 处。经济以种植业为主，主要农作物有小麦、玉米、蔬菜。有公路经此。

李湾 371725-B07-H15
［Lǐwān］

在县驻地唐塔街道西方向 17.0 千米。玉皇庙镇辖自然村。人口 700。清顺治年间，李氏于灉河南岸河湾处建村，故取名李湾。聚落呈团块状分布。有小学 1 处。经济以种植业为主，主要农作物有小麦、玉米、蔬菜。有公路经此。

梁集 371725-B07-H16
［Liángjí］

在县驻地唐塔街道西方向 18.0 千米。玉皇庙镇辖自然村。人口 900。原名粮盛集，后因梁姓迁此，改为梁集。聚落呈团块状分布。有小学 1 处。经济以种植业为主，主要农作物有小麦、玉米、蔬菜。有公路经此。

高楼 371725-B07-H17
［Gāolóu］

在县驻地唐塔街道西方向 7.0 千米。玉皇庙镇辖自然村。人口 300。清康熙年间，高氏迁此建村并盖一楼，故取名高楼。聚落呈团块状分布。有小学。经济以种植业为主，主要农作物有小麦、玉米、蔬菜。有公路经此。

马湾 371725-B07-H18
［Mǎwān］

在县驻地唐塔街道西方向 11.0 千米。玉皇庙镇辖自然村。人口 600。马氏为避虎患，迁于五岔口东北濰河东岸河湾处定居，以地形取村名马家湾，后简称马湾。聚落呈团块状分布。有小学 1 处。经济以种植业为主，主要农作物有小麦、玉米、蔬菜。有公路经此。

马庄 371725-B07-H19
［Mǎzhuāng］

在县驻地唐塔街道西方向 10.0 千米。玉皇庙镇辖自然村。人口 100。明洪武年间，马氏任郓邑训导，官满离任，因当时兵荒马乱，无心东归，便在距郓西北濰河南岸安居，取名马家庄，后简称马庄。聚落呈团块状分布。有小学 1 处。经济以种植业为主，主要农作物有小麦、玉米、蔬菜。有公路经此。

五岔口 371725-B07-H20
［Wǔchàkǒu］

在县驻地唐塔街道西方向 16.0 千米。玉皇庙镇辖自然村。人口 1 700。该村建于宋朝，时濰水流经此地，河分五岔，后又与冷庄河汇流，且附近设渡口五处，故得名五岔口。聚落呈团块状分布。有小学 1 处。经济以种植业为主，主要农作物有小麦、玉米、蔬菜。有公路经此。

西陈庄 371725-B07-H21
［Xīchénzhuāng］

在县驻地唐塔街道西方向 11.0 千米。玉皇庙镇辖自然村。人口 1 400。明永乐年间，陈氏从陈路口迁此建村，以姓取名，后因重名，以方位更名为西陈庄。聚落呈团块状分布。有小学 1 处。经济以种植业为主，主要农作物有小麦、玉米、蔬菜。有公路经此。

张胡同 371725-B07-H22
［Zhānghútòng］

在县驻地唐塔街道西方向 14.0 千米。玉皇庙镇辖自然村。人口 400。明正德年间，张氏从郓城东张营迁此定居后，单住一条胡同，遂改村名为张家胡同，简称张胡同。聚落呈团块状分布。有小学 1 处。经济以种植业为主，主要农作物有小麦、玉米、蔬菜。有公路经此。

朱湾 371725-B07-H23
［Zhūwān］

在县驻地唐塔街道西方向 9.0 千米。玉皇庙镇辖自然村。人口 800。朱氏从山西洪洞县迁居于单县，其后人于明正统年间迁此建村，因地处濰河南岸河湾处，故以姓取名朱家湾，简称朱湾。聚落呈团块状分布。有小学 1 处。经济以种植业为主，主要农作物有小麦、玉米、蔬菜。有公路经此。

祝桥 371725-B07-H24
［Zhùqiáo］

在县驻地唐塔街道西方向 9.0 千米。玉皇庙镇辖自然村。人口 1 500。元至元二十五年（1288），施氏迁此建村，时地处雍水之畔，施氏因来往不便，于河上架一小桥，并加以草铺，得村名施家草桥。祝氏迁此后，募于四方，建一石桥，竣工后，大大方便了南北交通，人皆称此桥为祝家桥，该村亦随之更名为祝桥。聚落呈团块状分布。有小学 1 处。经济以种植业为主，主要农作物有小麦、玉米、蔬菜。有公路经此。

刘口 371725-B07-H25
［Liúkǒu］

在县驻地唐塔街道西方向 18.0 千米。玉皇庙镇辖自然村。人口 2 800。因建村于河滨，有渡口，故以姓取名刘口。聚落呈团块状分布。有小学 1 处。有市级文物保护单位刘氏家祠。经济以种植业为主，主要农作物有小麦、玉米、蔬菜。有公路经此。

杨寨 371725-B08-H01
[Yángzhài]

程屯镇人民政府驻地。在县驻地唐塔街道北方向方 15.0 千米。人口 1 500。明洪武年间，此村为程思礼屯，后来分为杨寨、陈寨、双合村三村，后因杨姓人多，统称杨寨。聚落呈团块状分布。有文化站、文化活动中心、图书室、初中、小学、幼儿园、广播站。经济以种植业为主，主要农作物有小麦、玉米。省道聊商公路经此。

北王垓 371725-B08-H02
[Běiwánghǎi]

在县驻地唐塔街道北方向 10.0 千米。程屯镇辖自然村。人口 800。明永乐十九年（1421），王氏由淮安府宿迁县迁徙至此建村，取王垓，后因重名，以方位改为北王垓。聚落呈团块状分布。有小学 1 处。经济以种植业为主，主要农作物有小麦、玉米、蔬菜。有公路经此。

北玉皇庙 371725-B08-H03
[Běiyùhuángmiào]

在县驻地唐塔街道北方向 13.0 千米。程屯镇辖自然村。人口 1 100。原名李玉所，因村中有玉皇阁，改名为玉皇庙。后因重名，改称今名。聚落呈团块状分布。有小学 1 处。经济以种植业为主，主要农作物有小麦、玉米、蔬菜。有公路经此。

曹垓 371725-B08-H04
[Cáohǎi]

在县驻地唐塔街道北方向 22.0 千米。程屯镇辖自然村。人口 1 500。明洪武年间，曹氏从曹州迁此立村，取名曹家垓，后简称曹垓。聚落呈团块状分布。有小学 1 处。经济以种植业为主，主要农作物有小麦、玉米。有公路经此。

晁楼 371725-B08-H05
[Cháolóu]

在县驻地唐塔街道北方向 22.0 千米。程屯镇辖自然村。人口 800。北宋末年，晁氏由郓城剪子股街迁此立村，因建一楼，故名晁楼。聚落呈团块状分布。有小学 1 处。经济以种植业为主，主要农作物有小麦、玉米。有公路经此。

大张庄 371725-B08-H06
[Dàzhāngzhuāng]

在县驻地唐塔街道北方向 12.0 千米。程屯镇辖自然村。人口 1 000。明洪武年间，世祖伯道始在此立村，以姓氏命名为大张庄。聚落呈团块状分布。有小学 1 处。经济以种植业为主，主要农作物有小麦、玉米。有公路经此。

高楼 371725-B08-H07
[Gāolóu]

在县驻地唐塔街道北方向 12.0 千米。程屯镇辖自然村。人口 2 100。明洪武年间，高氏祖在此立村，以姓氏命名，故名高楼。聚落呈团块状分布。有小学 1 处。经济以种植业为主，主要农作物有小麦、玉米。有公路经此。

程屯 371725-B08-H08
[Chéngtún]

在县驻地唐塔街道北方向 15.0 千米。程屯镇辖自然村。人口 2 300。明洪武年间，程思礼奉命从山西洪洞县迁此立村，以人名命村名，名程思礼屯，后改为程屯。聚落呈团块状分布。有小学 1 处。经济以种植业为主，主要农作物有小麦、玉米。有公路经此。

河王楼 371725-B08-H09
[Héwánglóu]

在县驻地唐塔街道北方向 5.5 千米。程屯镇辖自然村。人口 1 800。明洪武年间，王姓迁此立村，在村中盖起一座楼，因此命名为王楼，后因重名，改名为河王楼。聚落呈团块状分布。有小学 1 处。经济以种植业为主，主要农作物有小麦、玉米。有公路经此。

冷庄 371725-B08-H10
[Lěngzhuāng]

在县驻地唐塔街道北方向 15.0 千米。程屯镇辖自然村。人口 1 000。明洪武年间，冷姓因避难迁至此立村，以姓氏命名冷庄。聚落呈团块状分布。有小学 1 处。经济以种植业为主，主要农作物有小麦、玉米。有公路经此。

吕庙 371725-B08-H11
[Lǚmiào]

在县驻地唐塔街道北方向 13.0 千米。程屯镇辖自然村。人口 1 000。明洪武年间，吕氏祖由沂水县迁此立村，以姓氏命名为吕庙。聚落呈团块状分布。有小学 1 处。经济以种植业为主，主要农作物有小麦、玉米。有公路经此。

南钱楼 371725-B08-H12
[Nánqiánlóu]

在县驻地唐塔街道北方向 20.0 千米。程屯镇辖自然村。人口 300。明万历年间，钱姓迁此立村，以姓氏命名，后因重名，以方位改称南钱楼。聚落呈团块状分布。有小学 1 处。经济以种植业为主，主要农作物有小麦、玉米。有公路经此。

寿邑刘庄 371725-B08-H13
[Shòuyìliúzhuāng]

在县驻地唐塔街道北方向 19.0 千米。程屯镇辖自然村。人口 1 100。明洪武年间，刘氏祖沛从山西洪洞县迁此立村，以姓氏和所属地域命名。聚落呈团块状分布。有小学 1 处。经济以种植业为主，主要农作物有小麦、玉米。有公路经此。

仝庄 371725-B08-H14
[Tóngzhuāng]

在县驻地唐塔街道北方向 17.0 千米。程屯镇辖自然村。人口 800。明洪武年间，仝姓迁此立村，以姓氏命名为仝庄。聚落呈团块状分布。有小学 1 处。经济以种植业为主，主要农作物有小麦、玉米。有公路经此。

王府 371725-B08-H15
[Wángfǔ]

在县驻地唐塔街道北方向 21.0 千米。程屯镇辖自然村。人口 1 200。明洪武年间，时为东、西二寨，一名王庄，一名泽营，后讹传为贼营，村人认为不雅，遂两村合并，统称王府。聚落呈团块状分布。有小学 1 处。经济以种植业为主，主要农作物有小麦、玉米。有公路经此。

肖庙 371725-B08-H16
[Xiāomiào]

在县驻地唐塔街道北方向 15.0 千米。程屯镇辖自然村。人口 1 400。明洪武年间，肖、李、孟三姓迁此立村，后因肖氏人口居多，遂以姓氏命名，故名肖庙。聚落呈团块状分布。有小学 1 处。经济以种植业为主，主要农作物有小麦、玉米。有公路经此。

肖皮口 371725-B08-H17

[Xiāopíkǒu]

在县驻地唐塔街道北方向 17.0 千米。程屯镇辖自然村。人口 1 400。相传，肖、皮两姓在此建村，因建于渡口附近，故名肖皮口。聚落呈团块状分布。有小学 1 处。经济以种植业为主，主要农作物有小麦、玉米。有公路经此。

肖前 371725-B08-H18

[Xiāoqián]

在县驻地唐塔街道北方向 16.0 千米。程屯镇辖自然村。人口 1 100。汉代丞相肖何路过此地，在此建亭子，故名肖何亭。后一分为三，此村以方位称肖前。聚落呈团块状分布。有小学 1 处。经济以种植业为主，主要农作物有小麦、玉米。有公路经此。

张屯 371725-B08-H19

[Zhāngtún]

在县驻地唐塔街道北方向 16.0 千米。程屯镇辖自然村。人口 1 100。明洪武年间，张姓由山西洪洞县迁此立村，以姓氏命名，故名张屯。聚落呈团块状分布。有小学 1 处。经济以种植业为主，主要农作物有小麦、玉米。有公路经此。

张辛庄 371725-B08-H20

[Zhāngxīnzhuāng]

在县驻地唐塔街道北方向 16.0 千米。程屯镇辖自然村。人口 1 100。明初，辛氏祖由山西洪洞县迁此立村，取名辛庄，后张氏迁入，故名张辛庄。聚落呈团块状分布。有小学 1 处。经济以种植业为主，主要农作物有小麦、玉米。有公路经此。

随官屯 371725-B09-H01

[Suíguāntún]

随官屯镇人民政府驻地。在县驻地唐塔街道东南方向 15.0 千米。人口 3 800。明永乐五年（1407），因随氏率人在此屯田，故名。聚落呈团块状分布。经济以种植业为主，主要农作物有小麦、玉米。日东高速、省道聊商公路、省道鄄巨路经此。

汉石桥 371725-B09-H02

[Hànshíqiáo]

在县驻地唐塔街道南方向 20.0 千米。随官屯镇辖自然村。人口 3 600。明永乐年间，曹、吕、端木三姓分别从河南永城、山东黄县和巨野西关等地迁此定居，因相处和睦，故名义和寨。明成化年间，在村西挖沟引水，挖出石桥一座，上载"汉代修"，故更名为汉石桥。聚落呈团块状分布。有小学 1 处。经济以种植业为主，主要农作物有小麦、玉米。有公路经此。

吕月屯 371725-B09-H03

[Lǚyuètún]

在县驻地唐塔街道南方向 16.0 千米。随官屯镇辖自然村。人口 1 200。明洪武年间，吕氏祖自莱州府迁此建村，以姓氏取名吕庄。明永乐二年（1404），有村民吕月者，随驾北征，因功封为屯长。此村遂更名吕月屯。聚落呈团块状分布。有小学 1 处。经济以种植业为主，主要农作物有小麦、玉米。有汽缸等机械加工业。有公路经此。

侣楼 371725-B09-H04

[Sìlóu]

在县驻地唐塔街道南方向 19.0 千米。随官屯镇辖自然村。人口 3 200。元至元年间，侣氏奉诏迁此建村，取名凤凰岭。其后人侣钟曾为进士，官居荣禄大夫、户部尚书，于此建楼九十九栋，遂改名为侣家楼，后简称侣楼。聚落呈团块状分布。有小学 1 处。有市级文物保护单位侣公家祠。经济以种植业为主，主要农作物有小麦、玉米。有公路经此。

王官屯　371725–B09–H05
[Wángguāntún]

在县驻地唐塔街道南方向 11.0 千米。随官屯镇辖自然村。人口 4 800。王氏士熊、士罴兄弟二人于明成化年间迁郓邑东南高鱼乡张问屯，后改村名为王官屯。聚落呈团块状分布。有小学 1 处。经济以种植业为主，主要农作物有小麦、玉米。有公路经此。

元庙集　371725–B09–H06
[Yuánmiàojí]

在县驻地唐塔街道南方向 18.0 千米。随官屯镇辖自然村。人口 3 000。明朝修俸仪随朱棣征北，来此建村，同来者有任、蔺、陈等氏族，因修俸仪为屯官，故取名修俸仪屯。明末，村内建玄帝庙，且兴起大集，遂更名为玄庙集。至清，因避清帝玄烨之讳，改"玄"为"元"，更名元庙集。聚落呈团块状分布。有小学 1 处。经济以种植业为主，主要农作物有小麦、玉米。有公路经此。

张营　371725–B10–H01
[Zhāngyíng]

张营镇人民政府驻地。在县驻地唐塔街道东方向 5.0 千米。人口 5 200。元末张姓避乱，于村周筑土围墙，名张家营子，后称张营。聚落呈团块状分布。有文化站、农村大舞台、中学、小学、幼儿园。经济以种植业为主，主要农作物有小麦、玉米。省道济董公路经此。

曹府庄　371725–B10–H02
[Cáofǔzhuāng]

在县驻地唐塔街道东方向 13.0 千米。张营镇辖自然村。人口 1 100。原名祝口，后曹氏迁入，逐渐发展壮大，故更名曹庄。后因重名，1982 年 4 月更名为曹府庄。聚落呈团块状分布。有小学 1 处。经济以种植业为主，主要农作物有小麦、玉米。有公路经此。

大人村　371725–B10–H03
[Dàréncūn]

在县驻地唐塔街道东方向 12.0 千米。张营镇辖自然村。人口 2 700。北宋时期建村，原名戴家集，后戴氏乏嗣。此地有一对老夫妇，乐善好施，誉满四乡，该村处于东西南北交通要冲，且是集镇，登门求助者，屡见不鲜，后"戴老人"便成为村名，后因"大""戴"同音，后人为了书写方便，演变成"大老人"，后简称大人村。聚落呈团块状分布。有小学 1 处。经济以种植业为主，主要农作物有小麦、玉米、蔬菜。有公路经此。

二十里铺　371725–B10–H04
[Èrshílǐpù]

在县驻地唐塔街道东方向 12.0 千米。张营镇辖自然村。人口 2 500。因该村距县城二十里，遂改村名为二十里铺。聚落呈团块状分布。有小学 1 处。经济以种植业为主，主要农作物有小麦、玉米、蔬菜。有公路经此。

韩垓　371725–B10–H05
[Hánhǎi]

在县驻地唐塔街道东方向 15.0 千米。张营镇辖自然村。人口 1 500。明永乐二年（1404），韩氏祖从山西洪洞县迁居河北邯郸，后复迁汶水韩营，嘉靖年间，其后人迁此建村，以姓取名韩垓。聚落呈团块状分布。有小学 1 处。经济以种植业为主，主要农作物有小麦、玉米、蔬菜。有公路经此。

后彭 371725–B10–H06
[Hòupéng]

在县驻地唐塔街道东方向 9.0 千米。张营镇辖自然村。人口 2 000。彭氏先人彭学思，系商大夫志彭之后，原系山西平阳府洪洞县人。明洪武二年（1369），与李姓同至郓城东齐河（今赵王河）北岸立村，因附近有一渡口，故取名彭河口，其后迁齐河南定居，名前彭河口，遂该村改名为后彭河口，后又改称后彭。聚落呈团块状分布。有小学 1 处。经济以种植业为主，主要农作物有小麦、玉米、蔬菜。有公路经此。

刘官屯 371725–B10–H07
[Liúguāntún]

在县驻地唐塔街道东方向 12.0 千米。张营镇辖自然村。人口 4 600。明洪武年间，大军北征，胜利后，转退老弱军人中，部分屯垦于此，时有屯官刘观政，世人尊称刘官，故取村名为刘官屯。聚落呈团块状分布。有小学 1 处。经济以种植业为主，主要农作物有小麦、玉米、蔬菜。有公路经此。

孙马厂 371725–B10–H08
[Sūnmǎchǎng]

在县驻地唐塔街道东方向 11.0 千米。张营镇辖自然村。人口 4 600。孙氏祖次支刚公，于明洪武二年（1369）由山西洪洞县迁此立村，取名秋庄。后族人爱武，常于此习马练武，故于清康熙四十七年（1708）改名孙马厂，后简称马厂，后因重名，1982 年 4 月恢复原名孙马厂。聚落呈团块状分布。有小学 1 处。经济以种植业为主，主要农作物有小麦、玉米、蔬菜。有公路经此。

吴店 371725–B10–H09
[Wúdiàn]

在县驻地唐塔街道东方向 10.0 千米。张营镇辖自然村。人口 2 000。明洪武年间，吴氏自山西洪洞县迁此居住，建村吴家店，后简称吴店。聚落呈团块状分布。有小学 1 处。经济以种植业为主，主要农作物有小麦、玉米、蔬菜。有公路经此。

小民屯 371725–B10–H10
[Xiǎomíntún]

在县驻地唐塔街道东方向 11.0 千米。张营镇辖自然村。人口 2 000。明洪武年间，迁来的村民在此垦荒建村，因当时人少，故取名小民屯。聚落呈团块状分布。有小学 1 处。经济以种植业为主，主要农作物有小麦、玉米、蔬菜。有公路经此。

小屯 371725–B10–H11
[Xiǎotún]

在县驻地唐塔街道东方向 12.0 千米。张营镇辖自然村。人口 2 900。明朝时期李氏屯田于此，建村时因为人少，且东靠刘官屯，故取名小刘官屯，清末，为了与刘官屯区别，遂改名小屯。聚落呈团块状分布。有小学 1 处。经济以种植业为主，主要农作物有小麦、玉米、蔬菜。有公路经此。

张官屯 371725–B10–H12
[Zhāngguāntún]

在县驻地唐塔街道东方向 5.0 千米。张营镇辖自然村。人口 2 800。明洪武年间，张氏因为在军中屡建战功，赐大量军田，建府于此，以姓取名张官屯。聚落呈团块状分布。有小学 1 处。经济以种植业为主，主要农作物有小麦、玉米、蔬菜。有公路经此。

潘渡 371725-B11-H01
[Pāndù]

潘渡镇人民政府驻地。在县驻地唐塔街道北方向9.0千米。人口6 800。明永乐元年（1403），潘旺在此施舟济渡，因名潘溪渡，俗称潘家渡铺，后简称潘渡。聚落呈团块状分布。经济以种植业为主，主要农作物有小麦、玉米。有公路经此。

草庙 371725-B11-H02
[Cǎomiào]

在县驻地唐塔街道北方向3.0千米。潘渡镇辖自然村。人口1 100。明洪武二年（1369），始祖名渊，自山西洪洞县迁此建村，取名刘庄，清光绪三年（1877），本村之西建有土地庙，因系草房，故更名草庙。聚落呈团块状分布。有小学1处。经济以种植业为主，主要农作物有小麦、玉米、蔬菜。有公路经此。

曾屯 371725-B11-H03
[Zēngtún]

在县驻地唐塔街道北方向14.0千米。潘渡镇辖自然村。人口800。明永乐年间，曾姓以姓名村。聚落呈团块状分布。有小学1处。经济以种植业为主，主要农作物有小麦、玉米、蔬菜。有公路经此。

陈栈 371725-B11-H04
[Chénzhàn]

在县驻地唐塔街道北方向10.0千米。潘渡镇辖自然村。人口1 000。明洪武年间吕氏建村，当时因以造纸为业，取村名吕家纸坊。明崇祯年间，陈生迁此，因当时此村是潍河的南渡口，来往行船在此装卸货物，形成了货栈，又因陈氏是书香门第，故以商业特点，改名为陈栈。聚落呈团块状分布。有小学1处。经济以种植业为主，主要农作物有小麦、玉米、蔬菜。有公路经此。

李杭 371725-B11-H05
[Lǐháng]

在县驻地唐塔街道北方向9.0千米。潘渡镇辖自然村。人口1 100。元朝末年，李氏从淮安府桃园县迁此建村，因栽植很多梨树，故取村名梨行，后以姓氏演为今名。聚落呈团块状分布。有小学1处。经济以种植业为主，主要农作物有小麦、玉米、蔬菜。有公路经此。

李河涯 371725-B11-H06
[Lǐhéyá]

在县驻地唐塔街道北方向1.0千米。潘渡镇辖自然村。人口900。清雍正年间，李氏建村，因紧邻古老河道，故名李河涯。聚落呈团块状分布。有小学1处。经济以种植业为主，主要农作物有小麦、玉米、蔬菜。有公路经此。

李楼 371725-B11-H07
[Lǐlóu]

在县驻地唐塔街道北方向2.0千米。潘渡镇辖自然村。人口2 200。明万历年间，李尧民在朝官居大理寺右少卿，于故土建楼一座，遂名李楼。聚落呈团块状分布。有小学1处。经济以种植业为主，主要农作物有小麦、玉米、蔬菜。有公路经此。

梁孟庄 371725-B11-H08
[Liángmèngzhuāng]

在县驻地唐塔街道北方向11.0千米。潘渡镇辖自然村。人口1 200。原名孟庄，明嘉靖年间，梁氏迁此，与孟氏合一处，改名梁孟庄。聚落呈团块状分布。有小学1处。经济以种植业为主，主要农作物有小麦、玉米、蔬菜。有公路经此。

前樊坝 371725-B11-H09

[Qiánfánbà]

在县驻地唐塔街道北方向 9.0 千米。潘渡镇辖自然村。人口 1 500。明洪武年间，樊氏从徐州萧县迁此居住，以姓氏取名樊庄，因本村靠河，为防水患，在村西修一护村大坝，遂改村名樊坝，后以位置称前樊坝。聚落呈团块状分布。有小学 1 处。经济以种植业为主，主要农作物有小麦、玉米、蔬菜。有公路经此。

任祥屯 371725-B11-H10

[Rénxiángtún]

在县驻地唐塔街道北方向 12.0 千米。潘渡镇辖自然村。人口 2 100。明洪武二年（1369），王、宋、林、丁、任、周、许姓同由山西洪洞县迁此，取名七姓村，洪武二十四年（1391），任祥屯凭与县令的关系将此地改名任祥屯。聚落呈团块状分布。有小学 1 处。经济以种植业为主，主要农作物有小麦、玉米、蔬菜。有公路经此。

仝老家 371725-B11-H11

[Tónglǎojiā]

在县驻地唐塔街道北方向 10.0 千米。潘渡镇辖自然村。人口 1 900。明洪武年间，仝姓立村，后因附近仝姓氏族都发源于此村，故名。聚落呈团块状分布。有小学 1 处。经济以种植业为主，主要农作物有小麦、玉米、蔬菜。有公路经此。

仝林 371725-B11-H12

[Tónglín]

在县驻地唐塔街道北方向 5.0 千米。潘渡镇辖自然村。人口 1 200。传说，明嘉靖年间，仝氏从仝老家迁此居住，死后安葬于此，故名仝林。聚落呈团块状分布。有小学 1 处。有县级文物保护单位仝氏家祠。

经济以种植业为主，主要农作物有小麦、玉米、蔬菜。有公路经此。

王楼 371725-B11-H13

[Wánglóu]

在县驻地唐塔街道北方向 3.0 千米。潘渡镇辖自然村。人口 1 500。清末，王氏迁往城东北苟营定居，时苟姓外迁，王氏建楼一座，取名王楼。聚落呈团块状分布。有小学 1 处。经济以种植业为主，主要农作物有小麦、玉米、蔬菜。有公路经此。

王屯 371725-B11-H14

[Wángtún]

在县驻地唐塔街道北方向 11.0 千米。潘渡镇辖自然村。人口 1 400。王氏于明朝时因吃水困难迁此建村，佃种孔府庄田，取村名王屯。聚落呈团块状分布。有小学 1 处。经济以种植业为主，主要农作物有小麦、玉米、蔬菜。有公路经此。

王沃庄 371725-B11-H15

[Wángwòzhuāng]

在县驻地唐塔街道北方向 8.0 千米。潘渡镇辖自然村。人口 1 300。清同治年间，因村中王姓较多，地域辽阔，取千里沃野之意，故名王沃庄。聚落呈团块状分布。有小学 1 处。经济以种植业为主，主要农作物有小麦、玉米、蔬菜。有公路经此。

吴皮 371725-B11-H16

[Wúpí]

在县驻地唐塔街道北方向 10.0 千米。潘渡镇辖自然村。人口 2 200。明洪武年间，因吴世祖自山西洪洞县迁此居住后，从事皮革行业，故人皆称吴皮匠庄，清末演变为吴皮庄，后简称吴皮。聚落呈团块状分布。有小学 1 处。经济以种植业为主，主要农作物有小麦、玉米、蔬菜。有公路经此。

西孙庄 371725-B11-H17
[Xīsūnzhuāng]

在县驻地唐塔街道北方向 9.0 千米。潘渡镇辖自然村。人口 800。清乾隆二十八年（1763），赵氏从唐店迁此定居，命村名赵营。清末，孙氏从梁山先迁李河涯村后迁居此村，因孙氏人多，遂改名孙庄。后因与杨庄集孙庄重名，1958 年分大队后按地理位置改名西孙庄。聚落呈团块状分布。有小学 1 处。经济以种植业为主，主要农作物有小麦、玉米、蔬菜。有公路经此。

朱屯 371725-B11-H01
[Zhūtún]

在县驻地唐塔街道北方向 8.0 千米。潘渡镇辖自然村。人口 1 700。明万历年间，朱氏迁此建村，取村名朱英屯，后简称朱屯。聚落呈团块状分布。有小学 1 处。经济以种植业为主，主要农作物有小麦、玉米、蔬菜。有公路经此。

双桥 371725-B12-H01
[Shuāngqiáo]

双桥镇人民政府驻地。在县驻地唐塔街道西南方向 9.0 千米。人口 1 700。原名稍息营，后在附近冷庄河上建双石桥并设集，改名双桥集，后演为今名。聚落呈团块状分布。经济以种植业为主，主要农作物有小麦、玉米、棉花、大豆。220 国道经此。

大梁庄 371725-B12-H02
[Dàliángzhuāng]

在县驻地唐塔街道西南方向 10.0 千米。双桥镇辖自然村。人口 900。明万历年间，梁氏兄弟二人迁此建村，名曰梁庄，因有同名村，于清末改称大梁庄。聚落呈团块状分布。有小学 1 处。经济以种植业为主，主要农作物有小麦、玉米、蔬菜。220 国道经此。

丁庄 371725-B12-H03
[Dīngzhuāng]

在县驻地唐塔街道西南方向 11.0 千米。双桥镇辖自然村。人口 1 400。明洪武年间，丁氏从山西洪洞县迁郓邑东丁家庙居住，后移居郓西南廪邱坡东涯，建村后取名丁庄。聚落呈团块状分布。有小学 1 处。经济以种植业为主，主要农作物有小麦、玉米、蔬菜。有公路经此。

葛庙 371725-B12-H04
[Gěmiào]

在县驻地唐塔街道西南方向 5.0 千米。双桥镇辖自然村。人口 100。该村系马氏建，原名马庙。清顺治年间，葛氏从附近葛营投亲来此居住，后马姓遭官司，全部逃走，清末改为葛庙。聚落呈团块状分布。有小学 1 处。经济以种植业为主，主要农作物有小麦、玉米、蔬菜。有公路经此。

三官庙 371725-B12-H05
[Sānguānmiào]

在县驻地唐塔街道西南方向 6.0 千米。双桥镇辖自然村。人口 100。杨氏于明洪武年间自山西洪洞县迁此居住，因此处有座古庙，塑有尧、舜、禹泥像，故取村名三官庙。聚落呈团块状分布。有小学 1 处。经济以种植业为主，主要农作物有小麦、玉米、蔬菜。有公路经此。

葛家庄 371725-B12-H06
[Gějiāzhuāng]

在县驻地唐塔街道西南方向 8.0 千米。双桥镇辖自然村。人口 1 200。清乾隆年间，葛氏第九氏从附近葛埝村迁此建村，以姓氏取名葛家庄，后简称葛庄，因重名，1982 年 4 月复称葛家庄。聚落呈团块状分布。小学 1 处。经济以种植业为主，主要农作物有小麦、玉米、蔬菜。有公路经此。

侯营 371725-B12-H07

[Hóuyíng]

在县驻地唐塔街道西南方向12.0千米。双桥镇辖自然村。人口700。该村吕、赵两姓最早迁此，吕氏建村取名吕阁，赵氏建村名曰赵家寨，两村相连。明末，侯氏从郓城北无名山侯庄迁此居住，两村合为一村，改名侯营。聚落呈团块状分布。有小学1处。经济以种植业为主，主要农作物有小麦、玉米、蔬菜。有公路经此。

后劳豆营 371725-B12-H08

[Hòuláodòuyíng]

在县驻地唐塔街道西南方向13.0千米。双桥镇辖自然村。人口500。明末清初，有一队官兵驻此，向村民索要军马草料。当时村东南有一片芦苇，其中长满劳豆棵，结籽很硬，可为草料，村民便以此供给军队。后来官兵得胜，为纪念此事，故取名劳豆营。后有部分村民迁出建前劳豆营，此村故更名后劳豆营。聚落呈团块状分布。有小学1处。经济以种植业为主，主要农作物有小麦、玉米、蔬菜。有公路经此。

后卸井 371725-B12-H09

[Hòuxièjǐng]

在县驻地唐塔街道西南方向14.0千米。双桥镇辖自然村。人口500。因处谢井之后，故名后谢井，后演为今名。聚落呈团块状分布。有小学1处。经济以种植业为主，主要农作物有小麦、玉米、蔬菜。有公路经此。

梁店 371725-B12-H10

[Liángdiàn]

在县驻地唐塔街道西南方向11.0千米。双桥镇辖自然村。人口800。梁氏迁此定居后，因位于郓邑西南冷庄河畔，且此处土地正待开垦，村北紧邻大片草甸，故取村名冷庄甸，后又以姓更名梁甸。而后"甸"又演变为"店"。聚落呈团块状分布。有小学1处。经济以种植业为主，主要农作物有小麦、玉米、蔬菜。有公路经此。

坡里何庄 371725-B12-H11

[Pōlǐhézhuāng]

在县驻地唐塔街道西南方向16.0千米。双桥镇辖自然村。人口2 500。清道光年间，何氏祖从鄄城迁此建村，以姓取名何庄。后因重名，1982年以其地处廪邱坡，故改名坡里何庄。聚落呈团块状分布。有小学1处。经济以种植业为主，主要农作物有小麦、玉米、蔬菜。有公路经此。

前黄岗 371725-B12-H12

[Qiánhuánggǎng]

在县驻地唐塔街道西南方向11.0千米。双桥镇辖自然村。人口1 300。因黄姓人多，此处地势又高而得名，后按方位改称前黄岗。聚落呈团块状分布。有小学1处。经济以种植业为主，主要农作物有小麦、玉米、蔬菜。有公路经此。

秦庄 371725-B12-H13

[Qínzhuāng]

在县驻地唐塔街道西南方向4.0千米。双桥镇辖自然村。人口400。秦氏兄弟迁居赵庙南一里安居，以姓氏取名秦庄。聚落呈团块状分布。有小学1处。经济以种植业为主，主要农作物有小麦、玉米、蔬菜。有公路经此。

永丰 371725-B12-H14

[Yǒngfēng]

在县驻地唐塔街道西南方向13.0千米。双桥镇辖自然村。人口700。清道光二十一年（1841），赵其昌带领全家从本县西南永丰集迁郓西廪邱坡安家立业，仍名永丰。

聚落呈团块状分布。有小学 1 处。经济以种植业为主，主要农作物有小麦、玉米、蔬菜。有公路经此。

朱方庄　371725-B12-H15
[Zhūfāngzhuāng]

在县驻地唐塔街道西南方向 11.0 千米。双桥镇辖自然村。人口 900。明永乐年间，朱氏随嫁从安徽省砀山县来此建村，以姓氏命名为朱方庄，后简称朱庄。因重名，1982 年 4 月又恢复原名朱方庄。聚落呈团块状分布。有小学 1 处。经济以种植业为主，主要农作物有小麦、玉米、蔬菜。有公路经此。

仪滨庄　371725-B12-H16
[Yíbīnzhuāng]

在县驻地唐塔街道西南方向 11.0 千米。双桥镇辖自然村。人口 900。相传春秋时期有一廪王城，住着国王廪王，他有一驸马李仪滨，该村以此命名。聚落呈团块状分布。有小学 1 处。经济以种植业为主，主要农作物有小麦、玉米、蔬菜。有公路经此。

任怀　371725-B12-H17
[Rénhuái]

在县驻地唐塔街道西南方向 7.0 千米。双桥镇辖自然村。人口 1 400。明初，任小怀迁此定居，以其姓名取村名。聚落呈团块状分布。有小学 1 处。经济以种植业为主，主要农作物有小麦、玉米、蔬菜。有公路经此。

南赵楼　371725-B13-H01
[Nánzhàolóu]

南赵楼镇人民政府驻地。在县驻地唐塔街道南方向 25.0 千米。人口 3 100。明景泰三年（1452）建赵楼村，为避重名，1982 年以方位改为南赵楼。聚落呈团块状

分布。经济以种植业为主，主要农作物有小麦、玉米。省道巨郓公路过境。

褚庄　371725-B13-H02
[Chǔzhuāng]

在县驻地唐塔街道南方向 21.0 千米。南赵楼镇辖自然村。人口 1 800。褚氏于明宣德年间自泰安驼莱复迁郓邑，以姓氏取名褚庄。聚落呈团块状分布。小学 1 处。经济以种植业为主，主要农作物有小麦、玉米。有公路经此。

商营　371725-B13-H03
[Shāngyíng]

在县驻地唐塔街道南方向 20.0 千米。南赵楼镇辖自然村。人口 1 200。明洪武二年（1369），商氏祖由山西省洪洞县泥沟村迁入此地，当时已有蒋、袁、李三姓定居，诸姓议定村名为安丁屯。明万历初年，三姓相继外迁，商氏家族逐渐繁盛起来，故更名商营。聚落呈团块状分布。有小学 1 处。经济以种植业为主，主要农作物有小麦、玉米。有公路经此。

富李集　371725-B13-H04
[Fùlǐjí]

在县驻地唐塔街道南方向 19.0 千米。南赵楼镇辖自然村。人口 1 600。明永乐二年（1404），李氏祖思忠自山西洪洞县迁居于郓邑南符楼前居住，取名符李村，因位置不佳，人烟稀少，于明景泰四年（1453）复迁此地建村，以姓取村名李集。因重名，1982 年改为富李集。聚落呈团块状分布。有小学 1 处。经济以种植业为主，主要农作物有小麦、玉米。有公路经此。

康垓　371725-B13-H05
[Kānghǎi]

在县驻地唐塔街道南方向 21.0 千米。

南赵楼镇辖自然村。人口1 100。康氏于明永乐二年（1404）迁居山东兖州府，明宣德年间迁郓邑南白家集，其后人于明万历年间分居此地，取名康家垓，后简称康垓。聚落呈团块状分布。有小学1处。经济以种植业为主，主要农作物有小麦、玉米。有公路经此。

郭谭 371725-B13-H06
［Guōtán］

在县驻地唐塔街道南方向23.0千米。南赵楼镇辖自然村。人口2 000。郭、谭二姓于明万历年间徙此分别建村，现两村成一村，取名郭谭。聚落呈团块状分布。有小学1处。经济以种植业为主，主要农作物有小麦、玉米。有公路经此。

玉皇庙 371725-B13-H07
［Yùhuángmiào］

在县驻地唐塔街道南方向17.0千米。南赵楼镇辖自然村。人口1 300。唐代于此地建福国寺，有人迁居寺旁，名曰高鱼乡。明天启七年（1627）重修玉皇大殿，村名改为玉皇庙。聚落呈团块状分布。有小学1处。经济以种植业为主，主要农作物有小麦、玉米。省道郓巨路经此。

王大 371725-B13-H08
［Wángdà］

在县驻地唐塔街道南方向18.0千米。南赵楼镇辖自然村。人口1 300。王氏祖原居单县，继徙阳谷，明洪武初年迁至郓城南高鱼乡，明永乐年间在此建村，取名王家大庄，后演变为王大庄，简称王大。聚落呈团块状分布。有小学1处。经济以种植业为主，主要农作物有小麦、玉米。有公路经此。

莲王 371725-B13-H09
［Liánwáng］

在县驻地唐塔街道南方向19.0千米。南赵楼镇辖自然村。人口1 100。明洪武元年（1368），王氏祖自山西洪洞县迁曲阜，清初又迁于此地。据传，在村东南，历史上曾有一片洼地，常年积水，水中有神莲花，因此周边村称该村为莲花池王庄，后改为莲王。聚落呈团块状分布。有小学1处。经济以种植业为主，主要农作物有小麦、玉米。有公路经此。

东姚 371725-B13-H10
［Dōngyáo］

在县驻地唐塔街道南方向25.0千米。南赵楼镇辖自然村。人口1 600。明初，姚氏迁居郓邑南太平集东丁家井，后因丁氏无人，姚氏遂改村名为姚庄，后以方位称东姚。聚落呈团块状分布。有小学1处。经济以种植业为主，主要农作物有小麦、玉米。有公路经此。

西姚 371725-B13-H11
［Xīyáo］

在县驻地唐塔街道南方向26.0千米。南赵楼镇辖自然村。人口1 500。明初，姚氏迁居郓邑南太平集东丁家井，后因丁氏无人，姚氏遂改村名为姚庄，后以方位称西姚。聚落呈团块状分布。有小学1处。经济以种植业为主，主要农作物有小麦、玉米。有公路经此。

东刘三村 371725-B13-H12
［Dōngliúsāncūn］

在县驻地唐塔街道南方向24.0千米。南赵楼镇辖自然村。人口1 400。刘氏于明洪武年间自山西洪洞县迁郓邑南赵楼，清康熙年间再迁王土墩，后迁此建村，以姓取名刘庄。为称呼方便，后将王土墩、刘庄、智庄三村统称为东刘三村。聚落呈团块状分布。有小学 1 处。经济以种植业为主，主要农作物有小麦、玉米。有公路经此。

黄堆集 371725-B14-H01
［ Huángduījí ］

黄泥冈镇人民政府驻地。在县驻地唐塔街道东南方向 16.0 千米。人口 4 700。原名黄泥岗，又名黄垚集，后因"垚"字生僻，易为"堆"。聚落呈团块状分布。经济以种植业为主，主要农作物有小麦、玉米。有酒厂、纺纱厂。有公路经此。

侯楼 371725-B14-H02
［ Hóulóu ］

在县驻地唐塔街道东南方向 18.0 千米。黄泥冈镇辖自然村。人口 800。明洪武年间，侯氏从山西洪洞县迁至郓城西关居住。万历年间，侯氏分支迁此立村，因建楼房一座，故取村名侯楼。聚落呈团块状分布。有小学 1 处。经济以种植业为主，主要农作物有小麦、蔬菜、玉米。有公路经此。

孙垓 371725-B14-H03
［ Sūnhǎi ］

在县驻地唐塔街道东南方向 19.0 千米。黄泥冈镇辖自然村。人口 1 000。明万历年间，孙氏迁此立村，取名孙庄。明末大乱，绕村筑围墙防乱，遂改名孙家垓，简称孙垓。聚落呈团块状分布。有小学 1 处。经济以种植业为主，主要农作物有小麦、蔬菜、玉米。有公路经此。

刘行 371725-B14-H04
［ Liúháng ］

在县驻地唐塔街道东南方向 21.0 千米。黄泥冈镇辖自然村。人口 2 000。明洪武年间，刘世祖宝公由山西洪洞县迁此建村，当时此处植柳树较多，横竖成行，以姓氏命村，

称刘家行，简称刘行。聚落呈团块状分布。有小学 1 处。经济以种植业为主，主要农作物有小麦、蔬菜、玉米。有公路经此。

冯楼 371725-B14-H05
［ Fénglóu ］

在县驻地唐塔街道东南方向 18.0 千米。黄泥冈镇辖自然村。人口 2 000。冯氏于明嘉靖年间由兖州迁冯坑居住。天启年间，冯氏后人迁此建村，取名冯楼。聚落呈团块状分布。有小学 1 处。经济以种植业为主，主要农作物有小麦、玉米。有公路经此。

文桥集 371725-B14-H06
［ Wénqiáojí ］

在县驻地唐塔街道东南方向 14.0 千米。黄泥冈镇辖自然村。人口 2 000。明洪武二年（1369），王氏始祖从山西迁此立村名王庄，因村内有五层土楼，后改名王家楼，简称王楼。后因村内人多，在村里设一小集，故称文桥集。聚落呈团块状分布。有小学 1 处。经济以种植业为主，主要农作物有小麦、蔬菜、玉米。有公路经此。

武庙 371725-B14-H07
［ Wǔmiào ］

在县驻地唐塔街道东南方向 14.0 千米。黄泥冈镇辖自然村。人口 1 000。明洪武年间，武氏始祖崇奉诏自山西洪洞县迁于兖州武家寨定居。嘉靖年间，武氏后人迁此建村，因当时村西北隅有一庙宇，便以此命名为武家庙，简称武庙。聚落呈团块状分布。有小学 1 处。经济以种植业为主，主要农作物有小麦、蔬菜、玉米。有公路经此。

西杨庄 371725-B14-H08
［ Xīyángzhuāng ］

在县驻地唐塔街道东南方向 16.0 千米。黄泥冈镇辖自然村。人口 1 700。清顺治年

间，杨氏从本县邵集迁此定居，因人丁兴旺，命名为杨庄。因成社后另有杨庄，故按方位改名为西杨庄。聚落呈团块状分布。有小学 1 处。经济以种植业为主，主要农作物有小麦、蔬菜、玉米。有公路经此。

何仓 371725-B14-H09
［Hécāng］

在县驻地唐塔街道东南方向 18.0 千米。黄泥冈镇辖自然村。人口 3 100。明永乐年间，因何氏建村于此，家业旺盛，置田 30 余顷，丰收后建两大粮仓，称东仓、西仓，后以此得名何家仓，简称何仓。聚落呈团块状分布。有小学 1 处。经济以种植业为主，主要农作物有小麦、蔬菜、玉米。有公路经此。

西刘庄 371725-B14-H10
［Xīliúzhuāng］

在县驻地唐塔街道东南方向 19.0 千米。黄泥冈镇辖自然村。人口 1 300。明嘉靖二年（1523），刘氏从山东兖州府单县簸箕堆迁此建村，以姓氏取名刘庄。后为区别同名村，以方位称西刘庄。聚落呈团块状分布。有小学 1 处。经济以种植业为主，主要农作物有小麦、蔬菜、玉米。有公路经此。

张楼 371725-B14-H11
［Zhānglóu］

在县驻地唐塔街道东南方向 19.0 千米。黄泥冈镇辖自然村。人口 2 000。明洪武年间，张氏祖思温由山西省洪洞县大沟村迁此立村，以姓取名张庄，后因建楼一座，改称张家楼，简称张楼。聚落呈团块状分布。有小学 1 处。经济以种植业为主，主要农作物有小麦、蔬菜、玉米。有公路经此。

东营 371725-B14-H12
［Dōngyíng］

在县驻地唐塔街道东南方向 19.0 千米。黄泥冈镇辖自然村。人口 800。相传，因此处盛产簸箕柳，从事编织者较多，故取名簸箕营，因聚落分散，明末又分为东营、西营，以此居东，故名。聚落呈带状分布。有小学 1 处。经济以种植业为主，主要农作物有小麦、蔬菜、玉米。有公路经此。

东刘庄 371725-B14-H13
［Dōngliúzhuāng］

在县驻地唐塔街道东南方向 20.0 千米。黄泥冈镇辖自然村。人口 800。该村原为赵庄，后赵氏乏嗣，遂以村中大姓更名刘庄，后因重名，按方位改称东刘庄。聚落呈团块状分布。有小学 1 处。经济以种植业为主，主要农作物有小麦、蔬菜、玉米。有公路经此。

唐庙 371725-B15-H01
［Tángmiào］

唐庙镇人民政府驻地。在县驻地唐塔街道西南方向 25.0 千米。人口 1 200。明弘治年间建村，因唐姓在此建三观庙，故名。聚落呈团块状分布。有中学、小学、文化活动中心。经济以种植业为主，主要农作物有小麦、玉米。日东高速、省道巨郓路经此。

常庄 371725-B15-H02
［Chángzhuāng］

在县驻地唐塔街道西南方向 28.0 千米。唐庙镇辖自然村。人口 1 100。清顺治七年（1650），常氏迁居郓城南建立新村，取名常庄。聚落呈团块状分布。有小学 1 处。经济以种植业为主，主要农作物有小麦、蔬菜、玉米。有公路经此。

陈北村 371725-B15-H03
［Chénběicūn］

在县驻地唐塔街道西南方向27.0千米。唐庙镇辖自然村。人口2 500。相传，元元统年间，陈、李、张三姓同由山西省洪洞县迁此，后因陈姓壮大，故以方位和姓氏命名为陈北村。聚落呈团块状分布。有小学1处。经济以种植业为主，主要农作物有小麦、蔬菜、玉米。有公路经此。

陈南村 371725-B15-H04
［Chénnáncūn］

在县驻地唐塔街道西南方向28.0千米。唐庙镇辖自然村。人口2 400。元元统年间，陈、李、张三姓同由山西省洪洞县迁此，后因陈姓壮大，故以方位和姓氏命名陈南村。聚落呈团块状分布。有小学1处。经济以种植业为主，主要农作物有小麦、蔬菜、玉米。有公路经此。

丁庄 371725-B15-H05
［Dīngzhuāng］

在县驻地唐塔街道西南方向27.0千米。唐庙镇辖自然村。人口1 100。明洪武年间，丁氏从山西洪洞县先迁诸城丁垓，明永乐二年（1404）迁此建村，取名丁庄。聚落呈团块状分布。有小学1处。经济以种植业为主，主要农作物有小麦、蔬菜、玉米。有公路经此。

鹅厂 371725-B15-H06
［Échǎng］

在县驻地唐塔街道西南方向24.0千米。唐庙镇辖自然村。人口1 500。明洪武年间，杨氏马田从山西洪洞县迁此建村，因此地原为孔府放牧鹅鸭场，后演变并简化为鹅厂。聚落呈团块状分布。有小学1处。经济以种植业为主，主要农作物有小麦、蔬菜、玉米。有公路经此。

符楼 371725-B15-H07
［Fúlóu］

在县驻地唐塔街道西南方向27.0千米。唐庙镇辖自然村。人口1 100。明洪武年间，符氏从山西洪洞县迁此定居，并建村，名符楼。聚落呈团块状分布。有小学1处。经济以种植业为主，主要农作物有小麦、蔬菜、玉米。有公路经此。

后屯 371725-B15-H08
［Hòutún］

在县驻地唐塔街道西南方向21.0千米。唐庙镇辖自然村。人口1 000。清同治八年（1869），黄河决口，将此处原有村庄冲为三段，遂以方位称此村为后屯。聚落呈团块状分布。有小学1处。经济以种植业为主，主要农作物有小麦、蔬菜、玉米。有公路经此。

胡营 371725-B15-H09
［Húyíng］

在县驻地唐塔街道西南方向25.0千米。唐庙镇辖自然村。人口800。清同治九年（1870），黄水为患，此处俨如湖泊，后演变为胡营。聚落呈团块状分布。有小学1处。经济以种植业为主，主要农作物有小麦、蔬菜、玉米。有公路经此。

胡庄 371725-B15-H10
［Húzhuāng］

在县驻地唐塔街道西南方向26.0千米。唐庙镇辖自然村。人口400。明宣德年间，胡氏从嘉祥县马村乡迁此地，以姓氏建村，取名胡庄。聚落呈团块状分布。有小学1处。经济以种植业为主，主要农作物有小麦、蔬菜、玉米。有公路经此。

江楼 371725-B15-H11

［Jiānglóu］

在县驻地唐塔街道西南方向29.0千米。唐庙镇辖自然村。人口1800。明成化年间，江氏从山西迁居徐州，继迁济宁辛代河，后迁此建村，因建楼房一座，故取名江楼。聚落呈团块状分布。有小学1处。经济以种植业为主，主要农作物有小麦、蔬菜、玉米。有公路经此。

刘垓 371725-B15-H12

［Liúhǎi］

在县驻地唐塔街道西南方向25.0千米。唐庙镇辖自然村。人口900。刘氏于南宋嘉定六年（1213）迁此居住，并筑围墙以自卫，取村名刘垓。聚落呈团块状分布。有小学1处。经济以种植业为主，主要农作物有小麦、蔬菜、玉米。有公路经此。

欧庄 371725-B15-H13

［Ōuzhuāng］

在县驻地唐塔街道西南方向28.0千米。唐庙镇辖自然村。人口800。明永乐二年（1404），王氏从山西洪洞县先迁村北二里杏花村，后迁此定居，建村欧庄。聚落呈团块状分布。有小学1处。经济以种植业为主，主要农作物有小麦、蔬菜、玉米。有公路经此。

前后周 371725-B15-H14

［Qiánhòuzhōu］

在县驻地唐塔街道西南方向25.0千米。唐庙镇辖自然村。人口1000。明洪武年间，周氏祖迁此建村，并以姓取名周庄，因方位取名前周庄。后前周庄、后周庄合为一村，称前后周。聚落呈团块状分布。有小学1处。经济以种植业为主，主要农作物有小麦、蔬菜、玉米。有公路经此。

王老虎 371725-B15-H15

［Wánglǎohǔ］

在县驻地唐塔街道西南方向20.0千米。唐庙镇辖自然村。人口2300。明洪武年间，始祖王千里迁此，以姓氏取名王老虎。聚落呈团块状分布。有小学1处。经济以种植业为主，主要农作物有小麦、蔬菜、玉米。有公路经此。

智垓 371725-B15-H16

［Zhìhǎi］

在县驻地唐塔街道西南方向26.0千米。唐庙镇辖自然村。人口1800。清康熙年间，智氏为防黄河水患、匪患，筑垓子墙围村一周，故名智垓。聚落呈团块状分布。有小学1处。经济以种植业为主，主要农作物有小麦、蔬菜、玉米。有公路经此。

中屯 371725-B15-H17

［Zhōngtún］

在县驻地唐塔街道西南方向21.0千米。唐庙镇辖自然村。人口1500。清同治八年（1869）黄河决口，将此处原有村庄冲为三段，遂以方位称此村为中屯。聚落呈团块状分布。有小学1处。经济以种植业为主，主要农作物有小麦、蔬菜、玉米。有公路经此。

仲堂 371725-B15-H18

［Zhòngtáng］

在县驻地唐塔街道西南方向28.0千米。唐庙镇辖自然村。人口1900。明洪武年间，仲氏迁此，取名仲堂。聚落呈团块状分布。有小学1处。经济以种植业为主，主要农作物有小麦、蔬菜、玉米。有公路经此。

周庙 371725-B15-H19

［ZhōuMiào］

在县驻地唐塔街道西南方向26.0千米。

唐庙镇辖自然村。人口 1 600。清康熙年间，周氏以村南庙堂命名为周堂。聚落呈团块状分布。有小学 1 处。经济以种植业为主，主要农作物有小麦、蔬菜、玉米。有公路经此。

黄集 371725–C01–H01
［Huángjí］

黄集乡人民政府驻地。在县驻地唐塔街道西北方向 24.5 千米。人口 900。明洪武年间，邱氏建村名邱楼，后黄姓兴旺，更名黄集。聚落呈团块状分布。经济以种植业为主，主要农作物有小麦、玉米、花生。有公路经此。

安庄 371725–C01–H02
［Ānzhuāng］

在县驻地唐塔街道西北方向 29.0 千米。黄集乡辖自然村。人口 1 000。因安氏迁此最早，以姓氏取名安庄。聚落呈团块状分布。有小学 1 处。经济以种植业为主，主要农作物有小麦、蔬菜、玉米。有公路经此。

卜各屯 371725–C01–H03
［Bogètún］

在县驻地唐塔街道西北方向 20.0 千米。黄集乡辖自然村。人口 1 300。明朝末年，该村有一财主饲养鹁鸽数万只，周围数十里内皆受其害。后经群众告发，处以刑律，村民为纪念此事，更村名为鹁鸽屯，后为书写方便，改为卜各屯。聚落呈团块状分布。有小学 1 处。经济以种植业为主，主要农作物有小麦、蔬菜、玉米。有公路经此。

曹洼 371725–C01–H04
［Cáowā］

在县驻地唐塔街道西北方向 28.0 千米。黄集乡辖自然村。人口 2 200。明永乐年间，曹氏从梁宝寺曹庄迁来建村，因地势低洼而取名曹洼。聚落呈团块状分布。有小学 1 处。经济以种植业为主，主要农作物有小麦、蔬菜、玉米。有公路经此。

大武 371725–C01–H05
［Dàwǔ］

在县驻地唐塔街道西北方向 26.0 千米。黄集乡辖自然村。人口 1 500。明洪武二年（1369），武氏从山西洪洞县迁此居住，以姓氏取村名大武。聚落呈团块状分布。有小学 1 处。经济以种植业为主，主要农作物有小麦、蔬菜、玉米。有公路经此。

东关 371725–C01–H06
［Dōngguān］

在县驻地唐塔街道西北方向 31.0 千米。黄集乡辖自然村。人口 1 000。清光绪年间，王、吕、杨三姓从黄河北迁此，并以地理方位得名东关。聚落呈团块状分布。有小学 1 处。经济以种植业为主，主要农作物有小麦、蔬菜、玉米。有公路经此。

东张庄 371725–C01–H07
［Dōngzhāngzhuāng］

在县驻地唐塔街道西北方向 20.0 千米。黄集乡辖自然村。人口 400。明洪武年间，张氏迁此，以姓取名张庄。1982 年，因重名，以方位改称东张庄。聚落呈团块状分布。有小学 1 处。经济以种植业为主，主要农作物有小麦、蔬菜、玉米。有公路经此。

郭庄 371725–C01–H08
［Guōzhuāng］

在县驻地唐塔街道西北方向 24.0. 千米。黄集乡辖自然村。人口 800。明洪武年间，郭氏从台前县郭庄迁此，以姓取村名郭庄。聚落呈团块状分布。有小学 1 处。经济以种植业为主，主要农作物有小麦、蔬菜、玉米。有公路经此。

季垓 371725-C01-H09

［Jìhǎi］

在县驻地唐塔街道西北方向2.0千米。黄集乡辖自然村。人口1 900。清朝中叶，季氏兄弟来此居住，取名新庄，后来其他姓氏也来此居住，更名季垓。聚落呈团块状分布。有小学1处。经济以种植业为主，主要农作物有小麦、蔬菜、玉米。有公路经此。

金店 371725-C01-H10

［Jīndiàn］

在县驻地唐塔街道西北方向24.0千米。黄集乡辖自然村。人口1 100。明洪武年间，王氏兄弟迁此建村，因村西有古庙一座，故取村名金殿，后改为金店。聚落呈团块状分布。有小学1处。经济以种植业为主，主要农作物有小麦、蔬菜、玉米。有公路经此。

良友口 371725-C01-H11

［Liángyǒukǒu］

在县驻地唐塔街道西北方向18.0千米。黄集乡辖自然村。人口1 700。因村东有河，河上无桥，村民置船摆渡，故称小口，因村中祖辈待人忠厚，为人善良，外颂良友口，故此得名。聚落呈团块状分布。有小学1处。经济以种植业为主，主要农作物有小麦、蔬菜、玉米。有公路经此。

刘仁 371725-C01-H12

［Liúrén］

在县驻地唐塔街道西北方向29.0千米。黄集乡辖自然村。人口700。清康熙年间，刘肖仁迁此最早，因其矮小，称其刘小。后定村名刘小仁，简称刘仁。聚落呈团块状分布。有小学1处。经济以种植业为主，主要农作物有小麦、蔬菜、玉米。有公路经此。

陆胡同 371725-C01-H13

［Lùhútòng］

在县驻地唐塔街道西北方向17.0千米。黄集乡辖自然村。人口1 100。元末，陆氏迁此建村，取名陆胡同。聚落呈团块状分布。有小学1处。经济以种植业为主，主要农作物有小麦、蔬菜、玉米。有公路经此。

七户屯 371725-C01-H14

［Qīhùtún］

在县驻地唐塔街道西北方向28.0.千米。黄集乡辖自然村。人口1 500。明末，王、于、曹等姓聚居于此，建村后取村名七户屯。聚落呈团块状分布。有小学1处。经济以种植业为主，主要农作物有小麦、蔬菜、玉米。有公路经此。

沙岭 371725-C01-H15

［Shālǐng］

在县驻地唐塔街道西北方向27.0千米。黄集乡辖自然村。人口1 500。明初，沙、刘二姓迁此定居，因当地有一土岭，故取村名沙子岭，后简称沙岭。聚落呈团块状分布。有小学1处。经济以种植业为主，主要农作物有小麦、蔬菜、玉米。有公路经此。

王集 371725-C01-H16

［Wángjí］

在县驻地唐塔街道西北方向24.0千米。黄集乡辖自然村。人口400。清道光年间，王氏从寿张城南大王庄迁此建村，因设集，取名王集。聚落呈团块状分布。有小学1处。经济以种植业为主，主要农作物有小麦、蔬菜、玉米。有公路经此。

西张庄 371725-C01-H17

［Xīzhāngzhuāng］

在县驻地唐塔街道西北方向20.0千米。

黄集乡辖自然村。人口 600。明洪武年间，张氏从山西洪洞县迁此，建村后名张家庄，后因重名，以方位改名西张庄。聚落呈团块状分布。有小学 1 处。经济以种植业为主，主要农作物有小麦、蔬菜、玉米。有公路经此。

徐垓 371725-C01-H18
[Xúhǎi]

在县驻地唐塔街道西北方向 19.0 千米。黄集乡辖自然村。人口 500。明洪武二年（1369），徐氏从山西洪洞县迁此，为防水防盗，修围墙一周，故取名徐垓。聚落呈团块状分布。有小学 1 处。经济以种植业为主，主要农作物有小麦、蔬菜、玉米。有公路经此。

阳城 371725-C01-H19
[Yángchéng]

在县驻地唐塔街道西北方向 30.0 千米。黄集乡辖自然村。人口 800。明洪武年间，王氏兄弟三人由山西阳城县迁此，因怀念故乡，取名阳城。聚落呈团块状分布。有小学 1 处。经济以种植业为主，主要农作物有小麦、蔬菜、玉米。有公路经此。

袁楼 371725-C01-H20
[Yuánlóu]

在县驻地唐塔街道西北方向 26.0 千米。黄集乡辖自然村。人口 1 200。明洪武年间，袁氏祖从山西洪洞县迁此居住，为不忘故土，取名袁楼。聚落呈团块状分布。有小学 1 处。经济以种植业为主，主要农作物有小麦、蔬菜、玉米。有公路经此。

张楼 371725-C01-H21
[Zhānglóu]

在县驻地唐塔街道西北方向 28.0 千米。黄集乡辖自然村。人口 2 400。明正统元年，张氏从东平迁此，后人多业大，并盖起楼房，取名张家楼，后简称张楼。聚落呈团块状分布。有小学 1 处。经济以种植业为主，主要农作物有小麦、蔬菜、玉米。有公路经此。

周庄 371725-C01-H22
[Zhōuzhuāng]

在县驻地唐塔街道西北方向 23.0 千米。黄集乡辖自然村。人口 700。周氏建村，以姓取名周庄。明洪武二年（1369），王氏从山西洪洞县迁此居住，村名未改。聚落呈团块状分布。有小学 1 处。经济以种植业为主，主要农作物有小麦、蔬菜、玉米。有公路经此。

李集 371725-C02-H01
[Lǐjí]

李集乡人民政府驻地。在县驻地唐塔街道西北方向 28.0 千米。人口 4 400。明永乐二年（1404），李姓自邹县迁此建村，名李堂，后设集，改名李集。聚落呈团块状分布。有初中、小学、幼儿园。经济以种植业为主，主要农作物有小麦、玉米、大豆、地瓜、棉花。有公路经此。

北李楼 371725-C02-H02
[Běilǐlóu]

在县驻地唐塔街道西北方向 30.0 千米。李集乡辖自然村。人口 4 400。明洪武年间，李氏从永定府昌黎县初迁居巨野县韩家村，又迁鄄城县宋家楼。其后人迁此建村，取名李楼后，因重名，以方位改为北李楼。聚落呈团块状分布。有小学 1 处。经济以种植业为主，主要农作物有小麦、蔬菜、玉米。有公路经此。

常楼 371725-C02-H03
[Chánglóu]

在县驻地唐塔街道西北方向 30.0 千米。

李集乡辖自然村。人口1 000。明洪武年间，常氏由山西洪洞县迁范县西常庄。万历年间，复迁此，以姓氏和嘉言取名常楼。聚落呈团块状分布。有小学1处。经济以种植业为主，主要农作物有小麦、蔬菜、玉米。有公路经此。

陈集 371725-C02-H04

［Chénjí］

在县驻地唐塔街道西北方向25.0千米。李集乡辖自然村。人口700。明洪武二年（1369），陈氏从山西洪洞县迁此建村，以姓氏取村名陈集。聚落呈团块状分布。有小学1处。经济以种植业为主，主要农作物有小麦、蔬菜、玉米。有公路经此。

大杨集 371725-C02-H05

［Dàyángjí］

在县驻地唐塔街道西北方向30.0千米。李集乡辖自然村。人口1 300。明嘉靖二年（1523），杨氏迁此建村，取名杨庄。后因设有集市，更名杨集，因重名，1982年改为大杨集。聚落呈团块状分布。有小学1处。有市级文物保护单位肖堌堆遗址和县级文物保护单位杨集烈士纪念塔。经济以种植业为主，主要农作物有小麦、蔬菜、玉米。有公路经此。

胡坑 371725-C02-H06

［Húkēng］

在县驻地唐塔街道西北方向34.0千米。李集乡辖自然村。人口2 800。清乾隆年间，胡姓由滋阳县西北胡家营迁此，因地势低洼，常年积水。故名胡坑。聚落呈团块状分布。有小学1处。经济以种植业为主，主要农作物有小麦、蔬菜、玉米。有公路经此。

胡楼 371725-C02-H07

［Húlóu］

在县驻地唐塔街道西北方向31.0千米。李集乡辖自然村。人口1 000。明崇祯年间，胡氏从山东汶邑坡南马村集西胡村迁此居王士缸，后又迁此，因建楼一座，故取村名胡家楼，后简称胡楼。聚落呈团块状分布。有小学1处。经济以种植业为主，主要农作物有小麦、蔬菜、玉米。有公路经此。

黄垓 371725-C02-H08

［Huánghǎi］

在县驻地唐塔街道西北方向30.0千米。李集乡辖自然村。人口1 000。明万历年间，黄氏由范县黄高庄迁黄河滩定居，为防水患，绕村筑围墙，故取名黄垓。聚落呈团块状分布。有小学1处。经济以种植业为主，主要农作物有小麦、蔬菜、玉米。有公路经此。

军李 371725-C02-H09

［Jūnlǐ］

在县驻地唐塔街道西北方向31.0千米。李集乡辖自然村。人口1 000。该村始建取名于园，清乾隆年间，因李氏救过御驾从此权势显赫，村名威震，为扬李氏名誉，将于园改为军李。聚落呈团块状分布。有小学1处。经济以种植业为主，主要农作物有小麦、蔬菜、玉米。有公路经此。

李村营 371725-C02-H10

［Lǐcūnyíng］

在县驻地唐塔街道西北方向32.0千米。李集乡辖自然村。人口1 000。明洪武年间，李氏祖由山西洪洞县迁居于山东济宁府汶上县城西李村。万历年间，其后代李实迁居于此，时名白家垓，后白姓外迁，遂改村名为李村营。聚落呈团块状分布。有小学1处。经济以种植业为主，主要农作物有小麦、蔬菜、玉米。有公路经此。

刘集 371725-C02-H11
[Liújí]

在县驻地唐塔街道西北方向 28.0 千米。李集乡辖自然村。人口 1 000。清乾隆年间，刘氏迁此，取名刘庄。光绪年间，此村设集，刘庄遂改为刘集。聚落呈团块状分布。有小学 1 处。经济以种植业为主，主要农作物有小麦、蔬菜、玉米。有公路经此。

罗楼 371725-C02-H12
[Luólóu]

在县驻地唐塔街道西北方向 35.0 千米。李集乡辖自然村。人口 2 100。明永乐年间，罗氏随驾北征，初占东平，后迁此居住，以姓取名罗楼。聚落呈团块状分布。有小学 1 处。经济以种植业为主，主要农作物有小麦、蔬菜、玉米。有公路经此。

前杨集 371725-C02-H13
[Qiányángjí]

在县驻地唐塔街道西北方向 27.0 千米。李集乡辖自然村。人口 1 900。明洪武二年（1369），杨氏从山西洪洞县杨大庄迁此建村，以姓取名杨集，后按方位更名前杨集。聚落呈团块状分布。有小学 1 处。经济以种植业为主，主要农作物有小麦、蔬菜、玉米。有公路经此。

四杰 371725-C02-H14
[Sìjié]

在县驻地唐塔街道西北方向 31.0 千米。李集乡辖自然村。人口 1 600。明洪武年间，汪姓迁此建村，取名汪庄。1943 年因黄河改道，卢楼、果庄、万庄三村居民迁此居住，四村合一名四合村，后改四杰村，简称四杰。聚落呈团块状分布。有小学 1 处。经济以种植业为主，主要农作物有小麦、蔬菜、玉米。有公路经此。

四龙 371725-C02-H15
[Sìlóng]

在县驻地唐塔街道西北方向 31.0 千米。李集乡辖自然村。人口 1 300。明洪武二年（1369），侯氏自归德府迁此建村，名侯庄，后建楼一座，名侯楼。1953 年因黄河泛滥，东酌李、万庄、刘庄三村居民迁于此，经村民共议，以吉祥嘉言更村名为四龙。聚落呈团块状分布。有小学 1 处。经济以种植业为主，主要农作物有小麦、蔬菜、玉米。有公路经此。

西韩庄 371725-C02-H16
[Xīhánzhuāng]

在县驻地唐塔街道西北方向 32.0 千米。李集乡辖自然村。人口 1 100。明洪武二年（1369），韩氏迁此，以姓取名，1947 年以方位改称西韩庄。聚落呈团块状分布。有小学 1 处。经济以种植业为主，主要农作物有小麦、蔬菜、玉米。有公路经此。

孙垓 371725-C02-H17
[Sūnhǎi]

在县驻地唐塔街道西北方向 33.0 千米。李集乡辖自然村。人口 1 000。孙氏于此建村后为防止偷盗，绕村筑围墙一圈，故取名孙家垓，后简称孙垓。聚落呈团块状分布。有小学 1 处。经济以种植业为主，主要农作物有小麦、蔬菜、玉米。有公路经此。

严集 371725-C02-H18
[Yánjí]

在县驻地唐塔街道西北方向 27.0 千米。李集乡辖自然村。人口 1 500。明永乐二年（1404），严氏从兖州迁此建村，以姓氏取名严集。聚落呈团块状分布。有小学 1 处。经济以种植业为主，主要农作物有小麦、蔬菜、玉米。有公路经此。

影塘 371725-C02-H19

［Yǐngtáng］

在县驻地唐塔街道西北方向34.0千米。李集乡辖自然村。人口1 300。清光绪年间，刘氏、孙氏从河北影唐迁此建村，仍名影塘。聚落呈团块状分布。有小学1处。经济以种植业为主，主要农作物有小麦、蔬菜、玉米。有公路经此。

苑庄 371725-C02-H20

［Yuànzhuāng］

在县驻地唐塔街道西北方向34.0千米。李集乡辖自然村。人口900。由苑氏建村，故名。聚落呈团块状分布。有小学1处。经济以种植业为主，主要农作物有小麦、蔬菜、玉米。有公路经此。

张景龙 371725-C02-H21

［Zhāngjǐnglóng］

在县驻地唐塔街道西北方向28.0千米。李集乡辖自然村。人口1 100。明万历年间，张氏由山西洪洞县迁居于山东汶上县城西张楼村，后人又迁此建村，以人名村曰张景龙。聚落呈团块状分布。有小学1处。经济以种植业为主，主要农作物有小麦、蔬菜、玉米。有公路经此。

张口 371725-C02-H22

［Zhāngkǒu］

在县驻地唐塔街道西北方向26.0千米。李集乡辖自然村。人口1 200。清雍正年间，李氏由状元张楼迁此，因村北半里处河岸上有渡口，故名张口。聚落呈团块状分布。有小学1处。经济以种植业为主，主要农作物有小麦、蔬菜、玉米。有公路经此。

张鲁集 371725-C03-H01

［Zhānglǔjí］

张鲁集乡人民政府驻地。在县驻地唐塔街道西北方向20.0千米。人口1 500。明洪武年间，张、鲁二姓建村设集，得名张鲁集，后改名张集，1982年因重名，复今名。聚落呈团块状分布。经济以种植业为主，主要农作物有小麦、玉米、棉花、大豆等。有公路经此。

状元张楼 371725-C03-H02

［Zhuàngyuánzhānglóu］

在县驻地唐塔街道西北方向25.0千米。张鲁集乡辖自然村。人口3 000。明成化年间建村，名城隍庙张家庄。清光绪十六年（1890），村民张宪周考中状元，遂改村名为状元张楼，后简称张楼。因重名，1982年复故称。聚落呈团块状分布。有省级文物保护单位状元祠。经济以种植业为主，主要农作物有小麦、玉米。有公路经此。

北宋庄 371725-C03-H03

［Běisòngzhuāng］

在县驻地唐塔街道西北方向25.0千米。张鲁集乡辖自然村。人口800。明永乐年间，宋氏祖随鲁王从南京迁此建村，以姓取名为宋庄，后因重名，1947年改为北宋庄。聚落呈团块状分布。有小学1处。经济以种植业为主，主要农作物有小麦、蔬菜、玉米。有公路经此。

曾楼 371725-C03-H04

［Zēnglóu］

在县驻地唐塔街道西北方向21.0千米。张鲁集乡辖自然村。人口1 400。明洪武年间，曾氏祖由郓城东御屯迁此居住，时名花儿坡，后李姓迁入此村，曾、李二姓为村名发生争执，故双方约定谁最先盖起楼房即以其姓为名，曾氏祖圈窑烧砖建楼，李氏祖直接用土坯建楼，李氏很快建成，马上竣工。恰遇连天大雨，李氏土楼被淋倒，曾氏砖楼完好无损，且能在雨中施工，曾氏首先建起高楼，遂以曾姓为村名，取名曾楼。聚落呈团块状分布。有小学 1 处。经济以种植业为主，主要农作物有小麦、蔬菜、玉米。有公路经此。

大李庄 371725-C03-H05
［Dàlǐzhuāng］

在县驻地唐塔街道西北方向22.0千米。张鲁集乡辖自然村。人口 1 400。明万历年间原名西李庄，后刘、何二姓氏迁此，当时有数棵大柳树，故取名大柳树李庄，后更名为大李庄。聚落呈团块状分布。有小学 1 处。经济以种植业为主，主要农作物有小麦、蔬菜、玉米。有公路经此。

大潭 371725-C03-H06
［Dàtán］

在县驻地唐塔街道西北方向30.0千米。张鲁集乡辖自然村。人口 1 400。大渚潭即古大野泽之余流，虽久涸雨潦，仍为巨潭。明初，汤氏奉旨由南京凤阳府凤阳县东湖里村迁此居住，因接近此潭，故得名大渚潭，后简称大潭。聚落呈团块状分布。有小学 1 处。经济以种植业为主，主要农作物有小麦、蔬菜、玉米。有公路经此。

东夏楼 371725-C03-H07
［Dōngxiàlóu］

在县驻地唐塔街道西北方向23.0千米。张鲁集乡辖自然村。人口 1 800。明洪武年间，夏氏随燕王驾从南京西门杏花村迁此建村，建楼三座成品字形，高大壮观，官封村名夏家楼，后改为夏楼，因重名，于1982年改为东夏楼。聚落呈团块状分布。有小学 1 处。经济以种植业为主，主要农作物有小麦、蔬菜、玉米。有公路经此。

后亓楼 371725-C03-H08
［Hòuqílóu］

在县驻地唐塔街道西北方向30.0千米。张鲁集乡辖自然村。人口 700。明洪武年间，亓姓来此定居建村，以经商为主，后建起一座木质土楼，取名亓楼，后以方位更名后亓楼。聚落呈团块状分布。有小学 1 处。经济以种植业为主，主要农作物有小麦、蔬菜、玉米。有公路经此。

黄楼 371725-C03-H09
［Huánglóu］

在县驻地唐塔街道西北方向21.0千米。张鲁集乡辖自然村。人口 800。明初黄氏来此建村居住，以姓命名为黄楼。聚落呈团块状分布。有小学 1 处。经济以种植业为主，主要农作物有小麦、蔬菜、玉米。有公路经此。

蔺屯 371725-C03-H10
［Lìntún］

在县驻地唐塔街道西北方向30.0千米。张鲁集乡辖自然村。人口 1 100。明洪武年间，蔺氏祖宽照从山西洪洞县迁此居住，定名为西汉屯，清康熙年间，由官府命名为蔺屯。聚落呈团块状分布。有小学 1 处。经济以种植业为主，主要农作物有小麦、蔬菜、玉米。有公路经此。

芦庄 371725-C03-H11
［Lúzhuāng］

在县驻地唐塔街道西北方向29.0千米。张鲁集乡辖自然村。人口 200。宋朝末年，卢姓迁此建村，以姓氏谐音取名为芦庄。聚落呈团块状分布。有小学 1 处。经济以种植业为主，主要农作物有小麦、蔬菜、玉米。有公路经此。

鲁王集 371725-C03-H12

[Lǔwángjí]

在县驻地唐塔街道西北方向17.0千米。张鲁集乡辖自然村。人口800。明朝鲁王回乡探亲，路过此地，钦命成集，由此称鲁王集。聚落呈团块状分布。有小学1处。经济以种植业为主，主要农作物有小麦、蔬菜、玉米。有公路经此。

苗庄 371725-C03-H13

[Miáozhuāng]

在县驻地唐塔街道西北方向20.0千米。张鲁集乡辖自然村。人口800。清乾隆年间，苗氏祖迁此建村，以姓取名苗庄。聚落呈团块状分布。有小学1处。经济以种植业为主，主要农作物有小麦、蔬菜、玉米。有公路经此。

四十五里庄 371725-C03-H14

[Sìshíwǔlǐzhuāng]

在县驻地唐塔街道西北方向21.0千米。张鲁集乡辖自然村。人口300。因距范县县城四十五里，遂取村名为四十五里庄。聚落呈团块状分布。有小学1处。经济以种植业为主，主要农作物有小麦、蔬菜、玉米。有公路经此。

汤垓 371725-C03-H15

[Tānghǎi]

在县驻地唐塔街道西北方向27.0千米。张鲁集乡辖自然村。人口2 100。汤氏奉旨迁此定居，此地时为王妃胭脂粉厂，后更名为汤垓。聚落呈团块状分布。有小学1处。经济以种植业为主，主要农作物有小麦、蔬菜、玉米。有公路经此。

王进士 371725-C03-H16

[Wángjìnshì]

在县驻地唐塔街道西北方向22.0千米。张鲁集乡辖自然村。人口700。明末，王氏从郓邑西关王花园迁此建村，万历年间，其祖王复兴为进士，先后任陈留知县、祥符知县，历任户部主事、郎中，升陕西参议，晚年告归还乡居住，后因此取村名王进士。聚落呈团块状分布。有小学1处。经济以种植业为主，主要农作物有小麦、蔬菜、玉米。有公路经此。

西沟李 371725-C03-H17

[Xīgōulǐ]

在县驻地唐塔街道西北方向17.0千米。张鲁集乡辖自然村。人口800。明洪武年间，李氏祖从山西洪洞县来此建庄，因村西落有一条沟，故以姓氏及地理特点取村名为西沟李。聚落呈团块状分布。有小学1处。经济以种植业为主，主要农作物有小麦、蔬菜、玉米。有公路经此。

轩楼 371725-C03-H18

[Xuānlóu]

在县驻地唐塔街道西北方向19.0千米。张鲁集乡辖自然村。人口1 300。明朝中期，轩辕公从轩家庄迁此定居，取名为轩楼。聚落呈团块状分布。有小学1处。经济以种植业为主，主要农作物有小麦、蔬菜、玉米。有公路经此。

于垓 371725-C03-H19

[Yúhǎi]

在县驻地唐塔街道西北方向15.0千米。张鲁集乡辖自然村。人口600。明洪武年间，于氏从山西洪洞县迁此建村，以姓取名于垓。聚落呈团块状分布。有小学1处。经济以种植业为主，主要农作物有小麦、蔬菜、玉米。有公路经此。

张庄 371725-C03-H20
[Zhāngzhuāng]

在县驻地唐塔街道西北方向23.0千米。张鲁集乡辖自然村。人口400。金大定十六年（1176），始祖张钦生从山西洪洞县迁此建村，取名张胡同，而后徐、赵、王、雷姓氏相继迁入，至清末，除张氏外，其他姓氏先后迁出，故改名张庄。聚落呈团块状分布。有小学1处。经济以种植业为主，主要农作物有小麦、蔬菜、玉米。有公路经此。

邹厂 371725-C03-H21
[Zōuchǎng]

在县驻地唐塔街道西北方向25.0千米。张鲁集乡辖自然村。人口800。明洪武年间，邹氏随曾王从南京迁此，因当时村西有一练马场，故以姓取名为邹厂。聚落呈团块状分布。有小学1处。经济以种植业为主，主要农作物有小麦、蔬菜、玉米。有公路经此。

水堡 371725-C04-H01
[Shuǐbǎo]

水堡乡人民政府驻地。在县驻地唐塔街道西方向18.0千米。人口2 300。原名飞云驿，后改义东堡，明称水堡寨，清为水堡镇，后简称水堡。聚落呈团块状分布。经济以种植业为主，主要农作物有小麦、玉米、花生、地瓜。有公路经此。

孔河涯 371725-C04-H02
[Kǒnghéyá]

在县驻地唐塔街道西方向22.0千米。水堡乡辖自然村。人口1 000。明朝中叶，此地孔世祖人丁兴旺，且靠濉河故道，故名。聚落呈团块状分布。有小学1处。经济以种植业为主，主要农作物有小麦、蔬菜、玉米。有公路经此。

刘集 371725-C04-H03
[Liújí]

在县驻地唐塔街道西方向22.0千米。水堡乡辖自然村。人口1 000。明洪武八年（1375），刘氏从山西洪洞县迁至此建村，村东北方向有一广胜寺，故取名广胜集，后以姓氏命名，更名刘集。聚落呈团块状分布。有小学1处。经济以种植业为主，主要农作物有小麦、蔬菜、玉米。有公路经此。

马楼 371725-C04-H04
[Mǎlóu]

在县驻地唐塔街道西方向17.0千米。水堡乡辖自然村。人口2 000。明洪武年间，马氏从山西省洪洞县迁至山东蒙阴县，马氏后人于明永乐十八年（1420）从蒙阴县逃荒至此立村，以姓取名马楼。聚落呈团块状分布。有小学1处。经济以种植业为主，主要农作物有小麦、蔬菜、玉米。有公路经此。

马庄 371725-C04-H05
[Mǎzhuāng]

在县驻地唐塔街道西方向16.0千米。水堡乡辖自然村。人口2 000。明洪武年间，此处土地皆为马楼大户所有。清乾隆年间，因马氏地多，难以管辖，在此设乡庄一处，朱氏由朱湾迁此，为马氏佃户，故村名马庄。聚落呈团块状分布。有小学1处。经济以种植业为主，主要农作物有小麦、蔬菜、玉米。有公路经此。

王楼 371725-C04-H06
[Wánglóu]

在县驻地唐塔街道西方向22.0千米。水堡乡辖自然村。人口1 300。王氏来此建村，因当时有一楼房，故名王楼。聚落呈团块状分布。有小学1处。经济以种植业为主，主要农作物有小麦、蔬菜、玉米。有公路经此。

赵北村 371725-C04-H07
[Zhàoběicūn]

在县驻地唐塔街道西方向 18.0 千米。水堡乡辖自然村。人口 1 500。明洪武年间，管赵氏祖仲贤配赵氏，携眷自滨州蒲台迁此定居立祖。其子从母姓，更姓为赵，后又复本姓管。故管赵实为一家，命村名管赵楼。1984 年分赵北、赵前两个村，该村按位置名赵北村。聚落呈团块状分布。有小学 1 处。经济以种植业为主，主要农作物有小麦、蔬菜、玉米。有公路经此。

赵垓 371725-C04-H08
[Zhàohǎi]

在县驻地唐塔街道西方向 22.0 千米。水堡乡辖自然村。人口 800。明洪武年间，赵氏祖从山西省洪洞县迁至山东兖州，后长支始徙此建村后，以姓氏取名赵垓。聚落呈团块状分布。有小学 1 处。经济以种植业为主，主要农作物有小麦、蔬菜、玉米。有公路经此。

朱湾 371725-C04-H09
[Zhūwān]

在县驻地唐塔街道西方向 25.0 千米。水堡乡辖自然村。人口 1 200。明洪武年间，朱氏从山西洪洞县迁此建村，因地处赵王河河湾处，故以姓命名为朱家河湾，后简称朱湾。聚落呈团块状分布。有小学 1 处。经济以种植业为主，主要农作物有小麦、蔬菜、玉米。有公路经此。

陈楼 371725-C04-H10
[Chénlóu]

在县驻地唐塔街道西方向 23.0 千米。水堡乡辖自然村。人口 1 700。明洪武年间，陈氏祖海公从河南省范县白驿阁迁此，以姓取名陈楼。聚落呈团块状分布。有小学 1 处。经济以种植业为主，主要农作物有小麦、蔬菜、玉米。有公路经此。

陈坡 371725-C05-H01
[Chénpō]

陈坡乡人民政府驻地。在县驻地唐塔街道西方向 16.5 千米。人口 3 400。明永乐年间，陈氏建村，因地处廪丘坡，故名。聚落呈团块状分布。经济以种植业为主，主要农作物有小麦、玉米、花生和大豆等。有公路经此。

龚屯 371725-C05-H02
[Gōnggǎng]

在县驻地唐塔街道西方向 22.0 千米。陈坡乡辖自然村。人口 1 300。明初，龚氏随军北征，在此留守屯田，以姓氏取名龚屯。聚落呈团块状分布。有小学 1 处。经济以种植业为主，主要农作物有小麦、玉米、花生。有公路经此。

侯潭 371725-C05-H03
[Hóután]

在县驻地唐塔街道西方向 22.0 千米。陈坡乡辖自然村。人口 600。明初，侯氏从本县张杭迁此建村，时村东西各有一个洪水冲刷形成的潭坑，故取名为侯潭。聚落呈团块状分布。有小学 1 处。经济以种植业为主，主要农作物有小麦、玉米、花生。有公路经此。

黎仝庄 371725-C05-H04
[Lítóngzhuāng]

在县驻地唐塔街道西方向 22.0 千米。陈坡乡辖自然村。人口 1 000。明崇祯年间，黎姓自黎桥迁居于此，时名仝庄。后仝氏无，遂改为黎仝庄。聚落呈团块状分布。有小学 1 处。经济以种植业为主，主要农作物有小麦、玉米、花生。有公路经此。

马楼 371725-C05-H05
［Mǎlóu］

在县驻地唐塔街道西方向 16.0 千米。陈坡乡辖自然村。人口 1 900。清康熙年间，马氏建村，因近邻有王振仓楼，两村并为马楼。聚落呈团块状分布。有小学 1 处。经济以种植业为主，主要农作物有小麦、玉米、花生。有公路经此。

田集 371725-C05-H06
［Tiánjí］

在县驻地唐塔街道西方向 19.0 千米。陈坡乡辖自然村。人口 1 100。明朝初年，田氏迁此建村，取名田集。聚落呈团块状分布。有小学 1 处。经济以种植业为主，主要农作物有小麦、玉米、花生。省道郓郫路经此。

瓦屋庄 371725-C05-H07
［Wǎwūzhuāng］

在县驻地唐塔街道西方向 16.0 千米。陈坡乡辖自然村。人口 1 100。王复用一家四口于明嘉靖年间迁至廪丘坡南岸，建村时发现露出地面的瓦屋脊，故取名为瓦屋庄。聚落呈团块状分布。有小学 1 处。经济以种植业为主，主要农作物有小麦、玉米、花生。省道郓郫路经此。

吴堂 371725-C05-H08
［Wútáng］

在县驻地唐塔街道西方向 21.0 千米。陈坡乡辖自然村。人口 900。明嘉靖年间，吴氏自濮邑东南吴老家迁郓邑西南，因村西有座寺院叫白云堂，故取村名为吴堂。聚落呈团块状分布。有小学 1 处。经济以种植业为主，主要农作物有小麦、玉米、花生。有公路经此。

杨寺 371725-C05-H09
［Yángsì］

在县驻地唐塔街道西方向 22.0 千米。陈坡乡辖自然村。人口 1 400。杨氏兄弟二人迁郓城西南刘家堌堆定居，后杨姓人众，家族兴旺，刘氏乏嗣且村东有著名寺院宝圣寺，故改村名为杨寺。聚落呈团块状分布。有小学 1 处。经济以种植业为主，主要农作物有小麦、玉米、花生。有公路经此。

于阁 371725-C05-H10
［Yúgé］

在县驻地唐塔街道西方向 20.0 千米。陈坡乡辖自然村。人口 1 400。因于氏在此掘有小井一口，时称于家小井子。后又在村东南建关帝阁，故取名于阁。聚落呈团块状分布。有小学 1 处。经济以种植业为主，主要农作物有小麦、玉米、花生。有公路经此。

赵雷庄 371725-C05-H11
［Zhàoléizhuāng］

在县驻地唐塔街道西方向 19.0 千米。陈坡乡辖自然村。人口 600。明洪武初年，二世祖德胜因避河患，自开州迁濮州红船口东三里许立村，名赵坊。明嘉靖三十三年（1554），赵氏后人始迁此定居。因重名，1982 年 4 月改成赵雷庄。聚落呈团块状分布。有小学 1 处。经济以种植业为主，主要农作物有小麦、玉米、花生。有公路经此。

鄄城县

城市居民点

温泉新村 371726-I01
[Wēnquán Xīncūn]

在县境中部。人口 2 000。总面积 8 公顷。因位于温泉路而得名。2008 年始建，2009 年正式使用。建筑总面积 80 000 平方米，多层住宅楼 11 栋，现代建筑风格，绿化率 30%，有幼儿园、卫生中心、超市等配套设施。通公交车。

阳光名郡 371726-I02
[Yángguāng Míngjùn]

在县境中部。人口 1 421。总面积 8.2 公顷。因小区地处鄄城东方，有日出东方之意，冠名"阳光"，"名"意为著名，又鄄城为"千年古县"，古时"郡"属县制，故名。2009 年始建，2010 年正式使用。建筑总面积 79 001 平方米，住宅楼 12 栋，其中小高层 5 栋、多层 7 栋，现代建筑风格，绿化率 30%，有幼儿园、卫生中心、超市等配套设施。通公交车。

历山花苑 371726-I03
[Lìshān Huāyuàn]

在县境中部。人口 5 184。总面积 13 公顷。大舜曾在历山耕田，相传鄄城为历山所在地，故冠名"历山"，"花苑"意为美丽家园。2009 年始建，2011 年正式使用。建筑总面积 122 880 平方米，住宅楼 48 栋，其中小高层 8 栋、多层 40 栋，现代建筑风格，绿化率 37%，有幼儿园、卫生中心、超市等配套设施。通公交车。

和谐苑 371726-I04
[Héxié Yuàn]

在县境中部。人口 1 580。总面积 5.8 公顷。"和谐苑"意为小区居民相处和谐融洽，亲如一家。2009 年始建，2011 年正式使用。建筑总面积 48 000 平方米，多层住宅楼 12 栋，现代建筑风格，绿化率 30%，有幼儿园、卫生中心、超市等配套设施。通公交车。

金剑圣景园 371726-I05
[Jīnjiàn Shèngjǐng Yuán]

在县境中部。人口 46 545。总面积 4.2 公顷。由开发商冠名"金剑"，"圣景园"意为小区景色秀丽，环境优美。2005 年始建，2007 年正式使用。建筑总面积 52 560 平方米，多层住宅楼 17 栋，现代建筑风格，绿化率 30%，有幼儿园、卫生中心、超市等配套设施。通公交车。

阳光颐景园 371726-I06
[Yángguāng Yíjǐng Yuán]

在县境中部。人口 1 722。总面积 13.9 公顷。因小区地处鄄城东方，有日出东方之意，冠名"阳光"；"颐景园"意为景色美好，如花园一般，故名。2013 年始建，2014 年正式使用。建筑总面积 137 842 平方米，高层住宅楼 15 栋，现代建筑风格，绿化率 30.5%，有幼儿园、卫生中心、超市等配套设施。通公交车。

和谐人家 371726-I07
[Héxié Rénjiā]

在县境中部。人口 1 076。总面积 4.5 公顷。寓意让居民拥有一个和谐、和睦、安宁的住所，故名和谐人家。2010 年始建，2011 年正式使用。建筑总面积 350 00 平方米，高层住宅楼 9 栋，现代建筑风格，绿地面积 1 800 平方米，有幼儿园、卫生中心、超市等配套设施。通公交车。

农村居民点

梁堂 371726-A01-H01
[Liángtáng]

在县驻地古泉街道北方向 2.5 千米。古泉街道辖自然村。人口 1 100。明代，梁氏从山西迁此建村，并建有庙堂，故称梁堂。聚落呈团块状分布。有幼儿园 1 处。经济以种植业为主，主要农作物有小麦、玉米等。有公路经此。

大赵庄 371726-A01-H02
[Dàzhàozhuāng]

在县驻地古泉街道东南方向 3.0 千米。古泉街道辖自然村。人口 900。清朝初期，曹州知府之母患重病多方求医无效，后闻霍堂有一郎中赵国泰，能妙手回春，派人相请，经赵国泰精心治疗，病人痊愈，知府下令以国泰之姓将霍堂更名为大赵庄。聚落呈团块状分布。有幼儿园 1 处、小学 2 处。经济以种植业为主，主要农作物有小麦、玉米等。有公路经此。

柳园 371726-A01-H03
[Liǔyuán]

在县驻地古泉街道西南方向 2.2 千米。古泉街道辖自然村。人口 1 900。明万历年间，王氏祖由山西洪洞县迁此建村，因该村四周柳树环绕，生长茂盛，远看似园，故名。后韩、井、梁、李等氏相继迁此，村名不变。聚落呈团块状分布。有百姓大舞台 1 处、幼儿园 1 处、小学 1 处。经济以种植业为主，主要农作物有小麦、玉米等。有公路经此。

前李桥 371726-A01-H04
[Qiánlǐqiáo]

在县驻地古泉街道南方向 2.7 千米。古泉街道辖自然村。人口 1 600。清康熙年间，李氏由山西洪洞县迁此建村，因在村东修了一座小桥，故名李桥。后因人丁兴旺，一部分移居村北建村，此村便称为前李桥。聚落呈团块状分布。有文化广场 1 处、幼儿园 1 处。经济以种植业为主，主要农作物有小麦、玉米等。有公路经此。

白军庄 371726-A01-H05
[Báijūnzhuāng]

在县驻地古泉街道西南方向 4.2 千米。古泉街道辖自然村。人口 700。清乾隆年间，白氏由东昌府白堂迁此建村，名白军庄。聚落呈团块状分布。有文化广场 1 处、幼儿园 1 处。经济以种植业为主，主要农作物有小麦、玉米等。有公路经此。

草场 371726-A01-H06
[Cǎochǎng]

在县驻地古泉街道西方向 1.8 千米。古泉街道辖自然村。人口 400。汉末，曹操出兵渡黄河，军需草料在此屯放，故名曹场，后改名草场。聚落呈团块状分布。有文化广场 1 处、幼儿园 1 处。经济以种植业为主，主要农作物有小麦、玉米等。有公路经此。

胡窑 371726-A01-H07
[Húyáo]

在县驻地古泉街道西北方向 2.0 千米。古泉街道辖自然村。人口 400。明洪武年间，胡氏始祖从山西洪洞县迁此建村。当时为建房在村东南建一小砖窑，故名胡窑。聚落呈团块状分布。有文化广场 1 处、幼儿园 1 处。经济以种植业为主，主要农作物有小麦、玉米等。有公路经此。

军屯 371726-A01-H08
[Jūntún]

在县驻地古泉街道东北方向 3.2 千米。古泉街道辖自然村。人口 600。明永乐年间，此地为一兵屯，常驻扎军队，后部分军人在此落户建村，故名军屯。聚落呈团块状分布。有文化广场1处、小学1处、幼儿园1处。经济以种植业为主，主要农作物有小麦、玉米等。有公路经此。

李楼 371726-A01-H09

[Lǐlóu]

在县驻地古泉街道东北方向2.2千米。古泉街道辖自然村。人口1 400。明万历年间，李氏由马庄迁此建村，因有楼房，故取名李楼。聚落呈团块状分布。有文化广场1处、幼儿园1处。经济以种植业为主，主要农作物有小麦、玉米等。有公路经此。

宁业村 371726-A01-H10

[Níngyècūn]

在县驻地古泉街道西北方向2.5千米。古泉街道辖自然村。人口1 100。民国时期宋氏想取村名后褚庄，李氏一族想称李村，后来经县长调解以吉祥嘉言起名叫宁业村。聚落呈团块状分布。有文化广场1处、幼儿园1处等。经济以种植业为主，主要农作物有小麦、玉米等。有公路经此。

西闫庄 371726-A01-H11

[Xīyánzhuāng]

在县驻地古泉街道西北方向5.4千米。古泉街道辖自然村。人口1 600。清顺治四年（1647），阎氏族从菏泽市阎屯逃荒至此安家，以姓氏取名阎庄，后按其方位称西闫庄。聚落呈团块状分布。有文化广场1处、小学1处、幼儿园1处。经济以种植业为主，主要农作物有小麦、玉米等。有公路经此。

枣寨 371726-A01-H12

[Zǎozhài]

在县驻地古泉街道北方向1.0千米。古泉街道辖自然村。人口1 800。明洪武年间，王氏由山西洪洞县迁至鄄城崇兴集，其后人在此建村，因村周全是枣树，围似村寨，故名枣寨。聚落呈团块状分布。有文化广场1处、幼儿园1处。经济以种植业为主，主要农作物有小麦、玉米等。有公路经此。

张殿庄 371726-A01-H13

[Zhāngdiànzhuāng]

在县驻地古泉街道东北方向5.0千米。古泉街道辖自然村。人口700。清嘉庆四年（1799），张氏由山东濮州沟寨迁居此地，取名小小流河张庄，至光绪五年（1879），因黄河泛滥，人们流离失所，民不聊生，张氏带领百姓筑堤治水，水患解除，人民安居乐业，为纪念其伟业，取村名张殿庄。聚落呈团块状分布。有文化广场1处、小学1处、幼儿园1处。经济以种植业为主，主要农作物有小麦、玉米等。有公路经此。

常庄 371726-A01-H14

[Chángzhuāng]

在县驻地古泉街道西北方向4.1千米。古泉街道辖自然村。人口1 200。明洪武年间，武氏由山西洪洞县迁入，因当时有常姓居此，故名常庄。聚落呈团块状分布。有文化广场1处、幼儿园1处。经济以种植业为主，主要农作物有小麦、玉米。有公路经此。

陈庄 371726-A01-H15

[Chénzhuāng]

在县驻地古泉街道西北方向3.0千米。古泉街道辖自然村。人口900。陈氏从菏泽西北陈庄迁入鄄城北八里建村，取名陈庄。聚落呈团块状分布。有文化广场1处、党史文化馆1处、幼儿园1处。经济以种植业为主，主要农作物有小麦、玉米。有公路经此。

西寺 371726-A02-H01
[Xīsì]

在县驻地古泉街道东方向 1.4 千米。陈王街道辖自然村。人口 900。明永乐年间，任氏从今彭楼任庄迁居此地建村，因当时此地有一庙宇，故名龙堂寺，后因方位称西寺。聚落呈团块状分布。有文化广场 1 处、小学 1 处、幼儿园 1 处。经济以种植业为主，主要农作物有小麦、玉米等。有公路经此。

东寺 371726-A02-H02
[Dōngsì]

在县驻地古泉街道东方向 1.4 千米。陈王街道辖自然村。人口 1 100。明永乐年间，任氏从今彭楼任庄迁居此地建村，因当时此地有一庙宇，故名龙堂寺，后因方位称东寺。聚落呈团块状分布。有文化广场 1 处、幼儿园 1 处。经济以种植业为主，主要农作物有小麦、玉米等。济董公路经此。

孙庄 371726-A02-H03
[Sūnzhuāng]

在县驻地古泉街道东南方向 1.5 千米。陈王街道辖自然村。人口 900。明万历年间，孙氏由堤里孙庄迁到此处建村，名孙大庙，后更名为孙庄。聚落呈团块状分布。有文化广场 1 处、小学 1 处、幼儿园 1 处。经济以种植业为主，主要农作物有小麦、玉米等。鄄巨路经此。

东曹 371726-A02-H04
[Dōngcáo]

在县驻地古泉街道东南方向 4.4 千米。陈王街道辖自然村。人口 800。明洪武二年（1369），曹氏从定陶曹集迁此建村，因曹氏家族人丁兴旺，族人众多，故称大曹庄，后以地理方位更名东曹。聚落呈团块状分布。有文化广场 1 处、小学 1 处、幼儿园 1 处。经济以种植业为主，主要农作物有小麦、玉米等。240 国道经此。

李园 371726-A02-H05
[Lǐyuán]

在县驻地古泉街道东南方向 2.3 千米。陈王街道辖自然村。人口 900。因梨树较多命为梨园，后以姓氏改为李园。聚落呈团块状分布。有文化广场 1 处、小学 1 处、幼儿园 1 处。经济以种植业为主，主要农作物有小麦、玉米等。有公路经此。

帽曹 371726-A02-H06
[Màocáo]

在县驻地古泉街道东南方向 5.5 千米。陈王街道辖自然村。人口 900。曹氏从西曹村迁此建村，因做帽子生意，故名帽曹。聚落呈团块状分布。有文化广场 1 处、小学 1 处、幼儿园 1 处。经济以种植业为主，主要农作物有小麦、玉米等。有公路经此。

旗杆张庄 371726-A02-H07
[Qígānzhāngzhuāng]

在县驻地古泉街道东南方向 3.7 千米。陈王街道辖自然村。人口 300。张氏迁至此居住，命名为张庄，后世子孙张金元中进士，立旗杆为贺，故名旗杆张庄。聚落呈团块状分布。有文化广场 1 处、小学 1 处、幼儿园 1 处。经济以种植业为主，主要农作物有小麦、玉米等。有公路经此。

前曹 371726-A02-H08
[Qiáncáo]

在县驻地古泉街道东南方向 4.5 千米。陈王街道辖自然村。人口 800。曹姓从西曹分居于村前，故名前曹。聚落呈团块状分布。有文化广场 1 处、小学 1 处、幼儿园 1 处。经济以种植业为主，主要农作物有小麦、玉米等。有公路经此。

西曹 371726-A02-H09
[Xīcáo]

在县驻地古泉街道东南方向 4.0 千米。陈王街道辖自然村。人口 800。明洪武二年（1369），曹氏从定陶曹集迁此建村，因曹氏家族人丁兴旺，族人众多，故称大曹庄，后按地理方位改为今名。聚落呈散状分布。有文化广场 1 处、幼儿园 1 处。经济以种植业为主，主要农作物有小麦、玉米等。有公路经此。

夏垓 371726-A02-H10
[Xiàhǎi]

在县驻地古泉街道东南方向 4.8 千米。陈王街道辖自然村。人口 900。夏氏迁此以姓名村。聚落呈团块状分布。有文化广场 1 处等。经济以种植业为主，主要农作物有小麦、玉米等。有公路经此。

夏庄 371726-A02-H11
[Xiàzhuāng]

在县驻地古泉街道东南方向 2.8 千米。陈王街道辖自然村。人口 400。明朝时，夏氏兄弟四人随驾北上，其后裔移郓城东南十二里定居，故名。聚落呈团块状分布。有文化广场 1 处。经济以种植业为主，主要农作物有小麦、玉米等。有公路经此。

信义 371726-A02-H12
[Xìnyì]

在县驻地古泉街道东南方向 3.2 千米。陈王街道辖自然村。人口 1 800。明末，吴信义建立此村，因而得名。聚落呈团块状分布。有文化广场 1 处、幼儿园 1 处。经济以种植业为主，主要农作物有小麦、玉米等。有公路经此。

铁关庙 371726-A02-H13
[Tiěguānmiào]

在县驻地古泉街道东南方向 3.0 千米。陈王街道辖自然村。人口 800。因村民挖河发现关公雕像，供于庙内，故名铁关庙。聚落呈团块状分布。有文化广场 1 处等。经济以种植业为主，主要农作物有小麦、玉米等。有公路经此。

什集 371726-B01-H01
[Shíjí]

什集镇人民政府驻地。在县驻地古泉街道西南方向 13.1 千米。人口 2 200。明洪武年间有诸多姓氏迁此，名什家集，后称什集。聚落呈团块状分布。有幼儿园、中小学。经济以种植业为主，主要农作物有小麦、玉米等。有公路经此。

北王召 371726-B01-H02
[Běiwángzhào]

在县驻地古泉街道西南方向 12.7 千米。什集镇辖自然村。人口 4 300。元至正二十八年（1368），始祖率领子女出京逃亡隐居在青丘之源，在此立村北王召。聚落呈团块状分布。有文化广场 1 处、小学 1 处、幼儿园 1 处。有省级文物保护单位苏氏祠堂。经济以种植业为主，主要农作物有小麦、玉米等。有公路经此。

康丰 371726-B01-H03
[Kāngfēng]

在县驻地古泉街道西南方向 13.0 千米。什集镇辖自然村。人口 1 400。明洪武年间，康氏在本地开一家客店，故名康丰店，后演变为康丰。聚落呈团块状分布。有文化广场 1 处、幼儿园 1 处、小学 1 处。经济以种植业为主，主要农作物有小麦、玉米等。有公路经此。

康刘庄 371726-B01-H04
［Kāngliúzhuāng］

在县驻地古泉街道西南方向 14.3 千米。什集镇辖自然村。人口 1 100。明洪武年间，刘氏祖由济南府清河县迁此建村，因村北有曾府庙，故名曾府刘庄，后康氏祖由山西洪洞县迁入，改称康刘庄。聚落呈团块状分布。有文化广场 1 处、幼儿园 1 处、小学 1 处。经济以种植业为主，主要农作物有小麦、玉米等。有公路经此。

梁屯 371726-B01-H05
［Liángtún］

在县驻地古泉街道西南方向 13.3 千米。什集镇辖自然村。人口 1 400。明洪武年间，梁氏祖迁至杏花村，后因梁姓人丁兴旺，后更名为梁家屯，简称梁屯。聚落呈团块状分布。有幼儿园 1 处、中小学 1 处、文化广场 1 处等。经济以种植业为主，主要农作物有小麦、玉米等。有公路经此。

乔庄 371726-B01-H06
［Qiáozhuāng］

在县驻地古泉街道西南方向 14.9 千米。什集镇辖自然村。人口 1 000。乔氏于明洪武年间迁此建村，以姓名村。聚落呈团块状分布。有文化广场 1 处等。经济以种植业为主，主要农作物有小麦、玉米等。有公路经此。

孙寨 371726-B01-H07
［Sūnzhài］

在县驻地古泉街道西南方向 13.8 千米。什集镇辖自然村。人口 1 400。清乾隆年间，孙氏由菏泽县宋堌屯迁至此建村，因筑有防御桥寨，故名孙寨。聚落呈团块状分布。有文化广场 1 处、小学 1 处、幼儿园 1 处。经济以种植业为主，主要农作物有小麦、玉米等。有公路经此。

温海 371726-B01-H08
［Wēnhǎi］

在县驻地古泉街道西南方向 8.5 千米。什集镇辖自然村。人口 1 400。明洪武年间，温姓先祖在此筑寨建村，由于温姓众多，故名温垓村，后因坑塘众多，面积广阔，更名温海。聚落呈团块状分布。有幼儿园 1 处、小学 1 处等。经济以种植业为主，主要农作物有小麦、玉米等。有公路经此。

香范庄 371726-B01-H09
［Xiāngfànzhuāng］

在县驻地古泉街道西南方向 10.3 千米。什集镇辖自然村。人口 1 300。此村原名老庄，后来范姓来此定居建村，更名为范庄。又因生产香料，改为香范庄。聚落呈团块状分布。有幼儿园 1 处、小学 1 处等。经济以种植业为主，主要农作物有小麦、玉米等。有公路经此。

雪山寺 371726-B01-H10
［Xuěshānsì］

在县驻地古泉街道西方向 10.0 千米。什集镇辖自然村。人口 800。因村东土山上建有寺院，山石白如雪花，故名雪山寺。聚落呈团块状分布。有文化广场 1 处、幼儿园 1 处。经济以种植业为主，主要农作物有小麦、玉米等。有公路经此。

周大庙 371726-B01-H11
［Zhōudàmiào］

在县驻地古泉街道西南方向 10.0 千米。什集镇辖自然村。人口 1 000。明洪武年间，周氏迁此占地定居，建村时由于村西有一座庙宇，故名周大庙。聚落呈团块状分布。有幼儿园 1 处等。经济以种植业为主，主要农作物有小麦、玉米等。有公路经此。

祝楼 371726-B01-H12

［Zhùlóu］

在县驻地古泉街道西南方向 9.0 千米。什集镇辖自然村。人口 600。明洪武初年，祝氏由山西洪洞县迁至濮州三河口北在此建村，因氏族中祝尧焕在明嘉靖年间官居御史，家住楼房，由此得名祝楼。聚落呈团块状分布。有幼儿园 1 处、小学 1 处等。经济以种植业为主，主要农作物有小麦、玉米等。有公路经此。

察庄 371726-B01-H13

［Cházhuāng］

在县驻地古泉街道西南方向 12.7 千米。什集镇辖自然村。人口 2 900。察氏祖居濮阳，明洪武初年建业于彭楼乡郭北口，其后人一支迁于此地，以察姓命名，谓察庄。聚落呈团块状分布。有幼儿园 1 处、小学 1 处等。经济以种植业为主，主要农作物有小麦、玉米等。有公路经此。

陈大庙 371726-B01-H14

［Chéndàmiào］

在县驻地古泉街道西南方向 12.5 千米。什隼镇辖自然村。人口 1 400。陈氏由山西洪洞县迁此建村，因该村有增王庙，故命名为陈大庙。聚落呈团块状分布。有文化广场等。经济以种植业为主，主要农作物有小麦、玉米等。有公路经此。

大王庄 371726-B01-H15

［Dàwángzhuāng］

在县驻地古泉街道西南方向 9.3 千米。什集镇辖自然村。人口 1 200。明洪武年间，王氏从临濮田铺迁于什集西定居，故名大王庄。聚落呈团块状分布。有幼儿园 1 处、小学 1 处等。经济以种植业为主，主要农作物有小麦、玉米等。有公路经此。

红船 371726-B02-H01

［Hóngchuán］

红船镇人民政府驻地。在县驻地古泉街道东南方向 17.2 千米。人口 5 000。元末明初，薛、郭、徐、杨等姓氏由铜山县迁此建村，曾名洪州口，明永乐年间，因有一大红色船泊此，更名为红船口，后称今名红船。聚落呈团块状分布。有幼儿园、中小学。经济以种植业为主，主要农作物有小麦、玉米等。济董公路经此。

孙老家 371726-B02-H02

［Sūnlǎojiā］

在县驻地古泉街道东北方向 13.0 千米。红船镇辖自然村。人口 2 200。因战国时期军事家孙膑诞生于此，故名孙老家。聚落呈团块状分布。有幼儿园 1 处、中小学 1 处。经济以种植业为主，主要农作物有小麦、玉米等。有化工、食品加工厂等。有公路经此。

大冯庄 371726-B02-H03

［Dàféngzhuāng］

在县驻地古泉街道东南方向 13.0 千米。红船镇辖自然村。人口 800。明洪武九年（1376），冯氏由山西洪洞县迁居濮阳冯堤口，正德年间，其后人冯蕴由濮阳冯堤口移此，以姓氏命名大冯庄。聚落呈团块状分布。经济以种植业为主，主要农作物有小麦、玉米等。有化工、食品加工厂等。有公路经此。

韩桥 371726-B02-H04

［Hánqiáo］

在县驻地古泉街道东北方向 9.3 千米。红船镇辖自然村。人口 1 100。明永乐年间，韩氏、贾氏由山西洪洞县迁此建村，因村中有座桥，初起村名韩贾桥，后贾姓消失，村名演变为韩桥。聚落呈散状分布。有幼儿园 1 处、中小学 1 处。经济以种植业为主，主要农作物有小麦、玉米等。有公路经此。

霍庄 371726-B02-H05
［Huòzhuāng］

在县驻地古泉街道东北方向 14.3 千米。红船镇辖自然村。人口 1 000。清康熙年间，霍姓迁此建村，以姓命名霍庄，后张、李等姓相继迁入，村名一直沿用。聚落呈散状分布。有幼儿园 1 处、小学 1 处。经济以种植业为主，主要农作物有小麦、玉米等。有公路经此。

刘桥 371726-B02-H06
［Liúqiáo］

在县驻地古泉街道东南方向 13.8 千米。红船镇辖自然村。人口 1 200。明末，刘氏一族携家眷移赵王河东岸建村，因有石桥，故名刘家桥，后简称刘桥。聚落呈散状分布。有幼儿园 1 处、小学 1 处。经济以种植业为主，主要农作物有小麦、玉米等。有公路经此。

马庙 371726-B02-H07
［Mǎmiào］

在县驻地古泉街道东部 14.0 千米。红船镇辖自然村。人口 500。明永乐年间，马氏又迁居此地建村，因村东有座庙，故名马庙。聚落呈团块状分布。有幼儿园 1 处。经济以种植业为主，主要农作物有小麦、玉米等。有公路经此。

孟庄 371726-B02-H08
［Mèngzhuāng］

在县驻地古泉街道东北方向 13.8 千米。红船镇辖自然村。人口 1 000。明嘉靖年间，孟氏由山西洪洞县迁此建村，以姓氏取名孟庄。聚落呈团块状分布。有幼儿园 1 处。经济以种植业为主，主要农作物有小麦、玉米等。有公路经此。

苗庄 371726-B02-H09
［Miáozhuāng］

在县驻地古泉街道东北方向 12.0 千米。红船镇辖自然村。人口 500。明万历年间，苗氏、张氏迁此建村，议村名为张苗庄，因苗姓人占多数，后更名为苗庄。聚落呈团块状分布。有文化广场 1 处、幼儿园 1 处、小学 1 处。经济以种植业为主，主要农作物有小麦、玉米等。有公路经此。

孙堂 371726-B02-H10
［Sūntáng］

在县驻地古泉街道东北方向 12.5 千米。红船镇辖自然村。人口 2 600。明洪武年间，孙姓由山西洪洞县迁来，因地处平原地带，土质肥沃，故称孙家堂，后简称孙堂。聚落呈团块状分布。有幼儿园 1 处、小学 1 处等。经济以种植业为主，主要农作物有小麦、玉米等。有公路经此。

张堌堆 371726-B02-H11
［Zhānggùduī］

在县驻地古泉街道东南方向 14.7 千米。红船镇辖自然村。人口 2 200。明洪武年间，张氏族人由山西洪洞县迁此建村，因村西有一堌堆，故名张堌堆。聚落呈团块状分布。有幼儿园 1 处、中小学 1 处。经济以种植业为主，主要农作物有小麦、玉米等。有公路经此。

张口 371726-B02-H12
［Zhāngkǒu］

在县驻地古泉街道东北方向 9.8 千米。红船镇辖自然村。人口 1 300。明万历六年（1578），张氏祖由河南三青半迁至赵王河东渡口，称张口。聚落呈团块状分布。有幼儿园 1 处、小学 1 处。经济以种植业为主，主要农作物有小麦、玉米等。有公路经此。

高河涯 371726-B02-H13

［Gāohéyá］

在县驻地古泉街道东方向 9.8 千米。红船镇辖自然村。人口 800。明万历六年（1578），高氏由山西洪洞县迁居鄄城什集镇老高庄，后又迁居此地，因村庄紧靠河堤，且村民多姓高，故称高河涯。聚落呈团块状分布。有幼儿园 1 处、小学 1 处。经济以种植业为主，主要农作物有小麦、玉米等。有公路经此。

霍坝 371726-B02-H14

［Huòbà］

在县驻地古泉街道东方向 13.0 千米。红船镇辖自然村。人口 1 700。明洪武三十一年（1398），霍氏由山西洪洞县迁此建村，因地处赵王河西岸坝头，故称霍坝。聚落呈团块状分布。有幼儿园 1 处、小学 1 处。经济以种植业为主，主要农作物有小麦、玉米等。有公路经此。

南孙庄 371726-B02-H15

［Nánsūnzhuāng］

在县驻地古泉街道东南方向 13.3 千米。红船镇辖自然村。人口 1 100。清康熙年间，孙氏由山西洪洞县迁居此地建村，取村名孙庄，因所在镇有两个孙庄，本村在南，故名南孙庄。聚落呈团块状分布。有幼儿园 1 处、小学 1 处。经济以种植业为主，主要农作物有小麦、玉米等。有公路经此。

旧城 371726-B03-H01

［Jiùchéng］

旧城镇人民政府驻地。在县驻地古泉街道北方向 11.1 千米。人口 5 300。自秦至明曾为县，濮州治。因河患，濮州治徙他处，故名旧城。聚落呈团块状分布。有幼儿园、中小学。经济以种植业为主，主要农作物有小麦、玉米等。有公路经此。

葵堌堆 371726-B03-H02

［Kuígùduī］

在县驻地古泉街道北方向 11.1 千米。旧城镇辖自然村。人口 1 400。明永乐年间，建村时，因此地有一大土堌堆，故名葵堌堆。聚落呈团块状分布。有文化广场 1 处、幼儿园 1 处。古迹有葵堌堆遗址。经济以种植业为主，主要农作物有小麦、玉米、瓜果等。有公路经此。

安庄 371726-B03-H03

［Ānzhuāng］

在县驻地古泉街道北方向 13.3 千米。旧城镇辖自然村。人口 2 200。明景泰年间，安氏从山西洪洞县迁此地建村，以姓氏取名安落庄，后吴、高氏相继迁此，更名为安庄。聚落呈团块状分布。有文化大院 1 处等。经济以种植业为主，主要农作物有小麦、玉米等。有公路经此。

北关 371726-B03-H04

［Běiguān］

在县驻地古泉街道北方向 13.3 千米。旧城镇辖自然村。人口 1 100。清康熙年间，魏氏从濮阳迁居此地建村，因地处古旧城北关，故名。聚落呈团块状分布。有文化大院 1 处等。经济以种植业为主，主要农作物有小麦、玉米等。有公路经此。

程桥 371726-B03-H05

［Chéngqiáo］

在县驻地古泉街道北方向 9.3 千米。旧城镇辖自然村。人口 600。明末清初，程氏由山西洪洞县迁此建村，一次大军在此商谈战事，取名程家桥，后简称程桥。聚落呈团块状分布。有文化大院 1 处等。经济以种植业为主，主要农作物有小麦、玉米等。有公路经此。

东刘楼 371726-B03-H06
[Dōngliúlóu]

在县驻地古泉街道北方向 9.5 千米。旧城镇辖自然村。人口 1 300。明天启年间，刘氏从大埝苏楼迁来，以方位姓氏命名为东刘楼。聚落呈团块状分布。有文化广场 1 处、幼儿园 1 处。经济以种植业为主，主要农作物有小麦、玉米等。有公路经此。

东周楼 371726-B03-H07
[Dōngzhōulóu]

在县驻地古泉街道北方向 10.1 千米。旧城镇辖自然村。人口 1 000。明洪武二十五年（1392），周氏始祖从山西洪洞县迁居北王召东一里建村。嘉靖年间，其后人迁此建村，以姓氏命名为周楼。清康熙年间，因村西面建一西周楼，故该村称东周楼。聚落呈团块状分布。有文化广场 1 处、幼儿园 1 处。经济以种植业为主，主要农作物有小麦、玉米等。有公路经此。

南桥 371726-B03-H08
[Nánqiáo]

在县驻地古泉街道北方向 10.3 千米。旧城镇辖自然村。人口 700。三国时期曹操屯兵 48 万于旧城南关，因此处有一桥，故以此命名为南桥。聚落呈团块状分布。有文化活动室 1 处等。经济以种植业为主，主要农作物有小麦、玉米等。有公路经此。

武集 371726-B03-H09
[Wǔjí]

在县驻地古泉街道北方向 9.3 千米。旧城镇辖自然村。人口 1 000。明洪武年间，王氏、周氏、肖氏由山西洪洞县迁此建村，因当时该村是个集市，且当地会武术的人较多，故名武集。聚落呈团块状分布。有文化活动室 1 处、中小学 1 处等。经济以种植业为主，主要农作物有小麦、玉米等。有公路经此。

武西庄 371726-B03-H10
[Wǔxīzhuāng]

在县驻地古泉街道北方向 13.0 千米。旧城镇辖自然村。人口 1 900。清康熙二十一年（1682），杨氏从杨庄迁居濮县东南 25 里处建村，因在武集村西，故名武西庄。聚落呈团块状分布。有幼儿园 1 处、中小学 1 处等。经济以种植业为主，主要农作物有小麦、玉米等。有公路经此。

张显庄 371726-B03-H11
[Zhāngxiǎnzhuāng]

在县驻地古泉街道西北方向 8.5 千米。旧城镇辖自然村。人口 1 000。明洪武八年（1375），张显从山西洪洞县迁居此地建村，以姓名命村名张显庄。聚落呈团块状分布。有文化活动室 1 处等。经济以种植业为主，主要农作物有小麦、玉米等。有公路经此。

周桥 371726-B03-H12
[Zhōuqiáo]

在县驻地古泉街道西北方向 9.5 千米。旧城镇辖自然村。人口 2 000。明崇祯年间，周氏从濮州城西迁居此地建村，因村西有一武西庄，故名武东庄，后更名为周桥。聚落呈团块状分布。有文化广场 1 处、幼儿园 1 处、中小学 1 处等。经济以种植业为主，主要农作物有小麦、玉米等。有公路经此。

徐王庄 371726-B03-H13
[Xúwángzhuāng]

在县驻地古泉街道西北方向 9.5 千米。旧城镇辖自然村。人口 1 000。明末，王氏由本县石佛头李庄迁此建村，命名为王楼；清同治年间徐氏迁来，村名变更为徐王庄。

聚落呈团块状分布。有幼儿园1处、小学1处、文化活动室1处等。经济以种植业为主，主要农作物有小麦、玉米等。有公路经此。

蒜张楼 371726-B03-H14
[Suànzhānglóu]

在县驻地古泉街道西北方向10.0千米。旧城镇辖自然村。人口800。明洪武年间，张氏祖由山西洪洞县迁此建村，以姓氏命名为张楼。后因张氏有人做官，经常让下人以蒜为菜，后被人称为蒜张楼。聚落呈团块状分布。有文化广场1处等。经济以种植业为主，主要农作物有小麦、玉米等。有公路经此。

赵庄 371726-B03-H15
[Zhàozhuāng]

在县驻地古泉街道北方向12.2千米。旧城镇辖自然村。人口800。明洪武年间，赵氏兄弟二人从山西洪洞县迁居今旧城，后迁此建村，因近处小河上有一小桥，故名赵桥，后更名为赵庄。聚落呈团块状分布。有文化广场1处、幼儿园1处。经济以种植业为主，主要农作物有小麦、玉米等。有公路经此。

闫什口 371726-B04-H01
[Yánshíkǒu]

阎什镇人民政府驻地。在县驻地古泉街道东南方向20.2千米。人口2 800。宋太祖时期，此地有一赵王河，阎氏逃荒至此渡口建村，因阎氏全家当时共十口，故名阎什口，后演为今名。聚落呈团块状分布。有幼儿园、中小学。经济以种植业为主，主要农作物有小麦、玉米。德上高速经此。

历山庙 371726-B04-H02
[Lìshānmiào]

在县驻地古泉街道东南方向16.7千米。阎什镇辖自然村。人口600。因此处有一历山庙，村以庙名。聚落呈团块状分布。有幼儿园、中小学。有省级文物保护单位历山古遗址。经济以种植业为主，主要农作物有小麦、玉米。有公路经此。

东军集 371726-B04-H03
[Dōngjūnjí]

在县驻地古泉街道东南方向7.0千米。阎什镇辖自然村。人口1 000。明永乐年间，有两位军人被安置此地，后此地成集市，故定名为军兴集，后陈氏、王氏相继迁来，简称军集，此村后分成两个村庄，该村居东，为东军集。聚落呈团块状分布。有幼儿园1处等。经济以种植业为主，主要农作物有小麦、玉米等。有公路经此。

贾庄 371726-B04-H04
[Jiǎzhuāng]

在县驻地古泉街道东南方向14.0千米。阎什镇辖自然村。人口2 100。明洪武年间，贾氏由山西洪洞县迁此建村，因与王氏为邻，以姓氏命名为贾庄。聚落呈团块状分布。有幼儿园1处、小学1处。经济以种植业为主，主要农作物有小麦、玉米等。有公路经此。

刘楼 371726-B04-H05
[Liúlóu]

在县驻地古泉街道东南方向15.1千米。阎什镇辖自然村。人口2 300。明永乐二年（1404），刘氏由山东青州刘寨迁此建村，以姓氏命名为刘楼。聚落呈团块状分布。有幼儿园1处、中小学1处、文化活动室1处等。经济以种植业为主，主要农作物有小麦、玉米等。有公路经此。

前刘寺 371726-B04-H06
[Qiánliúsì]

在县驻地古泉街道东南方向16.7千米。阎什镇辖自然村。人口2 300。明洪武年间，刘氏自山西洪洞县迁鄄城东南黑岗店，后世刘锐迁此定居，因此地原有寺庙一座，以姓氏和居住方位命名为前刘寺。聚落呈团块状分布。有幼儿园1处、中学1处、文化活动室1处等。经济以种植业为主，主要农作物有小麦、玉米等。有公路经此。

桑树刘庄 371726-B04-H07
[Sāngshùliúzhuāng]

在县驻地古泉街道东南方向10.9千米。阎什镇辖自然村。人口2 300。明永乐年间，刘氏由山西洪洞县迁此建村，因此地有棵大桑树，故命名为桑树刘庄。聚落呈团块状分布。有文化广场1处等。经济以种植业为主，主要农作物有小麦、玉米等。有公路经此。

沈口 371726-B04-H08
[Shěnkǒu]

在县驻地古泉街道东南方向13.0千米。阎什镇辖自然村。人口2 100。明洪武元年（1368），沈氏祖在此建村，命名沈家镇，万历元年（1572）更名为沈家口，清宣统元年（1909）更名为沈口。聚落呈散状分布。有小学1处、文化活动室1处等。经济以种植业为主，主要农作物有小麦、玉米等。有公路经此。

苏集 371726-B04-H09
[Sūjí]

在县驻地古泉街道东南方向14.0千米。阎什镇辖自然村。人口1 300。明洪武年间，苏氏由山西洪洞县迁此建村，以姓氏命名为苏集。聚落呈团块状分布。有文化活动室1处、幼儿园1处等。经济以种植业为主，主要农作物有小麦、玉米。有公路经此。

王菜园 371726-B04-H10
[Wángcàiyuán]

在县驻地古泉街道东南方向13.3千米。阎什镇辖自然村。人口500。明洪武年间，王氏由山西洪洞县迁此定居，由于当地菜园较多，故名王菜园。聚落呈团块状分布。有文化广场1处等。经济以种植业为主，主要农作物有小麦、玉米等。有公路经此。

西张庄 371726-B04-H11
[Xīzhāngzhuāng]

在县驻地古泉街道东南方向14.3千米。阎什镇辖自然村。人口600。明正德年间，张氏从青州府诸城县古庄迁居此地建村，以姓氏取名张庄，民国期间，因村里种菜者较多，故改为菜园张庄，现称西张庄。聚落呈团块状分布。经济以种植业为主，主要农作物有小麦、玉米等。有公路经此。

甄庄 371726-B04-H12
[Zhēnzhuāng]

在县驻地古泉街道东南方向12.2千米。阎什镇辖自然村。人口2 800。夏禹时期，舜第三子甄藩受封于甄地，后演变为甄庄。聚落呈团块状分布。经济以种植业为主，主要农作物有小麦、玉米等。有公路经此。

楚集 371726-B04-H13
[Chǔjí]

在县驻地古泉街道东南方向15.4千米。阎什镇辖自然村。人口1 200。明洪武年间，楚氏在此建村，以姓氏命名为楚集。聚落呈团块状分布。经济以种植业为主，主要农作物有小麦、玉米等。有公路经此。

牟庄 371726-B04-H14

[Móuzhuāng]

在县驻地古泉街道东南方向 14.0 千米。阎什镇辖自然村。人口 1 700。明洪武年间，牟氏由山东栖霞迁此定居，以姓氏命名为牟庄。聚落呈团块状分布。经济以种植业为主，主要农作物有小麦、玉米等。有公路经此。

沈楼 371726-B04-H15

[Shěnlóu]

在县驻地古泉街道东南方向 11.9 千米。阎什镇辖自然村。人口 1 300。元末明初，沈氏在此建村，故称沈家镇，明末清初更名沈楼。聚落呈团块状分布。有文化广场 1 处、小学 1 处、幼儿园 1 处。经济以种植业为主，主要农作物有小麦、玉米等。有公路经此。

箕山 371726-B05-H01

[Jīshān]

箕山镇人民政府驻地。在县驻地古泉街道东北方向 15.2 千米。人口 4 800。汉时建村，因依箕山（丘），故名。聚落呈团块状分布。有幼儿园、中小学。经济以种植业为主，主要农作物有小麦、玉米、蔬菜。郓箕路经此。

孙花园 371726-B05-H02

[Sūnhuāyuán]

在县驻地古泉街道东北方向 17.8 千米。箕山镇辖自然村。人口 800。因军事家孙膑晚年在此著书立说，建有花园而得名。聚落呈团块状分布。有文化广场 1 处等。古迹有孙膑墓。经济以种植业为主，主要农作物有小麦、玉米等。有公路经此。

艾庄 371726-B05-H03

[Àizhuāng]

在县驻地古泉街道东北方向 9.5 千米。箕山镇辖自然村。人口 1 100。明洪武年间，曹姓迁此立村，因建有三官庙，故取名曹庙。明永乐十一年（1413），艾姓迁此，同年庙里发生命案，曹庙被告，当时村民为免是非，故改村名为艾庄。聚落呈团块状分布。有文化活动室 1 处、幼儿园 1 处。经济以种植业为主，主要农作物有小麦、玉米、花生、地瓜和杂粮等。有公路经此。

冯胡同 371726-B05-H04

[Fénghútòng]

在县驻地古泉街道东北方向 10.6 千米。箕山镇辖自然村。人口 900。因姓氏及村内街巷特点而得名。聚落呈团块状分布。有文化大院 1 处。经济以种植业为主，主要农作物有小麦、玉米、花生、地瓜和杂粮等。有公路经此。

谷庄 371726-B05-H05

[Gǔzhuāng]

在县驻地古泉街道东北方向 12.5 千米。箕山镇辖自然村。人口 2 000。明朝时，谷氏随朱棣征北，自河南息县至此地建村，以姓氏命名为谷庄。聚落呈团块状分布。有幼儿园 1 处。经济以种植业为主，主要农作物有小麦、玉米、花生、地瓜和杂粮等。有公路经此。

宋楼 371726-B05-H06

[Sònglóu]

在县驻地古泉街道东北方向 15.6 千米。箕山镇辖自然村。人口 1 200。元末，李氏由永平韩家村迁巨野刘家海，后移此建村名李家庄，后宋氏建起了楼房，故改村名为宋楼。聚落呈团块状分布。有文化活动室 1 处、幼儿园 1 处、小学 1 处、中学 1 所。经济以种植业为主，主要农作物有小麦、玉米、花生、地瓜和杂粮等。有公路经此。

孙垓 371726-B05-H07

［Sūnhǎi］

在县驻地古泉街道东北方向 14.3 千米。箕山镇辖自然村。人口 1 200。明洪武元年（1368），侯氏始祖由济南历城县迁此居住，名侯氏庄。明洪武九年（1376），孙氏由莱州府平度州李迁乡迁此村，以姓命名为孙垓。聚落呈团块状分布。有文化活动室 1 处、文化广场 1 处、小学 1 处。经济以种植业为主，主要农作物有小麦、玉米、花生、地瓜和杂粮等。有公路经此。

王榔头 371726-B05-H08

［Wánglángtóu］

在县驻地古泉街道东北方向 10.0 千米。箕山镇辖自然村。人口 1 00。明代王氏迁此建村，故名。聚落呈团块状分布。有文化广场 1 处。经济以种植业为主，主要农作物有小麦、玉米、花生、地瓜和杂粮等。有公路经此。

吴老家 371726-B05-H09

［Wúlǎojiā］

在县驻地古泉街道东北方向 15.6 千米。箕山镇辖自然村。人口 1 000。明洪武元年（1368），吴氏兄弟从山东莱州府胶州赵贤乡牛沟社迁居此地建村，以姓氏命名为吴家，后吴氏后代迁往他地建村，称该村为老家，故改名吴老家。聚落呈团块状分布。有文化活动室 1 处、文化广场 1 处、小学 1 处。经济以种植业为主，主要农作物有小麦、玉米、花生、地瓜和杂粮等。有公路经此。

鸭子王庄 371726-B05-H10

［Yāziwángzhuāng］

在县驻地古泉街道东北方向 9.2 千米。箕山镇辖自然村。人口 1 000。明洪武年间，王氏从山西洪洞县石槽村迁居此地建村，因该村临弧左河，故名奔流左王庄。后来有一天从河内冲来许多鸭子，从此四乡送名为鸭子王庄。聚落呈团块状分布。有文化活动室 1 处、文化广场 1 处、幼儿园 1 处、小学 1 处。经济以种植业为主，主要农作物有小麦、玉米、花生、地瓜和杂粮等。有公路经此。

杨老家 371726-B05-H11

［Yánglǎojiā］

在县驻地古泉街道东北方向 9.8 千米。箕山镇辖自然村。人口 1 400。明永乐二年（1404），杨氏始祖杨景春从河南汴梁迁居此地建村，以姓氏命名为杨家。后杨氏子孙相继迁出，该村便成了杨氏老家，故称杨老家。聚落呈团块状分布。有文化活动室 1 处、文化广场 1 处、幼儿园 1 处、小学 1 处。经济以种植业为主，主要农作物有小麦、玉米、花生、地瓜和杂粮等。有公路经此。

张庙 371726-B05-H12

［Zhāngmiào］

在县驻地古泉街道东北方向 12.2 千米。箕山镇辖自然村。人口 1 100。明洪武年间，张氏从山西洪洞县迁居青州府诸城县临阳社城故庄张家胡同，其后人张广迁此地建村，因村中有座大庙，故命名为张大庙，现称张庙。聚落呈团块状分布。有文化活动室 1 处、文化广场 1 处、幼儿园 1 处、小学 1 处。经济以种植业为主，主要农作物有小麦、玉米、花生、地瓜和杂粮等。有公路经此。

大陈庄 371726-B05-H13

［Dàchénzhuāng］

在县驻地古泉街道东北方向 12.5 千米。箕山镇辖自然村。人口 1 200。明洪武年间，陈氏从山西洪洞县陈牌坊迁居此地建村，以姓氏命名为陈庄。后因重名，更名大陈庄。聚落呈团块状分布。有文化广场 1 处、幼儿园 1 处、小学 1 处。经济以种植业为主，主要农作物有小麦、玉米、花生、地瓜和杂粮等。有公路经此。

妙屯 371726-B05-H14
[Miàotún]

在县驻地古泉街道东北方向 10.3 千米。箕山镇辖自然村。人口 1 200。明洪武九年（1376），妙氏从山西洪洞县迁居此地建村，以姓氏命名为妙屯。聚落呈团块状分布。有文化活动室 1 处、文化广场 1 处。经济以种植业为主，主要农作物有小麦、玉米、花生、地瓜和杂粮等。有公路经此。

后寨 371726-B05-H15
[Hòuzhài]

在县驻地古泉街道东北方向 13.5 千米。箕山镇辖自然村。人口 2 000。明永乐九年（1411），王氏从北京顺天府坝州大王庄迁居此地建村，因当时周围有土寨，又在箕山后面，故名后寨。聚落呈团块状分布。有文化广场 1 处。经济以种植业为主，主要农作物有小麦、玉米、花生、地瓜和杂粮等。有公路经此。

李进士堂 371726-B06-H01
[Lǐjìnshìtáng]

李进士堂镇人民政府驻地。在县驻地古泉街道东北方向 18.2 千米。人口 1 000。明万历年间，李氏在此地建村，明嘉靖二十六年（1547），李氏后人李先芳考中进士，在村中修建一孝祠堂，又改名为李进士堂。聚落呈团块状分布。有幼儿园、中小学。经济以种植业为主，主要农作物有小麦、玉米。有公路经此。

尖堌堆 371726-B06-H02
[Jiāngùduī]

在县驻地古泉街道北方向 14.3 千米。李进士堂镇辖自然村。人口 1 200。清雍正年间，苏氏从范县迁此，在大土堌堆上居住，据说，当时土堌堆上有一棵"神仙树"，故取名仙堌堆。光绪年间因黄河泛滥，仙堌堆被冲成了土尖子，故改称尖堌堆。聚落呈团块状分布。有文化广场 1 处。经济以种植业为主，主要农作物有小麦、玉米等。德上高速经此。

杏花岗 371726-B06-H03
[Xìnghuāgǎng]

在县驻地古泉街道北方向 13.2 千米。李进士堂镇辖自然村。人口 600。因昔日杏林环村，花开时节，杏花烂漫，故名杏花岗。聚落呈团块状分布。有文化广场 1 处、幼儿园 1 处。经济以种植业为主，主要农作物有小麦、玉米等。有公路经此。

大辛庄 371726-B06-H04
[Dàxīnzhuāng]

在县驻地古泉街道北方向 16.4 千米。李进士堂镇辖自然村。人口 1 000。明洪武年间，史氏由山西洪洞县迁居史家楼，清雍正年间，史氏后人移此建村，名大辛庄。聚落呈团块状分布。有幼儿园 1 处、文化活动室 1 处、文化广场 1 个等。经济以种植业为主，主要农作物有小麦、玉米等。有公路经此。

李黄庄 371726-B06-H05
[Lǐhuángzhuāng]

在县驻地古泉街道北方向 14.3 千米。李进士堂镇辖自然村。人口 1 000。明永乐年间，李氏从山西洪洞县迁居濮州李庄、后于清乾隆年间又从李庄移居此地建村、以其先人"李黄"的名字取村名为李黄庄。聚落呈团块状分布。有文化广场 1 处、幼儿园 1 处。经济以种植业为主，主要农作物有小麦、玉米等。有公路经此。

芦井 371726-B06-H06
[Lújǐng]

在县驻地古泉街道北方向 15.9 千米。李进士堂镇辖自然村。人口 600。明洪武年间，有村民从山西迁民落户山东，为吃水六户人家打井，起名六井。后来黄河泛滥，河务局在这里治理，修建控导工程，谐音陆井工程。再后来村人打井，正好打在了以前黄河泛滥淤积的芦苇荡上面，在井底挖出了芦苇茬，故改名为芦井。聚落呈团块状分布。有文化活动室 1 处、文化广场 1 处等。经济以种植业为主，主要农作物有小麦、玉米等。德商高速经此。

田楼 371726-B06-H07
[Tiánlóu]

在县驻地古泉街道北方向 16.1 千米。李进士堂镇辖自然村。人口 1 500。明永乐年间，田氏由山西洪洞县迁居此地建村，因村内有座半截楼，取名田楼。聚落呈团块状分布。有幼儿园 1 处、文化活动室 1 处、文化广场 1 处等。经济以种植业为主，主要农作物有小麦、玉米等。德商高速路经此。

徐桥 371726-B06-H08
[Xúqiáo]

在县驻地古泉街道北方向 14.2 千米。李进士堂镇辖自然村。人口 600。此村原名苇桥，明朝中期，徐氏自河南范县迁此，人丁兴旺，故改苇桥为徐桥。聚落呈团块状分布。有中学 1 所等。经济以种植业为主，主要农作物有小麦、玉米等。有公路经此。

许堂 371726-B06-H09
[Xǔtáng]

在县驻地古泉街道北方向 11.9 千米。李进士堂镇辖自然村。人口 1 200。明末，由许氏建村，且建观音堂一座，以此取名为许堂。聚落呈团块状分布。有文化广场 1 处、幼儿园 1 处。经济以种植业为主，主要农作物有小麦、玉米等。德商高速经此。

寨王庄 371726-B06-H10
[Zhàiwángzhuāng]

在县驻地古泉街道北方向 12.7 千米。李进士堂镇辖自然村。人口 1 000。清顺治年间，王氏王军照从当时的小洪河西岸大王庄与胞兄分居此地建村，命名为小王庄。1918 年土匪作乱，该村筑修土寨，故改名为寨王庄。聚落呈团块状分布。有文化广场 1 处、幼儿园 1 处。经济以种植业为主，主要农作物有小麦、玉米等。有公路经此。

边庄 371726-B06-H11
[Biānzhuāng]

在县驻地古泉街道北方向 14.6 千米。李进士堂镇辖自然村。人口 700。清雍正年间，边氏从邑县辛集边庄迁居此地建村，以姓氏命名为边庄。聚落呈团块状分布。有文化广场 1 处、小学 1 处、幼儿园 1 处。经济以种植业为主，主要农作物有小麦、玉米等。有公路经此。

十三庄 371726-B06-H12
[Shísānzhuāng]

在县驻地古泉街道北方向 14.0 千米。李进士堂镇辖自然村。人口 2 000。清乾隆年间，李氏、刘氏、焦氏表兄弟从范县李辛占、刘辛占迁居此地建村，因当时三户恰好十口人，故名十三庄。聚落呈团块状分布。有文化广场 1 处、幼儿园 1 处。经济以种植业为主，主要农作物有小麦、玉米等。有公路经此。

芝麻刘庄 371726-B06-H13

[Zhīmaliúzhuāng]

在县驻地古泉街道北方向 13.5 千米。李进士堂镇辖自然村。人口 2 000。明隆庆年间，刘氏自黄河西濮州芝麻刘庄迁居此地，仍沿用老村名称。聚落呈团块状分布。有文化广场 1 处、小学 1 处、幼儿园 1 处。经济以种植业为主，主要农作物有小麦、玉米等。有公路经此。

盐店 371726-B06-H14

[Yándiàn]

在县驻地古泉街道北方向 16.2 千米。李进士堂镇辖自然村。人口 900。明洪武年间，吴氏祖由山西洪洞县迁此建村，因村后有码头，村民大多以卸盐为生，故取名盐场，后更为盐店。聚落呈团块状分布。有文化活动室 1 处、文化广场 1 处、幼儿园 1 处。经济以种植业为主，主要农作物有小麦、玉米等。有公路经此。

宋楼 371726-B06-H15

[Sònglóu]

在县驻地古泉街道北方向 13.3 千米。李进士堂镇辖自然村。人口 1 200。明洪武年间，有宋氏一家由山西洪洞县迁来定居，故名。聚落呈团块状分布。有文化广场 1 处、幼儿园 1 处。经济以种植业为主，主要农作物有小麦、玉米等。有公路经此。

董口 371726-B07-H01

[Dǒngkǒu]

董口镇人民政府驻地。在县驻地古泉街道西方向 9.8 千米。人口 3 100。明洪武年间，董氏、高氏、陈氏自山西洪洞县迁居此地，因西靠黄河渡口，故村名渡口，后演变为董口。聚落呈团块状分布。有幼儿园、中小学。有省级文物保护单位宋孝子堂。经济以种植业为主，主要农作物有小麦、玉米。省道济董路、沿黄路经此。

军屯 371726-B07-H02

[Jūntún]

在县驻地古泉街道西方向 12.5 千米。董口镇辖自然村。人口 1 500。有汉族、回族，其中回族占 65%。明永乐年间，张氏祖荣任皇帝随粮官，随驾由湖广荆州到山东东昌府，军垦屯田，故名。聚落呈团块状分布。有文化广场 1 处、幼儿园 1 处等。经济以种植业为主，主要农作物有小麦、玉米等。有公路经此。

韩楼 371726-B07-H03

[Hánlóu]

在县驻地古泉街道西方向 11.9 千米。董口镇辖自然村。人口 1 200。明洪武六年（1373），韩氏、朱氏由山西怀安迁居于此，因建有楼房，故名韩楼。聚落呈团块状分布。有文化广场 1 处、幼儿园 1 处。经济以种植业为主，主要农作物有小麦、玉米等。有公路经此。

后田铺 371726-B07-H04

[Hòutiánpù]

在县驻地古泉街道西方向 13.0 千米。董口镇辖自然村。人口 1 100。明朝时田氏由河南濮城县迁居此地建村，原名田铺，后因河患分为两村，故名后田铺。聚落呈团块状分布。有文化广场 1 处、幼儿园 1 处。经济以种植业为主，主要农作物有小麦、玉米等。有公路经此。

后园 371726-B07-H05

[Hòuyuán]

在县驻地古泉街道西方向 11.1 千米。

董口镇辖自然村。人口 900。原名黄瓜园，清末改为后园。聚落呈团块状分布。有文化广场 1 处、幼儿园 1 处。经济以种植业为主，主要农作物有小麦、玉米等。有公路经此。

花园 371726-B07-H06
［Huāyuán］

在县驻地古泉街道西方向 14.0 千米。董口镇辖自然村。人口 600。明建文年间，李氏由山西洪洞县迁居清水潭，后移花园，其后人迁此建村，仍称花园村至今。聚落呈团块状分布。有文化广场 1 处、幼儿园 1 处。经济以种植业为主，主要农作物有小麦、玉米等。有公路经此。

柳园 371726-B07-H07
［Liǔyuán］

在县驻地古泉街道西方向 12.2 千米。董口镇辖自然村。人口 600。明末，苏氏迁居此地建村，此地原为北王召李家的大花园，花园的四周均有柳条作围墙，故以此命名为柳园。聚落呈团块状分布。有文化广场 1 处、幼儿园 1 处。经济以种植业为主，主要农作物有小麦、玉米等。有公路经此。

西李庄 371726-B07-H08
［Xīlǐzhuāng］

在县驻地古泉街道西方向 12.2 千米。董口镇辖自然村。人口 1 000。明朝时期，李氏由山西洪洞县迁居冠县桑河镇，后又迁此建村，以姓名村李庄，后以方位改称西李庄至今。聚落呈团块状分布。有文化广场 1 处、幼儿园 1 处。经济以种植业为主，主要农作物有小麦、玉米等。有公路经此。

营坊 371726-B07-H09
［Yíngfāng］

在县驻地古泉街道西方向 12.5 千米。

董口镇辖自然村。人口 900。明嘉靖年间，黄氏由濮州迁居此地建村，因以前此处为部队驻防营地，故取名营坊。聚落呈团块状分布。有文化广场 1 处、幼儿园 1 处。经济以种植业为主，主要农作物有小麦、玉米等。有公路经此。

鱼骨 371726-B07-H10
［Yúgǔ］

在县驻地古泉街道西方向 15.1 千米。董口镇辖自然村。人口 800。明洪武年间，黄河泛滥，人们用鱼骨头盖了一间小庙，起名鱼骨寺，因村庄建于鱼骨寺北，取名鱼骨。聚落呈团块状分布。有文化广场 1 处、幼儿园 1 处。经济以种植业为主，主要农作物有小麦、玉米等。有公路经此。

臧庄 371726-B07-H11
［Zāngzhuāng］

在县驻地古泉街道西方向 9.0 千米。董口镇辖自然村。人口 600。清康熙年间，臧氏迁此建村，以姓命名为臧庄。聚落呈团块状分布。有幼儿园 1 处、文化广场 1 处等。经济以种植业为主，主要农作物有小麦、玉米等。有公路经此。

双庙 371726-B07-H12
［Shuāngmiào］

在县驻地古泉街道西方向 12.5 千米。董口镇辖自然村。人口 700。明洪武年间，李氏祖由山西洪洞县迁此建村，因此地建有奶奶庙和阎君庙，故名双庙。聚落呈团块状分布。有文化广场 1 处、幼儿园 1 处。经济以种植业为主，主要农作物有小麦、玉米等。有公路经此。

崔泗庄 371726-B07-H13
［Cuīsìzhuāng］

在县驻地古泉街道西方向 15.1 千米。

董口镇辖自然村。人口1 200。明建文年间，崔氏由梁汪乡崔泗迁此，因当时有一泗水河，故名崔泗庄。聚落呈团块状分布。有幼儿园1处、小学1处、文化广场1处等。经济以种植业为主，主要农作物有小麦、玉米等。有公路经此。

刘鸭子庄 371726-B07-H14

[Liúyāzizhuāng]

在县驻地古泉街道西方向13.5千米。董口镇辖自然村。人口1 000。元朝末年，刘氏祖由山西洪洞县迁此建村，因村内有一水坑，常年养殖鸭子，故名刘鸭子村，1952年更名刘庄后又复称刘鸭子庄。聚落呈团块状分布。有文化广场1处、小学1处、幼儿园1处。经济以种植业为主，主要农作物有小麦、玉米等。有公路经此。

张村 371726-B07-H15

[Zhāngcūn]

在县驻地古泉街道西方向10.0千米。董口镇辖自然村。人口1 300。因村中张姓取名张村。聚落呈散状分布。有文化广场1处、小学1处、幼儿园1处。经济以种植业为主，主要农作物有小麦、玉米等。有公路经此。

临濮南街 371726-B08-H01

[Línpúnánjiē]

临濮镇人民政府驻地。在县驻地古泉街道西南方向20.5千米。人口2 000。因位于临濮集贸市场南部街道，故名临濮南街。聚落呈团块状分布。有幼儿园、中小学。经济以种植业为主，主要农作物有小麦、玉米。省道沿黄路经此。

庄子庙 371726-B08-H02

[Zhuāngzimiào]

在县驻地古泉街道西南方向19.0千米。

临濮镇辖自然村。人口900。相传庄子曾在此定居，钓鱼、著书、讲学，并在此仙逝，故此得名。聚落呈团块状分布。有文化广场1处等。古迹有庄子钓鱼台。经济以种植业为主，主要农作物有小麦、玉米等。有公路经此。

黄营 371726-B08-H03

[Huángyíng]

在县驻地古泉街道西南方向15.6千米。临濮镇辖自然村。人口900。清顺治年间，黄氏从山西洪洞县迁居此地建村，以姓氏命名为黄营。聚落呈团块状分布。有文化大院1处等。经济以种植业为主，主要农作物有小麦、玉米等。有公路经此。

临濮北街 371726-B08-H04

[Línpúběijiē]

在县驻地古泉街道西南方向16.2千米。临濮镇辖自然村。人口1 200。因位于临濮集贸市场北部街道，故名临濮北街。聚落呈团块状分布。有文化广场1处、幼儿园1处。经济以种植业为主，主要农作物有小麦、玉米等。省道沿黄路经此。

临濮西街 371726-B08-H05

[Línpúxījiē]

在县驻地古泉街道西南方向16.4千米。临濮镇辖自然村。人口1 000。因位于临濮集贸市场西部街道，故名临濮西街。聚落呈团块状分布。有幼儿园1处、中小学1处。经济以种植业为主，主要农作物有小麦、玉米等。省道沿黄路经此。

柳洼 371726-B08-H06

[Liǔwā]

在县驻地古泉街道西南方向15.9千米。临濮镇辖自然村。人口1 200。柳氏自明洪武年间由山西洪洞县迁此建村，因村里有株大柳树，名为柳洼。聚落呈团块状分布。有文化广场1处等。经济以种植业为主，主要农作物有小麦、玉米等。有公路经此。

楼子庄 371726-B08-H07
[Lóuzizhuāng]

在县驻地古泉街道西南方向18.6千米。临濮镇辖自然村。人口1 600。明洪武年间，薛、高、李三姓同时从山西洪洞县迁居此地，带来了编织技术，因盛产篓子，质优价廉，外人送名篓子庄，后演变为楼子庄。聚落呈团块状分布。有文化广场1处等。经济以种植业为主，主要农作物有小麦、玉米等。有公路经此。

孙寨 371726-B08-H08
[Sūnzhài]

在县驻地古泉街道西南方向19.1千米。临濮镇辖自然村。人口1 700。明洪武年间，孙坤由山西洪洞县迁居此地建村，为了防水防盗，在周围筑了一个土寨，故命名为孙寨。聚落呈团块状分布。有文化广场1处、小学1处、幼儿园1处。经济以种植业为主，主要农作物有小麦、玉米等。有公路经此。

天庙 371726-B08-H09
[Tiānmiào]

在县驻地古泉街道西南方向17.5千米。临濮镇辖自然村。人口700。明洪武年间先民迁居此地建村，因村里有天爷庙而得名，后改为天庙。聚落呈团块状分布。有文化广场1处等。经济以种植业为主，主要农作物有小麦、玉米等。有公路经此。

曹庄 371726-B08-H10
[Cáozhuāng]

在县驻地古泉街道西南方向20.0千米。临濮镇辖自然村。人口1 200。清康熙年间，曹氏由定陶县西北安邱寺南曹楼迁居此地

建村，以姓氏命名为曹庄。聚落呈散状分布。有文化广场1处等。经济以种植业为主，主要农作物有小麦、玉米等。有公路经此。

东杨楼 371726-B08-H11
[Dōngyánglóu]

在县驻地古泉街道西南方向16.2千米。临濮镇辖自然村。人口1 600。明建文年间，杨氏由山西洪洞县迁居此地建村，以方位命名为东杨楼。聚落呈团块状分布。有文化大院1处、幼儿园1处。经济以种植业为主，主要农作物有小麦、玉米、大豆。有公路经此。

临濮东街 371726-B08-H12
[Línpúdōngjiē]

在县驻地古泉街道西南方向15.9千米。临濮镇辖自然村。人口700。因位于临濮集贸市场东部街道，故名临濮东街。聚落呈团块状分布。有文化广场1处、幼儿园1处。经济以种植业为主，主要农作物有小麦、玉米等。省道沿黄路经此。

小屯 371726-B08-H13
[Xiǎotún]

在县驻地古泉街道西南方向19.1千米。临濮镇辖自然村。人口400。明景泰年间，王氏从山西洪洞县迁居此地建村，后赵氏、张氏迁来，因庄小，经三姓协商命名为小屯。聚落呈团块状分布。有文化广场1处等。经济以种植业为主，主要农作物有小麦、玉米等。有公路经此。

李楼北街 371726-B08-H14
[Lǐlóuběijiē]

在县驻地古泉街道西南方向17.5千米。临濮镇辖自然村。人口1 300。明洪武年间，李氏由山西洪洞县迁至此地建村，故名李楼，后以方位改为今名。聚落呈团块状分布。

有幼儿园 1 处、小学 1 处。经济以种植业为主，主要农作物有小麦、玉米等。有公路经此。

彭楼 371726-B09-H01
［Pénglóu］

彭楼镇人民政府驻地。在县驻地古泉街道东南方向 17.2 千米。人口 1 600。明朝时期，彭姓由山西洪洞县来此定居并建有楼房多栋，定村名彭楼。聚落呈团块状分布。有幼儿园、中小学。有省级文物保护单位刘忠墓。经济以种植业为主，主要有小米、玉米、牡丹。京九铁路、德上高速经此。

舜王城 371726-B09-H02
［Shùnwángchéng］

在县驻地古泉街道南方向 13.0 千米。彭楼镇辖自然村。人口 2 100。因先皇虞舜诞生于此，故名舜王城。聚落呈团块状分布。有幼儿园 1 处、小学 1 处。经济以种植业为主，主要农作物有小麦、玉米、花生、中药材等。有公路经此。

郭对旧 371726-B09-H03
［Guōduìjiù］

在县驻地古泉街道南方向 13.8 千米。彭楼镇辖自然村。人口 1 200。明洪武十年（1377），郭跹奉旨由山西洪洞县赴雷泽任丘县教谕，并携皇帝御赠的一古器石碓臼，本村以姓氏和这一古器谐音命名。聚落呈散状分布，有文化广场 1 处等。经济以种植业为主，主要农作物有小麦、玉米、花生、中药材等。有公路经此。

何庄 371726-B09-H04
［Hézhuāng］

在县驻地古泉街道南方向 12.2 千米。彭楼镇辖自然村。人口 1 400。明永乐年间，何氏由山西洪洞县迁入，定居于此，以姓

为庄名。聚落呈团块状分布。有文化广场 1 处、幼儿园 1 处。经济以种植业为主，主要农作物有小麦、玉米、花生、中药材等。有公路经此。

刘举人 371726-B09-H05
［Liújǔrén］

在县驻地古泉街道南方向 13.0 千米。彭楼镇辖自然村。人口 500。该村原名刘田庄，后因刘姓后人刘存礼于明万历年间中举，故更名刘举人。聚落呈团块状分布。有文化广场 1 处等。经济以种植业为主，主要农作物有小麦、玉米、花生、中药材等。有公路经此。

麻寨 371726-B09-H06
［Mázhài］

在县驻地古泉街道南方向 9.8 千米。彭楼镇辖自然村。人口 900。明朝，王、范、刘等姓自山西洪洞县来此建村，初来此地之时，许多人以种麻为生，于是就将村名命名为麻寨。聚落呈团块状分布。有文化广场 1 处、幼儿园 1 处。经济以种植业为主，主要农作物有小麦、玉米、花生、中药材等。有公路经此。

香店 371726-B09-H07
［Xiāngdiàn］

在县驻地古泉街道南方向 11.4 千米。彭楼镇辖自然村。人口 900。因村中有一户卖香的店家，生意兴隆，故名。聚落呈团块状分布。有文化广场 1 处、幼儿园 1 处。古迹有刘林墓。经济以种植业为主，主要农作物有小麦、玉米、花生、中药材等。有公路经此。

任庄 371726-B09-H08
［Rénzhuāng］

在县驻地古泉街道南方向 12.7 千米。

彭楼镇辖自然村。人口 1 200。明洪武二年（1369），任福迁此建村，以姓命名为任庄。聚落呈团块状分布。有文化广场 1 处等。经济以种植业为主，主要农作物有小麦、玉米、花生、中药材等。有公路经此。

唐杜庄　371726-B09-H09
[Tángdùzhuāng]

在县驻地古泉街道南方向 14.8 千米。彭楼镇辖自然村。人口 1 000。明洪武十二年（1379），李氏祖由山西洪洞县迁此建村，明嘉靖二十五年（1546），杜氏祖迁入后名杜庄，清乾隆三十四年（1769），因村西建有唐庙，故演称唐杜庄。聚落呈团块状分布。有文化广场 1 处等。经济以种植业为主，主要农作物有小麦、玉米、花生、中药材等。有公路经此。

王集　371726-B09-H10
[Wángjí]

在县驻地古泉街道南方向 9.5 千米。彭楼镇辖自然村。人口 2 000。明洪武年间，陈、王等氏族陆续由山西洪洞县迁此建村，因王氏在此安居已久，故名王户下屯。万历年间，因王氏官员王士香于此起集，渐演称王集。聚落呈团块状分布。有文化广场 1 处、小学 1 处、幼儿园 1 处。经济以种植业为主，主要农作物有小麦、玉米、花生、中药材等。有公路经此。

向阳　371726-B09-H11
[Xiàngyáng]

在县驻地古泉街道南方向 13.2 千米。彭楼镇辖自然村。人口 1 900。以吉祥嘉言取名为向阳。聚落呈团块状分布。有文化广场 1 处、小学 1 处、幼儿园 1 处。经济以种植业为主，主要农作物有小麦、玉米、花生、中药材等。有公路经此。

枣林店　371726-B09-H12
[Zǎolíndiàn]

在县驻地古泉街道南方向 12.7 千米。彭楼镇辖自然村。人口 1 300。因此村原来枣树较多，连片成林，林中有一店，因此得名。聚落呈团块状分布。有文化广场 1 处。经济以种植业为主，主要农作物有小麦、玉米、花生、中药材等。有公路经此。

郭北口　371726-B09-H13
[Guōběikǒu]

在县驻地古泉街道南方向 11.8 千米。彭楼镇辖自然村。人口 1 700。明末，起名仁智寨，清初改名锅培口，民国初期改名适北口，1949 年后改名为郭北口。聚落呈散状分布。有文化广场 1 处等。经济以种植业为主，主要农作物有小麦、玉米、花生、中药材等。有公路经此。

刘大楼　371726-B09-H14
[Liúdàlóu]

在县驻地古泉街道南方向 11.7 千米。彭楼镇辖自然村。人口 900。元顺帝时期，刘氏奉旨自济南长清柿子园迁居濮阳东南弧河里建村立业，因有楼房数座，称刘家大楼，后改名刘大楼。聚落呈团块状分布。有文化广场 1 处等。经济以种植业为主，主要农作物有小麦、玉米、花生、中药材等。有公路经此。

刘昇庄　371726-B09-H15
[Liúshēngzhuāng]

在县驻地古泉街道南方向 9.8 千米。彭楼镇辖自然村。人口 600。刘氏移居此地建村后，由于黄河经常泛滥，洪水侵害，村民协商共建围村寨墙，故起村名义和寨刘昇庄，简称刘昇庄，并沿用至今。聚落呈团块状分布。有文化广场 1 处等。经济以种植业为主，主要农作物有小麦、玉米、花生、中药材等。有公路经此。

凤凰 371726-B10-H01
[Fènghuáng]

凤凰镇人民政府驻地。在县驻地古泉街道东方向 6.5 千米。人口 2 200。因当时此地河套突出，野柳丛生，初夏时柳絮飞舞，似雪花飘飘，故取名凤花店，后演变为凤凰。聚落呈团块状分布。有文化广场、幼儿园、小学。经济以种植业为主，主要农作物有小米、玉米。德上高速经此。

古屯 371726-B10-H02
[Gǔtún]

在县驻地古泉街道东方向 5.8 千米。凤凰镇辖自然村。人口 1 200。宋朝末年，杨、古二姓建村，命名为杨古屯，金兵入侵，金将派使到杨古屯招降，杨家武将百余人杀了来使，引得金兵大围杨古屯，战斗几天，杨家皆战死，只剩姓古者，便改名古屯。聚落呈团块状分布。有幼儿园 1 处、文化大院 1 处、文化广场 1 处等。经济以种植业为主，主要农作物有小麦、玉米、花生等。有公路经此。

后大户刘庄 371726-B10-H03
[Hòudàhùliúzhuāng]

在县驻地古泉街道东方向 3.7 千米。凤凰镇辖自然村。人口 1 100。明洪武年间，刘氏从今河南清丰县迁此建村，因户大人多，故称大户刘庄，后形成三个村，该村居后，故名后大户刘庄。聚落呈团块状分布。有文化广场 1 处、幼儿园 1 处。经济以种植业为主，主要农作物有小麦、玉米、花生等。有公路经此。

后寺 371726-B10-H04
[Hòusì]

在县驻地古泉街道东方向 6.1 千米。凤凰镇辖自然村。人口 700。建村时有一寺庙名大周寺，故以寺院命村名，后以方位称后大周寺，今简称后寺。聚落呈团块状分布。有文化广场 1 处、幼儿园 1 处。经济以种植业为主，主要农作物有小麦、玉米、蔬菜等。德商高速经此。

花李庄 371726-B10-H05
[Huālǐzhuāng]

在县驻地古泉街道东方向 4.8 千米。凤凰镇辖自然村。人口 900。明永乐年间，村民从今郓城县李庄迁居斜庄，后又从斜庄迁居此地建村。因各家都建园种花，故名花园李庄，后简称花李庄。聚落呈团块状分布。有文化广场 1 处、幼儿园 1 处。经济以种植业为主，主要农作物有小麦、玉米等。德商高速经此。

酒店张庄 371726-B10-H06
[Jiǔdiànzhāngzhuāng]

在县驻地古泉街道东方向 6.4 千米。凤凰镇辖自然村。人口 1 100。明洪武年间，张氏由山西洪洞县迁居此地建村，命名为张庄。后因建了两个酒店，生意兴隆，四乡闻名，故称酒店张庄。聚落呈团块状分布。有文化广场 1 处、幼儿园 1 处。经济以种植业为主，主要农作物有小麦、玉米等。有公路经此。

跨杨庄 371726-B10-H07
[Kuàyángzhuāng]

在县驻地古泉街道东北方向 5.8 千米。凤凰镇辖自然村。人口 1 200。相传，一天夜里，村中下了一场有毒气的雾，将所有熟睡的人都毒死了，唯有姓杨的一家夜里起来做豆腐，因烧火冒烟，毒气未能入侵屋内，后全村只剩下他一家人，故其他从山西迁往此地的人送号跨杨庄。聚落呈团块状分布。有文化大院1处。经济以种植业为主，主要农作物有小麦、玉米等。有公路经此。

两半张庄 371726-B10-H08
[Liǎngbànzhāngzhuāng]

在县驻地古泉街道东方向6.9千米。凤凰镇辖自然村。人口1 600。明嘉靖五年（1526），张姓自河南濮城牙头移居此地建村，以姓氏命名为张庄。因村中间有条大路，将村落分成两半，故名两半张庄。聚落呈团块状分布。有文化广场1处等。经济以种植业为主，主要农作物有小麦、玉米等。有公路经此。

前寺 371726-B10-H09
[Qiánsì]

在县驻地古泉街道东方向5.6千米。凤凰镇辖自然村。人口600。因当时此地有一座寺院，名曰大周寺，村以寺名。后以方位称前大周寺，今简称前寺。聚落呈团块状分布。有文化广场1处等。经济以种植业为主，主要农作物有小麦、玉米等。有公路经此。

铁炉张庄 371726-B10-H10
[Tiělúzhāngzhuāng]

在县驻地古泉街道东方向6.1千米。凤凰镇辖自然村。人口400。明洪武年间，张氏由张堂迁居此地建村，因有铁冶手艺，设铁炉一座，故命名为铁炉张庄。聚落呈团块状分布。有文化广场1处等。经济以种植业为主，主要农作物有小麦、玉米等。有公路经此。

王菜园 371726-B10-H11
[Wángcàiyuán]

在县驻地古泉街道东方向7.7千米。凤凰镇辖自然村。人口2 000。据说明洪武年间，始祖迁此建村，村民皆种菜，故名王菜园。聚落呈团块状分布。有文化广场1处、文化大院1处、幼儿园1处。经济以种植业为主，主要农作物有小麦、玉米等。有公路经此。

寨王庄 371726-B10-H12
[Zhàiwángzhuāng]

在县驻地古泉街道东方向5.1千米。凤凰镇辖自然村。人口2 000。明永乐年间，王氏自山西洪洞县迁居此地建村，以姓氏命名王庄。因当时庄周围打了围墙，修了木桩，形成村寨，故名寨王庄。聚落呈团块状分布。有文化广场1处、文化大院1处等。经济以种植业为主，主要农作物有小麦、玉米等。有公路经此。

水坑王庄 371726-B10-H13
[Shuǐkēngwángzhuāng]

在县驻地古泉街道东方向2.4千米。凤凰镇辖自然村。人口400。明永乐年间，王氏从山西洪洞县迁居此地建村，当时因村西有一水坑，坑北有一庙，故称水坑庙王庄，后来庙无，改名水坑王庄。聚落呈团块状分布。有幼儿园1处等。经济以种植业为主，主要农作物有小麦、玉米等。有公路经此。

水坑杨庄 371726-B10-H14
[Shuǐkēngyángzhuāng]

在县驻地古泉街道东方向2.9千米。凤凰镇辖自然村。人口400。明永乐年间，杨氏从卞梁迁居此地建村，因西有一大水坑，故称水坑杨庄。聚落呈团块状分布。有文化广场1处等。经济以种植业为主，主要农作物有小麦、玉米等。有公路经此。

郑营 371726-B11-H01
［Zhèngyíng］

郑营镇人民政府驻地。在县驻地古泉街道东南方向 6.8 千米。人口 3 800。明洪武年间，郑氏、朗氏、吴氏从山西洪洞县迁居此地建村，取村名郑营。聚落呈团块状分布。有幼儿园、小学、文化广场等。经济以种植业为主，主要农作物有小麦、玉米。有公路经此。

鲁王仓 371726-B11-H02
［Lǔwángcāng］

在县驻地古泉街道南方向 6.4 千米。郑营镇辖自然村。人口 1 800。相传，宋真宗朝拜泰山时路过此地，该村穆氏以饼候之，圣驾千军万马食之不尽，真宗疑之，恐其谋反，将穆氏斩首，事后知斩错，遂下旨封穆氏为鲁王，并建庙一座，自此该村名鲁王仓。聚落呈团块状分布。有文化广场 1 处、文化大院 1 处、幼儿园 1 处、小学 1 处。经济以种植业为主，主要农作物有小麦、玉米等。有公路经此。

钟楼 371726-B11-H03
［Zhōnglóu］

在县驻地古泉街道东南方向 4.2 千米。郑营镇辖自然村。人口 1 500。清雍正末年，刘氏迁居此地建村，清光绪年间，黄河决口时冲来一个大钟，后村民在村内建一座钟楼，故以此为名。聚落呈团块状分布。有文化广场 1 处、文化大院 1 处、幼儿园 1 处。经济以种植业为主，主要农作物有小麦、玉米等。有公路经此。

陈水坑 371726-B11-H04
［Chénshuǐkēng］

在县驻地古泉街道东南方向 6.9 千米。郑营镇辖自然村。人口 1 000。明宣德二年（1427），陈氏祖由湖广省承天府勉阳州四角迁徙于山东省东昌府屯田居住，后又迁于濮州城东南 75 里鲁王仓 1 千米大屯居住，由于人多，又搬迁于现址。因村有一大坑，常年积水，故命名为陈水坑。聚落呈团块状分布。有文化广场 1 处、文化大院 1 处、幼儿园 1 处。经济以种植业为主，主要农作物有小麦、玉米等。有公路经此。

陈庄 371726-B11-H05
［Chénzhuāng］

在县驻地古泉街道东南方向 5.1 千米。郑营镇辖自然村。人口 900。明正德年间，陈氏从百户屯迁居此地建村，以姓氏命名为陈庄。聚落呈团块状分布。有文化广场 1 处、文化大院 1 处等。经济以种植业为主，主要农作物有小麦、玉米等。有公路经此。

韩屯 371726-B11-H06
［Hántún］

在县驻地古泉街道南方向 7.4 千米。郑营镇辖自然村。人口 2 000。明永乐二年（1404），韩氏由山西洪洞县迁居此地建村，以姓氏命名为韩屯。聚落呈团块状分布。有文化广场 1 处、文化大院 1 处等。经济以种植业为主，主要农作物有小麦、玉米等。有公路经此。

河李庄 371726-B11-H07
［Hélǐzhuāng］

在县驻地古泉街道西南方向 4.0 千米。郑营镇辖自然村。人口 2 000。明洪武年间，李氏由山西洪洞县迁至箕山彭庙后，经好友苏氏相邀再迁至此，因前靠金堤，后靠箕山河村居中间，故名河李庄。聚落呈团块状分布。有文化广场 1 处、文化大院 1 处、幼儿园 1 处。经济以种植业为主，主要农作物有小麦、玉米等。有公路经此。

刘灿武 371726-B11-H08
[Liúcànwǔ]

在县驻地古泉街道南方向 7.4 千米。郑营镇辖自然村。人口 3 100。明洪武年间，刘氏由山西洪洞县迁居此地建村，命名刘庄，后以族人刘灿武命村名。聚落呈团块状分布。有文化广场 1 处、文化大院 1 处、幼儿园 1 处。经济以种植业为主，主要农作物有小麦、玉米等。有公路经此。

王屯 371726-B11-H09
[Wángtún]

在县驻地古泉街道南方向 7.2 千米。郑营镇辖自然村。人口 1 200。明洪武年间，王氏从山西洪洞县迁居此地建村，以姓氏命名为王屯。聚落呈团块状分布。有文化广场 1 处、文化大院 1 处、幼儿园 1 处。经济以种植业为主，主要农作物有小麦、玉米等。有公路经此。

杨胡同 371726-B11-H10
[Yánghútòng]

在县驻地古泉街道南方向 3.2 千米。郑营镇辖自然村。人口 1 200。明洪武年间，杨氏自山西洪洞县来此建村，取名杨胡同。聚落呈团块状分布。有文化广场 1 处、幼儿园 1 处。经济以种植业为主，农作物有小麦、玉米等。有公路经此。

郑营东街 371726-B11-H11
[Zhèngyíngdōngjiē]

在县驻地古泉街道南方向 2.8 千米。郑营镇辖自然村。人口 2 000。明洪武年间，郑氏、朗氏、吴氏从山西洪洞县迁居此地建村，取名郑营。1948 年改为尚义村，郑营公社时分为两个自然村，因该村在东，故名郑营东街。聚落呈团块状分布。有文化广场 1 处、幼儿园 1 处。经济以种植业为主，主要农作物有小麦、玉米等。有公路经此。

东王尹 371726-B11-H12
[Dōngwángyǐn]

在县驻地古泉街道南方向 4.5 千米。郑营镇辖自然村。人口 500。明洪武年间，王氏、尹氏由山西洪洞县迁此建村，取名王尹庄。1938 年以村中大路为界分为东、西两村，该村居东，故名东王尹。聚落呈团块状分布。有幼儿园 1 处、文化广场 1 处。经济以种植业为主，主要农作物有小麦、玉米等。有公路经此。

董庄 371726-B11-H13
[Dǒngzhuāng]

在县驻地古泉街道南方向 8.2 千米。郑营镇辖自然村。人口 1 500。明永乐四年（1406），董氏始祖自山西洪洞县迁至山东东昌府濮邑富春集西开荒种地，其后人迁至此地建村，以姓氏取名董庄。聚落呈团块状分布。有幼儿园 1 处、文化广场 1 处。经济以种植业为主，主要农作物有小麦、玉米等。有公路经此。

大埝 371726-B12-H01
[Dànián]

大埝镇人民政府驻地。在县驻地古泉街道东北方向 12.5 千米。人口 700。因建村于小洪河堰（埝）上，故名。聚落呈团块状分布。有文化广场、幼儿园、小学等。经济以种植业为主，主要农作物有小麦、玉米。有公路经此。

堌堆寺 371726-B12-H02
[Gùduīsì]

在县驻地古泉街道东北方向 13.8 千米。大埝镇辖自然村。人口 1 300。因建村时村东有朱圣寺，寺院又建在土堌堆上，故名堌堆寺。聚落呈团块状分布。有文化广场、幼儿园等。经济以种植业为主，主要农作物有小麦、玉米等。有公路经此。

南苏楼 371726-B12-H03
[Nánsūlóu]

在县驻地古泉街道东北方向 8.2 千米。大埝镇辖自然村。人口 2 200。明永乐年间，刘氏迁此建村，以姓氏命村为刘家楼。后刘氏迁出，苏氏于嘉靖年间迁入，改名为苏楼，万历年间，苏氏迁出，张、史、李三姓迁入，因成集市，更称苏楼集，简称苏楼。后因重名，于 1979 年以方位改称南苏楼。聚落呈团块状分布。有文化广场 1 处、幼儿园 1 处。经济以种植业为主，主要农作物有小麦、玉米等。有公路经此。

连庄 371726-B12-H04
[Liánzhuāng]

在县驻地古泉街道东北方向 8.2 千米。大埝镇辖自然村。人口 900。明洪武年间，连氏从山西洪洞县迁此建村，以姓氏取名连庄。聚落呈团块状分布。有文化广场 1 处、幼儿园 1 处。经济以种植业为主，主要农作物有小麦、玉米等。有公路经此。

冀庄 371726-B12-H05
[Jìzhuāng]

在县驻地古泉街道东北方向 10.0 千米。大埝镇辖自然村。人口 1 700。清道光年间，王氏由今箕山冀庄迁此建村，名新冀庄，后简称冀庄。聚落呈团块状分布。有文化广场 1 处、幼儿园 1 处。经济以种植业为主，主要农作物有小麦、玉米等。有公路经此。

义和 371726-B12-H06
[Yìhé]

在县驻地古泉街道东北方向 12.7 千米。大埝镇辖自然村。人口 800。1879 年，有吴、王、杨、孙、颜、谷、陶等姓迁往此建村，由于姓氏多，大小事情都聚在一起共同商议，讲义气，以和为贵，遂以此命名为义和。聚落呈团块状分布。有文化广场 1 处、幼儿园 1 处。经济以种植业为主，主要农作物有小麦、玉米等。有公路经此。

合理张庄 371726-B12-H07
[Hélǐzhāngzhuāng]

在县驻地古泉街道东北方向 7.2 千米。大埝镇辖自然村。人口 1 400。1368 年，张氏由山西洪洞县迁此建村名张堂。当时因地势低洼，如同河里，故又名河里张庄，1942 年，政府实行减租减息，河里张庄改名为合理张庄。聚落呈团块状分布。有文化广场 1 处、幼儿园 1 处。经济以种植业为主，主要农作物有小麦、玉米等。德上高速经此。

刘双楼 371726-B12-H08
[Liúshuānglóu]

在县驻地古泉街道东北方向 7.4 千米。大埝镇辖自然村。人口 2 100。清康熙年间，刘氏祖迁此，以姓氏命名为刘双楼。聚落呈团块状分布。有文化广场 1 处、幼儿园 1 处。经济以种植业为主，主要农作物有小麦、玉米等。有公路经此。

石黄店 371726-B12-H09
[Shíhuángdiàn]

在县驻地古泉街道东北方向 12.7 千米。大埝镇辖自然村。人口 2 300。明末石氏在此建村，因位于黄店村东，故名石黄店。聚落呈团块状分布。有文化广场 1 处、幼儿园 1 处。经济以种植业为主，主要农作物有小麦、玉米等。有公路经此。

王菜园 371726-B12-H10
[Wángcàiyuán]

在县驻地古泉街道东北方向 7.7 千米。大埝镇辖自然村。人口 1 300。明永乐年间，王氏由前王菜园迁此建村，以姓氏、方位命名为后王菜园，后称王菜园。聚落呈团块状分布。有文化广场 1 处、幼儿园 1 处。经济以种植业为主，主要农作物有小麦、玉米等。有公路经此。

杜庄 371726-B12-H11
［Dùzhuāng］

在县驻地古泉街道东北方向 8.5 千米。大埝镇辖自然村。人口 500。明洪武年间，刘氏由山西洪洞县迁居此地，以姓命名为刘庄，后白、苗、赵、杜、陈姓相继迁入，分为杜庄、赵庄、刘庄三村，此村为杜氏村落，故名。聚落呈团块状分布。有文化广场 1 处、幼儿园 1 处。经济以种植业为主，主要农作物有小麦、玉米等。有公路经此。

军王庄 371726-B12-H12
［Jūnwángzhuāng］

在县驻地古泉街道东北方向 13.5 千米。大埝镇辖自然村。人口 700。明朝朱棣征北时，军队落户留居于此，以军户相称，后又因王姓居多，故名军王庄。聚落呈团块状分布。有文化广场 1 处、幼儿园 1 处。经济以种植业为主，主要农作物有小麦、玉米等。有公路经此。

南李庄 371726-B12-H13
［Nánlǐzhuāng］

在县驻地古泉街道东北方向 7.7 千米。大埝镇辖自然村。人口 400。明万历年间，李氏由河西李桥迁入鄄城县东北方向建村，因本村东西两头各有一庙，命名为双庙李庄，后乡镇合并，以方位更名为南李庄。聚落呈团块状分布。有文化广场 1 处、幼儿园 1 处。经济以种植业为主，主要农作物有小麦、玉米等。有公路经此。

南石庄 371726-B12-H14
［Nánshízhuāng］

在县驻地古泉街道东北方向 6.4 千米。大埝镇辖自然村。人口 500。明末石氏从石黄店迁此建村，以方位命名为南石庄。聚落呈团块状分布。有文化广场 1 处、幼儿园 1 处。经济以种植业为主，主要农作物有小麦、玉米等。有公路经此。

家斜李庄 371726-B12-H15
［Jiāxiélǐzhuāng］

在县驻地古泉街道东北方向 8.0 千米。大埝镇辖自然村。人口 800。明洪武年间，李姓由山西洪洞县迁家斜李村建村，因当时黄河泛于村西，李氏住房皆顺河势而建，故名家斜李庄。聚落呈团块状分布。有文化广场 1 处、幼儿园 1 处。经济以种植业为主，主要农作物有小麦、玉米等。有公路经此。

引马南街 371726-B13-H01
［Yǐnmǎnánjiē］

引马镇人民政府驻地。在县驻地古泉街道东南方向 11.5 千米。人口 1 900。清康熙年间，因黑岗集贸易市场迁于此，故名引马集，又因引马集贯穿两个村庄，故集市南边的村庄称引马南街。聚落呈团块状分布。有文化广场、幼儿园、小学。经济以种植业为主，主要农作物有小麦、玉米。有公路经此。

大黄庄 371726-B13-H02
［Dàhuángzhuāng］

在县驻地古泉街道东南方向 13.8 千米。引马镇辖自然村。人口 800。明洪武年间，黄氏祖由山西洪洞县迁此建村，名黄庄。明永乐年间，黄氏由京都随驾而来，后因族众，号称千户黄，后称大黄庄。聚落呈团块状分布。有文化广场、幼儿园、小学等。经济以种植业为主，主要农作物有小麦、玉米等。济董公路经此。

陈刘庄 371726-B13-H03
[Chénliúzhuāng]

在县驻地古泉街道东南方向8.2千米。引马镇辖自然村。人口1 000。明洪武年间，刘氏由山西洪洞县迁居黑岗店，不久又搬到刘垓，同年又迁此建村，当时陈氏从寺东杨也移居该村，两姓协商，定村名陈刘庄。聚落呈团块状分布。有文化广场1处、幼儿园1处。经济以种植业为主，主要农作物有小麦、玉米等。有公路经此。

高垓 371726-B13-H04
[Gāohǎi]

在县驻地古泉街道东南方向5.8千米。引马镇辖自然村。人口1 500。明洪武年间，高氏奉旨由山西洪洞县迁居濮州杨飞店，后嗣迁此建村，以姓命名为高垓。聚落呈团块状分布。有文化广场1处、幼儿园1处。经济以种植业为主，主要农作物有小麦、玉米等。有公路经此。

邵垓 371726-B13-H05
[Shàohǎi]

在县驻地古泉街道东南方向10.0千米。引马镇辖自然村。人口1 000。明洪武年间，邵氏始祖由山西洪洞县迁居至此并建村，以姓氏命名为邵垓。聚落呈团块状分布。有文化广场1处、幼儿园1处。经济以种植业为主，主要农作物有小麦、玉米等。有公路经此。

土车刘 371726-B13-H06
[Tǔchēliú]

在县驻地古泉街道东南方向7.2千米。引马镇辖自然村。人口800。因刘氏制造土车出名，故四乡送名土车刘。聚落呈团块状分布。有文化广场1处、幼儿园1处。经济以种植业为主，主要农作物有小麦、玉米等。有公路经此。

西申河口 371726-B13-H07
[Xīshēnhékǒu]

在县驻地古泉街道东南方向8.7千米。引马镇辖自然村。人口800。因村西有瓠河渡口，故以姓氏命名为申河口，后因申氏人口繁衍众多，分为东、西申河口，此村居西，故名西申河口。聚落呈散状分布。有文化广场1处、幼儿园1处。经济以种植业为主，主要农作物有小麦、玉米等。有公路经此。

张班庄 371726-B13-H08
[Zhāngbānzhuāng]

在县驻地古泉街道东南方向5.6千米。引马镇辖自然村。人口1 400。明永乐年间，张氏从山西洪洞县迁居引马韩桥，后又搬此建村，名张庄，其后人张虎班因医术高明，乡亲四邻送名张班庄。聚落呈团块状分布。有文化广场1处、幼儿园1处。经济以种植业为主，主要农作物有小麦、玉米等。有公路经此。

张堂 371726-B13-H09
[Zhāngtáng]

在县驻地古泉街道东南方向4.5千米。引马镇辖自然村。人口1 100。明洪武年间，张贵由山西洪洞县迁此建村，当时同来者有唐氏迁此建村，以姓命名为张唐，后演为今名。聚落呈团块状分布。有文化广场1处、幼儿园1处。经济以种植业为主，主要农作物有小麦、玉米等。有公路经此。

引马北街 371726-B13-H10
［Yǐnmǎběijiē］

在县驻地古泉街道东南方向 7.2 千米。引马镇辖自然村。人口 1 400。清康熙年间因黑岗集贸易市场迁于此，故名引马集，又因引马集贯穿两个村庄，故集市北边的村庄称引马北街。聚落呈团块状分布。有幼儿园 1 处、小学 1 处、文化广场 1 处等。经济以种植业为主，主要农作物有小麦、玉米等。有公路经此。

东窦庄 371726-B13-H11
［Dōngdòuzhuāng］

在县驻地古泉街道东南方向 10.0 千米。引马镇辖自然村。人口 1 300。因窦氏于明洪武年间迁居山东郓城县西南窦楼，后又迁到瓠河东而得名。聚落呈团块状分布。有文化广场 1 处、幼儿园 1 处。经济以种植业为主，主要农作物有小麦、玉米等。有公路经此。

李桥 371726-B13-H12
［Lǐqiáo］

在县驻地古泉街道东南方向 9.5 千米。引马镇辖自然村。人口 600。明洪武年间李氏迁此建村，因当时村东有一条瓠河，并有一座桥，故定名为李桥。聚落呈团块状分布。有文化广场 1 处、幼儿园 1 处。经济以种植业为主，主要农作物有小麦、玉米等。有公路经此。

南王庄 371726-B13-H13
［Nánwángzhuāng］

在县驻地古泉街道东南方向 6.4 千米。引马镇辖自然村。人口 900。明建文年间，王氏由濮州于营迁此建村，以姓命名为王家楼，后改为王庄，因在引马镇西南方，故称南王庄。聚落呈团块状分布。有文化广场 1 处、幼儿园 1 处。经济以种植业为主，主要农作物有小麦、玉米等。有公路经此。

中营子 371726-B13-H14
［Zhōngyíngzi］

在县驻地古泉街道东南方向 8.0 千米。引马镇辖自然村。人口 300。明末，毛氏由濮城迁此建村，因村中长期驻有军营，故名营子。后按方位更为今名中营子。聚落呈团块状分布。有文化广场 1 处、幼儿园 1 处。经济以种植业为主，主要农作物有小麦、玉米等。有公路经此。

左南 371726-C01-H01
［Zuǒnán］

左营乡人民政府驻地。在县驻地古泉街道东北方向 18.4 千米。人口 1 600。明永乐年间，左氏由山西洪洞县迁此建村，因此地为三国曹兵军营，故名左营，后分左南村、左北村，因该村在南，故得名左南。聚落呈团块状分布。有文化广场、幼儿园、小学。经济以种植业为主，主要农作物有小麦、玉米。省道沿黄路经此。

左北 371726-C01-H02
［Zuǒběi］

在县驻地古泉街道东北方向 16.7 千米。左营乡辖自然村。人口 1 800。明永乐年间，左氏由山西洪洞县迁此建村，因此地为三国曹兵军营，故名左营，后分左南村、左北村，因该村在北，故得名左北。聚落呈团块状分布。有文化广场 1 处、幼儿园 1 处。经济以种植业为主，主要农作物有小麦、玉米等。有公路经此。

陈良 371726-C01-H03
［Chénliáng］

在县驻地古泉街道东北方向 16.2 千米。左营乡辖自然村。人口 2 800。原名北柳屯，后以陈氏有德之人陈良命名。聚落呈团块状分布。有文化广场1处、幼儿园1处、小学1处。经济以种植业为主，主要农作物有小麦、玉米等。有公路经此。

方庙 371726-C01-H04
[Fāngmiào]

在县驻地古泉街道东北方向14.3千米。左营乡辖自然村。人口1 200。明朝初年，方氏从山西洪洞县迁居此地建村，因庄东、西各盖一座小庙，故以姓氏命村名为方庙。聚落呈团块状分布。有文化大院1处、文化广场1处、幼儿园1处。经济以种植业为主，主要农作物有小麦、玉米等。有公路经此。

管寺 371726-C01-H05
[Guǎnsì]

在县驻地古泉街道东北方向18.0千米。左营乡辖自然村。人口1 500。该村原以村中广缘寺命名，后多姓迁此，演称管寺。聚落呈团块状分布。有文化大院1处、文化广场1处、幼儿园1处。经济以种植业为主，主要农作物有小麦、玉米等。有公路经此。

郭集 371726-C01-H06
[Guōjí]

在县驻地古泉街道东北方向17.5千米。左营乡辖自然村。人口700。明洪武年间，郭氏由山西洪洞县迁此建村，因设有集市，故名郭集。聚落呈团块状分布。有文化广场1处、幼儿园1处。经济以种植业为主，主要农作物有小麦、玉米等。有公路经此。

胡楼 371726-C01-H07
[Húlóu]

在县驻地古泉街道东北方向16.2千米。左营乡辖自然村。人口1 200。明永乐年间，胡氏由山西洪洞县迁此建村，因当时建有楼房，故名胡楼。有文化广场1处、幼儿园1处。经济以种植业为主，主要农作物有小麦、玉米等。有公路经此。

李集 371726-C01-H08
[Lǐjí]

在县驻地古泉街道北方向16.2千米。左营乡辖自然村。人口1 000。明永乐二年（1404），李氏兄弟由山西汾州无息里二都庄奉旨迁此建村，因被御封为集故，名李集。聚落呈团块状分布。有文化广场1处、幼儿园1处、小学1处。经济以种植业为主，主要农作物有小麦、玉米等。有公路经此。

李天开 371726-C01-H09
[Lǐtiānkāi]

在县驻地古泉街道东北方向17.8千米。左营乡辖自然村。人口800。明永乐年间李氏迁此建村，曾名五星庙，清康熙年间以祖名更村名为李天开。聚落呈团块状分布。有文化广场1处。经济以种植业为主，主要农作物有小麦、玉米等。有公路经此。

孙沙沃 371726-C01-H10
[Sūnshāwò]

在县驻地古泉街道东北方向18.6千米。左营乡辖自然村。人口900。因处沙土窝，故以姓名之孙沙窝，后演为孙沙沃。聚落呈团块状分布。有文化广场1处、幼儿园1处、小学1处。经济以种植业为主，主要农作物有小麦、玉米等。有公路经此。

杨台庄 371726-C01-H11
[Yángtáizhuāng]

在县驻地古泉街道东北方向15.4千米。左营乡辖自然村。人口1 500。明朝杨氏由山西洪洞县迁此建村，命名为杨久庄，后改为杨台庄。聚落呈团块状分布。有文化广场 1 处、幼儿园 1 处。经济以种植业为主，主要农作物有小麦、玉米等。有公路经此。

八孔桥 371726-C01-H12
[Bākǒngqiáo]

在县驻地古泉街道东北方向 14.8 千米。左营乡辖自然村。人口 2 200。明永乐年间，唐氏由乐叶八孔桥迁此建村，称八孔桥。聚落呈团块状分布。有文化广场 1 处、幼儿园 1 处、小学 1 处。经济以种植业为主，主要农作物有小麦、玉米等。有公路经此。

双李庄 371726-C01-H13
[Shuānglǐzhuāng]

在县驻地古泉街道东北方向 17.8 千米。左营乡辖自然村。人口 1 700。明洪武二年（1369），李氏由山西洪洞县双李屯迁此建村，后其中一支与家族分居时商定以双为记，故名双狮子李家庄，后称双李庄。聚落呈团块状分布。有文化广场 1 处、幼儿园 1 处、小学 1 处。经济以种植业为主，主要农作物有小麦、玉米等。有公路经此。

杜庄 371726-C01-H14
[Dùzhuāng]

在县驻地古泉街道东北方向 17.2 千米。左营乡辖自然村。人口 900。杜氏于明万历年间迁此建村，因地处沙窝，故名杜沙窝，清嘉庆年间，更名杜庄。聚落呈团块状分布。有文化广场 1 处、幼儿园 1 处。经济以种植业为主，主要农作物有小麦、玉米等。有公路经此。

石庙 371726-C01-H15
[Shímiào]

在县驻地古泉街道东北方向 17.0 千米。左营乡辖自然村。人口 1 900。明洪武二年（1369），石氏由山西洪洞县迁来建村，因村旁有奶奶庙，故名石奶奶庙。1955 年，

石奶奶庙、观堂、魏屯、红庙诸村因落河，同移居崔庙、王胡同，统称石庙至今。聚落呈团块状分布。有文化广场 1 处、幼儿园 1 处、小学 1 处。经济以种植业为主，主要农作物有小麦、玉米等。有公路经此。

富春 371726-C02-H01
[Fùchūn]

富春乡人民政府驻地。在县驻地古泉街道南方向 7.5 千米。人口 1 900。明洪武八年（1375），冯氏自山西洪洞县迁至濮州南富春山建村，取名富春。聚落呈团块状分布。有文化广场、幼儿园、小学。经济以种植业为主，主要农作物有小麦、玉米。有公路经此。

白集 371726-C02-H02
[BáiJí]

在县驻地古泉街道南方向 7.7 千米。富春乡辖自然村。人口 1 000。据传，明嘉靖年间，石氏从青州府诸城县迁居此地，在小留河边建村，因东有一白衣阁庙院，此地又有市场交易，故取名为白集。聚落呈团块状分布。有文化广场 1 处、幼儿园 1 处、小学 1 处。经济以种植业为主，主要农作物有小麦、玉米等。有公路经此。

张油坊 371726-C02-H03
[Zhāngyóufáng]

在县驻地古泉街道南方向 9.3 千米。富春乡辖自然村。人口 1 600。明洪武年间，张氏由山西洪洞县迁此建村，因张氏以榨油为业，故取名张油坊。聚落呈团块状分布。有文化广场 1 处、幼儿园 1 处。经济以种植业为主，主要农作物有小麦、玉米等。有公路经此。

白草 371726-C02-H04

[Báicǎo]

在县驻地古泉街道南方向 6.1 千米。富春乡辖自然村。人口 600。明洪武年间，李氏由山西省洪洞县迁此建村，因此地长有很多白草，命名为白草堌堆，后更名为白草。聚落呈团块状分布。有文化广场 1 处。经济以种植业为主，主要农作物有小麦、玉米等。有公路经此。

东富春 371726-C02-H05

[Dōngfùchūn]

在县驻地古泉街道南方向 5.8 千米。富春乡辖自然村。人口 1 200。明洪武四年（1371），冯氏由山西洪洞县奉旨迁至鲁谷林富春山，为方便周围老百姓的生活，又在村内设立大集，遂以方位命名为东富春集，简称东富春。聚落呈团块状分布。有文化广场 1 处、幼儿园 1 处。经济以种植业为主，主要农作物有小麦、玉米等。有公路经此。

后冯屯 371726-C02-H06

[Hòuféngtún]

在县驻地古泉街道南方向 9.5 千米。富春乡辖自然村。人口 600。明洪武年间，冯氏逃荒至此建村，因军队在此屯粮，故曰冯屯。后因修金堤分村，此村居北为后，故命名为后冯屯。聚落呈团块状分布。有文化广场 1 处、幼儿园 1 处。经济以种植业为主，主要农作物有小麦、玉米等。有公路经此。

李大常 371726-C02-H07

[Lǐdàcháng]

在县驻地古泉街道南方向 6.1 千米。富春乡辖自然村。人口 900。李氏因洪灾迁居至此，以姓氏命名为李大常。聚落呈团块状分布。有文化广场 1 处。经济以种植业为主，主要农作物有小麦、玉米等。有公路经此。

清水潭 371726-C02-H08

[Qīngshuǐtán]

在县驻地古泉街道南方向 8.2 千米。富春乡辖自然村。人口 800。因村头有一水潭，清澈见底，是当时濮州八大景之一，故名清水潭。聚落呈团块状分布。有文化广场 1 处、幼儿园 1 处。经济以种植业为主，主要农作物有小麦、玉米等。有公路经此。

洼李庄 371726-C02-H09

[Wālǐzhuāng]

在县驻地古泉街道西南方向 5.3 千米。富春乡辖自然村。人口 900。明洪武年间，李氏由山西洪洞县迁此建村，因地势较洼，所以命名为洼李庄。聚落呈团块状分布。有幼儿园 1 处。经济以种植业为主，主要农作物有小麦、玉米等。有公路经此。

西富春 371726-C02-H10

[Xīfùchūn]

在县驻地古泉街道南方向 6.4 千米。富春乡辖自然村。人口 800。明洪武四年（1371），李氏由山西洪洞县奉旨迁至鲁谷林富春山，以方位命名为西富春。聚落呈团块状分布。有文化广场 1 处、幼儿园 1 处。经济以种植业为主，主要农作物有小麦、玉米等。有公路经此。

北周楼 371726-C02-H11

[Běizhōulóu]

在县驻地古泉街道西方向 6.4 米。富春乡辖自然村。人口 500。明洪武年间，周氏由山西洪洞县迁此建村，因村东有一座楼，故名周楼，因富春乡有两周楼，后以方位更名为北周楼。聚落呈团块状分布。有文化广场 1 处、幼儿园 1 处。经济以种植业为主，主要农作物有小麦、玉米等。有公路经此。

大井石 371726-C02-H12
[Dàjǐngshí]

在县驻地古泉街道西南方向 6.6 千米。富春乡辖自然村。人口 700。明洪武八年（1375），石氏由山西洪洞县迁此建村，因村有一眼大井，故以姓命名为大井石。聚落呈团块状分布。有文化广场 1 处。经济以种植业为主，主要农作物有小麦、玉米等。有公路经此。

姜庄 371726-C02-H13
[Jiāngzhuāng]

在县驻地古泉街道西南方向 7.4 千米。富春乡辖自然村。人口 600。明永乐年间，姜氏迁此立村，以姓命名为姜庄。聚落呈团块状分布。有文化广场 1 处、幼儿园 1 处。经济以种植业为主，主要农作物有小麦、玉米等。有公路经此。

卢庄 371726-C02-H14
[Lúzhuāng]

在县驻地古泉街道南方向 7.4 千米。富春乡辖自然村。人口 600。明洪武年间，卢氏迁此建村，以卢姓命名为卢庄。聚落呈团块状分布。有幼儿园 1 处。经济以种植业为主，主要农作物有小麦、玉米等。有公路经此。

叶庄 371726-C02-H15
[Yèzhuāng]

在县驻地古泉街道西方向 7.7 千米。富春乡辖自然村。人口 600。明洪武年间，有村民由山西洪洞县迁此建村。以前此村叫前军庄，八路军工作队来此后，命名为叶庄。聚落呈团块状分布。有文化广场 1 处、幼儿园 1 处。经济以种植业为主，主要农作物有小麦、玉米等。有公路经此。

定陶县

城市居民点

博文华府 371727-I01
[Bówén Huáfǔ]

在县境中部。352 户。总面积 1.2 公顷。"博文"取自博学多闻的谐音，"华府"寓意华丽的府邸。2010 年始建，2014 年正式使用。建筑总面积 59 847 平方米，高层住宅楼 5 栋，现代建筑风格，绿化率 35.6%，有卫生室、小学等配套设施。通公交车。

新河嘉园 371727-I02
[Xínhé Jiāyuán]

在县境中部。1 750 户。总面积 9.8 公顷。位于定陶新河附近，交通方便，在黄金地段，是经济文化中心，故名新河嘉园。2010 年始建，2012 年正式使用。建筑总面积 216 123 平方米，住宅楼 36 栋，其中高层 6 栋、小高层 5 栋、多层 25 栋，现代建筑风格，绿地面积 36 000 平方米，有幼儿园等配套设施。通公交车。

怡和华庭 371727-I03
[Yíhé Huátíng]

在县境中部。465 户。总面积 2.47 公顷。以吉祥嘉言命名。2008 年始建，2011 年正式使用。建筑总面积 46 000 平方米，多层住宅楼 16 栋，绿化率 29%，有卫生室、超市等配套设施。通公交车。

陶都新韵 371727-I04
[Táodū Xīnyùn]

在县境中部。1 780 户。总面积 23.6 公顷。以嘉言命名。2010 年始建，2011 年正式使用。建筑总面积 235 457 平方米，高层住宅楼 36 栋，绿化率 40%，有卫生室、超市等配套设施。通公交车。

农村居民点

后官路 371727-A01-H01
[Hòuguānlù]

在县驻地天中街道东南方向 0.5 千米。天中街道辖自然村。人口 300。因村前有通往济宁、巨野的官路，故以官路取名，为与前村有别，故称后官路。聚落呈团块状分布。有文化广场 1 处、幼儿园 1 处。经济以商贸业、种植业为主，主要农作物有小麦、玉米。有公路经此。

李竹匠 371727-A01-H02
[Lǐzhújiàng]

在县驻地天中街道西方向 3.3 千米。天中街道辖自然村。人口 900。宋朝末年，因连续战争和灾荒，李氏兄弟四人迁此立村，因有制作竹器的手艺，故名李竹匠。聚落呈团块状分布。有文化广场 1 处、幼儿园 1 处。经济以商贸业、种植业为主，主要农作物有小麦、玉米、花生、地瓜等。有公路经此。

玉皇庙 371727-A01-H03
[Yùhuángmiào]

在县驻地天中街道西南方向 4.2 千米。天中街道辖自然村。人口 1 300。宋朝末年，邵康楷之子自河南洛阳迁此建村，名邵庄，明朝时村西建玉皇庙一座，因此得名。聚落呈团块状分布。有文化广场 1 处。经济以种植业为主，主要农作物有小麦、玉米等。有公路经此。

铁炉庄 371727-A01-H04
[Tiělúzhuāng]

在县驻地天中街道西南方向 5.0 千米。天中街道辖自然村。人口 600。宋朝末年，李氏祖从山西洪洞县迁此立村，因有打铁技艺，得名铁炉庄。聚落呈团块状分布。经济以种植业为主，主要农作物有小麦、玉米等。有公路经此。

贾庄 371727-A01-H05
[Jiǎzhuāng]

在县驻地天中街道东南方向 2.5 千米。天中街道辖自然村。人口 400。贾氏于清末从今杜堂乡贾楼迁此定居，以种菜为生，故名贾菜园，1958 年成立人民公社，改名为贾庄。聚落呈团块状分布。经济以种植业为主，主要农作物有小麦、玉米。有公路经此。

景店 371727-A01-H06
[Jǐngdiàn]

在县驻地天中街道西南方向 2.4 千米。天中街道辖自然村。人口 200。相传西汉王莽时期，景胆在朝为官，该村是他的佃户村，村中有旅店，故名景店。聚落呈团块状分布。有文化广场 1 处。经济以种植业为主，主要农作物有小麦、玉米。有公路经此。

田庄 371727-A01-H07
[Tiánzhuāng]

在县驻地天中街道西南方向 1.2 千米。天中街道辖自然村。人口 200。清康熙十年（1671），田姓迁此建村，故称田庄。聚落呈团块状分布。经济以种植业为主，主要农作物有小麦、玉米等。有公路经此。

张菜园 371727-A01-H08
[Zhāngcàiyuán]

在县驻地天中街道东方向 1.5 千米。天中街道辖自然村。人口 800。张氏于明洪武年间迁此地，因先辈会种菜，故名张菜园。聚落呈团块状分布。有文化广场 1 处。经济以种植业为主，主要农作物有玉米。有公路经此。

耿庄 371727-A01-H09
[Gěngzhuāng]

在县驻地天中街道西南方向 2.5 千米。天中街道辖自然村。人口 800。明朝总兵耿代臣曾在此建一花园，故叫耿花园，后改称耿庄。聚落呈团块状分布。经济以种植业为主，主要农作物有小麦、玉米。有公路经此。

东王楼 371727-A01-H10
[Dōngwánglóu]

在县驻地天中街道东南方向 2.0 千米。天中街道辖自然村。人口 1 900。该村原叫陈庙，后因王姓氏族中有人得中武举，并盖一楼，从此改名王楼。后为区别重名村，以方位称东王楼。聚落呈团块状分布。有文化广场 1 处。经济以商贸业为主。有公路经此。

甄王庄 371727-A01-H11
[Zhēnwángzhuāng]

在县驻地天中街道东南方向 6.0 千米。天中街道辖自然村。人口 400。清嘉庆年间，王氏迁来，命名王坡。清光绪十五年（1889），甄姓由外地迁来，在王坡村北建村，取名甄庄，后来甄姓又迁往王坡村，王坡村改名王庄。1957 年该村属马店乡管辖，为区别同村名，改名甄王庄。聚落呈团块状分布。经济以种植业为主，主要农作物有小麦、玉米等。有公路经此。

郑庄 371727-A01-H12
[Zhèngzhuāng]

在县驻地天中街道东南方向 2.0 千米。天中街道辖自然村。人口 900。三国时期，郑氏建村，以姓氏命名为郑庄，后被洪水淹没，元朝末年郑姓重建，仍称郑庄。聚落呈团块状分布。有文化广场 1 处、幼儿园 1 处。经济以种植业为主，主要农作物有小麦、玉米、大豆、花生、地瓜和杂粮等。有公路经此。

孔书庄 371727-A01-H13
[Kǒngshūzhuāng]

在县驻地天中街道西北方向 4.0 千米。天中街道辖自然村。人口 1 200。明永乐年间，孔可楷由曲阜来菏泽教书，后又迁此建村，以职业命名为孔书庄。聚落呈团块状分布。有文化广场 1 处、幼儿园 1 处、小学 1 处。经济以种植业为主，主要农作物有小麦、玉米、花生等。有公路经此。

孔楼 371727-A01-H14
[Kǒnglóu]

在县驻地天中街道东南方向 3.0 千米。天中街道辖自然村。人口 300。孔氏迁居此村，初名孔尚门，后觉不雅，改名孔楼。聚落呈团块状分布。有小学 1 处。经济以种植业为主，主要农作物有小麦、玉米。有公路经此。

后吴河 371727-A02-H01
[Hòuwúhé]

在县驻地天中街道东北方向 3.0 千米。滨河街道辖自然村。人口 300。明洪武年间，吴姓由河南修武迁至此处建村，村名孝子村，后改名吴河村，后被黄河水冲毁，形成前后二村，此村在前吴河之北，取名后吴河。聚落呈团块状分布。有文化广场 1

处。经济以种植业为主，主要农作物有小麦、玉米、花生、地瓜等。菏关高速经此。

游王庄 371727-A02-H02
[Yóuwángzhuāng]

在县驻地天中街道西北方向 3.6 千米。滨河街道辖自然村。人口 400。明永乐年间，游姓迁此，名游王庄。聚落呈团块状分布。经济以种植业为主，主要农作物有小麦、玉米、花生等。有公路经此。

塔坡刘庄 371727-A02-H03
[Tǎpōliúzhuāng]

在县驻地天中街道西方向 1.5 千米。滨河街道辖自然村。人口 4 700。明万历年间，刘氏迁此，因位于原宝乘塔旁，故名塔坡刘庄。聚落呈团块状分布。经济以商贸业、种植业为主，主要农作物有小麦、玉米。有公路经此。

马庄 371727-A02-H04
[Mǎzhuāng]

在县驻地天中街道东北方向 0.9 千米。滨河街道辖自然村。人口 700。马姓在清道光年间由今孟海镇马楼迁此建庄，故称马庄。聚落呈团块状分布。经济以商贸业为主。有公路经此。

陈小楼 371727-A02-H05
[Chénxiǎolóu]

在县驻地天中街道西方向 0.5 千米。滨河街道辖自然村。人口 1 300。清康熙年间，陈姓来此定居并建村，因有一小楼，取名陈小楼。聚落呈团块状分布。经济以商贸业、种植业为主，主要农作物有小麦、玉米。有公路经此。

崔庄 371727-A02-H06
[Cuīzhuāng]

在县驻地天中街道北方向 1.0 千米。滨河街道辖自然村。人口 600。该村建于明天顺年间，以姓氏命名。聚落呈团块状分布。经济以商贸业、种植业为主，主要农作物有小麦、玉米。有公路经此。

公机楼 371727-A02-H07
[Gōngjīlóu]

在县驻地天中街道东北方向 2.0 千米。滨河街道辖自然村。人口 400。刘氏于明永乐二年（1404）从山西洪洞县迁该村，该村分得一机镂子，故名公机楼。聚落呈团块状分布。有文化广场 1 处。经济以商贸业、种植业为主，主要农作物有小麦、玉米。有公路经此。

黄瓜园 371727-A02-H08
[Huángguāyuán]

在县驻地天中街道东北方向 2.1 千米。滨河街道辖自然村。人口 100。该村原住黄姓，因种黄瓜闻名，故名黄瓜园。聚落呈团块状分布。有文化广场 1 处。经济以商贸业、种植业为主，主要农作物有小麦、玉米。有公路经此。

路庄 371727-A02-H09
[Lùzhuāng]

在县驻地天中街道东北方向 1.8 千米。滨河街道辖自然村。人口 600。该村约建于明嘉靖年间，原有路、刘两姓，称路刘庄。后刘姓渐少，路姓兴旺，故演为路庄。聚落呈团块状分布。经济以商贸业、种植业为主，主要农作物有小麦、玉米。有公路经此。

牛庄 371727-A02-H10
［Niúzhuāng］

在县驻地天中街道东北方向 1.7 千米。滨河街道辖自然村。人口 100。牛氏约于清嘉庆年间迁居该村，以姓氏命名。聚落呈团块状分布。经济以商贸业、种植业为主，主要农作物有小麦、玉米。有公路经此。

堌堆刘 371727-A02-H11
［Gùduīliú］

在县驻地天中街道东北方向 2.0 千米。滨河街道辖自然村。人口 1 000。刘氏迁此建村，因村西有一堌堆，故名堌堆刘。聚落呈团块状分布。有文化广场 1 处。经济以商贸业、种植业为主，主要农作物有小麦、玉米。有公路经此。

后杨楼 371727-A02-H12
［Hòuyánglóu］

在县驻地天中街道东北方向 7.5 千米。滨河街道辖自然村。人口 1 100。杨氏于明万历年间从山东省汶上县杨集迁来，当时村中李家建有一楼院，由女婿杨氏继承家业，此后李氏渐少，杨氏家族人增多，故改名杨楼，因与东南杨楼重名，又改名后杨楼。聚落呈团块状分布。有文化广场 1 处、小学 1 处等。经济以商贸业、种植业为主，主要农作物有小麦、玉米。有公路经此。

苏何庄 371727-A02-H13
［Sūhézhuāng］

在县驻地天中街道东北方向 7.2 千米。滨河街道辖自然村。人口 100。苏氏于明万历年间从鄄城县北王照迁来定居，命名为苏庄。后因重名，根据该村有苏、何两姓，1981 年更名为苏何庄。聚落呈团块状分布。经济以商贸业、种植业为主，主要农作物有小麦、玉米。有公路经此。

郭庄 371727-A02-H14
［Guōzhuāng］

在县驻地天中街道西北方向 1.5 千米。滨河街道辖自然村。人口 6 700。明初，郭、史两姓从山西迁此定居，取名郭庄。聚落呈团块状分布。有文化广场 1 处、幼儿园 1 处、小学 1 处。经济以商贸业、种植业为主，主要农作物有小麦、玉米。有公路经此。

孔莲坑 371727-A02-H15
［Kǒngliánkēng］

在县驻地天中街道西方向 3.5 千米。滨河街道辖自然村。人口 1 200。明正德二年（1507），孔子五十四代孙孔克谐由菏泽迁此建村，因村南有一藕坑，故名孔莲坑。聚落呈团块状分布。有文化广场 1 处。经济以商贸业、种植业为主，主要农作物有小麦、玉米。有公路经此。

大李庄 371727-A02-H16
［Dàlǐzhuāng］

在县驻地天中街道东北方向 12.6 千米。滨河街道辖自然村。人口 300。清康熙年间李氏迁于此地，取名大李庄。聚落呈团块状分布。经济以商贸业、种植业为主，主要农作物有小麦、玉米。有公路经此。

吕堂 371727-A02-H17
［Lǔtáng］

在县驻地天中街道东北方向 13.2 千米。人口 400。滨河街道辖自然村。吕氏于明洪武年间由山西洪洞县迁居此村，以姓氏命名为吕堂。聚落呈团块状分布。有文化广场 1 处。经济以商贸业、种植业为主，主要农作物有小麦、玉米。有公路经此。

毛庄 371727-A02-H18
［Máozhuāng］

在县驻地天中街道东北方向 13.2 千米。

滨河街道辖自然村。人口 200。毛姓于明洪武年间从山西洪洞县迁居菏泽毛胡同，于清初迁此立村，以姓氏取名毛庄。聚落呈团块状分布。经济以商贸业、种植业为主，主要农作物有小麦、玉米。有公路经此。

刘楼 371727-A02-H19

[Liúlóu]

在县驻地天中街道东方向 8.0 千米。滨河街道辖自然村。人口 900。清朝时期，刘氏于西刘楼迁居此村，以姓氏命名为刘楼。聚落呈团块状分布。有文化广场 1 处。经济以商贸业、种植业为主，主要农作物有小麦、玉米。有公路经此。

杨庄 371727-A02-H20

[Yángzhuāng]

在县驻地天中街道东方向 7.9 千米。滨河街道辖自然村。人口 200。以姓氏名村。聚落呈团块状分布。经济以商贸业、种植业为主，主要农作物有小麦、玉米。有公路经此。

马纪庄 371727-A02-H21

[Mǎjǐzhuāng]

在县驻地天中街道东北方向 7.1 千米。滨河街道辖自然村。人口 1 200。马氏于明万历年间由定陶城内迁来，因村中马姓人口增多，纪姓人少，故名马纪庄。聚落呈团块状分布。有文化广场 1 处。经济以商贸业、种植业为主，主要农作物有小麦、玉米。有公路经此。

王雁台 371727-A02-H22

[Wángyàntái]

在县驻地天中街道东北方向 7.0 千米。滨河街道辖自然村。人口 300。王姓迁此立村，因建村前此地春秋两季常落大雁于土台荒草中，故以姓和大雁停台而取名王雁台。聚落呈团块状分布。经济以商贸业、种植业为主，主要农作物有小麦、玉米。有公路经此。

聂庄 371727-A02-H23

[Nièzhuāng]

在县驻地天中街道东北方向 12.3 千米。滨河街道辖自然村。人口 800。聂氏于明末清初从定陶北关迁居此村。清朝中期，该村聂姓出一名医，较有名望，加之村中聂氏人多，故名聂庄。聚落呈团块状分布。有文化广场 1 处。经济以商贸业、种植业为主，主要农作物有小麦、玉米。有公路经此。

东刘庄 371727-A02-H24

[Dōngliúzhuāng]

在县驻地天中街道东北方向 12.4 千米。滨河街道辖自然村。人口 200。清乾隆年间，刘姓从东王店里刘老家迁来立村，以姓氏取名刘庄。因与西南刘庄重名，1981 年以方位更名为东刘庄。聚落呈团块状分布。经济以商贸业、种植业为主，主要农作物有小麦、玉米。有公路经此。

陈集 371727-B01-H01

[Chénjí]

陈集镇人民政府驻地。在县驻地天中街道东北方向 15.0 千米，人口 3 300。原由程、乔二姓建村，取名程乔，明朝时改名程乔集。后因该村陈姓居多，更名陈集。聚落呈团块状分布。有文化广场、小学、中学。经济以畜产品加工为主。有公路经此。

前沙海 371727-B01-H02

[Qiánshāhǎi]

在县驻地天中街道东北方向 19.0 千米。陈集镇辖自然村。人口 3 000。全部为回族。明万历年间，沙氏建村，因地势低洼有水，且村北有中沙海，故以地形和方位得名。聚落呈团块状分布。有小学 1 处。经济以种植业和养殖业为主。有公路经此。

西谷庄 371727-B01-H03

[Xīgǔzhuāng]

在县驻地天中街道东北方向 16.5 千米。陈集镇辖自然村。人口 1 000。该村谷姓为谷梁赤后代，西汉初，以姓氏和方位取名。聚落呈团块状分布。经济以种植业为主，主要农作物有小麦、玉米、花生和杂粮等。有公路经此。

蔡庄 371727-B01-H04

[Càizhuāng]

在县驻地天中街道东北方向 18.0 千米。陈集镇辖自然村。人口 300。该村当建于春秋初期，蔡姓迁此定居后，以姓氏命名为蔡庄。聚落呈团块状分布。经济以种植业为主，主要农作物有小麦、玉米、花生和杂粮等。有公路经此。

丁胡同 371727-B01-H05

[Dīnghútòng]

在县驻地天中街道东南方向 18.0 千米。陈集镇辖自然村。人口 600。三国时吕布杀丁元，丁氏遂逃居于此，以姓氏命名为丁胡同。聚落呈团块状分布。经济以种植业为主，主要农作物有小麦、玉米、花生和杂粮等。有公路经此。

陈楼 371727-B01-H06

[Chénlóu]

在县驻地天中街道东北方向 16.5 千米。陈集镇辖自然村。人口 1 100。陈氏于宋末从江南迁此立村，以姓氏命村名陈楼。聚落呈团块状分布。经济以种植业为主，主要农作物有小麦、玉米、花生、山药等。有公路经此。

白路口 371727-B01-H07

[Báilùkǒu]

在县驻地天中街道西北方向 17.5 千米。陈集镇辖自然村。人口 500。传说在宋朝时期，穆桂英曾多次在此打仗。当时白姓在此居住，故名白家路口，后简称白路口。聚落呈团块状分布。经济以种植业为主，主要农作物有小麦、玉米、花生、地瓜和杂粮等。

冉堌集 371727-B02-H01

[Rǎngùjí]

冉堌镇人民政府驻地。在县驻地天中街道东南方向 18.0 千米。人口 5 200。该村建于春秋时期，是孔子贤徒冉求故里，故名。聚落呈团块状分布。经济以种植业和养殖业为主。有公路经此。

石楼庙 371727-B02-H02

[Shílóumiào]

在县驻地天中街道东南方向 7.1 千米。冉堌镇辖自然村。人口 500。村中有石楼一处，石楼后为庙宇，故名石楼庙。聚落呈团块状分布。有文化广场 1 处。经济以种植业和养殖业为主。有公路经此。

前苗楼 371727-B02-H03

[Qiánmiáolóu]

在县驻地天中街道东南方向 15.8 千米。冉堌镇辖自然村。人口 700。清乾隆元年（1736）苗贤征从苗楼迁此，因位于老村前，故名前苗楼。聚落呈团块状分布。有文化广场 1 处。经济以种植业为主，主要农作物有小麦、玉米、花生、杂粮、苹果。有公路经此。

后苗楼 371727-B02-H04

[Hòumiáolóu]

在县驻地天中街道东南方向 15.8 千米。

冉堌镇辖自然村。人口 1 400。苗士全从山西洪洞县迁此后，村中有两户盖了一小楼，故取名苗楼。后因位于老村苗楼后，故名后苗楼。有文化广场 1 处、幼儿园 1 处、小学 1 处。聚落呈团块状分布。经济以种植业为主，主要农作物有小麦、玉米、花生及杂粮等。有公路经此。

许胡同 371727-B02-H05

［Xǔhútòng］

在县驻地天中街道东南方向 17.9 千米。冉堌镇辖自然村。人口 400。唐贞观年间，许德良来此建村，因建村时，村落沿南北方向延伸好像一条胡同，故名许胡同。聚落呈团块状分布。有文化广场 1 处。经济以种植业为主，主要农作物有小麦、玉米、花生、大蒜等。有公路经此。

周庄 371727-B02-H06

［Zhōuzhuāng］

在县驻地天中街道东南方向 18.1 千米。冉堌镇辖自然村。人口 100。明洪武三年（1370 年），周氏自汝口五里长周迁居此地建村，以姓氏命名为周庄。聚落呈团块状分布。经济以种植业为主，主要农作物有小麦、玉米、花生、棉花、大蒜及杂粮等。有公路经此。

臧庄 371727-B02-H07

［Zāngzhuāng］

在县驻地天中街道东南方向 7.3 千米。冉堌镇辖自然村。人口 300。以姓氏名村。聚落呈团块状分布。有文化广场 1 处。经济以种植业为主，主要农作物有小麦、玉米、花生和杂粮等。有公路经此。

张庄 371727-B02-H08

［Zhāngzhuāng］

在县驻地天中街道东南方向 16.3 千米。

冉堌镇辖自然村。人口 500。张氏于明永乐年间从山西省万荣县迁此建村，以姓氏命名为张庄。聚落呈团块状分布。有文化广场 1 处、幼儿园 1 处、小学 1 处。经济以种植业为主，主要农作物有小麦、玉米等。有公路经此。

侯楼 371727-B02-H09

［Hóulóu］

在县驻地天中街道东南方向 16.5 千米。冉堌镇辖自然村。人口 800。侯氏于元至顺年间从山西洪洞县迁此立村，取名侯庄，后盖楼房，更名侯楼。聚落呈团块状分布。有文化广场 1 处、幼儿园 1 处、小学 1 处。经济以种植业为主，主要农作物有小麦、玉米、花生等。有公路经此。

亚庄 371727-B02-H10

［Yàzhuāng］

在县驻地天中街道东南方向 11.9 千米。冉堌镇辖自然村。人口 100。南宋岳飞受难后，其后人迁居于此，因是逃难，改岳姓为亚，以姓为村名，故叫亚庄。聚落成团块状分布。有文化广场 1 处。经济以种植业为主，主要农作物有小麦、玉米、花生和杂粮等，盛产节用。有公路经此。

北陈楼 371727-B02-H11

［Běichénlóu］

在县驻地天中街道东南方向 9.2 千米。冉堌镇辖自然村。人口 400。陈氏于明永乐年间从山西洪洞县迁此建村，以姓氏命名为陈楼。后因重名，以方位改名北陈楼。聚落呈团块状分布。有文化广场 1 处、幼儿园 1 处、小学 1 处。经济以种植业为主，主要农作物有小麦、玉米、花生、地瓜和杂粮。有公路经此。

大王楼 371727-B02-H12
［Dàwánglóu］

在县驻地天中街道东南方向11.8千米。冉堌镇辖自然村。人口700。王氏于宋末迁居于此，后盖一土楼，故名大王楼。聚落呈团块状分布。有文化广场1处、幼儿园1处、小学1处。经济以农业为主，主要农作物有小麦、玉米、花生、杂粮、大蒜等。有公路经此。

代庄 371727-B02-H13
［Dàizhuāng］

在县驻地天中街道东南方向16.1千米。冉堌镇辖自然村。人口700。以姓氏命名代庄。聚落呈团块状分布。有文化广场1处、幼儿园1处。经济以农业为主，主要农作物有小麦、玉米、花生、地瓜等。有公路经此。

东陈楼 371727-B02-H14
［Dōngchénlóu］

在县驻地天中街道东南方向12.5千米。冉堌镇辖自然村。人口600。陈氏于明永乐年间从山西洪洞县迁居田集正北陈楼，明正德年间从北陈楼分居，又迁此立村，沿用老家村名，为东陈楼。聚落呈团块状分布。有文化广场1处、幼儿园1处、小学1处。经济以种植业为主，主要农作物有小麦、玉米、花生和杂粮等。有公路经此。

东周庄 371727-B02-H15
［Dōngzhōuzhuāng］

在县驻地天中街道东南方向17.3千米。冉堌镇辖自然村。人口1 000。清乾隆十五年（1750），周氏由王双楼乡周楼迁来，以姓名村周庄寨，1958年以方位改名东周庄。聚落呈团块状分布。有文化广场1处、幼儿园1处。经济以种植业为主，主要农作物有小麦、玉米、花生、棉花、杂粮等。有公路经此。

董庄 371727-B02-H16
［Dǒngzhuāng］

在县驻地天中街道东南方向17.9千米。冉堌镇辖自然村。人口800。张天元由山西洪洞县迁居此地，建村时盖一土楼，故名张土楼。明万历十五年（1587），董氏文由成武县庞楼迁居张土楼，后因董姓比张姓人多，更名董庄。聚落呈团块状分布。有文化广场1处、幼儿园1处、小学1处。经济以种植业为主，主要农作物有小麦、玉米、花生、棉花、杂粮等。有公路经此。

郭邓楼 371727-B02-H17
［Guōdènglóu］

在县驻地天中街道东南方向17.4千米。冉堌镇辖自然村。人口600。明嘉靖二十三年（1544），邓姓迁此与郭姓同住，故名郭邓楼。聚落呈团块状分布。有文化广场1处、幼儿园1处。经济以种植业为主，主要农作物有小麦、玉米、花生、棉花及杂粮等。有公路经此。

韩庙 371727-B02-H18
［Hánmiào］

在县驻地天中街道东南方向7.8千米。冉堌镇辖自然村。人口800。明万历年间，韩氏从韩唐楼迁此立村建庙，故得名韩庙。聚落呈团块状分布。有文化广场1处、幼儿园1处。经济以种植业为主，主要农作物有小麦、玉米、花生和杂粮等。有公路经此。

洪寺刘 371727-B02-H19
［Hóngsìliú］

在县驻地天中街道东南方向16.8千米。冉堌镇辖自然村。人口700。刘氏于明洪武六年（1373）迁居此地，因村东南方向有一寺院，名洪寺，故取村名洪寺后头刘庄，后称洪寺刘庄，简称洪寺刘。聚落呈团块状分布。有文化广场 1 处、幼儿园 1 处。经济以种植业为主，主要农作物有小麦、玉米、花生等。有公路经此。

后陈庄 371727-B02-H20
［Hòuchénzhuāng］

在县驻地天中街道东南方向 14.6 千米。冉堌镇辖自然村。人口 400。陈姓于清乾隆年间由田集北陈庄迁此立村，因村南有前陈庄，故名后陈庄。聚落呈团块状分布。有文化广场 1 处、幼儿园 1 处、小学 1 处。经济以种植业为主，主要农作物有小麦、玉米等。有公路经此。

均张庄 371727-B02-H21
［Jūnzhāngzhuāng］

在县驻地天中街道东南方向 11.7 千米。冉堌镇辖自然村。人口 900。明崇祯年间，张氏先祖从单县迁此建村，取名均张庄。聚落呈团块状分布。有文化广场 1 处、幼儿园 1 处、小学 1 处。经济以种植业为主，主要农作物有玉米、小麦、花生等。有公路经此。

张湾 371727-B03-H01
［Zhāngwān］

张湾镇人民政府驻地。在县驻地天中街道西方向 19.0 千米。人口 2 700。相传古时此地为济水岸畔的水旱码头，因张姓建村，并位于河道拐弯处，故名张湾。聚落呈团块状分布。有文化大院 1 处、图书室 1 处。经济以商贸业、种植业为主。有公路经此。

秦庄 371727-B03-H02
［Qínzhuāng］

在县驻地天中街道西方向 16.0 千米。张湾镇辖自然村。人口 900。该村约于元元

统年间由马姓建村，取名马井。秦姓于明永乐二年（1404）由山西洪洞县迁此，后马姓绝，故改名秦庄。聚落呈团块状分布。有文化广场 1 处、幼儿园 1 处、小学 1 处。经济以种植业为主，主要农作物有小麦、玉米等。

蔡楼 371727-B03-H03
［Càilóu］

在县驻地天中街道西方向 17.0 千米。张湾镇辖自然村。人口 2 300。蔡氏于宋朝从山西迁往定陶东北九龙口冒儿岗（即今陈集镇蔡庄），明洪武年间，迁灵圣湖南建村，名蔡楼。清咸丰五年（1855），由蔡楼分支，迁此建村，亦名蔡楼。聚落呈团块状分布。有文化广场 1 处、幼儿园 1 处、小学 1 处。经济以种植业为主，主要农作物有小麦、玉米等。251 省道经此。

董西 371727-B03-H04
［Dǒngxī］

在县驻地天中街道西方向 19.0 千米。张湾镇辖自然村。人口 1 100。明永乐年间，董氏迁山东曹州府菏泽城南 45 里河西堤上，故名董西。聚落呈团块状分布。有文化广场 1 处、幼儿园 1 处。经济以种植业为主，主要农作物有小麦、玉米等。有公路经此。

耿庄 371727-B03-H05
［Gěngzhuāng］

在县驻地天中街道西方向 21.0 千米。张湾镇辖自然村。人口 900。以姓氏命名为耿庄。聚落呈团块状分布。有文化广场 1 处、幼儿园 1 处。经济以种植业为主，主要农作物有小麦、玉米等。有菏泽金沙园食品有限公司、定陶华家饰木制品有限公司等企业。有公路经此。

后冯　371727-B03-H06
[Hòuféng]

在县驻地天中街道西方向 23.0 千米。张湾镇辖自然村。人口 1 200。明成化年间冯姓迁此建村，因与西南的大冯相比，该村较小，故原名小冯。后觉此名不雅，故按方位改称后冯。聚落呈团块状分布。有文化广场 1 处、幼儿园 1 处、小学 1 处。经济以种植业为主，主要农作物有小麦、玉米等。有公路经此。

户集　371727-B03-H07
[Hùjí]

在县驻地天中街道西方向 22.0 千米。张湾镇辖自然村。人口 1 700。因户姓人多，故名户集。聚落呈团块状分布。有文化广场 1 处、幼儿园 1 处、小学 1 处。经济以种植业为主，主要农作物有小麦、玉米等。有公路经此。

刘庄　371727-B03-H08
[Liúzhuāng]

在县驻地天中街道西方向 15.5 千米。张湾镇辖自然村。人口 600。刘氏于明永乐二年（1404）自山西潞安府潞城县城迁居今张湾乡刘沟，其后人分居此地。因刘家迁来之前有郭姓，故名郭刘庄，后因无郭姓，改为刘庄。聚落呈团块状分布。有文化广场 1 处。经济以种植业为主，主要农作物有小麦、玉米等。有公路经此。

吕沟　371727-B03-H09
[Lǚgōu]

在县驻地天中街道西方向 18.0 千米。张湾镇辖自然村。人口 4 900。吕氏于明永乐年间由青州府乐安县迁此建村。因村周围地势不平，村内有沟，故名吕沟。聚落呈团块状分布。有文化广场 1 处、幼儿园 1 处、小学 1 处。经济以种植业为主，主要农作物有小麦、玉米、花生、棉花等。251 省道经此。

沙山寺　371727-B03-H10
[Shāshānsì]

在县驻地天中街道西方向 22.0 千米。张湾镇辖自然村。人口 2 000。清康熙年间，因村东有一寺院，村后有许多沙丘，因以得名。聚落呈团块状分布。有文化广场 1 处、幼儿园 1 处、小学 1 处。经济以种植业为主，主要农作物有小麦、玉米等。有公路经此。

苏家　371727-B03-H11
[Sūjiā]

在县驻地天中街道西方向 21.5 千米。张湾镇辖自然村。人口 1 100。苏氏于明永乐二年（1404）由山西省洪洞县迁此建村，以姓氏命名。聚落呈团块状分布。有文化广场 1 处、幼儿园 1 处。经济以种植业为主，主要农作物有小麦、玉米、花生等。有公路经此。

湾子张　371727-B03-H12
[Wānzizhāng]

在县驻地天中街道西方向 22.0 千米。张湾镇辖自然村。人口 1 600。张姓原籍山西泽州府阳城县岗张家，于明洪武年间奉旨迁居于此，因三面临河，故名湾子张。聚落呈团块状分布。有文化广场 1 处、幼儿园 1 处、小学 1 处。经济以种植业、商贸业为主，主要农作物有小麦、玉米等。有公路经此。

西耿　371727-B03-H13
[Xīgěng]

在县驻地天中街道西方向 19.0 千米。张湾镇辖自然村。人口 800。以姓氏和方位命名。聚落呈团块状分布。有文化广场 1 处。

经济以种植业为主，主要农作物有小麦、玉米等。有公路经此。

西街 371727-B03-H14
［Xījiē］

在县驻地天中街道西方向 21.0 千米。张湾镇辖自然村。人口 1 600。传说最早王氏迁来时带一土枪，故名一枪王，后按方言谐音为今名西街。聚落呈团块状分布。有文化广场 1 处、幼儿园 1 处、小学 1 处。经济以种植业为主，主要农作物有小麦、玉米等。有公路经此。

杨庄 371727-B03-H15
［Yángzhuāng］

在县驻地天中街道西方向 16.0 千米。张湾镇辖自然村。人口 1 200。因杨姓人多，故名杨庄。聚落呈团块状分布。有文化广场 1 处、幼儿园 1 处。经济以种植业为主，主要农作物有小麦、玉米等。有定陶县冰家食品加工厂等企业。有公路经此。

赵屯 371727-B03-H16
［Zhàotún］

在县驻地天中街道西方向 15.0 千米。张湾镇辖自然村。人口 1 400。以姓氏名村。聚落呈团块状分布。有文化广场 1 处、幼儿园 1 处、小学 1 处。经济以种植业为主，主要农作物有小麦、玉米、花生等。有公路经此。

黄西 371727-B04-H01
［Huángxī］

黄店镇人民政府驻地。在县驻地天中街道东方向 12.0 千米。人口 800。因位于黄店镇西得名。聚落呈团块状分布。有文化广场 1 处。以经济以商贸业、种植业为主。有公路经此。

孙楼 371727-B04-H02
［Sūnlóu］

在县驻地天中街道东方向 11.6 千米。黄店镇辖自然村。人口 600。以姓氏名村。聚落呈团块状分布。有文化广场 1 处。经济以种植业为主，主要农作物有小麦、玉米等。有公路经此。

黄南 371727-B04-H03
［Huángnán］

在县驻地天中街道东方向 13.6 千米。黄店镇辖自然村。人口 800。以姓氏和方位命名。聚落呈团块状分布。有文化广场 1 处、幼儿园 1 处。经济以种植业为主，主要农作物有小麦、玉米等。有公路经此。

姑庵 371727-B04-H04
［Gū'ān］

在县驻地天中街道东方向 18.7 千米。黄店镇辖自然村。人口 1 100。因有兴隆庵，故称姑庵。聚落呈团块状分布。有文化广场 1 处、幼儿园 2 处、小学 1 处。经济以种植业为主，主要农作物有小麦、玉米等。有公路经此。

陈楼 371727-B04-H05
［Chénlóu］

在县驻地天中街道东北方向 17.3 千米。黄店镇辖自然村。人口 3 100。明永乐年间，陈姓由山西洪洞县迁往山东定陶建村，命名为陈楼。聚落呈团块状分布。有文化广场 1 处、幼儿园 1 处、小学 1 处。经济以种植业为主，主要农作物有小麦、玉米、地瓜、大蒜等。有公路经此。

大王庄 371727-B04-H06
［Dàwángzhuāng］

在县驻地天中街道东方向 19.8 千米。黄店镇辖自然村。人口 1 500。王姓由山西洪洞县大槐树迁此，取名大王庄。有文化广场1处、幼儿园1处。聚落呈团块状分布。经济以种植业为主，主要农作物有小麦、玉米等。有公路经此。

大坞集 371727-B04-H07

[Dàwùjí]

在县驻地天中街道东北方向17.7千米。黄店镇辖自然村。人口2 500。相传古时在此设过码头，是船坞之地，并有集市贸易，故称大坞集。聚落呈团块状分布。有幼儿园1处、小学1处、文化广场3处等。经济以种植业为主，主要农作物有小麦、玉米。有公路经此。

付楼 371727-B04-H08

[Fùlóu]

在县驻地天中街道东北方向20.0千米。黄店镇辖自然村。人口1 900。明永乐年间，付氏由山西洪洞县迁来，因清凉寺东有土楼二间，故名付楼。聚落呈团块状分布。有文化广场1处、幼儿园1处、小学1处。经济以种植业为主，主要农作物有小麦、玉米。有公路经此。

耿庄 371727-B04-H09

[Gěngzhuāng]

在县驻地天中街道东方向17.7千米。黄店镇辖自然村。人口1 100。耿姓于明朝初年从山西洪洞县迁此立村，故名。聚落呈团块状分布。有文化广场1处。经济以种植业为主，主要农作物有小麦、玉米、花生和杂粮等。有公路经此。

谢庄 371727-B04-H10

[Xièzhuāng]

在县驻地天中街道东方向18.8千米。黄店镇辖自然村。人口300。谢氏迁此立村，后以姓氏命名为谢庄。聚落呈团块状分布。经济以种植业为主，主要农作物有小麦、玉米、花生和杂粮等。有公路经此。

槐树刘 371727-B04-H11

[Huáishùliú]

在县驻地天中街道东方向15.8千米。黄店镇辖自然村。人口2 400。明万历年间，刘氏兄弟二人立村于大槐树旁，故名槐树刘。聚落呈团块状分布。有文化广场1处、幼儿园1处、小学1处。经济以种植业为主，主要农作物有小麦、玉米。有公路经此。

贾庄 371727-B04-H12

[Jiǎzhuāng]

在县驻地天中街道东北方向18.5千米。黄店镇辖自然村。人口900。清雍正年间，贾氏由山西洪洞县迁入，故名贾庄。聚落呈团块状分布。有文化广场1处。经济以种植业为主，主要农作物有小麦、玉米。有公路经此。

沙沃 371727-B04-H13

[Shāwò]

在县驻地天中街道东北方向19.2千米。黄店镇辖自然村。人口500。清雍正年间，陈氏由山西洪洞县迁入建村，因村西有一条沙河，故取名沙沃。聚落呈团块状分布。有文化广场1处。经济以种植业为主，主要农作物有小麦、玉米、花生和杂粮等。有公路经此。

司庄 371727-B04-H14

[Sīzhuāng]

在县驻地天中街道东北方向16.7千米。黄店镇辖自然村。人口1 500。明洪武年间，司姓从山西迁到此地，以姓氏命名为司庄。聚落呈团块状分布。有文化广场1处、幼儿园1处。经济以种植业为主，主要农作物有小麦、玉米、杂粮等。有公路经此。

宋庄 371727-B04-H15
［Sòngzhuāng］

在县驻地天中街道东方向 18.3 千米。黄店镇辖自然村。人口 700。明永乐年间，宋氏从山西洪洞县搬迁到此地建村，名宋庄。聚落呈团块状分布。有文化广场 1 处。经济以种植业为主，主要农作物有小麦、玉米、杂粮等。有公路经此。

高台庙 371727-B04-H16
［Gāotáimiào］

在县驻地天中街道东南方向 18.4 千米。黄店镇辖自然村。人口 100。清末，有季姓人居住并建了庙宇，取名高台庙。聚落呈团块状分布。经济以种植业为主，主要农作物有小麦、玉米等。有公路经此。

王集 371727-B04-H17
［Wángjí］

在县驻地天中街道东南方向 18.1 千米。黄店镇辖自然村。人口 900。明洪武四年（1371），王姓从山西洪洞县迁到此处，后村中王姓人居多，故名王集。聚落呈团块状分布。有文化广场 1 处、幼儿园 1 处、小学 1 处。经济以种植业为主，主要农作物有小麦、玉米等。有公路经此。

郭庄 371727-B04-H18
［Guōzhuāng］

在县驻地天中街道东北方向 20.5 千米。黄店镇辖自然村。人口 400。因郭姓众多，故名郭庄。聚落呈团块状分布。经济以种植业为主，主要农作物有小麦、玉米等。有公路经此。

小李庄 371727-B04-H19
［Xiǎolǐzhuāng］

在县驻地天中街道东北方向 20.4 千米。黄店镇辖自然村。人口 100。清乾隆年间，李氏由巨野大义集北李庙迁往此地立村，因村小、人少，故名小李庄。聚落呈团块状分布。经济以种植业为主，主要农作物有小麦、玉米等。有公路经此。

王堰口 371727-B04-H20
［Wángyànkǒu］

在县驻地天中街道东南方向 18.5 千米。黄店镇辖自然村。人口 500。明永乐年间，王氏从姑庵集东北大王庄迁到此地，因村南是古柳河，修有河堤堰和道路，因此得名。聚落呈团块状分布。有文化广场 1 处。经济以种植业为主，主要农作物有小麦、玉米等。有公路经此。

闫谢庄 371727-B04-H21
［Yánxièzhuāng］

在县驻地天中街道东南方向 18.2 千米。黄店镇辖自然村。人口 200。清康熙年间，闫氏从山西洪洞县迁此立村，故名。聚落呈团块状分布。经济以种植业为主，主要农作物有小麦、玉米等。有公路经此。

马楼 371727-B05-H01
［Mǎlóu］

孟海镇人民政府驻地。在县驻地天中街道东北方向 25.0 千米。人口 3 600。元朝末年，马姓自河北枣强县迁此立村，故名。聚落呈团块状分布。有文化广场 1 处。经济以商贸业、种植业为主。有公路经此。

韩楼 371727-B05-H02
［Hánlóu］

在县驻地天中街道东北方向 27.7 千米。孟海镇辖自然村。人口 500。以姓氏名村。聚落呈团块状分布。经济以种植业为主，主要农作物有小麦、玉米、花生、山药等。有公路经此。

宗集 371727-B05-H03

[Zōngjí]

在县驻地天中街道东北方向26.8千米。孟海镇辖自然村。人口1 500。春秋战国时期宗姓立村，叫宗家集，后改为宗集。聚落呈团块状分布。有文化广场1处、幼儿园1处、小学1处。经济以种植业为主，主要农作物有小麦、玉米、山药等。有公路经此。

苗古店 371727-B05-H04

[Miáogùdiàn]

在县驻地天中街道东北方向24.1千米。孟海镇辖自然村。人口1 300。北宋名将苗光义后人来此立村，故以苗姓名村。明朝末年，有苗古寺庙会，村建有店房，故称苗古店。有文化广场1处、幼儿园2处、小学1处。聚落呈团块状分布。经济以种植业为主，主要农作物有小麦、玉米、花生、山药等。有公路经此。

牛庄 371727-B05-H05

[Niúzhuāng]

在县驻地天中街道东北方向25.2千米。孟海镇辖自然村。人口100。明永乐十三年（1415），牛氏自山西长子县东兴里迁此，以姓氏名村。聚落呈团块状分布。经济以种植业为主，主要农作物有小麦、玉米、花生、山药等。有公路经此。

前薛庄 371727-B05-H06

[Qiánxuēzhuāng]

在县驻地天中街道东北方向28.8千米。孟海镇辖自然村。人口500。元至元年间，薛氏自山西洪洞县迁入，因当时此处有水域，故名薛海，后为区别重名村，以方位更名前薛庄。聚落呈团块状分布。有文化广场1处。经济以种植业为主，主要农作

物有小麦、玉米、花生、山药等。有公路经此。

后薛庄 371727-B05-H07

[Hòuxuēzhuāng]

在县驻地天中街道东北方向28.8千米。孟海镇辖自然村。人口400。元至元年间，薛氏自山西洪洞县迁入，因当时此处有水域，故名薛海，后为区别重名村，以方位更名后薛庄。聚落呈团块状分布。有文化广场1处。经济以种植业为主，主要农作物有小麦、玉米、花生、山药等。有公路经此。

万福集 371727-B05-H08

[Wànfújí]

在县驻地天中街道东北方向28.4千米。孟海镇辖自然村。人口1 600。取富贵祥福之义，取名万福集。聚落呈团块状分布。有文化广场3处、幼儿园1处、小学1处。经济以种植业为主，主要农作物有小麦、玉米、山药等。有公路经此。

东曹庄 371727-B05-H09

[Dōngcáozhuāng]

在县驻地天中街道东北方向28.4千米。孟海镇辖自然村。人口2 200。明正统年间，曹氏兄弟二人迁此，分别立村，该村以姓氏和方位称东曹庄。聚落呈团块状分布。有文化广场1处、幼儿园1处、小学1处。经济以种植业为主，主要农作物有小麦、玉米、花生、山药等。有公路经此。

南王庄 371727-B05-H10

[Nánwángzhuāng]

在县驻地天中街道东北方向27.6千米。孟海镇辖自然村。人口2 900。明洪武三年（1370），王氏自山西洪洞县迁陶邑东南王庙，后从王庙迁此地，称南王庄。聚落

呈团块状分布。有文化广场 2 处、幼儿园 1 处、小学 1 处等。经济以农业为主，主要农作物有小麦、玉米、花生、山药等。有公路经此。

孟海 371727-B05-H11
[Mènghǎi]

在县驻地天中街道东北方向 24.0 千米。孟海镇辖自然村。人口 2 300。隋末，农民起义领袖孟海公在此筑南北二城抵抗敌寇，后称此地为孟海。聚落呈团块状分布。有文化广场 2 处、幼儿园 1 处、小学 1 处等。经济以商贸业、种植业为主，主要农作物有小麦、玉米、山药等。有公路经此。

牛屯 371727-B05-H12
[Niútún]

在县驻地天中街道东北方向 24.6 千米。孟海镇辖自然村。人口 3 600。明永乐十三年（1415），牛氏祖自山西长子县东兴里迁居苗堌坡，万历年间迁此，原名台李庄，后因牛姓兴旺改名牛屯。聚落呈团块状分布。有文化广场 2 处、幼儿园 1 处、小学 2 处等。经济以种植业为主，主要农作物有小麦、玉米、山药、玫瑰、芦笋、油用牡丹等。有公路经此。

牛集 371727-B05-H13
[Niújí]

在县驻地天中街道东北方向 20.2 千米。孟海镇辖自然村。人口 1 100。清雍正年间，牛姓在此建村，因当时准备在此设集，故起名牛集。聚落呈团块状分布。有文化广场 1 处、幼儿园 2 处、小学 1 处。经济以种植业为主，主要农作物有小麦、玉米、山药等。有公路经此。

白屯 371727-B05-H14
[Báitún]

在县驻地天中街道东北方向 25.4 千米。孟海镇辖自然村。人口 100。明洪武年间，白氏迁居此地建村，以姓氏得名，命名为白屯。聚落呈团块状分布。有文化广场 1 处、幼儿园 1 处。经济以种植业为主，主要农作物有小麦、玉米、山药等。有公路经此。

西曹庄 371727-B05-H15
[Xīcáozhuāng]

在县驻地天中街道东北方向 29.0 千米。孟海镇辖自然村。人口 1 700。以姓氏和方位命名。聚落呈团块状分布。有文化广场 1 处。经济以种植业为主，主要农作物有小麦、玉米、山药等。有公路经此。

许楼 371727-B05-H16
[Xǔlóu]

在县驻地天中街道东北方向 28.0 千米。孟海镇辖自然村。人口 2 000。因许氏居此建楼，故名许楼。聚落呈团块状分布。有文化广场 1 处、幼儿园 1 处、小学 1 处。经济以种植业为主，主要农作物有小麦、玉米、山药等。有公路经此。

西刘楼 371727-B06-H01
[Xīliúlóu]

马集镇人民政府驻地。在县驻地天中街道西南方向 7.0 千米。人口 600。以姓氏和方位命名。有文化大院、图书室。聚落呈团块状分布。经济以商贸业、种植业为主，主要农作物有小麦、玉米、花生。有公路经此。

马楼 371727-B06-H02
[Mǎlóu]

在县驻地天中街道西方向 12.1 千米。

马集镇辖自然村。人口 900。明弘治年间，张云飞从成武西张庄迁此，其后人马应梦于万历年间曾任八府巡察等职，在村中造楼建房，故以姓命名为马楼。聚落呈团块状分布。经济以种植业为主，主要农作物有小麦、玉米等。有公路经此。

白菜王庄 371727-B06-H03
[Báicàiwángzhuāng]

在县驻地天中街道西方向 10.1 千米。马集镇辖自然村。人口 1 400。明洪武年间，山西王姓迁此立村，以姓命名为王庄。后因该村盛产大白菜远近闻名，故名白菜王庄。聚落呈团块状分布。有幼儿园 1 处。经济以种植业为主，主要农作物有蔬菜。有公路经此。

蔡楼 371727-B06-H04
[Càilóu]

在县驻地天中街道西方向 15.6 千米。马集镇辖自然村。人口 1 300。明洪武二年（1369），蔡氏祖自陈集五里冒儿岗蔡庄迁此安家定居，富裕后建楼，故名蔡楼。聚落呈团块状分布。有幼儿园 1 处、小学 1 处。经济以种植业为主，主要农作物有小麦、玉米等。有公路经此。

曹庄 371727-B06-H05
[Cáozhuāng]

在县驻地天中街道西方向 9.6 千米。马集镇辖自然村。人口 300。周朝末年，曹姓自曹国（今定陶）迁此立村，村以姓命名，称曹庄。聚落呈团块状分布。经济以种植业为主，主要农作物有小麦、玉米等。有公路经此。

大李家 371727-B06-H06
[Dàlǐjiā]

在县驻地天中街道西方向 14.4 千米。

马集镇辖自然村。人口 800。明洪武三年（1370），李氏从山西洪洞县迁此立村，以姓氏命名为大李家。聚落呈团块状分布。有幼儿园 1 处。经济以种植业为主，主要农作物有小麦、玉米等。有粉条加工业等。有公路经此。

大刘楼 371727-B06-H07
[Dàliúlóu]

在县驻地天中街道西南方向 4.9 千米。马集镇辖自然村。人口 1 100。明洪武二年（1369），刘氏由山西洪洞县迁此立村，后刘氏人丁兴旺，命名为刘楼，因该村较大，故称大刘楼。聚落呈团块状分布。有幼儿园 1 处、小学 1 处。经济以种植业为主，主要农作物有小麦、玉米、食用菌等。有公路经此。

大张楼 371727-B06-H08
[Dàzhānglóu]

在县驻地天中街道西南方向 18.4 千米。马集镇辖自然村。人口 1 300。明洪武年间，张氏先祖彦文从山西洪洞县迁此立村，以姓氏命名，后因生活富裕，出资建楼，故名大张楼。聚落呈团块状分布。经济以种植业为主，主要农作物有小麦、玉米等。有窑场、拼板加工等。有公路经此。

大赵家 371727-B06-H09
[Dàzhàojiā]

在县驻地天中街道西方向 14.1 千米。马集镇辖自然村。人口 700。明末赵氏后人赵星魁迁此立村，以姓氏命名为赵家，清朝时期更名大赵家。聚落呈团块状分布。经济以种植业为主，主要农作物有小麦、玉米等。有公路经此。

丁楼 371727-B06-H10
[Dīnglóu]

在县驻地天中街道西方向 6.1 千米。马集镇辖自然村。人口 800。明洪武年间，鲁氏由山西洪洞县迁此立村，命名为鲁胡同，清代迁来丁氏并盖了楼，故名丁楼。聚落呈团块状分布。有幼儿园 1 处、小学 1 处。经济以种植业为主，主要农作物有小麦、玉米等。有公路经此。

富王庄 371727-B06-H11
[Fùwángzhuāng]

在县驻地天中街道西方向 11.9 千米。马集镇辖自然村。人口 900。因王氏较多，比较富裕，清代被曹州知州赐名富王庄。聚落呈团块状分布。经济以种植业为主，主要农作物有小麦、玉米、菜花、土豆。有公路经此。

谷胡同 371727-B06-H12
[Gǔhútòng]

在县驻地天中街道西南方向 5.3 千米。马集镇辖自然村。人口 700。明洪武四年（1371），费氏从山西洪洞县迁来，以姓命名为费楼。清光绪五年（1879），谷姓迁入街北一个胡同，人称谷胡同。聚落呈团块状分布。有小学 1 处。经济以种植业为主，主要农作物有小麦、玉米等。有公路经此。

郭佰堂 371727-B06-H13
[Guōbǎitáng]

在县驻地天中街道西南方向 8.8 千米。马集镇辖自然村。人口 800。明洪武年间，郭氏由山西洪洞县迁此立村，取村名大郭楼。后世郭佰堂显达闻名，故村以此人命名。聚落呈团块状分布。经济以种植业、旅游业为主。有公路经此。

郭庄 371727-B06-H14
[Guōzhuāng]

在县驻地天中街道西南方向 16.9 千米。马集镇辖自然村。人口 1 600。明洪武三年（1370），郭氏自山西洪洞县迁此立村，以姓氏命名为郭胡同，后来演变为郭庄。聚落呈团块状分布。有幼儿园 2 处、小学 1 处。古迹有左山寺。经济以种植业为主，主要农作物有小麦、玉米等。有公路经此。

后张家 371727-B06-H15
[Hòuzhāngjiā]

在县驻地天中街道西方向 13.7 千米。马集镇辖自然村。人口 900。明洪武年间，张氏迁此立村，因位于力本屯村北，故称后张家。聚落呈团块状分布。有幼儿园 2 处、小学 1 处。经济以种植业为主，主要农作物有小麦、玉米等。有公路经此。

解庄 371727-B06-H16
[Xièzhuāng]

在县驻地天中街道西南方向 12.7 千米。马集镇辖自然村。人口 700。明洪武年间，解氏自山西洪洞县迁往此地，村名解楼，后更名解庄。聚落呈团块状分布。经济以商贸业、种植业为主，主要农作物有小麦、玉米。有公路经此。

李君辑 371727-B06-H17
[Lǐjūnjí]

在县驻地天中街道西方向 11.2 千米。马集镇辖自然村。人口 800。明洪武二年（1369），李姓迁此立村，先祖李君辑名声显达，以人名命村名。聚落呈团块状分布。经济以种植业为主，主要农作物有小麦、玉米等。有公路经此。

李刘楼 371727-B06-H18
［Lǐliúlóu］

在县驻地天中街道西南方向 10.5 千米。马集镇辖自然村。人口 1 400。明洪武年间，李氏先祖从山西洪洞县迁此立村，并盖了楼，故名李楼。明代中期，刘姓在李楼村前建村盖楼，称刘楼。明代初期石姓建村，以姓氏命名为石庄村。明洪武年间，邵世由河南洛阳迁居西邵楼，于万历年间徙此立村，以姓命名。后四村合为李刘楼村。聚落呈团块状分布。有幼儿园 1 处。经济以商贸业、种植业为主，主要农作物有小麦、玉米等。有公路经此。

李堂 371727-B06-H19
［Lǐtáng］

在县驻地天中街道西方向 10.4 千米。马集镇辖自然村。人口 1 000。明洪武年间，李姓自山西洪洞县迁入此地，时名桃排村。清初，因村中有座远近闻名的庙堂，且当时李姓人丁兴旺，更名为李家堂，后演变成李堂。聚落呈团块状分布。有幼儿园 1 处、小学 1 处。经济以种植业为主，主要农作物有小麦、玉米等。有公路经此。

李园 371727-B06-H20
［Lǐyuán］

在县驻地天中街道西南方向 12.1 千米。马集镇辖自然村。人口 900。明永乐年间，李氏四世祖从单县李双楼来到此地立村，因村落地势低洼，故建一防水围墙，因村落像个园子，故名李园。聚落呈团块状分布。经济以种植业为主，主要农作物有小麦、玉米等。有公路经此。

梁堂 371727-B06-H21
［Liángtáng］

在县驻地天中街道西南方向 11.3 千米。马集镇辖自然村。人口 300。梁氏于明末迁居此地立村，名梁堂。聚落呈团块状分布。有幼儿园 1 处、小学 1 处。经济以种植业为主，主要农作物有小麦、玉米等。有肉鸭养殖和葡萄种植等特色产业。有公路经此。

林洼 371727-B06-H22
［Línwā］

在县驻地天中街道西南方向 7.7 千米。马集镇辖自然村。人口 600。明洪武年间，林氏祖迁此立村，因地势低洼，故名林洼。聚落呈团块状分布。有幼儿园 1 处。经济以种植业为主，主要农作物有小麦、玉米等。有公路经此。

刘庄 371727-B06-H23
［Liúzhuāng］

在县驻地天中街道西方向 12.8 千米。马集镇辖自然村。人口 900。以姓氏名村。聚落呈团块状分布。有幼儿园 1 处。经济以种植业、食品加工业为主，主要农作物有小麦、玉米等。有公路经此。

半堤集 371727-B07-H01
［Bàndījí］

半堤镇人民政府驻地。在县驻地天中街道东北方向 21.0 千米。人口 2 800。传元至正十三年（1353）定陶县治此，筑城堤半截被淹，故名半截堤。1949 年改今名。聚落呈团块状分布。有文化活动中心 2 处、图书室 1 处、中小学 2 处、幼儿园 3 处。经济以种植业为主，主要农作物有小麦、玉米、棉花、花生。有公路经此。

柏林寺 371727-B07-H02
［Bǎilínsì］

在县驻地天中街道东北方向 29.2 千米。半堤镇辖自然村。人口 400。董姓于明永乐二年（1404）从德州王曼集迁住柏林镇，明正德四年（1509）建起了寺院，故名柏林寺。聚落呈团块状分布。有文化广场1处。经济以种植业为主，主要农作物有小麦、玉米、山药、棉花、甘蓝、胡萝卜等。有公路经此。

胡海 371727-B07-H03
[Húhǎi]

在县驻地天中街道东北方向32.3千米。半堤镇辖自然村。人口800。南宋祥兴元年（1278），胡氏祖从山西洪洞县迁居此地，因村周围多是飞沙地，故名胡沙窝。1958年，因村地临河且低洼而改名胡海。聚落呈团块状分布。有文化广场1处、幼儿园1处、小学1处。经济以种植业为主，主要农作物有小麦、玉米等。有公路经此。

吕庄 371727-B07-H04
[Lǔzhuāng]

在县驻地天中街道东北方向33.5千米。半堤镇辖自然村。人口300。吕氏于南宋年间从村南韩楼迁居于此，以姓氏取名吕庄。聚落呈团块状分布。经济以种植业为主，主要农作物有小麦、玉米等。有公路经此。

盐厂 371727-B07-H05
[Yánchǎng]

在县驻地天中街道东北方向25.0千米。半堤镇辖自然村。人口300。金天兴元年（1232），周氏自山西洪洞县迁此立村，当时地洼人稀，每年秋季成群大雁落此，故名雁场，后人们多会制盐，故以谐音称盐厂。聚落呈团块状分布。经济以农业为主，主要农作物有小麦、玉米。有公路经此。

周庄 371727-B07-H06
[Zhōuzhuāng]

在县驻地天中街道东北方向20.0千米。

半堤镇辖自然村。人口800。周姓于清康熙十三年（1674）自山西洪洞县迁闫楼，后经闫楼迁此，取名周庄。有文化广场1处、幼儿园1处。聚落呈团块状分布。经济以种植小麦、玉米、花生为主。有公路经此。

成海 371727-B07-H07
[Chénghǎi]

在县驻地天中街道东北方向28.5千米。半堤镇辖自然村。人口1 300。明天顺四年（1460），成氏由山西迁此，以姓氏得名。有文化广场2处、幼儿园3处、小学1处等。聚落呈团块状分布。经济以种植业为主，主要农作物有小麦、玉米、花生、山药等。有公路经此。

张花楼 371727-B07-H08
[Zhānghuālóu]

在县驻地天中街道东北方向18.0千米。半堤镇辖自然村。人口1 500。明洪武年间，张氏由山西洪洞县迁此立村，在此处盖一座菊花楼，故名张花楼。有文化广场1处。聚落呈团块状分布。经济以种植业为主，主要农作物有小麦、玉米、花生、山药等。有公路经此。

冯潘寺 371727-B07-H09
[Féngpānsì]

在县驻地天中街道东北方向21.0千米。半堤镇辖自然村。人口700。明景泰二年（1551），潘姓迁此地，因村前福善寺得村名。后冯氏迁居村西，与其形成一村，故得今名冯潘寺。有文化广场1处。经济以种植业为主，主要农作物有小麦、玉米等。

大徐庄 371727-B07-H10
[Dàxúzhuāng]

在县驻地天中街道东北方向19.2千米。半堤镇辖自然村。人口1 000。清顺治十七年（1660），徐氏由陈集镇徐庄迁此立村，因其是长子，故名大徐庄。聚落呈团块状分布。有文化广场1处、幼儿园1处、小学1处。经济以种植业为主，主要农作物有小麦、玉米等。

孙堂 371727-B07-H11
［Sūntáng］

在县驻地天中街道东北方向30.0千米。半堤镇辖自然村。人口1 000。明嘉靖八年（1529），孙计怀带起敬、起蛟二子来此建村，因首盖祠堂，故名孙堂。聚落呈团块状分布。有文化广场1处、幼儿园1处。经济以种植业为主，主要农作物有小麦、玉米、山药等。

大常 371727-B07-H12
［Dàcháng］

在县驻地天中街道东北方向24.0千米。半堤镇辖自然村。人口1 100。明永乐元年（1403），常有才由山西洪洞县迁此立村，以姓氏取名大常庄，简称大常。聚落呈团块状分布。有文化广场1处。经济以种植业为主，主要农作物有小麦、玉米、花生、山药等。

焦庄 371727-B07-H13
［Jiāozhuāng］

在县驻地天中街道东北方向24.5千米。半堤镇辖自然村。人口1 300。此村原名赵庄，清道光元年（1821）焦氏迁此，取名焦庄。聚落呈团块状分布。经济以种植业为主，主要农作物有小麦、玉米、山药等。

高河 371727-B08-H01
［Gāohé］

仿山镇人民政府驻地。在县驻地天中街道西北方向7.0千米。人口200。明洪武年间，高姓从山西洪洞县迁此建村，因靠近氾阳河，故名高河。聚落呈团块状分布。有文化大院1处、图书室1处。经济以种植业为主，主要农作物有小麦、玉米、谷子、大豆等。有公路经此。

姚庄 371727-B08-H02
［Yáozhuāng］

在县驻地天中街道西北方向10.1千米。仿山镇辖自然村。人口1 000。曹氏先祖于1360年从菏泽市北曹庄迁居此村，当时因有土窑，故以窑命名为窑庄，后觉此名不雅，按其谐音称姚庄。有文化广场1处、幼儿园1处。聚落呈团块状分布。经济以种植业为主，主要农作物有小麦、玉米、杂粮等。有公路经此。

孔庄 371727-B08-H03
［Kǒngzhuāng］

在县驻地天中街道西南方向8.2千米。仿山镇辖自然村。人口1 000。孔氏于隋朝从今平阴县迁此建村，命名孔楼。到民国时期，因家家制盐，盐池多，故名盐池孔。1958年改名孔庄。聚落呈团块状分布。有文化广场1处、幼儿园1处、小学1处。经济以种植业为主，主要农作物有小麦、玉米、杂粮等。有公路经此。

王洪庄 371727-B08-H04
［Wánghóngzhuāng］

在县驻地天中街道西南方向8.0千米。仿山镇辖自然村。人口500。此庄最早叫王油坊，元朝时期，因该村有一姓王的厨师在朝中做饭，颇有名声，故改名王厨庄，后改名王洪庄。有文化广场1处。聚落呈团块状分布。经济以种植业为主，主要农作物有小麦、玉米、杂粮等。有公路经此。

蔡庄 371727–B08–H05

［Càizhuāng］

在县驻地天中街道西南方向 11.2 千米。仿山镇辖自然村。人口 500。明嘉靖九年（1530）黄河开口，村被淹，此后该地被卖给姓蔡的佃户重新建村，故名蔡庄。聚落呈团块状分布。有文化广场 1 处。经济以种植业为主，主要农作物有小麦、玉米等。有公路经此。

东李庄 371727–B08–H06

［Dōnglǐzhuāng］

在县驻地天中街道西方向 7.0 千米。仿山镇辖自然村。人口 1 000。李姓于清光绪年间从河北清丰县迁此，因与村西小李庄对应，故名大李庄，后觉"大"不雅，按方位改今名。聚落呈团块状分布。有文化广场 1 处。经济以种植业为主，主要农作物有小麦、玉米、山药等。有公路经此。

官庄 371727–B08–H07

［Guānzhuāng］

在县驻地天中街道西南方向 11.0 千米。仿山镇辖自然村。人口 600。明朝时期，官府对荒废无主的田地，"设庄召民租佃"，每 500 亩为一官庄，以此得名。聚落呈团块状分布。有文化广场 1 处。经济以种植业为主，主要农作物有小麦、玉米等。有公路经此。

郝庄 371727–B08–H08

［Hǎozhuāng］

在县驻地天中街道西方向 8.2 千米。仿山镇辖自然村。人口 1 100。明洪武年间，郝氏从山西洪洞县迁此，故名郝庄。有文化广场 1 处、幼儿园 1 处。聚落呈团块状分布。经济以种植业为主，主要农作物有小麦、玉米、杂粮等。有公路经此。

后王楼 371727–B08–H09

［Hòuwánglóu］

在县驻地天中街道西北方向 12.1 千米。仿山镇辖自然村。人口 500。王氏于明末清初从山西洪洞县迁于菏泽佃户屯风水李，于清康熙年间又迁此建村，以姓氏命名为王楼，后因重名，且位于前王楼之北，故名后王楼。聚落呈团块状分布。有文化广场 1 处。经济以种植业为主，主要农作物有小麦、玉米、杂粮等。有公路经此。

姜楼 371727–B08–H10

［Jiānglóu］

在县驻地天中街道西北方向 8.0 千米。仿山镇辖自然村。人口 900。该村先有高姓居住，明成化年间姜氏从村东姜庄分居来此，因高家原有一楼房，故名姜楼。聚落呈团块状分布。有文化广场 1 处。经济以种植业为主，主要农作物有小麦、玉米、蔬菜等。有公路经此。

梁楼 371727–B08–H11

［Liánglóu］

在县驻地天中街道西方向 6.8 千米。仿山镇辖自然村。人口 1 300。明永乐二年（1404），梁氏从山西洪洞县迁居曹州天鹅坡，明正统年间又迁居陶邑城西河滨寺（即今费庄附近），明万历十三年（1585）迁居此村，因梁姓建一楼，故名梁楼。有文化广场 1 处、幼儿园 1 处。聚落呈团块状分布。经济以种植业为主，主要农作物有小麦、玉米、杂粮等。有公路经此。

刘线庄 371727–B08–H12

［Liúxiànzhuāng］

在县驻地天中街道西北方向 11.2 千米。仿山镇辖自然村。人口 300。刘氏于明永乐年间从山西洪洞县迁此地，刘氏因卖线出名，故名刘线庄。聚落呈团块状分布。有文化广场1处。经济以种植业为主，主要农作物有小麦、玉米、杂粮等。有公路经此。

马王庄 371727-B08-H13
［Mǎwángzhuāng］

在县驻地天中街道西北方向9.2千米。仿山镇辖自然村。人口800。明朝初年，王姓从菏泽市唐李树迁此与曹、马等姓共同建庄，初称小王庄。后因马氏人多，改名马王庄。聚落呈团块状分布。有文化广场1处。经济以种植业为主，主要农作物有小麦、玉米、杂粮等。有公路经此。

马庄 371727-B08-H14
［Mǎzhuāng］

在县驻地天中街道西北方向9.0千米。仿山镇辖自然村。人口700。明朝初年，马氏从山西洪洞县迁居此地，命名为马棚家，后认为原名不雅，故改称马庄。聚落呈团块状分布。有文化广场1处、幼儿园1处、小学1处。经济以种植业为主，主要农作物有小麦、玉米、杂粮等。有公路经此。

明庄 371727-B08-H15
［Míngzhuāng］

在县驻地天中街道西方向7.3千米。仿山镇辖自然村。人口700。明姓于明朝从山西洪洞县迁力本屯乡五里长寨，后又迁此建庄，以姓命名为明庄。聚落呈团块状分布。有文化广场1处。经济以种植业为主，主要农作物有小麦、玉米、杂粮等。有公路经此。

前王楼 371727-B08-H16
［Qiánwánglóu］

在县驻地天中街道北方向10.8千米。仿山镇辖自然村。人口700。王氏于明末清初从山西洪洞县迁于菏泽佃户屯风水李，于清康熙年间又迁此建村，以姓氏命名为王楼，后以方位称前王楼。聚落呈团块状分布。有文化广场1处、幼儿园1处。经济以种植业为主，主要农作物有小麦、玉米、杂粮等。有公路经此。

邵堂 371727-B08-H17
［Shàotáng］

在县驻地天中街道北方向15.8千米。仿山镇辖自然村。人口1 900。明永乐元年（1403），邵氏从砀山苟村集迁来，当时因有龙凤庙（泰山奶奶庙）又设有集市，故名龙凤集。后来邵姓人多，又以邵姓和龙凤庙堂命名为邵堂。聚落呈团块状分布。有文化广场1处、幼儿园1处、小学1处。经济以种植业为主，主要农作物有小麦、玉米、杂粮等。有公路经此。

顺河集 371727-B08-H18
［Shùnhéjí］

在县驻地天中街道西方向7.1千米。仿山镇辖自然村。人口1 700。明洪武年间，黄氏从山西洪洞县迁此立村，因靠范阳河，顺河建村，且设有集市，故名顺河集。聚落呈团块状分布。有文化广场1处、幼儿园1处。经济以种植业为主，主要农作物有小麦、玉米、杂粮等。有公路经此。

杨河 371727-B08-H19
［Yánghé］

在县驻地天中街道西北方向8.2千米。仿山镇辖自然村。人口1 000。明洪武年间，杨氏从山西洪洞县迁居姜楼村西，后遭洪水，原村庄淹毁，故北移500米建于今址。因该村紧邻范阳河，以姓与河流命村名。聚落呈团块状分布。有文化广场1处。经济以种植业为主，主要农作物有小麦、玉米、杂粮等。有公路经此。

游西 371727-B08-H20

［Yóuxī］

在县驻地天中街道西北方向 10.0 千米。仿山镇辖自然村。人口 2 400。本村原有徐姓，明永乐五年（1407），游姓自山西洪洞县迁此，后徐姓绝，改名游庄，因设有集，改为游集。1997 年分村，因在集的西面，故名游西。聚落呈团块状分布。有文化广场 1 处、幼儿园 2 处、小学 1 处。经济以种植业为主，主要农作物有小麦、玉米、蔬菜等。有公路经此。

朱集 371727-B08-H21

［Zhūjí］

在县驻地天中街道西北方向 10.5 千米。仿山镇辖自然村。人口 1 800。朱氏于明永乐年间从山西洪洞县迁居定陶秦河，二年后，又从秦河迁此建村，以姓氏取名朱集。聚落呈团块状分布。有文化广场 1 处、幼儿园 1 处、小学 1 处。经济以种植业为主，主要农作物有小麦、玉米等。有公路经此。

张秀雨 371727-B08-H22

［Zhāngxiùyǔ］

在县驻地天中街道西北方向 8.6 千米。仿山镇辖自然村。人口 600。张氏于明朝自定陶田楼迁此，以姓命名为大张庄。1937 年，该村村民张秀雨成为附近有名人士，从此以人名为村名。聚落呈团块状分布。有文化广场 1 处。经济以种植业为主，主要农作物有小麦、玉米、杂粮等。有公路经此。

寨外 371727-B08-H23

［Zhàiwài］

在县驻地天中街道北方向 15.7 千米。仿山镇辖自然村。人口 1 400。因此村为邵氏于邵堂村东所立一新村，为区分二村，以此村在村寨外，称邵堂寨外，简称寨外。聚落呈团块状分布。有文化广场 1 处。经济以种植业为主，主要农作物有小麦、玉米、杂粮等。有公路经此。

乔楼 371727-B08-H24

［Qiáolóu］

在县驻地天中街道西方向 8.0 千米。仿山镇辖自然村。人口 2 200。乔氏于明洪武二年（1369）从山西洪洞县迁此，因乔姓先人两代为官，建有楼房，故名乔楼。聚落呈团块状分布。有文化广场 1 处、幼儿园 1 处、小学 1 处。经济以种植业为主，主要农作物有小麦、玉米、杂粮等。有公路经此。

前董 371727-B08-H25

［Qiándǒng］

在县驻地天中街道西北方向 8.3 千米。仿山镇辖自然村。人口 600。明洪武年间，王氏从山西洪洞县迁此建村，以姓氏命名为王庄。清嘉庆二十五年（1820），该村董姓医生很有名望，以此得名董庄，后因与村北董庄重名，按位置改为今名。聚落呈团块状分布。有文化广场 1 处、幼儿园 1 处。经济以种植业为主，主要农作物有小麦、玉米、杂粮等。有公路经此。

东辘湾 371727-B09-H01

［Dōnglùwān］

杜堂镇人民政府驻地。在县驻地天中街道东北方向 8.0 千米。人口 600。因七里河流经该村弯曲似辘轳把，且该村居于家庙东侧，故名。聚落呈团块状分布。有文化大院、图书室等。经济以种植业为主，主要农作物有小麦、玉米、棉花、大豆、蔬菜。有公路经此。

寺后王庄 371727-B09-H02

［Sìhòuwángzhuāng］

在县驻地天中街道东北方向 6.0 千米。

人口 300。王氏于明洪武元年（1368）建村，以姓氏命名为王庄，因位于戚姬寺后，改今名。聚落呈团块状分布。经济以种植业、养殖业为主。有公路经此。

孙堂 371727-B09-H03
［Sūntáng］

在县驻地天中街道东北方向 14.1 千米。杜堂镇辖自然村。人口 200。孙氏迁此立村后以姓氏命名为孙堂。聚落呈团块状分布。经济以种植业为主，主要农作物有小麦、玉米、大豆、花生、山药。有公路经此。

七里河 371727-B09-H04
［Qīlǐhé］

在县驻地天中街道东北方向 4.5 千米。杜堂镇辖自然村。人口 400。因村北有一小河，距定陶城约七华里，故名七里河，因此得村名。聚落呈团块状分布。经济以种植小麦、玉米为主。有公路经此。

祝庄 371727-B09-H05
［Zhùzhuāng］

在县驻地天中街道东北方向 7.9 千米。杜堂镇辖自然村。人口 300。以姓氏命名。聚落呈团块状分布。经济以商贸业、种植业为主。有公路经此。

许楼 371727-B09-H06
［Xǔlóu］

在县驻地天中街道东北方向 12.5 千米。杜堂镇辖自然村。人口 500。宋朝末年，许姓有人来此做官，在此建村并盖一楼，取名许楼。聚落呈团块状分布。有文化广场 1 处、幼儿园 1 处、小学 1 处。经济以种植业为主，主要农作物有小麦、玉米等。有公路经此。

孟楼 371727-B09-H07
［Mènglóu］

在县驻地天中街道东北方向 7.9 千米。杜堂镇辖自然村。人口 500。明朝末期，孟姓从山西洪洞县来此建村，命名孟楼。聚落呈团块状分布。有文化广场 1 处、幼儿园 1 处、小学 1 处。经济以商贸业、种植业为主。有公路经此。

南杜庄 371727-B09-H08
［Nándùzhuāng］

在县驻地天中街道东北方向 8.2 千米。杜堂镇辖自然村。人口 400。杜姓于明洪武年间从山西洪洞县迁此建村，以姓氏取名杜庄。1981 年以方位更名为南杜庄。聚落呈团块状分布。经济以商贸业、种植业为主。有公路经此。

邵庄 371727-B09-H09
［Shàozhuāng］

在县驻地天中街道东北方向 8.9 千米。杜堂镇辖自然村。人口 200。邵氏迁此建村，以姓氏命名为邵庄。聚落呈团块状分布。经济以商贸业、种植业、养殖业为主。有公路经此。

陈庄 371727-B09-H10
［Chénzhuāng］

在县驻地天中街道东北方向 13.5 千米。杜堂镇辖自然村。人口 400。明永乐二年（1404），陈氏由山西洪洞县迁此建村，以姓氏命村名。聚落呈团块状分布。有文化广场 1 处、幼儿园 1 处。经济以种植业为主，主要农作物有小麦、玉米等。有公路经此。

宋楼 371727-B09-H11
［Sònglóu］

在县驻地天中街道东北方向 11.7 千米。

杜堂镇辖自然村。人口 900。宋氏于明初从成武县都鼎集迁此，盖一座楼，故名宋楼。聚落呈团块状分布。有文化广场 1 处、幼儿园 2 处、小学 1 处。经济以种植业为主，主要农作物有小麦、玉米、蔬菜等。有公路经此。

袁姑集 371727-B09-H12

［Yuángūjí］

在县驻地天中街道东北方向 11.7 千米。杜堂镇辖自然村。人口 1 400。袁姓孝女本生二子，其子各娶妻生子，其相公早亡，其母亦亡，此女誓不再嫁，奉养老父，抚养侄儿、侄孙，成家立业，后来袁姓人丁兴旺，为缅怀袁氏孝女抚养袁氏孤儿之恩，改村名为袁姑村，后因有集，故名袁姑集。聚落呈团块状分布。有文化广场 1 处。经济以种植业为主。有公路经此。

裴河 371727-B09-H13

［Péihé］

在县驻地天中街道东北方向 9.2 千米。杜堂镇辖自然村。人口 800。裴氏于明初洪武年间从山西洪洞县迁定陶东南罗庄，其后人复迁于此，又因村东有七里河，故名裴河。聚落呈团块状分布。有文化广场 1 处、幼儿园 1 处。经济以商贸业、种植业为主，主要农作物有小麦、玉米。有公路经此。

前张庄 371727-B09-H14

［Qiánzhāngzhuāng］

在县驻地天中街道东北方向 9.4 千米。杜堂镇辖自然村。人口 1 000。以姓氏和方位命名。聚落呈团块状分布。有文化广场 1 处。经济以种植业为主，主要农作物有玉米、小麦、山药。有公路经此。

谢庄 371727-B09-H15

［Xièzhuāng］

在县驻地天中街道东北方向 9.0 千米。杜堂镇辖自然村。人口 1 200。以姓氏命名为谢庄。聚落呈团块状分布。有文化广场 1 处、幼儿园 1 处、小学 1 处。经济以种植业为主，主要农作物有小麦、玉米、蔬菜、林果。有公路经此。

楚胡同 371727-B09-H16

［Chǔhútòng］

在县驻地天中街道东北方向 9.8 千米。杜堂镇辖自然村。人口 600。楚氏于明永乐年间从山西洪洞县迁于菏泽李庄集，其后人又迁此建村，盖一座小楼，故名楚小楼。因小楼日久倒塌，人口逐渐增多，向东盖成一个南北向胡同，故名楚胡同。聚落呈团块状分布。有文化广场 1 处。经济以种植业为主，主要农作物有小麦、玉米、花生等。有公路经此。

张庄寨 371727-B09-H17

［Zhāngzhuāngzhài］

在县驻地天中街道东北方向 4.9 千米。杜堂镇辖自然村。人口 1 000。张姓于明永乐三年（1405）从山西洪洞县迁此建村，以姓氏取村名张庄。清光绪年间，此村出一府台（据传是州官），在村周围建起寨墙，故改为今名。聚落呈团块状分布。有文化广场 1 处、幼儿园 1 处。经济以种植业为主，主要农作物有小麦、玉米等。有公路经此。

杨店 371727-B09-H18

［Yángdiàn］

在县驻地天中街道东北方向 5.4 千米。杜堂镇辖自然村。人口 700。因村东有通往定陶的南北大路，从前杨姓在路旁设一小店，故得村名杨店。聚落呈团块状分布。

有文化广场 1 处、幼儿园 2 处、小学 2 处等。经济以种植业为主。有公路经此。

许堂 371727-B09-H19
[Xǔtáng]

在县驻地天中街道东北方向 6.4 千米。杜堂镇辖自然村。人口 1 600。许氏从东关迁此建村，名许堂。有文化广场 1 处、幼儿园 1 处、小学 1 处。聚落呈团块状分布。经济以种植业为主。有公路经此。

西辘湾 371727-B09-H20
[Xīlùwān]

在县驻地天中街道东北方向 7.7 千米。杜堂镇辖自然村。人口 800。因村后河身弯曲似辘轳把，故名辘湾。后发展为二村，该村在西，故名西辘湾。聚落呈团块状分布。经济以商贸业、种植业、养殖业为主。有公路经此。

后大井 371727-B09-H21
[Hòudàjǐng]

在县驻地天中街道东北方向 8.3 千米。杜堂镇辖自然村。人口 500。王氏于明洪武三年（1370）从山西洪洞县迁定陶东五里处安籍，其后人又迁此建村，因有一眼大井位于村后，故名后大井。聚落呈团块状分布。经济以商贸业、种植业为主。有公路经此。

中盛楼 371727-B09-H22
[Zhōngshènglóu]

在县驻地天中街道东北方向 5.2 千米。杜堂镇辖自然村。人口 100。盛姓于明成化年间从山西省洪洞县迁此建村，初名盛岗。后来盛家盖一楼房，故称盛楼，后改称中盛楼。聚落呈团块状分布。经济以种植业为主，主要农作物有小麦。有公路经此。

王店集 371727-B10-H01
[Wángdiànjí]

南王店镇人民政府驻地。在县驻地天中街道南方向 6.0 千米。人口 1 100。元朝时王姓在此开店，故名王家店，后改为王店。又因人口众多，贸易繁荣渐成集市，故名王店集。聚落呈团块状分布。有小学 1 处。经济以种植业为主，主要农作物有小麦、玉米等。有公路经此。

秦庄 371727-B10-H02
[Qínzhuāng]

在县驻地天中街道东南方向 4.5 千米。南王店镇辖自然村。人口 100。秦氏迁此立村，以姓氏命名。聚落呈团块状分布。有文化广场 1 处。经济以种植业为主，主要农作物有小麦、玉米、棉花等。有公路经此。

水庙 371727-B10-H03
[Shuǐmiào]

在县驻地天中街道东南方向 5.5 千米。南王店镇辖自然村。人口 500。因由水氏建村，村头有庙，故名水庙。聚落呈团块状分布。有文化广场 1 处。经济以种植业为主，主要农作物有小麦、玉米、西瓜等。有公路经此。

孟庙 371727-B10-H04
[Mèngmiào]

在县驻地天中街道东南方向 6.1 千米。南王店镇辖自然村。人口 400。明代末期，孟氏自孟海迁此，因村头有庙，故称孟庙。聚落呈团块状分布。经济以种植业为主，主要农作物有小麦、玉米、西瓜等。有公路经此。

齐庄 371727-B10-H05
[Qízhuāng]

在县驻地天中街道南方向 3.5 千米。南王店镇辖自然村。人口 300。齐姓于元至顺元年（1330）由山西省洪洞县迁此立村，以姓氏命名为齐庄。聚落呈团块状分布。经济以种植业为主，主要农作物有小麦、玉米、西瓜等。有公路经此。

大李庄 371727-B10-H06
[Dàlǐzhuāng]

在县驻地天中街道西南方向 6.2 千米。南王店镇辖自然村。人口 800。李氏于元朝由山西洪洞县迁此立村，以姓氏取名大李庄。聚落呈团块状分布。经济以种植业为主，主要农作物有小麦、玉米、西瓜等。有公路经此。

李大庄 371727-B10-H07
[Lǐdàzhuāng]

在县驻地天中街道东南方向 10.3 千米。南王店镇辖自然村。人口 700。李氏于蒙古太祖二年（1207）由内蒙古迁此立村，原名李达庄。因觉此名不雅，按其谐音，更今名李大庄。聚落呈团块状分布。有文化广场 1 处。经济以种植业为主，主要农作物有小麦、玉米等。有公路经此。

东明县

城市居民点

水岸鑫城 371728-I01
[Shuǐ'àn Xīnchéng]

在县境东南部。1 700 户。总面积 40 公顷。因小区伴水而建，寓意聚财的城堡，因而得名水岸鑫城。2009 年始建，2011 年正式使用。建筑总面积 400 000 平方米，住宅楼 46 栋，其中高层 32 栋、多层 14 栋，

中式建筑风格，绿地面积 8 200 平方米。有学校、医院、超市等配套设施。通公交车。

万福名苑 371728-I02
[Wànfú Míngyuàn]

在县境西南部。700 户。总面积 10.3 公顷。万福名苑位于万福河畔，因此冠名"万福"，"苑"是指皇宫园林，故名。2010 年始建，同年正式使用。建筑总面积 103 000 平方米，多层住宅楼 16 栋，中式建筑风格，绿地面积 2 000 平方米。有幼儿园、小学、公园、超市等配套设施。通公交车。

丰海御龙湾 371728-I03
[Fēnghǎi Yùlóng Wān]

在县境南部。1 900 户。总面积 24.5 公顷。由山东丰海置业有限公司开发，故名。2011 年始建，2013 年正式使用。建筑总面积 223 361 平方米，住宅楼 29 栋，其中高层 4 栋、小高层 24 栋、多层 1 栋，中式建筑风格，绿地面积 45 000 平方米。有幼儿园、超市等配套设施。通公交车。

凤凰嘉园 371728-I04
[Fènghuáng Jiāyuán]

在县境东部。900 户。总面积 22.8 公顷。因整个小区形状像一只展翅翱翔的凤凰，故名。2011 年始建，2013 年正式使用。建筑总面积 228 000 平方米，住宅楼 54 栋，其中高层 6 栋、多层 48 栋，中式建筑风格，绿地面积 9 800 平方米。有小学、幼儿园、医院等配套设施。通公交车。

农村居民点

辛庄 371728-A01-H01
[Xīnzhuāng]

在县驻地城关街道东北方向 5.4 千米。

城关街道辖自然村。人口 600。明万历年间，县城一崔姓财主在此购置土地，修建庄园，后庄园扩大，改为村庄，定名新庄，后演为辛庄。聚落呈团块状分布。有图书室 1 处、幼儿园 1 处。经济以种植业为主，主要农作物有小麦、玉米等。有公路经此。

朱口 371728-A01-H02
[Zhūkǒu]

在县驻地城关街道东北方向 5.5 千米。城关街道辖自然村。人口 1 900。明洪武年间，朱氏与刘氏根据所居地理位置，协议定村名为朱刘口。后因朱氏人丁兴旺，村名渐改为朱家口，简称朱口。聚落呈团块状分布。有图书室 1 处、幼儿园 1 处、小学 1 处。经济以种植业为主，主要农作物有小麦、玉米等。有公路经此。

野鸡营 371728-A01-H03
[Yějīyíng]

在县驻地城关街道北方向 4.4 千米。城关街道辖自然村。人口 600。明洪武元年（1368），田氏从山西洪洞县迁此建村，因常有野鸡成群结队出没，故名野鸡营。聚落呈团块状分布。有幼儿园 1 处。经济以种植业为主，主要农作物有小麦、玉米等。有公路经此。

黄军营 371728-A01-H04
[Huángjūnyíng]

在县驻地城关街道西北方向 1.8 千米。城关街道辖自然村。人口 1 400。唐末黄巢起义时，在此安过营寨，后来群众为纪念黄巢，起村名为黄军营。聚落呈团块状分布。有图书室 1 处、幼儿园 3 处、小学 2 处。经济以种植业为主，主要农作物有小麦、玉米等。106 国道经此。

刘坟 371728-A01-H05
[Liúfén]

在县驻地城关街道东北方向 4.4 千米。城关街道辖自然村。人口 1 200。清乾隆年间，村庄附近有一渡口，渡口旁有刘督堂的坟墓，过往客人习惯称"从刘坟上下船"，村名逐渐演变为刘坟。聚落呈团块状分布。有幼儿园 1 处。经济以种植业为主，主要农作物有小麦、玉米等。有公路经此。

刘墙 371728-A01-H06
[Liúqiáng]

在县驻地城关街道西北方向 1.2 千米。城关街道辖自然村。人口 700。刘氏于明洪武年间由山西洪洞县迁来建村，当时因生活贫困，靠一堵墙搭了一个窝棚住居，故得名刘墙。聚落呈团块状分布。有图书室 1 处。经济以种植业为主，主要农作物有小麦、玉米等。106 国道经此。

王寨 371728-A01-H07
[Wángzhài]

在县驻地城关街道东北方向 2.7 千米。城关街道辖自然村。人口 1 500。明洪武元年（1368），薛氏和王氏从山西洪洞县迁此建村，以姓氏定村名为薛王寨。1388 年又一支王氏由清丰县小王庄迁入此村，后薛氏人绝，村名改为王家寨，简称王寨。聚落呈团块状分布。有图书室 1 处。经济以种植业为主，主要农作物有小麦、玉米等。有公路经此。

崔街 371728-A01-H08
[Cuījiē]

在县驻地城关街道西北方向 3.7 千米。城关街道辖自然村。人口 1 500。明洪武元年（1368），崔氏祖从山西洪洞县迁入，独居一街，故名崔街。聚落呈团块状分布。

有幼儿园 2 处、小学 1 处。经济以种植业为主，主要农作物有小麦、玉米、花生、蔬菜等。有公路经此。

刘庄 371728-A01-H09
[Liúzhuāng]

在县驻地城关街道西南方向 2.8 千米。城关街道辖自然村。人口 800。以姓氏命名。聚落呈团块状分布。有图书室 1 处。经济以种植业为主，主要农作物有小麦、玉米等。有公路经此。

蔡庄 371728-A01-H10
[Càizhuāng]

在县驻地城关街道西南方向 2.9 千米。城关街道辖自然村。人口 300。明万历年间，蔡氏建村，以姓氏命名为蔡庄。聚落呈团块状分布。经济以种植业为主，主要农作物有小麦、玉米等。106 国道经此。

店子村 371728-A01-H11
[Diànzicūn]

在县驻地城关街道西北方向 1.4 千米。城关街道辖自然村。人口 1 400。全部为回族。相传，明永乐年间，在今村西位置有一条南北御路，临路开设住宿小店，附近村民称此地为店上，后演为店子村。聚落呈团块状分布。有图书室 1 处、幼儿园 2 处。经济以种植业为主，主要农作物有小麦、玉米、大豆等。106 国道经此。

阮寨 371728-A01-H12
[Ruǎnzhài]

在县驻地城关街道东北方向 3.5 千米。城关街道辖自然村。人口 700。据传北宋时期梁山将领阮氏兄弟曾在此居住，以姓氏命名为阮寨。聚落呈团块状分布。有图书室 1 处。经济以种植业为主，主要农作物有小麦、玉米等。有公路经此。

代河沟 371728-A01-H13
[Dàihégōu]

在县驻地城关街道西北方向 2.1 千米。城关街道辖自然村。人口 600。明永乐年间，代氏从山西洪洞县迁此建村，以姓氏和地形特征命名为代河沟。聚落呈团块状分布。经济以种植业为主，主要农作物有小麦、玉米等。106 国道经此。

段庄 371728-A01-H14
[Duànzhuāng]

在县驻地城关街道东北方向 4.5 千米。城关街道辖自然村。人口 1 900。明洪武年间，段氏祖从山西洪洞县迁此建村，以姓氏命名为段家庄，后简称段庄。聚落呈团块状分布。有图书室 1 处、幼儿园 1 处、小学 1 处。经济以种植业、建筑业、运输业为主，主要农作物有小米、玉米、花生、大豆和杂粮等。有公路经此。

前营 371728-A02-H01
[qiányíng]

在县驻地城关街道东南方向 7.7 千米。渔沃街道辖自然村。人口 2 400。该村原名包郑营，明永乐二年（1404），包郑营改为包旗营，后分前营和后营，此村居前，故名。聚落呈团块状分布。有图书室 1 处、幼儿园 1 处、小学 1 处。有省级文物保护单位前营泰山行宫。经济以种植业为主，主要农作物有小麦、玉米等。有公路经此。

曹庄 371728-A02-H02
[Cáozhuāng]

在县驻地城关街道西南方向 2.9 千米。渔沃街道辖自然村。人口 200。明永乐年间，曹氏迁此建村，以姓氏命名为曹庄，后来杨氏迁入，更名为杨曹庄，后恢复原名。聚落呈团块状分布。有图书室 1 处。经济以种植业为主，主要农作物有小麦、玉米等。有公路经此。

后渔沃 371728-A02-H03

［Hòuyúwò］

在县驻地城关街道东南方向 3.3 千米。渔沃街道辖自然村。人口 2 500。据传，从前渭水河从该村北 400 多米处经过，姜子牙曾在此钓过鱼。渭水河边有两个水坑，坑里鱼很多，姜太公说："鱼真多呀，这两个坑成两个鱼窝了。"因水坑一个大一个小，大坑在南、小坑在北，建村后按位置称前鱼窝、后鱼窝，后鱼窝又逐渐演变为后渔沃。聚落呈团块状分布。有图书室 1 处、幼儿园 3 处、小学 1 处。经济以种植业为主，主要农作物有小麦、玉米等。有公路经此。

毛营 371728-A02-H04

［Máoyíng］

在县驻地城关街道东南方向 4.1 千米。渔沃街道辖自然村。人口 900。明朝朱棣征北时在此安下军户村，因首领姓毛，故以姓氏命名为毛家营，后演变为毛营。聚落呈团块状分布。有图书室 1 处、幼儿园 1 处。经济以种植业为主，主要农作物有小麦、玉米等。新菏铁路、玉皇铁路专用线经此。

刘满城 371728-A02-H05

［Liúmǎnchéng］

在县驻地城关街道西南方向 4.0 千米。渔沃街道辖自然村。人口 800。刘氏于清康熙年间从县北五里铺村迁来，起村名为刘拐，后于 1870 年改村名为刘满城。聚落呈团块状分布。有图书室 1 处、幼儿园 3 处、小学 1 处。经济以种植业为主，主要农作物有小麦、玉米和杂粮等。有公路经此。

吉利营 371728-A02-H06

［Jílìyíng］

在县驻地城关街道东南方向 8.0 千米。渔沃街道辖自然村。人口 1 800。陈氏于明洪武元年（1368）从湖北襄阳半山村迁此居住，永乐年间取吉祥之意命名为吉利营。聚落呈团块状分布。有图书室 1 处、小学 1 处。经济以种植业为主，主要农作物有小麦、玉米、莲藕和杂粮等。有公路经此。

杨旺营 371728-A02-H07

［Yángwàngyíng］

在县驻地城关街道南方向 9.2 千米。渔沃街道辖自然村。人口 1 300。明朝朱棣征北时在此安下军户村，因首领姓杨，又盼兴旺，故名杨旺营。聚落呈团块状分布。有图书室 1 处。有市级文物保护单位龙骨寺遗址。经济以种植业为主，主要农作物有小麦、玉米和棉花等。有公路经此。

东赵官营 371728-A02-H08

［Dōngzhàoguānyíng］

在县驻地城关街道东南方向 5.5 千米。渔沃街道辖自然村。人口 2 400。明朝朱棣率军征北时，在堌阳至东明一线扎下三十六座营寨，因营头军官姓赵，故称赵官营。1978 年秋，赵官营一分为二，分为东、西赵官营，此村在东，故名。聚落呈团块状分布。有图书室 1 处、幼儿园 1 处、小学 1 处。经济以种植业、养殖业为主，种植小麦、玉米等。327 国道经此。

西赵官营 371728-A02-H09

［Xīzhàoguānyíng］

在县驻地城关街道东方向 5.0 千米。渔沃街道辖自然村。人口 1 700。明朝朱棣率军征北时，在堌阳至东明一线扎下三十六座营寨，因营头军官姓赵，故称赵官营。1978年秋，赵官营一分为二，分为东、西赵官营，此村在西，故名。聚落呈团块状分布。有图书室1处等。经济以种植业为主，主要农作物有小麦、玉米等。327国道经此。

东明集 371728-B01-H01

[Dōngmíngjí]

东明集镇人民政府驻地。在县驻地城关街道东南方向14.2千米。人口4 500。金兴定二年（1218）为东明县治，故名东明集。聚落呈团块状分布。有中学1处。经济以种植业为主，主要农作物有小麦、玉米、花生等。有公路经此。

卢寨 371728-B01-H02

[Lúzhài]

在县驻地城关街道南方向15.6千米。东明集镇辖自然村。人口1 800。明永乐二年（1404），卢氏祖卢士元从山西迁此定居，以姓氏命名为卢家寨，后简为卢寨。聚落呈团块状分布。有图书室1处。经济以种植业为主，主要农作物有小麦、玉米、花生和杂粮等。有公路经此。

刘庄 371728-B01 H03

[Liúzhuāng]

在县驻地城关街道南方向16.5千米。东明集镇辖自然村。人口2 400。明永乐二年（1404），刘氏兄弟由山西省洪洞县迁此建村，以姓氏命名为刘庄。聚落呈团块状分布。有图书室1处、幼儿园2处、小学1处等。经济以种植业为主，主要农作物有小麦、玉米、花生和杂粮等。有公路经此。

夏行 371728-B01-H04

[Xiàháng]

在县驻地城关街道东南方向12.2千米。东明集镇辖自然村。人口600。明永乐二年（1404），夏氏由山东青州府桃花村迁来建村，因当时此地树木很多，以姓氏和树木成行命名为夏行。聚落呈团块状分布。有图书室1处、幼儿园3处、小学1处等。经济以种植业为主，主要农作物有小麦、玉米、花生和杂粮等。有公路经此。

荆台集 371728-B01-H05

[Jīngtáijí]

在县驻地城关街道东南方向18.5千米。东明集镇辖自然村。人口2 000。因村中土台之上荆木遍布，逢春紫荆花盛开，芬芳四溢，煞是壮观，遂名荆台。后村内设有集市，逐步演变为荆台集。聚落呈团块状分布。有图书室1处、幼儿园2处、小学1处等。有省级文物保护单位荆台集遗址。经济以种植业为主，主要农作物有小麦、玉米、花生、棉花和杂粮等。有公路经此。

文寨 371728-B01-H06

[Wénzhài]

在县驻地城关街道东南方向17.5千米。东明集镇辖自然村。人口2 000。明永乐八年（1410），文氏从山西省吉山县崔凤庄迁此建村，以姓氏命名为文家寨，后演变成文寨。聚落呈团块状分布。有图书室1处、小学1处。经济以种植业为主，主要农作物有小麦、玉米、花生和杂粮等。有公路经此。

王寨 371728-B01-H07

[Wángzhài]

在县驻地城关街道东南方向15.0千米。东明集镇辖自然村。人口2 000。明弘治七年（1494），王氏祖从陆圈镇李乔庄迁入，至清康熙四十九年（1710），王氏有一人在山西省某州任州判，后以其姓氏和官衔改名为王州判寨。1950年定名为王寨。聚落呈团块状分布。有图书室1处、幼儿园1处、小学1处。经济以种植业为主，主要农作物有小麦、玉米、花生和杂粮等。有公路经此。

大屯 371728-B01-H08
[Dàtún]

在县驻地城关街道东南方向 8.3 千米。东明集镇辖自然村。人口 3 000。本村原名许家屯，后因该村人口众多，许姓消失，村名演变为大屯。聚落呈团块状分布。有图书室 1 处、幼儿园 1 处、小学 1 处。经济以种植业为主，主要农作物有小麦、玉米、花生和杂粮等。有公路经此。

井店 371728-B01-H09
[Jǐngdiàn]

在县驻地城关街道南方向 9.7 千米。东明集镇辖自然村。人口 1 600。明永乐二年（1404），井氏从山西洪洞县迁此建村，以姓氏命名为井店。聚落呈团块状分布。有图书室 1 处、幼儿园 2 处等。经济以种植业为主，主要农作物有小麦、玉米、棉花、花生和杂粮等。有公路经此。

北贺庄 371728-B01-H10
[Běihèzhuāng]

在县驻地城关街道东南方向 11.4 千米。东明集镇辖自然村。人口 1 500。明洪武年间，孙氏自山西洪洞县来此一路口居住，名孙路口。清顺治年间，该村贺氏祖自贺寨流落至此定居，改孙路口为贺庄，后以方位称北贺庄。聚落呈团块状分布。有图书室 1 处、幼儿园 2 处、小学 1 处等。经济以种植业为主，主要农作物有小麦、玉米、花生、西瓜和杂粮等。有公路经此。

袁长营 371728-B01-H11
[Yuánchángyíng]

在县驻地城关街道南方向 16.1 千米。东明集镇辖自然村。人口 1 900。明朝，先人随朱棣征北有功，因封地于此，在此成家耕垦，建村时袁姓为长官，又以营为团体，故名袁长营。聚落呈团块状分布。有图书室 1 处、幼儿园 1 处、小学 1 处。经济以种植业为主。主要农作物有小麦、玉米、花生和杂粮等。有公路经此。

郝士廉 371728-B01-H12
[Hǎoshìlián]

在县驻地城关街道西南方向 14.8 千米。东明集镇辖自然村。人口 1 200。明永乐二年（1404），郝氏祖郝士廉从山西汾州府平遥县迁居此地建村，以人名命村名为郝士廉。聚落呈团块状分布。有图书室 1 处、幼儿园 1 处、小学 1 处。经济以种植业为主，主要农作物有小麦、玉米、花生和杂粮等。有公路经此。

段磨营 371728-B01-H13
[Duànmòyíng]

在县驻地城关街道南方向 16.3 千米。东明集镇辖自然村。人口 1 100。明朝，段、张、储、单四姓将士随燕王扫北有功，封地于此，在此成家耕垦，因本营为怀庆卫最后一营，长官姓段，故名段末营，后演变为段磨营。聚落呈团块状分布。有图书室 1 处等。经济以种植业为主，主要农作物有小麦、玉米、花生、西瓜和杂粮等。有公路经此。

临河店 371728-B01-H14
[Línhédiàn]

在县驻地城关街道西南方向 11.0 千米。东明集镇辖自然村。人口 1 200。明崇祯年间建村，当时村前有一处河流渡口，并开有住宿小店，故名临河店。聚落呈团块状分布。有图书室 1 处、幼儿园 1 处。经济以种植业为主，主要农作物有小麦、玉米、花生、棉花和杂粮等。有公路经此。

回民王庄 371728-B01-H15
[Huímínwángzhuāng]

在县驻地城关街道西南方向 9.0 千米。东明集镇辖自然村。人口 2 100。全部为回族。明永乐二年（1404），王氏从西藏回民居住区迁此建村，以姓氏命名为回民王庄。聚落呈团块状分布。有图书室 1 处、幼儿园 1 处、小学 1 处。古迹有清真寺。经济以种植业为主，主要农作物有小麦、玉米、花生、西瓜和杂粮等。有公路经此。

东葛 371728-B01-H16
[Dōnggě]

在县驻地城关街道南方向 12.5 千米。东明集镇辖自然村。人口 1 700。明洪武年间，葛氏祖从山西洪洞县迁此建村，因有沙堼，后又设集市，故名葛堼集。后因人口众多，分为两村，此村居东，故名。聚落呈团块状分布。有图书室 1 处、幼儿园 2 处等。经济以种植业为主，主要农作物有小麦、玉米、花生和杂粮等。有公路经此。

西葛 371728-B01-H17
[Xīgě]

在县驻地城关街道西南方向 12.0 千米。东明集镇辖自然村。人口 1 900。明洪武年间，葛氏祖从山西洪洞县迁此建村，因有沙堼，后因人口众多，分为两村，此村居西，故名。聚落呈团块状分布。有图书室 1 处、幼儿园 2 处、小学 1 处等。有省级文物保护单位西葛岗节孝牌坊。经济以种植业为主，主要农作物有小麦、玉米、花生和杂粮等。有公路经此。

刘楼 371728-B02-H01
[Liúlóu]

刘楼镇人民政府驻地。在县驻地城关街道西南方向 18.9 千米。人口 2 700。明永乐二年（1404），刘氏从山西平阳县迁此建村，因盖有楼房，故称刘楼。聚落呈团块状分布。有小学、初中。经济以种植业为主，主产小麦、玉米、花生、棉花等。106 国道经此。

邓王庄 371728-B02-H02
[Dèngwángzhuāng]

在县驻地城关街道南方向 21.0 千米。刘楼镇辖自然村。人口 3 600。明万历三十五年（1607），王氏王龙从长垣县四王寨迁来建村，以姓氏命名为大王庄。后李、邓两姓迁来，清同治年间，邓氏有一人中了秀才，威望较高，受人尊敬，更村名为邓家王庄，后演变为邓王庄。聚落呈团块状分布。有图书室 1 处、幼儿园 1 处、小学 1 处。经济以种植业为主，主要农作物有小麦、玉米、花生、地瓜等。106 国道经此。

东程楼 371728-B02-H03
[Dōngchénglóu]

在县驻地城关街道南方向 17.8 千米。刘楼镇辖自然村。人口 400。明洪武年间，程氏从山西洪洞县迁来建村，以姓氏命名为程楼。清乾隆年间，因黄河决口把村庄冲为东、西两部分，该村居东，故名东程楼。聚落呈团块状分布。有图书室 1 处等。经济以种植业为主，主要农作物有小麦、玉米、花生、地瓜等。有公路经此。

黄堌 371728-B02-H04
[Huánggù]

在县驻地城关街道西南方向 19.7 千米。刘楼镇辖自然村。人口 1 000。因村周围多有堌堆隆起，且此地为古代外黄县遗址，故名黄堌。聚落呈团块状分布。有图书室 1 处等。经济以种植业为主，主要农作物有小麦、玉米、花生等。有公路经此。

前宋庄 371728-B02-H05

[Qiánsòngzhuāng]

在县驻地城关街道西南方向22.0千米。刘楼镇辖自然村。人口800。明万历年间，宋养勤从长垣县二郎庙迁至宋家庄，又南迁300米建新村，因新村位于宋家庄之南，故名前宋庄。聚落呈团块状分布。有图书室1处。经济以种植业为主，主要农作物有小麦、玉米、大豆、花生、棉花等。106国道经此。

孟庄 371728-B02-H06

[Mèngzhuāng]

在县驻地城关街道西南方向22.0千米。刘楼镇辖自然村。人口1 100。明万历年间，孟伯耀迁此建村，以姓氏命名为孟庄。聚落呈团块状分布。有图书室1处。经济以种植业为主，主要农作物有小麦、玉米、大豆、花生、棉花等。有公路经此。

千户庄 371728-B02-H07

[Qiānhùzhuāng]

在县驻地城关街道西南方向23.3千米。刘楼镇辖自然村。人口500。明洪武三十一年（1398），王氏从山西洪洞县迁此建村，因王氏中有一武官被明太祖敕封为千户侯，故命名为千户庄。聚落呈团块状分布。有图书室1处。经济以种植业为主，主要农作物有小麦、玉米、大豆、花生、棉花等。有公路经此。

焦楼 371728-B02-H08

[Jiāolóu]

在县驻地城关街道西南方向16.6千米。刘楼镇辖自然村。人口1 800。原名富家堂。明成化八年（1472），焦氏祖焦旺从山西高平迁居富家堂，因焦氏祖建有楼房，人称焦家楼，后村名演变为焦楼。聚落呈团块状分布。有图书室1处、幼儿园1处、小学1处。经济以种植业为主，主要农作物有小麦、玉米、花生、大豆等。有公路经此。

李庄 371728-B02-H09

[Lǐzhuāng]

在县驻地城关街道南方向17.6千米。刘楼镇辖自然村。人口1 500。清康熙元年（1662），李氏从东明县李屯迁来，以李姓命名为李庄。聚落呈团块状分布。有图书室1处。经济以种植业为主，主要农作物有小麦、玉米、花生、地瓜和杂粮等。有公路经此。

半坡杨 371728-B02-H10

[Bànpōyáng]

在县驻地城关街道西南方向15.8千米。刘楼镇辖自然村。人口1 400。明永乐年间，杨氏族人从山西省汾州平遥县迁来建村，因当时此地位于黄河故道北岸，故依姓氏和地形特点取名为半坡杨。聚落呈团块状分布。有图书室1处、幼儿园1处、小学1处。经济以种植业为主，主要农作物有小麦、玉米、花生、大豆、棉花和西瓜等。有公路经此。

刘店 371728-B02-H11

[Liúdiàn]

在县驻地城关街道西南方向21.0千米。刘楼镇辖自然村。人口600。明永乐年间，刘氏从山西洪洞县迁来建村，以姓氏命名为刘家庄，后演为刘店。聚落呈团块状分布。有图书室1处、幼儿园1处、小学1处。经济以种植业为主，主要农作物有小麦、玉米、花生、地瓜和杂粮等。有公路经此。

西营 371728-B02-H12

[Xīyíng]

在县驻地城关街道西南方向14.3千米。

刘楼镇辖自然村。人口 500。明洪武年间王氏在此建村，名王户庄。因与戴官营为邻，改名为小戴官营。1978 年，刘楼公社依据该村位于戴官营村西，以方位改称西营。聚落呈团块状分布。有幼儿园、图书室。经济以种植业为主，主要农作物有小麦、玉米、花生、大豆等。有公路经此。

苏集 371728-B02-H13

[Sūjí]

在县驻地城关街道南方向 17.1 千米。刘楼镇辖自然村。人口 1 900。明洪武年间，苏氏由山西洪洞县迁此建村，以姓氏命名为苏家庄。清嘉庆年间设市集，以村中大姓和方位改名为西李集，后复称苏集。聚落呈团块状分布。有图书室 1 处、幼儿园 1 处、小学 1 处。经济以种植业为主，主要农作物有小麦、玉米、花生、大豆等。有公路经此。

徐集 371728-B02-H14

[Xújí]

在县驻地城关街道西南方向 17.0 千米。刘楼镇辖自然村。人口 1 400。明永乐四年（1406），徐氏从山西太原府棋盘街迁此建村，以姓氏命名为徐家庄。后设集市，称徐集。聚落呈团块状分布。有图书室 1 处、幼儿园 1 处、小学 1 处。经济以种植业为主，主要农作物有小麦、玉米、棉花、大豆等。有公路经此。

任庄 371728-B02-H15

[Rénzhuāng]

在县驻地城关街道西南方向 17.3 千米。刘楼镇辖自然村。人口 700。明洪武年间，任氏从山西洪洞县八里湾迁来建村，以姓氏命名为任庄。聚落呈团块状分布。有图书室 1 处、小学 1 处。经济以种植业为主，主要农作物有小麦、玉米、花生、大豆等。有公路经此。

小路店 371728-B02-H16

[Xiǎolùdiàn]

在县驻地城关街道南方向 16.6 千米。刘楼镇辖自然村。人口 1 000。相传，建村时，周围是绵延起伏的沙堆沙坡，其间有行人踏出的十字小路，孙氏曾于此建小店一个，故取村名小路店。聚落呈团块状分布。有图书室 1 处、幼儿园 1 处、小学 1 处。经济以种植业为主，主要农作物有小麦、玉米、花生、大豆和棉花等。有公路经此。

吕庄 371728-B02-H17

[Lǚzhuāng]

在县驻地城关街道西南方向 18.1 千米。刘楼镇辖自然村。人口 2 700。明洪武元年（1368），吕氏从山西洪洞县迁来建村，以姓氏命名为吕庄。聚落呈团块状分布。有图书室 1 处。经济以种植业为主，主要农作物有小麦、玉米、花生、地瓜和杂粮等。有公路经此。

赵庄 371728-B02-H18

[Zhàozhuāng]

在县驻地城关街道西南方向 15.7 千米。刘楼镇辖自然村。人口 1 000。明永乐二年（1404），赵氏从山西洪洞县迁此建村，以姓氏命名为赵庄。聚落呈团块状分布。有图书室 1 处。经济以种植业为主，主要农作物有小麦、玉米、花生、棉花和大豆等。有公路经此。

唐庄 371728-B02-H19

[Tángzhuāng]

在县驻地城关街道西南方向 21.0 千米。刘楼镇辖自然村。人口 800。明永乐年间，唐氏祖从山西洪洞县迁来，当时该村已有张、姜两姓，但没有村名，唐氏祖以姓氏命名为唐庄。聚落呈团块状分布。有图书室 1 处。经济以种植业为主，主要农作物有小麦、玉米、花生、棉花等。有公路经此。

张庄 371728-B02-H20
[Zhāngzhuāng]

在县驻地城关街道西南方向 18.9 千米。刘楼镇辖自然村。人口 2 700。明永乐年间，张氏从山西洪洞县迁此建村，以姓氏命名为张庄。聚落呈团块状分布。有图书室 1 处、幼儿园 1 处、小学 1 处。经济以种植业为主，主要农作物有小麦、玉米、花生、地瓜和杂粮等。有公路经此。

刘官营 371728-B02-H21
[Liúguānyíng]

在县驻地城关街道西南方向 14.2 千米。刘楼镇辖自然村。人口 2 100。明永乐年间，戎氏祖戎祥随军征北留此，故名戎官营。后刘氏迁入，族内有人官居千户，遂改名刘官营。聚落呈团块状分布。有图书室 1 处、幼儿园 1 处、小学 1 处。经济以种植业为主，主要农作物有小麦、玉米、花生、棉花和大豆等。有公路经此。

小辛庄 371728-B02-H22
[Xiǎoxīnzhuāng]

在县驻地城关街道南方向 16.8 千米。刘楼镇辖自然村。人口 1 800。明永乐年间，冯氏、夏氏从山西洪洞县迁来建村，当时村中人少，又是新建的村，所以取名小新庄，后来为书写方便，演变成小辛庄。聚落呈团块状分布。有图书室 1 处、幼儿园 1 处、小学 1 处。经济以种植业为主，主要农作物有小麦、玉米、花生、地瓜和杂粮等。有公路经此。

平岗营 371728-B02-H23
[Pínggǎngyíng]

在县驻地城关街道西南方向 19.0 千米。刘楼镇辖自然村。人口 2 200。明永乐年间，赵、王、袁三姓随军北征时在此安居，名军户村。后因当地有一土岗，故命村名为平岗营。聚落呈团块状分布。有图书室 1 处、幼儿园 1 处、小学 1 处。经济以种植业为主，主要农作物有小麦、玉米、花生、地瓜和杂粮等。有公路经此。

陆圈 371728-B03-H01
[Lùquān]

陆圈镇人民政府驻地。在县驻地城关街道东南方向 11.0 千米。人口 2 900。明永乐年间建村，原村址北有六圈寺，清末改名为陆圈。有初中 1 处、小学 1 处。经济以种植业为主，主要农作物有小麦、玉米、花生。省道菏东路经此。

东孙楼 371728-B03-H02
[Dōngsūnlóu]

在县驻地城关街道东南方向 15.2 千米。陆圈镇辖自然村。人口 1 700。明永乐二年（1404），孙氏迁此建村，当时以楼取村名为孙楼，后以方位称东孙楼。聚落呈团块状分布。有图书室 1 处、幼儿园 1 处、小学 1 处。经济以种植业为主，主要农作物有小麦、玉米、花生等。有公路经此。

东裕州 371728-B03-H03
[Dōngyùzhōu]

在县驻地城关街道东北方向 7.2 千米。陆圈镇辖自然村。人口 2 400。明永乐二年（1404），于、周两姓从山西洪洞县迁此居住，遂更名为于周屯，后演变为裕州屯。因为裕州屯村东西长约五华里，管理不便，1961 年分为东、西两个村，该村居东，故称东裕州屯，后演变为东裕州。聚落呈团块状分布。有图书室 1 处、幼儿园 1 处、小学 1 处。经济以种植业为主，主要农作物有小麦、玉米、花生等。327 国道经此。

高管营 371728-B03-H04

[Gāoguǎnyíng]

在县驻地城关街道东南方向 9.7 千米。陆圈镇辖自然村。人口 2 100。明朝时，高、余、米、王等姓随朱棣征北，在此安下军户。后因高姓官显，命村名为高官营，后演变为高管营。聚落呈团块状分布。有图书室 1 处、幼儿园 2 处、小学 1 处等。经济以种植业为主，主要农作物有小麦、玉米、花生等。有公路经此。

胡庄 371728-B03-H05

[Húzhuāng]

在县驻地城关街道东南方向 13.3 千米。陆圈镇辖自然村。人口 1 300。明永乐二年（1404），胡氏祖从山西洪洞县迁此建村，以姓氏命名为胡庄。聚落呈团块状分布。有图书室 1 处、幼儿园 3 所、小学 1 处。经济以种植业为主，主要农作物有小麦、玉米、花生等。有公路经此。

黄路口 371728-B03-H06

[Huánglùkǒu]

在县驻地城关街道东南方向 11.7 千米。陆圈镇辖自然村。人口 1 000。明永乐年间，黄氏祖从山西洪洞县迁来，先居纪官营，后迁居此地建村，因村旁有条官路，此地又在古黄河渡口附近，故命村名为黄路口。聚落呈团块状分布。有图书室 1 处、幼儿园 1 处、小学 1 处。经济以种植业为主，主要农作物有小麦、玉米、花生等。有公路经此。

纪庄 371728-B03-H07

[Jǐzhuāng]

在县驻地城关街道东南方向 12.5 千米。陆圈镇辖自然村。人口 1 000。明永乐二年（1404）纪氏居此建村，取名纪官营。至洪熙元年（1425），纪氏由纪官营东迁重新建村，取名纪家庄，后简称纪庄。聚落呈团块状分布。有图书室 1 处。经济以种植业为主，主要农作物有小麦、玉米、花生等。有公路经此。

纪官营 371728-B03-H08

[Jǐguānyíng]

在县驻地城关街道东南方向 11.5 千米。陆圈镇辖自然村。人口 900。明永乐二年（1404），曾随燕王扫北的纪姓首领居此建村，并以姓氏命名为纪官营。聚落呈团块状分布。有图书室 1 处。经济以种植业为主，主要农作物有小麦、玉米、花生等。有公路经此。

李乔庄 371728-B03-H09

[Lǐqiáozhuāng]

在县驻地城关街道东南方向 14.7 千米。陆圈镇辖自然村。人口 1 700。明永乐五年（1407），李氏迁此建村，以姓氏命名为李庄。成化四年（1468），乔氏移住现址建村，以姓氏命名为乔家庄。清光绪三年（1877），因修寨两村合为一村，经两姓协商，改村名为李乔庄。聚落呈团块状分布。有图书室 1 处、幼儿园 1 处。经济以种植业为主，主要农作物有小麦、玉米、花生等。有公路经此。

马军营 371728-B03-H10

[Mǎjūnyíng]

在县驻地城关街道东南方向 7.0 千米。陆圈镇辖自然村。人口 1 400。明朝初年，燕王在此安下军户村，张、孙、宋等 36 户建村，因首领姓马，故命村名为马军营。聚落呈团块状分布。有图书室 1 处、幼儿园 1 处、小学 1 处。经济以种植业为主，主要农作物有小麦、玉米、花生等。有公路经此。

宋庄 371728-B03-H11
［Sòngzhuāng］

在县驻地城关街道东南方向13.3千米。陆圈镇辖自然村。人口2 000。明永乐二年（1404），宋氏祖从山西洪洞县迁此建村居住，因临一河沟，命村名宋河沟，后演变为宋庄。聚落呈团块状分布。有图书室2处、幼儿园1处、小学1处。经济以种植业为主，主要农作物有小麦、玉米、花生等。有公路经此。

王官屯 371728-B03-H12
［Wángguāntún］

在县驻地城关街道东方向9.3千米。陆圈镇辖自然村。人口2 000。明永乐二年（1404），王官奉命从山西洪洞县迁此建村，以姓氏命名为王官屯。聚落呈团块状分布。有图书室1处、幼儿园2处、小学1处等。经济以种植业为主，主要农作物有小麦、玉米、花生等。327国道经此。

五霸岗 371728-B03-H13
［Wǔbàgǎng］

在县驻地城关街道东南方向16.1千米。陆圈镇辖自然村。人口4 700。为纪念五霸会盟之事，故名五霸岗。聚落呈团块状分布。有小学。经济以种植业为主，主要农作物有小麦、玉米、花生、地瓜、苹果。有公路经此。

五霸岗北村 371728-B03-H14
［Wǔbàgǎngběicūn］

在县驻地城关街道东南方向20.0千米。陆圈镇辖自然村。人口1 400。为纪念五霸会盟之事，故名五霸岗。1980年以方位被划分为五霸岗北村。聚落呈团块状分布。有图书室1处、幼儿园1处。经济以种植业为主，主要农作物有小麦、玉米、花生等。有公路经此。

五霸岗南村 371728-B03-H15
［Wǔbàgǎngnáncūn］

在县驻地城关街道东南方向20.0千米。陆圈镇辖自然村。人口1 700。为纪念五霸会盟之事，故名五霸岗。1980年以方位被划分为五霸岗南村。聚落呈团块状分布。有图书室1处、幼儿园1处、小学1处。经济以种植业为主，主要农作物有小麦、玉米、花生等。有公路经此。

五霸岗西村 371728-B03-H16
［Wǔbàgǎngxīcūn］

在县驻地城关街道东南方向20.0千米。陆圈镇辖自然村。人口1 600。为纪念五霸会盟之事，故名五霸岗。1980年以方位被划分为五霸岗西村。聚落呈团块状分布。有图书室1处、幼儿园1处。经济以种植业为主，主要农作物有小麦、玉米、花生等。有公路经此。

西孙楼 371728-B03-H17
［Xīsūnlóu］

在县驻地城关街道东南方向14.1千米。陆圈镇辖自然村。人口1 400。明永乐二年（1404），孙氏兄弟二人迁此建村，当时以楼取村名为孙楼，后以方位称西孙楼。聚落呈团块状分布。有图书室1处、幼儿园1处。经济以种植业为主，主要农作物有小麦、玉米、花生等。有公路经此。

永年集 371728-B03-H18
［Yǒngniánjí］

在县驻地城关街道东方向10.0千米。陆圈镇辖自然村。人口1 500。古时村旁有明永乐年间修的一条官路，沟通南北二京，本村又成集市，故名永年集。聚落呈团块状分布。有图书室1处、幼儿园1处、小学1处。经济以种植业为主，主要农作物有小麦、玉米、花生等。有公路经此。

于谭寨 371728-B03-H19
[Yútánzhài]

在县驻地城关街道东南方向13.0千米。陆圈镇辖自然村。人口4 500。于氏于明永乐二年（1404）从山西洪洞县迁此建村，以姓名命名为于谭村。在清乾隆二十年（1755）修筑了围村寨，改为于谭寨。聚落呈团块状分布。有图书室4处、幼儿园2处、小学1处。经济以种植业为主，主要农作物有小麦、玉米、花生等。有公路经此。

于屯 371728-B03-H20
[Yútún]

在县驻地城关街道东南方向13.1千米。人口1 300。明永乐二年（1404），牛氏从山西洪洞县迁来建村，因当时此地榆树很多，故以植物命名为榆园屯，后演为于屯。聚落呈团块状分布。有图书室1处、幼儿园1处、小学1处。经济以种植业为主，主要农作物有小麦、玉米、花生等。327国道经此。

袁庄 371728-B03-H21
[Yuánzhuāng]

在县驻地城关街道东北方向14.3千米。陆圈镇辖自然村。人口1 700。明崇祯七年（1634），袁氏祖从山西洪洞县先迁至张庄，后又迁此建村，以姓氏命名为袁庄。聚落呈团块状分布。有图书室1处、幼儿园1处。经济以种植业为主，主要农作物有小麦、玉米、花生等。有公路经此。

岳蒋庄 371728-B03-H22
[Yuèjiǎngzhuāng]

在县驻地城关街道东北方向9.0千米。陆圈镇辖自然村。人口1 300。明嘉靖三年（1524），蒋氏从山西洪洞县迁来建村，以姓氏命名为蒋庄。明嘉靖十三年（1534），岳氏从东明县东关迁来，改名岳蒋庄。聚落呈团块状分布。有图书室1处、幼儿园1处。经济以种植业为主，主要农作物有小麦、玉米、花生等。有公路经此。

郑旗庄 371728-B03-H23
[zhèngqízhuāng]

在县驻地城关街道东北方向10.0千米。陆圈镇辖自然村。人口2 900。明永乐二年（1404），郑氏从山西洪洞县迁此建村，以姓氏命名为郑旗庄。聚落呈团块状分布。有图书室1处、幼儿园1处、小学1处。经济以种植业为主，主要农作物有小麦、玉米、花生等。有公路经此。

北街 371728-B04-H01
[Běijiē]

马头镇人民政府驻地。在县驻地城关街道东南方向30.0千米。人口1 500。因街道和方位命名为北街。有幼儿园。经济以种植业为主，主要农作物有小麦、玉米、花生、西瓜等。有公路经此。

姚村 371728-B04-H02
[Yáocūn]

在县驻地城关街道东南方向28.0千米。马头镇辖自然村。人口1 700。明永乐十四年（1416），赵本从河南长垣县李方屯迁来建村，因村东南有一旧窑，开始称窑村，后赵氏忌讳"窑"字，遂改名姚村。聚落呈团块状分布。经济以种植业为主，主要农作物有小麦、玉米、花生等。有公路经此。

李六屯 371728-B04-H03
[Lǐliùtún]

在县驻地城关街道东南方向25.4千米。马头镇辖自然村。人口1 600。明洪武年间，李氏祖迁此居住，后因遭水患，村内居民尽数逃离，唯有李姓迁回，并以当时李氏长辈李六之名命名为李六屯。聚落呈团块状分布。有幼儿园 1 处。经济以种植业为主，主要农作物有小麦、玉米、花生等。有公路经此。

解庄 371728-B04-H04

[Xièzhuāng]

在县驻地城关街道东南方向 27.5 米。马头镇辖自然村。人口 1 500。解敬礼于明永乐二年（1404）从山西蒲州府迁至大名府东明县城南 60 里堤埠口南建村，名堤埠口，后以姓氏称解埠口，渐演变为解庄。聚落呈团块状分布。有图书室 1 处、小学 1 处。经济以种植业为主，主要农作物有小麦、玉米、花生等。有公路经此。

东街 371728-B04-H05

[Dōngjiē]

在县驻地城关街道东南方向 30.0 千米。马头镇辖自然村。人口 1 600。以街道和方位命名为东街。聚落呈团块状分布。有图书室 1 处。经济以种植业为主，主要农作物有小麦、玉米、花生等。有公路经此。

南街 371728-B04-H06

[Nánjiē]

在县驻地城关街道东南方向 31.0 千米。马头镇辖自然村。人口 1 600。因街道和方位命名为南街。聚落呈散状分布。有图书室 1 处、幼儿园 2 处、小学 1 处等。经济以种植业为主，主要农作物有小麦、玉米、花生、西瓜等。有公路经此。

西街 371728-B04-H07

[Xījiē]

在县驻地城关街道东南方向 30.0 千米。马头镇辖自然村。人口 1 300。以街道和方位命名为西街。聚落呈团块状分布。经济以种植业为主，主要农作物有小麦、玉米、花生、西瓜和杂粮等。有公路经此。

关庄 371728-B04-H08

[Guānzhuāng]

在县驻地城关街道东南方向 31.0 千米。马头镇辖自然村。人口 1 900。明洪武年间关氏来此建村，以姓氏命名为关庄。聚落呈团块状分布。有图书室 1 处。经济以种植业为主，主要农作物有小麦、玉米、花生等。有公路经此。

牛皮店 371728-B04-H09

[Niúpídiàn]

在县驻地城关街道南方向 31.0 千米。马头镇辖自然村。人口 1 500。明永乐二年（1404），宋氏两兄弟从山西洪洞县迁来建村，因南靠运粮河，宋氏在村南设一皮货店，故得村名牛皮店。聚落呈团块状分布。有图书室 1 处、幼儿园 1 处。经济以种植业为主，主要农作物有小麦、玉米、花生等。有公路经此。

牛八屯 371728-B04-H10

[Niúbātún]

在县驻地城关街道西南方向 28.6 千米。马头镇辖自然村。人口 1 500。明朝以前就已建村，原有牛氏三户、堂兄弟八人，遂以牛姓及兄弟人数命村名为牛八屯。聚落呈散状分布。有幼儿园 2 处、小学 1 处等。经济以种植业为主，主要农作物为小麦、玉米、花生等。有公路经此。

马坊 371728-B04-H11

[Mǎfáng]

在县驻地城关街道东南方向 32.5 千米。马头镇辖自然村。人口 1 800。该村原名邹城王庄。明朝初年，燕王朱棣曾在此居住养马，建大批马厩，渐以"马坊"作为其村名。聚落呈团块状分布。有图书室 1 处、幼儿园 1 处。经济以种植业为主，主要农作物有小麦、玉米、花生等。有公路经此。

新庄 371728-B04-H12
[Xīnzhuāng]

在县驻地城关街道东南方向21.0千米。马头镇辖自然村。人口1 200。明洪武年间李氏迁来，在孟庄武村北定居，称新庄。聚落呈团块状分布。有图书室1处。经济以种植业为主，主要农作物有小麦、玉米、花生等。有公路经此。

马场 371728-B04-H13
[Mǎchǎng]

在县驻地城关街道东南方向31.4千米。马头镇辖自然村。人口1 200。明初村东是一片草原，燕王朱棣驻军此地牧马，官兵撤离后外地农民迁来居住，遂命村名为马场。聚落呈团块状分布。有幼儿园1处。经济以种植业为主，主要农作物有小麦、玉米、花生等。有公路经此。

苏寨 371728-B04-H14
[Sūzhài]

在县驻地城关街道东南方向23.8千米。马头镇辖自然村。人口1 100。明永乐二年（1404），苏氏从山西洪洞县迁此建村，以姓氏命名为苏家寨，后演变为苏寨。聚落呈团块状分布。有幼儿园1处。经济以种植业为主，主要农作物有小麦、玉米、花生等。有公路经此。

三春集 371728-B05-H01
[Sānchūnjí]

三春集镇人民政府驻地。在县驻地城关街道西南方向30.0千米。人口4 400。因村中戏台对联"三百梨园今复集，春秋由梦有更生"，横批"三春集生"而得名。有小学、初中。经济以种植业为主，主产小麦、玉米、花生、地瓜等。106国道经此。

新兴集 371728-B05-H02
[Xīnxīngjí]

在县驻地城关街道西南方向34.0千米。三春集镇辖自然村。人口2 700。原名长太村，明天顺七年（1463），赵氏有一教书先生名曰辛兴，德高望重，辛兴去世后，其弟子为怀念恩师，将长太村更名为辛兴村。后因设集，演为新兴集。聚落呈团块状分布。有图书室1处、幼儿园2处、小学2处。经济以种植业为主，主要农作物有小麦、玉米等。有公路经此。

朱洼 371728-B05-H03
[Zhūwā]

在县驻地城关街道西南方向32.3千米。三春集镇辖自然村。人口1 400。明洪武十一年（1378），朱氏由山西洪洞县迁此建村，因地势较洼，以朱姓取村名为朱洼。聚落呈团块状分布。有老年活动中心等。经济以种植业为主，主要农作物有小麦、玉米等。有公路经此。

大营 371728-B05-H04
[Dàyíng]

在县驻地城关街道西南方向30.2千米。三春集镇辖自然村。人口900。明洪武年间，张、马、孟、支等姓族人先后从山西洪洞县迁此，建村后因姓杂户多，取名大营。聚落呈团块状分布。有图书室1处、幼儿园1处、小学1处。经济以种植业为主，主要农作物有小麦、玉米等。有公路经此。

孔寨 371728-B05-H05
[Kǒngzhài]

在县驻地城关街道西南方向31.4千米。三春集镇辖自然村。人口1 800。明洪武年间，李氏从山西洪洞县迁此建村，以姓氏命名为李寨。明万历年间，孔氏迁此居住，因孔姓人多，故于清康熙年间改村名为孔寨。聚落呈团块状分布。有图书室 1 处、幼儿园 2 处、小学 1 处等。经济以种植业为主，主要农作物有小麦、玉米等。106 国道经此。

贾寨 371728-B05-H06
［ Jiǎzhài ］

在县驻地城关街道西南方向 28.7 千米。三春集镇辖自然村。人口 1 100。明洪武年间，贾氏祖先从山西洪洞县迁此建村，以姓氏命名为贾寨。聚落呈团块状分布。有幼儿园 2 处。经济以种植业为主，主要农作物有小麦、玉米等。有公路经此。

祥府营 371728-B05-H07
［ Xiángfǔyíng ］

在县驻地城关街道南方向 29.6 千米。三春集镇辖自然村。人口 1 500。北宋时此地有一兴福寺，寺前是祥府县的土地，故取名祥府营。聚落呈团块状分布。经济以种植业为主，主要农作物有小麦、玉米等。106 国道经此。

闫庄 371728-B05-H08
［ Yánzhuāng ］

在县驻地城关街道西南方向 30.6 千米。三春集镇辖自然村。人口 1 500。明弘治十三年（1500），闫氏祖先从本县闫楼迁此建村，以姓氏命名为闫家寨，后演变为闫庄。聚落呈团块状分布。有图书室 1 处、小学 1 处。经济以种植业为主，主要农作物有小麦、玉米等。有公路经此。

大岗 371728-B05-H09
［ Dàgǎng ］

在县驻地城关街道西南方向 31.0 千米。三春集镇辖自然村。人口 2 300。陈氏于明洪武年间从山西洪洞县许有桥村迁来建村，因此地有大片高耸土岗而取名大岗。聚落呈团块状分布。有图书室 1 处、幼儿园 2 处、小学 1 处等。经济以种植业为主，主要农作物有小麦、玉米等。有公路经此。

徐寨 371728-B05-H10
［ Xúzhài ］

在县驻地城关街道西南方向 26.0 千米。三春集镇辖自然村。人口 1 000。明永乐二年（1404），徐氏兄弟从山西洪洞县迁此建村，故名徐寨。聚落呈团块状分布。有图书室 1 处、幼儿园 1 处、小学 1 处。经济以种植业为主，主要农作物有小麦、玉米等。106 国道经此。

果园 371728-B05-H11
［ Guǒyuán ］

在县驻地城关街道西南方向 31.0 千米。三春集镇辖自然村。人口 1 400。明洪武十五年（1382），李氏从山西洪洞县迁此来建村，因当时此处果树较多，故称果园。聚落呈团块状分布。有图书室 2 处、幼儿园 2 处、小学 1 处。经济以种植业为主，主要农作物有小麦、玉米等。有公路经此。

刘小川 371728-B05-H12
［ Liúxiǎochuān ］

在县驻地城关街道西南方向 26.2 千米。三春集镇辖自然村。人口 1 200。明永乐二年（1404），刘氏从山西洪洞县迁此建村，以其姓命名为刘少川，后演变成刘小川。聚落呈团块状分布。有图书室 1 处、幼儿园 2 处、小学 1 处等。经济以种植业为主，主要农作物有小麦、玉米等。有公路经此。

范寨 371728-B05-H13
［ Fànzhài ］

在县驻地城关街道西南方向 26.6 千米。三春集镇辖自然村。人口 300。明洪武元年（1368），范氏从仪封范寨迁此，仍名范寨。

聚落呈团块状分布。有幼儿园 2 处。经济以种植业为主，主要农作物有小麦、玉米等。106 国道经此。

堤根 371728-B05-H14

[Dīgēn]

在县驻地城关街道西南方向 27.2 千米。三春集镇辖自然村。人口 1 100。因村庄位于古黄河大堤脚下，故取名堤根。聚落呈团块状分布。有幼儿园 1 处。经济以种植业为主，主要农作物有小麦、玉米等。有公路经此。

拐王 371728-B05-H15

[Guǎiwáng]

在县驻地城关街道西南方向 24.7 千米。三春集镇辖自然村。人口 800。清康熙年间，王氏由定陶县一千王村迁此建村，命名为王家庄。后因村民喜欢踩高跷（俗称拐子），且技艺高超，在周围颇有影响，便称拐子王庄，清光绪年间定名为拐王。聚落呈团块状分布。经济以种植业为主，主要农作物有小麦、玉米等。有公路经此。

马桥 371728-B05-H16

[Mǎqiáo]

在县驻地城关街道西南方向 33.8 千米。三春集镇辖自然村。人口 600。清乾隆四十六年（1781），马氏由本乡马庄迁此建村，因当时村北河上有座桥，故以姓氏命村为马桥。聚落呈团块状分布。经济以种植业为主，主要农作物有小麦、玉米等。106 国道经此。

赵盘寨 371728-B05-H17

[Zhàopánzhài]

在县驻地城关街道西南方向 28.3 千米。三春集镇辖自然村。人口 1 100。明洪武元年（1368），赵氏从山西洪洞县迁此建村，以姓名作为村名，故名赵盘寨。聚落呈团块状分布。有幼儿园 1 处。经济以种植业为主，主要农作物有小麦、玉米等。有公路经此。

胡寨 371728-B05-H18

[Húzhài]

在县驻地城关街道西南方向 25.2 千米。三春集镇辖自然村。人口 500。明永乐年间，胡氏从山西洪洞县迁此建村，以姓氏命名为胡寨。聚落呈团块状分布。经济以种植业为主，主要农作物有小麦、玉米等。有公路经此。

张核桃园 371728-B05-H19

[Zhānghétaoyuán]

在县驻地城关街道西南方向 27.0 千米。三春集镇辖自然村。人口 500。明洪武三年（1370），张氏从山西洪洞县迁此建村，当时此地核桃树很多，故命名为张核桃园。聚落呈团块状分布。有小学 1 处。经济以种植业为主，主要农作物有小麦、玉米等。有公路经此。

史寨 371728-B05-H20

[Shǐzhài]

在县驻地城关街道西南方向 25.1 千米。三春集镇辖自然村。人口 900。明洪武年间，王氏祖迁此建村，以姓氏命名为王因庄。史氏于明崇祯元年（1628）迁王因庄，因王姓移居他乡，该村于清康熙年间更名为史寨。聚落呈团块状分布。经济以种植业为主，主要农作物有小麦、玉米等。有公路经此。

杨寨 371728-B05-H21

[Yángzhài]

在县驻地城关街道西南方向 32.5 千米。三春集镇辖自然村。人口 1 000。张氏于元至正年间迁此建村，以姓氏命名为张寨。到明洪武年间，杨姓从山西洪洞县迁来落户，此时张姓已外迁，遂改张寨为杨寨。聚落呈团块状分布。经济以种植业为主，主要农作物有小麦、玉米等。有公路经此。

白庄 371728-B05-H22

[Báizhuāng]

在县驻地城关街道西南方向34.0千米。三春集镇辖自然村。人口800。白姓于明洪武年间从山西洪洞县迁来，在村东北建一座泰山庙，遂命名为白庙庄。清咸丰年间因黄河决口，庙被洪水冲塌而废，后白姓外迁，白庙庄演为白庄。聚落呈团块状分布。经济以种植业为主，主要农作物有小麦、玉米等。有公路经此。

前西 371728-B06-H01

[Qiánxī]

大屯镇人民政府驻地。在县驻地城关街道东南方向21.0千米。人口1 000。明永乐二年（1404），葛氏携家眷自山西省洪洞县迁此建村，依姓和名中的"大"字命名为葛大屯。后周、任等姓陆续迁来，葛大屯逐渐演变为大屯，1984年分为前东、前西两村，此村居西，故名。有小学。经济以种植业为主，主要农作物有小麦、玉米、西瓜、棉花、花生等。有公路经此。

展营 371728-B06-H02

[Zhǎnyíng]

在县驻地城关街道东南方向18.0千米。大屯镇辖自然村。人口1 600。明永乐二年（1404）建村，原为怀庆卫十八营之一的军户村，因营头姓展，故名展家营，后简称展营。聚落呈散状分布。有图书室1处、幼儿园1处。经济以种植业为主，主要农作物有小麦、玉米、西瓜、棉花、花生等。有公路经此。

薛庄 371728-B06-H03

[Xuēzhuāng]

在县驻地城关街道东南方向16.2千米。大屯镇辖自然村。人口1 500。明洪武年间，薛氏从山西洪洞县迁此建村，以姓氏名村。聚落呈散状分布。有图书室1处。经济以种植业为主，主要农作物有小麦、玉米、西瓜、棉花、花生等。有公路经此。

龙山集 371728-B06-H04

[Lóngshānjí]

在县驻地城关街道东南方向18.0千米。大屯镇辖自然村。人口2 500。明永乐二年（1404），有曹、刘、孙等姓自山西洪洞县迁来建村。先在土堌堆上盖了座龙王庙，后成了交易的集市，故村名为龙山集。聚落呈散状分布。有图书室1处、幼儿园1处、小学1处。经济以种植业为主，主要农作物有小麦、玉米、西瓜、棉花、花生等。有公路经此。

后排 371728-B06-H05

[Hòupái]

在县驻地城关街道东南方向21.0千米。大屯镇辖自然村。人口1 100。原名陈士举屯，后因村中人口众多，分为前后两村，此村以方位称后排。聚落呈团块状分布。有图书室1处、幼儿园1处。经济以种植业为主，主要农作物有小麦、玉米、西瓜、棉花、花生等。有公路经此。

东夏营 371728-B06-H06

[Dōngxiàyíng]

在县驻地城关街道东南方向23.5千米。大屯镇辖自然村。人口1 500。明燕王扫北时在此安下军户村，因首领姓夏，故以姓氏加方位命名为东夏营。聚落呈团块状分布。有图书室1处、小学1处。经济以种植业为主，主要农作物有小麦、玉米、西瓜、棉花、花生等。有公路经此。

东王庄 371728-B06-H07

［Dōngwángzhuāng］

在县驻地城关街道东南方向26.5千米。大屯镇辖自然村。人口1 600。王氏于明永乐四年（1406）由山西省灵石县经洪洞县迁此建村。因王氏族人多，便命村名为王家庄，后因村民以种菜为生，故更村名为王菜园，亦称王庄，后以位置命名为东王庄。聚落呈团块状分布。有图书室1处、幼儿园1处、小学1处。经济以种植业为主，主要农作物有小麦、玉米、西瓜、棉花、花生等。有公路经此。

南孟大夫 371728-B06-H08

［Nánmèngdàifu］

在县驻地城关街道东南方向27.0千米。大屯镇辖自然村。人口1 400。相传，村里有位孟姓大夫，医术高明，曾给朝廷官员治好过病，受到赏赐，从此出了名，故村名为孟大夫。明万历年间，该村建立集市，村名改称孟大夫集。后村南半部演为南孟大夫。聚落呈散状分布。有图书室1处、幼儿园1处。经济以种植业为主，主要农作物有小麦、玉米、西瓜、棉花、花生等。有公路经此。

丁咀 371728-B06-H09

［Dīngzuǐ］

在县驻地城关街道东南方向28.0千米。大屯镇辖自然村。人口2 100。明永乐二年（1404），丁氏由山西洪洞县迁此建村，以姓氏命名为丁嘴，后简化为丁咀。聚落呈团块状分布。有图书室1处、幼儿园2处等。经济以种植业为主，主要农作物有小麦、玉米、西瓜、棉花、花生等。有公路经此。

张街 371728-B06-H10

［Zhāngjiē］

在县驻地城关街道东南方向28.0千米。大屯镇辖自然村。人口1 700。张氏于明永乐二年（1404）从山西洪洞县移民至此建村，并以姓氏命名为张家街，简称张街。聚落呈团块状分布。有图书室1处、小学1处。经济以种植业为主，主要农作物有小麦、玉米、西瓜、棉花、花生等。有公路经此。

彭庄 371728-B06-H11

［Péngzhuāng］

在县驻地城关街道东南方向30.0千米。大屯镇辖自然村。人口900。清康熙五年（1666），彭氏由河南开封府祥符县堡子巷携眷迁此建村，以姓氏命名为彭庄。聚落呈团块状分布。有图书室1处、幼儿园1处。经济以种植业为主，主要农作物有小麦、玉米、棉花、高粱、大豆等。有公路经此。

王屯 371728-B06-H12

［Wángtún］

在县驻地城关街道东南方向24.5千米。大屯镇辖自然村。人口2 000。明永乐元年（1403），王氏由山西洪洞县经河北迁徙至此，以姓氏命名为王屯。聚落呈散状分布。有图书室1处、幼儿园2处、小学1处等。经济以种植业为主，主要农作物有小麦、玉米、西瓜、棉花、花生等。有公路经此。

王茂寨 371728-B06-H13

［Wángmàozhài］

在县驻地城关街道东南方向29.0千米。大屯镇辖自然村。人口1 800。明洪武四年（1371），王氏由山西平阳府洪洞县迁此建村，命名为王家寨。后因四世祖王茂医术高明，求医者络绎不绝，人们为纪念他，便更名为王茂寨。聚落呈团块状分布。有图书室 1 处、幼儿园 1 处。经济以种植业为主，主要农作物有小麦、玉米、西瓜、棉花、花生等。有公路经此。

刘岗 371728-B06-H14
[Liúgǎng]

在县驻地城关街道东南方向 26.0 千米。大屯镇辖自然村。人口 1 300。明永乐年间黄河泛滥，大户靳家逃至高坡土台上，后来发展成村落，以姓氏命名为靳家台。后刘姓迁入，人丁兴旺，演变为刘岗。聚落呈团块状分布。有图书室 1 处。经济以种植业为主，主要农作物有小麦、玉米、棉花、花生和大豆等。有公路经此。

武胜桥 371728-B07-H01
[Wǔshèngqiáo]

武胜桥镇人民政府驻地。在县驻地城关街道东北方向 8.2 千米。人口 2 300。东汉初年建村，名鱼砌桥。清咸丰年间，武姓与他人争斗，武姓胜，立碑记之"古之鱼砌桥，今之武胜桥也"，故改村名为武胜桥。有小学、初中。经济以种植业为主，主要农作物有小麦、玉米、地瓜、胡萝卜、瓜果等。有公路经此。

海头 371728-B07-H02
[Hǎitóu]

在县驻地城关街道东北方向 12.4 千米。武胜桥镇辖自然村。人口 3 200。因黄河时常泛滥，此地汪洋一片，如同大海，人们便以为这里是海的尽头。有人在边缘陆地歇息暂住，继而定居下来，于是依据水向将这里称海头。聚落呈团块状分布。有图书室 1 处、幼儿园 1 处、小学 1 处。经济以种植业为主，主要农作物有小麦、玉米、花生等。有公路经此。

牛口 371728-B07-H03
[Niúkǒu]

在县驻地城关街道东北方向 11.6 千米。武胜桥镇辖自然村。人口 1 900。清乾隆二年（1737），牛氏从本县陆圈镇于屯村迁此办学教书，随着牛姓增多，又因村东有一条清水河，有牛姓在此摆渡为生，人们又习称为牛家口，后村名演变为牛口。聚落呈团块状分布。有图书室 1 处、幼儿园 1 处、小学 1 处。经济以种植业为主，主要农作物有小麦、玉米、棉花、大豆等。有公路经此。

玉皇新村 371728-B07-H04
[Yùhuángxīncūn]

在县驻地城关街道东北方向 10.0 千米。武胜桥镇辖自然村。人口 2 200。原村名汪屯。村西北有玉皇大帝庙，后因黄河泛滥冲毁，又在原地垒小庙供奉玉皇大帝神位。至万历年间，族长商定重建庙宇，新建的玉皇庙，青砖绿瓦，雕梁画栋，颇具规模，不久即改村名为玉皇庙村。现在的村庄是在原玉皇庙村址上新建的，故名玉皇新村。聚落呈团块状分布。有幼儿园、小学、图书室等。经济以种植业为主，主要农作物有蔬菜、西瓜、甜瓜等。有公路经此。

崔寨 371728-B07-H05
[Cuīzhài]

在县驻地城关街道东北方向 11.5 千米。武胜桥镇辖自然村。人口 800。明永乐十二年（1414），崔氏从山西平阳府洪洞县仁孝村迁居开州怀良村，后由于人口增加，又有部分村民从怀良村分出定居于此，以姓氏命名为崔寨。聚落呈团块状分布。有图书室 1 处、幼儿园 1 处。经济以种植业为主，主要农作物有小麦、玉米等。有公路经此。

沙堌堆 371728-B07-H06
[Shāgùduī]

在县驻地城关街道东北方向 12.5 千米。武胜桥镇辖自然村。人口 1 600。因村北自然形成三个沙丘，称仨堌堆，后因同音演变为沙堌堆。聚落呈团块状分布。有图书室 1 处、幼儿园 1 处、小学 1 处。有市级文物保护单位沙堌堆遗址。经济以种植业为主，主要农作物有小麦、玉米、花生等。有公路经此。

乔庄 371728-B07-H07
[Qiáozhuāng]

在县驻地城关街道东北方向 15.0 千米。武胜桥镇辖自然村。人口 1 700。明万历二十三年（1595），乔氏由山西洪洞县迁此居住，以姓氏命名为乔庄。聚落呈团块状分布。有图书室 1 处、幼儿园 1 处。经济以种植业为主，主要农作物有小麦、玉米、花生、地瓜和杂粮等。有公路经此。

董北城 371728-B07-H08
[Dǒngběichéng]

在县驻地城关街道东北方向 13.5 千米。武胜桥镇辖自然村。人口 1 700。以姓氏和方位得名。聚落呈带状分布。有图书室 1 处、幼儿园 1 处。经济以种植业为主，主要农作物有小麦、玉米、花生、大豆等。有公路经此。

郝北城 371728-B07-H09
[Hǎoběichéng]

在县驻地城关街道东北方向 13.7 千米。武胜桥镇辖自然村。人口 1 100。以姓氏和方位得名。聚落呈团块状分布。有图书室 1 处、幼儿园 1 处、小学 1 处。经济以种植业为主，主要农作物有小麦、玉米等。有公路经此。

毛相 371728-B07-H10
[Máoxiàng]

在县驻地城关街道东北方向 7.5 千米。武胜桥镇辖自然村。人口 800。明永乐二年（1404），魏氏从山西洪洞县迁来建村，起名魏家村。后有毛姓迁来，数年后毛姓后人在朝中做了丞相，改村名为毛相。聚落呈团块状分布。有幼儿园、小学、图书室、文化广场等。经济以种植业为主，主要农作物有小麦、玉米、花生、大豆等。327 国道经此。

高寨 371728-B07-H11
[Gāozhài]

在县驻地城关街道东北方向 8.5 千米。武胜桥镇辖自然村。人口 500。村中原有徐氏家族，村名为徐岗。清康熙三十年（1691），高氏祖迁入居住，高姓人口增多，徐氏家族渐衰无后，村名由徐岗更名为高寨。聚落呈团块状分布。有图书室 1 处、幼儿园 1 处。经济以种植业为主，主要农作物有小麦、玉米、花生、地瓜和杂粮等。有公路经此。

团居 371728-B07-H12
[Tuánjū]

在县驻地城关街道东北方向 12.0 千米。武胜桥镇辖自然村。人口 1 500。元至顺年间建村，时因黄河泛滥，有一只船被洪水冲到这里，人们在船上生活，随口称村为"船住"。大水退后，人们在陆地建村，将原名谐音取群体集居之意改为团居。聚落呈带状分布。有图书室 1 处。经济以种植业为主，主要农作物有小麦、玉米等。有公路经此。

花屯 371728-B07-H13
[Huātún]

在县驻地城关街道东北方向 12.5 千米。武胜桥镇辖自然村。人口 1 800。此村原是北城一家地主在此建的花园，住了几户看园子的人家，后来逐渐形成村庄，人称花园屯，又演变为花屯。聚落呈团块状分布。有图书室1处、幼儿园1处。经济以种植业为主，主要农作物有小麦、玉米、蔬菜等。有公路经此。

陈屯 371728-B07-H14
［Chéntún］

在县驻地城关街道东北方向10.5千米。武胜桥镇辖自然村。人口1 400。明洪武十五年（1382），陈氏从山西洪洞县迁此建村，以姓氏命名为陈屯。聚落呈团块状分布。有图书室1处、幼儿园1处、小学1处。经济以种植业为主，主要农作物有小麦、玉米等。有公路经此。

赵寨 371728-B07-H15
［Zhàozhài］

在县驻地城关街道东北方向15.0千米。武胜桥镇辖自然村。人口1 400。明永乐二年（1404），刘氏从山西洪洞县迁此建村，取村名刘二庄。到崇祯元年（1628），刘氏绝后，赵姓、油姓迁入，后因赵姓人多改为赵寨。聚落呈团块状分布。有图书室1处。经济以种植业为主，主要农作物有小麦、水稻、玉米、棉花、大豆等。有公路经此。

后张楼 371728-B07-H16
［Hòuzhānglóu］

在县驻地城关街道东北方向14.0千米。武胜桥镇辖自然村。人口1 200。明永乐二年（1404），张金、张银兄弟二人从山西洪洞县迁来，张金居于北，张银居于南，二人均建有楼房，故各取村名为前、后张楼，此村居后，故名。聚落呈带状分布。有图书室1处、幼儿园1处。有省级文物保护单位后张楼遗址。经济以种植业为主，主要农作物有小麦、玉米等。有公路经此。

卞寨 371728-B07-H17
［Biànzhài］

在县驻地城关街道东北方向13.6千米。武胜桥镇辖自然村。人口700。以汉族为主，有鄂温克族1人。卞氏祖在此处建村，以姓氏命名为卞寨。聚落呈团块状分布。有图书室1处、幼儿园1处、小学1处。经济以种植业为主，主要农作物有小麦、玉米、花生等。有公路经此。

张寨 371728-B07-H18
［Zhāngzhài］

在县驻地城关街道东北方向12.0千米。武胜桥镇辖自然村。人口100。明洪武九年（1376），张氏祖从山西洪洞县迁来建村，以姓氏命名为张家寨。后村民盛养蜜蜂，因此习称蜜蜂张寨，简称张寨。聚落呈团块状分布。有图书室1处。经济以种植业为主，主要农作物有小麦、玉米等。有公路经此。

乔良屯 371728-B07-H19
［Qiáoliángtún］

在县驻地城关街道东北方向8.6千米。武胜桥镇辖自然村。人口1 000。明永乐二年（1404），乔氏从山西洪洞县迁来建村，以其名命为乔良屯。聚落呈团块状分布。有图书室1处、幼儿园1处。经济以种植业为主，主要农作物有小麦、玉米、花生等。有公路经此。

邢彦 371728-B07-H20
［Xíngyàn］

在县驻地城关街道东北方向13.3千米。武胜桥镇辖自然村。人口1 600。明永乐二年（1404），张氏由山西霍州庆水乡迁来建村，以姓氏命名为张庄。明崇祯元年（1628），邢姓从兰考迁来定居，因邢氏族人中眼科医生邢彦远近闻名，渐渐人们便以其名为村名。聚落呈带状分布。有图书室 1 处、幼儿园 1 处。经济以种植业为主，主要农作物有小麦、玉米、花生、地瓜和棉花等。有公路经此。

菜园集 371728-B08-H01

[Càiyuánjí]

菜园集镇人民政府驻地。在县驻地城关街道北方向 10.0 千米。人口 1 000。明洪武年间，戴、许、刘、贾、郝诸姓先后从山西洪洞县迁此建村。许氏祖上善种菜，带动村民均种蔬菜，并渐形成以蔬菜贸易为主的集市，清光绪年间村名许家菜园，后演变成菜园集。聚落呈团块状分布。有文化广场、小学、初中、幼儿园。经济以种植业为主，主要农作物有小麦、玉米、水稻、棉花、黄瓜、西红柿，产黄河鲤鱼。106 国道经此。

庄寨 371728-B08-H02

[Zhuāngzhài]

在县驻地城关街道东北 11.0 千米。菜园集镇辖自然村。人口 700。因庄子去世后葬于此地，其后裔便在此地繁衍生息，形成自然村落，称庄寨。聚落呈带状分布。有图书室 1 处、幼儿园 1 处、小学 1 处。有省级文物保护单位庄周墓、市级文物保护单位庄寨遗址。经济以种植业为主，主要农作物有小麦、玉米等。有公路经此。

西李寨 371728-B08-H03

[Xīlǐzhài]

在县驻地城关街道北方向 7.5 千米。菜园集镇辖自然村。人口 900。清康熙末年，李富来从濮阳张官庙迁来建村，以姓氏命村名李寨，后根据地理方位，更名为西李寨。聚落呈团块状分布。有图书室 1 处、幼儿园 1 处。经济以种植业为主，主要农作物有小麦、玉米、棉花等。有公路经此。

西台集 371728-B08-H04

[Xītáijí]

在县驻地城关街道东北方向 6.6 千米。菜园集镇辖自然村。人口 1 200。因村西有一高台，台西有集市，故称西台集。聚落呈团块状分布。有图书室 1 处。经济以种植业为主，主要农作物有小麦、玉米、大豆、棉花、水稻等。106 国道经此。

东台寺 371728-B08-H05

[Dōngtáisì]

在县驻地城关街道东北方向 9.7 千米。菜园集镇辖自然村。人口 1 300。唐代，此地为防水患在城北三里堆土建高台，官府在此设东台里。五代后梁贞明三年（917），建佛寺于台上，故名东台寺。聚落呈团块状分布。有图书室 1 处、幼儿园 1 处。经济以种植业为主，主要农作物有小麦、玉米、水稻、棉花等。有公路经此。

高村 371728-B08-H06

[Gāocūn]

在县驻地城关街道北方向 7.4 千米。菜园集镇辖自然村。人口 2 500。明永乐二年（1404），魏、梁、谷、张、王等姓从山西洪洞县迁来，在黄河东岸建村，因村地势较高，故命名为高村。聚落呈团块状分布。有图书室 1 处、幼儿园 2 处、小学 1 处。有市级文物保护单位高村合拢碑、高村黄河碑廊。经济以种植业为主，主要农作物有小麦、玉米、大豆、棉花等。有公路经此。

后牙 371728-B08-H07

[Hòuyá]

在县驻地城关街道东北方向 13.0 千米。菜园集镇辖自然村。人口 1 000。明永乐年间，李、宋、张三姓从山西洪洞县迁来，先给铁庄御史官护院种地，后在其后衙门外建村，名御史后衙，简称后衙。聚落呈团块状分布。有图书室 1 处、幼儿园 1 处、小学 2 处。经济以种植业为主，主要农作物有小麦、玉米、花生等。有公路经此。

郭庄 371728-B08-H08
［Guōzhuāng］

在县驻地城关街道北方向 11.9 千米。菜园集镇辖自然村。人口 800。以姓氏命名。聚落呈团块状分布。有图书室 1 处、幼儿园 1 处。经济以种植业为主，主要农作物有小麦、玉米、花生、瓜菜等。有公路经此。

李屯 371728-B08-H09
［Lǐtún］

在县驻地城关街道北方向 8.0 千米。菜园集镇辖自然村。人口 1 900。明永乐年间，李氏从山西洪洞县迁此建村，以姓氏命村名为李屯。聚落呈团块状分布。有图书室 1 处、幼儿园 1 处、小学 1 处。经济以种植业为主，主要农作物有小麦、玉米、棉花、瓜菜等。有公路经此。

孟庄 371728-B08-H10
［Mèngzhuāng］

在县驻地城关街道北方向 9.0 千米。菜园集镇辖自然村。人口 800。明万历二年（1574），孟氏从山西洪洞县迁来建村，以姓氏命村名孟庄。聚落呈团块状分布。有图书室 1 处、幼儿园 1 处、小学 1 处。经济以种植业为主，主要农作物有小麦、玉米等。106 国道经此。

洪庄 371728-B08-H11
［Hóngzhuāng］

在县驻地城关街道东北方向 12.0 千米。菜园集镇辖自然村。人口 600。洪氏于清康熙年间从开州迁来，以姓氏命村名洪庄。聚落呈团块状分布。有图书室 1 处。经济

以种植业为主，主要农作物有小麦、玉米、大豆、棉花、瓜菜等。有公路经此。

马寨 371728-B08-H12
［Mǎzhài］

在县驻地城关街道北方向 6.0 千米。菜园集镇辖自然村。人口 800。有汉族、回族，其中回族 249 人。明永乐年间，马氏祖自山西洪洞县迁此建村，以姓氏命名为马寨。聚落呈带状分布。有图书室 1 处、小学 1 处。经济以种植业为主，主要农作物有小麦、玉米、棉花等。106 国道经此。

北东 371728-B08-H13
［Běidōng］

在县驻地城关街道北方向 8.0 千米。菜园集镇辖自然村。人口 1 000。明建文元年（1399），李氏族人由本县城关镇西南庄迁居此地建村，因位于原籍北方偏东，故取名北东。聚落呈团块状分布。有幼儿园 1 处、小学 1 处等。经济以种植业为主，主要农作物有小麦、玉米、大豆、棉花等。有公路经此。

黄庄 371728-B08-H14
［Huángzhuāng］

在县驻地城关街道东北方向 14.0 千米。菜园集镇辖自然村。人口 1 200。有汉族、回族，其中回族人口不足 10%。明永乐年间，黄氏祖从山西省洪洞县经西台集迁来，以姓氏命村名为黄庄。聚落呈带状分布。有图书室 1 处、幼儿园 1 处。经济以种植业为主，主要农作物有小麦、玉米、大豆、棉花等。有公路经此。

武屯 371728-B08-H15
［Wǔtún］

在县驻地城关街道东北方向 12.0 千米。菜园集镇辖自然村。人口 600。明建文元年

（1399），吴氏祖从山西洪洞县迁来建村，以姓氏命村名为吴屯。后相继迁来四姓，协商定村名五家屯，简称五屯，后又演变成武屯。聚落呈带状分布。有图书室1处。经济以种植业为主，主要农作物有小麦、玉米、棉花、水稻等。有公路经此。

杜桥 371728-B08-H16
[Dùqiáo]

在县驻地城关街道东北方向15.0千米。菜园集镇辖自然村。人口500。明弘治元年（1488），杜氏由山西洪洞县迁来建村，村旁建一小桥，以姓氏命名为杜桥。聚落呈团块状分布。有幼儿园1处、小学1处等。经济以种植业为主，主要农作物有小麦、玉米、棉花、瓜菜等。有公路经此。

袁老家 371728-B08-H17
[Yuánlǎojiā]

在县驻地城关街道东北方向11.0千米。菜园集镇辖自然村。人口1100。明洪武年间，袁氏举家从山西壶关迁徙而来，辟地而居，落户武家屯，后迁现住址，以姓氏命村名为袁老家。聚落呈团块状分布。有图书室1处。经济以种植业为主，主要农作物有小麦、玉米、水稻、棉花等。有公路经此。

支寨 371728-B08-H18
[Zhīzhài]

在县驻地城关街道北方向5.0千米。菜园集镇辖自然村。人口1400。明洪武初年，支氏祖自山西洪洞县迁来建村，以姓氏命村名为支寨。聚落呈团块状分布。有图书室1处、幼儿园1处。经济以种植业为主，主要农作物有小麦、水稻、棉花等。有公路经此。

白店 371728-B08-H19
[Báidiàn]

在县驻地城关街道北方向9.0千米。菜园集镇辖自然村。人口1100。明永乐二年（1404），白氏祖从山西洪洞县迁来建村，以姓氏命村名为白家店，后演变成白店。聚落呈团块状分布。有图书室1处。经济以种植业为主，主要农作物有小麦、玉米、棉花、水稻等。有公路经此。

汉丘 371728-B08-H20
[Hànqiū]

在县驻地城关街道北方向14.0千米。菜园集镇辖自然村。人口300。因该村村头有一汉王的墓丘，从而得名汉丘。聚落呈团块状分布。经济以种植业为主，主要农作物有小麦、玉米、大豆、棉花和瓜菜等。有公路经此。

南北庄 371728-B09-H01
[Nánběizhuāng]

沙窝镇人民政府驻地。在县驻地城关街道西南方向9.5千米。人口500。清康熙十二年（1673），吴氏从河南长垣县西角集迁此建村，因居南北路两侧，故取名南北庄。有文化广场、小学、初中。经济以种植业为主，主要农作物有小麦、玉米、大豆等。有公路经此。

逯寨 371728-B09-H02
[Lùzhài]

在县驻地城关街道西北方向6.3千米。沙窝镇辖自然村。人口1100。明永乐三年（1405），逯氏祖从山西洪洞县老观村迁此建村，以姓氏命名为逯寨。聚落呈团块状分布。经济以种植业为主，主要农作物有小麦、玉米、大豆、棉花、花生等。有公路经此。

尚庄 371728-B09-H03
［Shàngzhuāng］

在县驻地城关街道西北方向 6.3 千米。沙窝镇辖自然村。人口 800。明永乐二年（1404），尚氏从山西洪洞县迁此建村，以姓氏命名为尚庄。聚落呈团块状分布。有图书室 1 处、幼儿园 2 处、小学 1 处等。经济以种植业为主，主要农作物有小麦、玉米、大豆等。有公路经此。

姜屯 371728-B09-H04
［Jiāngtún］

在县驻地城关街道西北方向 3.2 千米。沙窝镇辖自然村。人口 300。明天启年间，姜氏祖从巨野县丰乐集东姜庄迁此建村，以姓氏命村名姜屯。聚落呈团块状分布。有图书室 1 处、幼儿园 1 处、小学 1 处。经济以种植业为主，主要农作物有小麦、大豆、棉花等。有公路经此。

柳寨 371728-B09-H05
［Liǔzhài］

在县驻地城关街道西北方向 4.0 千米。沙窝镇辖自然村。人口 1 700。明永乐二年（1404），柳氏祖从山西洪洞县迁此建村，以姓氏命村名柳寨。聚落呈团块状分布。有图书室 2 处、幼儿园 2 处、小学 1 处等。经济以种植业为主，主要农作物有小麦、大豆、棉花等。有公路经此。

张寨 371728-B09-H06
［Zhāngzhài］

在县驻地城关街道西方向 4.6 千米。沙窝镇辖自然村。人口 500。该村原有王氏居此，名王庄，张氏于清康熙年间从何屯村迁此定居，清末王氏迁出，张氏便以姓氏命村名张寨。聚落呈团块状分布。有图书室 1 处、幼儿园 1 处、小学 1 处。经济以种植业为主，主要农作物有小麦、玉米、水稻等。有公路经此。

李屯 371728-B09-H07
［Lǐtún］

在县驻地城关街道西方向 5.9 千米。沙窝镇辖自然村。人口 1 000。明永乐二年（1404），李氏从山西洪洞县迁居于此，以姓氏命村名为李屯。聚落呈团块状分布。有图书室 1 处、幼儿园 1 处。经济以种植业为主，主要农作物有小麦、玉米、大豆、棉花、花生等。有公路经此。

八里寺 371728-B09-H08
［Bālǐsì］

在县驻地城关街道西方向 4.0 千米。沙窝镇辖自然村。人口 900。王氏于明洪武年间从山西洪洞县迁此建村，因西北角有唐朝时修建的曹米寺，又因距县城八华里，故命村名八里寺。聚落呈团块状分布。有图书室 1 处。经济以种植业为主，主要农作物有小麦、大豆、玉米等。有公路经此。

新霍寨 371728-B09-H09
［Xīnhuòzhài］

在县驻地城关街道西方向 4.0 千米。沙窝镇辖自然村。人口 700。因该村是 1957 年后新建的霍寨村，故名。聚落呈团块状分布。经济以种植业为主，主要农作物有小麦、玉米、大豆等。有公路经此。

王寨 371728-B09-H10
［Wángzhài］

在县驻地城关街道西方向 5.0 千米。沙窝镇辖自然村。人口 1 100。明洪武年间，王氏从山西洪洞县迁此建村，以姓氏命名为王寨。聚落呈团块状分布。有图书室 1 处。经济以种植业为主，主要农作物有小麦、玉米、大豆等。有公路经此。

杨寨 371728-B09-H11

[Yángzhài]

在县驻地城关街道西南方向 5.5 千米。沙窝镇辖自然村。人口 1 200。明洪武十年（1377），杨氏祖从山西洪洞县草滩镇杨家庄迁此建村，以姓氏命村名杨寨。聚落呈团块状分布。有图书室 2 处、幼儿园 2 处、小学 1 处。经济以种植业为主，主要农作物有小麦、大豆、玉米等。有公路经此。

马集 371728-B09-H12

[Mǎjí]

在县驻地城关街道西方向 9.3 千米。沙窝镇辖自然村。人口 1 200。马氏于清初从菏泽市黄堽集马庄迁此建村，以姓氏命名为马集。聚落呈带状分布。有图书室 1 处、幼儿园 1 处、小学 1 处。经济以种植业为主，主要农作物有小麦、大豆、玉米等。有公路经此。

堡城集 371728-B09-H13

[Bǎochéngjí]

在县驻地城关街道西南方向 7.0 千米。沙窝镇辖自然村。人口 800。清道光元年（1821）因避水患，刘、马、尚三姓同时从大堤西侧原堡城集迁此建村，仍用原村名堡城集。聚落呈带状分布。经济以种植业为主，主要农作物有小麦、大豆、玉米等。有公路经此。

西堡城 371728-B09-H14

[Xībǎochéng]

在县驻地城关街道西南方向 7.5 千米。沙窝镇辖自然村。人口 1 100。明洪武二年（1369）此地被淹废，因此地留有县城遗址，并有城墙、城堡，故名堡城，清道光年间，部分村民为避河患迁往堤东建村，以方位命名为东堡村，该村改名为西堡城。聚落呈团块状分布。有图书室 1 处、幼儿园 1 处、小学 1 处。经济以种植业为主，主要农作物有小麦、玉米、大豆、棉花、花生等。有公路经此。

柳里 371728-B09-H15

[Liǔlǐ]

在县驻地城关街道西南方向 8.0 千米。沙窝镇辖自然村。人口 2 000。明洪武元年（1368），郭、夏两姓从山西洪洞县迁居此地，因当时该处有一片柳树林，故名柳林村，后演变为柳里。聚落呈团块状分布。有图书室 1 处、幼儿园 1 处。经济以种植业为主，主要农作物有小麦、玉米、水稻等。有公路经此。

蔡寨 371728-B09-H16

[Càizhài]

在县驻地城关街道西南方向 6.5 千米。沙窝镇辖自然村。人口 1 300。明洪武元年（1368），蔡氏祖从山西洪洞县迁此建村，以姓氏命名为蔡寨。聚落呈团块状分布。有图书室 1 处。经济以种植业为主，主要农作物是小麦、玉米、大豆、花生等。有公路经此。

杨桥 371728-B09-H17

[Yángqiáo]

在县驻地城关街道西南方向 7.9 千米。沙窝镇辖自然村。人口 1 200。明宣德初年，杨氏祖从河南怀庆府迁此建村，在村北河上建桥，取名杨家桥，并命名为村名，后演变为杨桥。聚落呈团块状分布。有图书室 1 处、幼儿园 1 处。经济以种植业为主，主要农作物有小麦、大豆、玉米等。有公路经此。

冯口 371728-B09-H18

[Féngkǒu]

在县驻地城关街道西南方向 8.0 千米。

沙窝镇辖自然村。人口 500。明嘉靖元年（1522），冯氏祖从山西洪洞县迁此建村，因该处是黄河故道渡口，故以姓氏命名为冯口。聚落呈团块状分布。有图书室 1 处、幼儿园 1 处、小学 1 处。经济以种植业为主，主要农作物有小麦、玉米、大豆、棉花等。106 国道经此。

土地张 371728-B09-H19
[Tǔdìzhāng]

在县驻地城关街道西南方向 10.5 千米。沙窝镇辖自然村。人口 400。明永乐二年（1404），张、董两姓从山西洪洞县张大村同时迁至滩区建村，因村头有土地庙，且张姓人多，故命村名土地张。聚落呈团块状分布。有图书室 1 处、幼儿园 1 处。经济以种植业为主，主要农作物有小麦、大豆、玉米等。有公路经此。

南霍寨 371728-B09-H20
[Nánhuòzhài]

在县驻地城关街道西南方向 11.4 千米。沙窝镇辖自然村。人口 1 100。明永乐十年（1412），霍氏从山西洪洞县迁此建村，以姓氏命名为霍寨。聚落呈团块状分布。经济以种植业为主，主要农作物有小麦、大豆、棉花等。有公路经此。

高墙 371728-B09-H21
[Gāoqiáng]

在县驻地城关街道西南方向 9.3 千米。沙窝镇辖自然村。人口 2 300。明洪武年间，赵氏从山西洪洞县迁此建村，因当时村南有一土岭，像一堵墙，故以此命名为高墙。聚落呈团块状分布。有图书室 1 处、幼儿园 2 处、小学 1 处等。经济以种植业为主，主要农作物有小麦、大豆、棉花等。有公路经此。

李沙窝 371728-B09-H22
[Lǐshāwō]

在县驻地城关街道西南方向 9.8 千米。沙窝镇辖自然村。人口 500。明永乐二年（1404），李氏从山西洪洞县迁此建村，以姓氏命名。聚落呈团块状分布。有图书室 1 处。经济以种植业为主，主要农作物是小麦、玉米、大豆等。106 国道经此。

齐王集 371728-B09-H23
[Qíwángjí]

在县驻地城关街道西南方向 9.0 千米。沙窝镇辖自然村。人口 3 500。公元前 475 年，齐桓公应魏文公邀请到魏国巡游避暑，后此地渐成集市，为纪念历史事件，遂命名为齐王集。聚落呈团块状分布。有图书室 2 处、幼儿园 2 处、小学 1 处。经济以种植业为主，主要农作物有小麦、玉米、花生等。有公路经此。

郭寨 371728-B09-H24
[Guōzhài]

在县驻地城关街道西南方向 15.2 千米。沙窝镇辖自然村。人口 1 800。明万历十六年（1588），郭氏、郑氏祖一同从东明城西关迁此建村，因郭姓人多，故以姓氏命名为郭寨。聚落呈团块状分布。有图书室 1 处、幼儿园 2 处、小学 1 处等。经济以种植业为主，主要农作物有小麦、大豆、棉花等。有公路经此。

唐庄 371728-B09-H25
[Tángzhuāng]

在县驻地城关街道西南方向 14.5 千米。沙窝镇辖自然村。人口 600。明永乐二年（1404），唐、王、姚三姓从山西洪洞县迁此建村，因唐姓人较多，便以姓氏命名为唐庄。聚落呈团块状分布。有图书室 1 处。

经济以种植业为主，主要农作物有小麦、玉米、大豆、棉花等。106 国道经此。

李连庄 371728-B09-H26
[Lǐliánzhuāng]

在县驻地城关街道西南方向15.5千米。沙窝镇辖自然村。人口 500。明洪武十五年（1382），李廉从山西洪洞县迁来建村，以人名命村为李廉庄，因"廉"与"连"谐音，后演为李连庄。聚落呈团块状分布。有图书室 1 处、幼儿园 2 处、小学 1 处等。经济以种植业为主，主要农作物有小麦、玉米、棉花等。有公路经此。

程庄 371728-B09-H27
[Chéngzhuāng]

在县驻地城关街道西南方向14.0千米。沙窝镇辖自然村。人口 2 400。以姓氏命名为程庄。聚落呈团块状分布。有图书室 1 处、幼儿园 1 处。经济以种植业为主，主要农作物有小麦、玉米、花生等。有公路经此。

谢寨 371728-B09-H28
[Xièzhài]

在县驻地城关街道西南方向15.8千米。沙窝镇辖自然村。人口 1 600。以姓氏命名。聚落呈团块状分布。有图书室 1 处、幼儿园 2 处、小学 1 处等。经济以种植业为主，主要农作物有小麦、大豆、棉花等。有公路经此。

马军营 371728-B09-H29
[Mǎjūnyíng]

在县驻地城关街道西南方向14.2千米。沙窝镇辖自然村。人口 3 500。明朝时，马氏等人随朱棣征北，燕王念其护卫有功，赐每军户土地百亩，任其耕食，建立家园。因营头姓马，故以姓氏命名为马军营。聚落呈团块状分布。有图书室 2 处、幼儿园 3

处、小学 1 处等。经济以种植业为主，农作物有小麦、玉米、花生等。106 国道经此。

王许庄 371728-B09-H30
[Wángxǔzhuāng]

在县驻地城关街道西南方向14.8千米。沙窝镇辖自然村。人口 1 100。明洪武年间，王、许两姓从山西洪洞县迁此建村，以姓氏命名为王许庄。聚落呈团块状分布。有图书室 1 处、幼儿园 1 处。经济以种植业为主，主要农作物有小麦、玉米、大豆、棉花等。有公路经此。

任姜庄 371728-B09-H31
[Rénjiāngzhuāng]

在县驻地城关街道西南方向10.1千米。沙窝镇辖自然村。人口 700。以姓氏命名。聚落呈团块状分布。经济以种植业为主，主要农作物有小麦、玉米、大豆等。有公路经此。

小井 371728-B10-H01
[Xiǎojǐng]

小井镇人民政府驻地。在县驻地城关街道西南方向22.0千米。人口 2 500。清嘉庆年间，因村中有一眼小井，口大如斗，水味甘甜，村以井名。聚落呈团块状分布。经济以种植业为主，主要农作物有小麦、玉米、花生、西瓜等。有公路经此。

裴子岩 371728-B10-H02
[Péizǐyán]

在县驻地城关街道西南方向23.4千米。小井镇辖自然村。人口 4 400。元朝时因村里有个叫裴子岩的，功名卓著，为了纪念他，命村名为裴子岩。聚落呈带状分布。有图书室 1 处、幼儿园 2 处、小学 1 处等。经济以种植业为主，主要农作物有小麦、玉米、花生等。有公路经此。

白佛寺 371728-B10-H03

[Báifósì]

在县驻地城关街道西南方向 21.4 千米。小井镇辖自然村。人口 1 400。建村于明朝初年，清朝后期，因该村在村西修了一座白佛寺院，香火很盛，故命村名为白佛寺。聚落呈带状分布。有图书室 1 处、幼儿园 2 处、小学 1 处等。经济以种植业为主，主要农作物有小麦、玉米、花生等。有公路经此。

陈里屯 371728-B10-H04

[Chénlǐtún]

在县驻地城关街道西南方向 25.0 千米。小井镇辖自然村。人口 1 300。清朝末年，村西的真如寺中出土大钟一口，上铸"陈礼"二字，为此，陈姓出面与村内其他姓氏商议改为陈里屯。聚落呈团块状分布。有小学 1 处。经济以种植业为主，主要农作物有小麦、玉米、花生等。有公路经此。

于兴屯 371728-B10-H05

[Yúxīngtún]

在县驻地城关街道西南方向 21.0 千米。小井镇辖自然村。人口 1 100。于姓于明初从外地迁来建村，以姓氏命名为于兴屯。聚落呈带状分布。有幼儿园 1 处。经济以种植业为主，主要农作物有小麦、玉米、花生等。有公路经此。

张表屯 371728-B10-H06

[Zhāngbiǎotún]

在县驻地城关街道南方向 21.0 千米。小井镇辖自然村。人口 1 000。明永乐二年（1404），张氏从山西洪洞县迁来，以其名定村名为张表屯。聚落呈带状分布。经济以种植业为主，主要农作物有小麦、玉米、花生等。有公路经此。

尹集 371728-B10-H07

[Yǐnjí]

在县驻地城关街道西南方向 22.4 千米。小井镇辖自然村。人口 1 300。明洪武年间，尹氏从山西洪洞县迁此建村，以姓氏命名为尹集。聚落呈带状分布。有图书室 1 处、幼儿园 1 处、小学 1 处。经济以种植业为主，主要农作物有小麦、玉米、花生等。有公路经此。

车务塂 371728-B10-H08

[Chēwùgāng]

在县驻地城关街道西南方向 22.3 千米。小井镇辖自然村。人口 1 200。因有两户做大车，所做的大车出名，故得名车乌塂。聚落呈带状分布。经济以种植业为主，主要农作物有小麦、玉米、花生等。有公路经此。

大辛庄 371728-B10-H09

[Dàxīnzhuāng]

在县驻地城关街道西南方向 19.0 千米。小井镇辖自然村。人口 300。因该村为山西移民所建新村，故始称新庄口，后改称大辛庄。聚落呈带状分布。有图书室 1 处、幼儿园 1 处、小学 1 处。经济以种植业为主，主要农作物有小麦、玉米、花生等。有公路经此。

牛集 371728-B10-H10

[Niújí]

在县驻地城关街道南方向 23.6 千米。小井镇辖自然村。人口 200。明永乐年间，牛氏从山西壶关县迁来，因设集市，故以姓氏命名为牛集。聚落呈带状分布。有图书室 1 处、幼儿园 1 处、小学 1 处。经济以种植业为主，主要农作物有小麦、玉米、花生等。有公路经此。

东五营 371728-B10-H11

［Dōngwǔyíng］

在县驻地城关街道东南方向20.0千米。小井镇辖自然村。人口2 200。明永乐年间，此地安有五个护卫营，故得名五旗营，简称五营，后因人口增加变为两个村，因该村居东，故称东五营。聚落呈带状分布。有图书室1处、幼儿园1处、小学1处。经济以种植业为主，主要农作物有小麦、玉米、花生等。有公路经此。

西五营 371728-B10-H12

［Xīwǔyíng］

在县驻地城关街道东南方向20.0千米。小井镇辖自然村。人口2 200。明永乐年间，此地安有五个护卫营，故得名五旗营，简称五营，后因人口增加变为两个村，因该村居西，故称西五营。聚落呈带状分布。有图书室1处、幼儿园1处。经济以种植业为主，主要农作物有小麦、玉米、花生等。有公路经此。

里长营 371728-B10-H13

［Lǐzhǎngyíng］

在县驻地城关街道东南方向18.5千米。小井镇辖自然村。人口1 800。明燕王扫北时，李氏祖在军中被留驻任里长，故村名里长营。聚落呈带状分布。有图书室1处、幼儿园1处、小学1处。经济以种植业为主，主要农作物有小麦、玉米、花生等。有公路经此。

东紫荆 371728-B10-H14

［Dōngzǐjīng］

在县驻地城关街道东南方向18.0千米。小井镇辖自然村。人口1 400。明洪武年间，田氏三兄弟从山西洪洞县迁此建村，因村旁有一棵紫荆树，便以树命名为紫荆村，后因人口增加变为两个村，因该村居东部，故名东紫荆。聚落呈带状分布。有图书室1处、幼儿园1处、小学1处。经济以种植业为主，主要农作物有小麦、玉米、花生等。有公路经此。

西夏营 371728-B10-H15

［Xīxiàyíng］

在县驻地城关街道南方向33.0千米。小井镇辖自然村。人口1 300。据传说明永乐元年（1403），有一首领姓夏在此地安营扎寨，村名遂命为夏营。后因本村位居西端，故称西夏营。聚落呈带状分布。有图书室1处。有市级文物保护单位李玉堂革命烈士墓地。经济以种植业为主，主要农作物有小麦、玉米、花生等。有公路经此。

景庄 371728-B10-H16

［Jǐngzhuāng］

在县驻地城关街道南方向18.3千米。小井镇辖自然村，人口1 200。明永乐年间，景氏由靖海卫迁怀庆卫任都指挥使，兼管东明境内戴官营、王官营等十八个营盘。战争结束后天下太平，原来的军队被安排在此军垦。后来这十八个营就成了村庄，由此景氏居此落户，此村名更名为景庄。聚落呈团块状分布。有图书室1处、幼儿园1处。经济以种植业为主，主要农作物有小麦、玉米、花生等。有公路经此。

郭庄 371728-C01-H01

［Guōzhuāng］

长兴集乡人民政府驻地。在县驻地城关街道西南方向19.6千米。人口1 300。该村原有蒋氏居住，名蒋楼，明永乐二年（1404），郭氏先祖从山西高平县迁此，后因郭氏人丁兴旺，蒋氏衰落，演变为郭庄。聚落呈散状分布。有文化广场、幼儿园、中小学。经济以种植业为主，主要农作物有小麦、玉米、棉花、大豆、杂粮等。106国道经此。

长兴集 371728-C01-H02
[Chángxīngjí]

在县驻地城关街道西南方向22.3千米。长兴集乡辖自然村。人口800。以吉祥嘉言得名。聚落呈团块状分布。有图书室1处、幼儿园2处、小学1处等。经济以种植业为主，主要农作物有小麦、玉米、花生等。有公路经此。

于庄 371728-C01-H03
[Yúzhuāng]

在县驻地城关街道西南方向20.0千米。长兴集乡辖自然村。人口1 800。于氏于清乾隆初年从河南省杞县王和寺迁来，此村当时有两户杜氏人家，村名杜坎，后因于姓人口增长迅速，后改为于庄。聚落呈团块状分布。有图书室1处。经济以种植业为主，主要农作物有小麦、玉米、花生等。有公路经此。

董庄 371728-C01-H04
[Dǒngzhuāng]

在县驻地城关街道西南方向22.6千米。长兴集乡辖自然村。人口1 400。明正统元年（1436），董氏从河南濮阳沙固堆迁来建村，以姓氏命名为董家庄，后来改为董庄。聚落呈团块状分布。有图书室1处、幼儿园1处、小学1处。经济以种植业为主，主要农作物有小麦、玉米、花生等。有公路经此。

老君堂 371728-C01-H05
[Lǎojūntáng]

在县驻地城关街道西南方向17.7千米。长兴集乡辖自然村。人口1 700。明崇祯元年（1628），王氏从本县马头镇朱岗寺迁来，因为当时此地有座老君庙，王氏九世祖王联馨在庙上办一学堂，故村庄定名为老君堂。聚落呈带状分布。有图书室1处、幼儿园1处、小学1处。经济以种植业为主，主要农作物有小麦、玉米、花生等。有公路经此。

西竹林 371728-C01-H06
[Xīzhúlín]

在县驻地城关街道西南方向21.5千米。长兴集乡辖自然村。人口900。姚氏于明洪武元年（1368）从山西洪洞县迁来建村，因村旁有一片竹林，故名竹林。后分为两村，该村以方位称西竹林。聚落呈团块状分布。有图书室1处、幼儿园1处、小学1处。经济以种植业为主，主要农作物有小麦、玉米、花生等。有公路经此。

高庄 371728-C01-H07
[Gāozhuāng]

在县驻地城关街道西南方向22.0千米。长兴集乡辖自然村。人口2 100。明洪武年间，高氏从山西洪洞县迁此建村，以姓氏命名为高庄。聚落呈团块状分布。有图书室1处、幼儿园1处。经济以种植业为主，主要农作物有小麦、玉米、花生等。有公路经此。

燕庄 371728-C01-H08
[Yānzhuāng]

在县驻地城关街道西南方向23.0千米。长兴集乡辖自然村。人口1 400。明初由燕姓建村，以姓氏名村。聚落呈团块状分布。有幼儿园1处。经济以种植业为主，主要农作物有小麦、玉米、花生等。有公路经此。

黄杨寨 371728-C01-H09
[Huángyángzhài]

在县驻地城关街道西南方向21.0千米。长兴集乡辖自然村。人口1 100。明永乐四年（1406），黄氏和杨氏同时从山西临汾迁来建村，以姓氏命名为黄杨寨。聚落呈团块状分布。有图书室1处、幼儿园1处、小学1处。经济以种植业为主，主要农作物有小麦、玉米、花生等。有公路经此。

刘小台 371728-C01-H10
[Liúxiǎotái]

在县驻地城关街道西南方向23.4千米。长兴集乡辖自然村。人口1 500。刘氏于明万历年间从长垣县西梨园迁此建村，因当时该村有小土台，故命名为刘小台。聚落呈团块状分布。有图书室1处。经济以种植业为主，主要农作物有小麦、玉米、花生等。有公路经此。

东黑岗 371728-C01-H11
[Dōnghēigǎng]

在县驻地城关街道西南方向24.8千米。长兴集乡辖自然村。人口1 900。张姓从长垣县于坊迁此建村，以姓氏命名为张寨。后来有人从地下挖出一个黑色的缸，都说是个宝缸，轰动一时，招来不少人观赏，人们都叫这个村为黑缸，后演变为黑岗，后以方位命名为东黑岗。聚落呈团块状分布。有图书室1处、幼儿园1处、小学1处。经济以种植业为主，主要农作物有小麦、玉米、花生等。有公路经此。

王店 371728-C01-H12
[Wángdiàn]

在县驻地城关街道西南方向25.0千米。长兴集乡辖自然村。人口1 000。明永乐二年（1404），王氏从山西洪洞县迁来建村，因建村后开有旅店，故名王店。聚落呈团块状分布。有图书室1处、幼儿园2处、小学1处等。经济以种植业为主，主要农作物有小麦、玉米、花生等。有公路经此。

大刘寨 371728-C01-H13
[Dàliúzhài]

在县驻地城关街道西南方向30.0千米。长兴集乡辖自然村。人口1 700。明永乐二年（1404），刘氏从山西洪洞县迁入定居建村，以姓氏命名为刘寨庄，后来人口增多，村庄扩大，演变为大刘寨。聚落呈团块状分布。有图书室1处、幼儿园1处、小学1处。经济以种植业为主，主要农作物有小麦、玉米、花生等。有公路经此。

王高寨 371728-C01-H14
[Wánggāozhài]

在县驻地城关街道西南方向32.0千米。长兴集乡辖自然村。人口1 100。明永乐二年（1404），高氏始祖从山西洪洞县迁来建村，以姓氏命名为高寨。明成化元年（1465），王氏始祖肇基从定陶一千王迁入高寨后，王姓成为村中大姓，故村名由高寨演变为王高寨。聚落呈团块状分布。有图书室1处、小学1处。经济以种植业为主，主要农作物有小麦、玉米、花生等。有公路经此。

前翟庄 371728-C01-H15
[Qiánzháizhuāng]

在县驻地城关街道西南方向28.0千米。长兴集乡辖自然村。人口1 500。明永乐二年（1404），翟氏从山西洪洞县迁此建村，命名翟鼎村。明万历年间，翟氏为饮水之便南迁一里建村，改名为翟庄，为与其他同名村区别，又依方位改为前翟庄。聚落呈团块状分布。有图书室1处、小学1处。经济以种植业为主，主要农作物有小麦、玉米、花生等。有公路经此。

李焕堂 371728-C01-H16
[Lǐhuàntáng]

在县驻地城关街道西南方向25.5千米。

长兴集乡辖自然村。人口2 700。明永乐二年（1404），高氏祖从山西洪洞县迁此建村，名高村。明万历初年李氏迁入，后李焕在村中修建一座祠堂，黄河于荆隆决口，唯有李焕家祠堂根基牢固未倾倒，久之，便把李焕祠堂简称李焕堂为村名。聚落呈团块状分布。有幼儿园1处。经济以种植业为主，主要农作物有小麦、玉米、花生等。有公路经此。

林口 371728-C01-H17

[Línkǒu]

在县驻地城关街道西南方向26.0千米。长兴集乡辖自然村。人口500。明永乐二年（1404），林氏从山西洪洞县迁至原长垣县河东岸建村，因村头有渡口，故以姓氏命名为林口。聚落呈团块状分布。有幼儿园1处。经济以种植业为主，主要农作物有小麦、玉米、花生等。有公路经此。

张夏庄 371728-C01-H18

[Zhāngxiàzhuāng]

在县驻地城关街道西南方向27.8千米。长兴集乡辖自然村。人口1 000。原名张庄，后夏姓迁张庄附近定居，取名夏庄，因两村相距较近，后来人口增多，两村合为一村，更名为张夏庄。聚落呈团块状分布。有幼儿园1处、小学1处等。经济以种植业为主，主要农作物有小麦、玉米、花生等。有公路经此。

大许庄 371728-C01-H19

[Dàxǔzhuāng]

在县驻地城关街道西南方向25.0千米。长兴集乡辖自然村。人口1 300。明永乐二年（1404），许氏从山西洪洞县迁来建村，以姓氏命名为许庄。后因有重名村，故命名为大许庄。聚落呈团块状分布。有幼儿园1处、小学1处等。经济以种植业为主，

主要农作物有小麦、玉米、花生等。有公路经此。

罗寨 371728-C01-H20

[Luózhài]

在县驻地城关街道西南方向28.6千米。长兴集乡辖自然村。人口1 500。明永乐二年（1404），卢氏从山西洪洞县迁此建村，以姓氏命名为卢寨。后以方言谐音演称罗寨。聚落呈团块状分布。有图书室1处、幼儿园1处。经济以种植业为主，主要农作物有小麦、玉米、花生等。有公路经此。

六合集 371728-C01-H21

[Liùhéjí]

在县驻地城关街道西南方向24.1千米。长兴集乡辖自然村。人口1 100。明永乐二年（1404），王、张、陈、任、田、郭六姓氏一同从山西洪洞县迁此定居建村，故村名六合集。聚落呈团块状分布。经济以种植业为主，主要农作物有小麦、玉米、花生等。有公路经此。

张营 371728-C02-H01

[Zhāngyíng]

焦园乡人民政府驻地。在县驻地城关街道西南方向35.0千米。人口1 000。张氏于春秋时期在此建村，以姓氏命名为张营。聚落呈团块状分布。有幼儿园、中小学。经济以种植业为主，主要农作物有小麦、玉米、花生、地瓜、大豆、棉花等。106国道经此。

后黄集 371728-C02-H02

[Hòuhuángjí]

在县驻地城关街道西南方向36.3千米。焦园乡辖自然村。人口1 300。元朝末年，黄氏祖从湖北武昌府江夏县迁至大黄庄建村。元至正二十六年（1366），其中一支

从大黄庄迁此建村，以姓氏和方位命名为后黄集。聚落呈团块状分布。有图书室1处、幼儿园1处、小学1处。经济以种植业为主，主要农作物有小麦、玉米、花生等。有公路经此。

焦园 371728-C02-H03
[Jiāoyuán]

在县驻地城关街道西南方向35.0千米。焦园乡辖自然村。人口1 100。因村落附近有一花椒园，故起村名椒园，后演为焦园。聚落呈团块状分布。有图书室1处、幼儿园1处、小学1处。经济以种植业为主，主要农作物有小麦、玉米、花生等。有公路经此。

辛庄 371728-C02-H04
[Xīnzhuāng]

在县驻地城关街道西南方向38.0千米。焦园乡辖自然村。人口1 700。清咸丰五年（1855），崔、赵、程、房、张五姓从山西洪洞县迁此建村，因是新建村，故命村名为新庄，后逐渐演变为辛庄。聚落呈团块状分布。有图书室1处、幼儿园1处、小学1处。经济以种植业为主，主要农作物有小麦、玉米、花生等。有公路经此。

大王寨 371728-C02-H05
[Dàwángzhài]

在县驻地城关街道西南方向31.0千米。焦园乡辖自然村。人口2 100。王氏于明洪武十七年（1384）从山西洪洞县大王庄迁至长垣县东南建村，为不忘故土，遂取村名为大王寨。清光绪十年（1884），王子郎迁此建村，仍沿用原村名。聚落呈团块状分布。有幼儿园3处、小学1处等。经济以种植业为主，主要农作物有小麦、玉米、花生等。有公路经此。

郭堂 371728-C02-H06
[Guōtáng]

在县驻地城关街道西南方向34.0千米。焦园乡辖自然村。人口700。明永乐年间，郭氏祖从山西洪洞县迁来建村，以姓氏命名为郭堂。聚落呈团块状分布。有图书室1处、幼儿园1处、小学1处。经济以种植业为主，主要农作物有小麦、玉米、花生等。有公路经此。

甘堂 371728-C02-H07
[Gāntáng]

在县驻地城关街道西南方向38.0千米。焦园乡辖自然村。人口2 100。甘氏于明永乐二年（1404）由山西洪洞县迁此建村，依姓氏取村名为甘堂。聚落呈带状分布。有幼儿园1处、小学1处等。经济以种植业为主，主要农作物有小麦、玉米、花生等。有公路经此。

石香炉 371728-C02-H08
[Shíxiānglú]

在县驻地城关街道西南方向31.0千米。焦园乡辖自然村。人口800。清康熙年间，赵氏一个在外做官的人铸了一个金香炉，为防意外，外涂数层漆，运回赵庄置于庙内，后被南方术士发现，即用石香炉换去，为记此事，改村名为石香炉。聚落呈团块状分布。有图书室1处、小学1处。经济以种植业为主，主要农作物有小麦、玉米、花生等。有公路经此。

温寨 371728-C02-H09
[Wēnzhài]

在县驻地城关街道西南方向33.0千米。焦园乡辖自然村。人口600。元代，温氏从山西洪洞县迁此立村，以姓氏命名为温寨。聚落呈团块状分布。有图书室1处、幼儿园1处。经济以种植业为主，主要农作物有小麦、玉米、花生等。有公路经此。

荆岗 371728-C02-H10

[Jīnggǎng]

在县驻地城关街道西南方向32.0千米。焦园乡辖自然村。人口3 300。因建村时此地有个大沙岗，长满了荆棘灌木，故名荆岗。聚落呈带状分布。有图书室1处、幼儿园1处、小学1处。经济以种植业为主，主要农作物有小麦、玉米、花生等。有公路经此。

朱口 371728-C02-H11

[Zhūkǒu]

在县驻地城关街道西南方向33.0千米。焦园乡辖自然村。人口2 000。明永乐元年（1403），朱姓从山西洪洞县迁到黄河东岸大王寨村西二里处建村，以姓氏命名为朱家口，数年后因黄河泛滥，村庄被淹没，朱姓于清嘉庆三年（1798）迁此地建村，以姓氏命名为朱口。聚落呈团块状分布。有幼儿园1处、小学1处等。经济以种植业为主，主要农作物有小麦、玉米、花生等。有公路经此。

王夹堤 371728-C02-H12

[Wángjiádī]

在县驻地城关街道西南方向37.0千米。焦园乡辖自然村。人口1 000。王姓建村后，因东、西两边有堤，故名王夹堤。聚落呈团块状分布。有图书室1处、幼儿园1处、小学1处。经济以种植业为主，主要农作物有小麦、玉米、花生等。有公路经此。

三　交通运输

菏泽市

城市道路

黄河路 371700-K01
[Huánghé Lù]

在市境北部。西起西安路，东至双河立交桥。沿线与句阳路、青年路、解放北街、牡丹路、人民路等相交。长 5.2 千米，宽 50 米，沥青路面。1987 年开工，1988 年建成，2010 年扩建。以我国河流名称命名。两侧有华星油泵油嘴公司、牡丹区第五小学、牡丹区北城办事处等。承担城区东西向交通，西连东明，东接巨野，是重要的东西向贯通性道路，通公交车。

双河路 371700-K02
[Shuānghé Lù]

在市境东部。西起三角花园，东至黄河路。沿线与牡丹路、兴民路、太原路等相交。长 3.1 千米，宽 50 米，沥青路面。1977 年开工，1978 年建成，2001 年扩建。因路东有双河集而得名。两侧有汽车总站、菏泽第三中学、第二人民医院、菏泽农机中专等。为城区东西向主干道之一，通公交车。

丹阳路 371700-K03
[Dānyáng Lù]

在市境东部。西起三角花园，东至人民路。沿线与牡丹路、太原路、和平路、华英路相交。长 3.2 千米，宽 30~60 米，沥青路面。1981 年开工，1982 年建成，1997年扩建。因地处丹阳街道而得名。两侧有冀鲁豫纪念馆、牡丹区第二十二中学、菏泽市中医医院、菏泽市图书馆、菏泽市丹阳路小学等。是连接菏泽城区东西部的主要干道，通公交车。

曹州路 371700-K04
[Cáozhōu Lù]

在市境西部。西起西安路，东至牡丹路。沿线与广福大街、解放大街、东顺城街、青年路等相交。长 2.7 千米，宽 30~50 米，沥青路面。1983 年开工，1984 年建成，2000 年扩建。以菏泽古称"曹州"而得名。两侧有市立医院、牡丹区水利局等。为老城区主干道，通公交车。

中华路 371700-K05
[Zhōnghuá Lù]

在市境中部。西起西安路，东至火车站。沿线与句阳路、解放大街、牡丹路、太原路、和平路、华英路相交。长 6.4 千米，宽 48 米，沥青路面。1980 年开工，1984 年扩建。意为宣扬中华精神，故名。两侧有牡丹区第二十一中学、图书大厦、柏青大酒店、菏泽市中级人民法院、菏泽市委、市政府等。连通菏泽东西城区，通公交车。

解放大街 371700-K06
[Jiěfàng Dàjiē]

在市境中部。南起康庄路，北至中华路。沿线与北顺城街、八一路、道碑街、东方红大街、曹州路等相交。长 2.7 千米，宽 30~36 米，沥青路面。1966 年由原五皇庙前街、南关厢街等 7 条街路扩建而成。为庆祝人民解放，当家做主而得名。两侧有牡丹区中医医院、牡丹区妇幼保健院。为老城区南北走向主干道，通公交车。

牡丹路 371700-K07
[Mǔdān Lù]

在市境东部。北起黄河路，南至长江路。沿线与康庄路、八一路、丹阳路、中华路等相交。长 3.7 千米，宽 50 米，沥青路面。1983 年开工。以牡丹花取名。两侧有菏泽市交通局、菏泽市公共汽车公司、天宏酒店等。通公交车。

人民路 371700-K08
[Rénmín Lù]

在市境东部。北起黄河路，南至长江路。沿线与康庄路、八一路、永昌路、丹阳路、中华路、中山路等相交。长 3.9 千米，宽 60 米，沥青路面。1987 年开工，1993 年扩建。因秉持"人民至上"的价值理念命名。两侧有五洲国际假日大酒店、菏泽海关、菏泽市环保局等。为新城区南北主干道，通公交车。

大学路 371700-K09
[Dàxué Lù]

在市境北部。西起昆仑路，东至桂陵路。沿线与泰山路、句阳路、人民北路相交。长 5.6 千米，宽 23.0~50.0 米，沥青路面。1983 年开工，1984 年建成。因沿街有大学得名。沿途文化氛围浓厚。两侧有菏泽学院、菏泽信息工程学院、菏泽农商银行等。通公交车。

康庄路 371700-K10
[Kāngzhuāng Lù]

在市境北部。西起西安路，东至桂陵路。沿线与解放大街、青年路、太原路相交。长 6.1 千米，宽 43.0 米，沥青路面。1980 年开工，1981 年建成，2014 年扩建。因寓意美好前途得名。两侧有菏泽市牡丹人民医院、东城街道办事处、康庄大市场等。通公交车。

八一路 371700-K11
[Bāyī Lù]

在市境中部。西起西安路，东至桂陵路。沿线与水洼北街、广福大街、解放大街相交。长 6.2 千米，宽 50.0 米，沥青路面。1980 年开工，2014 年扩建。为纪念中国人民解放军建军节得名。两侧有菏泽市第三人民医院、八一商城、齐鲁茶叶公司、新康庄服装城等。通公交车。

中山路 371700-K12
[Zhōngshān Lù]

在市境中部。西起东郑线，东至京九铁路。沿线与太原路、和平路、人民路等相交。长 7.1 千米，宽 40.0 米，沥青路面。2006 年开工，2007 年建成。因中山市城市名得名。两侧有菏泽汽车西站、菏泽经济开发区人民医院、菏泽市实验中学、菏泽市火车东站派出所等。通公交车。

长江路 371700-K13
[Chángjiāng Lù]

在市境南部。西起西安路，东至京九铁路。沿线与西安路、牡丹路、太原路、人民路等相交。长 6.0 千米，宽 50.0 米，沥青路面。2000 年开工，2001 年建成，2005 年扩建。以我国河流名称命名。两侧有牡丹电视台、万达广场、菏泽市实验小学、菏泽市国税局、菏泽市民政局等。通公交车。

公路

德商高速公路 371700-30-B-a01
[Déshāng Gāosù Gōnglù]

高速公路。菏泽境内起点牡丹区皇镇乡大倪庄村，终点鲁豫两省交界处的黄河故道大桥。菏泽境内全长 140 千米。2006年 5 月始建，2008 年 11 月建成。路基宽 28 米，设计时速 120 千米，双向四车道。建有大中型立交桥 25 座、过路天桥 3 座。促进了鲁西地区与华北、华中、华东各地的经济及文化交流。

日兰高速公路 371700-30-B-a02
[Rìlán Gāosù Gōnglù]

高速公路。起点山东省日照市，终点河南省南阳市。菏泽境内全长 58.861 千米。2006 年建成。是菏泽市交通要道。

105 国道 371700-30-B-b01
[105 Guódào]

国道。起点北京市，终点澳门特别行政区。全长 2 717 千米，菏泽段长 62.9 千米。抗日战争之前即为正式公路，并通行汽车，1953 年、1959 年、1968 年、1970 年、1983 年、1986 年、1987 年、2003 年多次改建。二级公路，路面宽 15~18 米，双向四车道。沿线有黄河故道桥。是菏泽市通往我国中部主要城市的交通要道，有利于当地经济发展。

220 国道 371700-30-B-b02
[220 Guódào]

国道。起点山东东营，终点河南郑州。全长 585 千米，菏泽段长 132.4 千米。1967年始建，1968 年建成，1986 年、1987 年、2003 年、2010 年多次改建。二级公路，路面宽 18 米，双向四至六车道。沿线有华营桥、郭林桥、温庄桥等。是菏泽市联系中部城市交通要道，促进当地经济发展。

259 省道 371700-30-B-c01
[259 Shěngdào]

省道。起点聊城市临清，终点河南省商丘市。全长 378 千米。1966 年始建，1974 年建成。1984 年、2010 年多次改建。一、二级公路，沥青路面，路面宽 18~40 米，双向四至六车道。跨红卫河、红卫河南支、定陶新河、万福河、安兴河、洙赵新河、徐河、临卜河、箕山河等。该路线为重要的军事、政治、经济路线。

254 省道 371700-30-B-c02
[254 Shěngdào]

省道。起点德州德城区，终点河南省商丘市。全长 816 千米，菏泽段长 150.369千米。1934 年始建，1949 年建成，1958年、1971 年、1982 年、1986 年、1994 年、2006 年多次改建。二级公路，沥青路面，路面宽 15 米。与济广高速、105 国道、220国道、327 国道、338 省道、339 省道、346省道、348 省道、350 省道、351 省道相接。是菏泽市通往我国中部主要城市的交通要道。

261 省道 371700-30-B-c03
[261 Shěngdào]

省道。起点菏泽刘口堤，终点河南省界民权县。菏泽段长 77.1 千米。1955 年前为乡村道路，1969 年、1975 年、1985 年、1992 年、2002 年、2010 年多次改建。二级公路，沥青路面，路面宽 9~12 米。途经卞庙桥。与日兰高速、220 国道、327 国道、346 省道、350 省道相接。是连通菏泽市与我国中部城市的交通要道。

338 省道 371700-30-B-c04
[338 Shěngdào]

省道。起点菏泽郓城与济宁嘉祥交界，终点鄄城董口。菏泽段长 80 千米。1968 年始建，2000 年改建，一、二级公路，沥青路面，路面宽 12~30 米。与德上高速、220 国道、254 省道、259 省道、339 省道相接。大大缩短了县区间交通时间。

339 省道 371700-30-B-c05
[339 Shěngdào]

省道。起点菏泽巨野转盘，终点鄄城人民路。菏泽段长 68.6 千米。1947 年始建，2004 年改建，2009 年建成。一、二级公路，沥青路面，路面宽 9.6~34.4 米。与济广高速、德上高速、220 国道、327 国道、254 省道、259 省道、338 省道相接。沿线有赵河桥大型公路桥。大大缩短了县区间交通时间。

346 省道 371700-30-B-c06
[346 Shěngdào]

省道。起点江苏丰县，终点菏泽东明。菏泽段长 111.8 千米。1974 年始建，2003 年改建，2013 年建成。一、二级公路，沥青路面，路面宽 15.0~45.0 米。与济广高速、日兰高速、220 国道、254 省道、259 省道、261 省道、351 省道相接。大大缩短了县区间交通时间。

348 省道 371700-30-B-c07
[348 Shěngdào]

省道。起点山东枣，终点菏泽曹县。菏泽段长 70.4 千米，1973 年始建，2002 年改建，2010 年建成。一、二级公路，沥青路面，路面宽 13.5~40 米，东西走向。与济广高速、254 省道、259 省道、351 省道相接。大大缩短了县区间交通时间。

349 省道 371700-30-B-c08
[349 Shěngdào]

省道。起点江苏丰县，终点菏泽单县。菏泽段长 28.0 千米。1987 年始建，2002 年改建。二级公路，沥青路面，路面宽 15.0 米。与 105 国道、256 省道相接。是菏泽市连通其他城市的重要交通要道。

350 省道 371700-30-B-c09
[350 Shěngdào]

省道。起点曹县青堌集，终点曹县庄寨。菏泽段长 72.7 千米。1999 年修建，2001 年建成。沥青路面，路面宽 12.0~38.0 米。与济广高速、105 国道、220 国道、254 省道、259 省道、261 省道、348 省道相接。是菏泽市连通其他城市的重要交通要道。

牡丹区

城市道路

昆明路 371702-K01
[Kūnmíng Lù]

在区境西部。南起新石南路，北至国花大道。沿线与中华路、八一路、黄河路、长城路相交。长 15.3 千米，宽 30.0 米，沥青路面。1999 年开工，2002 年扩建。根据城市名命名。两侧有区委区政府、牡丹区民政局、中汇国际汽车园等。为城区主要干道之一，通公交车。

西安路 371702-K02
[Xī'ān Lù]

在区境东部。南起珠江路，北至泰山路。沿线与中华路、八一路、黄河路、长城路相交。长 6.5 千米，宽 20.0 米，沥青路面。

2002 年开工。根据城市名命名。两侧有市立医院、西城街道办事处、菏泽技师学校、菏泽信息工程学校、菏泽科普馆等。为城区主要干道之一，通公交车。

立交桥

双河立交桥 371702-P01
[Shuānghé Lìjiāo Qiáo]

在牡丹城区东北部。占地面积 5 073 平方米。有三层互不交叉的不同方向的城市道路在此立体相交。2000 年动工，2001 年建成。因在菏泽市城区双河集界内，故名。为大型、混凝土结构型式立交桥。日交通流量为 8 000 余辆，在城市交通中起到重要作用。

车站

菏泽火车站 371702-R01
[Hézé Huǒchē Zhàn]

三等客货运站。在市区东部。1972 年兴建，1978 年投入使用。2003 年二次建设，2014 年三次建设完工后投入使用。车站有候车楼等建筑，设有 7 个站台，共有 14 条线路，其中正线 4 条、客车线 7 条、货车线 3 条，日均接发列车 182 对。菏泽站位于京九、新兖线交会处，衔接阜阳、衡水、新乡、兖州四个方向，是菏泽市重要的交通枢纽。

菏泽汽车总站 371702-S01
[Hézé Qìchē Zǒngzhàn]

长途汽车站。在菏泽市牡丹路 1100 号。1953 年建成，1984 年改扩建，1986 年正式启用，2003 年升级改造。占地面积 46 000 平方米，拥有 2 个候车大厅，共设有 13 个

售票窗口、33 个检票窗口，一栋 7 层办公楼。现日始发班次 900 余次，日均发送旅客 1 万余人次，年旅客发送量达 390 万人次，主要运营线有济南、北京、天津、青岛、泰安、烟台、潍坊、淄博、日照、聊城、临沂、威海、枣庄、东营、黄岛、龙口等城市。

曹县

城市道路

山东路 371721-K01
[Shāndōng Lù]

在县城西部。南起香江路，北至鸭绿江路。沿线与桂江路、珠江路、钱塘江路、闽江路、湘江路、清江路、长江路、富民大道、汉江路、丹江路相交。长 10 千米，宽 50.0 米，沥青路面。2014 年建成，同年扩建。两侧有文化公园、育博学校、曹县西关基督教会、曹县技工学校、曹县卫校、春秋中学、曹县西客站、四级河公园等。通公交车。

泰山路 371721-K02
[Tàishān Lù]

在县城东部。南起赣江路，北至鸭绿江路。沿线与湘江路、清江路、金沙江路、长江路、文化路、嘉陵江路、富民大道、汉江路相交。长 5 千米，宽 32.0 米，沥青路面。2010 年开工，2012 年建成。曹县城区道路南北向以山命名，此路名泰山路。两侧有亿联置业五金城、曹县第三实验小学、东顺河公园、马金凤大戏楼、古都商业街等。通公交车。

五台山路 371721-K03
[Wǔtáishān Lù]

在县城东部。南起湘江路，北至松花

江路。沿线与清江路、金沙江路、长江路、文化路、嘉陵江路、富民大道、汉江路、鸭绿江路相交。长 6.5 千米，宽 32.0 米，沥青路面。2010 年开工，2012 年建成。曹县城区道路南北向以山命名，此路名五台山路。两侧有人民公园、青少年宫、文体中心、古都商业街、曹县第一实验中学等。通公交车。

丹江路 371721-K04
[Dānjiāng Lù]

在县城北部。东起青菏路，西至昆仑山路。沿线与峨眉山路相交。长 1.4 千米，宽 24.0 米，沥青路面。2005 年开工，2006 年建成，同年扩建。曹县城区道路东西向以江命名，此路名丹江路。两侧有山东嘉铖市政工程有限公司、曹县公安局青菏派出所、青菏街道办事处、曹县行政服务大厅等。通公交车。

珠江路 371721-K05
[Zhūjiāng Lù]

在县城南部。东起青岛路，西至山东路。沿线与青菏路、武夷山路、韶山路相交。长 4.3 千米，宽 36.0 米，沥青路面。2005 年开工，2006 年建成，同年扩建。曹县城区道路东西向以江命名，此路名珠江路。两侧有曹县灯塔、梁堤头正骨医院、康复医院、八一医院等。通公交车。

湘江路 371721-K06
[Xiāngjiāng Lù]

在县城中部。东起青岛路，西至山东路。沿线与泰山路、五台山路、青菏路、黄山路、庐山路相交。长 5.5 千米，宽 45.0 米，沥青路面。2005 年开工，2006 年建成，同年扩建。曹县城区道路东西向以江命名，此路名湘江路。两侧有亿联五金城、曹县邮政局、曹县财政局、磐石医院、曹县第五小学、曹县曹城镇中学、曹县党校等。通公交车。

香江路 371721-K07
[Xiāngjiāng Lù]

在县城南部。东起普陀山路，西至山东路。沿线与青岛路、青菏路、武夷山路、韶山路相交。长 4.7 千米，宽 50.0 米，沥青路面。2014 年建成，同年扩建。曹县城区道路东西向以江命名，此路名香江路。两侧有曹县一中、曹县金牛纺织有限公司、曹县实验中学、民喜中学等。通公交车。

松花江路 371721-K08
[Sōnghuājiāng Lù]

在县城北部。东起五台山路，西至山东路。沿线与青菏路、昆仑山路相交。长 1.6 千米，宽 12.0 米，沥青路面。2012 年开工，2013 年建成，同年扩建。曹县城区道路东西向以江命名，此路名松花江路。两侧有后尧小学等单位。通公交车。

钱塘江路 371721-K09
[Qiántángjiāng Lù]

在县城南部。东起青岛路，西至山东路。沿线与青菏路、府前街、庐山路相交。长 5.3 千米，宽 14.0 米，沥青路面。明正统年间为干道，1957 年重修，1970 年扩建。曹县城区道路东西向以江命名，此路名钱塘江路。两侧有汉光购物中心、曹县公安局、曹县第三小学、曹县第七小学等。通公交车。

富春江路 371721-K10
[Fùchūnjiāng Lù]

在县城南部。东起青菏路，西至府前街路。长 0.7 千米，宽 18.0 米，沥青路面。1990 年建成，同年扩建。曹县城区道路东西向以江命名，此路名富春江路。两侧有曹县中兴商城、南湖公园、商贸城等。通公交车。

桥梁

玉龙桥 371721-N01
[Yùlóng Qiáo]

在县城北部。桥长35米，桥面宽18米，最大跨度8.5米，桥下净高2米。1989年开工，同年建成。因与龙亭湖相连，故名玉龙桥。为小型河道桥梁，结构型式为双跨石砌拱桥。担负城区干道交通任务，最大载重量10吨，通公交车。

车站

曹县火车站 371721-R01
[Cáoxiàn Huǒchē Zhàn]

铁路二等站。在县城东关东部。建于1996年。占地面积1 564平方米，建筑面积1 511平方米，候车室面积576平方米，可容纳旅客300人，有2个售票窗口。有旅客站台2个，一号站台和二号站台长均为450米，宽均为8米，中间由地下道相连。车站内有站线5股，其中正线2股、到发线3股，另有货物线2股、牵出线1股、安全线1股。货场内建有2条停车线和1条专用线，年设计货物吞吐量30万吨以上。为广大旅客的旅游出行和货主承运货物提供优质服务。

曹县长途汽车站 371721-S01
[Cáoxiàn Chángtú Qìchē Zhàn]

长途汽车二级站。在青菏南路西侧。1950年始建，1987年改扩建。建筑面积3 057平方米，站前广场面积590平方米，停车场面积4 579平方米，发车位21个，年旅客发送量237.3万人。是曹县的重要交通枢纽。

单县

城市道路

胜利路 371722-K01
[Shènglì Lù]

在县境北部。东起东外环，西至西外环。沿线与创新路、滨河路、平原路、人民路、君子路、文化路、湖西路、白云路相交。长6.8千米，宽50米，沥青路面。1997年开工，2012年扩建。两侧有北城街道办事处、公安局、汽车站、三台商场等。是县城主干道之一，通公交车。

君子路 371722-K02
[Jūnzǐ Lù]

在县境北部。北起北外环，南至南外环。沿线与北园路、胜利路、向阳路、舜师路、单州路相交。长6.8千米，宽50米，沥青路面。2005年开工，同年建成。以君子精神命名。两侧有中天燃气公司、县委党校、县人民检察院等。是县城主干道之一，通公交车。

白云路 371722-K03
[Báiyún Lù]

在县境西部。北起北外环路，南至定砀路。沿线与万隆路、北园路、胜利路、向阳路、健康路、舜师路、单州路、南环路、杏林路、天舜路、华城路、纬创路相交。长8.7千米，宽45.0米，沥青路面。2001年开工，2005年建成。因中部有标志性建筑白云大厦而得名。两侧有湖西驾校、县二中综合体新五中等。通公交车。

北外环路 371722-K04
[Běiwàihuán Lù]

在县境北部。西起西外环路，东至东

外环路。沿线与莱河西路、白云路、湖西路、32 号路、君子路、人民路、平原路、创新路相交。长 8.5 千米，宽 35.0 米，沥青路面。1998 年开工，2005 年建成。因在城区最北段，根据地理位置命名。两侧有玻纤工业园、县二中综合体、单县中心医院北院区、振华汽车城等。通公交车。

北园路 371722-K05
[Běiyuán Lù]

在县境北部。东起东沟河，西至西外环路。沿线与创新路、滨河路、平原路、人民路、君子路、32 号路、湖西路、白云路相交。长 3.3 千米，宽 30.0 米，沥青路面。2003 年开工。根据地理方位命名。两侧有县委党校、人民路中学等。通公交车。

单州路 371722-K06
[Shànzhōu Lù]

在县境南部。东起东外环路，西至白云路。沿线与创新路、园艺路、人民路、君子路、凤凰大道、文化路、湖西路相交。长 5.0 千米，宽 45.0 米，沥青路面。1999 年开工，2005 年建成。以"神州"之意，取名单州路。两侧有生态公园、刘海市场等。通公交车。

东外环路 371722-K07
[Dōngwàihuán Lù]

在县境东部。北起北外环路，南至南外环路。沿线与北园路、胜利路、向阳路、舜师路、单州路、南樊路、小南环路相交。长 7.8 千米，宽 35.0 米，沥青路面。1998 年开工。因所在位置得名。两侧有食品药品工业园等。通公交车。

湖西路 371722-K08
[Húxī Lù]

在县境中部。北起北外环路，南至南外环路。沿线与北园路、胜利路、向阳路、健康路、舜师路、单州路相交。长 6.7 千米，宽 45.0 米，沥青路面。1998 年开工，2000 年建成。以湖西大地之意命名。两侧有县中心医院北院区、地税局、南郊市场等。通公交车。

健康路 371722-K09
[Jiànkāng Lù]

在县境中部。东起人民路，西至白云路。沿线与老单丰路、文化路、湖西路相交。长 3.5 千米，宽 25.0 米，沥青路面。2003 年建成。因单县是长寿之乡，故名健康路。两侧有富丽华大酒店、单县中心医院、健康路小学等。通公交车。

南樊路 371722-K10
[Nánfán Lù]

在县境中部。西起 48 号路，东至东外环路。沿线与园艺路、创新路相交。长 2.4 千米，宽 35.0 米，沥青路面。2006 年开工，2007 年建成。因大部分路段贯穿南樊村而得名。两侧有百兽坊羊肉汤生产公司等。通公交车。

南外环路 371722-K11
[Nánwàihuán Lù]

在县境南部。西起西外环路，东至东外环路。沿线与白云路、湖西路、文化路、君子路、人民路、园艺路、创新路相交。长 8.6 千米，宽 35.0 米，沥青路面。1996 年开工，2006 年建成。因所在位置得名。两侧有希望学校、家政学院、海吉亚医院等。通公交车。

舜师路 371722-K12
[Shùnshī Lù]

在县境南部。东起东外环路，西至西外环路。沿线与创新路、园艺路、人民路、君子路、凤凰大道、文化路、湖西路、白云路相交。长6.9千米，宽45.0米，沥青路面。2001年开工，2003年扩建。古有尧、舜、禹，以舜师命名。两侧有中领酒店、开发区实验中学、开发区实验小学、仟山公园、县委县政府、法院、检察院、银座商城等。通公交车。

文化路 371722-K13
[Wénhuà Lù]

在县境西部。北起胜利路，南至南外环路。沿线与南关街、向阳路、健康路、舜师路、单州路相交。长2.7千米，宽35.0米，沥青路面。1986年开工。因沿途学校居多，是书香之地，故名文化路。两侧有三台商场、湖西公园、县中心医院、师范学院等。通公交车。

向阳路 371722-K14
[Xiàngyáng Lù]

在县城中部。东起东外环，西至白云路。沿线与创新路、园艺路、平原路、人民路、君子路、文化路、湖西路相交。长6.3千米，宽35~50米，沥青路面。2006年建成。两侧有新华书店、商业大楼等。通公交车。

园艺路 371722-K15
[Yuányì Lù]

在县境中部。北起向阳东路，南至南外环路。沿线与舜师路、单州路、南樊路相交。长2.6千米，宽50.0米，沥青路面。2005年建成。在园艺街道，故名园艺路。两侧有仟山公园、四君子酒厂等。通公交车。

桥梁

八景桥 371722-N01
[Bājǐng Qiáo]

在县城中部。桥长8米，桥面宽40米，最大跨度1.5米，桥下净高6米。2002年建成。八景是单父名号，因此得名八景桥。结构型式为钢筋混凝土结构梁式桥。最大载重量45吨，通公交车。

金桥 371722-N02
[Jīn Qiáo]

在县城中部。桥长36米，桥面宽10米，最大跨度6米，桥下净高6.5米。2003年建成。以金为贵之意，取名金桥。结构型式为钢筋混凝土结构拱桥。最大载重量35吨，通公交车。

舜师大桥 371722-N03
[Shùnshī Dàqiáo]

在县城中部。桥长65米，桥面宽30米，最大跨度5米，桥下净高6米。2003年建成。因连接舜师路，得名舜师桥。结构型式为钢筋混凝土结构梁式桥。最大载重量80吨，通公交车。

舜通大桥 371722-N04
[Shùntōng Dàqiáo]

在县城中部。桥长78米，桥面宽26米，最大跨度5米，桥下净高6米。2005年动工，2006年建成。相传舜帝曾在单县居住，故名舜通大桥。结构型式为钢筋混凝土结构梁式桥。最大载重量80吨，通公交车。

仙人桥 371722-N05
[Xiānrén Qiáo]

在县城中部。桥长26.5米，桥面宽23米，最大跨度6米，桥下净高7米。1995年建成。

传说八仙中吕洞宾曾游此处，故名仙人桥。结构型式为钢筋混凝土结构拱桥。最大载重量 45 吨，通公交车。

玉桥 371722–N06
[Yù Qiáo]

在县城中部。桥长 36 米，桥面宽 10 米，最大跨度 6 米，桥下净高 6.5 米。2003 年建成。为与金桥相呼应，取名玉桥。结构型式为钢筋混凝土结构拱桥。最大载重量 35 吨，通公交车。

湖西桥 371722–N07
[Húxī Qiáo]

在县城中部。桥长 15 米，桥面宽 30 米，最大跨度 4 米，桥下净高 5 米。1987 年动工，1996 年改建。因连接湖西路，得名湖西桥。结构型式为钢筋混凝土结构梁式桥。最大载重量 50 吨，通公交车。

车站

单县汽车站 371722–S01
[Shànxiàn Qìchē Zhàn]

汽车站。在单县城区西部。因所在政区得名。有售票大厅、检票大厅、16 个发车位及 5 层办公楼 1 栋。是单县最主要的客运集散中心之一。

成武县

城市道路

文亭街 371723–K01
[Wéntíng Jiē]

在县城中部。东起英雄山路，西至仪凤路。沿线与永昌路、通乐路、寿峰路、永顺路、湖心路、千里马路相交。长 8.2 千米，宽 14.0~20.0 米，沥青路面。1986 年建成。因文亭山而得名。两侧有农贸市场、购物中心、批发中心、社会福利中心等。通公交车。

先农坛街 371723–K02
[Xiānnóngtán Jiē]

在县城南部。东起东环路，西至仪凤路。沿线与永昌路、通乐路、寿峰路、永顺路、湖心路、千里马路相交。长 8.2 千米，宽 12.0~22.0 米，沥青路面。1986 年开工，同年建成。因先农坛村而得名。两侧有文亭中学、实验小学、天启星幼儿园等。通公交车。

古城街 371723–K03
[Gǔchéng Jiē]

在县城北部。东起永昌路，西至湖心路。沿线与寿峰路、永顺路相交。长 2.7 千米，宽 18.0 米，沥青路面。1996 年建成。因古城而得名。两侧有郜城一小、郜城四小等。通公交车。

振兴街 371723–K04
[Zhènxīng Jiē]

在县城南部。东起通乐路，西至永顺路。沿线与永昌路、寿峰路、湖心路、千里马路、仪凤路相交。长 1.1 千米，宽 36.0 米，沥青路面。2011 年开工，2012 年建成。寓意振兴发展而得名。两侧有审计局、实验小学、职业高中等。通公交车。

会馆街 371723–K05
[Huìguǎn Jiē]

在县城西北部。东起永顺路，西至湖心路。长 0.8 千米，宽 10.0 米，混凝土路面。1996 年开工，同年建成。因道路西端原有山西会馆旧址而得名。通公交车。

莲池街 371723-K06
[Liánchí Jiē]

在县城北部。东起会文路，西至永顺路。长 0.3 千米，宽 6.0 米，混凝土路面。1993 年开工，同年建成。因东关古莲池而得名。通公交车。

永昌路 371723-K07
[Yǒngchāng Lù]

在县城东部。南起定砀路，北至枣曹路。沿线与大明湖路、先农坛路、振兴街、伯乐大街、文亭街、古城街相交。长 3.3 千米，宽 28.0 米，沥青路面。1993 年开工，1994 年建成。因北齐于此设永昌郡治而得名。两侧有海吉亚医院等。通公交车。

永顺路 371723-K08
[Yǒngshùn Lù]

在县城中部。南起定砀路，北至古城街。沿线与大明湖路、先农坛路、振兴街、伯乐大街、文亭街相交。长 2.1 千米，宽 18.0 米，沥青路面。1989 年开工，1990 年建成。因寓意永远顺利而得名。两侧有县医院等。通公交车。

趵突泉路 371723-K09
[Bàotūquán Lù]

在县城北部。东起东环路，西至永昌路。沿线与永昌路、吕台路相交。长 3.9 千米，宽 24.0 米，沥青路面。2006 年开工，2007 年建成。因由济南市帮扶建设，故以趵突泉命名。通公交车。

朝阳路 371723-K10
[Cháoyáng Lù]

在县城中部。南起伯乐大街，北至文亭街。长 0.3 千米，宽 12.0 米，沥青路面。1994 年开工，同年建成。因位于县委门前，方向朝南，故名。沿途有购物中心、商场、步行街等。通公交车。

大明湖路 371723-K11
[Dàmínghú Lù]

在县城南部。东起小清河路，西至定砀路。沿线与永昌路、通乐路、永顺路、汉泉路、湖心路、千里马路相交。长 2.8 千米，宽 15.0 米，沥青路面。1994 年开工，1997 年建成。因由济南市帮扶建设，故以大明湖命名。两侧有民政局、自然资源局、环保局、司法局、市场监管局等。通公交车。

堤口路 371723-K12
[Dīkǒu Lù]

在县城中部。南起先农坛街，北至文亭街。长 0.8 千米，宽 5.0 米，混凝土路面。1989 年开工，同年建成。因位于程堤口村而得名。通公交车。

汉泉路 371723-K13
[Hànquán Lù]

在县城中部。南起定砀路，北至文亭街。沿线与大明湖路、振兴街、先农坛路、伯乐大街相交。长 1.5 千米，宽 15.0 米，沥青、混凝土路面。1986 年开工，同年建成。因古汉泉而得名。沿途有酒店等。通公交车。

湖心路 371723-K14
[Húxīn Lù]

在县城西部。南起定砀路，北至枣曹街。沿线与大明湖路、振兴街、先农坛路、伯乐大街、文亭街、古城街相交。长 3.1 千米，宽 17.0 米，沥青路面。1996 年开工，同年建成。因穿城湖中心而得名。两侧有建设银行、郓城东校区等。通公交车。

会文路 371723-K15
[Huìwén Lù]

在县城中部。南起先农坛街，北至古城街。沿线与伯乐大街、莲池街相交。长 1.3 千米，宽 10.0 米，沥青路面。1989 年开工，1994 年建成。因春秋曾在文亭山会文而得名。沿途有商贸城、菜市场等。通公交车。

吕台路 371723-K16
[Lǚtái Lù]

在县城东部。南起定砀路，北至趵突泉路。沿线与大明湖路、先农坛路、伯乐大街、文亭街相交。长 2.3 千米，宽 42.0 米，沥青路面。2009 年开工，同年建成。因古迹吕台堌堆而得名。两侧有财政局、住建局、税务局、汽车站等。通公交车。

千佛山路 371723-K17
[Qiānfóshān Lù]

在县城东部。南起定砀路，北至枣曹路。沿线与珍珠泉路、五龙潭路、先农坛路、伯乐大街、文亭街、趵突泉路相交。长 3.9 千米，宽 15.0 米，沥青路面。1996 年开工，同年建成。因由济南市帮扶建设，故以千佛山命名。沿途有工业区。通公交车。

千里马路 371723-K18
[Qiānlǐmǎ Lù]

在县城西部。南起定砀路，北至文亭街。沿线与大明湖路、振兴街、先农坛路、伯乐大街相交。长 1.7 千米，宽 24.0 米，混凝土路面。1994 年开工，2004 年建成。因春秋战国时期，秦人孙阳善相马，千里马葬于成武而得名。两侧有人社局、购物中心等。通公交车。

泉城路 371723-K19
[Quánchéng Lù]

在县城西部。南起定砀路，北至趵突泉路。沿线与珍珠泉路、五龙潭路、先农坛路、伯乐大街、文亭街相交。长 4.4 千米，宽 15.0 米，沥青路面。2004 年开工，同年建成。因由济南市帮扶建设，故以泉城命名。沿途有工业区等。通公交车。

寿峰路 371723-K20
[Shòufēng Lù]

在县城中部。南起先农坛街，北至古城街。沿线与振兴街、伯乐大街、文亭街相交。长 1.3 千米，宽 10.0 米，沥青路面。1997 年开工，同年建成。因邻寿峰而得名。两侧有郜城五小等。通公交车。

通乐路 371723-K21
[Tōnglè Lù]

在县城中部。南起定砀路，北至古城街。沿线与大明湖路、振兴街、先农坛路、伯乐大街、文亭街相交。长 2.1 千米，宽 10.0 米，混凝土路面。1989 年开工，1991 年建成。因通乐成河而得名。沿途有购物中心、菜市场等。通公交车。

五龙潭路 371723-K22
[Wǔlóngtán Lù]

在县城东部。东起东环路，西至小清河路。沿线与泉城路相交。长 1.7 千米，宽 15.0 米，沥青路面。2004 年开工，同年建成。因由济南市帮扶建设，故以五龙潭命名。沿途有工业区。通公交车。

小清河西路 371723-K23
[Xiǎoqīnghé Xīlù]

在县城东部。南起定砀路，北至趵突泉路。沿线与珍珠泉、五龙潭路、先农坛路、伯乐大街、文亭街相交。长 3.9 千米，宽 10.0 米，沥青路面。2004 年开工，同年建成。因由济南市帮扶建设，故以小清河命名。通公交车。

仪凤路 371723-K24
[Yífèng Lù]

在县城西部。南起定砀路，北至枣曹路。沿线与大明湖路、振兴街、伯乐大街、文亭街相交。长 3.2 千米，宽 24.0 米，沥青路面。2012 年开工，同年建成。因仪凤村而得名。两侧有文化局等。通公交车。

英雄山路 371723-K25
[Yīngxióngshān Lù]

在县城东部。南起先农坛街，北至文亭街。沿线与伯乐大街相交。长 1.0 千米，宽 15.0 米，沥青路面。2004 年开工，同年建成。因由济南市帮扶建设，故以英雄山命名。沿途有工业区等。通公交车。

珍珠泉路 371723-K26
[Zhēnzhūquán Lù]

在县城东南部。东起东环路，西至小清河路。沿线与小清河西路、泉城路相交。长 1.6 千米，宽 15.0 米，沥青路面。2004 年开工，同年建成。因由济南市帮扶建设，故以珍珠泉命名。两侧有工业区等。通公交车。

伯乐大街 371723-K27
[Bólè Dàjiē]

在县境中部。东起千佛山路，西至五岔路口。沿线与吕台路、永昌路、堤口路、通乐路、寿峰路、会文路、永顺路、汉泉路、湖心路、千里马路、仪凤路相交。长 9.2 千米，宽 34.0 米，沥青路面。1976 年开工，1986 年扩建，2014 年重修。成武为伯乐故里，故名。沿途以办公楼、学校、医院及商业店铺为主。两侧有成武县地税局、成武县财政局、成武县中医院、成武县一中等。通公交车。

巨野县

城市道路

麒麟大道 371724-K01
[Qílín Dàdào]

在县城中部。东起麟台路，西至金山路。沿线与昌邑路、文昌路、会盟路、光明路、招商街、新华路、永丰街、前进路、蚩尤路、建设路相交。长 6.3 千米，宽 60 米，沥青路面。2002 年开工，同年建成。以纪念麒麟降生命此名。两侧有县文化金融中心、牡丹花园、丽天明泽大酒店等。是城区主干道之一，通公交车。

前进路 371724-K02
[Qiánjìn Lù]

在县城中部。北起玉山路，南至金港路。沿线与彭泽路、凤台路、古城街、文庙街、麒麟大道、青年路相交。长 5.4 千米，宽 40 米，沥青路面。1997 年开工，同年建成。寓意巨野发展奋力向前，故名。两侧有县职业中专、县第二中学、县大成中学、县教育局、县实验中学等。是城区主干道之一，通公交车。

五莲路 371724-K03
[Wǔlián Lù]

在县城南部。东起甘棠路，西至文昌路。沿线与会盟路相交。长 1.6 千米，宽 40.0 米，沥青路面。2010 年开工，同年建成。巨野境内有五连河，"连"演变为"莲"，以此命名。两侧有枫叶正红养老中心等。是城区主要干线公路，通公交车。

金港路 371724-K04

[Jīngǎng Lù]

在县城南部。东起麟台路,西至金山路。沿线与光明路、前进路相交。长 5.7 千米,宽 40.0 米,沥青路面。2009 年开工,同年建成。该路靠近麒麟港作业区,邻近港口,取名金港路。两侧有巨野讯安运输有限公司、全顺机动车检测有限公司、鑫源运输有限公司等。是城区主干道之一,通公交车。

凤台路 371724-K05

[Fèngtái Lù]

在县城北部。东起麟台路,西至金山路。沿线与建设路、蚩尤路、前进路、永丰街、新华路、招商街、光明路、甘棠路、会盟路、文昌路、昌邑路相交。长 6.4 千米,宽 40.0 米,沥青路面。2005 年开工,同年建成。古时传说栖凤台位置在该路,故名凤台路。两侧有东辉车饰、天龙建材、阳光商行等。是城区主干道之一,通公交车。

光明路 371724-K06

[Guāngmíng Lù]

在县城西部。北起玉山路,南至金港路。沿线与万福路、青年路、麒麟大道、文庙西路、文庙街、古城西路、古城街、凤台路相交。长 5.3 千米,宽 40.0 米,沥青路面。2009 年开工,同年建成。寓意发展前景一片光明,故名。两侧有银座购物广场、巨王家具商城、东瑞纺织器材有限公司等。是城区主干道之一,通公交车。

会盟路 371724-K07

[Huìméng Lù]

在县城西部。北起玉山路,南至五莲路。沿线与凤台路、文苑路、古城西路、文庙西路、麟山路、麒麟大道、青年路、万福路相交。长 4.1 千米,宽 50.0 米,沥青路面。2009 年开工,同年建成。鲁会盟台在该路附近,以此命名。两侧有巨野县电视台、巨野县地税局等。是城区主干道之一,通公交车。

金山路 371724-K08

[Jīnshān Lù]

在县城西部。北起玉山路,南至金港路。沿线与凤台路、古城西路、文庙西路、麟山路、麒麟大道、青年路、万福路相交。长 5.4 千米,宽 60.0 米,沥青路面。2008 年开工,同年建成。以县域内旅游景点金山命名。两侧有中凯驾校、巨野客运中心、巨野县公路局等。是城区主干道之一,通公交车。

玉山路 371724-K09

[Yùshān Lù]

在县城北部。东起麟台路,西至金山路。沿线与建设路、前进路、永丰街、光明路、会盟路、玉山路相交。长 6.3 千米,宽 50 米,沥青路面。2006 年开工,同年建成。巨野曾有座山叫玉山,以此命名。两侧有巨野县凤凰街道办事处、凤凰中学、巨野县委党校等。是城区主干道之一,通公交车。

麟台路 371724-K10

[Líntái Lù]

在县城东部。南起金港路,北至玉山路。沿线与彭泽路、凤台路、人民路、麒麟大道、富源路相交。长 5.1 千米,宽 50 米,沥青路面。2006 年开工,2007 年建成。巨野古称麟州,此路靠近栖凤台,故名麟台路。两侧有菏泽三龙纺织公司、巨野济宁工业园、巨野顺源木业有限公司、山东乾坤塑胶地板制造有限公司、润丰源药业公司、巨源电器公司等。是城区主干道之一,通公交车。

郓城县

城市道路

临城路 371725-K01
[Línchéng Lù]

在县城中部。东起郓巨河,西至火车站。沿线与西门街、胜利街、东门街、利民街相交。长9.2千米,宽50.1米,沥青路面。1981年开工,1997年扩建。因紧邻旧城而得名。两侧有郓城县华龙职业培训学校、中国人民银行郓城支行、郓城县地税局等。是城区的主干道,通公交车。

金河路 371725-K02
[Jīnhé Lù]

在县城中部。东起苏庄桥头,西至郓邑路。沿线与西门街、胜利街、东门街、利民街相交。长9.9千米,宽50.2米,沥青路面。1958年建成,1985年、2014年扩建。因路东端临近宋金河而得名。两侧有陈路口小学、郓城县农机局、郓城镇中学、百货大楼、郓城汽车站、郓城县工商局、菏泽市公交职业中等专业学校、大福源购物广场、华灵纺织工业园等。是横贯城区最长的道路,为城区主干道,通公交车。

胜利街 371725-K03
[Shènglì Jiē]

在县城中部。南起郓州大道,北至清泽路。沿线与文苑路、育才路、唐塔路、临城路、金河路、水浒路相交。长4.9千米,宽43.0米,沥青路面。1991年开工,同年建成,2011年扩建。为纪念1947年郓城解放而得名。两侧有北京红缨幼儿园连锁剑桥幼儿园、郓城县旅游咨询服务中心等。是城区的主干道之一,通公交车。

育才路 371725-K04
[Yùcái Lù]

在县城北部。西起郓邑路,东至胜利街。沿线与廪丘路、西门街、东门街相交。长3.3千米,宽38.0米,沥青路面。2007年开工,同年建成,2013年扩建。因1981年郓城一中、西关小学设于此街而得名。沿途教育氛围浓厚。两侧有裕华纺织公司、郓城县聋哑学校、郓城富西瓜果蔬菜批发交易中心等。是城区的主干道之一,通公交车。

盘沟路 371725-K05
[Pángōu Lù]

在县城中部。西起胜利街,东至利民街。沿线与东门街相交。长0.8千米,宽18.0米,沥青路面。1969年开工,同年建成,2005年扩建。因古有盘沟村而得名。两侧有郓城县政府、恒源祥、郓城公证处、粮食局、东关小学等。是城区的次干道之一,通公交车。

唐塔路 371725-K06
[Tángtǎ Lù]

在县城北部。西起西门街,东至利民街。沿线与胜利街、东门街相交。长0.2千米,宽12~18米,沥青路面。1997年开工,同年建成,2011年扩建。因此路紧靠五代唐塔而得名。沿途历史文化气息浓厚。两侧有郓城县直机关小学等。是城区的次干道之一,通公交车。

东门街 371725-K07
[Dōngmén Jiē]

在县城中部。南起郓州大道,北至清泽路。沿线与文苑路、唐塔路、盘沟路、临城路、金河路、忠义路、水浒路、盛平路相交。长4.9千米,宽43.0米,沥青路面。1990年开工,同年建成。因紧靠东城门而得名。两侧有郓城县环卫处、郓城县食品药品监督管理局等。是城区的主干道之一,有长途汽车站,通公交车。

西门街 371725-K08
[Xīmén Jiē]

在县城中部。南起郓州大道,北至清泽路。沿线与育才路、临城路、金河路、水浒路相交。长 5.0 千米,宽 32.0 米,沥青路面。1987 年开工,同年建成,1994 年扩建。因紧靠西城门而得名。两侧有郓城县黄河河务局、郓城县技工学校、郓城县中医院等。是城区的主干道之一,通公交车。

鄄城县

城市道路

人民街 371726-K01
[Rénmín Jiē]

在县城中部。东起凤凰路,西至西外环。沿线与临泽路、雷泽大道、潍坊路、伏羲路、陈王路、舜陶路、舜耕路、孙膑路、尧王路、禹王路、古泉路、温泉路相交。长 7.1 千米,宽 26 米,沥青路面。1981 年开工,1982 年建成,2009 年扩建。两侧有县地税局、县第一中学、县审计局、县人民检察院、县财政局、县人民政府、县农业局等。是进入城区的主要干道,通公交车。

建设街 371726-K02
[Jiànshè Jiē]

在县城中部。东起凤凰路,西至温泉路。沿线与临泽路、雷泽大道、潍坊路、伏羲路、陈王路、舜陶路、舜耕路、孙膑路、尧王路、禹王路、古泉路相交。长 6.4 千米,宽 24.0 米,沥青路面。1981 年开工,1982 年建成,2010 年扩建。两侧有鄄城县第三完小、鄄城县新华书店、鄄城县陈王街道办事处、鄄城县卫计局、鄄城县国税局城区分局、鄄城县地税局城区分局、鄄城县环保局等。是城区的主干道之一,通公交车。

金山街 371726-K03
[Jīnshān Jiē]

在县城南部。东起雷泽大道,西至温泉路。沿线与凤凰路、潍坊路、伏羲路、陈王路、孙膑路、西外环相交。长 4.0 千米,宽 18.0 米,沥青路面。2013 年开工,2014 年建成。因古有金山而得名。两侧有鄄城县第一中学新校区、金山公园。是城区的主干道之一,通公交车。

淮河街 371726-K04
[Huáihé Jiē]

在县城南部。东起伏羲路,西至孙膑路。沿线与陈王路、舜陶路、舜耕路相交。长 2.6 千米,宽 36.0 米,沥青路面。2013 年开工,2014 年建成。因淮河而得名。是城区主干道之一,通公交车。

陈王路 371726-K05
[Chénwáng Lù]

在县城中部。北起城濮街,南至长江大街。沿线与人民街、建设街、黄河大街、淮河街、泰山街、金山街相交。长 5.5 千米,宽 20.0 米,沥青路面。2011 年开工,2012 年建成。因三国时曹植被封为鄄城王,后封陈王,故名。两侧有鄄城县东城完小、县委党校、鄄城县陈王酒业、鄄城县陈王路商贸城、人力资源和社会保障局等。是鄄城县经济技术开发区主干道之一,通公交车。

禹王路 371726-K06

[Yǔwáng Lù]

在县城中部。北起经济街,南至运河街。沿线与城濮街、肖宁街、顺河街、人民街、建设街、黄河大街相交。长 2.7 千米。宽 20.0 米,沥青路面。2011 年开工,2013 年建成,2014 年改建。因大禹曾在鄄城治水而得名。两侧有古泉街道办事处、鄄城公安局城郊派出所、鄄城县汽车站、鄄城县家和购物广场三路店等。是鄄城县城区主干道之一,通公交车。

温泉路 371726-K07

[Wēnquán Lù]

在县城西部。北起经济街,西至黄河大街。沿线与肖宁街、顺河街、人民街、建设街相交。长 2.1 千米。宽 16.0 米,沥青路面。1975 年开工,1977 年建成,2011—2012 年改扩建。两侧有历山公园、自来水公司等。是鄄城县城区主干道之一,通公交车。

孙膑路 371726-K08

[Sūnbìn Lù]

在县城中部。北起北外环,南至金山街。沿线与肖宁街、人民街、建设街、黄河街、淮河街、洪河街、泰山街相交。长 6.8 千米,宽 12.0 米,沥青路面。1975 年开工,1977 年建成,2010 年改建。因鄄城为孙膑故里而得名。两侧有鄄城县第二中学、鄄城县人民广场、鄄城县市场管理局等。是鄄城县城区主干道之一,通公交车。

凤凰路 371726-K09

[Fènghuáng Lù]

在县城东部。北起北外环,南至长江大街。沿线与长城街、亿城街、城濮街、人民街、建设街、黄河大街、金山街相交。长 7.8 千米,宽 12.0 米,沥青路面。2013 年开工,2014 年建成。此路经过凤凰镇,故名凤凰路。是鄄城县经济技术开发区主干道之一,通公交车。

黄河大街 371726-K10

[Huánghé Dàjiē]

在县城南部。东起凤凰路,西至西外环。沿线与临泽路、雷泽大街、潍坊路、陈王路等相交。长 7.9 千米,宽 23 米,沥青路面。1977 年开工,1978 年建成,2003 年改扩建。因黄河流经境内,故名。两侧有县安监局、县公路局、县国税局、县第十二中学、县公安局、南城完小、实验中学等。是连接郓城县的重要通道,通公交车。

古泉路 371726-K1

[Gǔquán Lù]

在县境中部。北起北外环,南至金山街。沿线与城濮街、经济街、顺河街、人民街、建设街、黄河大街、洪河街、泰山街相交。长 7.3 千米,宽 20 米,沥青路面。1975 年开工,1977 年建成,2011—2012 年改扩建。以古迹亘古泉得名古泉路。两侧有县委、县政府、县纪委、县政协、县住房和城乡建设局等。是县城连接牡丹区的主要交通干道,通公交车。

雷泽大道 371726-K12

[Léizé Dàdào]

在县境东部。北起北环路,南至长江大街。沿线与长城街、香山街、亿城街、城濮街、人民街、建设街、黄河大街、淮河街、泰山街、金山街相交。长 8.2 千米,宽 30 米,沥青路面。2004 年开工,2005 年建成,2010 年改扩建。古雷泽在鄄城东南部,为伏羲降生之地,故名雷泽大道。两侧有鄄城县第一人发产业园、化工产业园、陈王街道办事处等。纵贯鄄城县经济开发区,是连接牡丹区的主要道路,通公交车。

定陶县

城市道路

兴华路 371727-K01
[Xīnghuá Lù]

在县境中部。西起临商路，东至东外环。沿路与陶驿路、青年路、白土山路、范阳路、班枝路、站前路、麟迹路、鲁花东路相交。长5.5千米，宽45米，沥青路面。1973年开工，1985年、2012年扩建。以"振兴中华"之意取名。沿途有县商业街、影剧院、学校、医院等。是进出县城的东西主干道，通公交车。

济阴路 371727-K02
[Jǐyīn Lù]

在县境南部。西起临商路，东至站前路。沿线与陶驿路、青年路、范阳路相交。长3.1千米，宽35米，沥青路面。1996年建成，2011年改扩建。因公元前114年定陶曾为济阴国，故名。两侧有定陶县环保局、定陶县国税局等。是通往定陶火车站的主干道，通公交车。

青年路 371727-K03
[Qīngnián Lù]

在县境中部。南起定砀路，北至北外环。沿线与济阴路、陶朱公大街、兴华路、古塔路、东丰路、府前大道、府北路、郜秦路相交。长6.0千米，宽45米，沥青路面。1984年开工，1989年、2011年扩建。因青年团员参与修建，故名。两侧有商业区、广播中心、文化广场、学校等。是城区南北主干道，通公交车。

范阳路 371727-K04
[Fànyáng Lù]

在县境东部。南起定砀路，北至东丰路。沿线与济阴路、陶朱公大街、兴华路、古塔路相交。长3.0千米，宽45米，沥青路面。2005年开工，2006年建成。以古范阳河得名。两侧有汽车站、范蠡像等。是县城东部南北向主干道，通公交车。

复兴大道 371727-K05
[Fùxīng Dàdào]

在县城中部。东起范阳路，西至人民路。沿线与青年路、陶驿路、济阴路、白土山路、府新路、西外环相交。长4.9千米，宽39米，沥青路面。2007年开工，2008年建成。寓意中华民族复兴，故名。两侧有县民政局、县广播局等。是进入城区的主要干道，通公交车。

汉源路 371727-K06
[Hànyuán Lù]

在县城北部。东起顺达路，西至西外环。沿线与麟迹路、范阳路、广州路、青年路、山南路、范蠡路、人民路相交。长9.5千米，宽50米，沥青路面。1990年开工，1991年建成。两侧有县信访局、县热力公司、县中医院等。通公交车。

白土山路 371727-K07
[Báitǔshān Lù]

在县城中部。南起陶朱公大街，北至古塔路。沿线与古塔路、兴华路、陶朱公大街、东风路、复兴大道相交。长1.1千米，宽36米，沥青路面。1981年开工，1982年建成。两侧有县中医院等。通公交车。

东丰路 371727-K08
[Dōngfēng Lù]

在县城中部。东起定陈路，西至临商路。

沿线与范阳路、白土山路、学东路、青年路、陶驿路相交。长2.4千米，宽32米，沥青路面。1987年开工，1998年建成。两侧有新汽车站、人社局、烟草公司等。是进入城区的主要干道，通公交车。

崇文路 371727-K09
[Chóngwén Lù]

在县城中部。东起陶驿路，西至临商路。沿线与建新路、曹伯路相交。长1.0米，宽30米，沥青路面。2008年开工，同年建成。因此路东有第三实验小学，西有定陶一中，以崇尚文治命名。两侧有范蠡中学等。是进入城区的主要干道，通公交车。

东明县

城市道路

解放路 371728-K01
[Jiěfàng Lù]

在县城西部。北起106国道，南至站前路。沿线与梦蝶路、曙光路、五四路、民族街、城北路相交。长5.4千米，宽30~45米，沥青混凝土路面。1981年开工，2004年改扩建。两侧有县人大、县人民检察院、万福公园等。为城区南北主干道，通公交车。

工业路 371728-K02
[Gōngyè Lù]

在县城中部。北起106国道，南至站前路。沿线与站前路、沿河路、三八路、五四路、城北路相交。长5.2千米，宽12~22米，沥青及混凝土路面。1987年开工，2005年改扩建。两侧有新华书店、金座广场、县市政工程管理处、县人力资源和社会保障局、县财政局、县医院等。是县南北向主干道之一，通公交车。

五四路 371728-K03
[Wǔsì Lù]

在县城中部，东起黄河路，西至万福河桥。沿线与工业路、向阳路、解放路、南华路相交。长4.0千米，宽26米，混凝土路面。1984年开工，2000年建成。寓意着五四青年节，朝气蓬勃，故名。两侧有东明汽车站、汇购广场、人民商场、光洋百货、东明县第二实验小学等。是东明县东西向主干道之一，通公交车。

曙光路 371728-K04
[Shǔguāng Lù]

在县城中部。东起赵官营，西至106国道。沿线与东环路、化工路、黄河路、工业路、向阳路、南华路、解放路相交。长6.7千米，宽26米，混凝土路面。1986年开工，2000年建成。寓意光明前景，故名。两侧有东明县审计局、东明县交通局、东明县人力资源和社会保障局、东明县民政局等。是城区连接行政区和商贸区的主干道，通公交车。

沿河路 371728-K05
[Yánhé Lù]

在县城南部。东起黄河路，西至五四路。沿线与工业路、向阳路、解放路相交。长4.9千米，宽38米，沥青路面。1989年开工，2004年建成。因沿万福河而建，故名沿河路。两侧有劳动技工学校、东明第二初级中学、东明第一初级中学等。是东明县主干道之一，通公交车。

城北路 371728-K06
[Chéngběi Lù]

在县城北部。东起工业路，西至解放路。沿线与中山北街、文化街相交。长1.7千米，宽20米，沥青路面。2010年开工，

2011 年建成。因道路位于县城北部,故名。是城区主干道之一,通公交车。

站前路 371728-K07
[Zhànqián Lù]

在县城南部。东起梦蝶路,西至 106 国道。沿线与工业路、向阳路、南华路、解放路相交。长 4.8 千米,宽 50 米,混凝土路面。1984 年开工,2000 年建成。因该道路位于东明县火车站前方,故命名为站前路。两侧有东明县气象局、东明县教育局、火车站、李江庄小学、城乡客运站等。是城区主干道之一,通公交车。

向阳路 371728-K08
[Xiàngyáng Lù]

在县城西部。北起民主东街,南至站前路。沿线与五四路、曙光路、沿河路、梦蝶路相交。长 3.0 千米,宽 22 米,沥青混凝土路面。1986 年开工,2014 年建成。寓意向着希望、向着梦想,生活充满阳光,故名。两侧有人民商场、财富广场、东明县医院等。是东明县主干道之一,通公交车。

桥梁

东明黄河公路大桥 371728-N01
[Dōngmíng Huánghé Gōnglù Dàqiáo]

在东明县城北部。桥长 4 142.0 米,宽 18.5 米,最大跨度 120 米,桥下净高 18 米。1991 年动工,1993 年建成。因在菏泽市东明县,跨黄河,得名东明黄河公路大桥。是跨越山东省菏泽市东明县与河南省濮阳市之间的黄河上的特大型公路桥,结构型式为预应力混凝土连续钢构—连续梁组合结构桥。最大载重量 120 吨,通公交车。

四　自然地理实体

菏泽市

河流

黄河 371725-22-A-a01
[Huáng Hé]

外流河。在省境北部。因水色浑黄而得名。在古籍中最早称"河"，《汉书》中始有黄河之称。发源于青藏高原巴颜喀拉山北麓的约古宗列盆地，自西向东分别流经青海、四川、甘肃、宁夏、内蒙古、陕西、山西、河南及山东9个省（自治区），最后流入渤海。全长约5 464千米，流域面积约752 443平方千米。河水夹带到下游的泥沙总量，平均每年超过16亿吨，其中有12亿吨流入大海，剩下4亿吨长年留在黄河下游，形成冲积平原，有利于种植。黄河是中华文明最主要的发源地，中国人称其为"母亲河"。黄河流域有肥原沃土，物产丰富，山川壮丽，居民几占中国总人口四分之一，耕地则约占全国4成。黄河源流段从星宿海至青海贵德，上游段自贵德至江西省河口镇，中游段从河口镇到河南孟津，下游段自孟津到山东利津县注入渤海。主要支流有汾河、洮河、渭河等。

东鱼河 371700-22-A-b01
[Dōngyú Hé]

人工水道。在市境东南部。因发源于东明，止于鱼台县而得名。发源于东昭县刘楼村，流经菏泽、曹县、定陶、城武、单县、金乡、鱼台，至微山县李埝村入昭阳湖。长172.1千米，宽210~169米，流域面积5 923平方千米。流量33 850万立方米。河流泥沙含量大。沿岸居民以种植业为主。具有防洪除涝、灌溉的功能。主要支流有胜利河等。

东鱼河南支 371722-22-A-b02
[Dōngyú Hé Nánzhī]

东鱼河支流。在市境南部。因所属干流和所在方位而得名。发源于河南省兰考县胡乔，流经庄寨镇、楼庄镇、常乐镇、魏湾镇、砖庙镇、倪集办事处、青岗集镇、普连集镇、古营集镇，至韩庄流入定陶县注入东鱼河。长74.4千米，宽64米，流域面积1 290平方千米。径流量258立方米/秒。具有防洪除涝、灌溉的功能。

鄄郓河 371700-22-A-b03
[Juànyùn Hé]

人工水道。在市境东北部。因跨郓城县、鄄城县，故名鄄郓河。发源于鄄城县左营西孙沙窝，流经鄄城县东部、郓城县西部，于郓城县丁庄入洙赵新河。长46.6千米，宽57米，流域面积975平方千米。设计防洪流量470立方米/秒。有泥沙。具有防洪除涝、灌溉的功能。主要支流有大洼北沟、箕山河、华营河、商营河。

万福河 371700-22-A-b04
[Wànfú Hé]

内陆河。在市境中部。由汉武帝《瓠子歌》中的"颓林竹兮楗石菑，宣防塞兮万福来"的美好祈愿得名。发源于定陶大薛庄，流经巨野、成武、金乡、鱼台和济宁郊区，于济宁大周庄入南阳湖。长77.3千米，宽80米，流域面积1 283平方千米。河流泥沙含量大。具有防洪除涝、灌溉的功能。

郓巨河 371700-22-A-b05
[Yùnjù Hé]

内陆河。在市境北部。因跨郓城县、巨野县而得名。发源于郓城县李统庄丰收河，流经郓城、巨野28个乡镇，在于楼西入洙赵新河。长47.9千米，宽68米，流域面积986平方千米。设计防洪流量389立方米/秒。河流泥沙含量大。具有防洪除涝、灌溉的功能。

牡丹区

河流

安兴河 371702-22-A-b01
[Ānxīng Hé]

内陆河。在区境北部。因于安兴镇西流入洙赵新河而得名。发源于牡丹区吴店镇，流经都司镇、黄堽镇、安兴镇、吴店镇，于安兴镇西流入洙赵新河。长46.5千米，宽20~150米，流域面积288平方千米。径流量120立方米/秒。具有防洪除涝、灌溉的功能。

徐河 371702-22-A-b02
[Xú Hé]

人工河道。在区境北部。因流经村落而得名。发源于李庄集闸，流经李村镇、高庄镇、小留镇、黄堽镇、都司镇、胡集镇、沙土镇，于沙土镇五道街入洙赵新河。长

44.65千米，宽20~50米，流域面积78平方千米。径流量69立方米/秒。具有防洪除涝、灌溉的功能。主要支流有北韩楼沟、临濮沙河。

曹县

河流

白花河 371722-22-A-b01
[Báihuā Hé]

内陆河。在县境北部。因该河水质清澈，故称白花河。发源于楼庄镇孙庄，流经魏湾镇、倪集办事处、普连集镇，在古营集镇南苗楼村注入曹北河。长37.5千米，宽25米，流域面积106.9平方千米。径流量90.9立方米/秒。具有防洪除涝、灌溉的功能。主要支流有蔡洼沟。

团结河 371722-22-A-b02
[Tuánjié Hé]

内陆河。在县境东南部。为了纪念中共九大命名为团结河。发源于阎店楼镇土山集村，流经阎店楼、曹城镇、王集、安仁集等乡镇，至西郭楼出境，汇入白花河，于古营集镇东郭楼村流入成武县，注入东鱼河。长39.2千米，平均宽43米，流域面积392.4平方千米。径流量96立方米/秒。具有防洪除涝、灌溉的功能。主要支流有四级河、四干沟、曹北河。

黄白河 371722-22-A-b03
[Huángbái Hé]

内陆河。在县境东南部。以河流两头村名各取一字，命名黄白河。发源于仵楼乡闫庄，于青堌集陈桥村流入单县，汇入胜利河。长44.2千米，流域面积184.8平

方千米。径流量 55 立方米 / 秒。具有防洪除涝、灌溉、养殖的功能。主要支流有青西沟。

单县

河流

东沟河 371722-22-A-b01

[Dōnggōu Hé]

内陆河。在县境西南部。因穿单县城东部，形成一条沟渠而得名。发源于浮岗镇的王楼，流经高老家乡、曹庄乡、黄岗镇、莱河镇、东城办事处、南城办事处、北城办事处、谢集镇、李田楼镇、徐寨镇 10 个乡镇（办事处），至徐寨镇的商楼东入东鱼河。长 47 千米，宽 30 米，流域面积 217.3 平方千米。径流量 246 立方米 / 秒。具有防洪除涝、灌溉、养殖的功能。

惠河 371722-22-A-b02

[Huì Hé]

内陆河。在县境东部。该河在单县境内原叫白马河，下游金乡县叫惠河，为了上下游统一，故名惠河。发源于山东省单县境内，流经单县、丰县、金乡县、鱼台县，于霄云镇核桃园村入东鱼河。长 47 千米，宽 20 米，流域面积 283 平方千米。径流量 300 立方米 / 秒。具有防洪除涝、灌溉等功能。

太行堤河 371722-22-A-b03

[Tàihángdī Hé]

内陆河。在县境东南部。因太行堤而得名。发源于山东省单县浮岗集，流经黄岗镇、龙王庙镇、杨楼镇、蔡堂镇，至朱集镇芦堤口入丰县境，至孙套楼汇入复新河。长 42.162 千米，宽 35 米，流域面积

377 平方千米。流量 199 立方米 / 秒。具防洪除涝、灌溉等功能。主要支流有蒋河、二堤河、刘楼沟、小杨河、孟流河和银河。

巨野县

河流

友谊河 371724-22-b01

[Yǒuyì Hé]

内陆河。在县境南部。因该河减少了金乡县的客水压力，解决了历年水利矛盾，为纪念两县友谊，故名友谊河。发源于嘉祥县纸坊镇后商村西南，流经毕花园、棠林集、姜潭、陶庙，于金乡县南入洙赵新河。长 31 千米，宽 30 米，流域面积 94 平方千米。径流量 94 立方米 / 秒。对流域范围内的气候具有一定的调节作用，为居民提供赖以生存的淡水资源，具有防洪除涝、灌溉的功能。

鄄城县

河流

箕山河 371726-22-A-b01

[Jīshān Hé]

内陆河。在鄄城县金堤以北。因自然地理实体箕山而得名。发源于鄄城县城郊，流经富春乡、郑营镇、古泉街道、陈王街道、凤凰镇、箕山镇，汇入鄄郓河。长 44.6 千米，宽 100 米，流域面积 365 平方千米。径流量 159 立方米 / 秒。具有防洪除涝、灌溉的功能。主要支流有一支沟至七支沟。

定陶县

河流

定陶新河 371727-22-A-b01
[Dìngtáo Xīnhé]

内陆河。在县境西部。为定陶县新开挖的河流，故称定陶新河。发源于马集李园西南，流经马集镇、仿山镇、滨河办事处、杜堂镇、黄店镇，于黄店镇邓庄南入东鱼河北支。长 31 千米，宽 30 米，流域面积 128 平方千米。径流量 120 立方米 / 秒。具有防洪除涝、灌溉的功能。

范阳河 371727-22-A-b02
[Fànyáng Hé]

内陆河。在县境西部。古为氾水，后改为氾水河，今为氾阳河。发源于邹平县白云山跑马岭南麓，流经张湾镇、仿山镇，于陈集镇汇入洙水河。长 39 千米，宽 30 米，流域面积 46 平方千米。流量 25 立方米 / 秒。沿岸居民以种植业为主。具有防洪除涝、灌溉的功能。

东明县

河流

渔沃河 371728-22-A-a01
[Yúwò Hé]

外流河。在县城南部。因所在政区而得名。发源于刘楼镇北庞庄，流经沙沃镇、渔沃街道、陆圈镇、武胜桥镇，至红土崖汇入清水河。长 31 千米，宽 20 米，流域面积 98 平方千米。径流量 130 立方米 / 秒。具有防洪除涝、灌溉的功能。

贾河 371728-22-A-b01
[Jiǎ Hé]

内陆河。在县境中部。发源于沙窝镇马庄村西，流经沙窝镇、东明集镇、陆圈镇，于吕陵镇楚庄东北汇入东鱼河北支。长 29.5 千米，宽 6 米，流域面积 158 平方千米。除涝流量 29~75 立方米 / 秒。具有防洪除涝、灌溉的功能。

五 名胜古迹、纪念地和旅游地

牡丹区

重点文物保护单位

青邱堌堆遗址 371702-50-B-b01
[Qīngqiū Gùduī Yízhǐ]

在牡丹区马岭岗镇。因青邱寺而得名。新石器时代至汉代遗址。据现存的碑刻记载，此处为春秋时期齐桓公与宋、曹、卫等国的会盟台。堌堆呈覆斗状，上部长、宽各有40米，下部边长各为50米，高达7米。北、西、东呈三级台阶状，南壁陡直。堌堆北半部灰褐土、质软，可采集到龙山、商、周时代的陶片，为文化堆积层。是研究当地民俗宗教与地方史的重要实物资料。2013年10月被批准为省级文物保护单位。

肖氏民居 371702-50-B-b02
[Xiāoshì mínjū]

在牡丹区北城办事处八一路军分区干休所院内。原为国民党军长肖之楚旧宅，因所属肖氏家族而得名。1936年始建。此建筑坐北朝南，南北长100米、东西宽27.8米，占地面积2 780平方米，实际建筑面积568.4平方米。原建筑由前、后二进院及后花园组成，现仅存后院，砖木结构，自南向北依次为过厅、东西厢房、正房、东西观花楼。其中，过厅面阔三间，东西12.4米，南北7.5米，高6.5米，硬山式结构，重梁起架，灰瓦覆顶，前、后檐出厦，厦

下分别有明柱二根。此建筑是鲁西南地区民居代表之作，为研究本地区民居发展史及肖之楚将军生平事迹提供了可靠的资料。2013年10月被批准为省级文物保护单位。通公交车。

孔楼遗址 371702-50-B-c01
[Kǒnglóu Yízhǐ]

在牡丹区安兴镇。因所在位置而得名。新石器时代至汉代遗址。遗址南北长80米、东西宽100米、高约2米，面积8 000平方米。历史上曾在此建有显圣寺。从遗址上采集的陶片标本可见器形有：龙山文化夹砂灰陶蓝纹罐、商代夹砂褐陶粗绳纹甗和夹陶灰陶绳纹鬲等。该遗址为鲁西南地区新石器文化聚落分布、区域类型、文化谱系及堌堆文化研究等提供了重要的资料。2000年2月被批准为市级文物保护单位。

寺前李村曹寺遗址 371702-50-B-c02
[Sìqiánlǐcūn Cáosì Yízhǐ]

在牡丹区沙土集镇寺前李村北部。因所在位置而得名。新石器时代遗址。原堌堆上有明教寺一座，明正德三年（1509）曾对其进行重修，次年古刹被毁，尚有当年重修明教碑一通。遗址南北长100米、东西宽100米、高2.5米，面积10 000平方米。该遗址为鲁西南地区新石器文化聚落分布、区域类型、文化谱系研究等提供了重要的资料。1988年12月被批准为市级文物保护单位。

桂陵之战遗址 371702-50-B-c03
[Guìlínzhīzhàn Yízhǐ]

在牡丹区曹州牡丹园一带。以古战场遗址所在地而得名。战国时期遗址。遗址东至赵王河西崖，南至曹州牡丹园南部，西至李集村东，北至芦堌堆村西，南北长2 000 米、东西宽 3 000 米，总面积 6 000 000 平方米。原地貌已不复存在，20 世纪 70 年代在何楼村曾出土过战国时期的兵器和陶器等。该遗址的发现，对相关桂陵之战的学术研究具有重要意义。2009 年 12 月被批准为市级文物保护单位。

石碑王村太清观碑 371702-50-B-c04
[Shíbēiwángcūn Tàiqīngguàn Bēi]

在牡丹区沙土集镇沙土集石碑王村。因所在位置而得名。元代遗址。此碑坐东朝西立于村内西部坑塘的北岸，青石质。碑首高 0.90 米，宽 1.05 米，厚 0.32 米；碑身高 2 米，宽 0.95 米，厚 0.30 米；赑屃座长 2.4 米，宽 1.05 米，高 0.64 米。碑首为浮雕二龙戏珠，碑额阴刻篆书"创建太清观碑"。碑刻楷书共 11 列、53 行，计 540 字，主要记述了创建太清观的经过、治所、规模以及所敬神灵等内容。下款"中统口年口月口日立石"。碑阴为题名。此碑对研究鲁西南地区民间宗教信仰具有重要的参考价值。2012 年 5 月被批准为区级文物保护单位。

曹县

纪念地

鲁西南烈士陵园 371721-50-A-b01
[Lǔxīnán Lièshì Língyuán]

在县境西北部。因所在位置和功用而得名。1943 年始建。陵园占地 75 924 平方米，园内安葬有抗日战争、解放战争、抗美援朝、对越自卫反击战、社会主义革命和建设时期为国捐躯的烈士，共 10 000 余名。陵园内主要烈士纪念建筑物有鲁西南革命纪念馆，鲁西南革命英雄纪念碑，鲁西南抗日烈士纪念碑，鲁西南烈士公墓、纪念碑亭，烈士墓区等。为广大群众缅怀革命前辈丰功伟绩、接受革命传统教育和爱国主义教育的场所。1988 年 1 月被公布为省级重点烈士纪念建筑物保护单位。350 省道、261 省道经此。

重点文物保护单位

红三村抗日联防遗址 371721-50-B-b01
[Hóngsāncūn Kàngrì Liánfáng Yízhǐ]

在曹县韩集镇刘岗村。因所在地而得名。抗日战争时期遗址。遗址面积 260 平方米。该革命遗址现存建党部、秘密联络站故址、抗日救国总会办事处、冀鲁豫边区第十军分区被服厂、第十军分区鞋厂、戴晓东指挥所、抗日子弟中学等旧址。是重要的爱国主义教育基地和红色旅游地。1977 年 12 月被批准为省级文物保护单位。

莘冢集遗址 371721-50-B-b02
[Shēnzhǒngjí Yízhǐ]

在曹县青菏街道莘冢集村内。因所在地而得名。新石器时代至夏商时期遗址。遗址南北长 172 米，东西宽 60 米，总面积 10 320 平方米。出土器物有杯、罐、碗、盆、漏斗等，骨器有锥、凿等，石器有铲、镰，还有大量的鱼刺、螺壳。该遗址文化堆积以龙山文化层为最厚，出土遗物丰富，具有典型山东龙山文化因素和河南龙山文化的特征，为研究龙山以及商周时期文化分布范围提供翔实资料。1992 年 6 月被批准为省级文物保护单位。

梁堌堆景山遗址 371721-50-B-b03
[Liánggùduī Jǐngshān Yízhǐ]

在曹县侯集镇梁堌堆村北。因所在地而得名。新石器时代至商周时期遗址。遗址高台北面东西长 137 米，南面东西长 125 米，西面南北宽 137 米，东面南北宽 100 米，遗址总面积 30 000 平方米，堌堆中心高 16 米，土质疏松，土色为灰褐色黏土，西南断壁陡直，暴露文化层、灰坑、红烧土地、料礓石并夹杂大量陶片，采集陶片有泥质夹砂灰陶片红褐陶，纹饰有绳纹、素面，可见器形有豆、罐、鬲、瓦等。梁堌堆景山遗址为研究新石器时代至汉代文化谱系提供了翔实的资料。1977 年被批准为省级文物保护单位。

部堌堆遗址 371721-50-B-b04
[Gàogùduī Yízhǐ]

在青菏街道部堌堆村西。因所在地而得名。新石器时代至商周时期遗址。遗址南北长 68 米，东西宽 66 米，总面积 4 488 平方米，呈椭圆形，其上有庙两座。土质为灰褐色黏土，质细且密。部堌堆遗址为研究山东地区龙山文化分布范围、文化谱系等提供了翔实的资料。1992 年 6 月被批准为省级文物保护单位。

安陵堌堆遗址 371721-50-B-b05
[Ānlínggùduī Yízhǐ]

在曹县韩集镇孙庄。秦相魏冉死后葬于安陵集东南五里，世谓"安平陵"，简称安陵。新石器时代遗址。该遗址南北长 496 米，南面宽 122 米，北面宽 93 米，总面积 33 750 平方米，略呈长方形。土色为灰色黏土，土质较疏松，中部高 7 米。安陵堌堆遗址为研究我国北方堌堆文化提供了翔实的资料。1977 年 12 月被批准为省级文物保护单位。

郗堌堆遗址 371721-50-B-b06
[Xīgùduī Yízhǐ]

在曹县普连集镇郗庄村东。因所在地而得名。新石器时代至汉代遗址。南北长 250 米，东西宽 150 米，面积 37 500 平方米，堌堆最高点高出地面约 4 米，为椭圆形。遗址南部因生产取土已夷为平地。从北部堌堆断面可以看出，文化堆积层较厚，内涵较为丰富，采集到的标本有大汶口文化的鬲足，龙山文化的鼎足，商代陶罐、盆等，东周夹砂红褐陶鬲，汉代泥质灰陶罐等文物。郗堌堆遗址为研究北方堌堆文化提供翔实资料。1992 年 6 月被批准为省级文物保护单位。

汤陵 371721-50-B-b07
[Tānglíng]

在曹县闫店楼镇土山集村西。因传说是汤王陵而得名。商代至汉代遗址。该遗址南北长 145 米，东西宽 58 米，面积 8 410 平方米，呈长方形。1995 年，商都文化研讨会时，进行过试掘，出土大量商、周时期的陶片，又出土许多战国时期的砖瓦，至深 4.5 米处，发现了商代的夯土层。汤陵为研究曹县商文化提供了实物佐证，具有较高的历史价值和科学价值。2013 年 10 月被批准为省级文物保护单位。

伊尹墓 371721-50-B-b08
[Yīyǐn Mù]

在曹县大集镇殷庙村西。因墓主人而得名。商代墓葬。南北长 73 米，东西宽 55 米，面积 4 015 平方米。墓向南方，封土高 1.5 米，直径 4 米，呈覆锅状。2013 年 10 月被批准为省级文物保护单位。

高集遗址 371721-50-B-b09
[Gāojí Yízhǐ]

在曹县安蔡楼镇高集北头。因所在地

而得名。商至汉代遗址。遗址东西长 82 米，南北宽 98 米，面积 6 566 平方米，略呈长方形。在遗址之上有东岳庙，庙院有 4 通重修碑，由于处于露天保护，碑不同程度受损。遗址上出土有陶罐、陶盆等，采集到的标本有汉代泥质灰陶素面盆等陶器残片。高集遗址为研究古代人们的宗教习俗提供了翔实的资料。2013 年 10 月被批准为省级文物保护单位。

重要景点和一般名胜古迹

黄河故道湿地风景区 371721-50-D-a01
[Huánghégùdào Shīdì Fēngjǐngqū]

在曹县魏湾镇太行堤。1855 年之前，属于古黄河流域，黄河改道后，留下黄河故道地貌和大面积湿地，后开发成景区，黄河故道湿地风景区因此而得名。占地面积 32 平方千米。旅游区分为"一带三区"，即旅游设施服务带、湿地景观区、水上娱乐区和森林观光区。主要景点有百里黄河故道、十里太行绿堤、万顷荷花连海。景区内有游客服务中心、农家乐、养生保健园和十里景观长廊。被评为国家 AA 级旅游景区。

单县

重点文物保护单位

张堌堆遗址 371722-50-B-b01
[Zhānggùduī Yízhǐ]

在单县园艺街道张溜村。根据家族姓氏及其性质命名。新石器时代至周代遗址。东西长 118 米，南北宽 115 米，占地面积 10 930 平方米，堌堆高约 5 米。具有一定考古价值。2006 年 12 月被批准为省级文物保护单位。通公交车。

李林石刻 371722-50-B-c01
[Lǐlín Shíkè]

在张集镇谢李林村。因所在地而得名。明代遗址。主要建筑物有墓碑和墓冢，占地面积 12 平方米。墓碑为明万历三十七年（1609）由神宗诏旨赐立，为功德贤孝碑。石刻碑阳上题阴刻正楷"赐进士第巡按山西监察御史夏邑嵩螺彭瑞五□□题"，正文阳刻正楷"明故处士南泉李公之墓"，下跋阳刻正楷"万历三十七年岁在己酉季春上浣吉旦"。碑阴上题阴刻"明处士南泉李公墓碑"。正文 16 行，每行 43 字，详细记载李氏家族变迁历程。李林石刻为明故处士李公的墓碑，为考证李氏家族变迁提供了珍贵实物资料。2009 年 12 月被批准为市级文物保护单位。通公交车。

玄帝庙 371722-50-B-c02
[Xuándì Miào]

在单县浮岗镇浮岗北街安新庄内。因供奉对象而得名。明代建筑。庙宇东西长 11 米，南北宽 9 米，建筑面积 99 平方米，占地面积 120 平方米。坐北朝南，砖木结构，大殿面阔 3 间，进深 8 椽，前檐辟廊、梁架结构为抬梁式，系硬山式起脊建筑，整座大殿的地基全部为石磙上加条石砌成，屋脊上装饰有五脊六兽。2009 年 12 月被批准为市级文物保护单位。通公交车。

重要景点和一般名胜古迹

开山公园 371722-50-D-c01
[Jiānshān Gōngyuán]

在单县舜师路东段。由于该公园建设时在公园内挖掘出一石碑，上刻有"开山遗址"

四字，故名开山公园。2008 年建成。占地面积 0.45 平方千米，主要景点有吕后文化广场、诗词文化墙、单父广场、开山积雪、四君子文化广场等。开山公园满足了不同年龄层次游人的活动需求。通公交车。

成武县

重点文物保护单位

真武庙 371723-50-B-b01
[Zhēnwǔ Miào]

在汶上集镇汶西村西，因该庙供奉祭祀真武大帝，所以起名叫真武庙。明代建筑。东西长 9.9 米，南北宽 6.5 米，高 6 米，存正殿三间，坐北朝南，青砖青瓦，重梁起架，出檐 1 米，东间南墙外侧镶嵌明代万历五年（1577）"重修真武庙记"卧碑一块，存清代重修真武庙残碑一块。此遗址为考证成武县的历史提供了珍贵的实物资料。2013 年 10 月被批准为省级文物保护单位。通公交车。

侯阚寺遗址 371723-50-B-c01
[Hóukànsì Yízhǐ]

在九女集镇艾庄。因由侯阚村村民重修，故名。唐代建筑。现存元代重修法云院记碑一通。此遗址为考证成武县的历史提供了珍贵的实物资料。2009 年 12 月被批准为市级文物保护单位。

吉祥寺遗址 371723-50-B-c02
[Jíxiángsì Yízhǐ]

在成武县白浮图镇白浮图村。金大定三年（1163）敕赐为吉祥院，故名。始建于南北朝时期，唐、元、明、清时期又不断翻修。遗址东西长 85 米，南北 75 米，

面积 6 375 平方米。院内现存南北朝时期青石质圆雕释迦牟尼佛像，高七尺二寸，造型古拙，并存金大定三年敕赐吉祥院残碑等遗物。遗址上现建有大殿、东西廊坊若干间。此遗址为考证成武县的历史提供了珍贵的实物资料。2009 年 12 月被批准为市级文物保护单位。通公交车。

伯乐墓 371723-50-B-c03
[Bólè Mù]

在伯乐集镇伯乐集村。因所在地而得名。春秋时期墓葬。占地面积 25 平方米。墓封土直径 16 米，高 3.8 米，呈覆锅状，青砖围砌，外由水泥沙灰覆盖，四周植柏树 8 棵。20 世纪 70 年代，曾在此出土明代重修伯乐墓残碑一通，上刻有"孙阳"二字。此遗址为考证成武县的历史提供了珍贵的实物资料。2009 年 12 月被批准为市级文物保护单位。通公交车。

吕氏民居 371723-50-B-c04
[Lǚshì Mínjū]

在成武县文亭街道古城街西段路北原一完小西侧。因吕氏族人在此居住而得名。清代建筑。现存正房三间和东屋三间，正房东西 12 米，南北 6.5 米，高 6 米，重梁起架，八砖登顶，出檐 1.2 米，门前两侧各有一圆形立柱支撑，下有青石质柱础，木质格式门窗。东屋三间，南北 9 米，东西 4 米，高 5.6 米。全部为砖木结构，青砖青瓦，五脊六兽，屋脊为花砖。此遗址为考证成武县的历史提供了珍贵的实物资料。2009 年 12 月被批准为市级文物保护单位。

白云寺遗址 371723-50-B-c05
[Báiyúnsì Yízhǐ]

在成武县永昌街道前刘坊村东北约 50 米处。因寺庙为白色而得名。龙山文化时期至汉代遗址。遗址南北 45 米，东西 30 米，

面积 1 350 平方米，中部约高 2 米，四周呈缓坡状。此遗址为考证成武县的历史提供了珍贵的实物资料。1989 年 2 月被批准为县级文物保护单位。通公交车。

巨野县

重点文物保护单位

章西田氏家祠 371724-50-B-b01
[Zhāngxī Tiánshì Jiācí]

在巨野县章缝镇章缝西街。为纪念田氏宗亲而得名。明清建筑。原家祠占地 5 亩余，后尚存三进四合院，现仅存一单院，南北 35.7 米，东西 25.8 米，占地面积 920 多平方米，坐北朝南，中轴线上自南向北依次为大门、拜厅、卷棚、正堂，均灰砖垒砌，白灰勾缝，小灰瓦覆顶。是一处典型的北方外跨式四合院建筑。为研究我国明代建筑史提供了重要的实物资料。2013 年 10 月被批准为省级文物保护单位。有公路经此。

董氏民居 371724-50-B-c01
[Dǒngshì Mínjū]

在巨野县驻地东南 25.0 千米。因建筑所属氏族而得名。清代建筑。占地面积 920 平方米，是一处清代的民居建筑。该民居现有门厅三间，东、西配房各四间，堂屋（原前厅）三间，主房小楼一栋。整座院落东西 20 米，南北 46 米，各房均为单檐起脊硬山建筑，砖木结构。门厅及前厅均为重梁结构，由石础添柱承接，前厅带廊。是一处清代传统民居，为研究清末民国时期的乡土建筑提供了实物资料。2009 年 12 月被批准为市级文物保护单位。有公路经此。

御史卜公庙记碑 371724-50-B-c02
[Yùshǐ Bǔgōngmiào Jìbēi]

在巨野县西南 28.0 千米。因碑题所记内容而得名。金代建筑。该碑圆首盘龙，龟趺坐，碑身上半部刻印鉴阴文，下半部刻卜式生平事迹。碑阴额题"庆源图"。金泰和五年（1205）立石。现庙已毁，碑存。具有较高的历史、艺术、研究价值。2009 年 12 月被批准为市级文物保护单位。有公路经此。

郓城县

重点文物保护单位

肖堌堆遗址 371725-50-B-c01
[Xiāogùduī Yízhǐ]

在李集镇大杨集村。因所在位置而得名。龙山文化时期至汉代遗址。该遗址南北长 78 米，东西宽 42 米，总面积 3 276 平方米，略呈南北长于东西的长方形。土色为黑色沙土，质疏松。地表采集有龙山文化的方格纹、商代的绳纹、周代的陶器残片等。该遗址为山东地区龙山文化分布范围、文化谱系等提供了翔实的资料。2009 年 12 月被批准为市级文物保护单位。通公交车。

状元张楼村状元祠 371725-50-B-c02
[Zhuàngyuánzhānglóucūn Zhuàngyuáncí]

在张集乡状元张楼村。因所在地而得名。清代建筑。状元祠为三进院，由正房、过厅和门厅组成，院落南北长 36.8 米，东西宽 16.73 米，均坐北向南，硬山结构。正房面阔三间，东西宽 6 米，南北长 11.5 米，高 7 米，抬梁式，青瓦覆顶、五脊六兽，并设有钢叉云燕、角垂铜铃。过厅面阔三间，东西长 11 米，南北宽 5 米，顶置鱼龙猴马。门厅面阔三间，东西长 9 米，南北宽 4 米，上置日月窗。大门前建有宏丽迎门壁墙，上悬状元及第时光绪皇帝赐"皇恩御赐"圣旨石一方，扭头狮立于门之左右。该建筑对研究清末建筑技术具有重要价值。2014 年 12 月被批准为市级文物保护单位。

万人堌堆义军公墓 371725-50-B-c03
[Wànrén Gùduī Yìjūn Gōngmù]

在郓城县武安镇。因是明代徐鸿儒起义军部将聚葬地而得名。明代墓葬。公墓现封高 4 米，直径约 16 米。该墓为明天启二年（1622）起义军失败后，被山东都司瘿栋和杨国盛杀害的留守在武安等地起义军 7 000 余人的聚葬地，是封建统治者残酷镇压劳动人民的见证。2009 年 12 月被批准为市级文物保护单位。通公交车。

侣楼侣公家祠 371725-50-B-c04
[Sìlóu Sìgōng Jiācí]

在随官屯镇侣楼村。因所在地而得名。始建于明代。家祠由山门，大殿，东、西厢房和耳房组成；院落东西长 29 米，南北宽 18.58 米。山门、大殿和耳房坐北向南，大殿面阔三间，东西长 10.65 米，南北宽 5.13 米，通高 9 米，砖木石结构，大木举架式，硬山单层，前檐带廊，廊宽 1 米，悬垂龙头斗拱，枋木纹饰精美、雀替、隔板通体透雕，灰瓦覆顶，猫头排山，盘龙钩檐，两山安吻，中立宝顶，殿前五级台阶。左有一耳房，东西长 6.50 米，南北宽 4.47 米。东、西厢房各面阔三间，东厢南北长 9.83 米，东、西宽 4.85 米；西厢南北长 8.88 米，东西宽 5.15 米，砖木结构，灰瓦覆顶。山门为清代重建，砖石结构，面阔三间，东西长 7.66 米，南北宽 4.15 米，左右设有掖门。山门后为卷棚，与大殿相对。山门悬挂一木匾"侣公祠堂"，由清衍圣公孔毓圻书。该家祠充分反映了当时的建筑水平，对研究明代建筑风格有着一定的作用。2009 年 12 月被批准为市级文物保护单位。通公交车。

刘西刘氏家祠 371725-50-B-c05
[Liúxī Liúshì Jiācí]

在玉皇庙镇刘西村。为纪念刘氏宗亲而得名。清代建筑。建筑为二进院式建筑。家祠由正厅、卷棚、拜亭、廊棚、过厅和大门组成，院落南北长 46 米，东西宽 23.4 米。一进院房屋三间，东西长 10.2 米，南北宽 5.94 米，木格圆窗，前檐带廊，廊宽 1.25 米。二进院有一正方形拜亭，长、宽各 4.2 米。正厅面阔三间，东西长 11.3 米，南北宽 6.8 米，前带廊，廊宽 1.15 米，抬梁式，硬山结构，青砖灰瓦，莲花脊，棱子门窗。正厅前有一卷棚，与拜亭相对。正厅两边各有一廊棚。大门前石狮一对，分立左右。整个建筑壮观紧凑，对研究当时的建造技术有着重要价值。2012 年 3 月被批准为县级文物保护单位。通公交车。

后葛营张氏家祠 371725-50-B-c06
[Hòugěyíng Zhāngshì Jiācí]

在郓州街道后葛营村。为纪念张氏宗亲而得名。清代建筑。家祠由正厅、东厢、西厢组成，院落南北长 22 米，东西宽 21 米。正厅坐北朝南，面阔三间，东西长 11.60 米，南北宽 7.30 米，四梁八柱，砖木结构硬山墙，前带廊，廊宽 1.62 米，灰瓦覆顶，棱子门窗，后墙为外砖内坯；正厅内东、西两墙画有山水、花鸟壁画两幅。东、西厢房均为硬山结构，灰瓦布顶，檩子门窗；东厢面阔三间，南北长 10.07 米，东西宽 4.85 米，前出廊，廊宽 0.96 米；西厢面阔三间，南北长 10.42 米，东西宽 5 米，前出廊，廊宽 9.60 米。整个建筑古朴严谨，为研究我国清代建筑技术提供了翔实的资料。2012 年 3 月被批准为县级文物保护单位。

宋屯宋氏家祠　371725-50-B-c07
［Sòngtún Sòngshì Jiācí］

在唐塔街道宋堂村。为纪念宋氏宗亲而得名。建于 1936 年。家祠坐北朝南，面阔三间，东西长 11 米，南北宽 5.70 米，通高 7 米；二层平顶，为砖木结构；层间用木板隔开；一层门左右为木格窗，东窗内侧为木式楼梯通向二楼；二层有三个半圆形砖窗，楼顶部稍呈拱状，有女儿墙，西北角有一小阁楼，东、西山墙各设一六棱小窗。该建筑对研究民国时期的民居建筑风格具有较高的历史价值。2012 年 3 月被批准为县级文物保护单位。

鄄城县

重点文物保护单位

宋孝子堂　371726-50-B-b01
［Sòngxiàozǐ Táng］

在鄄城县董口镇后宋楼村南。因此地有孝子宋显章夫妇建的孝烈祠而得名。明代建筑。现存有宋孝子堂重修碑记、宋氏世系碑、岭南乐章碑等古代石刻。该遗址对地方历史及宋氏历史研究具有一定的参考价值。2013 年 10 月被批准为省级文物保护单位。通公交车。

李次孔墓　371726-50-B-c01
［Lǐcìkǒng Mù］

在鄄城县郑营乡东王尹庄村南。因墓主人而得名。1947 年建成。墓地东西 20 米，南北 40 米，占地面积 800 平方米。墓冢封土高 2 米，直径 5 米，墓向南。墓前树立李次孔烈士纪念碑和鄄城县人民政府立烈士碑各一通，该墓地保存完好。是鄄城县不可多得的现代祠堂建筑精品，具有较高

的历史和科学研究价值。2014 年 12 月被批准为市级文物保护单位。通公交车。

苏恩墓　371726-50-B-c02
［Sū'ēn Mù］

在鄄城县什集镇苏老家村东南。因苏恩墓碑而得名。明代墓葬，历代多有重修。墓地自南向北依次排列谕祭文碑、石坊、石羊、石马、石翁仲、墓碑和墓冢。奉天诰命碑高 2.8 米，宽 0.8 米，厚 0.26 米，额题篆书"奉天诰命"四字，碑文表述朝廷诰赠苏恩的内容。石坊为单层四柱三间结构，朝向正南，宽 7 米，高 3.98 米。苏恩墓在墓地最北端，墓冢已不存。墓碑朝向正南，高 1.66 米，宽 0.69 米，厚 0.22 米，碑阳正文刻"明诰赠资政大夫兵部尚书兼都察御史苏公讳恩字君宠府君夫人周王太君之墓"。该文物遗存对地方历史和苏氏家族史研究具有重要的参考价值。2003 年 6 月被批准为县级文物保护单位。通公交车。

葵堌堆古遗址　371726-50-B-c03
［Kuígùduī Gǔyízhǐ］

在鄄城县旧城镇葵堌堆村北。因所在地而得名。春秋时期遗址。东西 50 米，南北 120 米，分布面积 6 000 平方米，平面呈椭圆形。其上现为塔院寺建筑物，门楼东侧有石柱础一尊。遗址中铲探得到夹砂素面红陶片、泥质方格纹、粗绳纹灰陶、细绳纹灰陶、素面灰陶等标本 88 件。对鲁西南堌堆文化研究具有极为重要的参考价值。2014 年 6 月被批准为县级文物保护单位。通公交车。

鄄南战役旧址　371726-50-B-c04
［Juànnán Zhànyì Jiùzhǐ］

在鄄城县富春镇、郑营镇。因此战役发生于鄄城南部一带而得名。民国时期遗址。对青少年进行爱国主义和革命传统教

育具有重要意义。2011 年 10 月被批准为县级文物保护单位。通公交车。

亘古清泉碑 371726-50-B-c05
[Gèngǔ Qīngquán Bēi]

在鄄城县西部。因碑刻的内容上"亘古清泉"四个大字而得名。东汉末年始建，明万历四十八年（1620）重修。北向正东，青石质，园首阴线刻卷草纹，额题"重修碑记"四字。碑阳正中楷书"亘古清泉"四个大字。上题"大明万历四十八年三月初六日吉旦立修井信人秦□，马□□"，下款题："重修观音堂乡约李彦弥主持□□"。碑阴额题：勒名不朽。上款题"仅题崇兴集修井人姓名于后"，下排百余人姓名，除当地人外还有山西客人和江西客人。碑高 1.6 米，宽 0.68 米，厚 0.20 米。碑东 2 米为亘古泉井，井体系青砖环砌而成，原有井口因水泥修复失去古井原貌。石碑紧靠大街，因亘古清泉井口改建，古碑多次挪动，城建部门用水泥加固了底座，但遮住了碑下部的字迹。碑文风化严重，模糊不清，碑座已不存，碑身上部出现多道裂纹。对鄄城历史研究具有重要的史料价值。2011 年 10 月被批准为县级文物保护单位。通公交车。

箕山堌堆遗址 371726-50-B-c06
[Jīshān Gùduī Yízhǐ]

在鄄城县箕山镇。因所在位置而得名。新石器时代至汉代遗址。此地原为垓子庙旧址，南北两侧为大坑，中间地带为略高的平地，为遗址的中心区域，东西 100 米，南北 40 米。现有村民在上面居住。箕山遗址文化层堆积 1~3 米为淤积层，3~4.3 米为文化层。1982 年 7 月被批准为县级文物保护单位。通公交车。

观寺王庄汲黯墓 371726-50-B-c07
[Guānsìwángzhuāng Jí'àn Mù]

在鄄城县箕山镇。因所在地而得名。汉代墓葬。汲黯墓为圆形墓冢，高 2.5 米，直径 7.5 米。墓前立有"汉主爵都尉汲黯字长儒之墓"碑。汲黯墓对地方历史、汉代丧葬制度研究具有较高的参考价值。1996 年被批准为县级文物保护单位。通公交车。

障东堤遗址 371726-50-B-c08
[Zhàngdōngdī Yízhǐ]

在鄄城县城南部。清代建筑。长 38.8 千米。现存的障东堤堤高 3~5 米，底面宽约 25 米，顶面宽约 10 米。130 多年来，障东堤作为防洪的第二道防线，起了重要的防汛功能，保障了河患频发的鲁西南地区人民群众的生命和财产安全。2014 年 6 月被批准为县级文物保护单位。

定陶县

重点文物保护单位

法源寺 371727-50-B-b01
[Fǎyuán Sì]

在定陶县马集镇郭庄。新石器时代至汉代遗址。南北长 400 米，东西宽 200 米，总面积 80 000 平方米。现遗址上有乾隆重修观音庙堂、金桩神像碑记、明万历重修兴华禅寺碑、明嘉靖间左山兴华禅院寺记、明万历三年（1575）重修兴华禅院印造大藏经碑记、明万历十八年（1590）游左山寺记等。对研究佛教发展历史具有重要意义。2006 年 12 月被批准为省级文物保护单位。有公路经此。

重要景点和一般名胜古迹

仿山风景区 371727-50-D-a01
[Fǎngshān Fēngjǐngqū]

在县境西北部。因所在地而得名。占地4.6平方千米。公元前1046年，武王灭商，分封天下，封其弟振铎于曹，建曹国，都陶丘。公元前487年，曹亡后，曹民怀念故国，便在仿山建造曹伯祠，供奉祭祀。曹伯祠屡圮屡建，延续不绝。唐宋以后，仿山陆续建造寺庙道观，至明清时达到鼎盛，庙宇达40余座，形成规模宏大的风景寺庙园林。主要景点有寺庙（包括西周故国、百神殿、药师殿、祖师殿、观音阁、大雄宝殿、天王殿等）、温泉、高尔夫练习场、滑雪场、漂流、垂钓、户外拓展训练、采摘园、恐龙园等。2011年被评为国家AAA级旅游景区。有公路经此。

东明县

重点文物保护单位

高村合龙碑 371728-50-B-c01
[Gāocūn Hélóng Bēi]

在东明县菜园集镇。因所在地和碑文而得名。建于清光绪六年（1880）。占地约0.4平方米，高1.7米，宽0.8米，厚0.2米。阴阳两面相同，碑身正中竖刻楷书"高村合龙处"五个大字，上题"清光绪六年"，下跋"大名总镇徐道圭，大顺广道刘盛藻敬立"。该碑保存较好。具有重要的考古价值。2009年12月被批准为市级文物保护单位。通公交车。

庄寨遗址 371728-50-B-c02
[Zhuāng zhài Yízhǐ]

在东明县菜园集镇。因所在地而得名。龙山文化时期至汉代遗址。遗址南北长133米，东西宽70米，占地面积9310平方米，略呈南北宽于东西的长方形，采集到的标本有粗细绳纹灰陶片，可辨器型有鬲、罐等。该遗址对研究龙山文化时期至汉代聚落文化提供了重要实物史料。2009年12月被批准为市级文物保护单位。通公交车。

高村黄河碑廊 371728-50-B-c03
[Gāocūn Huánghé Bēiláng]

在东明县菜园集镇。该碑廊为保护纪念黄河河务所存碑刻而建，因此得名。清代至民国时期建筑。占地面积1980平方米，碑廊内共有27通碑刻，其中清代至民国碑刻15通，现代碑刻12通，石碑内容均与黄河有关。是近现代重要史迹及代表性建筑。通公交车。

刘督堂墓地 371728-50-B-c04
[Liúdūtáng Mùdì]

在武胜桥镇刘庄村西北。因墓主人得名。明代墓葬。占地约8平方米，墓冢为砖混砌成，西南—东北向，长方形，长2米，宽1.2米，高1.3米。2006年3月刘氏后裔在墓前立碑一通，并对墓冢进行修缮。碑身阳面阴刻"明故刘督堂讳怀恕字士行配陶、赵、张氏之墓"，碑阴为"刘中丞公传"。具有重要的考古价值。通公交车。

杨曹庄杨小川神道碑 371728-50-B-c05
[Yángcáozhuāng Yángxiǎochuān Shéndào Bēi]

在城关街道杨曹庄。因所在地而得名。明代碑刻。占地面积2.42平方米，碑向正东，方首浮雕双龙戏珠，碑额篆体"圣旨"二字，碑身正文浮雕"明诰赠中宪大夫通政使司右通政乡进士小川杨公神道"，上题"明天启丙寅岁季春吉旦"，下跋"男杨绍震、杨庭坚仝立"，碑阳两侧线刻缠枝牡丹，赑屃座。碑通高3.5米，宽0.9米。通公交车。

重要景点和一般名胜古迹

南华公园 371728-50-D-c01
[Nánhuá Gōngyuán]

在东明县开发区丰东路南侧。该公园是为纪念南华真人庄子而建，故名。2010 年 9 月始建，2012 年 6 月建成。公园占地 300 亩，园内建有人工湖、观景平台、音乐喷泉、特色挡墙、亲水台阶、石拱桥、假山、落水构架、木栈桥、休息长廊等景观。公园栽植海棠、银杏、樱花、雪松、棕榈等绿化乔木 30 多个品种、4 000 余棵，灌木花卉有杜鹃、郁金香等 37 个品种、2 700 多棵，形成错落有致的绿化景观，实现三季有花、四季常青，完美展现北方水乡园林特色，把文化和生态充分融入现代都市生活之中，成为东明东大门的迎宾花园。通公交车。

五里河湿地公园 371728-50-D-c02
[Wǔlǐhé Shīdì Gōngyuán]

在县境北部。因在五里河畔而得名。2011 年 4 月始建，2012 年 1 月建成。该公园包括"一线、两片"。其中，"一线"是指将五里河扩宽到 86 米、扩深到 5 米，形成河道湿地 1 093 亩，两岸构筑堤顶为 10 米的宽大堤，并建设生态护坡；"两片"是建设总面积为 1 090 亩的武胜桥湿地和陆圈湿地。五里河人工湿地的建成，有效改善了沿线群众的生产、生活环境。自进水以来，大量水鸟相继在这里筑巢栖息，五里河由过去的"城区下水道"变成了"生态屏障"，成为一处集水质净化、蓄水灌溉、观光休闲于一体的景观长廊。通公交车。

六 农业和水利

牡丹区

林场

菏泽市牡丹区国有经济林场
371702-60-C01

[Hézé Shì Mǔdān Qū Guóyǒu Jīngjì Línchǎng]

隶属菏泽市牡丹区林业局。在区境东部。面积 0.99 平方千米。因所在政区而得名。建于 1957 年。林场气候年平均气温 13.6℃，年无霜期 212 天，年平均降水量 680.8 毫米。主要产业为用材林、经济林的繁育管理，新树种的引进繁育工作，林下鸡鸭养殖等。327 国道经此。

灌区

胡集灌区 371702-60-F01

[Hújí Guànqū]

在胡集镇东北部。因所在地而得名。1979 年建设。灌区有胡集、尹集、黄屯、王屯 4 个村，面积 4.66 平方千米。220 国道经此。

魏楼灌区 371702-60-F02

[Wèilóu Guànqū]

在胡集镇东南部。因灌区用魏楼扬水站灌溉，故名魏楼灌区。1975 年建设。灌区包括刘庄、龙凤等村，面积 6.67 平方千米。220 国道经此。

刘庄灌区 371702-60-F03

[Liúzhuāng Guànqū]

在区境北部。因引黄闸为刘庄引黄闸，主要功能为灌溉农田，故名刘庄灌区。1956 年兴建虹吸管，1965 年恢复引黄，1979 年扩大灌区范围。灌区包括李村、高庄、李庄集、白虎、小留、吴店、黄堽、马村 8 个乡镇，273 个村。灌区总面积 222 平方千米，设计灌溉面积 24 万亩。251 省道经此。

渠道

高贾干渠 371702-60-G01

[Gāojiǎ Gànqú]

在牡丹区高庄镇。起于李庄节制闸，止于圈头倒虹吸枢纽。1965 年 11 月始建，1966 年 1 月建成。长 10.324 千米，渠底宽 12.0 米，纵坡 1/5 000，设计加大流量 25.0 立方米/秒，设计灌溉面积 77.24 平方千米。是刘庄引黄灌区的干级渠道，担负着灌区向贾坊的送水任务。251 省道经此。

西总干渠 371702-60-G02

[Xī Zǒnggànqú]

在牡丹区李村镇、吕陵镇。起于牡丹区李村镇，止于高新区吕陵镇。长 17.786 千米，宽 15.8 米，最大水深 2.25 米，设计灌溉面积 113.99 平方千米。是刘庄引黄灌区的干级渠道，担负着整个灌区西部的引水任务。251 省道经此。

徐河干渠 371702-60-G03
[Xúhé Gànqú]

在牡丹区高庄镇。起于牡丹区高庄镇，止于牡丹区胡集镇。长 22.75 千米，纵坡 1/6 000，设计灌溉面积 78.91 平方千米。是刘庄引黄灌区的干级渠道，担负着灌区东部的送水任务。240 省道经此。

北干渠 371702-60-G04
[Běi Gànqú]

在区境西北部。起于李村镇李庄集，止于高庄镇韩楼村。1965 年 11 月始建，至 1966 年 1 月建成。长 10.88 千米，渠底宽 6.5 米，纵坡 1/6 000，设计加大流量 7.5 立方米 / 秒，设计灌溉面积 15.41 平方千米。是刘庄引黄灌区的干级渠道，担负着灌区向李庄集北部的送水任务。有公路经此。

曹县

林场

曹县国有青堌集林场 371721-60-C01
[Cáo Xiàn Guóyǒu Qīnggùjí Línchǎng]

在县境东南部。面积 965 500 平方米。因所在政区而得名。1959 年 12 月始建。属暖温带季风气候区。四季交替分明，光照充足。年平均气温 13.6℃，年平均无霜期 212 天，年平均降水量 708 毫米。森林植被按优势种原则分为落叶阔叶林、灌草丛类型。为社会提供木材、绿化苗木。

水库

太行堤水库三库 371721-60-F01
[Tàihángdī Shuǐkù Sānkù]

在曹县境内黄河故道北堤与太行堤之间。因水库北堤邻太行堤而得名。1958 年开工，同年建成。长 75 千米，平均宽 3.5 千米，总面积 247.7 平方千米，总库容量 9.5 亿立方米。主要作用为防洪、灌溉、养殖。261 省道经此。

渠道

闫潭南引黄送水干线 371721-60-G01
[Yántánnán Yǐnhuángsòngshuǐ Gànxiàn]

在县境南部。1982 年始建，1991—1996 年进行清淤拓宽。长 91 千米，基础构造为土质梯形渠道，河道底宽 15~24 米，最大深度 3 米，设计平均流量 40 立方米 / 秒；闫潭送水干线曹县段控制灌溉面积 110 万亩，每年约引水 3 亿立方米。所引黄河水量一部分经引水支渠直接送往田间，另一部分先后输水入太行堤水库、四五六库土塘、七库、堤头及浮岗水库，经水库调蓄后分别通过纸坊沟、一干沟、曹北河、百花河、胜利河、黄白河等十几条骨干河道送往田间，大大缓解了曹县西南部广大地区干旱缺水的局面。

单县

农场

单县国有高韦庄苗圃 371722-60-A01
[Shàn Xiàn Guóyǒu Gāowéizhuāng Miáopǔ]

属单县林业局。在单县高韦庄南部。

因所在政区而得名。1953 年成立。有林地面积 251 平方千米，其中林果用地 337 亩，内有苗圃 80 亩，防风林 57 亩，果树 200 亩。主要产业为绿化苗木、林果、公益林。年均气温 13.9℃，年无霜期 206 天，年均降水量 737.1 毫米。在当地林业发展中发挥了重要的作用。有公路经此。

单县国营棉花原种场 371722-60-A02
[Shàn Xiàn Guóyíng Miánhuā Yuánzhŏng Chǎng]

属单县农业局。因所在政区和种植作物而得名。1959 年 3 月成立。占地面积 1.5 平方千米，农田面积 53.9 公顷。年均气温 13.9℃，年无霜期 212 天，年均降水量 739.9 毫米。农场以果木管理、农田小麦良种培育、繁育蔬菜大棚种植为主。为当地农业生产作出较大贡献。321 省道经此。

国营单县陈楼良种繁育场
371722-60-A03
[Guóyíng Shàn Xiàn Chénlóu Liángzhŏng Fányùchǎng]

属单县农委。在单县陈楼村。因所在政区而得名。1959 年 3 月成立。占地面积 1 385 亩。年均气温 13.9℃，年无霜期 212 天，年均降水量 739 毫米。有可耕土地面积 1 040 亩。农场主要从事农业高新技术成果的推广运用，优良品种的引进、试验、示范、繁育推广工作。有公路经此。

国营单县黄堆良种繁育场
371722-60-A04
[Guóyíng Shàn Xiàn Huángduī Liángzhŏng Fányù Chǎng]

在单县张集镇黄堆村。因所在政区而得名。1953 年成立。占地面积 230 亩，年均气温 13.9℃，年无霜期 212 天，年降水量 739 毫米。农场主要从事农业高新技术成果的推广运用，优良品种的引进、试验、示范、繁育推广工作。有公路经此。

灌区

浮岗水库灌区 371722-60-F01
[Fúgǎng Shuǐkù Guànqū]

在县境南部。因取用浮岗水库水源作为农田灌溉水源，故名浮岗水库灌区。1958 年始建，1999 年恢复建设。总面积 275 平方千米，耕地面积 30 万亩，有效灌溉面积 13 万亩，为中型灌区。

徐寨闸灌区 371722-60-F02
[Xúzhàizhá Guànqū]

在县境北部。取用徐寨闸前蓄水所为农田灌溉水源，故名徐寨闸灌区。1989 年始建。总面积 186 平方千米，耕地面积 25.4 万亩，设计灌溉面积 20 万亩，目前有效灌溉面积 8 万亩，为中型灌区。

鄄城县

渠道

北总干渠 371726-60-G01
[Běi Zŏnggànqú]

在县境西北部。起于董口镇大冯庄北总干进水闸，止于左营乡孙沙窝。20 世纪 60 年代始建，1971—1972 年在该渠上修建节制闸三座，1982—2000 年多次进行加固、清淤治理，2011 年对该渠进行衬砌。总干渠长 10.5 千米，渠底宽 8~12 米，最大水深 1.6 米，纵坡为 1/8 000，设计最大流量 12.1 立方米 / 秒。主要用于农业灌溉。有公路经此。

南总干渠 371726-60-G02

[Nán Zǒnggànqú]

在县境南部。起于富春乡高庄南总干渠进水闸，止于什集镇赵坊村。20 世纪 50 年代始建。总干渠长 6.49 千米，渠底宽 12 米，最大水深 1.6 米，纵坡为 1/8 000，设计最大流量 12 立方米 / 秒。主要用于农业灌溉。有公路经此。

定陶县

林场

菏泽市定陶县国有任屯林场

371727-60-C01

[Hézé Shì Dìngtáo Xiàn Guóyǒu Réntún Línchǎng]

国有林场。在定陶县定陶新河、万福河交叉处。因所在政区而得名。自然分成任屯、沙沃、康洼三个分场，分别在城区东南和东北方向，南北距 30 多千米。任屯分场 160 亩，沙沃分场 750 亩，康洼分场 40 亩，共 950 亩。林场主要功能为收集保护林木种质资源，保护各类濒危、珍稀、优良树种资源。有公路经此。

词目拼音音序索引